胡耀邦

（1915—1989）

第一卷

张黎群　张定　严如平　唐非　李公天◎主编

唐非◎撰

北京联合出版公司
Beijing United Publishing Co.,Ltd.

抗日战争时期，胡耀邦（右）与表哥杨勇在陕北。

1941 年，胡耀邦和李昭结婚。他们相互敬重，相伴终生。图为胡耀邦和李昭 1948 年在石家庄合影。

新中国成立初期的胡耀邦和夫人李昭。

目录

第一卷

第二卷

第三卷

第一章　山乡少年

一、农耕之家

1915 年（民国四年）11 月 20 日（农历乙卯年十月十四日），胡耀邦出生于湖南省浏阳县中和乡一个贫苦的农耕之家。

浏阳地处湖南东部，毗邻江西。由于是在湘水支流浏水之北，故名浏阳。三国时属吴地，开始设县，隋时并入长沙县，唐时复置浏阳县，元中叶升为州，明洪武时复为县。浏水全长 234 公里，发源于县东大围山，初为二溪，合流西南行，过县西名渭水，至县南名浏水，因县名而称浏阳河。复西行入长沙境，向西北汇入湘江，因此长沙城东门，亦名浏阳门。浏阳河逶迤舒缓，沿岸特产丰富，尤以夏布、花炮著称，近世更因一曲"浏阳河，弯过了几道弯"而为众所周知。

古往今来，湖南三湘大地上，曾有多少往哲先贤、仁人志士，怀着忧国忧民的深情，发出激扬天地正气的呼声，做出报效国家民族的壮举，甚至以身赴死。从三闾大夫屈原的"长太息以掩涕兮，哀民生之多艰"的悲歌，到船山先生王夫之的"宽以养民"的呐喊，千百年来，民本精神和慷慨捐躯的传统绵绵相承，历久不衰。同样在古朴的小城浏阳，这种传统也在孕育滋长，特别是近现代以来，更是志士辈出。戊戌变法中，"有心杀贼，无力回天，死得其所，快哉快哉"的谭嗣同，以及他的好友、发愤"树大节，倡大难，行大改革"的唐才常，最后都挺身就义，他们都是浏阳人的杰出代表。这里民风质朴，民气刚烈，二十世纪初叶，革命风云激荡，浏阳虽然地处偏远，然而也已经感受到民主革命的气氛。民主革命以来，这里更是铁血壮烈，奔星有声，涌现了众多的政治家、军事家。

胡耀邦就是在这样的历史和地域环境中出生、成长的。

他的家乡中和乡苍坊村在浏阳南乡约四十公里处。从县城往东南，冈峦起伏，地势渐行渐高；经大瑶，过南川河，渐次走进群山环抱之中。这里属湘赣两省交界的罗霄山余脉，已经没有过于险峻的峰嶂，在条条山冲中，已有大大小小的村落出现。苍坊村，就坐落在这样一条山冲里。小小的山村依山傍水，红土壤山上生长着低矮的松杉和油茶，蜿蜒的溪流跳跃着穿过石滩远去，起伏不平的山间小径傍着块块稻田。十多户人家的泥瓦房、土砖房散落地依山而建，掩映在周围的竹木树丛之间。

苍坊村东面一座小山叫笔架山，西面一座小山岭同它相对，叫作西岭。胡耀邦的祖居，就在这西岭山脚下。屋后是树木葱郁的山岗，屋前是一条叫作敏溪的溪流，清澈见底，长流不断。这是一座古老简朴的场屋，坐北朝南，泥土墙，茅草顶，据说始建于清朝咸丰年间。中间正屋，相传是供奉祖先的地方，"祥钟淮海，秀毓苏湖"的门联十分醒目。两边的房屋由胡耀邦曾祖父弟兄两家分别居住，胡耀邦就出生在西屋东上房的卧室里。

　　胡耀邦的先人来到浏阳县中和乡西岭定居，已四百余年。据《胡氏族谱》记载：约在明万历年间，被尊为"始祖建十公"的胡允钦（字建十，1569—？）从江西高安县浯溏村，携带家眷来到这里，从此扎下根来，繁衍生息，到胡耀邦，已是胡允钦第十二代孙了。胡氏的后代，除胡耀邦这一支世代定居这里外，还有的迁到浏阳的文家市、岩前、山枣等乡，更有的远迁到了攸县。

　　从历史上的移民状况来考察，西岭胡氏应当算是客家人。顾名思义，所谓"客家"，即非本地土著。公元四世纪初叶，强大的北方少数民族频繁袭击西晋王朝，中原众多汉人特别是士大夫为躲避战乱，举族南迁，来到江南，其后唐末及南宋末年战乱之际，又有大批汉人渡江南下。他们往往成群结队，宗族乡党相随而行，颠沛流离，寻求条件稍好的地方，安顿下来，"客而家焉"，因此被称为"客家"。这样的"客家"人，以落脚于江淮、闽粤者为多。想当年，胡家也许是落脚于淮海、苏湖，以后辗转流徙，到胡允铭这一代又从江西来到西岭的。客家人由于艰辛备尝，有共同遭遇，身居异乡，需要互相扶助，所以他们崇尚团结，勤劳俭朴，有开创局面的奋斗精神，并且十分注重族人的文化教育。这些品格逐渐形成客家人的特征，世代相传。

　　胡耀邦的曾祖父胡名钟（约1840—1885），字秀卿，号毓源。胡氏族谱中说他"幼勤诵读，通经史，弱冠早已知名"，是个乡间知识分子。村人津津乐道的是，他在住所附近建了一个私塾，名"种桃书屋"，寓有培植桃李的意思，请族中有文化的人来教授本族及乡民子弟。他的儿子胡成瀚（1858—1896），字海文，号彰五，即胡耀邦祖父。据族谱记载，胡成瀚也是博通经史，崇尚圣道，能写古文，是族中有识之士。他一生倡导兴学济贫、修桥补路，在村中很有声誉，乡里间发生纠纷，常常请他来公断。只可惜此时家道中落，他尽力务农以维持生计，而不能专心于笔墨了。他三十八岁那年，续弦的妻子因病去世，他忧伤过度，不久也撒手人寰，身后撇下了两子一女。其中之一就是胡耀邦的父亲胡祖伦。

胡祖伦（1882—1954）父母俱丧那年只有十四岁，妹妹才十二岁，弟弟祖怀八岁。族人帮助料理了丧事，然后由叔父胡成槛收养了胡祖伦，妹妹和弟弟由伯父胡成枃抚养。

叔父让胡祖伦继续在学馆读书，同时也干一些田里的农活。虽然有叔父的照拂，胡祖伦却总是摆脱不了作为孤儿的苦寂，加上胡成槛也希望他能早日自立，因此胡祖伦刚到十八岁，就张罗为他完婚了。

娶进来的是文家市镇五神岭黄花冲村的农家女儿，名叫刘明伦（1882—1967）。父亲刘大晋，以务农为主，兼做花炮。刘明伦也像那个时代的女性一样，自幼就缠了小脚。她纯朴厚道，吃苦耐劳。结婚以后，夫妻两人就回到西岭祖居安家，过着清贫的生活。

在随后的岁月里，他们总共生育了十二个孩子，六男六女，但七个都是夭亡，只有三子耀福、四子耀邦和长女石英、三女菊华、五女建中得以成长。胡耀邦在十二个子女中排行第九，父母叫他"九伢子"。

胡祖伦失怙之后，归属他名下只有几亩田土，原本就不宽裕，孩子却又一个一个降生，负担越来越重。而且时处清末民初，社会动荡，苛捐杂税名目繁多，加上灾害频仍，单靠作田已难以养家糊口了，胡祖伦不得不干起了挑脚的生计。每天一大早，他挑上箩筐快步赶到二十里外的文家市去，担起上百斤的煤，翻过几十里山冈，到东乡的鸡婆尖、高坪、石湾一带，挣几个血汗钱。直到胡耀邦十五岁离家参加革命时，四十八岁的胡祖伦仍以挑脚为生。胡耀邦晚年回忆父亲时，曾唏嘘地说："我老爸有一根这么长的旱烟枪，他抽烟可厉害呢，他有时穷得桐子叶当旱烟抽。""他老人家因长期挑脚，两只肩膀肿起两个好大的茧包哟！"

二、勤勉好学的九伢子

1915 年 11 月 20 日，刚刚秋收完毕的胡祖伦家，又添了一个"九伢子"。

孩子诞生后第三天，按照作"三朝"的古老习俗，胡家请族人和邻里吃饭。孩子的堂房三伯父胡祖仪也来了，他是乡里出名的饱学之士，又是私塾先生，颇有声望。胡祖伦请胡祖仪给孩子起个名字。胡氏一代代族人的取名，从先祖建十公起，便按宗法传统，制定了字辈谱，即：云谦甫育，元奇志中；名成祖耀，德厚家行；千年远绍，万代恒昌。胡祖伦下一代是"耀"字辈，所以先头几个男孩的名字都带"耀"字。胡祖仪按照这个规矩，并且寄意这孩子必有大出息，于是引用了《诗经·大雅·文王》篇："周虽旧邦，其命维新。……仪刑文王，万邦作孚"和《易经》里的话："观国之光，利用宾于王"，给这初生的孩子取名耀邦，字国光。

在这个贫困而多子女的家庭，小耀邦幼时的发育不算好。他的个头长得很慢；到了一般孩子都会说话的年龄，他却吐字困难，有些结巴。但他非常聪明，性格活泼。稍稍长大之后，他就常常随父亲和哥哥到山坡拾柴，或者到田里拔草。到收谷收薯时节，他更是奋力又背又扛，仿佛要跟大人比赛。他不贪玩，爱干活，伶俐懂事，所以深受喜爱。

胡氏人家虽然世代以农耕为业，但重文尚教以求知书识礼是他们的家风。胡氏宗族早就设有公益性质的祀田，由族长管理，收入大部分用于本族儿童的教育，成立了泮宫乐育会专司此事。胡耀邦的曾祖父胡名钟所倡立的"种桃书屋"，就由祀田支持，凡是胡氏子弟都可以免费进这个私塾性的学馆接受启蒙教育。1867 年（清同治六年），种桃书屋的房舍被一场山洪冲毁，学馆就暂设在胡氏宗祠，仍然是由祀田的专款开支先生的"束脩"和学童的学费。

1920 年，胡耀邦年满五岁，胡祖伦送他进种桃书屋"开蒙"。

胡耀邦很有灵气，模仿力强。入学之前，哥哥胡耀福放学回来，背诵课文，他听过几遍，就能跟着背起来。哥哥练习写字，他也拿根树枝蹲在地上照着写。现在入学了，他更是兴高采烈。他家离胡氏宗祠大约一里来地，他每天早早就来到学馆，抹桌扫地，然后就摊开书本温习，静静地等着上课。他学习很认真，专心致志，虽然有点口吃，但朗读起课文来却朗朗上口，简单的对子也作得快捷工整。他入学后第一次考试就考了个第一名，使他的老师、堂伯胡祖仪满心欢喜，也顿时使同学们对他另眼相看。

胡祖仪思想开朗，热心公益，注重文教，而又勇于吸纳新思潮。五四运动之后，他认为不能再用"四书""五经"等陈旧学说教育族中子弟，于是积极创议开办新式学堂。在族中慎重商讨这个创议各个细节过程中，"种桃书屋"即将结束，新的学堂还没办起来，胡祖仪让儿子胡耀清带着六岁的胡耀邦到长寿村的琢玉私塾去暂读，那里的功课讲得扎实。长寿村距离苍坊村十多里路，好在有长他好几岁的堂兄照顾，胡耀邦的父母倒也放心。琢玉私塾的课程里有唐宋诗词，这又大大打开了胡耀邦的眼界，他对那些优美的、几近神奇的句子产生了浓厚兴趣。凭着他过人的记忆力，没有多久，就可以背诵许多了。

到 1922 年，胡祖仪的新式学堂的创议获得通过，名为兴文小学的胡氏族学就此开办起来。这个学校不仅在科目设置和教学方法上不同于私塾，而且还招收女童入学，这在当地是破天荒的。胡祖仪担任了校负责人兼教师，胡耀清和胡耀邦也转回到这个学校来，胡耀清还当上了班长。

胡祖仪很器重胡耀邦，在学业上和品德上都严格要求，常常用高年级的作业让他试做，给他辅导，课余则常常给他讲些杨家将、岳飞、戚继光、谭嗣同等爱国英雄的故事。这使得童年时代的胡耀邦就受到勤奋好学等良好习惯的培养和精忠报国精神的熏陶。

1926 年，十一岁的胡耀邦在兴文小学读完初小，到文家市里仁学堂读高小。

文家市在浏阳县东乡，罗霄山脉西麓，紧邻江西，是一个很著名的集镇。里仁学堂就在文家市街上的文庙里。这座文庙兴建于清嘉庆十九年（1814 年），后来在这里创办了文华书院，辛亥革命后改为立人（里仁）学校。学校按新式教育的要求，开设了国文、算术、历史、地理、体育、音乐等课程，在国民革命高潮兴起之后，又增设了"三民主义"。校长陈世乔是既有丰富学识、又有革命思想的青年，此时已加入了中国共产党。教师里面的甘思藻、吴千晋、尤清风等也都是共产党员。这是一所充盈着进步色彩的学校。

胡耀邦去镇上读书，这在家里也算一件大事。虽然学费仍由泮宫乐育会供给，但报名费一块银元还要自己交，东借西借总算借到了。母亲也比以前更辛苦了。每天早晨天不亮，她就得给胡耀邦准备红薯丝饭，一半作早餐，一半带去上学。父亲一早就要到文家市去挑煤，胡耀邦就随他一起上路。这一段路坡岗起伏，来回四十里。少年胡耀邦就是这样，日复一日，往返于这崎岖的路上。这一时期的天天长途步行，确实锻炼了他的脚力，使他一直到晚年还保持健步疾走的习惯。放学时碰上坏天气回不了家，有时他就到离文家市较近的外祖父家或姨母家住一宿。

里仁学堂的诸多课程，为胡耀邦打开了新的天地。他觉得这里的一切都是那么新鲜诱人，强烈的求知欲望使他将各个科目都学得很认真。他勤奋、专心、肯思考，入学不久，在班级里就赢得了好学生的名声，也很快就引起了教师们的注意。此时比他大两岁的表兄杨世俊（后来改名杨勇）也在里仁学堂读书。杨世俊的母亲刘世珍同胡耀邦的母亲刘明伦是堂姊妹，是他的姨母。杨世俊性格外向，骁勇好动，一身虎气，而胡耀邦则显得有些斯文。表兄弟两人虽然性格不同，但很合得来。几十年后，已身为中国人民解放军上将的杨勇回忆这段学校生活时说：耀邦是好学生，我是淘气包儿，念书他帮我的忙，打架我帮他的忙。当时正是国共合作时期，共产党员陈世乔、甘思藻等经常给学生宣讲打倒列强、争取国家独立，农民要组织起来闹翻身，要进行国民运动等等道理。杨世俊对这些道理总是接受得很快，而且能够发挥，所以甘思藻秘密发展杨世俊加入了共产主义青年团，后来又成立了共青团支部。甘思藻对年纪尚小的胡耀邦也着意培养，介绍他读《中国青年》上的一些文章，对他讲什么是帝国主义、封建主义，农民如何受剥削等等。这些，在少年胡耀邦的心灵里，播撒了阶级意识的种子，唤醒了他对革命的朦胧追求。不久，他担任了里仁学堂的少年先锋队队长兼宣传组组长。他既热情又主动地参加教唱革命歌曲、宣传破除迷信等等工作，有时也走到校外，在墙上涂写大字标语："打倒军阀""打倒列强"……

三、迎着星火走去

胡耀邦在里仁学堂读书的头一年，中国大革命运动出现了汹涌澎湃的高潮。

1926年7月9日，国民革命军在广州誓师北伐。其先头部队第四军叶挺独立团等快速向北推进，李宗仁的第七军、唐生智的第八军也相继出兵，7 月中旬打败了吴佩孚部队，占领了长沙。北伐军的节节胜利，带动了湖南农民运动的蓬勃兴起。与此同时，毛泽东在广州主持的第六届农民运动讲习所的大批湖南籍学员，也纷纷赶回湖南，发动和领导农民运动。一时之间，湖南的广大农村，到处建立农民协会，农民们起来闹减租减息，斗争恶霸地主，摧毁封建剥削和统治，那种空前的农村大革命的局面，正像毛泽东在《湖南农民运动考察报告》中所说："其势如暴风骤雨，迅猛异常。"

早已积蓄革命力量的浏阳，此时农民运动也如火如荼地迅猛展开。1924 年，经过共产党人潘心源、田波阳、夏明翰等的发动，浏阳县开始建立起党组织，以后两年陆续发展了三百多名党员，许多镇、乡都建立起了党支部；1926 年又建立了共产主义青年团组织，不到一年就有二百多团员分布在镇、乡和学校。此时农民协会也普遍兴起。据 1926 年 11 月份湖南省各县农民协会会员统计资料，浏阳县有区农民协会二十一个，乡农民协会五百八十六个，会员人数近十四万。乡农民协会数目及会员人数，都居全省五十九个县的第三位。农民协会领导贫苦农民向封建特权和土豪劣绅展开了猛烈的攻击，"一切权力归农会"的口号响彻浏阳河畔。随着革命斗争的深入，许多镇、乡建立了农民自己的苏维埃政权组织，甚至赤卫队等武装。

这场农民运动的风暴，也使中和乡沸腾起来，乡民们兴高采烈地推出立场坚定、公道能干的人担任乡苏维埃和各种革命组织的骨干。胡耀邦的父亲胡祖伦担任了乡苏维埃政府的土地委员，母亲刘明伦担任了乡妇联主任和第八区的妇联主席，哥哥胡耀福担任了共青团支部书记和第八区工会执行委员。胡耀邦的母亲虽然子女众多，家务繁重，生活艰苦，且缠足不利于行，但她深明大义，热心公益事业，教育子女正派做人。担任了妇联领导工作之后，她在发动妇女参加革命斗争、破除歧视妇女的观念、维护妇女的权益等方面，都做了出色的工作，表现了不辞辛苦、沉毅果断的精神。

无处不在的热火朝天的革命形势，父母、哥哥们投身运动的昂扬激情，都使胡耀邦受到深深感染。在不上课的时候，他也同小伙伴们一起出去作宣传，或者组织少年先锋队队员们拿着红缨枪站岗。这一时期，他也常常去五神岭将军庙舅舅那里。舅舅刘元阶粗通文墨，自学医术，能看点小病。刘元阶开朗豁达，有些驼背，没有妻室，在五神岭将军庙守庙。胡耀邦自从到里仁学堂读书，就常去看他，帮他做些打扫卫生等杂活。刘元阶也很喜欢小外甥胡耀邦，常常给外甥讲些《西游记》《封神演义》的故事。刘元阶不是共产党员，但一向同情革命，乐于为革命活动做些有益的事情。因此，此时浏阳县第八区十三乡的苏维埃政府、工农赤卫队和农民协会，就都把这将军庙作为办公地点，很多会议都在这里召开。胡耀邦每次来到这里，也都主动帮助做些事。那些干部们见他机警勤快，往往派他一些工作，如抄写材料、发通知、送信等等，他都干得很好，总是受到称赞。

但是 1927 年 4 月 12 日，蒋介石在上海发动"清党"反共政变，江、浙、赣、皖、闽等省迅即展开了对共产党人和革命群众的血腥屠杀。虽然武汉的汪精卫方面一时还维持同共产党合作的姿态，但是在湖南的国民党第三十五军三十三团团长许克祥调动军队，也于 5 月 21 日袭击湖南省农民协会及其他革命组织（史称"马日事变"），白色恐怖迅速笼罩省城长沙，土豪劣绅乘势反攻倒算，大革命的成果丧失殆尽。此时，中共湖南临时省委号召各县组织农军，夺回长沙。在省农民协会秘书长柳直荀的组织下，浏阳等县农民集结起了浩浩荡荡的农军，头缠麻布长巾，手持梭镖、火铳，前往参加攻打长沙。然而由于另外十几个县的农军没有按计划赶到，以致这一支农军成了孤军。许克祥的军队依仗先进的枪炮还击，打退了农军的进攻，并在城郊一带对工农群众展开了疯狂的屠杀。

1927年7月15日汪精卫在武汉宣布"分共"，国共合作彻底失败。三湘大地顿时乌云翻滚，白色恐怖席卷城乡。重新陷入国民党统治的浏阳，共产党人和革命群众横遭残酷迫害，每日都有农会的骨干被杀。里仁学堂也被查封，校长陈世乔，教师甘思藻、吴千晋、尤清风等远避他乡，后来陈、吴、尤都被国民党捕获，惨遭杀害。噩耗传来，胡耀邦和同学们曾冒险去老师家中吊唁。胡耀邦几乎每天都会听到一些革命者流血牺牲的消息，他心中郁结着越来越多的悲痛和愤恨。

继"八一"南昌起义之后，8月7日，中共中央召开了总结教训、因应对策的紧急会议，即"八七会议"。会议确定了土地革命和武装起义的方针。会议后，毛泽东作为中央特派员，到湘赣边界发动秋收起义。

经过毛泽东大量的艰苦工作，9月9日，秋收起义爆发。参加秋收起义的主力，除了原北伐军第四集团军第二方面军总指挥部警卫团外，还有浏阳、平江等地的农军，安源煤矿的工人等，共五千余人，统一编为工农革命军第一师，下辖三个团，毛泽东任前敌委员会书记，师长为余洒度，卢德铭任总指挥。起义的最初意图是攻取长沙。9月11日，三个团分别从江西修水、铜鼓、安源等地出发，进入湘境，会合平江、浏阳的起义农民，准备向长沙挺进。这时，浏阳的农军在农会组织下，配合起义军占领了浏阳的县城和一些集镇。起义军在醴陵老关、铜鼓白沙的战斗也取得了胜利。但是国民党的军队人多势众，武器精良，分路阻击向长沙进军的起义军，部分起义军遭到较大的损失。毛泽东鉴于敌我力量悬殊，14日，在浏阳东乡上坪召开紧急会议，决定改变攻打长沙的计划，下令起义部队三个团到浏阳文家市集中。

9月19日，中国工农革命军第一、二、三团在文家市会师。师部就驻扎在里仁学堂。当天晚上，毛泽东在里仁学堂后栋一间教室里召开了湖南省委前敌委员会会议，讨论进军方向问题。毛泽东主张放弃攻打长沙的计划，师长余洒度等坚持主张取浏阳、攻长沙，会上发生了激烈的争论。由于总指挥卢德铭支持毛泽东的主张，意见渐趋一致，最后通过了放弃进攻长沙、转向敌人统治力量薄弱的农村、山区，寻求落脚点，以保存实力、再图发展的决定。

9月20日清晨，工农革命军第一师仅存的一千五百余人全体集合在里仁学堂操场上，毛泽东向大家讲话，宣布中共前敌委员会关于不打长沙转兵向南的决定。他说，中国革命没有枪杆子不行。这次秋收起义，虽然受了挫折，但算不了什么，胜败乃兵家常事。我们的武装斗争刚刚开始，万事开头难，干革命就不要怕困难。我们有千千万万的工人和农民群众的支持，只要我们团结一致，继续勇敢战斗，胜利是一定属于我们的。他还形象地比喻说，我们现在力量很小，好比是一块小石头，蒋介石好比是一口大水缸，总有一天，我们这块小石头，要打破蒋介石那口大水缸。大城市现在不是我们要去的地方，我们要到敌人统治比较薄弱的农村去，发动农民群众，实行土地革命。[①]

在工农革命军第一师陆续向文家市集结的几天里，文家市集镇又热闹起来。人们忙着欢迎和慰劳部队，街上的商贩也比往日多了许多。里仁学堂已经停课。这几天胡耀邦也从前一阵子的压抑心情中解脱出来，觉得无比兴奋。他是第一次见到这些从外地开来的革

[①] 《毛泽东年谱（1893—1949）》（上），中央文献出版社1993年版，第219—220页。

命部队。这支部队有的穿着正规的军服，有的还是工人、农民打扮，背着斗笠，穿着草鞋。他们很有纪律，不惊扰群众。胡耀邦对这支队伍有一种自然的亲近感。他索性晚上不回家了，就住在离镇不远的表兄杨世俊家里，每天同杨世俊和其他一些同学在学校周围转悠，好奇地想看看那些战士都在干什么。这天一早，他和杨世俊听到吹集合号了，他们赶紧跑向学校，但门前有战士站岗，进去不得。他们于是攀上墙头，向里张望。只见战士们一排排肃立，一个个子高高的、瘦瘦的、长发蓬松的人正在一边挥动着有力的手势一边讲话。他知道这就是这几天人们屡屡谈到的毛泽东了。毛泽东讲的话，他不能完全懂得，但那个小石头打破大水缸的比喻却使他印象至深。

这是中国共产党在革命战略上从进攻大城市转到向农村进军的新起点，少年胡耀邦目睹了这个历史性场面。

9月21日，工农革命军由毛泽东率领，排列整齐地向南走去。他们此行是沿罗霄山脉南下，向江西进军。一些乡民和许多学生娃子随在队伍后面送行，胡耀邦和表兄杨世俊也夹在人群中。断断续续有人停住了送行的脚步，胡耀邦和几个同学却执着地继续跟着向前走。直到登上了湖南、江西两省交界的高升岭，已是中午时分，在起义军劝阻下，他们才停了下来。

他们依依不舍地望着这支队伍的背影穿过杂树丛林，渐渐远去。

浏阳又被国民党占领，共产党的活动转入地下。学校还没有复课。这时候胡耀邦更频繁地去五神岭将军庙，他知道这里仍是革命者的据点。十三乡地下苏维埃政府的领导们也早已知道这个伢子勇敢、机灵、靠得住，便派他组织孩子们暗地里张贴标语，做些宣传方面的工作。于是，他白天躲在舅舅家里帮助写"打倒帝国主义""打倒国民党""打土豪，分田地""实现共产主义"等等标语，晚上就领着一些小伙伴出去张贴。他关照大家不要挨拢了，每个人之间要隔开一段，一旦有情况，大家就可以各自跑开。由于他熟悉文家市到五神岭这一带地形，所以标语能遍布四周村镇。对他们的活动，苏维埃领导很满意，常常夸奖，这使得他们越干越欢，每到天黑时分就不约而同来到将军庙领受新任务。这种到处出现的标语引起了国民党方面的注意，他们派人出来侦察。这些夜色中鬼鬼祟祟的人被胡耀邦发现了，他一方面及时向乡苏维埃领导作了报告，要求加派赤卫队员出去监视敌情，一面自拟了一条"七十二行早回家，晚上杀了莫怪他"的标语四处张贴，意思是奉劝各行各业的人晚上早早闭门，免受杀身之祸，也以此来警示国民党方面人员晚上要老老实实待在家里。在共产党地下活动还保有较强力量的形势下，这个标语果然在一定程度上起了震慑敌人的作用。

由于胡耀邦有文化，见识广，主意多，当过少先队队长，所以孩子们都把他当作"总指挥"。每逢假日，孩子们总要打听胡耀邦来将军庙没有，如果来了，他们就聚集到将军庙来，胡耀邦也就分派他们任务，或者带他们唱歌，给他们讲各种有趣的见闻。孩子们受着潜移默化的影响，逐渐萌生了对"革命"的信仰和追求。后来，这些孩子的大多数，如胡里秋、余代炳、余代松、郑家象、黄大谦、甘厚煌、余代桂、孙发渠、邓喜贵等人，有的参加了工农赤卫队，有的正式参加了红军，不少人在激烈战斗中献出了年轻的生命。[1]

---

[1]　余根魁：《小耀邦在舅舅家》，《胡耀邦与家乡浏阳》浏阳市委党史办公室编印，1999 年，第 195 页。

四、踏上革命征程

1928 年春，浏阳县城里开了一所中学——浏阳县立初级中学。校长吴纪猷是老教育家，曾经留学日本。他的不凡的抱负，就是以新思想新文化培育家乡的子弟。学校设立的课程有国语、英文、代数、物理、化学、历史、地理、美术、音乐、体育等等，这在当地是开风气之先的。学校的二十多名教师，大多是受过高等教育、头脑开明的有志青年。在当时的浏阳县城里，这是唯一的中等学校。它一创办，便以新颖的课程、雄厚的师资和现代的性质，吸引了浏阳和邻县的众多小学毕业生。

1929 年夏，胡耀邦高小毕业了。毕业考试时，他的作文写农民的艰辛，考了第一名。这时正值浏阳中学招考一百名秋季班新生。胡耀邦同父母商量，要去报考。虽然供一个中学生到县城去读书在经济上有很大困难，而且胡耀邦独自在外住校也有些令人放心不下，但开明的父母还是答应了。于是胡耀邦欢天喜地地前去应考。考试的科目是国语、算术、历史、地理和三民主义。胡耀邦考得很不错，发榜的时候，名字赫然列在前十名当中。

胡耀邦考上了中学，不但全家高兴，村民们也都看作是本村的光荣。在高兴的心情稍稍平静之后，父母又为筹措一年几十元光洋的学费和膳宿费忙碌开来。家里的积蓄有限，少不得卖鸡卖粮，还要借债。姐姐石英为了支持弟弟读书，没日没夜地纺麻，也为他挣了两块银元。这样，十四岁的胡耀邦由哥哥胡耀福背着简单的行李，走了几十里山路，来到浏阳中学。

少年的胡耀邦很知道用功。他读书认真，肯于思考，勇于提问，作业交得快，学习成绩总是名列前茅。他在课余活动中也十分活跃，参加了校鼓乐队，担任鼓手，他还十分喜爱体育运动，担任篮球队队长。没有多长时间，许多老师就都对这个个子不高、但很有悟性的学生产生了深刻的印象。教英语的俞科盈老师看到他的英语成绩出众，很惊奇这个来自偏僻的南乡孩子有这样高的天分。教国语的周乃经老师一次让他背诵《滕王阁序》，他一字不差地从头背到尾。他后来终生喜好古典文学，跟这时打下的古汉语知识基础有很大关系。他也擅长作文，写得条理清楚，简洁精练。一次，校长吴纪猷从板报学生作文栏里看到他的一篇作文，十分赏识，在全校师生一次集会上给予了表扬。

胡耀邦对这些老师也怀着纯真的感情。三十多年之后，胡耀邦下放到湖南省湘潭地委任第一书记，一回到浏阳，就寻访当年的老师和同学，但大多早已谢世，或者下落不明，只有俞科盈老师仍然健在，却也不在浏阳，没有见到。1981 年，终于得到准确讯息，当时已担任中共中央总书记的胡耀邦立即给老师写了一封信："得悉您玉体犹壮，健饭如常，儿女都已参加工作，不胜欣慰。我没有忘记您，没有忘记小学和初中的几位老师，因为老师那种正直廉洁和诲人不倦的精神曾经给我以巨大的感染力。"后来，他还把俞老师接到北京去住了多日。胡耀邦"尊师重道"的精神，使俞老师感动不已。

表兄杨世俊此时也在浏阳中学读书。他们两人都关心时事，喜欢发议论，胡耀邦还时不时在同学中作些鼓动性演说。说来也怪，演说的时候，他就不怎么结巴了。他常常有独到见解，遇到不同观点，他勇于起而争辩反驳。一次，训育主任何震吾上"三民主义"课时说：现在国民革命已经大功告成了，东北三省也易帜了，今后同学们要紧的是努力读书，要安分守己，毕业后为国家做事情，为个人争前途。课后，一些同学议论说何老师讲得很对，胡耀邦却大不以为然。他说，东北三省虽然易了帜，但是日本人的军队还驻在那里，长江里的外国军舰还挂着别国国旗开来开去，咱们湖南的军阀还是换个不停：唐生智打败了，程潜上，现在又来了鲁涤平，将来还不知道谁来做湖南省的新主席。现在列强没有打倒，军阀也没有打倒，天下并没有太平，我们学生要读书也要关心国家大事，古人不是说"国家兴亡，匹夫有责"吗？此时恰好吴校长从这里走过，听了他们的争辩，想不到胡耀邦小小年纪，竟能说出这样一番大道理，越发看重了这个品学兼优的学生。

1929年12月，胡耀邦回家度寒假。这时候的浏阳农村，革命的力量正重新凝聚。中共湘鄂赣边区特委书记王首道潜来浏阳，恢复和发展党团组织，很快就发展了两千四百多名党员。接着，浏阳县委也恢复了活动，还组织了"浏东游击队"，开展武装斗争。这种日益蓬勃的形势，又一次把胡耀邦吸收到革命组织中来。苍坊村邻近的山村女青年杨贵英当时任中和乡少共（少年共产党即共青团）书记，对胡耀邦在里仁学堂当少先队长时的积极表现早有了解。她找到胡耀邦，发展他秘密加入了青年团。杨贵英全家都是革命者。后来杨贵英和她的父母以及两个哥哥都在同国民党斗争中英勇牺牲，只有大哥杨贵友（杨建新，新中国成立后曾任林业部办公厅主任）经过长征到达了陕北。

青年团员的光荣称号，激励着胡耀邦更加奋发地工作。他写标语，编儿歌，向周围群众介绍共产党、红军的活动情况，认认真真尽着团员的责任。

1930年春节过后，表兄杨世俊经县委介绍，到平江黄金洞红五军随营学校，正式参加了中国工农红军，从此改名杨勇。表兄正式走进革命队伍，这使胡耀邦既羡慕又神往。

开学以后，他又回到学校。

然而此时形势发生了急剧变化。1930年4月，驰骋在湘赣边界的彭德怀，在率部攻占了江西万载、铜鼓之后，又进攻浏阳的东门市、文家市。按照中共湘鄂赣边区特委的统一部署，浏阳县委、县苏维埃、赤卫武装在东乡发动了武装暴动。不久，黄公略又率领红六军直逼浏阳，一度占领了浏阳县城。再加上连年不断的蒋桂战争、蒋阎冯大战的影响，浏阳县内充满惶恐和混乱。国民党军四处拉夫，抢掠烧杀，人们已难以安居。浏阳中学一些学生四处避难，一些教师也请假不来，已无法继续开课。于是，一部分学生转移到长沙妙高峰中学上学，胡耀邦也一起去了长沙。

在长沙读书不久，长沙形势又骤然紧张。原来当时中共中央正受着"立三路线"的控制，要求不断攻打大城市。1930 年 7 月，彭德怀奉命率第三军团攻打长沙，学校又停课。上了不到一年中学的胡耀邦不得不中止学业，辗转回乡，但他已身无分文。走出城去正巧碰到了从浏阳前来配合攻打长沙的当赤卫队团长的堂叔。堂叔给了胡耀邦两块银元，让他随着逃难的人群，赶快回了家。

从此，胡耀邦结束了正规的学校生活，踏上了职业革命者的道路。

7 月 25 日，彭德怀率红三军团向长沙发动猛攻，突破一层又一层防御阵地，最后激战于长沙城东阵地，拂晓占领了全城。在随后几天里，成立了省临时苏维埃政府，临时总工会，扩大红军约七八千人，放出了几千名政治犯，长沙城里天翻地覆。然而经过仅仅十一天，8 月 6 日，在强敌的反击之下，又退出长沙，转战浏阳。与此同时，毛泽东、朱德率红一军团由江西直驱湖南，准备会合红三军团以扩大胜利。红一军团主力于 8 月 20 日到达文家市，一举打垮了盘踞在这里的何键部第三纵队，击毙第三纵队司令兼旅长戴斗垣。"文家市大捷"后，毛泽东、朱德同彭德怀在永和市会合，成立了红一方面军。一时间，平江、浏阳一带苏区打土豪、分田地、建农会，成立各级苏维埃政府，农民革命的烈火又熊熊燃烧起来。

胡耀邦回乡以后，由于能"识文断字"，所以很受器重，不久就当上了乡少年先锋队队长兼儿童团团长，以后又做了团支部书记、团区委委员。乡苏维埃召开大会的时候，乡干部文化水平低，有些事情讲不清，很多时候就让胡耀邦出来说说。由于见识多了，胡耀邦也更喜欢演说了。他演说时事，总是详细具体，鼓动性强，农民群众都很喜欢听。在朱毛军团攻打文家市时，胡耀邦率领少先队员们成为支援红军的一支活跃力量。他们为红军送饭送水、查路条、送信、写标语，表现得英勇机智，很受红军喜爱。后来，胡耀邦按照青年团的布置，着力做宣传工作。他组织了一个文艺宣传队，找一些会演会唱的孩子，到八区苏维埃所辖乡村去演出宣传。胡耀邦还自己动手，为宣传队编了一个剧本，名叫《打倒柴山虎》。剧情是：一个贫苦农民进山捡柴，回家路上遇见大恶霸柴山虎的走狗，抢夺这个农民的柴担和柴刀，并将他打伤。这时候，恰巧来了一群砍柴人，拔刀相助，将这伙走狗砍伤。柴山虎得知大怒，纠集反动团总，寻衅报复，烧杀抢劫，逼得农民无路可走，于是纷纷参加了赤卫队。这个剧的反压迫的主题和情节，很打动人。胡耀邦自己也常常登台演出，而且能即兴发挥，经常得到群众的喝彩。

在局势稳定之后，胡耀邦又生出一个想法，就是要让农村贫苦孩子们都能够上学。当时浏阳县苏维埃政府规定，在全县办各种红色学校，免费入学。苏区范围内的学校也都改为红色学校或列宁小学。胡耀邦根据这个精神，想创办一所"少共列宁学校"。当时少共组织里有两名工作人员，都是胡耀邦的小学同学。胡耀邦同他们商量这个想法，三个人一拍即合。乡苏维埃十分支持他们这个创举，为他们腾房子，找板凳，学校很快开办起来。课程有政治、经济、文化、军训等等，教材是县苏维埃政府统一编写的。胡耀邦担任政治和文化课教员，他讲得生动有趣，孩子们很爱听。学校由于办得有特色，因此受到浏阳少共儿童局的表扬。

胡耀邦的姐姐胡石英（人们都称呼她石姑）非常疼爱耀邦这个小弟弟。但石姑是个苦命人。她先是嫁给一个姓刘的，婚后备受虐待，屡遭毒打，几乎被打疯，后来又被一纸休书撵回胡家。她整天忧虑地、默默地干活，独自吞噬着内心的痛苦。之后再嫁，在一次分娩后死去。胡耀邦也很爱这个姐姐，姐姐的不幸遭遇给了他很大的精神创痛。他更深切感到这个富人压迫穷人、男人压迫女人的世道太不公平，不打倒封建的制度和习俗，大多数人就永远不能翻身。他越发明确知道了只有跟着共产党闹革命，才能真正改变旧社会。

思想上的日渐成熟，要求革命的积极表现，日益显露的宣传、组织才干，使上级党组织看到这个少年是个优秀之才。1930 年 10 月，胡耀邦被调到十八区区委做宣传工作。

不久，中共湘东特委派人前来物色年轻干部。起先选中的是当过团支部书记、很有活动能力的二哥胡耀福，耀福也愿意去。但是父母觉得家庭困难，他是主要劳动力，而且又新婚不久，不愿让他离开。于是来人又把视线移向虽然年少，但是有文化、朝气十足的胡耀邦。稍加考察，便选中了。

奔向更广阔的天地，这正是胡耀邦的愿望。他对同学说：男儿怎能恋守几亩地几间房，要离家出去闯天下。他虽然对亲人十分留恋，但对革命工作的美好向往，使他决计走上革命征途。

1930 年 11 月，刚刚年满十五岁的胡耀邦告别了父母兄嫂，迎着初冬的寒风，出发前往江西。他的母亲在哥哥耀福的陪同下为他送行。母亲一路哭着，不断嘱咐耀邦要学会自己照顾自己。她总不肯停步，一直送到数里外的大桥边。耀邦依依不舍地独自走去，他频频回头，看见母亲瘦小的身影还伫立在那里，直到渐渐隐没在雾霭中。

从此，胡耀邦掀开了他生命的多彩篇章。

第二章 苏区的磨砺

一、活跃的"红小鬼"

去湘东特委的路，一共走了三天。越过罗霄山脉北段之后，胡耀邦一行来到江西境内，准备从芦溪渡过袁水南去。到了河边，却发现国民党部队已经封锁了渡口，难以通过。他们只好退回来，又选了另外的途径，才辗转到达莲花县花塘村。

关于这一段经历，现在唯一能找到的资料，只有胡耀邦在一次同基层干部闲谈时对当年情景的回忆。他说："我参加革命工作，还不满十五岁。第一个任务就是随部队冲过敌人的一道封锁线。这里是平原，还有一条河。部队一出发，我就紧跟部队往前冲。穿过封锁线到达安全地带后，宿营号吹响了，大家都烧着大火团团围在火旁烤衣。我查看了一下自己，脚上的鞋袜掉光了，身上的衣服扯破了，全身上下到处都是血迹。由于我年小疲劳过度，全顾不上这些，一坐下就睡着了，直到天亮吹行军号才醒过来，开始随部队进发。"① 但这是发生在什么时间、什么地点，都已经难以考证了。

胡耀邦先是在湘东特区儿童局工作，1931 年 2 月，改任少共湘东南特委书记。7 月，湘东南特委并入湘赣临时省委，10 月，湘赣省委正式成立。胡耀邦来到省委所在地永新，担任湘赣省儿童局书记。湘赣革命根据地是 1929 年井冈山根据地的红军在粉碎了国民党军的"会剿"后建立起来的，此时已扩展到宁冈、莲花、上犹、崇义等十多个县。湘赣省委设在永新县城的天主教堂里，省委书记王首道也是浏阳人，敦厚老成，坚定果断；宣传部长甘泗淇也精明干练，雄姿英发。胡耀邦工作的儿童局，是在县城北门内一座二层小楼的二楼。

来到苏区半年多了，胡耀邦仍然沉浸在无所不在的新鲜感里。从换上统一的灰色制服起，他就为自己已成为一个革命者而欣喜万分。从领导的谈话里，从各种会议上，从接触到的书报上，他已经明确认识到自己的终身任务就是为共产主义事业而奋斗，而当前的任务，就是要打倒新旧军阀，打倒剥削压迫，解放工农大众。这里随处都可以看到马克思的画像，他也好奇地翻过用土纸印刷的马克思著作的小册子，知道了就是这个大胡子的德国人揭示了阶级斗争的规律和指明了社会发展的方向。他对共产党也有了更深一层的认识，知道了这个党是要解放全人类的，是有严格的组织纪律的。

从莲花到永新，革命队伍里都一致注视着毛泽东、朱德领导的中国工农红军第一方面军的动向。此时粉碎蒋介石的第二次"围剿"不久，根据地里充满胜利的欢腾。胡耀邦从人们兴致勃勃议论

---

① 李挥武：《三日夜谈》，《胡耀邦与家乡浏阳》浏阳市委党史办公室编印，1999 年，第 85 页。

的毛泽东采取的敌进我退、敌退我追、诱敌深入、以少胜多等战略思想中，增长了许多军事方面的知识。特别是，这时候传来了日本军队占领了我国东北三省的消息，而蒋介石不加抵抗，却集中兵力进攻苏区，这使胡耀邦更增加了对日本帝国主义和国民党反动派的仇恨，更坚定了只有共产党才能救中国的信心。在这里他眼界大开，仿佛一下子成熟了许多。

省儿童局和少先总队部在同一层楼上。这是一座木质结构小楼，楼下是一个杂货铺，门前挂着儿童局和少先总队部的牌子。少先总队队长叫谭启龙，胡耀邦很快同他熟悉起来。谭启龙是永新当地人，比胡耀邦大一岁，三岁丧父，十岁丧母，是个孤儿，没进过学校。他性情豪爽，乐于助人。两个少年朝夕相处，很快成了好朋友。谭启龙帮助胡耀邦克服独处异乡在语言和生活习惯方面的不适，胡耀邦帮助谭启龙读书认字，学习文化。

少先队是十六岁以上青少年组织，半军事化，队员打黄绑腿，戴红领巾，手持梭镖大刀，经常操练，必要时配合红军作战。儿童局的工作，是组织十六岁以下儿童们的活动，如动员和组织扫盲识字、唱歌跳舞、站岗放哨等等。儿童团员也佩戴红领巾，但是比少先队的红领巾小一些。胡耀邦由于在家乡做过儿童工作，同时这里根据地的条件更好些，任务更加明确，因此他得以充分施展才能。他经常到苏区周边各县去，建立儿童组织，开展儿童活动。他的富有鼓动性的演说，一个一个新鲜的主意，把儿童活动搞得热热闹闹。儿童工作在短期内便有明显起色，使省委领导对他刮目相看。

1931 年秋季，在赣南兴国、宁都一带，毛泽东领导中央红军粉碎了蒋介石调动三十万兵力所进行的第三次"围剿"。又一次反"围剿"的重大胜利，大大鼓舞了根据地广大军民的斗志，湘赣边区的建设也随之进入鼎盛时期：根据地扩充了，红军壮大了，少先队、儿童团也更加活跃了。在一派喜气洋洋的气氛中，1932 年 5 月，湘赣省举行了一次规模盛大的少先队、儿童团的总检阅活动。

经过胡耀邦和谭启龙的紧张筹备，总检阅在永新县沙罗洲举行。那一天，会场上搭起了三个检阅台，王首道等省委领导登台检阅，从瑞金来到这里巡视工作的共青团苏区中央局的巡视员、童工出身的冯文彬也参加检阅。从湘赣苏区二十个县选派来的近一万名少先队员和儿童团员们身背大刀、肩扛梭镖，在嘹亮的军乐口号声中，列队通过检阅台。他们个个生龙活虎、神气十足。检阅过后，又依次进行了集体操表演、政治业务测验和文艺歌舞表演。经过评选，给优胜者发了奖。这次令人们情绪振奋的活动组织得活泼热烈，井井有条。

这是冯文彬第一次见到胡耀邦，这个在场上指挥得很有章法的儿童团负责人立即引起了他的注意。冯文彬在出发前来湘赣省时，共青团苏区中央局书记顾作霖交给了他一个任务：在巡视中挑选几个优秀干部到中央局来工作。因为在"立三路线"期间，共青团和工会的中央和各级领导机构都被合并成各级行动委员会，以准备暴动。党的六届三中全会纠正了"立三路线"，这些组织陆续恢复，亟须补充一些干部。冯文彬带着这个任务，在湘赣省巡视时，每到一地都注意发现所需之才。

冯文彬有意地找胡耀邦多次交谈。他觉得孩子般的胡耀邦言语不多，却很有见地，思想比较开朗，想问题也开阔。开会时他听胡耀邦的发言，条理清晰，很有内容。他听说胡耀邦正在编《共产主义儿童报》，自己写文章，自己画版面，自己刻蜡版，自己搞发行。他找来报纸翻看，感到编得生动活泼，胡耀邦的文章写得实在，字也秀气。他觉得这是个很有希望的人才，从此对胡耀邦有了深刻印象。

1932 年夏，胡耀邦受湘赣省委的派遣，随部队去湘东做扩充红军的宣传工作。前卫连长潘豹是他的浏阳老乡，潘豹的哥哥潘虎也在红军里，是红五师师长。这一天，队伍来到湖南醴陵白兔潭。正行进间，胡耀邦发现迎面过来的行人都步履匆匆，惊慌不安，他觉得奇怪，拉住人们一问，才知道是由于红军尖刀班的疏忽，没有发现前来清剿湘赣革命根据地的国民党部队正从西头向白兔潭镇开过来，行人说："队伍有蛮长一溜"。

白兔潭小镇依山傍水，只有一条窄窄的麻石小巷，两军相遇，必有恶战。对方有多少兵力不清楚，万一接上火，也许会吃亏。胡耀邦明白情况严重，马上通知了前卫连长潘豹。

当下，潘豹传令队伍撤出小巷，避开与敌军正面冲突，自己带了一班人迅速跑下河堤，解开一条渔船，拼力撑向对岸。小河只有二三十米宽，对岸是一片开阔地。潘豹和战士们上岸后，就朝着进镇的敌军开火，吸引敌军的火力。当敌军把队伍摆开掉头，要向对岸发起攻击时，红军队伍全部进入了小镇，猛袭敌军后路。这样两面夹击，敌人以为中了埋伏，赶紧狼狈逃窜了。

战斗很快结束，胡耀邦找到潘豹说：这场战斗真让人捏把汗，你老哥真是艺高人胆大呀！ [1]

这次"扩红"取得了很好的成果，胡耀邦圆满完成了宣传任务。

二、蒙冤"AB团"

正当胡耀邦以一颗赤诚之心，努力从事艰巨的革命事业的时候，一场意想不到的灾难落到了他身上，他被指认为是"AB团"分子。

---

[1] 卢风五：《胡耀邦与他的老战友》，《中华英烈》1989年第4期。

"AB团"是 1926 年国民党右派在江西省党部中一些极端反动的分子纠合起来的秘密组织，所谓"AB"，就是英文"反布尔什维克"的缩写。他们千方百计向苏区渗透，窃取情报，造谣惑众，从事破坏活动。早在 1930 年 8 月，中共中央就作出了《肃反工作决议案》，当时的"肃反"重点就是肃清"AB团"分子。这项工作开始后，确实查出了"AB团"奸细，但已出现了扩大化的迹象。后来，随着"左"的路线的发展，在苏区许多地方更加猛烈地开展"反对取消派""肃清AB团"的肃反运动。各地在执行过程中，又层层加码，扩大到大抓"改组派""第三党""托陈取消派"，以至莫须有的"蝴蝶采花团"之类。只要有一点捕风捉影的因由，就会被定为"AB团"，而且大搞逼供信，大搞株连。一旦罪名确立，就可能被杀害。这样，一大批干部，包括许多领导干部陷入冤案，他们有口难辩，一些人在酷刑下不肯屈招，最后背着"反革命"的罪名被处决。一时之间，革命队伍中相互怀疑，人心惶惶，气氛紧张。

湘赣省委肃清"AB团"的斗争开展较晚，同样也错捕错杀了一些好同志。省委书记王首道是个比较实事求是的人，他逐渐察觉了这种做法的严重后果。他虽然要竭力压下这种势头，但肃反机关学苏联"契卡"的做法，自成系统，党委的话可听可不听，因此难以控制。在肃反日益扩大化的情况下，1932 年底，省政治保卫局根据逼供信中有人的乱供，把胡耀邦和谭启龙也列入"AB团"的名单。

名单提交省委常委会讨论，意见分歧。有的委员认为，根据揭发人的供词，胡耀邦的一个老师就是"AB团"，已经被处决了。胡耀邦受这个老师影响很大，能不是"AB团"吗？有的委员提出了异议，说胡耀邦只是个十七岁的娃娃，而且来苏区后一直表现非常好，这件事要慎重。王首道处境两难，不好下决心。恰好共青团苏区中央局巡视员冯文彬在回中央苏区前列席了这次会议。他本来已选定了胡耀邦、谭启龙、宋新怀三个人，要带回中央苏区去工作。现在听说他经过多番考察，印象极好的少年竟然是"AB团"，他无论如何难以置信。他有心对胡耀邦和谭启龙加以保护，就说，既然大家意见不一致，胡耀邦和谭启龙又都属于团中央系统的干部，我就把他们带到团中央去审查吧。大家同意了冯文彬的意见。

1933年元旦过后，冯文彬带着胡耀邦和谭启龙，通过国民党的封锁线，来到中央苏区驻地瑞金。

冯文彬向共青团苏区中央局书记顾作霖作了汇报。顾作霖是六届四中全会以后，同任弼时、王稼祥一同被派到中央苏区来的重要干部。他按组织系统，把胡耀邦和谭启龙交给了少年先锋队中央总队部总队长张爱萍，对他说：交给你两个"AB团"嫌疑分子，是从湘赣省转过来的。对他们要认真审查，既不能冤枉好人，也不能漏掉坏人。

张爱萍本人不久前也曾被怀疑是"AB团"在共青团中央局的负责人，幸亏有顾作霖和中央局组织部长任弼时的力保，才得免厄运。因此他早已对这种随便怀疑人、审查人和乱整人的做法极其反感。此刻一看转来的是两个尚有几分稚气的娃娃，就先有几分疑惑。他分别找他们详细询问了他们的出身、经历、爱好和特长，就越发不相信他们是"AB团"。他向顾作霖汇报说，谭启龙是苦出身，胡耀邦是在大革命风暴秋收起义影响下投身革命的，都是很优秀的干部呀。张爱萍和顾作霖商量后，决定解除对胡、谭的审查，分配工作：谭启龙担任少先总队巡视员；当时张爱萍兼任"拥苏反帝大同盟"的青年部部长，就留胡耀邦在青年部当干事。

其时，湘赣省委已被中央派去的执行"左"倾路线的人所把持。

他们指责湘赣省委有"平（江）浏（阳）地域观念"，撤消了省委书记王首道的职务，变本加厉地进行"肃反"，甚至将湘赣苏区苏维埃主席袁德生、省委常委刘德凡等人，也都作为反革命分子而秘密杀害。他们查到了胡耀邦、谭启龙一案，认为谭启龙是孤儿，可以不再审查，胡耀邦是知识分子，政治思想和社会背景肯定复杂，况且他又有"AB团"的老师，于是派人前往瑞金，要把胡耀邦带回来重新处理。

顾作霖、张爱萍、冯文彬都不同意这样做，但是心里也没有底，只得暂时停止胡耀邦的工作，把他隔离在一间小屋子里。

胡耀邦觉得非常委屈，也非常恐惧。他知道"AB团"的罪名如果定下来，那就一切都完了。他觉得不能这样"坐以待毙"，一定要找组织陈述冤屈。他独坐在空荡的小屋里，愁苦地等待着……

一天傍晚，乘来人开门送饭，他不顾一切地冲出去，径直跑到顾作霖的住处。一进门，他就扑在顾作霖的面前，呜咽地哭着说：顾书记，我不是"AB团"呀！顾作霖安慰他说：是不是"AB团"，会弄清楚的，你别急，先回到那屋里去好好等着。

不久，顾作霖就亲自来找他。那是一个晚上，月光皎洁，他们慢慢向村边走着。

"说实话，你究竟参加过'AB团'没有？"顾作霖慈爱地看着他，问道。

"什么'AB团'，我是共产主义儿童团嘛。"

胡耀邦动情地讲述了他出生贫苦之家，读过一年初中，十五岁就出来参加革命，加入了共青团，后来又到湘赣省委做少年儿童工作等等。顾作霖很专注地听着胡耀邦的倾诉，不时提出一些问题。他们谈了很久，直到夜深。

顾作霖把同胡耀邦的这次长谈说给张爱萍听。张爱萍说，胡耀邦当青年部干事这一段的表现非常好，聪明活泼，热情能干，虚心好学，还颇有文采，遇事喜欢寻根问底，小小年纪就有为共产主义奋斗终生的强烈愿望和坚强决心，干起工作又是个拼命三郎。他说，从籍贯、年龄到工作经历，特别是现实表现，都足以证明他不但不是"AB团"，还是很好的革命同志。顾作霖也说，耀邦确实是个很有培养前途的好干部。

但碍于湘赣省委等着带人，对胡耀邦还不能解除审查。

几天后，顾作霖告诉张爱萍、冯文彬：中央已经发现湘赣省搞"AB团"有扩大化错误，准备派任弼时去湘赣任省委书记，耀邦的事等弼时同志去了再说。但现在不能让湘赣省委的人把他带走，不然太危险了。

随后，顾作霖解除了对胡耀邦的隔离，还嘱咐冯文彬多跟胡耀邦谈谈，对他多加关心和照顾。

几十年后，冯文彬回忆这一段往事说："我鼓励耀邦要相信党，耐心等待，有话就找领导和同志谈，不要闷在心里。不久，我被派去福建工作，耀邦眼泪汪汪地来送我，一边走一边说：你走了，我怎么办？我安慰他：组织上会作出正确结论的，不要急，更不要想不开。他一直送我到村外的桥头，我骑上马走了一阵，回过头来看他还站在那里目送着我。"

后来，在顾作霖主持下，终于给胡耀邦作了实事求是的结论，冤案得以解除。

这一段遭遇，在胡耀邦可以说是刻骨铭心的，在以后的数十年间，他屡屡提到这件事：在谈到党必须爱护干部、必须有实事求是作风时，他以此为例；在谈干部要经得住误解、委屈、考验时，也以此为例；特别是，他始终怀着深深的感激之情，追忆当年保护过他、救助过他的那些老领导、老战友。1988 年 3 月，已辞去中共中央总书记职务的胡耀邦生病住在三〇五医院，谭启龙来北京参加十三届二中全会，去医院看他。谭启龙"文革"前后先后做过中共浙江、山东、青海、四川省委书记，退下来后落户济南。两个少年时结交的老战友，如今都已年过古稀，多年未见，此刻相逢自是高兴万分。他们说这说那，很自然地说到"AB 团"的那段故事，两人一起回忆当年种种细节，不胜感喟，都庆幸碰到了三个好领导：一个是冯文彬，一个是顾作霖，一个是张爱萍。胡耀邦惋惜地说，"可惜顾作霖同志在第五次反'围剿'的战斗中牺牲了，不然这个同志是很有发展前途的。"1989 年 4 月，胡耀邦逝世，他的长子胡德平在整理遗物时，发现一首胡耀邦写给谭启龙的诗：

> 年逾古稀能几逢？逆交难忘六十春。
> 蒙冤 AB 双脱险，战处南北俱幸存。
> 牛棚寒暑相忆苦，开拓岁月倍感亲。
> 遥祝康复更添寿，寿到雏声胜老声。

这首诗写于 1988 年 9 月，胡耀邦从烟台休养"回京路过济南，拟访问老战友谭启龙，始悉因病去沪治疗，怅然若失，书此相寄"，但不知为什么没有寄出去。诗中的"蒙冤 AB 双脱险"，就是说的这段经历。1989 年 4 月，就在他去世前几天，冯文彬到医院去看他，他还深情地说：当年如果不是你把我带出来，我就完了；如果把我送回去，我也完了。冯文彬后来说："不难看出，耀邦同志坚持实事求是，坚决平反一切冤假错案、包括历史上的一切重大错案，是深刻总结了我们党的历史经验教训的。"

三、渐露头角

1933年8月，胡耀邦担任中央苏区反帝拥苏总同盟青年部部长，以后又兼任宣传部部长。反帝拥苏总同盟是一个群众团体，1933年6月召开第一次代表大会，周恩来和项英都曾到会讲话。总同盟在瑞金、湘赣、福建、江西等地都有省盟。同盟的主要工作对象是红军战士和广大青少年、儿童，宣传和动员他们反对日本帝国主义对中国的侵略，反对蒋介石对苏区的进攻，拥护和保卫苏维埃政权。胡耀邦一面做扩大红军、拥护红军的宣传工作，一面继续做扩展儿童团组织、对少年儿童进行政治思想和文化教育方面的工作。

1933年9月，胡耀邦写有一篇题为《共产青年团领导之下的苏区共产儿童团三个月来的活跃情形》的文章。文中写道：

> 苏区共产儿童团在共产主义青年团领导之下，继续着红五月的工作热情，进行"八一"与国际青年节运动中两件工作，在工作中收到很大的成绩，这使苏区的共产儿童运动更加开展起来。

文中说：

> 拥护红军方面：在创造少共国际师时，工人们、少先队员们以很大的力量帮助动员，如组织宣传队、组织突击队、帮助新战士家属秋收砍柴、组织调查队、督促逃兵归队等。特别是在长汀、兴国、万太、博生、瑞金、永丰，有许多儿童团员能够一人鼓动七八名甚至十多名青年去当红军，因此在扩大红军上、归队上，儿童团做了四千以上的数目。

拥护苏维埃方面：六月间，宣传队里和群众节省粮食，借谷运动，在七、八两月中参加查田……查出隐藏地主、富农十余家，搜出许多隐藏的金银首饰，在参加赤色戒严方面也表现了他们的勇敢精神。

发展一倍组织的回答：中央儿童局"九三"指示的两件工作中的一件是发展组织一倍。这一工作，许多少先队员是给了光荣的回答，如宁化三个月发展了五千名，……他们不但完成了一倍数目，而且还超过了许多。但总的方面来说，还只完成了七分之一。这是由于许多地方对这一工作很疏忽，没有将它深入到下层儿童群众中去执行。

这时候，他已能以俯瞰全局的目光，观察和总结诸多方面的工作，并且提出指导性的意见。

1933年9月，还未满十八岁的胡耀邦由青年团员转为共产党员。

1934年初春，他接替张爱萍的工作，任少共中央局秘书长。

少共是共产主义青年团在当时的称谓。少共中央局就是共产主义青年团中央局。1933年春，在上海处于地下状态的中共中央机关，由于叛徒的出卖遭到严重破坏，已不能存身，于是先后转移到中央苏区。少共中央局也于稍晚些时候来到瑞金，与共青团苏区中央局合成一个机构。少共中央局驻地是下肖区上场屋，离中共中央局驻地很近。这里聚集了一批十分精干的年轻人。凯丰（何克全）任少共中央局书记，刘英任组织和宣传部长，陈丕显为中央儿童局书记，谭启龙、赖大超也都是少共中央局的干部。

很快，胡耀邦同年龄相仿的"红小鬼"陈丕显、赖大超也建立了友谊。这群年轻人当时过的是半军事化生活，十分艰苦，每天只吃两餐，每餐只有三两米蒲苞米饭，缺油缺盐，几乎顿顿清水南瓜，但他们充满乐观精神，朝气十足。他们都爱唱山歌，一有机会就唱起来，赖大超唱得最好，胡耀邦也唱得不错。他们打山歌、斗山歌，总是引来阵阵喝彩，众声应和。后来成为张闻天夫人的刘英像大姐姐一样照拂他们，集体里一片欢乐。

在担任秘书长后，胡耀邦除了要帮助领导抓全面工作，还要管机关事务。尽管工作繁忙，他还是要参加各项实际工作，并且争取多到下面去作调查研究。当时的许多突击性活动，如"义务星期六""突击周"等，胡耀邦都是积极组织者和参与者。扩大红军是当时各地的中心任务，胡耀邦更是经常去作鼓动演说，直至个别动员。他还常常跨过武夷山，到闽西根据地一些县去巡视，广泛了解实际问题。一次，他在调查中发现不少家庭甚至学校用打骂的方法"教育"孩子，童养媳现象也十分严重。他向少共中央作了反映，同时协同教育部门指示进行纠正，并且在《红色中华》《青年实话》《时刻准备着》等报刊发表了报道、评论，推动问题的解决。他还常常同机关团员一起，到驻地附近的群众中去访贫问苦，帮助解决一些实际困难，同周围群众关系十分融洽。

胡耀邦来少共中央工作不久，就兼任儿童局刊物《时刻准备着》的主编。这个刊物以坚持提高少年儿童的政治、思想、文化素质为宗旨。胡耀邦仍以他一贯的热情和认真从事着编辑工作。除开动员少年儿童参加生产、支援革命战争这些经常性内容外，胡耀邦特别注重于帮助少年儿童识字读书，学习文化，即使后来战争紧张的时刻，这方面的内容仍然占着很大篇幅。胡耀邦也经常在刊物上写一些鼓励性的诗歌。在刊物上，他配合封面上所画的精神奕奕的儿童团员，写了一首儿歌："你们是贫苦工农的小弟妹，我们是从小做工的苦姐哥，我们都是皮安尼尔（儿童团员），我们要时刻准备着！喂，你吹打打嘀嘀的号，来，我们齐唱啦啦的歌……"他为第四期画也配了儿歌："模范团员呱呱叫，件件工作都顶好，读书考第一，开会最先到。拥护红军苏维埃顶热心，唱歌游戏体操门门好，青年同志看了摸摸头，时刻准备着选举得锦标！"像在湘赣省编儿童刊物时的情形一样，他既要组稿、审稿、定稿，又要编排版面，还要校对、发行。版面有空白的时候，他就编一些有趣味的补白。这个刊物设置了短评、通讯、故事、童话、诗歌、图书识字、模范儿童、谜语、笑话等众多栏目，由于言之有物，能提出问题，编得丰富多样，所以很得好评。

在少共中央机关，读书的条件较好些，一向勤奋好学的胡耀邦益发如饥似渴地读书读报，努力提高革命觉悟和追求新鲜知识。机关里所有的书报，他都一一拿来读过。有时有从国统区运进来的书报，他更是带着很大的兴趣和好奇，恨不得一口气读完。有时读得兴浓，几乎就是废寝忘食。他和同样酷爱读书的少共中央机关刊物《青年实话》主编魏挺群，总是在一边吃饭一边看书看报，这成了机关一景。在这里，他接触了更多的马克思列宁主义著作，有的尽管读不太懂，他也坚持不懈地读下去，对其中精辟的地方，尽量背熟记住。一次，他同赖大超一起读二十世纪二十年代翻译的恩格斯的《德国农民战争》，看到扉页上所引的德国农民领袖汤玛斯·闵采尔的话："亲爱的诸君，我主上帝将握着铁杖，敲击这些家伙！当我说这些话时，我是被认为暴徒了，就是这样吧。"觉得精彩极了，便都抄在笔记本上，胡耀邦很快背熟，甚至数十年后还能够完整地引述。他们也一起阅读当时能够找到的一切中外文学名著。胡耀邦即使出差，也要带上一些书刊。他的好学精神，当时就被许多人所看重。

来到中央机关这一年，胡耀邦进步很快，成绩突出。当时在王明"左"倾教条主义影响下，一些人讲话、写文章空话连篇，八股气十足，但胡耀邦在工作中起草的文件、发表的意见多是言之有物，持之有据，且多新见解，显得很不一般。因此，当时中央宣传部长、主管青年团工作的张闻天和主管组织工作的李维汉以及少共中央领导人都很喜欢这个年轻人，把他作为优秀干部培养和使用。

四、告别红都

然而中央苏区的形势，已经愈来愈险恶。

蒋介石在连续四次"围剿"被挫败之后，1933年10月，调集百万大军，在中央苏区外围修筑了数千个碉堡，在大炮和飞机的配合下，步步为营，节节推进，逐步合围，又开始了第五次"围剿"。

在此之前，在上海的临时中央负责人博古（秦邦宪）转移到了中央苏区。博古是王明路线的坚定执行者。1931年1月以王明为首的宗派集团占据了中央的领导地位，推行一条极"左"的教条主义路线。他们以"游击主义"和"富农路线"的罪名，撤消了毛泽东在中央苏区党的领导职务和在红军中的领导职务，迫使毛泽东离开红军，专做中华苏维埃政府工作。不久王明去了苏联，在共产国际工作，他的路线由博古继续推行。博古并不懂军事，恰好，1933年9月，共产国际派的"军事顾问"、德国人李德来了。

李德曾参加过第一次世界大战，后来在苏联伏龙芝军事学院接受了战略战术方面的训练。他的朋友说他是一个"僵硬而又迂腐"的人。他把在国外打阵地战和街垒战的经验带到中国来，并为此而自命不凡。

李德的高深的战争言论使不谙军事的博古等人大为折服。他说，游击战争的黄金时代已经过去了，现在红军应该站稳脚跟，开展常规战争，不能放弃一寸土地。在前四次反"围剿"中已被证明是正确的毛泽东的游击战、运动战的战略战术原则，被彻底否定。李德虽然名义上是"顾问"，但博古已经把反"围剿"战争的指挥大权都拱手交给了他。

广大红军指战员和干部们在奋力保卫这块红色根据地。在战局紧急时刻，少共中央根据中国工农红军政治部的提议，正式建立了"少共国际师"。全师由一万多名青年组成，共青团员占百分之七十以上。当时十九岁的萧华被任命为"少共国际师"的政委。一批共青团干部也转入了战斗部队，张爱萍就在其中。萧华和张爱萍新中国成立后都被授予上将军衔。

胡耀邦仍然从事政治工作。当时少共中央局和少共先锋队总队部联合发起动员少先队员参战和扩大赤卫队组织的运动，胡耀邦的全部工作都围绕着"扩红"、征粮和支前展开。胡耀邦和同事们到各村去，宣传关于参加红军的种种优待政策，诸如军属在家的土地有人代耕；在商店买东西可以享受百分之五的折扣，有时还免征税收；给军属送慰问品，包括最稀罕的盐、火柴、大米等等。他们还动员农家妇女为红军编草鞋，动员少年儿童们加紧站岗放哨，严防奸细混入。到"义务星期六"的日子，要去给红军家属种地或做家务。胡耀邦回到机关里还要写文章，编刊物，印制宣传品。这是一段异常紧张、繁忙的日子。

前方的战事越来越不利。博古、李德把红军几个主力军团调来调去，采取死打硬拼的战术，大大消耗了红军的力量。黎川的失守，已经是不祥之兆。1934年春，蒋介石军队又直扑中央苏区北面的门户广昌。敌人动用七个师的兵力，炮兵轰击，装甲车、坦克车开路，三四十架飞机配合，逐日向前推进。在这种局面下，博古等人还高谈阔论，说第五次反"围剿"即是争取中国革命完全胜利的斗争。博古和李德不愿意红军像前四次粉碎"围剿"那样大踏步前进、大踏步后退，实行机动作战，而提出"以碉堡对碉堡""短促突击"，死守每寸"国土""御敌于国门之外"。红军虽然作战英勇，然而构筑的土碉堡难以抵御敌人的坦克、大炮，红军的劣势武器和装备在阵地战上也难以攻破敌人的钢筋水泥洋碉堡。经过十八天的浴血苦战，红军付出了重大的伤亡代价，广昌还是失守。国民党军队推进到中央根据地腹地，中央苏区岌岌可危。

1934 年 10 月，中共中央机关和中央红军不得不退出中央根据地，开始了二万五千里长征。

撤退之前，刘英还在于都忙着"扩红"。一天，毛泽东带着一名警卫员来到于都的共青团分部，他要刘英马上赶回瑞金，去接受一项非常特殊的任务。刘英回去后便去找少共中央书记凯丰，但他已经走了，他留给刘英一封信，说他已经编入战斗部队，上级指示，以后少共的事情就由刘英负责。

那些天里，前方失利的消息接连传来，敌人的飞机每天到瑞金低空盘旋，中央机关忙碌异常，人们都感觉到要有"大动作"了。

终于有一天，组织部门发出了"转移"安排：少共中央机关干部刘英、胡耀邦、赖大超等都"转移"。此前已调任闽赣苏区团委书记的陈丕显、湘鄂赣苏区少先队总队长的谭启龙等留下不走。

胡耀邦只得结束工作，清理和销毁文件，打点行装，准备出发。

在湘赣省和中央苏区先后工作这四年，是胡耀邦从一个只有初步革命要求的少年成长为自觉的革命者的四年，是他增长知识和才干最快的四年。这四年来的磨砺，使他有了一副坚强的体魄，去迎接未来的一切考验。

第三章　不怕远征难

一、带病行军

深秋的赣南大地已经初显凉意。茫茫雾霭在山峦间腾起，归鸟在林梢间鸣叫着盘旋。这是 1934 年 10 月 16 日黄昏时分。长庚星已出现在西方天际，闪烁着俯视人间。于都东门外的于都河边，正拥挤着大批红军战士和党政干部等待过河。中共中央和红军主力部队就要撤离经营了六七年的红都瑞金，撤离中央根据地，向西作战略转移了。

中央各系统组成两个纵队：中央军委、红军总司令部和总政治部以及直属队组成第一野战纵队（简称军委纵队），叶剑英任司令员，代号"红星"；中共中央机关、中共政府机关和军委后勤部门，工会、共青团等单位组成第二野战纵队（简称中央纵队），李维汉任司令员，邓发任政委，代号"红章"。两个纵队居中而行。由林彪、聂荣臻率领的第一军团为左锋，其后为罗炳辉率领的九军团；彭德怀、杨尚昆率领的第三军团为右锋，其后是第八军团；四个军团在两翼护卫。董振堂、李卓然率领的第五军团殿后。

胡耀邦被编在第二纵队的"中央工作团"里，在总政治部做民运工作，并担任共青团组织的政治思想方面的工作。

胡耀邦于10月10日从瑞金出发，去于都集结，经过几天的行军，随队来到于都河边。他同那些年轻干部一样，背着由一条毛毯、几件衣服打成的简单背包，带着一袋干粮和十斤米，肩上的挎包里装着几本书和笔记本，腰带上挂着搪瓷饭碗，筷子别在绑腿里。他无语地伫立着，神色凝重地注视着前面的部队缓缓移动。

于都河并不宽，又是枯水季节，水流平缓。沿着河边几个渡口，工兵架设了浮桥。但由于桥面狭窄，等待过桥的人员和辎重过多，所以通过得十分缓慢。

众多的"老表"赶到河畔来为红军送行。出发的队伍里有他们的子弟，也有已与他们结下深深情谊的干部和战士。一些安置在老乡家里的伤病员也来了，他们被留下来坚持敌后斗争。天渐渐黑了，老乡们举着火把和灯笼，一面把带来的辣椒、干菜、鸡蛋等等塞到战士手里，一面沉重地重复着一句话："你们可要早些回来啊。"

二纵队出发了，排成一路队列，一个紧跟一个。谁也不说话，只听得桥上的脚步声，武器碰撞声。胡耀邦渡过河去，已是后半夜了。他回过头去看到，浮桥的小船上悬着的马灯闪着荧荧灯火，河对岸灯笼、火把仍然亮着，照得周围一片通红，可以看到后面队伍的憧憧人影。

队伍先是向西南行，准备绕过赣州后，再西折进入湖南。

为了躲避敌人飞机的袭击，开头总是夜间行军，白天休息。那时正是农历九月上旬，夜间的山林里幽深昏暗，路径难辨。于是大家在肩上或背包上拴上白布条，以便后面的人能够跟上。后来就用松枝和竹批扎起了火把，以后火把越来越多，远远望去，这些火把随着崎岖的山路隐现起伏，像一条蜿蜒游动的火龙。到破晓，人们便隐蔽在山坳里、树丛间休息。

胡耀邦所属的第二纵队有一支后勤部队，负责转移各种器材和用具，一些精壮的战士和大批民夫抬着印刷机、制造枪支弹药的车床、铣床、印钞机、X光机，以至办公桌椅、文件档案、大批的纸张、文具及印刷品等等。那些机器庞大而沉重，在往往只容一人通过的山径上，艰难地向前挪动。二纵队又有一些年纪大的领导干部和三十多名妇女（包括孕妇）需要照顾。这样，中央纵队只能缓缓地前行，每天只能走二三十里。

胡耀邦跟着队伍，就这样不紧不慢地走着。这样的行军不算疲劳，也不怎么紧张，人们万万没想到不久将有那样严酷的惊险和苦难，所以也没有多少政治工作要做。只是休息下来的时候，如果周围没有敌情，连队之间就会互相拉歌。这也是红军的一个传统。这时候，胡耀邦就要站出来，指挥大家唱个《红军歌》或者《三大纪律八项注意》，再不就自己来一首高亢的兴国民歌。

夜里行军，白天休息。行军，行军……

但不久，胡耀邦染上了疟疾。

持续的一阵高烧又一阵冷得发抖，折磨得他浑身绵软，已无法走路。按上级规定，团级以上干部负伤或生病可以坐担架。胡耀邦属团级，领导派了担架来。虽然好强的他不愿为大家增加麻烦，但大家还是不容分说地把他抬了上去。

他躺在担架里，忍受着疟原虫的折磨。好在前面就是贺诚领导的野战医院，医生时时过来照拂。由于过去营养太差，身体虚弱，这次又大大耗损了体力，以致这场病缠缠绵绵总不见好。

二、险过封锁线

五天之后，部队来到敌人设立在赣南的封锁线，这一带是由广东军阀的军队扼守，从安西到赣州、南康共部署了三个师两个旅的兵力。红军突围第一仗首先在信丰与安远间打响。这里重要路口及山上都有砖石筑成的各种碉堡。10月21日、22日经过两天激战，敌人抛下大量武器弹药、军用品、食物等等，落荒而逃。在追击途中，俘敌三百多人。敌人吹嘘的第一道"钢铁封锁线"，就这样在红军的摧枯拉朽攻势下被突破。

中央纵队在各军团护卫下，从这里西折，沿江西、广东边境运动，在五岭崇山中穿行，指向湖南。刚刚进入湖南境内，就碰到第二道封锁线。

第二道封锁线设在湖南桂东、汝城至广东城口一线山上。碉堡和碉堡之间，沟壕相通，火力相连。然而这一线守军，保安队居多。蒋介石虽然正急急调动军队堵截，但一时部署不起来。红军只用两个营的兵力，就从城口突破，生俘一百多人。这样，几乎没有经过什么战斗，就通过了第二道封锁线。

在通过第二道封锁线时，胡耀邦的疟疾已经止住，他坚决不再坐担架。而且部队已进入战斗状态，政治思想工作和宣传鼓动的任务也日益繁重起来。

前面第三道封锁线设在粤汉铁路南段郴州良田到宜章之间，这里有铁路和公路，敌人调兵十分方便。沿线有大量用修铁路的水泥器材修筑的碉堡。此时蒋介石已经判明红军主力是在突围，已调动嫡系部队从福建、江西追赶上来。这里的形势，比前两道封锁线要严峻得多。因此，必须赶在敌人集结之前占领阵地，以争取主动。

一军团在左翼抢占了险峻的九峰山，三军团在右翼先后攻占了良田、宜章等城镇，两个军团密切配合，经过苦战将敌人打退，从南北两个方面，掩护着中央纵队从九峰山和五指峰之间通过了封锁线。

这里是湘粤边界的一条荒谷，胡耀邦跟随中央纵队在夜间从这里通过。这里没有村庄，看不到一户人家，遍地是茅草碎石。两侧高山苍黑如墨，天空乌云翻滚。忽然又下起瓢泼大雨，谷底狂暴的秋风挟着雨水，打得人睁不开眼。雨很快停了，深山老林里格外阴冷，冻得人们打颤。越过长长的荒谷之后，前面又攀一座大王山，山上在不停地下雨。身体刚刚有些起色的胡耀邦，经过寒雨的反复淋浇，又发起烧来。

但胡耀邦支撑着。红军打下宜章县城之后，没收地主豪绅的财物，召开群众大会，动员贫苦农民和修路工人参加红军，宣传共产党的政策，政工人员们有大量工作要做。一旦忙碌起来，胡耀邦就忘了病痛。

部队继续沿五岭山脉西行。由于军情紧急，中央纵队不分晴雨，不分昼夜，连续急行军。然而由于辎重过多，爬山越岭极端困难，还是走不快。

此时蒋介石嫡系薛岳、周浑元几个师已经尾追上来，湖南军阀何键的部队和广西军阀的部队也从两边夹击过来。被蒋介石任命为进剿军总司令的何键下令以十五个师的兵力分五路对红军围追堵截。一段时间里较少出现的敌人飞机，也成队在空中盘旋。

特别是西边横着两条大江：在东的是潇水，在西的是湘江。

敌人的计划是要在道县附近的潇水之滨围歼红军。但英勇善战的红军部队以日行百里的速度，抢占了道县，阻击了南下的敌军，掩护中央纵队渡过了潇水。

本来，此时可以乘势急进，抢渡湘江。但是博古、李德等人仍然让人抬着那些笨重的机器，按常规行军，每天只走四五十里，足足走了四天，才到达湘江附近，以致贻误了时机。

而敌人却争取了时间，调集了二十个师，从四面八方包围过来。他们在广西全州、灌阳、兴安之间修筑了大量碉堡，建立了第四道封锁线，计划在湘江之滨将红军消灭。

11月底，当部队接近湘江的时候，敌人的数十万大军渐次逼拢过来。已慌了神的博古、李德等只是命令部队硬打硬拼，被动招架。在各个阵地上，英勇的红军同敌人进行着殊死的搏杀。战士们喊着"一切为了苏维埃新中国"的口号，一次次向敌人冲去。12月1日，战斗越发激烈。在二十多里的战场上，在茂密的松林间，展开了浴血苦战。敌人大炮轰击，飞机滥炸，红军战士毫不退缩，凭着刺刀顶住了气势汹汹的敌人。

中午时分，中央纵队渡过了湘江。

湘江之战，打了一个星期。由于前面的部队过江缓慢，后面大批来不及过江的部队被敌人拦腰截断，虽然经过激烈血战，红军还是付出了惨烈的代价。红军从中央根据地出发时共八万六千人，加上农夫及沿途新参军的战士共十万余人，此时只剩了不足四万人。殿后的红五军团第三十四师、八军团的几个团都没有能够渡过江去。湘江之滨，许多红军忠骨长埋，三军团的两个团的领导干部全部牺牲或负伤，营连指挥员所剩无几；被打散的队伍后来转到湘南打游击去了；许多民夫也跑掉了。

湘江一战的失利，众多战友的牺牲，引起人们强烈的悲痛和不安，一时间议论纷纷："博古、李德会打仗吗？""为什么四次反'围剿'净打胜仗，他们一上台就净打败仗？""我们到底要走到哪里去？"……胡耀邦感到，这时的思想工作十分难做，大家提出的问

题他难以回答，况且他自己同样有这些迷惑。他听说少共国际师的
战友在这一战役中也损失大半，感到一种前所未有的沉痛。虽然过
了江，但谁也高兴不起来，整个气氛无比沉闷。

从一开始，博古等的意图就是要去湘西同贺龙、任弼时率领的
二军团和萧克、王震率领的六军团会合。这个计划，直到当时还在
对中下层人员严格保密。然而蒋介石已经窥知了这个动向。他调集
了二十万大军部署在湘西，也是设了四道防线，等着红军一到便聚
而歼之。博古等判断不出这里已杀机四伏，仍然痴痴地要按原先的
设想，将队伍开往湘西。

头脑清醒的毛泽东却看到了红军已不宜去湘西。到达湖南通道
以后，毛泽东建议召开军委扩大会议，重新审定前进方向。毛泽东
力主放弃同二、六军团会合的计划，以免投入敌人罗网。他提议西
进国民党统治势力较薄弱的贵州，在那里创建根据地。博古已被湘
江惨败弄得六神无主，李德却粗暴拒绝了毛泽东的建议，执意要去
湘西。

12月18日，在贵州黎平召开中央政治局会议，再次讨论行动
方针问题。经过毛泽东的充分陈述和努力说服，大部分领导人同意
了毛泽东的不去湘西而西进贵州的主张，作出了关于在川黔边建立
根据地的决议，预定以黔北重镇遵义为新根据地的中心。

随后军委就发出指示，要各级政工人员向部队说明黎平会议精
神，并且"在我们内部，坚决反对对自己力量估计不足的悲观失望
和正在增长着的游击主义危险"。胡耀邦按照指示的要求，抓紧做
着说明和解释工作，同时关照：现在进入了苗族、侗族地区，要执
行民族政策，尊重少数民族的风俗习惯，买卖要公平，执行三大纪
律、八项注意。

部队取道黔东南，进军遵义。此前抢渡湘江时，一路抬来的机

器辎重等扔到了江里不少，部队得以轻装前进。从黎平北进，虽然一路上还是绵延的山脉和河流，但都不算险峻。特别是中途改道，把国民党大军甩在了湘西，而贵州国民党兵人人吸食鸦片，战斗力差，防守空虚，因此已无须夜间行军，行军的速度也加快了。

一路北上，每逢占领城镇，就没收地主土豪的财产，其中的粮食一部分留作军用，一部分分给贫苦群众。贵州有道是"天无三日晴，地无三尺平，人无三分银"，人民普遍贫困，家徒四壁，称作"干人"。部队分粮分衣的消息一经传开，老百姓纷纷走出来欢迎红军。只要停留时间稍长，就举行群众大会，宣传共产党，宣传红军，文工团给老百姓演戏唱歌，政工人员则刷标语、发传单。只要在一个地方过夜，就教群众写六个字："打土豪""分田地"。

胡耀邦是这些活动的组织者和参加者之一。每到一地，他就根据当地情况拟写宣传词，在群众大会上发表鼓动性演说，到"干人"家里去做些调查，或者自己提起石灰桶在墙上刷写标语，教儿童们唱《少年先锋队队歌》。

三、遵义负伤

时间进入 1935 年。中央纵队（黎平会议后，为了紧缩机关，已将一、二纵队合并）已来到乌江南岸。元旦这天，还像在中央苏区那样，组织了庆祝新年的晚会，胡耀邦等活跃分子也照例要出节目。游艺会后又有会餐。一个月前那种低沉情绪大大缓解。这时大家只有一个话题，就是突破乌江，拿下遵义。

第二天就传来了好消息：乌江已经突破了。接着，1 月 7 日，红军智取了遵义。

在中央领导人相继到达遵义之后，1 月 15 日至 17 日，召开了中央政治局扩大会议，即"遵义会议"。会议集中全力解决当时具有决定意义的军事和组织问题。会上，多数人批判了王明在中央的代理人博古以及"军事顾问"李德的错误、特别是军事路线的错误，重新肯定了毛泽东正确的军事路线。会议将毛泽东增选为中央政治局常委，由洛甫（张闻天）代替博古负总责，主持党中央日常工作。会议决定取消博古、李德的最高军事指挥权，仍由中央军委负责人朱德、周恩来指挥军事，周恩来是党委托的对于指挥军事下最后决心的负责人。以后，又由周恩来、毛泽东、王稼祥组成了军事领导小组，即"三人小组"，负责指挥军队。

遵义会议的决定传达下来，人们无不欢欣鼓舞，特别是毛泽东又回到了军队的主要领导岗位，使大家在危急中看到了希望。人们很久以来的那些迷惑、不满，都得到了答案，大家对前途又充满了信心。

在遵义那些日子，胡耀邦和所有政工人员一样忙得不可开交。热情洋溢的遵义青年学生们，从红军进城第一天起，就组织起了宣传队，手执红旗，上街演讲，为红军宣传。政工人员们立即同他们结合起来，运用各种形式，介绍共产党的抗日主张，号召各行各业都组织起来，同剥削阶级作斗争。他们在全城大街小巷，写满了"红军是工农自己的军队！""帝国主义滚出中国去！""打倒卖国的国民党！""取消苛捐杂税"等等标语。有些干部还深入到学校去组织"红军之友"协会，在工人中组织"赤色工会"。只几天时间，全城就一片沸腾。1月18日，由各革命团体出面，在遵义贵州省立第三中学操场举行了遵义全县民众大会。毛泽东和朱德出席了大会，毛泽东上台讲了话。他讲述了共产党与红军的各项政策，说明共产党愿意联合国内各界人民、各方军队一致抗日的主张和政策。人们情绪热烈，不断鼓掌。以后在总政治部帮助下，成立了遵义县革命委员会，还组织了工人游击队和革命先锋队等群众武装组织，全城洋溢着革命气氛。

但中央领导人在进入贵州以后，看到这里人烟稀少，经济不发达，党在贵州又没有工作基础，要建立以遵义为中心的川黔边新根据地困难重重。而蒋介石已经调集了他的嫡系薛岳兵团和黔军全部，以及川、湘、滇、桂军的主力向遵义地区进逼包围，薛岳指挥的吴奇伟、周浑元两个纵队八个师，已经进入了贵州。因此遵义会议决定，由重庆上游宜宾到泸州一线打过长江去，到川西北地区去建立根据地。

部队西渡赤水河（一渡赤水），向四川古蔺开进。这时侦知，敌人已调重兵赶到宜宾防守，从宜宾渡过长江已无可能，于是改道到滇黔边威信（扎西）、镇雄一带休整。在扎西，对部队进行了整编，大幅度压缩了机关，中央纵队也被精简了，各级领导人员大部分调到了作战部队。

胡耀邦从"中央工作团"被编进了红三军团。红三军团已由三个师整编为第十、十一、十二、十三四个团，从师长、政委到连、排、班长层层下放。胡耀邦来到了由彭雪枫任团长、甘渭汉任政委的十三团，担任了党总支书记。从此，他参加了作战部队的行动。

不久，大批国民党川军和滇军又从北、南两面向扎西压来。毛泽东指挥红军出敌意料地掉头东向，去打击遵义、贵州之敌。红三军团奉命，千里回师二渡赤水，去强攻遵义的门户——娄山关。2月25日，十三团以急行军速度抵达娄山关，经过肉搏，占领了点金山制高点，又五次夹击冲锋，终于在黄昏时分占领了娄山关隘口，随后再次占领了遵义。

2月27日，胡耀邦跟部队来到遵义城外不远处待命，等待依次进城去维持秩序。忽然，一队国民党飞机低空飞来，投下的炸弹四处爆炸，一块弹片击中了胡耀邦右臀部，大量鲜血流出，他负了重伤。

担架队急速把他抬进遵义城，送进临时安置伤病员的天主教堂。医生王彬用"鸦片水"给他麻醉，做了手术，但弹片未能取出，后来这个弹片一直留在他身体里。

同胡耀邦一起住在这个临时医院的，还有著名的"罗明路线"的代表罗明[①]、红三军团政委钟赤兵。他们也是被炸伤的。后来胡耀邦回忆这段负伤经历时说，同时住院的老侦察员"孔（宪权）使我整夜睡不着，他一直喊：'杀！杀！'这是红军战士向敌人发起冲锋时喊的口号"。他说：那时"我已经把死亡置之度外了。没有任何选择，我们只能战斗下去。不战斗，也得被（敌人）杀死"。[②]

红三军团和红一军团密切配合，在遵义城南聚歼了吴奇伟所率从贵阳北上增援的两个师，歼敌二十个团，俘获三千多人。这是长征以来最大的一次胜利。这次胜利使蒋介石极为震惊，他急忙飞到重庆"督剿"，命薛岳、周浑元纵队再次进逼。为了进一步调动和迷惑敌人，红军于3月10日撤出遵义，向北由茅台镇附近三渡赤水，再次西进开往四川古蔺。

西进途中，胡耀邦又躺了两天担架，然后就改骑十一团政委张爱萍让出的马匹了。不多久，他把马让给更需要的人，自己坚持徒步行军。

---

① 1933年2月，中共福建省委代理书记罗明，由于不赞成当时盛行的"左"倾政策，提出"党在闽西上杭、永定等边区的条件比较困难，党的政策应当不同于根据地的巩固地区"等建议，被"左"倾领导作为犯了右倾机会主义和对革命悲观失望的错误，即所谓"罗明路线"，受到撤职处分等种种打击。

② 哈里森·索尔兹伯里：《长征——前所未闻的故事》，解放军出版社1986年版，第182页。

　　蒋介石以为红军仍是要北渡长江，急令川、黔、湘、滇各路军阀截击合围。这时毛泽东指挥部队突然掉头东向，3 月 21 日四渡赤水，然后折而南进，在敌军的间隙间穿插急驱，直指乌江。这样，就把北线敌人甩得远远的，红军渡过乌江后直逼贵阳。

　　这样声东击西，大踏步地机动作战，不断地调动敌人，使红军由被动变为主动。毛泽东后来对陈毅说，四渡赤水是他一生中的"得意之笔"。

　　由于毛泽东出来指挥作战，胡耀邦见到毛泽东的机会也多了，后来回忆长征时他对人说：毛主席指挥作战的灵活性真了不起，但也不是像一些书上说的那样从容不迫，轻松自如，他看上去消瘦憔悴，常常显得不安而焦急，有时候急得骂人。

　　神出鬼没的红军竟在贵阳附近出现，使正在贵阳督战的蒋介石着实吃惊不小，贵阳城一时四门紧闭。但红军并没有攻打贵阳，而是渡过北盘江长驱黔西北，奔向云南，在这一带寻觅建立黔滇根据地的适宜之地。这一带敌人兵力空虚，红军几乎是日下一城。但这里也是山势纵横，只有云南曲靖是一个平坝子，平坦开阔，但也显狭窄，无法建立根据地。而且追敌周浑元、吴奇伟两个纵队已尾随进入云南，滇军也调大量兵力前来合围，估计各路敌人有七十个团之众。于是中革、军委 4 月 29 日发布命令，红军急速北渡金沙江，甩掉敌人，去川西与红四方面军会合。

四、生死跋涉

　　红军部队绕过昆明北进，仍是一军团走左翼，三军团走右翼，在皎平渡口，渡过了急湍奔腾的金沙江，进入四川。

　　通过凉山彝族地区时，红军执行了灵活的民族政策，军委总参谋长刘伯承同彝族果基部落首领小叶丹拜结了金兰之盟，得到彝族群众的支持，顺利通过了这一民族关系复杂的地区。

再北行，隆隆吼叫的大渡河挡住去路。杨得志红一团的十七名勇士，在安顺场渡口，冒着敌人的密集火力，强渡成功。杨成武红四团穿山越河，以一天强行军二百四十里的速度，来到泸定桥渡口，在敌人火力封锁下由二十二名勇士，攀附着光溜溜的桥索，夺得泸定桥，中央红军主力胜利渡过大渡河。

胡耀邦所在的十三团这一时期没有大的战斗任务，他随着部队一直在强行军。臀部的伤口虽然已经愈合了，但是在这多雨的环境里总是疼痛不止。他们有时走在悬在峭壁的小径上，碰到雨雾弥漫时道路难辨，危险万分；有时又走在"一川乱石大如斗"的峡谷里，从山上滚下来的又大又滑的石头延绵不绝，人们只能在石头上跳来跳去。一条又一条的江河，常常是既无桥，也无船，那就得蹚着没胸深的水徒涉，或者临时砍竹做筏，砍树造桥。行军过程中，胡耀邦仍然要做政治鼓动工作，临时编些歌曲或顺口溜，吸引大家忘却疲劳。每占领一座县城，也仍然要做宣传工作和发动群众的工作。夜间，如果赶不到城镇，他们就在山间或旷野露宿。一到宿营地，来不及吃饭，战士们就坐在地上抱着枪睡着了。

渡过大渡河之后，摆脱了敌军的尾追，同红四方面军已经会师有望。但这里有一个最大的障碍横亘在面前，就是邛崃山脉的一座大雪山——夹金山。

过了宝兴，远远就可以看到这座莽苍苍的银白大雪山了。再向前，地势越来越高，峡谷越来越多，有时几乎无路可通，便只能在原始森林里从粗壮的葛藤和倒地的枯树间穿过，或者攀援上行，跳崖而下。急流上的铁索桥也越来越多，大多已没有桥板，只能踏着晃悠得令人头晕的铁索越过。经过艰苦的行军，队伍终于来到大雪山脚下。

红军长征以来，不知经过了多少险峰峻岭，但像这样的大雪山，还是头一次遇到。经过向当地居民了解，必须在太阳出来以后才可以上山，一上一下七十里，必须在五六个小时以内走完，不然就有冻死的危险。

军委对过山次序作了周密安排：一军团四师先走，五军团跟进……三军团跟在五军团后面。同时要大家作好过山的充分准备：要拿一根拐棍，要带上辣椒等发热的东西，要用布把脚裹好，要用布条遮一下眼睛以防雪盲症……还特别提出：不要掉一个人，不要失一匹马。

部队小心翼翼地向上攀登。开头一段比较平缓，加上大家思想准备充分，觉得并不像说得那样可怕。山坡上片片原始森林，苍翠挺拔，山谷间条条冰川，到处悬挂着巨大的冰柱，构成一片奇异的冰雪世界。这些来自赣闽的战士头一次看见这样壮观的景色，都不由得赞叹起来。

胡耀邦继续着他的行军鼓动工作。他同政工人员们一道，挥动着手臂为大家"加油"，临时触景生情地编一些快板等等，鼓舞士气。

忽然，他看见远处空中出现了国民党飞机，那些飞机飞不到红军所在的高度。大概是被国民党飞机炸伤的旧恨又涌上心头，胡耀邦朝着飞机放声高喊：上来，上来呀，你们这些孬种！战士们哈哈笑起来，有的也随着高喊：上来呀！上来呀！

但这样的轻松情绪没有保持多久，顷刻之间，天气骤变。浓雾扑面而来，瞬间笼罩一切，气温突然下降，寒风刺骨，接着就下起雨来，转眼又成了霏霏白雪，猛然又化作冰雹，强劲地砸下来。一向转战南方的战士衣裳单薄，这时一个个变成雪人。刚刚爬山时满身大汗，此时一冻，如同全身结冰，冻得人们从心里发抖。环顾四周，一片茫茫白雪，上边是雪的陡壁，不时有积雪从山头崩落，下边是雪的深渊，令人目眩。脚下的路已经冻得又硬又滑，空气也逐渐稀薄起来，胸口像压着石块，透不过气来，心跳急剧加快，头晕腿软，一步一喘。有些人坐下来休息一下，就在原地冻僵了，也有的走着走着突然倒下，再也起不来了。临到山顶时，已陆续看到先头部队战士的遗体。每一步都艰难异常、筋疲力尽的胡耀邦同其他政工人员还不忘执行自己的任务，不能讲话，就用拍手鼓舞大家坚持前进！

直到暮色苍茫，才算翻过了夹金山。大家就在人迹罕至的深谷中宿营。

这时传来消息，先头部队在达维村已经同红四方面军相遇了。这个消息使人们欢喜若狂，疲劳顿消。胡耀邦同部队来到达维时，果然看到了身穿深蓝色制服的红四方面军官兵。虽然素不相识，但都同样经历了千难万险、无数血战的两军指战员流着热泪相互拥抱，唱歌，欢呼"我们会师了"。接连两个晚上，都举行了会师联欢晚会，到处充满了欢乐气氛。

红四方面军是1931年11月在鄂豫皖革命根据地组建的一支工农红军部队，徐向前任总指挥，中央政治局常委张国焘任总政委、陈昌浩任总政治部主任。这支部队同样英勇善战，取得多次战役的胜利，根据地不断扩大。1932年6月，蒋介石对鄂豫皖根据地发动第四次"围剿"。由于张国焘实行盲动主义，导致步步失利，10月，红四方面军主力不得不撤出根据地，转战至川陕边界，建立了川陕根据地。其后同川东游击队会合，部队发展到八万余人。1935年5月，退出川陕根据地进行长征，辗转抵达懋功（今小金）。

两军会师大大提高了部队的士气，增强了人们的信心。

6月26日，在两河口举行了中央政治局会议。前一天刚会面的毛泽东和张国焘都参加了会议。会议讨论以后的发展方向，毛泽东等主张向北，张国焘主张向西，一开始就谈不拢，但最后在多数人坚持下，还是作了决定：红军"主力向北进攻，在运动战中大量消灭敌人，首先取得甘肃南部，以创造川陕甘苏区根据地"。

部队继续北进，还是一重又一重的雪山。在到达卓克基之前，来到了雪山第二高峰——梦笔山。

胡耀邦随部队来到山脚下，向上望去，峰巅遮在厚厚的浮云里。他的一个好朋友向上仰望良久，废然地停下了脚步。

也许是翻越夹金山那段经历太惊心了，也许是过于疲惫再没有攀登的力气了，也许觉得再走下去前途太渺茫了。那个朋友掏出枪来，射向自己的头部。

这件事给胡耀邦的震惊和触动太大了。他从来没想过一个人的革命生命可以这样自我结束。他觉得，即使死也要战斗而死，而不能畏缩而死。他深深为这个战友惋惜。

过梦笔山用了两天时间，夜间不得不在山坡上宿营，用毯子裹住身体，互相挤在一起取暖。但由于有了过夹金山的经验，都知道了如何避险履夷，所以陷进雪窟的很少。他们下山时越过隘口，沿途大都是雪线以下的牧场，就比较好走了。翻过山去，胡耀邦又久久想着那个朋友。他觉得千难万险，千辛万苦，总是可以逾越的，但有时一念之差，却很难逾越。

若干年后，胡耀邦在谈到一个人要经得住艰苦、困难的考验时，还常常举这个例子。他说，我们干事业就像过大雪山，确实充满了凶险，谁勇敢面对凶险，谁就能取得胜利；谁动摇或退缩，那只能当失败者。

以后又连续翻过了长板、打鼓、拖罗岗几座雪山，才踏上平地。

部队向毛儿盖方向前进，这时缺乏口粮成为极严重的问题。这一带是藏族地区，人烟稀少，缺乏粮源。正是仲夏，地里的青稞麦已经黄熟，但是藏民们误听国民党的宣传，大都躲起来了。为了筹集到粮食，军委成立了"筹粮委员会"，组织人力在几个生产粮食的地区，分头筹粮。

胡耀邦也投入了筹粮工作。他同筹粮队员们一道，出去张贴保护藏民的布告，在田里插上保护牌，通过通司去动员藏民们回来，然后召开藏民兄弟群众会，宣传红军的民族政策和筹粮办法。对动用和收割的群众的粮食，都付了现款。

由于得到藏民群众的支持，筹粮任务完成得较为顺利。

一天，在筹粮路上，胡耀邦意外地遇上了赖大超。他们也是好久没见了。赖大超在红一师，战士们早已连每天二两半青稞麦的饥困生活也很难维持了。他奉师政治部之命跟红三营到这一带来筹粮。乘部队休息的时候，胡耀邦拉赖大超到他的驻地，正好张爱萍也在那里，大家都为能相遇高兴万分。一谈起来，知道彼此都是筹粮的。胡耀邦和张爱萍把自己分内的一点点蜂蜜和麦饼拿出来，让赖大超充饥，还一定要他带走一些留用。数十年后，赖大超还追忆说：现在回味起来，那些粗糙的麦饼，比任何山珍海味都鲜美和珍贵啊！然而他（指胡耀邦）在过草地时，由于备带不足而挨受了难以忍受的饥饿。每想到此事，我都难以抑止激动的泪水，赞叹我们的同志友爱是多么无私和崇高啊。

在毛儿盖滞留的时间不短。部队在这里进行休整，修理枪械，医治伤员。8月初，召开了政治局扩大会议，确定了北上甘肃南部，在夏河至洮河流域建立新的根据地的方针。

这时候人们逐渐了解到，张国焘自恃红四方面军的兵员和装备都超过了红一方面军，个人野心急剧膨胀，拒不执行北上的方针，而执意西行，到川西去建立根据地。由于张国焘横生枝节，延误了时间，国民党胡宗南部得以在松潘附近集结。这样，原先的打通松潘北上的计划已不能实现，红军要去甘南，就不得不改而穿过茫茫草地。

大草地方圆数百里，一片沼泽，空气稀薄，气候多变，没有道路，从这里通过，得好几天时间。因此各部队纷纷作了准备——准备七天用的炒青稞麦、足够的柴火以及同样不可缺少的拐棍等。

8月21日，先头部队杨成武率领的一军团四团出发，从东部边缘进入草地。毛泽东、张闻天、博古及红星纵队的一部分随后，患阿米巴肝脓肿已六天没进饮食的周恩来率三军团殿后，三军团负责收容掉队战士及掩埋烈士遗体。

胡耀邦担任了红三军团直属总收容队队长。

出发走了多半天，进入了一片原始森林。一棵棵粗大的树木，树冠密密相连，遮天蔽日，潮湿、霉烂的气味呛得人喘不过气来，脚下是厚厚的落叶拌着泥水。越往里走就越阴暗。出了这片森林，就进入了大草地。

这里是名副其实的草地，极目望去，只是天边有一抹起伏的岷山山脉。而地上，除了无边无际的野草之外，一无所有，没有飞鸟，没有虫鸣，没有一块石头，没有一棵树木。唯一的点缀，是野草上面星星点点的淡红淡黄的小花。野草下面是黑水黝黝的泥潭。一条条不知何来何去的小河纵横流淌着。完全没有人烟。这里好像处在洪荒世纪，充满着恐怖和神秘。

第一天行军还算幸运，因为是草地边缘，沼泽较浅，偶尔可以碰到一点土地。红军指战员们在毛儿盖经过较长时间的休整，大家精神饱满，心绪平静。因此胡耀邦等几个干部还能有一点"闲情逸致"。

一天傍晚，张爱萍来找随三营行动的胡耀邦。张爱萍在强渡大渡河之前由十一团调来十三团，任政委。他说总政治部巡视员冯文彬牵着马来到十三团，带着一些牛羊肉干，说是来"登门慰问"的。张爱萍已找了彭雪枫，现在来找胡耀邦，一道去"共"冯文彬的"产"。

胡耀邦好久没有见到冯文彬了，此时见到老领导，无比亲热。四个人席地而坐，说说笑笑，吃着牛羊肉干，可惜没有酒。一向喜欢诗赋的张爱萍随口吟了一句：牛羊肉干邀明月；胡耀邦立即接上：水乡泽国没酒喝；彭雪枫：该请老乡杜康来；冯文彬：打倒老蒋醉弥陀。四句吟罢，四个人哈哈大笑。

到夜间，气温骤降到零下六七度，野草上挂满了白霜，人们只能瑟缩蜷卧着。八九月正是草地雨季的高峰，在随后的几天里，说来就来的寒雨一会儿是蒙蒙细雨，一会儿又是卷着狂风的倾盆大雨，瞬间又是雨雪交加，不多久就变成漫天的鹅毛大雪。雪后又是寒风，风后又是雨……人们知道，又一场考验开始了。

再向前去，满眼野草连着野草，有的草高达腰际，有的地方大片死草上面又生出新草，暗绿的，褐黄的，漾着水汽。脚下是一片片水洼子，底下是枯枝败叶和烂泥，那泥不但软，而且滑。浮草较少的地方，多是泥潭，深可及膝，有的地方深不可测，一旦踏进去，就会一直下沉。有的骡马只顾吃草，陷进泥潭，挣扎着想上来，结果越陷越深，很快就会全被泥水吞没，那泥水咕嘟咕嘟冒几个大泡，就又恢复了平静。有的战士跌倒，滚得浑身泥水，在战友的竭力救援下才得解脱出来；也有的搭救不及，眼看着一点点沉下去；有的即使被救上来，也无力再站起来，终于躺倒在这阴冷的荒原里。

两三天后，吃饭又碰到绝大困难。柴火潮湿无法点燃，炊事员难以煮麦米饭，大家只得嚼自带的炒青稞麦粒。然而连日来这些口粮遭雨水浸泡，已结成疙瘩。待这些也吃完了，就去采摘野菜，胡乱吞咽。到野菜也找不到的时候，有的就煮皮带，而草地的水又大多有毒。粗糙的食物几乎要磨破人们的肠胃，半数以上的人染上了痢疾和便血，一个个剧烈腹痛。

每天晚间，精疲力尽的人们来到先头部队搭建的简陋宿营地，相互依偎着休息下来。第二天早晨，有些人却怎么也醒不过来了。

胡耀邦和收容队员们沿路不断地救助和运送由于饥寒而猝然倒下的战友，所有的骡马都调集来主要用于驮载病号，担架队更是劳累不堪；一些已牺牲的战友只能就地掩埋。

后来周恩来给一军团的一封电报里说："据三军团收容及沿途掩埋烈士尸体统计，一军团掉队落伍与牺牲的在四百以上……"①

已经快走出草地了，胡耀邦却又病倒了。饥饿的折磨，加上寒气和疲劳，疟疾复发了。他越走越慢，渐渐落在人们的后面，终于身子一歪，倒在了一条沟边。

不知过了多久，他看到有人骑马慢慢走来。他认出来了，那是表哥杨勇。担任三军团十团政委的杨勇在土城战斗中被子弹击穿右腮，打落了六颗牙齿，负伤后骑马随休养团行动。胡耀邦无力地连声呼着："世俊，世俊。"杨勇下马，见是耀邦，见他是那样消瘦憔悴，痛楚不堪，急问道："你是不是病了？"胡耀邦点头。杨勇立即把他扶上马，自己忍着伤痛，牵着马送他追上队伍。②

正像胡耀邦自己说的："好在我们年纪轻，挺过来了。"走到第七天，终于走出了草地。病中的胡耀邦感到这一段时间最难忍受的是死一样的孤寂，他说："我连一个人也没见到。村子里空空荡荡

---

① 《周恩来年谱》，中央文献出版社 1997 年版，第 290 页。

② 这件事是发生在哪里，一些相关著作所记都很模糊，只有吴东峰《开国将军轶事》明确地说："耀邦由此走出草地"，姑从此说。

的。我只记得有几只野鸟；到达班佑时，我们才见到了一些牲口。但是房子里还是空空的。"[1]

到了班佑，得知张国焘在阿坝并不来同红一方面军会师，而是一意孤行地带着红四方面军向西开去了。

五、踏上黄土地

9月中旬，部队冒着雨雪交加的严寒，沿着白龙江源头残破的栈道，进入甘肃南部。

要向甘肃腹地前进，首先必须经过腊子口。腊子口是两座峭壁间狭窄的关隘，前面有河阻拦，是"一夫当关万夫莫开"的"天险"。英勇的红军从后坡悬崖攀藤附葛而上，从天而降似的奇袭了敌人，一举攻克了腊子口天险。

部队到达岷县南部的哈达铺，在这里获得了一堆国民党的报纸，送给了毛泽东。毛泽东从报纸上得知陕北还有刘志丹创建的相当大的一片苏区根据地和相当数量的红军，喜出望外。9月27日，在通渭县榜罗镇，张闻天主持中央政治局常委会议，根据了解到的新的情况，确定把中央的落脚点放在陕北。

由此向东，且战且行。跨过六盘山之后，打退了宁夏二马（马鸿逵、马鸿宾）骑兵的追击，10月19日，红军主力到达陕北根据地吴起镇（今吴旗）。

这标志着第一方面军正式结束了长征。

胡耀邦随着部队来到了陕北。

---

[1] 哈里森·索尔兹伯里：《长征——前所未有的故事》，解放军出版社1986年版，第309页。

红军长征，从瑞金算起，历时 367 天，转战赣、闽、粤、湘、桂、黔、滇、川、康（原西康省）、甘、陕十一省，长驱二万五千里，历尽难以想象的艰险，创造了人类历史上的伟大奇迹，是震惊世界的不朽英雄史诗。毛泽东在总结长征的胜利时豪迈地说：长征是宣言书，是宣传队，是播种机，长征是以我们的胜利、敌人失败的结果而告结束。他说，我们中央红军从江西出发时是八万人，现在只剩下一万人了，但是留下来的是中国革命的精华，都是经过严峻锻炼和考验的。我们的力量不是弱了，而是强了。

胡耀邦就是这样的"经过严峻锻炼和考验"的"革命的精华"之一。他经历了残酷的战争，极端艰苦的环境，革命的信念、意志和坚定性，以及生与死的严峻锻炼和考验。锻炼使他更加成熟和坚强，考验证明了他是一个过硬的革命者。对他来说，这一年来的经历是一部无比丰富的革命的百科全书，他从中吸取了不尽的智慧和力量。

长征的经历，在胡耀邦以后几十年革命生涯中始终是巨大的激励因素。在从事青年团中央领导工作之后，他经常对青少年们讲长征的故事，以教育革命的接班人继承和发扬红军的光荣传统。1975年在领导中国科学院工作时，他又把今后从事经济建设和推进科技事业的发展比喻为"新的长征"，用以说明这将是一个无比光荣伟大、艰苦卓绝的历程。

第四章　陕北十年

一、走入毛泽东的视野

红军来到陕北，看到的景象同南方截然不同：这里没有茂林修竹，青山绿水，而只是望不尽的黄土高原，布满着起伏的沟梁，山坡上参差地开凿出用来居住的窑洞。这里人烟也不密集，时常能够看到的只是牧羊老汉，他们披着破旧的羊皮袄，坐在山坡上呆呆地看守着羊群。

一眼就可以看出这里是贫瘠穷困、荒凉衰败的。

红军经过短暂的休整后，开始考虑下一步的发展目标。

陕北根据地面积不小，但出产不丰。主力红军同徐海东率领的二十五军、刘志丹率领的二十七军会合后，已达两万余人，纵使陕北群众都踊跃交公粮，也不敷部队所需；况且也决不能枯守一隅，坐等敌人"围剿"。因此，必须向外发展，以开辟前进阵地和供给粮草的后方。

1935 年 12 月 17 日至 25 日，中共中央在瓦窑堡召开了政治局扩大会议，讨论全国政治形势。会议确定了抗日民族统一战线的战略方针，会议同时讨论了军事战略问题，提出要把国内战争同民族战争结合起来，红军作战的主要目标，应该是汉奸卖国贼的军队。根据毛泽东的提议，具体步骤是东征山西。因为山西军阀阎锡山正在同日本人勾结，东征讨阎是义师所指，会得到人民拥护。自山西向东，就是河北，河北阜平一带有过暴动，会有一定的工作基础；而近期平津学生掀起了"一二·九"抗日爱国运动，向东发展也可以相互配合，相互策应。毛泽东还提出，我们执行的是"在发展中求巩固"的方针，希望通过东征能建立一块根据地，与陕北根据地连接，在山西"筹款""扩红"，以解决陕北根据地"太穷"的问题。

1936 年 1 月下旬，东征军组成，命名为"中国人民红军抗日先锋军"，彭德怀任司令员，毛泽东任政委。兵分两路：林彪、聂荣臻率一军团为右路军，改制后的徐海东的第十五军团和刘志丹的第二十八军为左路军。负责大军后勤供应和"扩红""筹款"的中共地方工作团政委是李富春。

胡耀邦随中央机关到陕北后，仍然担任少共中央局秘书长。在准备东征之时，他被调到地方工作团。地方工作团下辖十二个工作队，他是石楼县工作队队长。

胡耀邦带领工作队在出发前认真学习了瓦窑堡会议根据抗日民族战争新形势制定的各项"新策略"：对俘虏，一经解除武装，则不得搜身，不得讥笑，而是热烈欢迎，诚恳招待；对商人，一律不得没收其财产；对富农，除封建性高额出租的土地外，其自耕及雇人经营的土地一概不予没收；对小地主，在群众同意下按富农对待。这些，都同在中央苏区时有很大不同。

2 月 20 日，红军分别由绥德县沟口、清涧县河口等地强渡黄河。

此时胡耀邦已经有了一个名叫李柱的十五岁的小警卫员。他带着李柱从瓦窑堡出发，一路急进，来到河口渡口。后勤人员一千多人都已汇集这里，随毛泽东所在的十五军团，在无月无星的暗夜，乘着无数的小船，一批一批渡过去。

十五军团很快攻占了距黄河八十余里的石楼。毛泽东视石楼为"东征战略要地"[①]，以石楼县的义牒镇为指挥中心。在较长一段时间里，毛泽东一直在石楼一带活动，在这里召开了许多工作会议。

胡耀邦工作队的驻地就在义牒镇。他和工作队队员们怀着很高的热情，分头下到各村去。胡耀邦觉得工作队里许多人过去都做过"扩红""筹款"工作，有一定的经验，工作可以立即见效。但很快就发现这里的工作并不好做，原因是土皇帝阎锡山早已作了无孔不入的宣传，散发了什么《共产主义的错误》《防共应先知共》等等小册子，把共产党的政策加以歪曲；还搞了"军事防共""政治防共""经济防共""思想防共"等等花样翻新的反共活动，组织了"防共保卫团""主张公道团"，要群众联保防共。因此，群众不愿也不敢同工作队接触。有的工作队员还沿袭旧的工作方法，手里拿一面写着"招募新兵"字样的小旗，用人们听不懂的南方口音，讲一些人们听不懂的道理，这也是一个原因。

胡耀邦向工作队重新部署了工作。他提出工作中要贯穿抗日民族统一战线的思想，运用多样形式，生动具体地宣传党的各项政策，以揭穿阎锡山的欺骗宣传，发动广大群众。同时要选准目标，惩办地主恶霸，给群众以看得见的利益。干部要以身作则，买卖公平，说话和气，尊重当地习俗，同群众亲密无间，让群众从实际榜样中

---

① 《毛泽东年谱（1893—1949）》（上），中央文献出版社1993年版，第514页。

认识共产党。他说，只要工作做得好，老百姓一定会相信共产党的，不会相信阎锡山的。

于是，工作队成员又分头下去，把《中国人民红军抗日先锋军布告》贴遍全县穷乡僻壤。布告里提出："一切爱国人士，革命仁人，不论新旧，不分派别，不分出身，凡属同情于反抗日本帝国主义者，本军均愿与之联合，共同进行民族革命之伟大事业。本军所到之处，保护爱国运动，保护革命人民，保护工农利益，保护知识分子，保护工商业。本军主张停止一切内战，红军、白军联合起来，一致对日。"工作队还深入到各家各户，宣传红军是主张打土豪、分田地、为穷人闹革命的队伍，揭露阎锡山一向敲骨吸髓地压榨老百姓，现在又同侵略中国的日本人勾结起来，是老百姓的共同敌人，他的那些小册子都是欺骗宣传，不能相信。队员们还用歌曲、壁画、演戏、开群众会发表演说等通俗活泼的形式发动群众。在语言上，他们尽量向老百姓学北方话。饱受阎锡山压榨之苦的老百姓，很快就接受了共产党的政策。经过认真的工作，很快打开了局面。

按照党的政策，工作队对商人、富农、小地主的财产、土地一概不动，只是在贫苦农民得到充分发动的基础上，没收了地主郝彦昌的财产，分给了农民。

警卫员李柱后来讲述了这样一段故事：

"首长（胡耀邦）工作很忙，有一天他去十里路远的另一个区政府开会去了。我在家没事干，就在郝彦昌家住房内翻箱倒柜地乱翻，在房顶天花板上发现两口大木箱，装的都是一些老衣、布匹、羊羔皮大衣等。我把翻出来的布、皮大衣、毛巾等留在房内，准备给首长换两件衣服。耀邦同志回来看见炕上堆些东西，问清情况，便大发脾气说：'我们是共产党，不是发财党。'我说：'这些东西是上次没收财产时没有找到的东西。'耀邦更生气地说：'这些东西是地主剥削人民的血汗，应还给人民。马上把这些东西送到区政府去！'我无可奈何地找了几个人将两个木箱送到区政府，仍然想不通自己没有衣服换，留点布做衣服都不行吗？"

经过胡耀邦的工作，十多天就组成了两个区政府，广泛开展了分粮斗争。群众发动起来了，主动把鸡、鸭、猪、羊送到前方，工作队在各地设立的"参加红军报名处"，每天都有一批一批穷苦的青年来报名。石楼县很快就成为东征军在黄河东侧的一块补给基地与根据地。

由于在两个多月时间里连续不断地拼命工作，劳累过度，本来就脸色青黄、身体瘦弱的胡耀邦一下病倒了。他发高烧，上吐下泻，呕血不止。区政府找来当地的草药医生，开了几副药，毫无效果。四天后他已呼吸微弱，但昏迷中还谈工作："我有病，有事去找富春同志解决。"那草药医生认为"他可能时间不会很长了"。李柱哭着忙去报告李富春。李富春立即请前线医生赶来抢救。经过医生的急救，胡耀邦脱离了危险，第二天就醒过来，数日之后，已能扶着炕沿来回走动了。

李富春十分喜欢胡耀邦的顽强工作精神，大会小会上不止一次表扬他。

红军在山西势如破竹的进攻和声势浩大的政治影响使阎锡山大为惊恐。他历来拒绝国民党其他部队进入山西，此时却不得不急电蒋介石派兵增援。蒋介石原是一直想染指山西而不能，现在有了机会，立即答应阎锡山的请求，调汤恩伯的十三军、关麟征的二十五师等部队，分别由河南陇海路、正太路入晋，并在太原成立了晋、陕、绥、宁四省"剿匪总指挥部"，以陈诚任总指挥。4月中旬，蒋介石的十个师，阎锡山的五个师、两个旅由晋中向南共编成七路纵队，向红军压来，这些部队都有一定的战斗力。黄河以西陕西境内的东北军、西北军部队，在蒋介石驱使下也企图沿河北上，卡住黄河渡口。他们想将红军压在河东狭小地区，包围而消灭之。

毛泽东根据敌情的重大变化，决定将抗日先锋军撤回陕北，以保存实力。

5月2日，胡耀邦随后勤支队撤退。区政府安排行李、书籍、文件用马驮着先走了。胡耀邦仍然很虚弱，由民夫抬着来到兴关渡口。这时忽然来了两架敌机，在黄河上空盘旋。这一带都是黄土高原，无处隐蔽，红军和民夫只能就地卧倒。李柱一下扑在胡耀邦身上，将他掩护起来。敌机似乎没有发现什么目标，只胡乱丢下几颗炸弹，向北飞去了，所幸他们都没有负伤。

红军大部队白天休息，夜间渡河，到5月5日，全部撤回陕北。

红军东征，历时七十五天，一军团沿同蒲路东侧南下，横扫山西南部各地；十五军团挥师北上，逼近太原；战斗中共歼灭和击溃敌三十一个团，击毙、俘敌一万七千余人。同时，扩大新兵八千余人，筹款三十余万元，在山西二十个县开展了群众工作，宣传了共产党的抗日主张，扩大了中国共产党和红军的政治影响。

胡耀邦负责的石楼县一地，"扩红"中就招募新兵一千多人，在十二个工作队中，成绩最为显著。

5月中旬，在延川县大相寺举行东征总结会议。会上毛泽东高兴地说，这次东征，打了胜仗，唤起了人民，扩大了红军，筹备了财物。由于李富春在此之前就曾向毛泽东介绍过二十一岁的"小青年"胡耀邦的工作成绩和工作精神，加上总结当中大家都认为石楼的工作做得好，这时毛泽东似乎有意要突出一下胡耀邦，问道胡耀邦来了没有？站起来给大家看看。胡耀邦站起来，毛泽东说，哦，是个小个子呀。毛泽东很有兴趣地问了他一些情况，并让他向大家说两句。

胡耀邦把工作情况说得既简要又条理分明。这是他同毛泽东第一次面对面的交谈，他的热情、精干和深思、机敏给毛泽东留下很好的印象，从此毛泽东心目里有了个"胡耀邦"。

二、重返青年工作岗位

东征回到瓦窑堡以后，胡耀邦重又走上共青团工作岗位。

"少共"这个名称，到陕北后渐渐用得少了，而被"共青团"所代替。

中共中央也及时对共青团中央局的组成人员作了任命。书记仍然是凯丰，副书记是冯文彬。但凯丰是挂名，实际工作都由冯文彬来做。委员有关向应、博古、陈昌浩、陆定一、王儒程、黄林义、刘英、胡耀邦、王生平、陈士法、潘志明、高朗山、李瑞山。胡耀邦还被任命为组织部副部长，以后又被任命为组织部部长。冯文彬认为他更擅长宣传，所以提议他当了宣传部部长。

胡耀邦在青年工作系统已经脱颖而出，成为重要领导人之一。

但共青团的工作，随着国际国内形势的变化，正面临着历史性转变。

1935年7月至8月间，共产国际在莫斯科召开了第七次代表大会。鉴于德国和日本法西斯势力迅速膨胀、欧洲和亚洲面临严重战争危机的形势，大会要求各国共产党努力争取建立世界反法西斯统一战线。同年9月，少共国际召开了第六次代表大会，根据共产国际"七大"的精神，提出建立世界青年反法西斯统一战线的任务，并要求各国共青团要做根本改造，使之成为"广大群众的非党青年团"。少共国际还指示中国共青团"要与民族解放组织和民族改良组织的青年经常合作与联合，要与还在国民党影响下的青年合作"。

正在为广泛建立抗日统一战线而大声疾呼的中共中央也认为有对共青团进行改造的必要，因为白区的共青团在王明路线关门主义和严酷的白色恐怖影响下，早已成为脱离广大青年群众的狭小组织，而红区的共青团也显露出了独立的"第二党"倾向。这种状况，已经不能适应形势发展的需要。因此，1936 年 7 月，中共中央在东征归来之后，把共青团的改造提上了日程。

事实上，在 1935 年"一二·九"运动之后，平津学生的反日救国运动波澜壮阔地开展起来，有越来越多的爱国学生汇入运动的洪流，早已突破了共青团的狭小范围。1936 年 2 月，北平学生成立了"中华民族解放先锋队"（简称"民先队"）。这是以抗日民主为奋斗目标的先进青年的组织。中共北方局很快肯定了这个做法。在边区，群众性更为广泛的"青年救国会"也正得到广大青年和社会各界的认同。这些组织的出现，都为共青团的改造提供了理想的契机。

胡耀邦按照中央的部署，积极投入改造共青团的工作。他到边区各县去作调查研究，组织青年救国会，宣传抗日民族统一战线思想，组织各种抗日救国活动。经过他的努力，青救会组织一直发展到基层。

1936 年 7 月 11 日，胡耀邦在中共中央机关刊物《党的工作》第四期发表了《目前子长的团应做什么》一文，指出子长县共青团组织应以最敏捷的手段去号召青年加入游击队，加强游击队中团的工作，整顿少先队组织并加强其训练，进行部分团与青年群众组织改编的准备工作。这里，胡耀邦提出了"改编"即"改造"的任务。

共青团改造的具体做法，到 1936 年 11 月 1 日中央政治局会议经过专门讨论才确定下来。包括胡耀邦在内的团中央负责人都参加了会议。会议作出的《中央关于青年工作的决定》指出："由于中国国内形势的剧烈的变动，最广大青年群众参加到救亡运动与民主自由的斗争中来，在中国共产党前面提出了根本改造青年团及其组织形式，使团变为广大群众的非党的青年组织，吸收广大青年参加到抗日救国的民族统一战线中来，把建立与发扬文化与争取民主自由的广大青年运动，当作自己为民主共和国而斗争的最中心任务。"决定提出：一、取消国民党统治区内共青团组织，所有团员按照各地具体情况需要，去参加或组织合法和公开的青年组织；二、大批吸收团员入党。没有入党的团员，应成为党支部周围的积极分子，但不另设团支部和团小组，在各地党组织设立青年部和青年工作委员会及青年干事；三、抛弃一切"第二党"的关门主义的工作方法，采取青年的、民主的、灵活的、公开的活动方式，扩大各级青年组织成员。

根据这个精神，共青团中央局正式取消。

胡耀邦不再以共青团中央委员的身份活动，但他还继续从事青年工作。

共青团改造之后，各地青年运动迅速打开了局面，风起云涌般地向前发展，大批热血青年参加到抗日救国洪流中来。1936年12月初，西安市学生在蒋介石到达西安时掀起了大规模的要抗日、反内战的游行示威，蒋介石命令张学良对学生开枪，这大大激怒了张学良，成为促使张学良、杨虎城于12月12日发动"逼蒋抗日"的"西安事变"的诱因之一。

"西安事变"之后，国共两党实行第二次合作，结成抗日民族统一战线，历史翻开了新的一页。

胡耀邦此时的工作，都是围绕宣传统一战线新形势，动员青年参加抗日武装斗争展开。1937年2月13日，他在《党的工作》第25期发表了《延安青年工作的一些经验》一文，指出当前青年工作主要任务是：组织广大青年到抗日战线上来；武装青年；争取青年的特殊利益；开展广泛的国难教育。

随后，他参加筹备西北青年救国代表大会。这是为适应"西安事变"后迅猛发展起来的青年抗日救亡运动，明确今后方向的大会。4月12日至17日，西北青年救国联合大会第一次救国代表大会在延安中央大礼堂正式召开。出席大会的代表三百一十二人，胡耀邦是代表之一。毛泽东、周恩来、洛甫、朱德、博古等中央领导人都出席了开幕式。毛泽东发表了演讲。在演讲中他将中国共产党过去的策略与口号同当时新的策略与口号的关系及变化作了解释。他着重指出，"西安事变"的和平解决，使建立民族统一战线的第一个步骤——争取国内和平基本完成。现在是进入第二个步骤——巩固国内和平，争取民主，开展争取民主权利来团结全国人民到抗日战线上来。他希望大家把共产党的策略口号向全国青年宣传解释，使全国青年都懂得。[①]

大会拟定了《全国青年救国纲领》（草案），制定了《中华青年救国联合会组织简章》（草案），并决定建立西北青年救国联合会，作为在全国青年救国会成立前，现有各地青年团体的最高领导机关。大会选出五十五名执委。18日举行第一次执委会，选出冯文彬为主任，白治民、高朗山、刘秀梅、黄庆熙、徐克仁、李瑞山为执行委员，胡耀邦、刘西元为候补执行委员。

为继续加强党对青年运动的领导，成立了中共中央青年部，后来改为中共中央青年工作委员会，继续由冯文彬负责。正是此时，胡耀邦到抗大学习去了。

---

① 《毛泽东年谱（1893—1949）》（上），中央文献出版社1993年版，第669页。

三、抗大深造

在瓦窑堡时，胡耀邦有了一间自己的小卧室兼办公室，生活相对稳定。他的好朋友赖大超同他比邻。每当思念遥远的父母亲人，或者晚间皓月当空之时，两个年轻人便同住一室，说些心里话。他们一起回忆在中央苏区和长征时的种种经历，谈论几年来印象最深的事物。他们一起怀念战斗在南方的战友，推想着谭启龙和陈丕显在南方坚持游击战争会经历怎样的艰难困苦。他们低声唱着《国际歌》《武装上前线》《渔光曲》等歌曲。他们也怀着青春躁动的心绪谈论爱情。他们都憧憬着未来，对前途充满着必胜的信心。

1936 年 5 月，中央决定陕甘宁省委、省苏维埃迁往保安（今志丹县）。保安当时还有两个区毗邻游击区，组织不纯，治安也不大好，组织部门决定派胡耀邦和赖大超各带一个工作组，在红军配合下，先到那里去帮助整顿。中央组织部部长李维汉同冯文彬打招呼后，便直接向他们两人交代了任务。李维汉走后，胡耀邦对赖大超说：省委搬家让我们打先锋，这可不是玩的，先想想，晚上到我房里，一起交换个初步意见吧。胡耀邦把工作步骤、工作方法都作了精心考虑。后来他有板有眼地工作得很好，出色地完成了任务。

1936 年 6 月，中共中央也迁到保安。1937 年 1 月，中共中央迁至延安。

早在红军东征回师不久，1936 年 5 月，中共中央就提出要建立红军大学，以"为时局开展，准备大批高级干部"。中共中央历来极其重视有计划地培养高中级军事指挥人才。在江西中央苏区，就曾创办过中国工农红军大学，培养了一批优秀的军事干部。现在，就以原红军大学为基础，重新创办。中央政治局常委会对红军大学的方针、学制和教育内容，都作了决定，并任命林彪为校长，刘伯承为副校长，罗瑞卿为教育长。教员由洛甫、博古、周恩来、毛泽东、林育英、凯丰、李维汉、杨尚昆、叶剑英、林彪、罗瑞卿、罗荣桓、张如心、袁国平、董必武等担任。

1936 年 6 月，红军大学第一期在瓦窑堡开学，学员一千零六十多人，分为高级科、上级科、普通科三科。高级科和上级科学习政治（世界革命和中国革命的基本问题，时事问题）、军事（中国革命战争中的基本问题，时事问题），以自学研究为主。普通科加学文化，政治、军事学习也相对浅显。学时六个月，部分学员为九个月到一年。建国以后被分别授予大将、上将军衔的谭政、杨成武、刘亚楼、张爱萍、陈士榘、王平、苏振华、耿飚、赵尔陆、杨立三等，都是第一期高级科的学员。

从第二期起，红军大学更名为中国人民抗日军事政治大学（简称抗大）。这一期学员共一千三百六十二人，分为八个大队：第一、二大队是由军、师、团级干部组成，其他各队由营、连级干部和各地奔来延安投身革命的青年组成。胡耀邦被选派进抗大第二期学习，他编入了著名战将陈赓任队长的第一大队，入学不久就被选为党支部书记。

1937 年 3 月 2 日，中国人民抗日军政大学第二期在延安开学。毛泽东出席开学典礼并讲了话。他为二队学员题词："要学朱总司令：度量大如海，意志坚如钢。"

抗大初建，一切因陋就简。学员们都住在窑洞里，露天上课，背包当凳子，膝盖当桌子。没有教科书，讲义都是印在又黄又粗的土纸上，或者废旧的传单背面。生活也十分艰苦，学员们除基本口粮外，每人每天只有三分钱菜金。

一天，副校长刘伯承来到学员中间，风趣地说："我们这所学校的名字叫'抗日军政大学'。同志们，我是上过大学的，而且是在外国上的。毛主席问过我，说：我们这个大学可不可以和人家的大学比呢？我说可以比，硬是可以比哎！他们有宽敞的教室——大得很哎——我们没有；他们有漂亮的教学用具——我说的不只是桌椅板凳噢——我们没有；他们有许多教授——大名鼎鼎哎——我们呢？有！毛主席就是头一位嘛！周恩来同志就是嘛，他可是吃过面包的哎！徐特立、林伯渠、吴玉章、谢觉哉等同志就是嘛！他们是老教授了。还有朱德和好多老同志都是嘛！你们在座的不少同志指挥过不少漂亮的战斗，也可以当'教授'嘛！怎么不可以呢？完全可以嘛！我们还有他们根本没有的，那就是延安的窑洞。所以那天我对毛主席说：我们这个学校也可以叫'窑洞大学'嘛！"待学员们一阵热烈鼓掌过后，刘伯承继续说："我们这里还有马克思列宁主义，有中华民族的正气！同志们，你们打了多年的仗，有丰富的实践经验。现在中央要你们从理论上加以提高，还是为了打好仗。用战士们的话说：学好本领打日本嘛！"①

　　由于学习目的明确，所以学员们都有很高的学习自觉性，饱满的学习热情。一向好学的胡耀邦更是为能够有这样的学习机会而高兴万分。他那种如饥似渴的顽强的学习精神一如既往。但这时有了那么多作为"教授"的高级干部的讲授、指点和答疑，他自己又有了更扎实的工作经历，加以他有很高的悟性，所以这一时期的学习使他原有的基础理论素质和纯朴的革命意识得到很大的提高。他大量阅读马克思列宁主义著作，并且联系着实际用心去体会。

　　他也阅读一切当时能够搜寻到的书籍，特别是历史的和古典文学方面的。

---

　　①　杨得志：《横戈马上》，解放军文艺出版社 1984 年版，第 203 页。

胡耀邦和他的同学们最爱听的还是毛泽东的讲课。毛泽东依然穿着灰布军装，不戴帽子，长头发蓬松。他讲课联系中国革命实际，把深刻的道理讲得通俗易懂，常常打生动的比喻，引用故事性和知识性很强的典故。他在讲促进国共一致抗日时，就说，对付蒋介石，就要像陕北的农民赶着毛驴上山，前面要有人牵，后面要有人推，牵不走还得用鞭子抽两下，不然他就耍赖，捣乱。和平解决"西安事变"，我们用的就是陕北老百姓这个办法。胡耀邦不仅从这类妙语横生的比喻中获得思想上和政治上的教益，也获得了语言表述方面的启迪。

在抗大的课余生活里，胡耀邦仍然是活跃分子。每逢开展娱乐活动，总是他指挥大家唱歌，当然首先是唱那慷慨激越的《抗大校歌》：

> 黄河之滨，
> 集合着一群
> 中华民族优秀的子孙。
> 人类的解放，救国的责任，
> 全靠我们自己来担承。
> 同学们，努力学习，
> 团结、紧张、严肃、活泼
> 我们的作风！
> 同学们，积极工作，艰苦奋斗，
> 英勇牺牲，我们的传统！……

这飞扬的歌声里，洋溢着学员们的无比自豪和无限遐想。

但抗大生活也有波澜。1937 年 4 月，抗大发生了一起由红四方面军一些学员引起的不仅震惊全校，也震惊了中央领导层的重大事件。

长征中，张国焘在阿坝同中央分手以后，一意孤行地率红四方面军南下，另立中央。转战中，他被国民党军打得一败涂地，损兵折将。不得已，张国焘只好会同第二、第六军团组成的红二方面军北上。1936年10月上旬，第一、第二、第四方面军终于在甘肃会宁会师。其后，红四方面军大约五百名军、师、团级干部到抗大第二期第一、二大队学习。

1937年3月间，中央政治局作出了《关于张国焘同志错误的决议》。这之后，以抗大为中心，开展了对张国焘错误的批判。对这场批判，张国焘从一开始就抱抗拒态度，红四方面军同张国焘一起转战多年的干部学员也有抵触。正在"顶牛"的时候，传来了两万多名"西征军"在甘肃遭到西北"二马"骑兵的阻击、全军覆没的消息，大多数学员把这归咎于张国焘，更加义愤。于是在之后的一次批张大会上，出现了对张国焘的揪打行为和伤及红四方面军的言词。本来就对批张想不通的红四方面军的著名战将、性情火暴的许世友这时霍地站起来，将一腔不满都倾泻出来："妈的，这是干啥？开的是批判会，还是打人会。这些混账东西说了这么多，有几句是真话？说我们四方面军撤离川陕根据地是逃跑主义，我就不服！哪来这么多主义……"这一下，会场上的声讨全部转向了许世友，"打倒反动军阀许世友"、"许世友是混进革命队伍的土匪头子"等口号声响成一片。"土匪"两个字使许世友一抖，同时猛然吐出一口鲜血，猝然倒地。[1]

---

[1] 罗学蓬：《带刀侍卫——张国焘原警卫排排长何福圣自述》，《今晚报》连载（2002年）。

后来，许世友串联了三十多个在抗大学习的红四方面军高中级干部，准备逃出延安，重回大巴山打游击。事情败露，成了"反革命事件"，全被抓起来，关在牢里。毛泽东得知后，下令立即停止斗争，说决不能这样干。他到许世友等人那里，看望他们，把三十多人都放出来，给他们讲道理，说明张国焘不能代表红四方面军，中央对红四方面军同对其他红军的态度是一样的；同时指出，你们几个人跑出去能干什么呢？应该和我们团结在一起干革命。他并且亲自去抗大对学员们讲话，说中央认为，红四方面军的广大指战员在这场批判张国焘同志错误的斗争中受到的待遇是不公正的！这样，又经过深入的工作，化解了红四方面军干部的对立情绪，使他们心悦诚服地认识了张国焘的路线错误。

在批判张国焘错误的初期，学员们的思想还比较纷乱。对于怎样看待张国焘，怎样看待第一、四方面军长征会师后出现的一系列矛盾，有种种说法。胡耀邦作为思想分歧表现十分突出的第一大队的党支部书记，敏锐地意识到维护中央的权威是极端重要的。他坚定而鲜明地表示长征中毛泽东的坚持北上抗日的路线是正确的，张国焘的南下路线与另立中央的分裂主义是错误的。之后批张大会上出现许世友呕血的一幕，事态急剧发展，引起了学员中的动荡。胡耀邦竭尽全力做稳定工作，分别同一、四方面军学员谈话，分析是非，要求大家消除对立，团结一致，在毛泽东领导下干革命。

四、向毛泽东约稿

1937 年 7 月 7 日，发生了"卢沟桥事变"，全国全面抗日战争由此爆发。8 月，根据国共两党谈判的协议，中国工农红军改编为国民革命军第八路军。抗大校长林彪就任八路军第一一五师师长，副校长刘伯承任一二九师师长，他们都率部奔赴山西前线。为适应抗日前线对干部的急迫需要，抗大二期提前毕业，学员们也都赶赴前方。

但是抗大还有二十八名学员留下来，编成高级研究班，继续学习，胡耀邦便是其中之一，并且仍然担任支部书记。高级研究班主任邵式平，是同方志敏共同创建赣东根据地的老红军，人称"邵大哥"。胡耀邦作为班里最勤奋好学、年轻有为的学员之一，受到邵式平的器重。

从 1937 年 4 月起，毛泽东每周二、四上午来到抗大，根据他自己撰写的《辩证法唯物论（讲授提纲）》，讲授马克思主义哲学。这是他经过近一年时间的准备和酝酿，阅读了许多马克思主义哲学著作和其他哲学书籍，下很大功夫写成的。他总共授课一百一十多小时，历时三个月，后来编入《毛泽东选集》的《实践论》和《矛盾论》，就是讲课所用讲稿的主要部分。他上午授课，下午还参加学员讨论。由于抗大二期提前毕业，没有讲完，在办起了高级研究班后，就接着讲授。每次讲课，胡耀邦因为个子小，总是坐在前面，于是也就成了毛泽东的经常提问对象："胡耀邦，听懂了没有？""胡耀邦，你说说。"胡耀邦便站起来，有条有理地一一回答。毛泽东对这个二十多岁青年头脑的清晰、理解力之强十分赞赏。

1937 年 8 月 1 日，抗大举办第三期，学员一千二百七十二人，除部分八路军干部外，大部分是从各地奔来延安参加革命的知识青年。校长仍由林彪挂名，实际上是教育长罗瑞卿在负责。1937 年秋，胡耀邦从高级研究班毕业，被留在校内工作，经毛泽东提名，任抗大政治部副主任（主任莫文骅），正式进入了抗大的领导层。

9月的一天，毛泽东把胡耀邦找去谈抗大工作，对他说，这么多学员，你怎么管？我给你出个主意，你办一个校刊。于是胡耀邦积极筹备，很快办起来，取名《思想战线》。胡耀邦拿着第一期刊物去给毛泽东审查。毛泽东看后不满意说，你们刊物办得不好，你们自己为什么不写东西？胡耀邦说，怕写不好。毛泽东说：写不好可以学嘛！也可以让各大队负责人写文章呀！胡耀邦乘势说，那我就先向主席约稿，请你写一篇发刊词吧。毛泽东不禁大笑说：你这个胡耀邦，马上就将军了。他要胡耀邦说说学员中的思想表现。胡耀邦汇报说，学员多数来自国民党统治区，组织纪律观念比较薄弱，自由散漫现象严重，比如有意见当面不提，背后议论，或者意气用事，闹无原则纠纷等等。毛泽东思索着点点头。

没几天，文章送来了。毛泽东在文章里针对干部中带有普遍性的倾向倡导"积极的思想斗争"，分析了"取消思想斗争，主张无原则的和平"的种种"自由主义"表现，指出了"自由主义的来源，在于小资产阶级的自私自利性，以个人利益放在第一位，革命利益放在第二位"。这篇文章就是后来编入《毛泽东选集》的《反对自由主义》。

胡耀邦把《反对自由主义》加了按语，郑重地在创刊号上刊登出来，随后他又写了一篇读后感：《关于自由主义与反对自由主义》发表在下一期的《思想战线》上。他结合学员的思想实际，指出了自由主义的危害和反对自由主义的重要意义。

胡耀邦按毛泽东的指示，精心编辑作为抗大的政治部出版的校刊《思想战线》。像在中央苏区编辑《时刻准备着》一样，他除了组稿、自己写文章之外，还要编排、刻蜡版、校对、印刷，以至发送。他还是那样兢兢业业，精雕细刻，使刊物不但文章质量高，而且形式也清新爽目。

胡耀邦在《思想战线》上发表的另一篇文章，是关于轰动延安的"黄克功杀人案"的。黄克功是抗大第三期第六队队长，是长征干部，过去立有战功。1937年10月，对陕北公学女学生刘茜逼婚未遂，开枪将刘茜打死。是宽恕他，让他戴罪立功，还是严肃处理，干部和学员中都有争论。胡耀邦在文章里说："执行纪律也是教育形式的一种。我们开除了一个坏分子，不但不会使我们的队伍减弱，相反的只会使我们的党、我们的队伍更加强健起来。"后来经陕甘宁边区审判，判处黄克功死刑。

这一时期，胡耀邦经常到学员队去讲政治课，讲统一战线，讲党纲党章。他的讲课也跟演说一样，既富鼓动性，又生动活泼。同时，他还负责在知识青年学员中发展党员的工作。这项工作要求对发展对象要有全面、细致、准确的了解。胡耀邦同组织科的干部们认真地一一分析哪些人够了入党条件，哪些人还要启发教育，针对不同情况同他们谈话，审阅他们的入党志愿书，了解他们的历史和家庭，然后分别吸收。这些奔赴延安的知识青年，绝大多数都是追求革命，追求进步，反内战、要抗日的。剥削阶级出身的背叛了家庭，已上大学的放弃了学业，他们视延安为光明的圣地，跋山涉水来到这里。经过党纲党章的学习，他们对共产党有了更深入的了解。因此，胡耀邦发展了相当一批知识青年入党。

五、统战与斗争

1938年4月，抗大举办第四期，胡耀邦兼任新组建的第四期一大队政委，大队长为新中国成立后海军上将的苏振华。

第四期学员五千五百六十二人，绝大部分是来自各地的知识青年，还有从国外留学回来的高级知识分子。田家英就是当时的学员。由于中国共产党高举抗战和统一战线旗帜，深得人心，声誉日隆，知识青年奔赴延安的越来越多，因而抗大学员也急剧增加，抗大原有的校舍虽然不断改善和扩大，也难以容纳。因而除二、三、四、八队在延安附近外，其他队移往外地：何长工为队长的第五队移往庆阳，韦国清为队长的第六队移往洛川，徐德操为队长的第七队移往蟠龙，胡耀邦所在的第一队移往瓦窑堡米粮山。

当第一队新学员集中在延安东门外延水河畔，即将出发去瓦窑堡时，毛泽东在罗瑞卿的陪同下，来为大家送行。他在不长的讲话中，特地提出要"向你们推荐两个人"。他说：一个是我敬佩的老师，从苏联吃面包回来的张如心教授，他可以把许多马列著作背诵如流，你们可以向他学习系统的马列主义理论；一个是大队政治委员胡耀邦，他的年龄比你们大不了多少，是我亲眼看着长大的热爱学习、朝气蓬勃的"红小鬼"，现在还不断写些文章在报上刊登，很受读者的欢迎。希望你们以这两个同志为榜样，好好地学习。

瓦窑堡距离延安一百八十里，是子长县（原安定县）政府所在地。这是一个古朴的整洁的城镇，胡耀邦曾住过这里，但这次重来，情况有了不同。

自从国共合作建立统一战线之后，陕甘宁边区各县国共双方都互设机构，所以瓦窑堡这里既有国民党的安定县政府，又有共产党的子长县抗日民主政府；既有国民党的保安队，也有共产党的保安队。根据双方协定，国民党管城内，共产党管城外。双方共处一地，矛盾就不断发生。

7月7日，国共双方在安定县联合召开大会，纪念国共合作建立统一战线一周年。国民党方面派六百多名全副武装的保安队员参加，共产党方面参加一千多人，许多是由胡耀邦率领前来的不带武器的抗大学员。在大会上，双方负责人讲话中都竭力宣传各自在统一战线中所起的重要作用。大会进行当中，国民党队伍里突然有人带头高喊："中国国民党万岁！"部分老红军战士被激怒了，他们站到凳子上高呼"中国共产党万岁！"于是双方人员全部竞相高呼。但国民党方面人数少些，声音很快被压了下去。他们的一些人见处于劣势，就拉动枪栓，子弹上膛，武装冲突一触即发。在这紧急时刻，在主席台上的胡耀邦霍地站起来，大声叫道：同志们，请大家冷静一下！请大家冷静一下！我领大家唱首抗日歌。他奋力挥动手臂指挥着："枪口对外，齐步前进，不杀老百姓，不打自己人……勇敢杀敌人……"看到双方渐渐平静下来，他接着说道：现在请大家坐下，我来领着大家喊口号："国共合作万岁！""国共合作万岁！"这个口号很快被接受，双方人员都随着他高呼"国共合作万岁！"一场冲突得以平息。

当时在陕甘宁的边远地区，国民党还有较大的势力，他们中的顽固派总是寻衅制造矛盾，同共产党搞"磨擦"，安定县所属绥德专区的国民党专员何绍南、安定县长田杰生等就都是"磨擦专家"。八路军留守兵团的一支部队扎在绥德城外，这些"磨擦专家"就很不舒服，现在抗大四期一大队又有三百多人来瓦窑堡，他们越发不舒服。于是田杰生制造谣言，说"抗大不敢上前线打日本，跑到这里与民争利"，并且煽动群众不给抗大腾房子，不借给学员生活用品，操纵流氓地痞夜间扔石头砸抗大宿舍，围攻、袭击独自外出的抗大人员。

胡耀邦和苏振华在认真研究了国民党方面的实力和特点，以及当地的民情社情之后，召集大队人员开会，决定：一、重申"三大纪律，八项注意"，全大队人员都要严格群众纪律，密切军民关系，向群众广泛开展宣传活动；二、将学员们的房东都请来，开座谈会，由胡耀邦向他们讲抗大是做什么的，为什么要住在这里，并且介绍抗战形势和八路军战绩，揭露国民党顽固派闹磨擦的真相；三、必要时由领导干部亲自出面，警告田杰生，同他作面对面的斗争。

一天，胡耀邦亲自去找田杰生面谈。

他昂然走进县政府，开门见山地对田杰生说：抗大到贵县以来，对民众秋毫无犯，这是有目共睹的，可是有人却说抗大来与民争利，这明明是挑拨我军民关系，破坏后方安定。还有人侵占抗大校舍，袭击抗大人员，贵县不能对这些情况坐视不问。

圆滑的田杰生一方面谎说并不知道这些情况，一方面又说此地老百姓负担不起这样多的抗大人员，所以不欢迎。

胡耀邦说：老百姓对抗大了解之后，对我们是欢迎的，我们买卖公平，住房付租，并不增加老百姓负担。

胡耀邦语气和平，但话含锋棱。田杰生虽然想表现强硬，但他理不直，气也就不壮，终于只能取守势。

胡耀邦本着又斗争又联合的统战精神，对田杰生说：抗日是全民族的大事，抗大是共产党培养干部的学校，维护抗大就是支援抗日，就是维护抗日民族统一战线。希望田县长认清形势，顾全大局。

这一场交锋过后，抗大太平了许多。但1939年初，田杰生又制造事端。他骗中共子长县长薛兰斌到县城去开会，却以征兵、职权方面的纠纷为借口，将薛兰斌扣留起来。胡耀邦闻讯，立即紧急集合第一队学员，作好同田杰生交涉的准备，同时又与八路军留守兵团紧急联络，请他们戒备待命。胡耀邦只带一个警卫员去见田杰生，田杰生却布置一个警卫排防守，个个荷枪实弹，虎视眈眈。胡耀邦把手枪掏出来，往桌子上一放，说如果动武，我们早有准备，还是不要这样的好。他进一步向田杰生说明了一致抗日的重要性，警告他不能胡作非为，并提出了解决纠纷的方案。田杰生自知理亏，不得不将薛县长交胡耀邦护送回去。

事后毛泽东把胡耀邦找去，详细了解了这件事，说：哦，你还演了一出单刀赴会呀！

第一队正常教学生活开始之后，胡耀邦和苏振华对学员进行了严格的军政训练，用中共中央制定的《抗日救国十大纲领》武装学员，培养学员服从党的领导的观念，密切联系群众的观念，组织纪律观念，要学员经常下乡去做宣传工作，同农民群众打成一片。同时，胡耀邦还立意要办一个队刊。他把这项工作交给了宣传干事牛克伦。他对牛克伦说，有两件事是毛主席特别重视的，一个是办学校，培养干部；一个是办报刊，宣传党的路线。在这两个方面，要认真地向毛主席学习。胡耀邦就是这样认认真真向毛泽东学习的，所以终其一生，无论在哪个领导岗位上，他都极其重视报刊工作。他也注意毛泽东写文章的笔意，甚至学习毛泽东讲话寓深刻内涵于浅显风趣语言中的特点。现在，他又用那种一丝不苟的精神，指导着牛克伦编队刊，包括怎样刻蜡版，刻错了如何修改，一张蜡纸上可以刻几篇文章，如何编排得错落有致，如何设计报头，等等。约来的重要稿子和刻好的版样，胡耀邦都亲自审定；这样编出来的队刊内容扎实，形式活泼，队员很喜欢。队刊送到毛泽东手里，受到了毛泽东的表扬。

抗大有较好的学习条件，知识分子多，图书多，又有教员可以请教，一向酷爱读书的胡耀邦这时一面努力工作，一面抓紧一切时间，更加勤奋地读书。他的读书真是如饥似渴，只要有时间，就抓过书来贪婪地读起来。人们都知道，伴他夜读的那盏小小的煤油灯，每天都要夜深才熄掉。甚至到外地去时，骑在马上还读书。他自己也逐渐有了比较丰富的藏书，中国的、外国的、古典的、现代的、历史的、哲学的、文学的等等，摆满了书架，光列宁著作就长长的一排。这些书他边看边作批注，在重点地方画上红杠杠，有的作摘抄笔记。他感到自己正规教育接受得不够，所以有一个时期里，他还读物理，读代数。去过他小小窑洞的人都惊奇于这个红小鬼出身的政委，竟然读了这么多书。很快，胡耀邦爱读书、读书多在抗大出了名。他喜欢同知识分子交朋友，常常真率地向知识分子朋友请教各种问题。知识分子也喜欢同年轻、热情、勤于思考、富有创造力的胡政委接近。胡耀邦的各方面知识之丰富，常常使那些知识分子大为钦佩。一次他同教授政治经济学的教员彭友今闲谈，得知彭友今曾在北平大学法商学院读过书，他立即很感兴趣地问："是不是李达教书的那个学院？"彭友今说："是。我就是李达的学生，学校还有许德珩、张西曼、陈豹隐等十来个进步教授。"胡耀邦说："李达是我们党内的理论家，我很敬佩他。他在日本留学，那时就颇有影响了。"彭友今说："李达教我们政治经济学和哲学，他的讲义《社会学大纲》，听课的学生很多，还有很多其他大学的学生都跑来听课，教室里挤得满满的。"胡耀邦说："毛主席看了李达的《社会学大纲》六七遍，认为是最好的教材，最高明的一部书。"彭友今后来回忆说："从谈论中，我感受到耀邦同志非常重视知识和知识分子，他本人的知识面很宽。"胡耀邦对知识分子也十分爱护，发现了他们的弱点总是真诚地给以提醒和告诫。他也从来没有"领导"的架子，交谈到投机处，他往往就敞开心扉，使人洞见肺腑。他以朋友看大家，大家也以朋友看他。

六、年轻的总政组织部部长

1939 年 3 月，抗大第五期第五队由傅钟率领进驻瓦窑堡，中央调胡耀邦回延安，另有任用。

胡耀邦同第一队学员一起回到延安。经毛泽东提名，任命他为中央军委总政治部组织部副部长。

军委总政治部主任为王稼祥，组织部长为方强。对王稼祥，胡耀邦敬重有加。因为他早就听说，王稼祥是党内的老资格，在关键时刻立过大功劳。1931 年六届四中全会以后，王明路线占了上风，毛泽东、朱德在中央根据地的一套行之有效的战略战术受到排斥，处境十分困难。不久，王稼祥、任弼时等作为"中央代表团"由上海来到中央苏区，参加了一、二、三、四次反"围剿"战争。王稼祥任中央军委副主席、工农红军总政治部主任。他和任弼时给了毛泽东、朱德以有力支持，使正确的战略战术得以贯彻，获得了反"围剿"的胜利。在第四次反"围剿"战斗中，王稼祥腹部受了重伤，他和病中的毛泽东都是坐着担架出发长征的。毛泽东一路上向他谈论各次反"围剿"的经验教训，分析王明路线造成的严重危害，王稼祥从历史的发展中看到了毛泽东的正确。在遵义会议上，在毛泽东第一个作了批判王明、博古错误路线的发言之后，王稼祥紧接着站起来支持毛泽东，为确立毛泽东的领导地位起了关键作用。长征到陕北后，王稼祥去苏联治伤，1938 年 8 月回国，继续担任总政治部主任。胡耀邦为能够在这样的老同志直接领导下工作而由衷高兴。

当时组织部部长方强正在华北开辟工作，胡耀邦代行部长职务。总政治部主任王稼祥和副主任谭政也对胡耀邦早有了解，都很

喜欢这个二十四岁的年轻人，放手让他工作。总政组织部负责部队
领导干部的考察、任免和调动事项，是一个重要部门。当时整个干
部队伍中，军队干部占大多数，所以总政组织部所管的干部比中央
组织部所管的还要多。当时抗日战争兴起，战区不断扩大，新的根
据地也不断建立，干部的选派、调动、升迁频繁。胡耀邦专心致志
地熟悉高级军事干部的情况，了解他们的简历，掌握他们的特点。
他要办理中央交下来的种种关于干部的事务，包括起草文件、制定
规则条例；要根据军委的需要，提出推荐名单；要找准备擢用的干
部谈话，对违反组织纪律的干部提出批评；要听取干部对某一问题
的申诉，派人外出调查和核实。对从前方回来或将赴前方的干部，
他要接待安排，引导他们去见上级领导，为他们接受或转移组织关
系，签署鉴定意见。这时总政组织部不仅负责向八路军调派干部，
也负责向中原和南方的新四军，甚至向重要的游击根据地派遣干
部，胡耀邦的工作任务十分繁重。

　　这一段经历，使胡耀邦接触了一大批部队将领，也深谙了组织
工作的特点和规律。他后来回忆说"毛主席提议我当中央军委组
织部长，那时我才二十三岁①。当了组织部长，就要找高级干部谈
话。那时陈赓大将、王树声大将、萧克上将等等，我都找他们谈过
话"，有时"即使批评严厉一些，高级将领还是要听"。四十年后他
在拨乱反正中担任中央组织部部长的正气与魄力，此时已经闪现了
光芒。

　　胡耀邦很快对部队建设有了总体上的考虑，他在当年《八路军
军政杂志》第五期发表了《目前八路军中建设党的几个问题》，论
述了在八路军中加强党的建设的重大意义，指出作战中党员的伤亡

---

① 胡耀邦初任组织部长时，还不到二十四周岁。

数占百分之六十以上，所以应在保证质量的前提下注重数量，以便在部队中源源不断地补充党的力量。

当时总是有些人认为，胡耀邦承担总政组织部副部长这样的重任，还嫌太年轻。但王稼祥对他的工作十分满意，而毛泽东表示说：他当副部长年轻，那就让他当正部长。这样，胡耀邦不久又被任命为军委总政治部组织部部长。

1940 年，胡耀邦兼任军委直属机关政治部主任。那时候，以印度医生柯棣华为首的印度援华医疗队正在设于离延安十余公里拐峁的八路军总医院工作。柯棣华医生 1939 年来到这里担任外科主任，救治了大批八路军伤病员，现在他准备到晋察冀白求恩国际和平医院就任院长了。总政治部副主任谭政于是派胡耀邦代表总政，去向"柯大夫"和医疗队表示感谢。同时，有人反映说医院管理不善，有的工作人员对印度医生不尊重，也要胡耀邦一并调查一下。

胡耀邦带上翻译，骑马来到拐峁。他拜会了柯棣华医生，看望了医疗队成员，感谢印度人民对中国人民的友谊和对抗日战争的支援。这是胡耀邦第一次同外国人交谈。他的热诚和恳切给了比他大五岁的柯棣华医生十分愉快的印象。柯棣华向他提出了改进医院管理的建议，并且以印度式饭菜招待他。随后，胡耀邦又看了医院的门诊和病房，同医院政委汪东兴交换了意见，了解到医院管理上虽有些缺点，但不像有人反映的那样严重。柯棣华那些建议，是合理可行的，采纳以后可以更好地改进医院的工作。一切都处理妥善之后，他便带着翻译回去"复命"了。

这一时期，胡耀邦还参加了中央华北华中委员会的工作。这个委员会是中共中央处理在华北、华中地区党建、军事、统战、宣传、情报等事务的领导机构，主任为王稼祥，秘书长为王若飞。胡耀邦被任命为这个委员会的委员，其他委员还有罗瑞卿、萧劲光、萧向荣、杨松、柯庆施、郭化若、王鹤寿、李昌、王德等。委员会几乎每两周开会一次，听取各根据地来延安的干部的报告，并为中央准备指示意见。从这时起，胡耀邦也参与了地方的综合性事务的领导工作。

1939年初，成立中央青年工作委员会，凯丰任书记，冯文彬任副书记，胡耀邦是委员之一。这一时期，胡耀邦虽然已不专职做青年工作，但是在延安举行的青年活动，他仍以青年界的代表身份参加。1939年5月4日，延安各界青年举行纪念五四运动二十周年暨首届中国青年节纪念大会，胡耀邦与冯文彬、艾思奇、胡乔木等当选为主席团成员。大会在抗大五大队坪场上举行。坐在主席台上的胡耀邦，全神贯注地听着毛泽东讲话。毛泽东说：看一个青年是不是革命的，"只有一个标准，这就是看他愿意不愿意、并且实行不实行和广大的工农群众结合在一块"。这个讲话，就是后来编入《毛泽东选集》的《青年运动的方向》。1942年1月，延安举行中国青年反法西斯代表大会，胡耀邦与凯丰、冯文彬等十九人当选为中国青年反对法西斯临时委员会委员。其后，朱德、贺龙、林伯渠、叶剑英等十九人共同发起开展国民体育运动，胡耀邦也是发起人之一，并且成为叶剑英为主任的陕甘宁边区首届运动会资格审查委员会的委员之一。叶剑英对胡耀邦也早有了解，这次共事使他对这个小青年更是另眼相看，在以后的数十年政治生涯中，叶剑英在好几个关键时期，给予胡耀邦殷殷关照和莫大期许。

1941年11月，胡耀邦同延安中国女子大学毕业生、二十一岁的李昭结婚。胡耀邦后来同秘书聊天时说，当时有一阵子他总是魂不守舍，连书也看不下去了，因为谈恋爱了。李昭原名李淑秀，1921年生于湖南宁乡，幼时随母亲到安徽宿县定居。1937年抗日战争爆发，她放弃高中学业，投身新四军领导的战地服务团，加入革命行列。1938 年参加豫东游击队，1939 年来到延安，进入中国女子大学学习。

"中国女大"学生绝大部分是来自各沦陷区的追求进步的女知识青年。校长由王明担任。1939 年 7 月 20 日 "女大" 在延安中央大礼堂举行开学典礼，毛泽东曾前来出席并讲话。他说：创办中国女子大学，是革命的需要，目前抗战的需要，妇女自求解放的需要。女大叫我题字，我就写了下面几个字："全国妇女起来之日，就是抗战胜利之时。" 只有全国妇女都起来了，革命才能得到成功。

女大共分普通班、高级研究班、特别班三种，高级研究班培养具有较高理论水平的干部，特别班主要培养有妇女运动经验的干部。李昭是高级研究班毕业生。

胡耀邦有了一个家庭。妻子李昭是位有很强的事业心、性格宽厚豁达的女性。在以后漫长的岁月里，他们携手并进，互敬互爱，相濡以沫，相伴终生。1942 年 11 月，他们的第一个儿子降生，取名飞飞（胡德平）。其后，他们又生了二子一女。

七、七大的洗礼

从 1941 年到 1945 年，中国共产党在政治上、思想上、组织上都得到空前的壮大和巩固，胡耀邦在政治上和思想上也获得了相应的飞跃性的提高。

遵义会议以后，纠正了历史上的"左"、右倾错误，党的建设，军事力量和革命事业都有了极大发展。但是由于战事频仍，统战工作繁重，还没来得及对党的历史上的经验教训进行系统的总结，特别是没有从思想路线的高度上对各次错误路线的根源进行清算，党内在指导思想上仍然存在一些分歧。为了使全党在政治、思想上进一步统一，以迎接抗日战争的艰巨任务，中共中央决定要在全党开展总结党的历史经验教训，清算错误路线，学会理论和实际相结合的方法处理中国革命实际问题的普遍的教育运动。

1941年5月，毛泽东在延安高级干部会议上作了《改造我们的学习》的报告，提出改造全党学习方法、学习制度的任务，批判了理论和实际相脱离的主观主义，特别是教条主义。9、10月间，中共中央召开政治局扩大会议，党的领导干部开始学习和研究党的历史，总结党的历史经验，初步统一了领导层的思想，为全党普遍整风作了准备。1942年2月，毛泽东先后发表了《整顿党的作风》和《反对党八股》的讲话，提出了反对主观主义以整顿学风，反对宗派主义以整顿党风，反对党八股以整顿文风的任务，由此一场影响深远的整风运动普遍展开。随着整风运动的深入，从1943年9月起，用了一个月的时间，在党的领导干部中，开展了对王明错误路线的批判。在全党整风的基础上，1944年5月至1945年4月，召开了党的六届七中全会，通过了著名的《关于若干历史问题的决议》，对党内若干重大历史问题作出了明确结论。至此，整风运动结束。

军委总部为领导整风，成立了军直系统整风领导小组，叶剑英、陶铸、伍修权、胡耀邦、安东、李初梨、舒同、吴溉之为领导小组成员。胡耀邦一方面参加领导工作，一方面根据整风精神，努力提高自己。他听了毛泽东一次次讲话，反复阅读了整风文件。在学习讨论会上，他根据反对主观主义、反对宗派主义、反对党八股的精神，批评、帮助别的同志，更多的还是作自我批评。他经过深思，检查出一个个事例，说他如何按老经验办事，认为十拿九稳，但效果却不理想，这种主观主义害人不浅。对来自同志们的批评，他也能认真听取和采纳。但在开展批评过程中，总是有乱扣帽子的现象，总是有过火行为，不顾事实地乱说一气。当时一个部队干部提出不合理的个人要求，胡耀邦没有批准。整风当中，在一次两千多人的会上，这个人点名批评胡耀邦，说他不能当组织部部长，因为他有官僚主义、主观主义、分散主义、文牍主义，还说这个人姓"胡"，所以还有"糊涂主义"，一时胡耀邦感到很大压力。会后刘少奇找胡耀邦谈话，了解他的想法和情绪，他说"五大主义"没有，缺点有的。刘少奇问他以后怎么样，他说我要和他比赛，看以后谁革命得更好。这件事使他印象至深，使他牢记展开思想斗争，同志间的批评，必须与人为善、实事求是。

整风运动在经过学习文件、检查思想阶段以后，转入以审查干部、清理队伍为主要内容的阶段。抗战以来，国民党对边区实行特务政策，千方百计派人打入共产党内部。1943年春天，国民党掀起第三次反共高潮，政治局势日趋紧张。在复杂的斗争中，审查干部、清除内奸，是需要的。但习惯于"左"的一套做法的审干人员，把一些干部、特别是知识分子未交代清楚的历史问题、甚至是思想上工作上的缺点错误，都怀疑成政治问题，甚至是反革命问题，加上严厉的威逼，一些人信口招供，一时间出现"特务如麻，到处都有"的局面。特别是1943年7月15日，专门负责审干工作的中央总学委副主任、中央社会部部长康生作深入进行审干的动员报告，提出开展"抢救失足者运动"以后，"逼、供、信"大加发展，造成大批冤假错案，在延安，仅半个月就挖出了所谓特嫌分子一千四百多人，大批干部惶惶不可终日。

胡耀邦领导军委一局的审干、反奸。他对于延安这样组织严密的地方竟有这么多特务混进来，感到不可思议。联系着自己在中央苏区被打成"AB团"的经历，他断定这里面必然有大量冤情。他看到一些他很熟识的知识青年也成了"抢救"对象，他很清楚这些青年是怀着强烈的革命渴望到延安来的，现在受着残暴的斗争，有的被囚禁，他感到痛心。特别是，后来他的妻子李昭也被"抢救"。李昭的身世、经历他了如指掌，他绝对不相信她会是特务。他开始怀疑，这一切都是逼供信的结果。为了验证这一点，他先后找了四个他完全知道什么问题都没有的青年，让人故意对他们"抢救"，审问中乱吼乱逼，果然有人在惊吓之下就承认了无中生有的罪名。这使胡耀邦心里完全有了底数，在总政治部机关没有打一个特务。他划出了四条政策界线：严禁打人骂人；非经批准不准捆人；没有充分证据不得逼供；严防自杀。康生不满意这些做法，派李克农前去检查，胡耀邦仍然提出：应控制检举次数，以书面检举代替口头检举；自首也应实事求是；有冤就说出来，不要害怕；负责审干的领导干部，应为受冤人员申冤辩解。一次毛泽东要他汇报，拉着他的手让他讲讲情况，他大胆讲了对"抢救运动"的看法和这些意见。这之前毛泽东已经知道出毛病了，后来作出了"一个不杀，大部不抓"的决定，并且指示机关里已开展了十多天的"抢救运动"停下来。

1945 年 4 月 23 日，中国共产党举行第七次全国代表大会。这是一次全面总结党的历史经验，制定党在新形势下的革命路线，确立建设新中国奋斗目标的极其重要的大会。大会筹备期间，胡耀邦成为由彭真为主任的代表资格审查委员会的二十二名成员之一。随后，他作为全国一百二十万党员的五百四十四名正式代表之一，参加了党的七大。

在开幕式上，胡耀邦凝神谛听了毛泽东所致的"开幕词"。毛泽东说，这个大会是一个打败日本侵略者、建设新中国的大会，是一个团结全中国人民、团结全世界人民、争取最后胜利的大会。我们的任务就是为着打败日本侵略者，建立一个独立的、自由的、民主的、统一的、富强的新中国而奋斗。胡耀邦认真阅读了毛泽东提交大会的书面政治报告《论联合政府》，聆听了毛泽东就书面政治报告中的一些问题和其他问题所作的口头报告。在《论联合政府》里，毛泽东分析了国际国内形势，总结了抗战中两条不同指导路线的斗争和人民战争的基本经验，阐述了中国共产党在民族民主革命阶段的一般纲领和具体纲领，指出中国人民应当争取打败侵略者、建设新中国的前途。在口头报告中，毛泽东讲了三个问题：路线问题、几个政策问题、关于党内的几个问题。他说，我们党历来的路线用一句话讲，就是"无产阶级领导的人民大众的反帝反封建的革命"。人民大众的主要部分是农民，忘记了农民就没有中国的民主革命。关于政策问题，毛泽东说：新民主主义的经济就包括"要广泛发展资本主义"，对这一条不要害怕。关于转变，由游击战转变到正规战，由乡村转到城市，要有这个准备。

在随后的大会议程里，胡耀邦听了朱德的《论解放区战场》的报告，周恩来《关于统一战线的报告》，刘少奇的《关于修改党章的报告》，以及彭德怀、陈毅、聂荣臻、陈云、刘伯承、李富春、叶剑英、陆定一等人的发言，还有一些过去犯过错误、特别是在路线斗争中犯过严重错误的领导干部，结合自己的情况所作的检讨。

在大会进入第二阶段，即酝酿选举中央委员会时，毛泽东就代表们提出的犯过错误的同志要不要选，各个方面的"山头"要不要照顾等问题，在 5 月 24 日的第十七次大会上作了关于选举方针的报告。他说，一个人在世界上哪有不犯错误的道理呢？过去我们爱简单，图方便，不愿意与不同意见的人合作共事，一掌推开，这种情绪在我们党内还是相当地存在着。我们的选举原则是，犯过路线错误，已承认错误并决心改正错误的人，可以选，这是现实主义的方针。要不要照顾山头？有山头不是坏事，坏的是山头主义。要消灭山头主义，就要认识山头、照顾山头、缩小山头，这是一个辩证法。

这是胡耀邦生平第一次这样直接地集中地聆听党的最高层领导人纵论建党大计、建国大计、建军大计。作为"小字辈"的党代表，他为能够参与讨论、审议种种重大决策、选出党的领导核心而兴奋、激动和自豪，但同时，他又尽量吸取着这次大会的丰富的理论、思想、精神上的财富。无论是阅读文件，参加大会还是小组讨论，他都细心学习、领会各个方面的牵动今后行动方向的纲领、原则和方略。从这里他接触了许多过去不曾接触过的领域，学到了许多过去不曾学到的知识。在会上，他见到了那么多的他仰慕已久、叱咤风云的前辈革命者，听着他们的发言，他总是被他们坚定的革命信心、不屈不挠的斗争精神、辩证的思想方法和磊落光明的恢弘气度所感染。酝酿选举时毛泽东的讲话和反复讨论，更使他知道了应该如何对待犯错误的同志，如何掌握党内斗争的分寸。参加这次大会，他的政治上、思想上的提高，不能不说是飞跃性的。如果说以前的种种经历都是实际工作的锤炼，那么，这一次无疑是政治思想素质上的全面升华。

七大原拟的会议时间并不长，但会议开始后，代表们纷纷要求延长，会议议程不断，以致开了将近五十天。6月11日，大会闭幕。毛泽东在闭幕词中，用愚公移山的寓言，勉励全党坚持奋斗，挖掉压在中国人民头上的帝国主义和封建主义两座大山。大会在全场高唱《国际歌》声中，在长时间的热烈掌声中结束。

胡耀邦在陕北工作了整整十年，这十年留下了他坚定的、深深的足迹，也为他此后投身波澜壮阔的决定中国命运的伟大斗争作了政治思想上的坚实准备。

第五章　戎马岁月（上）

一、踏入华北

时局发展之快出乎人们的预料。七大过后一个半月，1945 年 8 月上旬，美国向日本投掷了两颗原子弹，接着苏联对日宣战，出兵东北。8 月 15 日，日本宣布无条件投降，世界人民反法西斯战争和中国人民的抗日战争取得了最后胜利。

在全国人民战胜日本帝国主义的狂喜声中，中国共产党认为全国将进入和平民主新阶段，这时蒋介石也作出和平姿态。8 月下旬，他连续三次电邀毛泽东赴重庆，共同商讨"国际国内各种重要问题"。毛泽东毅然接受邀请，8 月 25 日偕同周恩来、王若飞飞赴重庆。经过四十三天复杂而艰苦的谈判，国共双方于 10 月 10 日签署了全面停战的"双十协定"。

然而"双十协定"墨迹未干，蒋介石就调集大量军队，分三路向华北解放区进攻，企图打开进往东北的通道，以抢占东北。全面内战的危机随时都有可能爆发。中国共产党也针锋相对地采取了"向北发展，向南防御"的方针，以阻止和打击国民党军队北进，完全控制热河、察哈尔①两省，进而争取控制具有重要战略地位的东北地区。同时抢先一步，派出二十名中央委员和候补委员（占七十七名中央委员和候补委员的四分之一），率两万干部和十一万大军火速挺进东北。

这样新的形势使胡耀邦热血激扬。他觉得自己在高级领导机关时间太长了，应该到实际斗争中间去接受锻炼，因此向中央军委请求派他到前方去开辟工作。军委参谋长叶剑英向毛泽东转达了他的要求，毛泽东很快表示同意，叶剑英交给他的任务是作为先遣支队的一个负责人，率队提早赶赴东北。

他结束了在军委总政组织部六年的工作，告别留在延安的战友，即将投入新的战斗。这一年2月，他们的第二个儿子降生。胡耀邦和李昭考虑到奔赴东北，跋山涉水，难以携带一个仅有数月的婴儿。他们多次商量，只得割舍骨肉，经李瑞山介绍，将孩子送给了老游击队员、延安南区合作社主任、劳动模范刘世昌，合两家的姓氏为儿子取名刘湖。胡耀邦对刘世昌嘱咐说：一要让娃儿讲卫生，二要让娃儿念书，三日后让娃儿自由恋爱。新中国成立后刘湖逐渐知道了自己的身世，1961年到北京读高中。当时飞飞尚幼，也不能带着远赴东北，胡耀邦把他托付给了警卫员林汉成照抚。其后胡耀邦在冀热辽军区落脚，林汉成带着飞飞辗转前往相聚。胡耀邦离开延安前，还把那些心爱的书籍装了几个箱子埋起来，作了标记，可惜后来再也没有找出来。

---

① 热河，旧省名，辖今河北省东北部、辽宁省西部，1956年撤销，分别并入河北、辽宁两省及内蒙古自治区。察哈尔，旧省名，辖今河北省西北部及内蒙古自治区锡林郭勒盟，1952年撤销。

11月间，胡耀邦率领一支全部由干部组成的队伍离开延安东进。这支队伍有四百多人，大部分是政治工作者。组织部干部多数是延安各校学生，还有不少女干部，战斗人员很少。胡耀邦骑在一头骡子上，思绪绕着责任的重大和途中的风险盘旋。他们一路急进，当北上渡过黄河到达山西兴县时，碰到了国民党驻军的阻拦。他们避开冲突，沿黄河折向内蒙古方向前行。经过二十多天的行军，终于来到华北重镇张家口。这一路上，每到驻地，一切安顿就绪，胡耀邦就将路上遇到的各种情况写成报告，交给兵站，送往延安。这时张家口已经解放，是晋察冀军区和中央局所在地。他们稍事休息后继续东行，经延庆，趋承德，在沟渠纵横的莽原跋涉。但到了平泉的八沟，即将进入辽宁时，形势突变，国民党第十三军在美国海军的帮助下从秦皇岛登陆，抢先占领了平泉县城，以重兵扼守住了前往东北的通道。胡耀邦等遭受堵截，无法继续前进。

既然大队走不了，能不能带一支小队伍闯过去呢？胡耀邦仍然急切地想赶赴东北。他从几个方向做了尝试，但都没有成功，只好停下来原地待命。

这里属晋察冀地区，冀热辽军区部队就驻扎在这里。晋察冀中央局了解到胡耀邦赴东北受阻，报中央同意决定胡耀邦任冀热辽军区政治部主任。冀热辽军区司令员为萧克，程子华任政治委员。中央军委指示，由程子华、萧克、胡耀邦等组成热河前线指挥部，指挥热河独立旅、冀东纵队等部队。在这里，胡耀邦参与指挥了几场对国民党部队的防御性战斗。

转眼进入1946年，在美国政府的代表马歇尔的调停下，国共双方于1月10日签订了停战协定，自1月13日起双方就地停火。热河前线部队接到中央军委指示停战，与当地的国民党第十三军谈判。

由于几个月来长途跋涉，栉风沐雨，接着又紧张投入军区的工作，胡耀邦突然在八沟病倒了，连日高烧不退，腹部疼痛难忍，腹泻不止。他被赶紧送往承德，住进避暑山庄，请来医生诊治，但不见好转。军区领导十分焦急，考虑到承德离北平较近，叶剑英正作为中共代表在北平参加军调处执行部工作①，想送胡耀邦去北平就医。军区发电报向叶剑英请示，叶剑英当即批准，并且派军调部的飞机，去承德把重病的胡耀邦接到北平，住在军调部驻地东长安街北京饭店三楼。

胡耀邦经过协和医院的诊治，确诊为阿米巴肝炎；地下党也请来了著名中医医治。叶剑英看到胡耀邦需要有专人护理，于是下令将胡耀邦的警卫员张澄海也调来北平。

经过对症下药和一个时期的调理，胡耀邦病情日趋好转。正在军调部任参谋长的罗瑞卿是胡耀邦的好朋友，对胡耀邦安排了细心周到的照料。疗养期间，叶剑英让胡耀邦协助整军处做些工作，并佩戴少将军衔，以与美、蒋工作人员相对应。

"军调"期间北京饭店进出的尽是国、共、美三方军事人员，成了新闻记者和北平市民关注的中心。"军调"的事务复杂而繁忙，三方人员纵横捭阖，进行着微妙的斗争。胡耀邦仍然以他一贯的高昂工作热情，协助整军处策划一步步工作方案。这期间，他第一次直接同国民党方面人员来往。他觉得在那些人身上，愚蠢和狡猾混合得极不协调。而最让他难以忍受的是美方人员的傲慢态度。对双方相遇时美方人员的不礼貌的表现，他毫不客气地给以

① 国共双方正式签订停战协定，并颁布停战令后，决定成立北平军事调处执行部（简称军调部）实施停战令。军调部设委员三人，共产党方面为八路军参谋长叶剑英。他于1月13日从重庆飞抵北平。国民党方面为郑介民，美国方面为罗伯逊。

应对。

但胡耀邦病情又有反复，而且他也牵挂着晋察冀军情。经请示叶剑英，4月间，他离开北平，前往晋察冀军区司令部所在地的张家口。由于身体还不能适应前方的紧张工作，军区领导让他住进张家口白求恩医大附属医院继续治疗，不久李昭也赶来张家口照料他。

这所医院原来是侵华日军开办的陆军医院，设施较好，主治医生大部分是日本人，日本投降后，被八路军完整接收过来。在这里，一个叫稗田的日本医生为胡耀邦治疗。稗田教授诊断出胡耀邦的肝部患的是"阿米巴脓肿"，他对症下药，使胡耀邦的病很快便大有起色。胡耀邦了解到稗田教授在医疗卫生方面帮助解放区做了大量工作，培养了一大批医护人员，是八路军真心实意的朋友，因此他也乐于同稗田交往。他们一起下棋，漫谈，十分投机。胡耀邦病情好转以后，有时召集医务人员开座谈会，有时给医务人员作报告，每次稗田教授都前来参加。这样，他同稗田教授结下了很好的友谊。后来，胡耀邦回到部队里，保北战役胜利后派人将缴获的美国烟、酒、罐头等送到附属医院去慰问伤病员，同时看望稗田教授，送他一件绸质降落伞，让他做件衬衣；满城战役之后，还特地接稗田到战场上去参观。

二、纵队政委，初战集宁

1946年6月，蒋介石撕毁停战协定，先后向各解放区大规模进攻，各解放区军民起而反击，解放战争正式开始。

在晋察冀解放区，早已战云密布。晋察冀解放区含冀晋、冀中、冀察、冀热辽四个解放区，地跨晋、冀、察、热、辽五省，西接晋绥[①]解放区，南接晋冀鲁豫解放区，东南接山东解放区，北接东北解放区。晋察冀军区司令员兼政委为聂荣臻，副司令员萧克，副政委刘澜涛、罗瑞卿。在国共停战协定生效之前，国民党就已抢占先机，积极部署兵力，从东西两线向解放区夹击。东线蒋介石嫡系李文兵团兵分三路，一路沿平承铁路北进，企图拿下古北口，进而攻占晋察冀部队东线指挥中心承德；一路袭击冀中腹地，企图北出喜峰口，也是以承德为目标；一路沿锦承铁路进入热河。在西线，阎锡山部在晋北、傅作义部在绥蒙也同时发起进攻。国民党总兵力达四十三万，而只有二十四万兵力的晋察冀部队在各个战场上坚定地抗击着国民党军，并支援东北。此时，战局正在胶着，更激烈的战斗一触即发。

7月，病愈后的胡耀邦被任命为晋察冀军区下辖的晋察冀野战军第四纵队政委。他立即赶赴纵队驻地晋北长城边的阳高去报到。

晋察冀野战军共四个纵队：第一纵队司令员杨得志，政委苏振华；第二纵队司令员郭天民，兼政委；第三纵队司令员杨成武，政委李志民；第四纵队司令员陈正湘。陈正湘是原红一方面军的战将，智勇双全，抗日战争中曾率部参加击毙日本"名将之花"阿部规秀之战。胡耀邦同陈正湘密切合作，成为很好的战友。

这是胡耀邦初次以指挥员身份率部参加战斗。到任之后，他立即深入连队，去熟悉基层干部和战士，了解部队的战斗力；他不断同陈正湘交换意见，商量如何加强部队的思想政治工作和部队建设。他怀着一腔豪情，以青年将领的风姿，开始了火与血的战斗生涯。

---

① 绥：绥远，旧省名，1954年撤销，并入内蒙古自治区。

当时刚刚打完了晋北战役，解放了山阴、岱岳等十多个城镇。这次战役就是由第四纵队十一旅旅长陈仿仁在冀晋军区部队配合下，率部完成的。晋北战役之后，大同之敌已成孤军。这样，夺取大同已是势在必行。

8月2日，晋察冀军区和晋绥军区领导层在阳高举行联席会议，商谈合兵攻打大同。会议决定由晋绥军区副司令员张宗逊任前线指挥部司令员，罗瑞卿任政委，杨成武任副司令员，统一指挥攻城部队。

会议之后，到任不久的胡耀邦便同陈正湘率部奔赴大同前线。

在行军中，胡耀邦很少骑马，总是同战士走在一起，边走边谈，了解战士的想法和情绪。驻扎下来之后，他及时开展思想动员工作，明确提出作战要求。很快，指挥员们就发现这位新来的政委是位"乐天派"。无论条件怎样艰难，战局怎样险恶，他总是那样神闲气定，信心十足。一有机会，他就同大家开开玩笑，讲讲有趣的故事。他的从容镇定感染着大家。而每次做战斗动员，他又是另一种神态，往台上一站，目光炯炯，气度英武，语句铿锵，使人感到在受着一股强大激励力量的推动。一旦战斗打响，他总是到旅、团指挥部参加指挥，或者冒着炮火到前沿阵地去视察，他像一团火燃烧着，一种同战士生死与共的炽烈热情人人都感受得到。

到9月4日，大同城郊的国民党军据点被一个个拿下，部队逼近大同城下，开始坑道作业，准备攻城。

就在大同指日可下的时候，蒋介石将大同划归傅作义的十二战区管辖，急令傅作义为大同解围。早已有心染指大同的傅作义立即调遣三万多人马，由归绥① 分三路往援大同，傅作义亲率三个师以

---

① 归绥：旧市名，即今呼和浩特市。

上兵力居中路，攻占卓资山后，向大同以北的集宁开进。

这一新动向引起了大同前线指挥部密切注意，经研究后，决定除留下部分兵力继续围攻大同外，以主力北上迎敌，先消灭傅作义援兵，再回过头来攻取大同。

军情紧急，胡耀邦和陈正湘立即移师集宁。他们率第四旅和军区教导队用四个小时时间，赶完了七十里路程。正在五台山地区休整的第四纵队十一旅，在旅长陈仿仁率领下也奉命以强行军赶来。塞外9月，朔风飕飕，夜间已是寒气逼人。仍然穿着单衣的战士们不顾寒冷和疲劳，相继集结在集宁城下。

战斗在9月10日晚上打响。在激战时刻，胡耀邦根据军情的发展，有时同司令员陈正湘共同指挥，有时到各团指挥所去督战，而更多的是冒着炮火和弹雨，到阵地前沿去视察。11日，他邀了政治部主任李昌一同来到前沿，中午他们在指挥所门前蹲着吃饭，突然有国民党飞机从山后袭来，扫射的子弹打碎了胡耀邦端着的饭碗。战士急忙拉着他们转入防空洞，才躲过了国民党飞机的轮番袭击。

经过两夜一天的会战，本来已将傅作义的三个师打得支离破碎，连其电台也已摧毁，使之陷入了呼救无门的绝境，然而由于前线指挥部没有组织连续进攻，使敌人有了喘息和整顿的机会。这时，傅作义的主力一〇一师赶来增援，野战军攻城部队又受命掉头向西打援，致使集宁城下的敌军乘机夺回了阵地，而野战军打援部队往返奔波，饥疲交加。敌人继一〇一师之后又有大批弹械充足、装备精良的兵力来援，所以虽经艰苦鏖战，终于不敌，于9月13日放弃了集宁。随后，9月16日，又撤了大同之围。

晋察冀军区司令员聂荣臻判断，集宁会战后，国民党的下一步棋，必然是进攻地处要塞的张家口。根据当时敌我力量的对比，他向中央军委提出了作战部署的报告：着眼于歼灭敌人的有生力量，不为一城一地所束缚，在敌人进攻张家口时，能守就尽量守，形势不利时就只进行掩护作战，不作坚守，准备放弃张家口，以便摆脱被动，寻找有利战机，歼灭敌人的有生力量。中央军委同意了这个报告。

果然，9月下旬，国民党作了东西两线的兵力配备，发动了争夺张家口之战。蒋介石嫡系李文兵团的两个军，在飞机、坦克掩护下，沿平绥铁路西进，另两个军在侧翼配合，发起猛烈攻势。晋察冀部队断定这应该是敌人的主攻方向，于是派重兵迎敌。经过激烈战斗，歼敌万人以上，李文正面进攻受阻。

蒋介石在紧急时刻故技重演，又将张家口划归在西线按兵不动的傅作义十二战区管辖，促使傅作义急速出兵发动进攻。

当时第四纵队正部署在张家口之西的柴沟堡（今怀安）、天镇、阳高一线，估计傅作义从这一线进攻的可能最大，胡耀邦与陈正湘严阵以待。

不料同样善于用兵的傅作义以两万人马绕道北上，从尚义直插张北，向张家口侧背迂回过来。这样，在消耗了敌人一定力量之后，10月11日，晋察冀部队撤离了张家口。

占领张家口后，得意忘形的蒋介石当天下午就下令召开国民大会，宣传"共军已总崩溃"，"可在三个月至五个月内，完成以军事解决问题"。

胡耀邦和陈正湘率第四纵队退到灵丘山区。这次撤离张家口，在干部、战士当中引起很大的思想波动，有的埋怨不该放弃，有的摸不清国民党军队的战斗力究竟有多大，也有的听了蒋介石的吹嘘觉得气闷。胡耀邦认为这时稳定大家情绪至关重要。他召开了连以上干部会议，以"不得了，还是了不得"为题讲了一番话，分析了丢了张家口并非不得了，敌人一时得逞也没有什么了不得。他说，他们反对人民，孤军深入，占领一城，就要分兵把守，分散兵力；而我军才是真正了不得。我们为人民解放而战，到处得到群众配合。失去张家口确实可惜，但没有了包袱，反而可以集中兵力，机动作战，看准哪里有把握打胜仗，就打哪里，最后就可以收复张家口，将来甚至解放比张家口更大的北平、天津、上海。这一番极有针对性和说服性的讲话传达下去以后，对澄清模糊认识，振奋大家的情绪，起了很大作用。

随后，四纵队转入了休整练兵，准备迎接新的战斗。

三、千里驰骋，三战三捷

1946 年 10 月，晋察冀中央局在涞源召开了扩大会议，进一步克服了撤离张家口引起的消极思想，统一了认识。之后，又调整了部队的战斗序列：晋察冀野战军由萧克任司令员，罗瑞卿任政委，耿飚任参谋长，潘自力任政治部主任。不久，第一纵队调回晋冀鲁豫军区，第二纵队由杨得志、李志民分任司令员、政委；第三纵队由杨成武任司令员；第四纵队仍由陈正湘、胡耀邦分任司令员、政委。

从 1946 年 11 月到 1947 年 1 月，第四纵队同各野战纵队逐步南移，连续发起了易（县）涞（水）、满城、保（定）南战役。

11 月初，国民党十一战区孙连仲部乘拿下张家口之势，准备打通平汉线交通进而控制铁路以西各县城，出紫金关协助傅作义打通涞（源）易（县）公路，将晋察冀野战军团困在山区。他下令九十四军向易县进犯。

晋察冀野战军司令部（野司）部署第三纵队、第四纵队为主要突击力量，多面迎敌。双方在门墩山打了一天一夜，伤亡都很大，三纵队、四纵队得到上级指示：撤出战斗。但十旅的二十团已攻入敌阵，撤不出来。这时敌人的火力越来越猛，并且出动了坦克。上级再次下令撤退。

胡耀邦正在前线指挥。十旅政委傅荣碧急急找到他说："不能撤，我们还有一个二十团在里面，得把他们接应出来。"

胡耀邦犹豫了一下，然后坚定地说："好，我们从实际情况出发，不撤。"

傅荣碧率领三十团先把敌人的坦克击退，接着向敌人展开强攻。胡耀邦、傅荣碧命令会合后的二十、三十两个团向敌青年师追击，又命令在十旅南面的十一旅对敌穷追不舍。在激战中，胡耀邦的军帽被飞来的子弹打了个洞，他却神奇地没有负伤。这场战斗，活捉了三百多个敌人，缴获了许多枪炮。在保南战役中，胡耀邦和陈正湘在农历除夕守敌全无戒备之时，指挥第十、十一旅分别向望都和完县发动攻击，全歼守敌一千余人。接着连续作战，年初三又设伏歼灭一个团。在这个战役里，一共歼灭一万六千多人，其中有两个美机械化团。以后，又乘势攻克了保定与正定之间的重镇定县。

这之后，胡耀邦同陈正湘率四纵队又参加了著名的三战三捷的正太、青沧、保北战役。

1947年3月，晋察冀中央局在安国召开扩大会议，讨论了如何争取主动，摆脱被动，从根本上扭转华北战局，跟上全国解放战争发展的形势。根据会议的精神，4月间，晋察冀野战军首先发动了正太战役。这次战役的目标是首先扫清石家庄外围的正定、获鹿、元氏、赞皇、栾城等地国民党军据点，进一步孤立石家庄。同时以此行动吸引北面之敌来援，在运动中歼灭之；如敌不来，则主力西转，向正太路沿线进击。

根据这个部署，胡耀邦与陈正湘率四纵队开赴石家庄以南，第二纵队、第三纵队指向石家庄以北。

4月8日，石家庄外围作战打响。10日，在冀中军区部队配合下，胡耀邦与陈正湘指挥第四纵队拿下了栾城，稍后第二纵队、第三纵队也攻克了正定，两县附近据点九十余处也随之解放，共歼敌一万五千余人。4月16、18日，第四纵队两度攻打元氏，但因城坚未克。从此石家庄守敌龟缩城中，不敢出战。

此时，国民党孙连仲所部九十四军、十六军、五十三军、六十二师等部直扑大清河以北解放区，意在"围魏救赵"，以解石家庄之困。晋察冀野战军不予理会，断然挥师西指，以第二纵队、第三纵队主力沿滹沱河两岸秘密西进，胡耀邦、陈正湘率四纵队从井陉西进，三个纵队相互策应，密切配合，逐步向阳泉以西寿阳一带压缩包围，将集结此地的阎锡山部一万二千多人大部歼灭。这样，从4月9日至5月10日一个月间，共歼灭国民党军及地方武装三万五千余人，完全控制了东自获鹿、西至榆次全长三百六十余里的正太铁路，解放了十余座县城，切断了太原与石家庄的联系，使晋察冀和晋冀鲁豫两大战略区连成一片。

接着，晋察冀野战军回师东移，为了配合东北野战军的夏季攻势，于6月中旬又发起了以破坏津浦铁路青县至沧县段为主的青沧战役。第二、三、四纵队在地方部队配合下打得很顺利，连克青县、沧县、永清三座县城，歼敌一万三千多人，一度控制了津浦铁路一百六十多里。战后，6月25日，兵锋又指向西北，发动了保（定）北战役。由于地形熟悉，组织周密，打得也很顺利，全歼徐水、固城、满城、完县等据点守敌七千多人。

正太战役之后，晋察冀部队再次进行了整编。杨得志升任野战军司令员，罗瑞卿、杨成武分任第一、第二政委，耿飚任参谋长，潘自力任政治部主任；第二纵队司令员为陈正湘，政委李志民；第四纵队司令员曾思玉，政委王昭；胡耀邦调任第三纵队政委，司令员郑维山，副司令员兼参谋长文年生，政治部主任陆平。和胡耀邦同岁的郑维山是原红四方面军著名的"夜老虎团"团长，年未二十就担任师政委，是一员能谋善断又喜读诗书的青年将领，来第三纵队前任察哈尔军区司令员。郑维山新中国成立后被授予中将军衔，曾任北京军区副司令员。

此时各纵队都下辖三个旅，第三纵队补充了很多土改后参军的新兵，胡耀邦成为领导三万大军的政治委员了。

四、坚守保北

三战三捷之后，士气高昂，晋察冀野战军司令部决定乘有利时机，利用围城打援战术，组织战役，再歼灭国民党一两个师到个把军。根据当时形势，野司看到大清河以北是双方必争之地。这个地区位于北平、天津、保定三角地带，地理位置十分重要，如果被国民党夺得，就可以形成平、津、保互为犄角的防御体系，建立比较稳固的战略基地。野战军如果收复这一地区，不但可以打破国民党建立防御体系的企图，还可以有效地钳制敌军和执行战役机动任务。因此野司决定发起大清河北战役。

野司命令第三纵队自取捷径，经定县、唐县、满城北上，于9月2日前到达易县以南隐蔽位置，择地而打，以调敌西援；二纵、四纵分别到任丘以东、以西集结，待国民党十六军或九十四军出动西援时，进至大清河以北加以歼灭。

胡耀邦和郑维山、文年生来到三纵后，就反复考虑这第一仗究竟从哪里打起。现在受命北进，他们详细研究了作战任务和战场情况，认为应以平汉路保定至徐水段驻守的国民党军一个团及两个营为目标，采取突袭手段，尽数歼灭。如此举不成，再打涞水。涞水县城不仅是保北一个护路要点，而且是敌平津保防御体系西翼的警戒阵地。攻打涞水，敌军必救，也可达到西调敌军的目的。

9月2日夜，胡耀邦、郑维山率第三纵队以七十里急行军奔袭保定、徐水段。但除了少数小碉堡外，没有找到大股敌人。这一仗没有打成，于是决心北攻涞水。他们部署以两个旅攻城，一个旅在定兴西北打援。9月6日夜，攻城战打响，打援的一个旅连克敌据点，全歼守敌，涿县南的铁路桥也按计划破坏掉了。但涞水县城防御十分坚固，激战到8日黄昏，仍然未能攻下，双方伤亡都很大，于是不得不撤出战斗。

在第三纵队攻打涞水的同时，第二、第四纵队北渡大清河，在雄县、霸县一带同国民党第十六军主力展开激战。由于战役之初围敌过多，口子张得太大，兵力不够集中，虽歼灭五千多人，但未能达到预期目的，自身伤亡也很多，只属小胜。9月12日，野司下令结束大清河北战役。

第三纵队撤出涞水战场之后，在胡耀邦、郑维山率领下，开到房山、良乡、涿县一带又打了几仗，也都因为部队疲劳，时间仓促，并不成功。此时接到野司命令，向冀中腹地河间地区转移。

数十年后，郑维山还清晰记得当时情景，他描述说：

"因为这一仗打得不理想，部队情绪又有了新的波动。有的战士说：'人家前进，我们后退。'甚至有的指挥员还说什么'肉没有吃上，门牙倒给碰掉了'。一路上，我和胡耀邦政委躺在一辆大车上，眼睛望着繁星点点的天空，耳边听着唧唧叫个不停的虫鸣，心情十分沉重。'肉没有吃上，门牙碰掉了'这句话一直缠绕在心头，觉得很不对劲。打了胜仗，部队最容易产生骄傲，仗没打好，又容易互相埋怨，这两种情绪都会严重影响部队的战斗意志。这一次，没有整师整旅消灭敌人是有许多原因的。有埋怨情绪，就会影响下一次战斗，应当解决一下。想到这里，我低声招呼了一下同样陷入沉思中的胡耀邦同志：'我们开个会怎么样？'"

"他考虑了一下对我说：'野司关于这次战役，可能要总结一下，我们先收集一下大家的反映，在党委会上研究一下。'"①

晚间，到驻地刚刚住下，便收到野司发来的绝密电报，是毛泽东以中央军委名义发给晋察冀军区的。电报说："此次大清河北战役，歼敌一部，虽未获大胜，战斗精神极好，伤亡较多并不要紧。休整若干天，按照该区具体条件部署作战，只要有胜利，无论大小，都是好的。"紧接着又传来了聂荣臻司令员针对"碰掉门牙"所说的话："碰掉门牙不要紧，还可以镶金的。打一仗进一步，歼敌的机会多得很嘛。"

胡耀邦同郑维山、文年生等纵队领导人读着中央电文和聂司令员的指示，兴奋无比。几个年轻将领倦意全消，他们挑灯夜谈，从各个方面总结这次战役的经验教训，认为只要正确执行毛主席提出的"你打你的，我打我的，先打弱的，后打强的"主动作战原则，就不愁消灭不了成师成旅的敌人。

转天，就把中央军委的电报和军区、野战军首长的指示在全纵队作了传达，并且分析了大清河北战役的经验教训所在，指出那些消极情绪都是要不得的。这样，很快稳定了指战员的情绪，大大鼓舞了胜利信心。

大清河北战役后一个月，形势又有了变化。国民党部队在东北

---

① 郑维山：《为了清风店战役的胜利》，《星火燎原》第9集，第269页。

战场连吃败仗，兵力吃紧，驻守华北的几个师奉调出关。晋察冀野战军决定乘此时机，再战保北，在徐水、保定一线开辟战场，一方面力求在运动中歼敌援兵，一方面也钳制敌军，配合东北野战军作战。于是部署第二纵队围攻既是北平南大门，又是平汉路上咽喉之地的徐水，三纵、四纵在徐水东西两侧容城、固城一线打援。

10 月 13 日晚，对徐水发起总攻击。经过彻夜激战，二纵主力于拂晓时分占领了徐水的南关和北关，并有一部越过城垣外壕。国民党的援兵果然出动，这是保定"绥靖"公署主任孙连仲派出的五个师和一个战车团，由胡宗南亲信将领李文指挥，沿铁路东、西两侧桥头并进，直奔徐水。

敌军来到徐水西边的固城，这正是三纵的打援阵地。战斗打了三天，三纵队屡次想实行分割包围，将敌军一部分一部分吃掉，但敌军始终紧紧抱成一团，稍有不利，就交替掩护着退进固城，因而不得下口。

在第三纵队指挥所里，胡耀邦和郑维山等日夜注意着敌情的细小变化，都熬红了双眼。电话铃不停地响着，前线在报告战况，他们随时发出指示和命令，并且向野战军司令部报告请示。

结果双方打成相峙状态。第四纵队也有类似情况，因此退出战场转移。在三纵正与敌军胶着在田村铺战场时，野司打来电话说："四纵决定不打了，你们打不打由你们自己决定。"胡耀邦同郑维山反复权衡，认为已经激战几夜而久攻不下，四纵不打，三纵将几面受敌，因此也不能再打了。于是下令部队撤出战斗。

此后，郑维山、胡耀邦率第三纵队仍坚守保北。其间，野司为打破僵持局面，决定实行诱敌西进，迫敌分散，在运动中予以各个歼灭的作战方案。因此发电给三纵，要三纵西进再打涞水。

郑维山回忆道："接电后，我和胡政委、文副司令员一致认为，此时打涞水，涿县与固城之敌势必对我形成夹击，难以奏效。决定复电野司，提出我们的意见。我说：'政委，能者多劳，你来写！'胡政委提笔疾书，大意是：我们没有考虑也不准备考虑打涞水，我们的意见是在现地坚持，争取情况的变化。那时我们都年轻气盛，只顾讲出自己的想法，全然不顾上下关系。想来更令人感动的是，像这样一份电报，非但没有受到野司首长的批评，反而被野司首长采纳。这大概因为我们的意见本身是可取的吧……"①

这样，胡耀邦和郑维山按野司复电，"仍位于现地区不动，并需增筑若干防御阵地"，以待战机。

五、会战清风店

战机果然很快就来了。10月17日，正在行军途中的野司司令员杨得志等获得密报："罗历戎率第三军出石家庄。现已渡滹沱河，向新乐开进。"

事后得知，原来，这时正在北平的蒋介石认为保北的形势是，晋察冀野战军已被他的主力部队钳制，脱不了身，陷于被动，因此他命驻守石家庄的第三军军长罗历戎率军北上，赶赴保北战场，与孙连仲部来一个南北夹击，将二纵三纵就地歼灭。于是，罗历戎奉命率第三军军部和主力部队一万四千余人，于10月16日浩浩荡荡开出石家庄。

这个消息使军区和野战军的领导们都大喜过望。罗历戎是蒋介石和胡宗南的嫡系，石家庄是蒋介石支撑平津保三角地带的重要据点。如果将罗历戎部歼灭，就不仅是歼灭了敌有生力量，而且可以

---

① 郑维山：《从华北到西北》，解放军出版社1985年版，第59页。

进一步孤立石家庄，并为最后夺取这个具有重要战略意义的大城市创造条件。调动罗历戎，比调动国民党其他部队困难得多，现在他自己出来了，岂不是非常难得的围而歼之的机会吗？

当时罗历戎部已到达新乐，如果他连续北进，同保定守军呼应起来，则有可能丧失这个有利时机，因此必须将他阻于安顺桥以南。但是罗历戎从新乐到安顺桥地区是九十多里，而野战军主力绕过保定到达安顺桥要走将近二百里，速度成了歼罗的关键。野战军司令部当即下令：第四纵队全部停止西移，掉头向南，同时第二纵队六旅、第三纵队九旅昼夜兼程，飞速急进，务必于19日拂晓前，赶到安顺桥南。

第三纵队接到命令，胡耀邦和郑维山知道九旅在保北已作战七天，战士十分疲劳，现在又要以一昼夜多一点的时间，走完二百里以上路程，十分艰巨。但军情紧急，必须分秒必争。来不及动员，也来不及过细组织，文年生副司令员便同善打硬仗的九旅旅长陈仿仁率部出发了。胡耀邦同郑维山站在村头看着队伍跑步远去。

天渐渐暗下来，沿平汉路两侧，几路大军正跑步急进。干部们边跑步边穿梭往来于行军行列中讲任务，讲敌情，进行鼓动："全歼第三军，全靠急行军；活捉罗历戎，双脚第一功。"19日凌晨，各部队提前达到安顺桥南，迅速在清风店将刚刚到达的罗历戎第三军团团围住。

主力南下之后，保北战场上还有二纵一个旅、三纵两个旅，面前是李文兵团两个师，背后还有保定、徐水之敌。胡耀邦和郑维山估计，敌人为策应第三军，必然会有所动作，这样必将又有一场恶战。他们布置八旅在前线顽强地缠住敌人，七旅作为机动。他们号召部队要利用一切工事、村庄，做深远的层层防御配置，以一当十，奋力作战，决不能让敌人突破防线，去同第三军接应。

19 日清晨，国民党部队在炮火掩护下向八旅阵地发起了冲击。胡耀邦和郑维山在指挥所里正关注着战斗，这时收到了文年生拍来的电报："九旅已提前四小时赶到安顺桥，现在根据野司的命令，向敌侧翼迂回！"郑维山立即抓起电话，把这个好消息告诉给在前线作战的八旅旅长宋玉琳。从电话耳机里，他听到密集的枪炮声，显然旅指挥所就在火线近旁。胡耀邦和郑维山跑到屋顶向北看去，只见阵地上硝烟尘雾昏蒙蒙一片。这一天战斗十分激烈，在胡耀邦和郑维山指挥之下，八旅死死顶住了敌人。

20 日又打了一天，双方互有伤亡，八旅仍固守阵地。

傍晚，接到野司的特急电报：调七旅星夜南下，到保定与安顺桥间布防，任务是阻止保定之敌南援，保障南线歼敌；并钳制保定之敌北上，配合北线阻击。

看过电报，郑维山和胡耀邦很快把南北两线的兵力计算了一下，认为七旅一走，这里作战将更为艰苦，但和二纵合兵一处，也还是顶得住的。他们当下商定，由胡耀邦亲自率七旅南下。

于是马上集合，立即出发。临行前，胡耀邦紧紧握着郑维山的手说："老郑，我们又分兵两下，你的担子更重了。"

郑维山说："放心吧，我们一定堵住南犯之敌。"

时间紧迫，不容两个战友多说，胡耀邦便带着队伍连夜登程了。

在清风店战场，各纵队迅速将罗历戎部全部迂回包围在几个村子里，经过逐村逐街的激烈争夺，以至白刃格斗，逼近了西南合村罗历戎的指挥中心。罗历戎把步兵、工兵、炮兵、通讯兵、大汽车、小汽车、弹药车、军需车等等一切可用的人力和装备都集中到指挥部周围，拼死抵抗。22 日凌晨，野战部队发起猛攻，很快打掉了罗历戎的军部、师部，将化装准备逃跑的罗历戎俘获，副军长杨光钰、副参谋长吴铁铮以及一万一千多官兵全部被俘。

清风店战役是晋察冀战场转入战略反攻后的第一个大胜利，从此晋察冀野战军完全控制了战局的主动权。10月23日，毛泽东以中央军委名义发来贺电说："你们领导野战军在保定以南歼灭敌第三军主力，俘虏军长罗历戎，创晋察冀歼灭战新纪录，极为欣慰，特向你们及全军指战员致庆贺之忱。"

在清风店这场战斗中，胡耀邦率七旅牢牢守在保定与安顺桥之间，作好准备迎击从保定出援之敌，然而被紧紧牵住的孙连仲部队始终没有能够南进。

六、激战石家庄

清风店战役后半个月，晋察冀野战军发动了石家庄战役。

石家庄又名石门[①]。这里是平汉、正太、石德三条铁路的枢纽，西出太原，东接齐鲁，南连豫鄂，北通北平，是华北地区举足轻重的战略要地。罗历戎覆没后，这里守军二万四千人，由三十三师师长刘英指挥。虽然此时的石家庄在周围大片解放区中已成为一座孤城，但它的防御工事异常坚固。日军占领时期，就曾在这里大修工事，国民党又利用这些旧工事连年加修成三道防线，形成了周长六十里的外市沟、三十多里的内市沟和城内的核心工事。又深又宽的内外市沟两侧布满电网和地雷，还有六千多个碉堡。国民党宣称："凭石门的工事，国军可坐守三年"，"没有飞机、坦克，共军休想拿下石门"。

尽管如此，晋察冀军区还是决心打石家庄。因为石家庄虽然孤

---

① 石家庄本获鹿县一小村，随京汉、正太铁路而兴起，1938年设石门市，1947年11月石门市解放后，恢复原名。

立，却像楔子一样插在晋冀鲁豫和晋察冀两大解放区之间，拔掉它，几大解放区就会连成一片，华北地区形势就会发生重大变化。而且，清风店战役胜利，全军士气高涨，正宜乘胜进击，一鼓作气把石家庄拿下。

因此，在清风店战役结束当天，晋察冀军区就向中央军委发电，请示夺取石家庄问题。次日，毛泽东就复电批准："清风店大歼灭战胜利，对于你区战斗作风之进一步转变有巨大意义。目前如北面敌南下，则歼灭其一部，北面敌停顿，则我军应于现地休息十天左右，整顿队势，恢复疲劳，侦察石门，完成打石门之一切准备。然后不但集中主力九个旅，而且要集中几个地方旅，以攻石门打援兵姿态实行打石门……"

为指导这个战役，解放军总司令朱德也风尘仆仆来到野司所在地安国。10月25日，野司召开旅以上干部会议，详细研究攻打石家庄的战役准备、作战方案、政治工作，以及夺得石家庄后的城市工作。朱德在会上讲话，强调"石门战役打的是攻坚技术，是勇敢加技术"。会上对各纵队的攻城任务作了具体部署，决定郑维山、胡耀邦率第三纵队从西南、第四纵队从东北为主攻，冀中、冀晋部队助攻。军区炮兵旅分成四个炮兵群配属各部队行动。

郑维山、胡耀邦从会上回来，立即召开营以上干部作战会议，根据"勇敢加技术"的精神，部署作战任务，详细研究了突破内外市沟和街巷战斗中可能遇到的各种问题。胡耀邦又召开政工会议专门研究了政治思想工作。他针对轻敌麻痹和信心不足两种情绪说：石家庄是"石"家庄，不是"钢"家庄、"铁"家庄，也不是"泥"家庄、"土"家庄。石头虽然不像钢铁坚硬，可以捣碎，但也不像泥土那样，一触即溃，要捣碎石头，是需要下苦功夫，用大力气的。他的富有鼓动性的动员，激发了基层指战员的战斗热情。

部队开始了紧张的演练。胡耀邦和郑维山不断地到各团去视察。郑维山后来回忆说："秋末冬初，已有几分凉意，战士们虽身着单衣，但却个个汗流浃背。他们有的挖壕沟，有的绑炸药，紧张地进行着演习准备。

"我们来到一条刚挖好的壕沟前。团长介绍说：'这条壕沟完全是按照石家庄外市沟的样子挖的，深七米，宽六米，现在演习的是用爆破法通过。'

"'炸药这东西吃硬不吃软，这么深、这么厚的泥土壕沟能炸平吗？'我带着这个问题细心地观看他们的表演。一声巨响，烟雾腾空，大地为之颤动。走近一看，果然壕沟被填了一半，另一半搭梯即可通过。我和胡政委都很高兴，觉得这种办法可行。

"'不怕一万，就怕万一。你们还是要多准备几手。'胡政委画龙点睛。大家你一言我一语，当场就提出几种通过壕沟的辅助办法……"①

11月6日夜半，信号弹升空，枪炮声大作，野战军向石家庄发起了进攻。

激战至8日下午，三纵队从西南方向突破了外市沟。胡耀邦和郑维山彻夜不眠地注视着战事的发展。郑维山后来写道："翌日，当朝晖驱散了晨雾的时候，我和胡耀邦政委走上一块高地，放眼望去，哟！昨天还是平展展的，一夜之间全部改观……参谋告诉我们，在距内市沟六十米处挖掘了坑道，直达内市沟外壁……。我俩相顾而笑，点头赞许。"

10日下午，万炮轰鸣，开始了对内市沟的总攻。三纵的八旅突破了内市沟，进入了市街战斗。"纵队指挥所里，也同战场上一

---

① 郑维山：《从华北到西北》，解放军出版社1985年版，第98—99页。

样紧张。参谋们把八旅进展的每一步都及时报告我们。我为八旅的进展顺利而感到高兴，并及时让参谋将我的口述命令转达给八旅旅长宋玉琳。

"'易耀彩旅长电话'。参谋喊着。胡政委接过耳机，只听他嗯了一声说'等一等'，回过头来对我说：'七旅由于突破口选择不当……为敌所阻。他们请示用梯子通过内市沟。'

"我还在考虑，胡政委提醒说：'就怕不成延误时间。'

"我们定下决心：'那就让十九团……接应七旅主力。其他团继续爆破。'

"'我同意，你下命令。我到八旅突破口去。'说着，胡政委走出指挥所。

"不一会，胡政委从八旅来电话：'二十三团遭到敌人二梯队团的反击，战斗十分激烈，我去看看。

"'政委，你在八旅指挥所就行了，不要到突破口去，那里很危险！'

"'不要紧，我去看看就回来。'"①

二十三团这一仗至关重要。如果打不退敌人的二梯队团，就有被敌人反击的可能，那就意味着前功尽弃。胡耀邦冒着炮火，指挥着二十三团最终将敌第二梯队压了回去，大部歼灭。

后来聂荣臻对郑维山说："当我知道你们消灭了刘英的二梯队团，就知道夺取石家庄已经问题不大了。"②

经过各纵队连续六昼夜的奋战，到 12 日，全歼守敌二万四千余人，俘虏了防守司令刘英，石家庄战役胜利结束。

---

① 郑维山：《从华北到西北》，解放军出版社 1985 年版，第 105、106 页。

② 郑维山：《从华北到西北》，解放军出版社 1985 年版，第 105、106 页。

石家庄的解放，使晋察冀和晋冀鲁豫解放区连成了一片，如火如荼的解放战争获得了重要的粮棉煤生产和供应基地。这样的坚城被攻破，也显示了野战军的攻坚能力已经达到相当的水平。作为指挥这场硬仗的一员，胡耀邦毫无疑问地接受了战略战术以及政治工作方面的全面锻炼，成为了一员智勇兼备、能够打大仗的指挥员。

七、庄疃大胜

1947 年 10 月 10 日，由毛泽东起草的《中国人民解放军宣言》公布，宣言第一次提出"中国人民解放军"的称号，提出了"打倒蒋介石，解放全中国"的气吞山河的口号。

当此之时，刘（伯承）邓（小平）大军强渡黄河，进入大别山区；陈（赓）谢（富治）大军和陈（毅）粟（裕）大军分别进入豫陕鄂边地区和豫皖苏平原：三路大军都打到了外线，形成"品"字形进攻阵势，据有广大的中原地区，直接威胁南京、武汉。彭德怀率领的西北野战军，谭震林、许世友率领的华东野战军东线兵团，徐向前率领的晋冀鲁豫野战军太岳兵团等也渐次转入反攻。林彪、罗荣桓率领的东北民主联军也不断获得东北战场上的胜利。

人民解放军在内线和外线的攻势作战，组成战略进攻的总态势。屡战屡败的国民党军队捉襟见肘，不得不由战略进攻转为"全面防御"。毛泽东指出，这种转变是"蒋介石的二十年反革命统治由发展到消灭的转折点"。

蒋介石丢了石家庄以后，走马换将，撤掉了保定"绥靖"公署主任孙连仲，任命以善战闻名的傅作义为"华北五省剿匪总司令"，作战区包括冀热察绥四省及晋北。傅作义就任以后，确也苦心筹划，把一些地方团队编组起来担任守备，尽一切可能把主力抽出来作战；把他的起家之地绥远的主力东调集中在北平附近；把北平、天津、张家口、保定地区的部队编组为平绥兵团、平汉兵团、津浦兵团，总兵力六十余万。他实行"以主力对主力"、"以集中对集中"的战法，想在同晋察冀野战军决战中，力挽华北颓势。

在过去一年10月傅作义占领了张家口的时候，晋察冀野战军指战员们就提出了必报此仇。现在傅作义当了华北"剿总"司令，成了华北敌人中的大头，野战军上下纷纷表示，要拖住他，打垮他，才算报了仇。1947年12月上旬，野战军前委在晋县召开由旅以上干部参加的扩大会议，部署对傅作义的作战任务。会议确定，为积极创造运动战机会及便于今后作战，开辟战场，逐渐击破敌平、津、保犄形防守态势，并配合东北野战军的冬季攻势，钳制关内之敌，新的作战目标仍然指向保定以北。第一阶段的任务是破坏铁路，割断敌人的动脉。

于是胡耀邦和郑维山受命再战保北。他们率三纵携山炮六门，于12月17日出发，白天隐蔽，夜间行军，赶赴涿县以西地区集结。

12月17日这天，大雪纷飞，幽燕大地千里飘白。入夜，突然枪炮声大作，各纵队首先将敌人各据点包围，在民兵协同下，展开了铁路大破坏。三纵队在一昼夜间，一面接战，一面掀铁轨、烧枕木、炸毁桥梁、割断电线，将高碑店至良乡间的铁路全部破坏。

以后，胡耀邦和郑维山受命率三纵诱涿县、高碑店之敌于易县地区歼灭，虽经多次激战，但敌人过于集中，不易分割，也不肯向西深入，这一计划未能实现。野司又命令三纵在平汉路以西沿太行山麓南向保定行动，以围攻保定之势，迫使敌人向南增援保定，以分散其主力，创造歼敌机会，但因敌行动快速，部署集中，也未能如愿。这样，三纵又受命回师北上，作为主力再打涞水。

此时已进入1948年，解放战争大决战的一年。

大清河北战役之时，胡耀邦和郑维山都初到三纵，那次打涞水，很不顺利。这一次，为了把仗打好，胡耀邦同郑维山作了认真研究和部署，决定以第七旅和第八旅攻击涞水县城，第九旅在城东南占领阵地，为第二梯队，并集中全纵队各种口径的大炮，组成炮队。

1月11日晚，进攻开始，12日，第七旅和第八旅分别占领了南关和西关，将敌人压缩在城内，晚上即将攻城。这一天大雾弥漫，四野里一片浑茫。胡耀邦、郑维山正谋划如何攻城，忽然听到东南方九旅阵地上响起激烈的枪声，不久参谋来报：九旅二十七团三营的拒马河桥头阵地遭一股敌人袭击，阵地被突破，二十七团三营退入庄疃，敌人正跟踪追击。这股敌人有较强的战斗力。

胡耀邦和郑维山立即警惕地将注意力转向庄疃。再进一步侦察，这不是一股小敌，竟是由师长李铭鼎率领的号称"虎头师"的新编三十二师师部和第九十四、九十六团以及九十五团两个营。新编三十二师属国民党第三十五军统率。此刻不但李铭鼎进入了庄疃，三十五军军长鲁英麐也来到了拒马河桥头堡附近。

这正是个歼灭大股敌人的绝好机会。郑维山、胡耀邦当机立断，命九旅全力向庄疃围攻。又经请示野司同意，全纵队改变主攻方向，除了以一部围困和监视涞水之敌外，主力转向东南，直指庄疃。

12日深夜，纵队向庄疃发起攻击。九旅早已从四面八方将庄疃围住，切断了庄疃敌人同拒马河东岸敌人的联系。第八旅的一个连从西北角突破敌人的村沿阵地，用炸药炸开围墙，冲进村内，第七旅、第九旅也从西面和西南方向占领了村沿阵地，接应二十七团三营主力撤出了村外。13日下午，在强大炮火持续轰击配合下，各部队全部突入村内，同敌人展开了逐屋逐院的争夺。经过猛烈鏖战，逼近敌师指挥所，以连续爆破的办法将指挥所围墙炸开，部队越过南北大街，汹涌而入。溃不成军的敌人乱成一团，纷纷放下武器，逃跑的都作了预伏部队的俘虏。在混战中，"虎头师"师长李铭鼎被击毙。13日晚，庄疃战斗全部结束。第三十五军军长鲁英麐得知第三十二师全军覆没，觉得没脸去见傅作义，随即举枪自杀。

这一仗，三纵全歼敌新编三十二师师部和第九十四、九十六团全部、第九十五团两个营和师属山炮连、特务连等七千多人。聂荣臻司令员给了这次战役很高评价，说："就在他（傅作义）上台还不到两个月，即一九四八年一月中旬，在保定以北涞水、庄町［疃］一仗，郑维山、胡耀邦同志指挥的第三纵队，在唐延杰、李葆华、王平同志指挥的第一纵队配合下，给了他的'王牌'第三十五军沉重一击，歼灭了他的新编第三十二师，打垮了第一〇一师，共七千多人。敌中将军长鲁英麐被迫自杀，少将参谋长田世举、新编第三十二师少将师长李铭鼎等多名高级军官被我击毙。这无疑是给刚上台的傅作义当头一棒。"①

2月间，三纵在唐县休整，根据野战军前委的指示，开展了以查阶级、查工作、查斗志，整顿纪律、整顿制度、整顿作风这"三查三整"为内容的"新式整军"运动，即后来说的"唐县整军"。运动一开始，就出现了"左"的倾向，把基层指战员中一般性的缺点错误也作为地主富农的思想批判，把有错误的好人也当成坏人清理，等等。胡耀邦发现之后，都及时作了纠正。"胡耀邦政委在这方面做了大量深入细致的工作，才使运动得以健康发展。"②

在驻地，胡耀邦也经常到老百姓家里去串门，看望贫困户，向

---

① 《聂荣臻回忆录》（下），解放军出版社1984年版，第682页。

② 郑维山：《从华北到西北》，解放军出版社1985年版，第152页。

群众作调查研究。他热情随和，能够急群众所急，所以"胡政委"一来，人人都愿意迎上去同他交谈。

八、"牵着笨牛的鼻子跑"

此时，东北战场战事正酣。晋察冀野战军的任务，就是以积极的机动作战，同傅作义集团主力周旋，以最大的努力，隔断华北、东北两区敌人的陆上联系，既拖住傅作义集团无法增兵东北，又钳制据守锦州的范汉杰集团不能西撤。

根据这一战略要求，从3月起，野司先是部署了察南绥东战役，乘这一地区傅作义的部队空虚之际，发动攻势。胡耀邦、郑维山率三纵于3月下旬转战桑干河两岸涿鹿、怀来一线，吸引了傅作义部队西来，歼灭其一部。这次战役，各纵队在地方部队配合下，歼敌两万余人，解放县城十五座，恢复了广阔的察绥根据地。接着，野司又挥师西指，向热西冀东地区挺进。郑维山、胡耀邦率部从蔚县出发，连夜行军，奔向热西。

三纵于5月18日来到北平西北的西峰山、高崖口地区，准备黄昏时从沙河、南口之间过路。而敌人为巩固北平至南口的交通，恰好这时以两个团进到北平西北郊的上店村和下店村，横挡在三纵面前。胡耀邦、郑维山当下决定，立即扫除这一严重障碍。他们即令部队乘敌人立足未稳，发起猛攻。激战到第二天中午，将敌人两个团全部歼灭。

这个举动惊动了傅作义，他派了重兵前来寻战。郑维山、胡耀邦为了不影响出击热西，率三纵突然掉头西向，绕道土木堡与沙城之间，顺利通过平绥向东疾进，来到平承路西段，直逼怀柔至古北口之间沿线守敌。5月29日晚，各纵队同时在热西地区发起攻击。

第三纵队歼灭了古北口至怀柔间铁路线的护路军警，破坏了沿线全部铁路设施。各纵队相互配合，一举截断了热西走廊这一连接华北、东北的重要陆上通道，使承德、古北口完全孤立。

6月上旬，郑维山、胡耀邦又受命摆出与敌决战的态势，把多出自己四倍的国民党兵力诱来，紧紧缠住，掩护四纵队对北宁线实行攻击。他们选择了平承、北宁两条铁路之间平谷县城东、西地区布阵。

傅作义侦知这一动向后，即命他的机动兵团三个军一个师进至平谷西北地区，企图一举合歼第三纵队于平谷东、西的狭长地域。

6月6日上午，战斗打响。傅作义部队以两个军的兵力向三纵阵地扑来，三纵七旅主力顽强抗击，战至深夜，傅军不能得手。傅作义命令华北"剿总"的全部作战飞机和大量炮兵，连夜赶来轰击，直炸得整个前沿阵地一片火海，七旅阵地工事大部被毁。轰炸时隐蔽到两翼的七旅指战员们，在敌军乘势发起攻击时，又出而英勇还击。敌军在一日之内连续进行十多次集团冲击，伤亡累累，但始终不能成功。以后，七旅又佯装溃逃，诱敌追击，隐蔽在平谷东北山区待机的八旅突然出击，与敌人反复拼杀。就这样，三纵先后用两个旅，扭住傅作义两个军，激战七天七夜。当将敌军拖到接近靠山集山区时，埋伏在此地的九旅也将出击，然而敌军突然撤退。原来，此时四纵队已威逼唐山，傅作义发现三纵队打平谷意在声东击西，所以将部队急急调回，支援唐山去了。

在七天七夜的平谷扭击作战中，三纵一些指战员流露出抱怨的情绪，说纵队领导光知打了撤、撤了打，老是被敌人追着跑，不知道集中兵力歼灭敌人。这些情绪及时反映到胡耀邦和郑维山这里来。

"为此，我同胡政委专门进行过一番交谈。"郑维山后来回忆说，

"记得是一天夜里，我们俩同卧在一家老乡的土炕上小憩，战事正急，毫无倦意，尽管我们已几天没有合眼了。

"'政委，你看到底是我们拖着敌人跑呢，还是敌人追着我们跑？'

"'当然是我们拖着敌人跑！'胡政委未加思索，肯定地说。

"'完全对！这个问题要解决。'

"胡政委立即要警卫员点燃蜡烛，取出纸笔，上手写了一句：'牵着笨牛的鼻子跑'。原来，这是他为纵队《前线报》写的一篇社论的题目。文中以生动的语言、严密的逻辑，通俗地阐明了作战中进攻与钳制、主角与配角、被动与主动的辩证关系，对部队影响颇大；及至得知四纵并四旅在南线的胜利，人们对这篇社论的印象更深了，流传更广了，说是家喻户晓，也并不为过。事隔三十余年，凡参加过那次艰苦征战的同志，一提起那段往事，都不约而同地称为'冀东牵牛战'。影响之深，由此可见。"[1]

以后，三纵又北上打古北口，南下打香河、武清，用出色的战绩，形成对傅作义部队的有力钳制。

---

[1]　郑维山：《从华北到西北》，解放军出版社1985年版，第152页。

第六章 戎马岁月（下）

一、来到太原前线

1948 年 5 月，为适应形势大发展的需要，中共中央决定华北军区的主力部队组成三个兵团，直属中央军委。原晋冀鲁豫军区野战军改为第一兵团，由华北军区副司令员徐向前兼任司令员和政治委员，周士第任副司令员兼副政委，陈漫远任参谋长，调升胡耀邦为第一兵团政治部主任。第一兵团下辖第八、第十三、第十五三个纵队，连同地方部队总兵力六万余人。原晋察冀军区野战军改为第二兵团，由杨得志任司令员，罗瑞卿兼政委，耿飚任参谋长；第三兵团由杨成武任司令员，政委李井泉，副政委兼政治部主任李天焕，参谋长易耀彩。

徐向前领导的晋冀鲁豫野战军的主力，一直活跃在山西省内。解放战争期间，山西省东北部为晋察冀解放区，西北部为晋绥解放区，晋东南为晋冀鲁豫解放区。在 1947 年底和 1948 年春晋冀鲁豫野战军相继攻克晋南两座孤城运城与临汾之后，阎锡山总兵力还有十三万余人，退缩在晋中平原狭长地带。1948 年 6 月，华北野战军第一兵团发起晋中战役，以六万之师，歼敌十万余众，俘获了阎锡山的第七集团军中将总司令兼野战军总司令赵承绶。晋中地区南迄灵石、北至忻县等十四座城市全部解放，太原成为一座孤城。7 月间，徐向前率第一兵团及地方部队大军，乘胜而进，从四面八方将太原城紧紧围住。

徐向前和阎锡山都是山西五台县人，且是隔河相对的近邻。早在红军时期，徐向前就以作战狠、硬、快、猛、活，善于以少胜多著名。现在他亲临太原城下，就要把他的同乡、盘踞太原四十年的土皇帝阎锡山连根铲除了。

8 月份的太原城郊，战云密布，一场攻坚战已箭在弦上。正在这时，胡耀邦奉调来到太原前线，就任华北第一兵团政治部主任。

徐向前对胡耀邦早有了解，他很喜欢这个年轻的领导干部，他说："胡耀邦这个同志朝气蓬勃，工作热情，积极性特别的高。"[①]

徐向前患有严重肋膜炎，加上指挥战争过度劳累，身体极差，毛泽东来电要他到后方休息一下。8 月中，他去石家庄和平医院治疗。

胡耀邦一到兵团，立即到各纵队去熟悉情况，认识干部，同纵队领导们就攻打太原的全面政治工作交换意见。不久，他得到通知，到平山县西柏坡参加一个重要会议。

这就是后来称作"九月会议"的中央政治局扩大会议。会议主要是根据解放战争转入总反攻的新形势，规定党的战略方针和任务。会议于 9 月 8 日开始，13 日结束。毛泽东、周恩来、刘少奇、

---

① 乔希章：《"你是政治部主任……"》，《胡耀邦与军队》，第 8 页。

朱德、任弼时等中央领导人和华北、华东、中原、西北的党政军负责人出席会议。徐向前也出院前来出席。有十名兵团级干部参加会议，胡耀邦是其中之一。

毛泽东在会上发表讲话，讲了八个方面的重要问题。他提出："我们的战略方针是打倒国民党，战略任务是军队向前进，生产长一寸，加强纪律性，革命无不胜。由游击战争过渡到正规战争，建军五百万，歼敌正规军五百个旅，五年左右（从1946年6月算起）根本打倒国民党。"[1]要把战争打下去，不给敌人以喘息之机，直到取得最后胜利。这成为会议讨论的重点。他还讲到了打倒国民党后建立什么样的国家等重大问题。

这是一次十分重要的会议。胡耀邦亲耳聆听了毛泽东对今后战略任务的部署，聆听了高层领导的热烈讨论，可以想见他的心情是何等的兴奋和激动。

徐向前的身体状况还不宜马上就返回太原前线。于是他同胡耀邦商量，由胡耀邦先回兵团，传达和贯彻"九月会议"精神，他仍去石家庄和平医院疗养些日子，再回前线。他对部队工作作了原则性指示，要求部队在战术、技术上和政治思想工作上都作出攻取太原的充分准备。

胡耀邦回到部队，立即向兵团领导人传达了"九月会议"精神。兵团根据"九月会议"精神和徐向前指示，布置召开了参谋、政工、后勤三大会议。胡耀邦主持的为期八天的全兵团政治工作会议，着重强调了要加强党委领导，克服无政府无纪律现象，加强请示报告制度，同时全面部署了攻打太原的政治工作。

当时部队的状况是：经过晋中、临汾两大战役的锻炼，军政素

---

[1] 《毛泽东年谱（1893—1949）》（下），中央文献出版社1993年版，第343页。

质，特别是部队攻坚的战斗能力有很大提高，涌现了大批英雄模范单位和个人，干部和战士们斗志昂扬，生气蓬勃。由于部队伤亡大，补充的新战士多，缺乏实战经验，新提拔了大批基层干部，也缺乏指挥作战经验，工作方法比较简单。部队新成分多，对执行政策纪律的观念较为淡薄。还有大批俘虏兵补入部队，带来了许多国民党军队的坏习气。针对这种状况，胡耀邦指出，一支好的部队应当有三个目标，即仗打得好，政策纪律遵守执行得好，部队团结巩固得好。他要求部队普遍进行这"三个好"的教育，全面实现毛泽东提出的"军队向前进，生产长一寸，加强纪律性，革命无不胜"。

会后，胡耀邦又深入到纵队去，具体指导基层政治工作。他要求加强连队党支部建设，在党支部领导下，抓好士兵委员会工作；要扎扎实实地把互助小组、战斗小组建立起来；要发动群众共同活跃连队政治思想工作，激发革命英雄主义气概，提高干部、战士执行政策纪律的自觉性。他还指示要建立一支积极分子骨干队伍，通过干部、党员和积极分子的模范带头作用，像大磁石一样把全体指战员吸引到自己周围；干部要树立爱兵观点，使连队成为互相关心、团结友爱的大集体。

各纵队认真贯彻了兵团政治工作会议精神，检讨了党委工作中的不足，健全了集体领导制度；要求团以上特别是旅以上干部带头克服无组织、无政府倾向；团以上干部一律参加支部组织生活，并加强理论学习。在连队里，"三个好"成为共同目标，遵守政策纪律的意识也普遍增强，并且形成相互关心爱护的亲密气氛。政治工作的加强，带来了一片热气腾腾的景象。

9月下旬，秋庄稼已经黄熟，大忙季节来到了。但太原前线却显得格外沉寂，城里城外都在加紧备战。徐向前已经决定了攻城时间：10月18日。

这时济南解放的消息传到了太原。坐困愁城的阎锡山再也沉不住气，决定以攻代守。10月1日，他突然以七个步兵师，分作三路，沿汾河以东、同蒲路以西，向南进行突袭，意在破坏解放军的战役准备，并且掠取已经黄熟的粮食和征抓壮丁，以作固守之计。

敌人脱离了防御阵地，正是绝好的战机。养病中的徐向前得讯后立即下令在运动中歼灭南犯之敌。这样，太原战役提前打响。

10月3日，徐向前向中共中央军委报告，提出这一仗一旦打开，就要"争取一直连续地打下去，在最快时间内全歼敌人是上策，先打再围带打而下之即消耗较大是中策，下策即必须增加力量再攻下之，即影响别线作战，只是最后之一途"。①

10月6日，毛泽东为军委复电："你们原定酉巧（即10月18日）开始太原战役，现已提前十三天。因敌被迫向外扩张，给我以良好歼敌机会，如果敌人战斗力不强，你们又指挥得当，乘胜进击，可能于短时间内全部肃清城外之敌。并可能缩短攻城时间，不要停留多久，即可乘势攻城，提早解放太原。"②

至此，攻打太原的战略部署已经完成。

阎锡山的七个师缓慢地向前蠕动，不久，其中暂编第四十四师、第四十五师就被解放军第一兵团三个纵队和配合作战的西北野战军一个纵队（第七纵队）团团包围起来。经过一天一夜的战斗，6日晨，这两个整师加一个整团约一万人全部被歼，两个师长李子法、郑继周都被活捉。其他几个师闻风丧胆，在铁甲列车掩护下，仓皇北逃。

太原前线总指挥部在周士第领导下，决定展开太原外围战。受

---

① 徐向前：《历史的回顾》，解放军出版社1984年版，第733页。
② 《毛泽东年谱（1893—1949）》（下），中央文献出版社1993年版，第354页。

到全歼敌两个师重大胜利鼓舞的指战员们摩拳擦掌。同样处于激喜之中的胡耀邦连夜起草了《攻取太原紧急动员令》，以徐向前、周士第、胡耀邦三人联署的名义，于 10 月 7 日公布。《动员令》号召"决心乘胜扩张战果，力争早日攻下太原城，活捉阎锡山，解放太原城"。《动员令》说："太原是山西省城，是敌人留在我们华北解放区内一个孤立的大据点，它有数十万人民，又是华北的一个大工业与大兵工厂城市。我们打下了太原，不仅最后彻底歼灭了阎军，解放了全山西人民，而且夺得了一个巩固的大工业大兵工厂根据地，对全国革命战争的支援有极大的帮助，对于我们战斗力的提高有极大的作用。正因为这样，敌人一定还要拼命抵抗。这就是说，攻取太原的意义是多么伟大，也很艰巨，凡是参加作战的人都非常光荣，牺牲的烈士将要流芳百世，永垂不朽。因此我们全体指战员同志一定要不惜自我牺牲，全心全意为人民立功，顽强战斗，坚决打下太原城！"《动员令》最后说："我们号召全体指战员同志们，都做夺取太原的英雄，打下太原立大功！"

太原前线指挥部里，胡耀邦同周士第等高层领导昼夜不停地在部署战役，不断地研究作战地图，不断地举行会议，不断地下达指示……

10 月 10 日，徐向前抱病回到太原前线。

此刻阎锡山守城兵力有十多万人，构建了以城内为中心区，以城外的东、西、南、北方向为四个守备区，方圆百里的所谓"百里防线"的防御体系。防御体系里沟壕交错，有五千多个碉堡，碉堡间组成严密的火力网。特别是城东东山的牛驼寨、小窑头、淖马、山头这所谓"四大要塞"，地势险要，都筑有异常坚固复杂的工事，居高临下地拱卫着太原。很显然，攻取这些阵地，必将是一场恶战。

徐向前回到前线当天晚上，就召开前委会议，讨论尽快攻打太原城垣作战的具体行动计划。他说，从地形看，打太原必须首先控制东山，要从南、北两个方向，直接插入东山四大要塞，坚决攻占这条南北八公里长的阵地，把太原与东山主峰从中间一下切断，这就等于在阎锡山防御体系的咽喉部位插上一刀，他身首异处，就难以挣扎了。

胡耀邦同兵团以及各纵队领导人一起听了徐向前的分析，他们一致同意徐向前的安排，经过研究，具体配备了攻取各阵地的兵力。

一直为扫清太原外围据点而连续作战的各纵队，在10月5日到16日连续十一个昼夜的战斗中，用猛插分割速战速决的战法，打开了东山要塞的门户，占领了南机场，控制了北机场。10月17日深夜，第七纵队一部秘密插入牛驼寨，发起突然袭击，攻克大部分碉堡。大受震动的阎军连续组织反扑，集中百门以上山炮、榴弹炮，一天之内向不到三百米的阵地发射炮弹一万多发，焦土厚达三尺。为避免过大伤亡，七纵队一部21日撤出牛驼寨。

徐向前等兵团领导鉴于前一段的进攻兵力部署面较宽，影响迅速夺取四大要塞，当即作重新部署：仍以第七纵队攻牛驼寨，第八纵队攻小窑头，第十五纵队攻淖马，第十三纵队攻山头，总兵力二十七个半团。10月23日，兵团下达了总攻击令。

10月26日夜，解放军发起总攻，四大要塞争夺战全面展开。

这是一场空前激烈的恶战。阎锡山为保卫东山要塞，投入了绝大部分兵力。他亲自指挥、督派重兵依托坚固工事抵抗，以八百多门火炮组成炮群猛轰，派出飞机轰炸扫射，甚至施放毒气弹、烧夷弹。解放军每占领一块阵地，都要经过数次搏杀，要巩固一块阵地都要打退敌人十余次的反扑。阎军的碉堡又厚又坚，手榴弹和炸药包无法炸开，有时要堆放七八百斤炸药，才能掀掉。解放军战士在弹药用尽时，就用刺刀、铁镐、石头与敌人格斗。

　　前方战斗正酣，指挥部里也紧张异常。一连数日，徐向前时时聚精会神地伫立在侦察要图前面，周士第、陈漫远、胡耀邦等同他一起，关注着战斗的进展，随时发出指挥命令。徐向前有时夜间到前沿阵地去视察，总结经验，调整战术，指挥作战，胡耀邦常常陪同。他对徐向前说：你军事上政治上担子这样重，身体又不好，我们年轻人身强力壮，有些事情，我们去做好了。徐向前在一次夜间视察时受了风寒，一下病倒了，周士第、陈漫远、胡耀邦反复劝说他去后方静养，但没能说服他。胡耀邦也常常冒着密集的弹雨，到最前线去。一次，他上了十五纵队的淖马阵地，给战士带去了《人民子弟兵》报，在阵前进行政治动员。他向各纵队号召："政治工作到基层去，到第一线去。"在他的带领下，兵团政治部、宣传部的干部、记者和在部队体验生活的作家，都纷纷上了前线。

　　经过十七个昼夜的惨烈搏杀，解放军歼灭阎锡山部队一万多人，四大要塞全部攻克。11月12日，东山战斗胜利结束。与此同时，太原南、北各据点也被解放军占领。在太原城郊战火的余烬上，飘起面面红旗。只待号令一下，便开始攻城了。

二、造成强大的心理攻势

　　当此之时，辽沈战役已经结束。毛泽东又在运筹平津战役。为此，毛泽东对打太原有了新的想法。他在11月16日凌晨五时给徐向前、周士第发来急电说道："估计到太原攻克过早，有使傅作义感到孤立自动放弃平、津、张、唐南撤或分别向西、向南撤退，增加尔后歼灭的困难。请你们考虑下列方针是否可行：（一）再打一二个星期，将外围要点攻占若干并确实控制机场，即停止攻击，进行政治攻势。部队固守已得阵地，就地休整。待明年十一月上旬东北我军入关攻击平津时，你们再攻太原。（二）如果采取此项方针，杨罗耿部即在阜平休整，暂不西进。"①

徐向前、周士第等接到电报后，立即明白了毛泽东的深意。他们同意对太原围而不打，稳住傅作义，待东北野战军入关后，先收拾平津，再解放太原，有百利而无一害。因此，按毛泽东指示，在12月初接连攻占了临汾以西及太原城东、城北等一些据点，并用火力封锁了红沟机场，将阎锡山守军围困在以太原为中心长宽不到三十里的狭小地区之后，就转而就地休整，并展开了以瓦解阎军为主的政治攻势。

徐向前认为，政治攻势也像军事攻势一样，必须自上而下形成坚强的领导中枢，统一部署，统一指挥，统一步调，而不能各自为政，乱放"枪炮"。因此，于11月中旬兵团成立了对敌斗争委员会，由王世英、胡耀邦负责。王世英是华北军区副参谋长，山西洪洞县人，抗战期间同阎锡山打过交道，很熟悉太原内情。兵团之下，各师成立政治攻势委员会，团营设政治攻势中心指导小组，连设政治攻势小组。这个组织系统专门负责了解敌情，分析形势，研究敌军心理，及时提出对策；培训政治攻心骨干，总结和推广各部队的经验，不断提高斗争艺术、斗争水平，改进斗争方式；妥善安置投诚起义人员，检查和监督部队对俘虏政策、投诚起义人员政策的贯彻执行情况。

负起了这场攻心战役指挥之责的胡耀邦，对政治攻势作战的目的、对象、方法、策略、纪律等方面都作了认真考虑。在对敌斗争工作委员会成立会议上，他以《开展对敌政治攻势工作中的几个问题》为题发表了讲话，对这些问题系统地发表了意见。

---

① 《毛泽东年谱（1893—1949）》（下），中央文献出版社 1993 年版，第 391 页。

他说，为什么要加强对太原敌人的政治攻势呢？第一，现在太原已成为孤城，敌人十分恐惧、动摇、悲观、失望，尽管阎锡山控制很严，实行法西斯镇压，仍然堵不住官兵逃亡的漏洞。这是我们对敌人进行政治攻势的很好条件。这就是说，政治攻势有很大的成功可能。第二，阎军和太原的群众，受了阎锡山的欺骗，有些还不了解我党的政策。这说明很需要把真实情况和我党的政策，告诉太原市的人民和阎军官兵。

在讲到政治攻势的目的时，他说，目标要有高的，比如争取阎锡山，也要有低的，比如造成敌人内部动摇、悲观失望；减少敌人的仇视和顽抗；促使敌人从零星逃亡一直到中股、大股起义。这些都是瓦解敌军的效果，都是对解放太原的积极贡献。

关于对象，胡耀邦说，主要是阎锡山的军队，此外，还有他们的党政人员、中小特务、警察宪兵等。方法是无孔不入，有空隙就钻进去，这样就可以发现无穷的"宝藏"。对于太原城内外数十万工人、学生、商人、职员和市民，也要加强政治宣传工作，然后通过他们，开展对敌人的政治瓦解工作。

在讲到遣回工作时，他说：可向太原选派打入的对象，现有三种人：一种是被俘虏的阎军尉校级军官。如果每天放回去五个，一个月顶多只一百五十个，假使这些人放回去都变坏了，也不过一个连的人数，没有给敌人增加多大力量，我们还可再消灭他；如果其中有几个人起了作用，其价值可能就更大。二种是，可利用的敌人的亲属朋友，如商人、女人、老头等带信进去。这些人不会被敌人抓去，增加他们连队的兵员。三种是，将阎军的重伤员彩号，救护后要尽量设法送回去。有人说这是我们自找麻烦，但不知道给我们找的是小麻烦，给敌人找的是大麻烦。这里须注意，不要派老百姓抬去，免得被敌人抓去当兵。

　　喊话是阵前斗争的重要方式。11月下旬，胡耀邦召开兵团政工会议，在讲话中他着重讲了喊话问题。他说：敌人向我们喊话自然一方面企图对我部队起些瓦解作用。但是，主要的还是对敌军本身官兵实行火线上思想控制，阻挠我们的喊话。因此，我们要经常站在主动的地位，寻找敌人的空子进行有理有利的喊话。排除一切喊话困难，不和敌人对骂，采取耐心说服的口吻和态度表示我们宽大，处处为他们的生活和前途着想。

　　他说，我们需要把敌人的反喊话和反问区别开来看，有些反问就是真的要我们替他们解答还不明白的问题。……对于带头喊话的特务分子也需要一面驳斥、打击、孤立他们；一面还要软化他们，争取他们，给他们留有改过自新的余地。比如在他们与我们对阵喊话时，我们可以说："你是不是特务政工人员、铁军骨干，你过来吧，我们可以原谅你，也宽待你。"对于个别很顽固的反动分子，我们可以用威胁去打击和软化他，一方面向他说："你叫什么名字，住在哪里？打进城去好找你。"一方面对他的士兵说："你们不要听他的话，他是特务，他压迫你们逼你们送死，请你们记住他的名字。"打击和软化要有机地结合，按照具体的情况和对象恰当地运用。

　　胡耀邦强调，政治攻势重在攻心，要从心理上争取和瓦解敌军，因此各项工作都要有针对性。在解放大军压境的情况下，阎军内部不同的人群必然有很不相同的心理活动，因此就要分门别类，有的放矢。在胡耀邦主持下，对敌斗争委员会编写出了各种各样的宣传品，这些宣传品都经过胡耀邦的审定，有些还是他自己编写的，都有不同的针对对象。

　　比如对前沿阵地的士兵，鼓动他们携枪来降：

放哨看地形，打柴看路线。

知心朋友商量好，看准机会一起跑。

白天过来用记号，黑夜过来高声叫。

解放大军掩护你，不怕误会跑不了。

带上子弹和步枪，谁敢追赶打他娘。

对被抓去的新兵，鼓励他们回家平分土地：

晋中各县，土地平分，阎军官兵，家中照分。

男女老少，每人一份，快逃回家，参加平分。

对从西北开来的第三十军，则指出：

胡宗南，恐慌在西安。蒋介石，准备逃台湾。

太原城，很快被攻占。三十军，你们怎么办？

还有针对敌人谣言的《十不得歌》：

阎锡山鬼话信不得。特务造谣听不得。

太原工事守不得。红皮七九枪①用不得。

挨饿挨冻过不得。互相监视要不得。

解放军攻城了不得。土造飞机②坐不得。

家里盼你等不得。逃跑回家迟不得。

这类宣传品和各种传单，先后印制了五十多种，一百多万份，另外还有大批"罢战安全证""立功优待证"等等，利用宣传弹射

---

① 指太原自造步枪。

② 指解放军炸飞碉堡。

向对方阵地。在前沿阵地上，各连队也人人订计划，班班来挑战，看谁瓦解敌军的战绩最大。基层干部和战士纷纷喊话，直击敌人心理防线。对敌人的反喊话，往往几个回合就驳得敌人再不作声。那些新解放的战士喊话的热情更高，由于对阎军内部情形熟悉，且有许多相识的人，所以他们的喊话效果非常好。

胡耀邦也亲自出面，做阎军上层军官工作。淖马要塞夺取战之时，从俘虏口中得知据守阵地的是第八总队司令赵瑞，徐向前便派赵瑞的老友赵承绶和晋中战役被俘的三十三军参谋长杨诚动员赵瑞起义。经他们工作，赵瑞果然起义了。为了动员他们继续运用各种关系从内部瓦解阎军，胡耀邦亲赴赵瑞起义军集结地榆次。他赞扬赵瑞的起义行为，代表兵团宣布起义军改编为第一兵团独立第一支队，赵瑞为司令员。他还称赞赵承绶和杨诚的工作做得好，希望他们再立新功。杨诚后来回忆说："胡主任以平易近人、和蔼真诚的态度，勉励我们好好学习，自我改造，继续为解放太原贡献力量，我们深受感动。"[1]

这场攻心战打了半年之久，一直持续到攻城前夕，先后瓦解敌军一万二千多人，加上原先瓦解的人数，共达三万余众，约占阎军当时兵力的百分之二十五，其中成营、成团、成师（总队）放下武器的，几近四分之一。

三、策动黄樵松起义

早在晋中战役打完之时，徐向前就曾设想过和平解放太原的问题。他考虑阎锡山已身处绝境，说不定可以接受和平条件。本想派

---

[1] 乔希章：《胡耀邦与太原前线的政治工作》，《胡耀邦与军队》，第57页。

有丰富统战工作经验的王世英进城去同阎锡山谈判，但情况不明，还不能贸然举事。于是想先投石问路，请一位阎锡山的老师、年近八旬的老秀才，持徐向前亲笔信去劝说阎锡山。这老秀才慨然愿意前去，为民请命。但不久传来消息，阎锡山竟不念师生之情，残忍地把老人杀了。

知道阎锡山已不可争取，兵团领导们便寄希望于阎军其他将领，不久就把视线集中到新编三十军军长黄樵松身上。

黄樵松早年属西北军，"西安事变"时在杨虎城部，拥护张、杨联共抗日主张，有爱国思想，对共产党也有一定了解。抗日战争中，在娘子关和台儿庄同日军作战，表现英勇。来太原前任三十师师长，驻守西安。他为人爽直忠厚，有正义感，对蒋介石排除异己早有不满。

在太原被围的紧急时刻，阎锡山向蒋介石要求增援。10月间，蒋介石调三十师往援，于是黄樵松率戴炳南全旅等共一万余人，被分批空运至太原。

在东山战役中，黄樵松部队表现出一定的战斗力。牛驼寨一仗，将解放军占领的阵地夺回。黄部也由此增编为第三十军，黄樵松任军长，戴炳南升为师长。虽然阎锡山深为倚重，但黄樵松却心事重重，他一面向上海、南京的旧友探询济南吴化文起义的情况，一面同在解放区的旧长官高树勋暗中联系。

高树勋此时已奉调来到太原前线，正在做争取阎军工作。高树勋原为国民党十一战区副司令长官，他对国民党久怀不满，在中国共产党统一战线政策感召下，1945年10月，在从郑州开往北平附近驻防途中，于邯郸率部新八军和河北一个民兵纵队宣布起义。这一行动影响极大。黄樵松在西北军时曾是高树勋部下，两人私谊甚笃。这时高树勋便写信给黄樵松，劝他以太原三十万人民的生命财产为重，顺应历史潮流，弃暗投明，率部起义。由一个被俘放回的排长，把信亲手交给黄樵松。

黄樵松反复权衡，认为只有脱离国民党才有出路，于是决定起义。他复信给徐向前说："……为了拯救太原三十万父老出水火，免遭涂炭，我决心起义，站在人民和正义这方面。望指示……"随即派身边的中校参谋兼谍报队队长王震宇，带随员王玉甲出城接洽。王震宇按兵团安排，来到第八纵队司令部。

徐向前派胡耀邦代表他全权组织这次起义，同时给黄樵松写了复信：

> 樵松军长勋鉴：来函收悉。黄军长为早日解放太原三十万人民于水火，拟高举义旗，实属对于山西人民一大贡献。向前当保证贵军起义后仍编为一个军，一切待遇与人民解放军同。惟时机紧迫，更为缜密计，事不宜迟。至于具体问题，兹特请高总司令树勋将军并派本军胡政治部主任耀邦前来前线代表向前全权进行商谈。
>
> 专此即颂军祺。
>
> 徐向前启
>
> 十一月二日

胡耀邦偕同高树勋连夜赶赴第八纵队司令部，与八纵司令员兼政委王新亭、参谋长张祖谅一起，同王震宇晤谈。

当时在场的工作人员乔希章对会谈情景曾作这样的追述：

胡耀邦问对方联络代表："黄军长举义的方案，是怎样考虑的？"

王震宇说："军座已经在亲信部属中，作了部署和动员，尚无反对者。他的打算是，以最可靠的部队，把太原绥靖公署阎锡山指挥机关包围起来，逼阎交出指挥权，如阎不从，则以武力解决。然后，通电宣布起义……"

胡耀邦指出："王代表，此事关系重大，回城后，请向黄军长阁下转达，对阎锡山老牌军阀，可要特别特别地提防。况且，阎锡山统治山西近四十年，还没有哪一派势力能征服他。在山西，阎锡山是有社会基础的，而且特别会耍手腕，千万千万要警惕啊！"

高树勋将军一旁插话："胡主任讲话有道理。王代表应尽快回城，将此忠告向樵松军长转达。"

王震宇连连点头，提出："为举义成功，请贵军派出联络代表与我同时入城协助。"

事关大局，胡耀邦走出与王震宇谈话的屋子，与徐向前直接通了电话，汇报了商谈情况。他说："已向黄樵松的联络代表商定一个可行方案，黄部拟交出该部防守的东门和北门，接应我军入城解决阎锡山。然后，黄部撤出城外指定地域接受改编。但我方急需派一名代表入城协助，并与太原前线司令部保持通信联络。"

胡耀邦接着说："现在的问题是，派谁入太原城？"没等徐向前回答，他自告奋勇地说："徐司令，那我就亲自入城协助黄樵松举义吧。"

徐向前严肃而又十分关切地回答："你是政治部主任，打仗需要你，不能去！况且，那里面的情况还没有搞确实，你去不得呀！还是另外派个人去吧。"[①]

胡耀邦同王新亭商量，决定派八纵队参谋处长晋夫和侦察参谋翟许友，随王震宇入城。晋夫是黄樵松同乡，具有文人风度，谦和稳重。

----

① 乔希章：《你是政治部主任……》，《胡耀邦与军队》第 16—17 页。

不幸，黄樵松的起义举动，被他一手提拔的下属、第二十七师师长戴炳南出卖。阎锡山得到戴炳南密报后，立即诱捕了黄樵松，同时将即将入城的王震宇、王玉甲、晋夫和翟许友逮捕。阎锡山将黄樵松等五人押送到南京，经南京"国防部军法局"两次审讯，审判长顾祝同审判，宣判黄樵松、晋夫、王震宇死刑，翟许友、王玉甲无期徒刑。五人都拒绝在判决书上签字。1948 年 11 月 27 日晨，凛然不屈的黄樵松、晋夫、王震宇在雨花台就义。新中国成立后，黄樵松被追认为烈士。

出卖黄樵松的戴炳南，1949 年 4 月太原解放后，即被捕获正法。

入城联络是极其危险的，胡耀邦当然非常清楚。如果那一次他真的进了城，肯定就会牺牲了。但他自告奋勇，完全置个人安危于不顾，这种精神受到广大官兵的一致赞誉。

四、愿跟彭总学打仗

由于军务倥偬，不能静养，徐向前的身体越发不好。1948 年 11 月 29 日，毛泽东、刘少奇、朱德、周恩来、任弼时联名致电徐向前："闻病极念，务望安心静养，不要挂念工作，前方指挥由周、胡、陈担负，你病情略好能够移动时，即来中央休养，待痊愈后再上前线。"[①] 但徐向前仍不肯休息，他牵挂着围城部队的一切，甚至躺在担架上去前沿阵地检查越冬防寒措施的情况。稍稍能起来，他就召开前委扩大会议，同周士第、陈漫远、胡耀邦等详细制定太原战役的作战方案。

历史进入了 1949 年。

---

① 《徐向前传》，当代中国出版社 1991 年版，第 483 页。

1月，东北野战军以摧枯拉朽之势攻克天津，随后北平也以和平方式解决。第二、第三兵团即奉命向太原开进，配合第一兵团作战。

2月，全军按中央军委指示整编，原华北军区第一、第二、第三兵团依次更改番号为中国人民解放军第十八、第十九、第二十兵团，直属中央军委。第十八兵团司令员兼政委徐向前，副司令员兼副政委周士第、王新亭，副司令员兼参谋长陈漫远，政治部主任胡耀邦。同时，第一兵团所属的第八、第十三、第十五纵队，分别改为第六十、第六十一、第六十二军。

3月底，第十八兵团同杨得志为司令员的第十九兵团、杨成武为司令员的第二十兵团三大兵团会师太原城下。根据中央军委决定，以十八兵团领导机关为基础，组成太原前线司令部、政治部，司令员兼政治委员徐向前，副司令员周士第，副政治委员罗瑞卿，参谋长陈漫远，政治部主任胡耀邦。同时成立太原前线党的总前线委员会，统一领导各部队。总前委由徐向前、罗瑞卿、周士第、杨得志、杨成武、陈漫远、胡耀邦、李天焕组成，由徐、罗、周、陈、胡为常委，徐任书记，罗、周任副书记。

第十九、第二十兵团的到来是一件大事。组织欢迎这两支兄弟部队，成为胡耀邦这段时间的主要工作。他指示抽调干部和各军文工团，组成两个欢迎慰问团，分别去两个兄弟兵团向太原开进经过的寿阳、忻县迎接。在战地搭起彩门，两面贴着"兄弟兵团大会合，攻取太原有把握""老大哥工作好，团结巩固士气高"等门联。守阵地的部队把各战区最好的房屋打扫得干干净净，让兄弟部队住下。包括粮食、蔬菜、饮用水等等，也都作了安排。在交接阵地的战壕里，贴满了彩色标语，出版了墙报专刊号。《人民子弟兵》报上专门发表了社论和欢迎口号。胡耀邦还主持制定了"八大守则"，要求各部队贯彻，守则要求随时虚心向兄弟部队学习；协同作战时要积极主动，不争夺缴获物品；一起驻军时，要主动让房子；当兄弟部队有困难时，要尽力帮助；在任何情况下不许与兄弟部队争吵……

严冬已经过去，迎来了三月阳春，太原城下的各路解放大军正热火朝天地加紧练兵备战。

此时阎锡山的太原守军共六个军十七个师，总兵力为七万二千多人。解放军准备攻太原的兵力，包括十八、十九、二十这三大兵团及晋中部队、一野第七军、四野一个炮兵师，共二十五万余人，处于绝对优势地位。

3月底，总前委确定了战役部署，各兵团、部队作了分工，并且决定4月15日为总攻击时间。

胡耀邦的战前政治工作越发繁忙。还在2月间，他在检查各部队的冬季整训工作时，发现虽经一再强调，还是发生了多起在战场上违反群众纪律的事件，为此领导开展了"二月大整纪"。当时，有些部队认为战场上出现群众纪律问题难免。胡耀邦一直极其关心的是部队入城以后的表现。他说："战场上的群众纪律遵守得好，才能保证将来打进太原城以后，把城市政策纪律执行得好。"他严肃地要求"各种部队对已经发生的违反群众纪律的事情，严格进行检查处理，反对任何姑息和放任的态度"。在如今各路大军云集，总攻即将开始之时，胡耀邦深知参战人数愈多，愈要加强城市政策纪律教育。他以太原前线政治部的名义制定了《入城守则》，发到前线所有部队，要求"使全军所有的同志，都能去严守纪律，去执行政策，并且能去监督和维护政策纪律，所有干部必须成为遵守纪律执行政策的模范"。要求"攻城战役结束后，除警备区治安部队外，全部撤出城外，除战争破坏（大炮摧毁甚多）外，将太原完好地交给人民"。同时，政治部又编印了政策纪律教材，在部队中反复进行教育。

虽然如此，胡耀邦还是放心不下。当时任兵团政治部干部科科长的梁秀昆记述说："在总攻前的一次兵团常委会后，耀邦同志找我去亲自交代任务。他说，为了保证城市政策的落实，给你一个任务，检查各级党委是怎样贯彻前委关于城市政策的要求的。你骑一匹马，限三天要跑遍太原前线兵团所属团以上党委，找党委书记检查，看他们在前委会后是怎样传达贯彻前委关于城市政策指示的。方法是三言五语谈完就走，一是督促，二是发现问题及时纠正，好的做法，交流传播。就这样我拿着耀邦同志亲自签名的介绍信出发了，到军、师、团各级党委都找书记亲自谈，发现有的已开始传达贯彻，有的还没有动。他们听了我传达的耀邦同志意见后，普遍反映兵团党委抓得紧，检查工作的方法也值得学习，都简要地说明本单位的安排或打算，有的还打听其他单位贯彻的情况，我也作了些必要的介绍，三言五语地提出意见，就又赶到另一个单位了。我如期地完成了任务。就这样从党委、领导的角度，抓了入城政策纪律，问题发现得及时，好的做法交流得也及时，使城市政策在党委先落到实处，部队自然被带动起来了。"[①]

1949 年 3 月 5 日至 13 日，中共中央在西柏坡举行了著名的七届二中全会，这次会议强调党的工作重心要由农村向城市转变，要由革命战争向和平建设转变。毛泽东在讲话中号召在新的时期里全党都要谦虚谨慎、不骄不躁、艰苦奋斗，要警惕敌人糖衣炮弹的袭击。徐向前因病没能出席这次会议。会议还没开完，毛泽东就要彭德怀返回西北前线途中，去太原前线帮助指挥打太原。

---

① 梁秀昆：《太原战役政治工作几点回忆》，《胡耀邦与军队》，第 61 页。

4 月初，彭德怀来到榆次以南十多公里的峪壁村看望徐向前。两位老战友相见，都很高兴。彭德怀向徐向前讲了二中全会精神，徐向前也向彭德怀介绍了攻打太原的部署和准备情况。当彭德怀关切地询问徐向前病情时，徐向前告诉他肋膜两次出水，胸背疼痛，身体虚弱得很，没法到前线去。他对彭德怀说：你就留下来攻城吧，等拿下太原再走。

"行！"豪爽沉毅的彭德怀一口答应，"明天我就上阵地看地形，要找个年轻人陪我。"

徐向前说："从打仗方面来说，应该周副司令员陪你去，但他现在得向兄弟兵团介绍太原情况。要论年龄，胡耀邦主任最小，就由他陪你吧。"

在场的胡耀邦立即说："我愿意跟彭老总学打仗。"

当年长征时，胡耀邦就在彭德怀领导的红三军团战斗过。现在又要跟老首长打太原，胡耀邦兴奋而激动。一连几天，他和王新亭陪着彭德怀熟悉部队情况，察看地形地貌。他也认真观察这位不苟言笑的老总是怎样部署战事，同徐总的风格有何异同。

以后报经中央军委批准，彭德怀就留在太原前线指挥作战。但为避免影响军心，下命令、写布告，仍以徐向前的名字签署。

在这期间，以周恩来为首的中共代表团和以张治中为首的国民党代表团，正在北平举行和平谈判。4 月 5 日，毛泽东电告彭德怀、徐向前："阎锡山已离太原，李宗仁愿出面交涉和平解放太原问题，我们已告李宗仁代表（本日由平去宁），允许和平解放，重要反动分子许其乘飞机出走，其余照北平方式解决。""你们应即派人进城，试行接洽，求得十五日前谈妥。"①

------

① 《毛泽东年谱（1893—1949）》（下），中央文献出版社 1993 年版，第 475 页。

原来，一直赌咒发誓要"与太原共存亡"的阎锡山，借口去南京开会，于3月29日逃离了太原。临行前他指定亲信梁化之、王靖国、孙楚、吴世铃、吴绍之组成防守太原五人小组，指挥一切。

总前委按照中央指示，决定致函孙楚、王靖国，敦促他们和平解决，派赵承绶等去太原试谈。但赵承绶等被阻城外，孙楚等拒绝和平途径。

这样，4月20日凌晨，总攻太原的大战终于爆发了。

困兽犹斗的阎军只能以四万兵力放在太原外围，在解放军雷霆万钧的攻击、穿插之下，一触即溃。仅用两天，城郊十三个师基本被歼，只有少数残兵败将逃回城内，外围全被扫清。

为减轻对太原市人民生命财产的破坏，太原前线司令部于4月22日向太原守敌发出放下武器的最后通牒，但梁化之等拒不回应。于是决定一鼓作气，4月24日拂晓攻打城垣。

当天凌晨两点，胡耀邦被彭德怀找去，陪他一同到各前沿阵地作了最后一次视察。

清晨五点半，绿色信号弹倏然升空，一千三百门大炮从四面八方同时轰鸣，太原城头顿时一片火海，厚厚的城垣被轰开十几个缺口。三个兵团的主力部队争为先登，打退敌人数次反冲击，从南、北、东三面如怒潮般突入城内，迅速向"绥靖公署"合围。仅用四个半小时，就结束了战斗，俘获了孙楚、王靖国及师以上军官四十余名，梁化之自杀，守城官兵近三万人全部被歼。红旗在省府大楼上升起，太原城完全解放。

经中央批准，立即成立了以徐向前为主任，罗瑞卿、胡耀邦、赖若愚为副主任，周士第、罗贵波、萧文玖、裴丽生、解学恭、康有和为委员的太原军事管制委员会。军管会立即着手工作，一方面搜捕隐匿不见的重要军警特分子，举行公审战犯孙楚、王靖国、戴炳南大会；

一方面迅速组织山西省和太原市政府机构，并发布一系列命令和公告，组织全市人民打扫战场，恢复工厂生产和商业正常开业，学校尽早恢复上课，安排灾民生产自救，使社会很快稳定下来。

在这期间，胡耀邦认真检查了部队执行政策纪律的情况。他了解到部队入城后干部以身作则，战士实行群众性的相互监督，纠查队严格纪律检查，所以工厂、学校、医院、仓库和有关人民群众的生活设施，以及工商业户都得到了保护。有的战士鞋子跑掉了，宁愿打赤脚，也不拿俘虏背包上的鞋子。长期受阎锡山欺骗宣传的太原老百姓，看到解放军竟是这样纪律严明，都由衷称赞。

太原战役之后，解放军立即分兵，由杨成武率部解放了大同。这样，华北一线战事均告结束。胡耀邦也结束了华北的战事生活，将奉命向西挺进！

五、"为华北人民的解放立了大功"

胡耀邦在华北部队先后担任纵队政委和兵团政治部主任，一直从事政治工作。这一时期里，他既围绕各次战役深入进行政治动员，开展政策纪律教育，组织对敌政治攻势，又以极大精力，加强部队经常性的政治工作建设。他领导政治工作的思路总是富有创造性，方式方法总是生动活泼的，因此他所在的部队总是保持着蓬勃的朝气。

1948 年 10 月 13 日，他在第一兵团报纸《人民子弟兵》上发表的文章《提高战场政治工作》，系统地阐述了他对战时部队政治工作的见解。他说："在战场上，政治工作人员、政治机关的总任务就是：在思想上、政治上贯彻上级的决心，实现本军的作战意图，歼灭敌人，完成任务。"如何完成这个总任务呢？他说："这就要做一系列的工作：各级主要的政治工作人员要经常了解上级和本军的意图与决心，并在思想上、政治上、组织上贯彻执行；要及时了解本军的思想、情绪，并适时提出正确口号并进行教育、解释，引导全军走向胜利；要及时发现作战时在战术上的好典型和坏例子，并发扬好的纠正坏的；要及时了解敌军情况和政治瓦解工作的成效、缺点、方式方法及经验教训，并及时推广好的，纠正缺点；要及时了解部队执行政策纪律的情况并表扬好的纠正坏的；要及时了解供应、医疗救护、给养供应等后勤工作方面的情况，并组织力量帮助解决这方面的困难。"

部队转战千里，由于情况不同，任务有别，胡耀邦的政治工作，在各阶段有不同的侧重。但是他始终抓住一个重点，就是做好基层思想工作，加强基层建设。在太原前线，他响亮提出："军队的基础在士兵""政治工作到基层去，到第一线去！"1949 年 2 月初，他在《认真做好连队建设工作》一文中写道："连队是军队的基础组织，是军队的战斗单位，是进行战斗任务的决定力量，是领导与广大战士群众相结合的桥梁，是完成一切任务的总枢纽。""如果我们的连队强，我们的队伍基础就强；连队不强，基础就不好。"因此他要求："营以上机关、领导干部，必须重视连队，到连队中去，为了连队，把连队搞好。"

连队任务头绪很多，胡耀邦把它概括为要抓住"三好"这个目标，即仗打得好，政策纪律遵守得好，部队团结巩固得好。在太原前线，他深入到各纵队反复强调这一点。他说，这事实上也是整个部队的奋斗目标。1949 年 2 月 21 日，他在《人民子弟兵》报上发表文章：《部队工作的奋斗目标——三好》，作了进一步论述。他写道："我们是军队，军队头一个任务是打仗，是消灭敌人，仗可以打好而打不好，就叫没完成任务。因此，不能打的部队不能算很好的部队。我们是人民解放军，我们是为人民解放而消灭敌人，因而我们又必须严格地遵守纪律，执行政策。如果仗打得好，但败坏了纪律，捣乱了政策，就脱离了群众，就叫做政治上打了败仗。因此政策执行不好、纪律遵守不好的部队，也不能算是好部队。上面两条都好，可是部队不团结、不巩固，能不能保持这两条呢？毫无疑问，是不能够的。因此，不团结、不巩固的部队，也还不能算很好的部队。"他说："这'三好'，既然是部队的标帜，同样，它就是我们部队一切工作的奋斗目标了。换句话说，我们就要经常抓住它，抓紧它。一切的积极性，一切的创造，都要围绕着它，都要为了它。反过来说：一切脱离它的积极性，就会变成空忙，变成'吃力不讨好'；一切脱离它的创造，就会变成'无的放矢'，变成'额外负担'。"以后，在第一兵团改编为第十八兵团时，他在兵团直属队举行的命名典礼大会上，又面向全兵团重申了这一要求："从今天起，我们就成为中国人民解放军正规军了，所以，我们第一要打好仗……"由于这样反复强调，所以"三好"深入人心，成为各级部队都牢牢把握的基本思想。胡耀邦后来还补充说："为了做到这三条，就要（一）加强学习。（二）更加团结。（三）加强党委领导。"

　　胡耀邦来到第一兵团，刚到职就要组织部门紧紧抓住党委建设不放。他说，我们是人民解放军，是党领导的部队，战役的胜利离不开坚强的党委领导。他到纵队检查工作发现，部队由于连续作战，有的党委工作制度不够完善，存在着不少游击习气，缺少健全的请示报告制度，党员作用也发挥得不够。经过仔细调查，他明确指出党委的主要问题在于：组织欠健全，生活欠正常，工作欠充实，责任欠明确。他同纵队领导交换过意见后提出，团以上党委应吸收下一级军政主要负责党员干部参加，要设常委，并进一步健全党委组织。要建立党委会议制度，常委会要多开，及时交换意见，商量日常重大问题。党委会要充分发扬民主，要有讨论，允许争论，要反对任何委员不倾听旁人的意见和随便制止旁人发言，侵犯其他委员权利的举动。党委要经常地开展批评和自我批评，使组织生活更加正常化。党委的主要职责是掌握部队尤其是干部的思想政治情绪，适时提出政治思想教育的方针和计划，认真实施党的政策和上级指示，并定期检查总结，以充实党委工作。他还特别提出，务必注意发挥每一个党员的作用。当一个重大任务到来或大的运动发起的时候，必须首先召集一定党员的会议，进行党内动员和组织工作。

根据毛泽东提出的"支部建在连上"的思想，胡耀邦还突出抓了连队党支部的建设。太原战役发起前，连队党支部还处在半公开状态，胡耀邦到兵团后即提出要彻底公开党支部，以发挥党支部在连队的堡垒作用。他还要求在党支部的领导下，抓好士兵委员会的工作，开展民主运动。要把连队互助小组、战斗小组建立在扎扎实实的基础之上。通过党员和党的积极分子的模范作用，活跃连队思想政治工作，激发革命英雄主义气概。

与此同时，胡耀邦主持制定了《军队党员的基本职责》，要求党员做到八条：战场杀敌，坚决勇敢；遵守纪律，群众模范；工作学习，处处争先；团结群众，一齐向前；服从组织，加强锻炼；过党生活，发表意见；教育群众，介绍党员；执行决议，彻底圆满。其后，在他的指导下，第十八兵团政治部于1949年3月9日发布了《关于加强党委工作的几个问题》的决定，对发扬党内民主、健全党委生活，党委书记与党委委员的职责与分工，党委制与首长制等重要问题，都作了明确规定。

胡耀邦也十分重视对干部的培养教育。发表在1948年12月3日《人民子弟兵》上的文章《具体帮助和教育干部是贯彻一切工作的关键》，就是他对干部工作较为全面的论述。他说："现在许多领导机关和负责同志都感到工作难于贯彻下去，有些同志认为这是由于下面干部较弱，缺乏领会和执行上面指示工作的能力。其实只是认识了问题的一面，还有一面未认识到，就是上面对于下面干部的具体帮助和教育不够。"他说："干部决定一切，要把工作做好，自然需要有工作能力的干部。但干部的工作能力并不是天然生成的，一半是由于实际工作和战斗锻炼；一半是由于上面的教育和帮助。在通常情况下，对干部我们也应该一面教育、一面使用、一面帮助；这样既可以把干部能力提高，又可以把工作做好。在目前干部能力较弱的情况下，我们对于干部的教育和具体帮助就显得更重要了。正因为干部缺乏领会上面指示工作的能力，我们便更需要给予具体的帮助和教育。所以，具体的帮助和教育，是我们目前贯彻一切工作的关键。"如何进行具体的教育和帮助呢？他说："并不是叫上面去代替下面的工作，而是说上面给下面一个工作任务，不只是有原则的指示，而且要有具体指示怎样的方式方法。特别是下面感到困难的时候必须循循善诱，让他们敢于提出困难，帮助他们克服困难，不要硬逼硬碰；当他们工作完不成任务和犯了错误的时候，必须谆谆告诫。帮助他们找出经验教训，不要一味训斥责备。要发扬积极因素，克服消极因素。这样就使他们接受每一任务不会感到压力太大，而觉得胜任愉快，积极性和创造性就可以大大发挥，工作能力自然提高，工作也就可以做好了。任何一个领导干部要做到这一点，一定要有耐心深入的工作作风和热心勤劳帮助干部的精神。"

在实际工作中，由于作战时有伤亡，各级干部尤其是基层干部的及时补充，便成为战役过程中必须解决的问题。胡耀邦指示要坚定地推广在连队中行之有效的"评荐干部"的经验。这就是：连队干部的提拔要在连队群众评比的基础上，由群众向领导推荐，然后由领导选定，加以任命。推荐中要强调选拔经过考验的战斗骨干，注意德才兼备。这样做的结果，使大批优秀的战斗骨干被提拔起来，包括不少"解放战士"，被提拔为连排干部。胡耀邦还多次提出，对干部从政治上要抓严，生活上要放宽。他说，政治上不严就不能保证党的路线、方针、政策的贯彻，就不能使干部不断得到提高；生活上不宽，干部一些必须解决的问题也难以解决，就会影响干部情绪。胡耀邦还注意到要做好随军家属工作。他指出，家属工作并不像有些同志认为的那样是小事，这项工作做好了，使干部在紧张的战役中无后顾之忧，对巩固和提高部队战斗力是会起到积极作用的。

在全部思想政治工作中，胡耀邦把报纸工作放在显著位置。在中央苏区便有办报经历的他深深懂得报纸就是武器，而且是利器。他知道应该运用报纸，更知道如何运用报纸。在晋察冀部队时期，他先后所在的第四纵队有《前卫报》，第三纵队有《前线报》，他都以很多的精力，指导把这些报纸办好，以使它们发挥更大作用。他不仅对编报方针、报道选题以及编排形式等等方面有明确要求，而且也总是提醒编辑们要注意思想作风和群众语言。在四纵队时，他经常到报社去同编辑们谈天。他嘱咐大家：共产党的报纸一定要讲真话，讲实话，实事求是，决不作"客里空"。他说："党的报纸，军队的报纸，关系着党和军队的形象，决不能说假话，吹牛皮。那样一搞报纸就会威信扫地，再也没有人相信你了。"他还说："报纸一年到头出版，九十九期都说真话，有一期讲了点假话行不行呢？我说不行！那也是不允许的。一次假话就会使报纸受到严重损害。禁绝假话，一定要作为工作纪律明确规定下来。"有一段时间，《前卫报》模仿大报，社论较多。胡耀邦说，社论这种形式比较严肃，连队干部战士接受起来有困难。社论要少写，写好，选题要慎重。有些社论的内容可改用连队讲话材料的形式写，这就可以自由些，文字要通俗、生动，尽量使用群众自己的语言，让连队指导员拿起来就能读，战士一听就懂。后来根据他的指示，《前卫报》三五天发表一篇言之有物、通俗活泼的讲话材料，深受连队欢迎。到三纵队以后，胡耀邦也仍然本着这些精神指导办报，使《前线报》也成为充满生气、深为干部战士喜爱的读物。

他到第一兵团之后，看到兵团还没有一张报纸，立即着手筹建。他从石家庄弄来印刷机，还动员一批印刷工人来，调集编辑人员，组成了报社。1948 年 10 月 3 日，第一张《人民子弟兵》报在太原前线诞生。对这样一张兵团级的报纸，他在办报方针上有了进一步要求。他说，我们军队办报纸的目的，就是为了提高大家的思想认识，增长大家的知识和技能，解决大家的疑难和顾虑，提高大家的信心和斗志。要达到这个目的，在内容上一定要与当前中心任务和广大士兵的要求密切结合起来。这就是说，一方面把领导的思想变为群众的思想；一方面把群众的智慧和模范行动，加以大大的发扬和普及。在形式上力求通俗，为广大士兵所乐于接受。在胡耀邦具体指导下，这份报纸面向基层，面向群众，充满着战士关心的话题，充满基层群众的声音，很快成熟起来。胡耀邦也不断为报纸写文章，通过报纸指导工作。他充分相信一张好的报纸所能激发的精神力量，因此下部队视察时，常常亲自给战士带些《人民子弟兵》报去，甚至送到战壕里去。

一向极其重视文化知识的胡耀邦，也以极高的热情，关注着如何提高战士文化知识水平的问题。他不仅是着眼于当前，更考虑到长远。1947 年他在第四纵队的时候，一次看到"前卫剧社"干部和谷岩所写的《三字经》式的歌谣："天荒荒，地荒荒，不识字，是文盲，不怨爹，不怨娘，旧社会，害人狼……"他大受启发，觉得这是提高战士文化水平的很好的方式。于是找来和谷岩，让他编一本连队用的《三字经》。他说：我们部队现在的成分绝大多数是翻身农民，他们作战勇敢，能吃苦，政治素质好，可是文化水平低，文盲太多。这样的军队在小米加步枪时代马马虎虎还可以对付。全国胜利后，我们就是新中国的国防军，要搞现代化，掌握飞机、坦克、火炮，那时我们这样"土八路"就抓瞎了。所以，不管行军作战任务多重，从现在起，就要想方设法提高我们战士的文化素质。办法有许多种，进学校当然好，但不能都进学校，主要还靠自学。一定要在连队造成学习文化的浓厚空气。要你搞一本《三字经》，就是这个目的。由你把文字写好，请人配上插图，看图识字，好读好记，发到连队作为文化教材。本子要印得小一点，便于携带，行军休息时就可以掏出来念几行。他还嘱咐和谷岩说，你千万不能小看这件事，这是我们部队的一项基本建设。

部队作家和谷岩后来回忆说，他"两个多月共写出四十多章。初稿写出后曾先后两次送耀邦同志审查，每次他都耐心地给予帮助和指点。第一次的送审稿中缺少党史和军史的内容，耀邦同志说：'添上去，要把文化学习和传统教育结合起来。'根据他的意见我增写了《大革命》《长征》等章。第二次送审稿中各革命根据地，我只写了《陕甘宁》《晋察冀》两章。耀邦同志说：'这样写不全面，不利于团结，要把各个革命根据地都写上去，五湖四海嘛！……'之后，我又增写了《晋绥》《晋冀鲁豫》《华东》《东北》等章"。①

根据胡耀邦的多次意见，又在文字上不断作了修改，一本五十七章的《人民军队三字经》终告完成，读起来朗朗上口："为革命，把兵当。人民军，大学堂。同志们，是兄弟。毛主席，像校长。学政治，练思想。学文化，知识广。学军事，打好仗。三字经，念几行。能文武，本领强。指战员，状元郎。"（第二章：《学习》）每

① 和谷岩：《胡耀邦教我写〈三字经〉》，《胡耀邦与军队》，第22—23页。

一章都配上了插图。这部《三字经》以晋察冀军区政治部的名义出版，作为连队综合基本教材发到全军区部队，大受欢迎。在当时的艰苦行军作战环境中，战士们一有空闲就争相阅读、传抄，成了必不可少的精神食粮。

在华北部队，胡耀邦作为政治工作的领导干部，他起草了大量的战斗动员令，各种工作决定，各种纪律守则。同时，他又是杰出的宣传鼓动家。他善于根据不同任务提出不同的极富动员性的口号，还善于有针对性地编写带韵脚、易记忆、可背诵的歌谣。在第三纵队向冀东察南挺进时期，他发现干部战士对全国解放战争的形势了解不多，会影响对战役胜利的信心，便同政治部主任陆平一起，编写了《十大胜利信心》，以政治训令形式颁布，作为向部队进行时事教育的教材，要求人人能懂会背：

一、蒋贼卖国打内战，全国民心已大变。

二、兵力不足又分散，年半被歼二百万。

三、军官腐败又无能，士气低落不愿干。

四、美国帮忙不顶事，经济危机没法办。

五、蒋区人民活不了，到处反抗闹翻天。

六、帝国主义纸老虎，民主力量大如山。

七、平分土地农民乐，军民团结不困难。

八、自由人民一亿六，全国解放将一半。

九、人民军队炼成钢，雄师已过两百万。

十、朱毛指挥无敌手，眼看蒋贼快完蛋。

这讲的是大局。而挺进冀东察南，是同傅作义部队作战，把握如何呢？胡耀邦针对这种疑虑，又同陆平一起编写了《十分把握》：

困难虽然有，把握有十分。大家来注意，细听说分明。

第一、傅敌只有几个军，东拉西扯不够用。

第二、敌区空虚战线长，到处挨打无处防。

第三、傅敌缺兵到处抓，不愿打仗愿回家。

第四、敌人庄疃败得苦，傅敌也是纸老虎。

第五、敌区人民盼我军，痛恨傅敌入骨深。

第六、我区人民翻了身，支援战争顶认真。

第七、整纪练兵有进步，这次打仗劲头足。

第八、主动出击兵力大，哪里好打哪里打。

第九、友军配合真有力，敌人顾东不顾西。

第十、上级指挥顶可靠，任务更能完成好。

这样通俗浅显的宣传鼓动词，极易为广大战士所掌握，成为提高认识，增强信心，鼓舞斗志的非常有效的形式。

胡耀邦在华北部队出色的政治工作，以及这些工作结出的优异成果，受到了广大指战员的赞誉。直到数十年后，他的老战友们忆起当年那既扎扎实实、又生动活泼的政治工作，都是津津乐道。在1989年胡耀邦逝世之后不久，聂荣臻元帅对这一段工作作了高度评价：

> 关于他在解放战争时期，在华北部队先后担任纵队政委、兵团主任时的情况。他很善于抓政治工作，经常深入基层，足迹遍及华北，讲形势说任务，宣传鼓动，使部队很活跃，士气高昂。与耀邦共事或接触过的干部和群众没有不称道的。耀邦同志参加了华北解放战争的全过程，经历了各个主要战役，直到战争的最后胜利，为华北人民的解放立了大功。

六、转战大西北

1949 年 4 月，中国大地风起云涌。由于南京国民党政府拒绝在和平协定上签字，毛泽东和朱德于 21 日发布了《向全国进军的命令》，命令中国人民解放军"奋勇前进，坚决、彻底、干净、全部地歼灭中国境内一切敢于抵抗的国民党反动派，解放全国人民"。4 月 23 日，南京解放，翌日太原解放。5 月 1 日，中共中央致电徐向前、周士第、罗瑞卿等，热烈祝贺太原解放！"从此山西全境肃清，华北臻于巩固"。下一步的任务，就是经过短时间休整后，即去解放西安和大西北。

此时胡耀邦所在的第十八兵团和杨得志率领的第十九兵团，都划归彭德怀领导的第一野战军建制。徐向前仍在病中，十八兵团改由周士第任司令员兼政委，王新亭任副司令员兼副政委，参谋长和政治部主任仍由陈漫远和胡耀邦分别担任。

十八兵团前委根据《向全国进军的命令》的精神，于 5 月 4 日作出了《关于"向前进"的准备工作的决定》，指出"在全军指战员中深入地进行'解放西安去，解放大西北去，解放全中国去'的思想教育与动员，是目前一切工作的中心"。

这就要尽快处理掉太原战役后的遗留问题。胡耀邦及时向部队提出，要"迅速做好战后工作，来迎接即将到来的新的光荣任务"。他要求"把需要清理和解决的问题全部加以清理解决。不管是物资的清理和交公也好，不管是部队家属问题的处理和解决也好，都必须求得在这一时间做完，免得牵手挂脚，拉扯部队前进。一定要使部队成为一支轻便利索的部队"。

远征大西北，有大量思想教育工作要做。胡耀邦组织、布置政治部人员下部队，了解情况，帮助工作。他自己更是全力以赴，日以继夜，不断地找人谈话作调查，下部队察看指导，开会、作报告、写文章，极其繁忙。这一时期的《人民子弟兵》报上，几乎天天都有他的文章。他提出许多新的口号，新的论述，从多方面进行深入的思想动员。

当时突出的思想障碍是一些战士认为太原解放，华北解放，革命也就到了头，该回家了。特别是本乡本土的战士，一直内线作战，从来没离开过家乡，要长驱西北，顾虑更多。干部中也有人不愿再打仗，想进城享受享受。

针对着这类家乡观念和偏安享乐思想，胡耀邦分层次、多方式地开展了工作。

5月上旬，他召开了团以上干部的动员会。有文章记述当时情景："周士第司令员兼政委主持会，由政治部主任胡耀邦作西进动员报告。胡耀邦站在主席台前，朝气蓬勃，神采奕奕，讲话实事求是，声音洪亮，引经据典，通俗易懂，铿锵有力，一下子把同志们的注意力吸引到他那里去了。他讲话的方式方法很灵活，逻辑性很强。他采用教书先生考学生的办法，先向大家提问题，挥舞着手臂，亲切地问：太原打下来了，大家是否想过下一步任务该干什么？他用眼睛向全场巡视一周，好似在等哪位同志的回答。他笑眯眯地说：我们是胜利的军队，应该不应该更坚决地响应毛主席'将革命进行到底'的伟大号召？现在西北野战军、西北人民都在等着我们。大家想想该怎么办？我们的口号应当是援救西安，解放大西北，直至解放全中国。你们都是团以上的负责同志，你们有了正确的答案，明朗的态度，思想坚定了，腰杆也就会硬起来，说出话来掷地有声。这样回到部队里去，发动群众，亮开思想，彻底地议论一番。我们兵团是不是就留在山西呀，还是要向前进？……"①

这期间，胡耀邦按照毛泽东的"将革命进行到底"的精神，提出"革命到底，光荣到底"作为总的动员口号。他说，"我们要做革命到底的英雄汉，决不做半路人。发扬我们的光荣传统，珍惜我们的光荣历史，执行新的光荣任务，争取最后的无上光荣"。5月9日，他在直属队排以上干部会上作报告，进一步说，要实现"革命到底，光荣到底"的决心，就要作"四大精神准备"。他以他一贯的风格，将这"四大精神准备"编成了句型整齐而且押韵的四句话：第一，坚决前进不想家，一心一意把敌杀；第二，出征就要运动战，长途行军练到家；第三，新区条件可能差，吃苦耐劳克服它；第四，新区群众未发动，群众工作都参加。

与此同时，他在《人民子弟兵》报上发表的一连串文章中，对方方面面的问题，层层深入地、细致周到地作了讲述和部署。

5月3日，他在《全力进行向前进的准备工作》中说："向前进，对于我们兵团是一件大事，时间又很短，因此我们一切工作都要紧张地有重点地为着向前进作准备。准备工作主要有两个方面：一是思想方面的准备，二是组织方面的准备。"

5月6日，他在《充分采用群众路线方法进行向前进的政治动员》一文中，提出了五个问题，要求"分为五个步骤经过群众路线——加以解决"。这些问题，一是为什么要向前进的问题，二是向哪里前进的问题，三是请假回家看一看的问题，四是向前进的有利条件和困难问题，五是怎样前进的问题。对这些问题，他分别作了详细阐释。他说，"领导上的责任就是：善于提出问题，启发诱导；要敢于放手让大家提出各种不同的意见，展开讨论争辩；要善于讲

---

① 曾柯、吴成德：《胡耀邦号召我们大进军》，《胡耀邦与军队》第157页。

道理，能够耐心地说服群众，解决一切疑难问题；还要善于发动群众开展向前进的文艺活动……自己教育自己"。

5月10日和11日，他又分别发表了《做好解决请假回家的问题》和《把我们全部的精力放在向前进的准备工作上》，就有些战士在未出动之前想回家去看一看，或者觉得家里有困难，想回家帮助解决一下，以及有些人想进太原城去看看玩玩等一时间颇为普遍的反映，讲了许多道理。他告诉家庭实在有困难的战士说："华北人民政府已经颁布了优待革命军人家属的条例，并制订了革命军人证明书"，同时要求"我们各级政治机关……务使我们的家属有了困难能够适当解决，减除同志们对家庭的顾虑"。

由于动员工作做得充分，部队中各种思想障碍渐次消除，指战员们精神抖擞地投入各项准备工作。

5月下旬，各军举行了誓师大会，然后就高举战旗，沿同蒲路南下，行程一千一百余里，直奔风陵渡口。

还在十八兵团整装待发的时候，第一野战军第一、第二两兵团在彭德怀指挥下，以迅雷不及掩耳之势，解放了胡宗南盘踞13年的西安。胡宗南战败后龟缩凤翔、宝鸡、陕南一线。此时青海马步芳和宁夏马鸿逵还有势力，与胡宗南既勾心斗角，又相互声援。马步芳组织了青海兵团，由他的儿子马继援任司令；马鸿逵组织了宁夏兵团，也由他的儿子马敦静任司令。青、宁两兵团总兵力约八万余人，由马继援统一指挥。愚蠢而刚愎自用的马继援想一显身手，夺得头功，提出"重回咸阳，占领西安"，率八十二军直扑咸阳。

于是彭德怀令尚未渡过黄河的十八兵团六十一军急进，日夜兼程赶赴咸阳，参加咸阳阻击战。

胡耀邦同六十一军来到咸阳前线。他迅速为《人民子弟兵》报写了《紧急动员起来，坚决歼灭胡马敌军！》的动员文章。文章分析了打好这一仗的意义，以及有绝对把握取胜的条件，同时又指出："由于敌人是垂死挣扎，兵力不算少，我们还必须认识这是一场大战。要歼灭敌人，就需要一定时间，也必须付出一定的代价。而且由于我们来得匆忙，又是仓促进入战斗，对于敌情地形都还不大熟悉，故必须积极研究敌情地形，赶快摸清敌人的战术、特点、规律，绝对不能轻敌，不能有丝毫疏忽。"

6月13日，马继援率部进至咸阳城郭，六十一军立即以炽烈炮火迎击。经过一昼夜激战，马继援狼狈逃窜。

趁下一个战役开始前的间隙，兵团于6月26日召开团以上干部会议，讨论和部署今后任务，总结向西北进军以来的进军工作。27日，胡耀邦在会上作报告，对打好进军西北的第一仗问题以及搞好政策纪律和群众工作问题，都作了总结和部署。在总结行军工作时他说：这次行军对我兵团来说的确具有历史意义，因为不单是走得不错，不单是像这样的长途行军、强行军并且是出征，是我兵团的头一遭，更重要的是我兵团经过这次锻炼，使行军力提高了一步，为以后的行军打下了一个基础。这个收获是很宝贵的。因为行军力是战斗力的一个部分。他同时也指出，"这次行军还有严重缺点"："一是逃亡还大"，"一是乱子不少"。为了巩固部队，他提出了"十个一定"：一定不能虐待逃亡战士，一定不要单靠消极防范，一定要用思想教育提高阶级觉悟的方法，一定要经常开展军事、政治、经济三方面的民主运动……。其中他特别提到一定要从各方面实行爱兵。他说：每个干部、每个支部都要把爱兵问题作为自己的严重责任。无论在战场上、行军中、练兵中都要爱护自己的阶级兄弟；无论在思想上、体力上、生活上、家庭挂念上、疾病上都要非常关心爱护自己的阶级兄弟。爱兵的口号需要大大地叫起来！爱兵的观点需要在全军牢固地树起来！环境越困难，就越要爱兵。

咸阳阻击战取胜之后，彭德怀将胡宗南与马步芳、马鸿逵"二马"这两股势力作了反复比较权衡，最后确定了"钳马打胡"的方针。他趁十八、十九两大兵团主力都已赶到并打了胜仗的威势，在 7 月 10 日发起了扶郿战役。他将杨得志的十九兵团布阵于西兰路上，钳制"二马"，而以王震指挥的第一兵团、许光达指挥的第二兵团和周士第指挥的十八兵团，集中兵力从渭河两岸扑向扶郿地区，一举将胡宗南的四个军包围。12 日拂晓，战斗在罗局镇地区展开，至中午，敌军大部被压缩在午井镇以西、高王寺以南、罗局镇以东的渭河河滩。经过五个小时激战，胡宗南部四个军四万三千余人全部被歼灭。午夜，十八兵团与第二兵团会师，然后乘势西进，于 14 日占领了西北军事要塞宝鸡，直逼胡宗南军防守的秦岭防线。

十八兵团政治部机关，跟随作战部队向宝鸡开进。胡耀邦坐在前面一辆吉普车里，陷入沉思。他在想着如何用这次战役的胜利鼓舞部队再接再厉，乘胜前进。他掏出笔来在车上写了一篇有关这次战役的报道，一到宿营地，就派人送给随行的《人民子弟兵》报编辑部。报道先综合讲了这次战役的胜利成果和意义，接着就从政治思想上给部队提出新的任务和要求："现在，敌人防御计划已被我们打碎，急急如丧家之犬，掉头奔逃。但敌人还有力量。因此，摆在我们全体同志面前的任务，就是不让敌人有喘息的机会，必须继续奋勇前进，克服一切困难，克服一切疲劳，乘胜追歼敌人。"

"钳马打胡"的战略目标已经实现，下一步则要集中主力打马。按彭德怀部署，以十九兵团为右路，继续追击宁夏马鸿逵，以一兵团为左路、二兵团为中路，猛追青海马步芳。战场设在兰州。第十八兵团分出六十二军跟随左路进攻部队为总预备队。8 月 20 日，第十九兵团与第二兵团会师兰州城郊，25 日拂晓向兰州发起总攻，26 日，西北要塞兰州宣告解放，西北地区敌军中最为强悍的马步芳主力悉数被歼。

与此同时，主力摆在川陕路上以钳制胡宗南部队的第十八兵团，也向秦岭地区的胡宗南军第三十六军、五十七军残部发起进攻，兵团大军越过大散关，直抵凤县，沿秦岭、大巴山一线，与胡宗南集团军对峙。

西北决战胜券在握，十八兵团又接受新的战斗任务，与第一野战军第七军同归贺龙司令员指挥，向大西南进军，直取成都。

器宇恢弘的贺龙司令员在延安发起国民体育运动时就同胡耀邦有过接触，他对这个浑身充满激情的小个子年轻人同样十分欣赏。

这时，全国胜利已成定局，中共中央决定9月间召开第一届中国人民政治协商会议，商讨建立中华人民共和国的方针大计。正在宝鸡地区指导十八兵团进行军政整训的胡耀邦接到通知：作为新民主主义青年团中的政协委员去北平出席政协会议。

胡耀邦离开宝鸡，同贺龙等一起前往北平。

这是他第二次来到北平，心情同1946年第一次前来是大不一样了。解放了的北平充满着欢乐气氛，他沉浸在这种气氛里，思绪飞扬，感受到了置身伟大的历史大转换中的无比兴奋和自豪。

参加会议的新民主主义青年团的代表共十名，为冯文彬、蒋南翔、胡耀邦、宋一平、陆平、王治周、张本、杨述、高景芝、王明远。胡耀邦又见到了阔别多年的老上级冯文彬，免不了要彻夜长谈。在这里也见到了许多老战友，大家都兴高采烈，喜气洋洋。

9月21日，胡耀邦走进中南海内宫灯高悬的怀仁堂，中国人民政治协商会议第一届全体会议在这里开幕。他又看到了毛泽东、刘少奇、周恩来、朱德。他们已经换上了毛呢制服，显得容光焕发。他看到了誉满中华、而从未得见的民主人士宋庆龄、张澜、黄炎培、郭沫若等等，他们每个人都会引起他的一番遐想。

毛泽东在开幕词中庄严宣告："占人类总数四分之一的中国人民从此站立起来了。"这时全场掌声雷动，经久不息，胡耀邦激动得热泪盈眶。

他怀着神圣的使命感，同前辈革命家们，同德高望重的民主人士们，同各界的优秀代表们，共同商讨建立人民共和国的大计。每一个议程都使他感奋不已。他用一颗滚热的赤子之心，欢呼着新中国的第一缕曙光。

9月30日中国人民政治协商会议第一届全体会议闭幕。10月1日，胡耀邦登上天安门城楼参加了开国大典。当接受检阅的人民解放军队列威武雄壮地通过天安门城楼时，曾经亲历了解放军一步步成长壮大历程的胡耀邦，必定会心潮澎湃，感慨万千吧！

第七章 主政川北

一、从马上到马下

1949 年 10 月，胡耀邦在出席第一届中国人民政治协商会议和参加开国大典之后，同贺龙司令员一道，来到晋南重镇临汾，与晋绥分局领导会商了大批干部南下四川的配合问题。10 月 30 日，南下干部誓师，山西父老举行了欢送子弟兵南征的大会。会上，贺龙分析了全国形势和进军西南的任务：消灭盘踞西南的数十万国民党军队，解放四川省，解放大西南。贺龙号召南下干部入川以后，配合刘邓大军共同战斗，学习二野的优良作风。胡耀邦代表十八兵团讲话，表示要保证胜利进军，保证部队进川之后，既是战斗队，又是工作队，配合地方工作同志共同建立和保卫新政权，建设新四川。

其后，英气勃发的胡耀邦夜涉风陵渡，11 月 11 日回到秦岭前线。

当时，由刘伯承、邓小平率领的中国人民解放军第二野战军和由林彪、罗荣桓率领的第四野战军已渡过长江，占领了华东、华中大片土地，随后第二野战军及第四野战军的一部分迅即将兵锋指向大西南。按毛泽东的战略部署，二野及四野的一部分自东向西，第一野战军自北向南，对西南守敌形成合钳之势。

根据形势发展的需要，中共中央决定成立西南局，邓小平任第一书记，刘伯承、贺龙分别任第二、第三书记。

进军大西南，首先要攻克四川，四川是西南的重心，拿下四川，就动摇了国民党在整个大西南的根底。

蒋介石意识到四川的险境，8 月间亲自跑到重庆坐镇。他判断解放军极有可能从川北挺进，因此将主力胡宗南集团十一个军约十六万人布防在秦岭、汉中、川北一线。

毛泽东则将由陕入川的任务交给了第十八兵团，他在 10 月 13 日电告彭德怀：“关于由陕入川兵力，已与贺龙伯承小平一起确定为十八兵团，不牵动其他部队。”①

胡耀邦围绕进军大西南，做了充分的政治工作。11 月 16 日，兵团召开了团以上干部会议，由胡耀邦传达中国人民政协会议精神和作入川动员报告。在传达政协会议时，他着重讲了他在会上体会最深的关于统一战线问题。他说，我们共产党打天下，不能只有我们共产党坐天下，而必须把一切可以团结的人员、势力都团结起来。我们广泛团结的目的，就是要天下归心。他说，中国革命有三个法宝，统一战线就是克敌制胜的法宝之一。我们中国是个有五万万人口的大国，有很多民族；除了共产党和国民党外，还有很多党派以及无党派民主人士。各民族、各党派、各界人士都团结起来，形成

①《关于西南、西北作战部署给彭德怀的电报》，《建国以来毛泽东文稿》第一册，第 54 页。

的力量是不可估量的。大家合力建设我们新中国，新中国才能很快富强起来。他要求克服那种对于起义人员和党外人士担任重要职务看不惯的狭隘思想，今后务必团结绝大多数人一道工作。

对于入川作战，他说，我们要给部队讲清楚、讲彻底几个问题：一，入川是光荣的。二，完成任务并不难。三,四川很好。四，我军的任务。他说："这是我们最后一次大仗了，是一个难得的好机会，我们每个同志，应该抓紧时机，大显身手，把我们的光荣带到四川去，我们要有始有终地革命到底！光荣到底！"他还主持制定了《南进入川政治工作要点》，号召部队要"打好，走好，合好，接好"，即仗打得好，行军走得好，同兄弟部队合作得好，对新解放的城镇接管得好。对入川作战有了充分准备的各个部队很快掀起了山地追击战的练兵热潮，普遍开展了爬山运动。战士们自编快板唱道："听了老胡一席话，天塌下来也不怕……"

11月间，贺龙、周士第、李井泉、胡耀邦率第十八兵团与第一野战军第七军先头部队沿秦岭北麓分左、中、右三路，昼夜兼程，冲向敌大巴山防线。

与此同时，屯兵湘鄂西的刘邓二野主力，已完成了对川黔大迂回的战略部署。11月初，川黔战役的隆隆炮声，揭开了解放战争最后一场大战即西南决战的序幕。至11月末，刘邓大军在歼灭宋希濂、罗广文两主力后，一鼓作气攻下重庆，然后飞速向西、向北横扫，切断了蒋军逃向康、滇的退路，乘势从东、西、南三面形成了对成都平原的包围。

从12月4日开始，十八兵团翻过六百多里的秦岭，跨越四五百里的大巴山，重炮轰开剑门关，沿奇险的蜀道直扑而下。12月15日，胡耀邦率左路第六十一军在穿越大巴山占领南江县后，急速涉过嘉陵江、涪江，一路扫荡残敌，几乎每天攻克一座县城，直抵三台。中路、右路第六十、第六十二军和第七军从汉中和天水地区向南挺进，以破竹之势攻占广元、剑阁、绵阳等要冲，又进占广汉、金堂、新都等县，沿途经过大小战斗数十次，歼灭胡宗南部队八万多人，迫使胡宗南不得不放弃秦岭、大巴山防线，将主力龟缩在成都周围。

12月下旬，第十八兵团同二野杨勇的第五兵团、陈锡联的第三兵团、四野的第五十军密切配合，发起了成都战役。蒋介石、胡宗南先后弃城逃走，各国民党部队惶惶不知所归。在解放军强大政治攻势下，国民党军有五个兵团相继起义。其中第七兵团司令裴昌会的起义事宜，就是胡耀邦亲自安排的。

裴昌会是胡宗南的老部下。胡宗南任川陕甘边绥靖公署主任时，裴昌会为副主任。当解放大军向四川进军时，他将率领的第七兵团六个军沿川陕公路的白龙江、米仓山、大巴山布防，为解放军迎面之敌。但裴昌会早已对国民党的反动统治由不满而绝望，因而一直伺机起义。胡宗南由秦岭、大巴山防线后撤，裴昌会退到凤县双石铺时，曾派人前来联系，胡耀邦接见了来人。由于有黄樵松起义失败的前车之鉴，胡耀邦要他们积极准备，至于何时起义，则需要掌握最恰当的时机，不要过于冒险。后来裴昌会在秦岭、广元、剑门三次试图起义，都没有成功。直到国民党部队纷纷向成都溃逃之时，裴昌会才得以乘机宣布起义。

此时正驻德阳的胡耀邦得讯后，立即打电话邀见裴昌会。裴昌会连夜由中江赶到德阳。胡耀邦早早就在门前迎候。入座后，裴昌会送上所属各部现态势要图和全部人马、武器、弹药、装备、器材等表册。胡耀邦询问了有关情况后说："我们的来意，一是慰问你和起义部队，二是征询你还有什么疑难问题，有什么要求。我们现在是一家人了，敞开谈吧。"裴昌会对三次起义未成表示遗憾，说这"有负你对我的期望，推迟了三个多月，似有非到兵临城下不低头之嫌"。胡耀邦说："你在蒋胡（宗南）嫡系部队中的处境，我们早有所知，现在你没有失信，实现了你的愿望，我和你都高兴嘛！"说得两人都笑了起来。之后，两人话起家常。胡耀邦对裴昌会家属被劫持到台湾表示关注。两人促膝交谈直到夜阑人静。裴昌会见胡耀邦十分年轻，气度不凡，言辞恳切，特别是没有丝毫胜利者的凌人盛气，对他亲切和蔼如对兄长，觉得满心欢喜，深有好感。此后不久两人便一起共事，并结成很好的友谊。

成都被围之后，只有胡宗南的亲信将领李文于 24 日率七个军进行突围战。26 日，经过终日激战，李文以下五万余人被俘被歼。27 日成都解放。

12 月 30 日，贺龙率第十八兵团举行盛大的入城仪式，贺龙、周士第、李井泉、胡耀邦、陈漫远等分乘吉普车，在万众欢呼、喧天锣鼓声中，驶入成都市。

至此，十八兵团入川的主要战斗任务基本结束。大概胡耀邦自己也没有料到，他的多年戎马生涯也将随之结束，他将承担临政亲民的地方工作重担。

还在 12 月中旬，中共中央西南局即电告贺龙为首的川西北军政委员会："同意组织川北党的临时工委，以胡耀邦同志为书记，赵林同志为副书记。川北政权组织可直接以行署名义出现，不必用军政委员会过渡。奉西南军政委员会刘（伯承）电令，发表行署正副主任，先行到职，随即报中央政府。"

当时地域辽阔的四川省在区划上分为川东、川西、川南、川北四个部分，都是省级建制。川北之外的其他三个区党委和行署领导人是——川西：李井泉，川东：谢富治（后阎红彦），川南：李大章。

胡耀邦此时还不能从容考虑对他的新任命，眼前的兵团政治工

作任务还相当繁重：组织第六十二军进军西康①，总结南下的政治工
作经验，适应新情况制定新的政治工作纲要及实施办法，特别是对
起义、投诚和俘虏的二十多万国民党军政人员的接管、教育和改造，
都要付出极大精力。经过一个多月紧张繁忙的工作，这些任务都已
部署就绪。这时候，胡耀邦开始把目光移向他履新之地的川北，深
思未来的方略。

二、初临南充

川北地区面积约九万平方公里，辖南充、遂宁、达县、剑阁四
个专区、三十五个县和一个直辖市，首府南充市。全区耕地面积
二千四百五十余万亩，人口一千七百余万。清代历史地理学家顾祖
禹在《读史方舆纪要》中记载，这里"居三巴之间，为要膂之地"，
"田畴沃衍，川泽流通，饶五谷，多盐利，西上成都，东下夔峡，
资储常取给焉"。然而近代以来，特别是国民党反动统治期间，这
里已是满目疮痍，百业凋敝，1949年农业生产量，还不及抗日战
争前的百分之八十；工业产值仅占当地国民经济总产值的百分之一
点五，加上手工业也仅占百分之十五。川北是革命老区，1932年
红四方面军离开鄂豫皖根据地后，曾辗转来到这里开辟了以通江、
南江、巴中为中心区的十四个县的根据地，当年徐向前将军以机动
灵活的战略战术屡屡挫败国民党军队"进剿"的壮举威震一时，许
多农村子弟投奔了红军，而张国焘大杀革命干部的极"左"政策，
也在人们心头留下了阴影。加之国民党溃败时布置潜伏下来的大量
特务，以及当地的土匪、反动会道门，蠢蠢欲动，伺机反扑，阶级

---

① 西康：旧省名，辖今四川省西部及西藏自治区东部地区。

关系错综复杂。胡耀邦面临的，就是这样的政治、经济形势。

但是他有一定的心理准备。他阅读了大量有关川北的历史资料、国民党遗留下的档案，同熟悉川北情况的同志交谈，向贺老总请教，同有关部门沟通，心中有了个概数。尤其使他感到踏实的，是他知道川北已经有了较好的干部条件。1949 年 5 月，中共中央晋绥分局根据中央指示，在山西临汾开办党校，培训了万余名南下干部，学习党的七届二中全会精神和新区政策。10 月下旬，在他同贺龙离开临汾后，这批干部即分头南下，被分到川北地区的一千六百八十名干部，随进军路线沿途到职就事。川北当地还有三千多名地下党同志，也是一支坚强的力量。有了这样一批干部，开辟工作就有了重要保证。

1950 年 2 月 18 日，春节刚过，胡耀邦辞别兵团首长和战友们，率领第十八兵团少数干部、一个创办报纸的班子和一些文工团员，还有一个警卫连，分乘军用卡车和吉普车，迎着春寒，驶向南充。

胡耀邦坐在车里沉思不语，只不断地吸烟，他一面观望川北景色，一面不停地思考。抗战一结束，党就把他派到部队里。一连四年，他转战在华北地区，又从西北来到西南，先后在聂荣臻、徐向前、彭德怀、贺龙四位老元戎麾下战斗。那一场场战斗，虽然有时受挫，但多数是胜仗，真打得扬眉吐气。在部队里他结交了一大批雄姿英发的青年将领朋友，他也深深爱着那些生龙活虎的战士。部队这几年，是他成长极快的几年。现在离开部队了，这也是党的工作需要，然而在情感上总还是有些留恋。

四川，这块神奇的土地他并不陌生。长征中最艰苦的过雪山、过草地，就都是在四川。川北这里，不久前还曾是他驰骋的战场。这一次来，已是天翻地覆，他也从羸弱的"红小鬼"成长为治理一方的高级领导了。

他以前没有正式做过地方工作。虽然延安时期对地方党政建设有过一些目睹耳闻，但自己缺少实践的经验。如何领导受苦受难的川北人民尽快过上好日子，这是个大题目啊！千条万条，把握党的政策最为重要。无论如何，要对得起川北人民。他不禁感慨地自言自语道："耀邦以不满五尺之躯，来到川北，其将有利于川北人民乎？"

车队刚刚驶过三台县，突然有子弹向他们射来，一下把沉思中的胡耀邦惊醒，他立即意识到有土匪在向他们袭击。他命令停止前进，就地反击。一小股土匪很快就招架不住，跑上山去，警卫连一直追到山上，土匪们落荒而逃。这一段小小插曲，使胡耀邦看到了川北形势的严峻。

经过两天的奔波，2月20日，在苍茫暮色中，胡耀邦一行看到了南充市的粼粼黑瓦，点点灯火。

从这一天开始的在川北的八百九十五个日日夜夜，他向川北人民献出了他的全部真诚、雄心和智慧，为建设新川北而鞠躬尽瘁。

南充是1949年12月10日解放的。在这之后的四十天里，以赵林为首的南下干部已经组建了南充军事管制委员会和中共川北临时工作委员会。临时工委根据中央的方针政策和西南局的部署，结合川北实际，制定了《川北区初期工作纲要》，已经初步开展了工作。

历来雷厉风行的胡耀邦一到南充，拂去征尘，当天晚上就召开临时工委会议。会上，赵林等汇报了当地情况和近期工作，他特别强调了这里土匪猖獗，有的是股匪，有的是有组织的，严重危害着百姓。这一点胡耀邦已有亲身经历，他要求部队和干部都要有所警惕，等腾出手来要给这些匪徒以重重的打击。胡耀邦指出，当前的任务就是要正式组建川北区党委和川北行署，这是头等大事。他要求会后马上发通知，第二天就召开各地委、县委书记、县长会议，决定这件事。

2月21日至24日，在县以上干部会上，宣布中共川北区委员会、川北行政公署、人民解放军川北军区成立，胡耀邦任区党委书记兼行署主任、军区政委，赵林任区党委副书记。区党委委员除胡耀邦、赵林外，还有李登瀛、秦仲芳、韦杰、郭林祥、饶兴等共14人；秦仲芳（后增补刘聚奎、裴昌会）任川北行署副主任；川北军区司令员韦杰、副司令员李文清，副政委郭林祥。

赵林、李登瀛、秦仲芳原先都是晋绥根据地的党政领导干部，有丰富的地方工作经验。韦杰、郭林祥是六十一军军长、副政委，是胡耀邦的老战友，饶兴也是戎马半生转到地方来的。他们先期到达川北，完成了南下干部的分配和进行了行政接管。他们相互间早就有所了解，但搭成一个班子共事这还是第一次。他们都比胡耀邦年长。在随后的岁月里，三十四岁的胡耀邦作为"第一把手"，始终同这些老大哥们亲密合作，尊重他们，善于吸取他们的经验，接受他们的意见。而胡耀邦的坚强魄力、埋头苦干、民主宽厚、多谋善断、勇于承担责任的品格以及谦虚好学的精神，也令大家钦佩和信服。他们间的紧密配合，优势互补，极大发扬了领导班子每个成员的积极性、主动性，因此各项工作得以令行禁止，顺利进行。多年以后，胡耀邦还以十分感谢的心情回忆这个班子，特别是赵林。他认为只有靠赵林把区党委的经常业务通管起来，他自己才有可能瞻前顾后，总揽全局，加强建政工作。

会上，讨论并通过了《川北区初期工作纲要》。《纲要》提出的初期基本任务是：支援前线，接管城市，收缴国民党军、特、匪等武装组织的枪支；安定社会、稳定人心，使群众恢复生产。其中心工作是：完成粮食征购任务，清理旧时财粮税收，推行人民币，交流城乡物资，稳定市场，推行社会治安管理，接管好城市等等。《纲要》是粗线条的，但提出了目标，统一了思想。会议明确了，全区的工作是紧迫的，中心工作一个接着一个，需要连续不断地、一环套一环地穿插进行。而恢复发展生产、恢复发展文教事业等，必须始终抓紧。

2 月 25 日，胡耀邦来到正在举行的南充市第一届各界人民代表会议，同全市的党、政、军、工人、农民、妇女、民主人士、工商界的代表见面。这次代表会议的任务是，共商剿匪肃特、征收公粮、恢复和发展生产及文化教育大计。胡耀邦在会上发表了题为《团结起来，建设新南充，建设新川北》的讲话。他针对解放初期人们怕"变天"的思想，分析了形势，指出国民党已绝无"反攻"的可能，希望大家要坚定信心，不要轻信谣言，要相信共产党，相信人民政府的政策。接着他指出，当前困难重重，百废待兴，要做的事很多，不能停步不前，又不能操之过急，必须脚踏实地，稳步前进。他还特别强调，要建立、发展和加强各阶层人民的统一战线。他说，就数量而言，共产党员毕竟是少数，党外的广大群众是一支极其重要的建设大军，必须团结一切可以团结的力量，调动各方面的积极性，做好各项工作。随后他站起身来，满怀激情地举手高呼："团结就是力量""团结就是胜利"。全场代表都被这一番鼓动性极强又有说服力的演说所感染，都情不自禁地高呼："团结就是力量。"

散会以后，胡耀邦又走到代表当中，同大家交谈。这是他到任以来第一次在各界群众中露面。刚刚听了他那一番感人肺腑的讲话的代表们，现在面对面同他接触，感到这位小个子的共产党高官热情似火，和蔼可亲，于是围拢过来的人越来越多。大家无所顾忌地向他询问关于公粮政策、工商业政策等等，胡耀邦一一作了解答，并且反复强调要相信人民政府，要尽快恢复和发展生产。跟他交谈过的一个农民代表兴奋地说："我今天硬是太高兴啰！以前我们还能同专员县长说话吗？今天我们穿得这样烂，也可以随便和胡主任摆龙门阵，人民政府和我们真是一家人啊！"

这一次会开得喜气洋洋，代表们纷纷表示，现在的代表和国民党的参议员可不一样，决议的东西要执行，不是说了就算了。所以不能只是名义上当代表，要当行动代表。会后，好多代表要求下乡协助剿匪和征粮工作。

三、"让人民有批评的自由"

南充市各界人民代表会议的经验很快推广到全区各地，接着南充、西充、南部、营山、武胜、仪陇等县也相继召开了各界人民代表会议，争取了各界人士向人民政府靠拢，社会秩序基本稳定下来。在此基础上，川北区首届各界人民代表会议，经过胡耀邦为主任的筹委会两个多月的筹备，于 6 月 23 日召开。

来自全区各市、县的四百多名代表有很广泛的代表性。他们怀着自豪感和使命感，怀着建设新川北的强烈愿望，来出席这次会议。

开幕式上，但见代表们硬板凳的座席之前，摆放着一排藤椅。人们都认为这自然是为首长准备的。会议主席团执行主席胡耀邦看代表们到齐了，笑容满面地走到台前，大声地说：请六十岁以上的老年代表到前排藤椅上就座，并打着手势，不断邀请。这出乎意料的尊老之举和胡耀邦的活跃而平易的作风，顿时使全场掌声和笑声响成一片。

会上，胡耀邦作了《川北区施政方针》的报告。

这个报告是胡耀邦同区领导们反复研究，花了很大心血，熬了几个通宵写出来的。在准备这个报告时，胡耀邦了解到，群众对新政权的期望很高，但他们的有些要求和愿望是不切实际的，或是过于性急的。比如一些工人认为工商业者不愿把资金拿出来办厂，以致工人失业，要求政府采取强制措施，甚至主张开斗争会。农民则关心减租和土改，希望马上分田。而某些工商户，则是怕没收资产，怕提高工资，怕工人不好管，有很多顾虑。胡耀邦在报告中提出了六个方面的任务，即：彻底肃清匪特，建立巩固的革命秩序；实行减租，准备土改，恢复与发展农业生产；调整工商业，繁荣经济；严格执行财经统一政策，努力完成财政任务，克服困难；有计划有步骤地改革与发展文化教育事业；巩固与扩大人民民主统一战线，建立坚强的各级人民政权。这个报告由于全面系统地阐述这六个方面党的方针、路线和政策，又针对群众中的思想实际，深入浅出地加以回答、引导或者作出释疑解惑的说明，使头一次接触到这样一些任务和听到这样一些政策解释的代表们有了豁然开朗之感。他们经过认真讨论，明确了许多政策观念。工人代表表示，不能只从自己利益考虑，还要兼顾资方，使资方有利可图，他们有了利润，才能把厂办下去，我们才不会失业。农民代表也明白了"现在就实行土改是要出乱子的"，要先肃清匪特，安定好社会秩序，才能土改。工商户代表了解了政府保护工商业的政策，也打消了顾虑，表示愿意投资生产，不做投机买卖。

议程进入大会发言时，发生了令人由惊而喜的一幕。川北少数民族代表，阆中回族民主人士马腾九发言时神情激动。他说，政府不注意民族工作，《施政方针》里没有提到少数民族，这可能是大汉族主义留下的坏传统的影响，希望大家看重少数民族。此言一出，全场哑然，都觉得马先生这样直言无忌可能闯下了乱子。只见胡耀邦笑着站起来，带头鼓掌，表示对马先生意见的肯定。川北只有回藏两个少数民族，数量不多，但忽视了总归不对，胡耀邦随即在报告修改稿中作了补充。会后，他请马腾九担任行署少数民族机构负责工作。这种从善如流的作风，大大激发了人们开诚布公、开展批评的勇气。

会议将近结束时，胡耀邦经主席团同意，亲自起草了《人民代表公约》，提交大会。他在说明《公约》起草意图时说：依靠我们的精诚团结和充分协商，我们的会议已顺利地完成了好几件有益于川北人民的大工程。可以断言，川北人民将为我们所做的工作而欢呼。但是，我们全体代表的工作并没有完。各位代表回去以后，仍然还是一个光荣的川北区人民代表，基于此，我们来通过一个共同遵守的公约，以此勉励我们大家更好地为人民尽忠，促进我们更好地为人民服务。他提交的这个《公约》一共十条，包括："我们是人民的公仆，只能站在人民之中，不能站在人民之上。""我们是人民的代表，要密切和群众联系，要坚决和敌人作斗争。""我们是人民的代表，是人民政府各种法令的积极宣传者和组织者。"以及随时倾听人民群众的意见和呼声、监督政府工作人员等等。胡耀邦进一步指出：公约条条都是为人民着想，条条都代表了人民的利益，而且条条都可以办到。毫无疑义，实现这些条文，就是人民代表的本色，就是人民代表应具备的品质。他希望大家都成为优秀的人民代表。

可以想见，在一个刚刚解放不久的地区，当人们渴求从共产党这里获取新的思维内涵、新的道德观念的时候，胡耀邦这样反复强调要全心全意为人民服务、一切要从群众利益着想，对广大干部和群众必然会是强有力的启迪和教育，是思想上的武装。

在这次会上，经过民主协商，产生了川北区协商委员会，胡耀邦任主席，赵林等任副主席。协商委员会在各界人民代表会闭会期间，代表各界群众参与政府讨论、协商川北各项重大政策，执行统一战线组织的任务。

在到职后的几个月内，胡耀邦一直把主要精力放在建立各级代表会议制度、巩固民主政权、加强政府工作上。在《川北区施政方针》这个报告里，胡耀邦概括地说：各界人民代表会议，是人民代表大会未召开之前，人民参加管理国家政权的主要形式，是人民政府联系与动员广大人民群众协助政府完成各项工作的最好组织形式。他要求各级人民政府不仅要按期召开和开好各界人民代表会议，还要把县市的"各代会"常委会定期的会议生活和经常工作建立并开展起来。他提出，开好"各代会"标准有两条：一是认认真真发扬民主，二是的的确确解决问题。

其后，他在发布《关于各县市召开第二届第二次各界人民代表会议的指示》中更明确指出："各代会"的代表性务求广泛，工人、农民、文教界、工商业者、自由职业者、宗教界、民主人士、少数民族、妇女、青年、学生均应按一定的比例选聘代表。凡有民主党派的地方，应增设民主党派代表，不得偏重一方。他还强调，"各代会"要大大发扬民主，政府负责同志要实事求是地作出工作报告，耐心倾听代表的意见，使每个代表都有充分发言、进行批评和自我批评的机会。这样，方能集中意见，作出正确有效的决议来。后来，他把这概括为"四有"，即有广泛的代表性，有简明扼要的工作报告，有充分民主议事的作风，有切实可行的决议。

在各县、市的"各代会"正常运作起来之后，胡耀邦又及时指出：各地务须认识到建立有权有责的常务委员会，作为各代会闭会后的常设机构，是民主建政的一个重要制度。随后，他又为"健全各县市各代会常务委员会"正式发出通令，对驻会委员和工作人员的编制、他们的薪水待遇、常委会的办公费用等等，都作了明确规定。经过这样的倡导和推动，各地常委会得到大大加强，在贯彻与各阶层人民有共同利益关系的各时期的方针与政策，推动各项改革运动和经济的恢复发展方面，起了十分重要的作用。

鉴于当时不少干部存在着重党而轻政的情绪，胡耀邦强调说："'政府'两个字不能忽略，因为我们许多政策法令都是以政府名义颁布的，党与政府的政策法令是一致的。""也正因为我们党掌握着领导权，因此，我们的干部熟悉政府公布的政策法令的意义就更大。"胡耀邦就在行署办公，住在行署，他是以"胡主任"而不是以胡书记、胡政委闻名川北的。1950年6月中央人民政府与政务院正式批准了川北行署的组建之后，胡耀邦郑重地率领行署组成人员举行了宣誓就职典礼，大家举起手臂，朗读誓词："我们以至诚向川北人民宣誓：我们要奉行中央人民政府和西南军政委员会的各种政策法令，厉行廉洁朴素、为人民服务的革命作风，随时随地倾听人民群众的意见和呼声，及时改进我们工作中的缺点和错误，坚决完成我们的任务，为彻底实现《共同纲领》[①]和建设人民的新的川北而努力奋斗。"

胡耀邦还特别注意不只是口头上，而是在行动上实实在在地倾听群众的批评意见，把政府工作人员置于群众监督之下。一次，达县一位人民代表写信给川北协商委员会，批评当地人民政府门禁森严和干部作风方面的问题，措词尖锐。胡耀邦非常重视，及时作了批示，他肯定这种批评是善意的，要达县地委认真调查并认真处理。他还指示把这封信和批语在党刊上刊登，以引起更大范围的注意。对于人民群众批评乃至揭发、控告某些干部的不良行为，胡耀邦要求政府工作人员采取正确态度，做到"三要"：一、要抱热烈

---

① 《共同纲领》，是《中国人民政治协商会议共同纲领》的简称，1949年9月29日中国人民政治协商会议第一届全体会议通过。它在1954年宪法颁布前，起了临时宪法作用。

欢迎的态度。不应认为这是群众"揭了自己的短"，是"找我的岔子"，"让我丢脸"，"打击我的威信"，而对群众的批评、控告采取拒绝、抱怨、厌恶、鄙弃的态度。二、要有坚决保护的态度。现在解放了，人民敢说话了，敢批评我们政府工作人员了，这是一种好现象。凡是群众正确的批评，都应该坚决保护和虚心接受。即使是不正确不符合事实的，也须耐心地进行解释，而不能打击嘲笑，更不能存成见，图报复，恐吓、威迫，甚至假公报私。三、要有负责查明处理的态度。接到人民的控告和批评，一定要作出答复；需要公开检讨和答复的，一定要公开检讨和答复。如果"置之不理"或者拖延敷衍，或粗率从事，那就是官僚主义的再一次表现，是必须坚决反对的。胡耀邦还语重心长地说：各级政府工作人员，须知人民群众的这种控告和批评，是广大人民对政府工作人员群众性的批评和监督的一种好形式，是帮助政府工作人员克服缺点错误的一种有效办法，是我们联系群众、倾听群众呼声的一种很直接的方法。他进而大声疾呼：对人民群众的批评和控告，我们要热烈地欢迎它，并热心去组织它，我们对人民群众的批评，要大开方便之门，让人民有批评的自由。

"让人民有批评的自由"，是民主意识的升华。能发出这样的声音已属不易，更难能可贵的是切实付诸行动。

四、肝胆相照

统一战线和党的领导、武装斗争并列，是克敌制胜的"三大法宝"，从理论上胡耀邦老早就明白了。到北京去参加了中国人民政治协商会议第一届全体会议，使他对统一战线的实际作用的认识，又有很大的提高。他在宝鸡向团以上干部传达政协会议时，就着重讲了统战工作问题。他说，参加这次会议的一个突出感受，就是共产党领导革命，不等于包打天下，而必须最大限度地团结各界人士，充分发挥他们的积极性，形成合力，才能成功。他说："我们广泛团结的目的，就是要天下归心。"所以对民主人士，就要像历史上的周公那样，一饭三吐哺，一沐三握发。现在，他主持一方工作，更切实认识到各种社会力量和知识力量通力合作，特别是在阶级关系十分复杂的社会背景下，化消极因素为积极因素，化对抗因素为友好因素非同小可，大力发展和加强统一战线工作，至关重要。因此，从一开始，就把这项工作同政权建设联系在一起，摆上了日程。

早在 1950 年 3 月，川北区党委就建立了统战部，胡耀邦亲自兼任部长。他对从事统战工作的干部说，统战部是党委领导下的重要工作部门之一，是党在统一战线方面的参谋部和办事机构，是党外干部的政治部。在他的具体指导之下，各地市的统战部门也相继建立起来，大部分县委也设立了统战委员。他又从组织上对各级统战工作人员的编制、职责分工、政治面貌等等作了明确规定。

对于有些党员干部居功自傲，看不起民主人士，不愿与民主人士交流的状况，胡耀邦严厉批评这些人要成为"孤家寡人"了。他告诫说："共产党人只能三面威风，不能八面威风。对帝国主义势力、封建势力和反革命分子敢于打击和压制他们，而对其他方面，知识分子、工商界、宗教界、少数民族、民主党派、民主人士等都是统战对象，都要善于同他们协商合作，调动各方面的积极性。""工农是我们的基础，没有基础不行。但没有朋友也没有力量，基础就不稳固。"他说："没有群众要孤立，没有朋友也要孤立，我们必须同党外朋友亲密合作，各级政府必须吸收三分之一的党外人士参加工作。"

正是本着这个精神，组建川北行政公署时，在胡耀邦筹划下，二十九位行署委员中，民主党派和民主人士的代表占十五人，超过了二分之一，主要厅、局中，都有民主人士担任厅局一级的领导职务。起义将领裴昌会任行署副主任，民主同盟（简称民盟）成员杨达璋任行署副秘书长，国民党革命委员会（简称民革）负责人龙杰三任行署委员，川北民盟负责人贾子群任教育厅长，另一民盟负责人谭卫根任交通厅长，民主人士徐孝恢任农林厅副厅长，当地著名工商业资本家奚致和任商业厅厅长，还有一些人任行署委员、参事，在各界任领导职务的民主人士也不在少数。这些民主人士有职有权有责，切实感受了共产党对他们的信任和尊重，因而心情舒畅，创造了很好的成绩。

1950 年 6 月，平武县发生了千人暴动，历时二十多天，造成干部和群众五十多人死亡，损失公粮十万余斤。在平武军民共同围剿下，暴动得以平息。但是由于某些干部没有严格按照党的政策办事，违反了民族政策，致使统战对象发生动摇，群众发动不起来，工作陷入困境。一天，平武县委组织部部长刘复亮来到南充开会，胡耀邦把他找了去，劈头就问："你知道党的三大法宝吗？"刘回答："知道。党的建设、武装斗争、统一战线。"胡耀邦追着问："你们的统战工作做得怎么样？"刘答："就我们的水平，觉得还可以。"顿时，胡耀邦神情严肃起来："还可以，那为什么发生叛乱？你认真考虑考虑，你们统战工作有没有失误？"接着又问："你们地方的枪杆子，哪个势力最大？"刘答："宋北海，他是江油、彰明、平武、北川、青川山防总队的副总队长。""这个人怎么样？"刘说："表现还好，地下党是他保护下来的。"于是胡耀邦神色缓和下来，说："那好啊。今天跟你商量一件事，给宋北海一个委任状，任命他当副县长，让他带队上山剿匪。马夫、炊事员、通讯员、警卫员都给他，行不行？"刘复亮有些为难："我们说行，群众可能有意见。"胡耀邦说："群众有意见，你们要做工作嘛！宋北海在国民党恐怖时期就保护过地下党，他组织有山防队，给他个副县长，怎么不可以？我看他去剿匪，比你派上一个团进山威力还要强，效果还要好。"他又叮嘱："统战工作，要大胆放手地干，要团结各界民主人士，这个不可靠，那个也不相信，那怎么行？"

刘复亮回到平武向县委汇报后，县委即按胡耀邦指示，委任宋北海为副县长。果然如胡耀邦所料，宋北海不仅在围剿瓦解叛乱残匪和其他顽匪斗争中出了大力，而且影响了一大批民主人士，在促进社会稳定和经济恢复方面发挥了很大作用。①

当时那些党外人士，不少人曾经在国民党军政系统中任过伪职，也有些人属于地主或资本家成分。这些人既不同程度地有些劣迹，在不同历史时期里又做过一些好事，如像掩护地下党员、控制地方武装、组织和平解放，或者在当地兴办学校、资助进步学生等等。这些人在后来连续开展的减租退押、清匪反霸、土地改革等运动中，处境被动，一些群众要求揪他们批斗，有些干部也认为只有这样才有利于发动群众，而且对于被批斗者也是一种改造。胡耀邦却大不赞成，认为这样做会给民主人士带来恐慌，影响党同他们的关系，影响合作共事。他说："接受改造也不能采取那种过火方式嘛！那样做，解决不了什么问题，还会走向愿望的反面，既把我们本来可以团结的中间力量推到敌人那边去，又不能根本解决思想改造问题。应该采取能使他们自新作人的其他方法改造他们嘛！"一次，南充的工商业者兼地主贾元和为讨好群众，办了几桌酒席请周围的人吃了一顿，当地干部和农民认为这是收买腐蚀群众，把贾元

---

① 郭全、李莎、张军等：《胡耀邦在川北》，四川江油市党史研究会编印 1989 年版，第 45—46 页。

和一顿批斗。胡耀邦得知后，当天就把一些统战对象请来开会，向大家说明他不主张这样做，要大家不要担心。他当场决定，凡是工商业者兼地主，从今天起一律不准由农民兄弟拉走批斗。参加各项运动的干部要认真掌握这一点，向群众作说服工作。同时，他又亲自找一些上层人士来谈话，要他们正确对待历史问题，好好作出检讨，主动争取群众的谅解。

由于胡耀邦对党外人士关怀备至，相处中襟怀磊落、开诚布公，因而使党外人士都觉得这位年轻的"胡主任"是内外透明的，可以照见肺腑，从而心存感激，对胡耀邦给予他们的开导、规劝以至批评，都心服口服地乐于接受，而不存戒备与芥蒂。正是在这种融洽气氛中，胡耀邦同他们中许多人结下了友谊，其中他同原国民党第七兵团司令、后来任行署副主任裴昌会之间的友谊，就是一段广为流传的佳话。

裴昌会起义后，部队整编完毕，向西南军政委员会刘伯承主席要求转到地方工作。刘伯承对他说，"你同耀邦同志熟悉，就到川北工作吧"，接着报请政务院由周恩来总理任命为川北行署副主任。胡耀邦得到通知后，立即派区党委统战部副部长兼行署秘书长刘玉衡专程去重庆迎接。裴昌会到来时，住房尚未完工，胡耀邦就把自己的住房腾出一间给他暂住，并嘱咐炊事员多照顾他的饮食习惯。当时普遍实行供给制，胡耀邦考虑到裴昌会旧部多，开支大，特地给他改为工资制。裴昌会接手工作后，胡耀邦热情地向他介绍川北情况，帮助他熟悉地方工作，后来又请他兼任工业厅厅长。有职有权的裴昌会工作中认真负责，任劳任怨，经常下基层，决心从头学起，成为内行。胡耀邦、赵林、裴昌会每次去重庆出席西南军政委员会的会议，都是同乘一车，同住一处，无话不谈，亲密无间。胡耀邦还鼓励裴昌会经常与各界人士接触，听取他们的真正意见，发挥特殊作用。后来提请国民党革命委员会中央主席李济深批准，由裴昌会负责川北区民革分部的筹建工作。裴昌会也怀着作为朋友的真诚回报对他的信任，倾全力做好各项工作。其后许多年，胡耀邦已调到北京，裴昌会调到重庆，担任全国人大常委会委员，每次到北京开会，都要去看望胡耀邦，欢叙旧谊。他念念不忘胡耀邦对他讲的话："党对你是负责到底的。"

川北的民主党派，主要是民主同盟、民主建国会（简称民建）和国民党革命委员会。解放初期，这些民主党派的活动处于停滞状态。为使他们的组织重新建立，胡耀邦和区党委统战部门付出了大量心血，甚至经历了风波。

川北是民盟中央主席张澜先生①的家乡，这里的民盟组织较强，其中不乏名重一方之士，对和平解放川北地区起了相当大的作用。解放后经过整顿，民盟分部希望能够在原来已建有民盟组织的十四个县中继续得到发展，民盟中央领导人胡愈之到川北参加土改时，也提出了这个意见。当时中共中央规定，民主党派应集中力量在大中城市和省会发展，但在某些县城，如民主党派有相当人数和一定骨干，而且主动提出要求发展时，也应允许适当发展。区党委认为，在川北一些县里有步骤地适当发展民盟，是符合中央精神的。但是西南局统战部得知后认为这不符合中央规定，还需待"中央决定"，并且在内部《情况反映》中点名通报，说胡耀邦的意见同中央的方针"是有抵触的"。区党委统战部准备写信申辩，胡耀邦认为不需要这样做。他说："下面的事不可能件件请示中央来拍板，并且中央对此是有明确政策的。再说还有一个如何结合当地实际情况来贯

---

① 张澜（1872—1955），四川南充人。辛亥革命前参加立宪派，为四川保路同志会领导人之一。抗战期间，组织中国民主同盟（民盟），任主席。抗战胜利后，反对蒋介石发动内战。新中国成立后，曾任中央人民政府副主席。

彻执行的问题，应当允许有各自工作的特色。"他坚定地说：就这样做下去，"如果将来打官司，我自己出马"。根据胡耀邦的意见，在一部分县里发展了民盟组织，后来的事实证明并没有发生什么问题，而是发挥了很好的作用。

其后，在胡耀邦关注下，民建和民革组织也逐渐恢复和建立起来。

土地改革完成以后，党内有些人认为统战工作可以减少一些了，党外也有人怀疑"共产党的圈子是不是会一天天变小？"为此区党委在1951年10月再一次召开全区统战工作会议（第一次是在同年3月土改高潮中召开的），进行讨论部署。胡耀邦在会上详细阐述了党的统一战线政策是长期的，"统一战线什么时候不要了呢？大概是共产党不要了那一天，统一战线就不要了"。这个"长期共存"的思想，在川北党内外的影响至为深广。

五、造就一大批干部

川北的干部队伍，随军南下的一千六百八十人，最初大县分到二十来人，小县不到十人，不敷需要。这时分布在二十六个县的、作为第二条战线的地下党发挥了很大作用。解放前后，地下党员通过艰苦的工作，发动各阶层人民起来，配合解放军进城和接管，区党委随即在他们中间选拔一千多人参加各级党政工作，又从六十一军抽调六百九十多名干部，中共中央西南局又分配来五百多人。就是依靠这四千多人的队伍，完成了接管和建立县、区以上新政权的工作。

面对这样一种干部状况，胡耀邦首先强调南下党员和地下党员加强团结，指出他们的成长经历不同，各有所长所短，必须做到相互学习、相互尊重、密切合作。南下干部大都担任主要职位，更有责任主动地去团结地下干部。对于地下党的主要骨干，胡耀邦都细心安排，也都使之各得其所。在胡耀邦倡导的一视同仁，不分亲疏，充分信任，大胆使用的气氛中，这两部分干部和谐共处，愉快地承担着工作。

区党委还邀请各界四百多人参加接管和建设工作，同时录用旧职员七千多人。在局势稍定之后，即创办了川北革命大学、川北党校和各种训练班培养干部。在各种运动中，又有一大批工农积极分子和青年知识分子涌现出来，他们中的一部分人也被吸收来参加工作。这样，到1951年底，全区干部扩展到四万三千多人，另有乡村干部九万多人，为新川北的建设事业奠定了组织基础和干部基础。

起先川北有许多岗位缺少领导干部，而有些优秀干部却因资格不够而得不到提拔。胡耀邦提出，要让德才兼备的干部从"资格"的"囚笼"里冲出来，大胆选拔使用新干部。他强调说只重资格是一种腐朽观点，要在思想上来一个革命。他指示《川北日报》发表社论，批判把资格看得比德才还要重要的观点。他号召各级领导要当"老母鸡"，去耐心地孵"鸡娃子"，如果能当好"老母鸡"，不久就会"鸡娃子"成群满院飞了。解放初，三台县有个新提拔的文教科科长谭卫根，他在解放前为保卫地下党曾立下很大功劳。遂宁建立专员公署，调任他作专署文教科长。胡耀邦听说这个人毕业于北京大学，很有学识，懂交通、土木工程，政治表现也不错，说"谭卫根非百里之才，望重一方，行署交通厅需要人负责，应安排到行署工作"。经川北区党委研究，又将谭卫根调川北行署任交通厅厅长。谭卫根"连升三级"，一时传为美谈，使人们切实看到胡耀邦不拘一格提拔和使用人才的决心。

但是这支干部队伍，在新形势新任务面前，思想作风和工作作风亟待提高。特别是一大批新参加工作的干部，由于没有来得及接受严格的培训，旧的思想作风的烙印较深，主观主义、个人主义思想严重，群众反映不好。胡耀邦发现了这些问题，为此他专门给区党委赵林、李登瀛等写了一封信，提出要对干部进行思想作风方面的"深刻的教育"：

> 由于我们的干部这么新，小资产阶级这么多（我认为这是主要的），工作这么忙，"反"的空气这么高（指各项政治运动——编者），我认为我们必须经常地、仔细地留神下面这些现象：
>
> 一、不严格遵守政策，乱撞乱碰，把事情弄糟弄烂。
>
> 二、不调查，不研究，主观主义，粗枝大叶，是非良莠不分。
>
> 三、强迫命令，急躁从事，脱离群众。
>
> 四、到处惩办，不以教育为主来解决绝大多数的干部的缺点、毛病、错误问题。
>
> 五、闹宗派，互相报复，不求进步，不努力学习。
>
> 六、说假话，把缺点与问题掩饰起来。
>
> 我感到我们必须下定决心，用极大的力量准备一个极大的学习运动，学一些理论，学一些政策，学一些思想方法，大大宣传一番正确的作风问题，以便使这么广泛的新干部，对正确的思想作风从而得到一次深刻的教育。

胡耀邦估计，有各种思想作风方面问题的干部是：一、相当普遍，二、有些地方相当严重，三、个别人个别地方很严重。1950年6月，在他的主持下，开展了以反对官僚主义、命令主义、统一战线中的关门主义和贪污腐化为内容的整风运动。

胡耀邦首先来到川北军区，参加部队的整风。当时解放军六十一军兼任川北军区职能，胡耀邦对老部下怀有深情，他虽然终日忙于党和政府的工作，但作为川北军区的政委，他一直关心着部队建设。8月，军区召开党代会，贯彻整风精神，胡耀邦前来作了一个很有针对性的报告。他明确地说：川北八个月的工作，要数军队功劳最大，大家为人民办了好事，川北人民永远记得。我们共产党员最大的好处，就是：自己吃苦，别人享福，所以才受到人民的尊敬。接着，他一针见血地说，但是，八个月来军区部队有一个缺点是纪律不好，这是不能原谅的，一切理由都不能减轻纪律不好所造成的损失。纪律不好，首先是犯纪律的同志自己要负责，居功、享乐腐化，总之是觉悟不高。其次，才是领导的责任，各级党委的领导在这个问题上不够坚定，个别地方有官僚主义，熟视无睹。纠正的办法是，坚决进行整纪整风。坏思想、坏作风像"孙悟空"，整纪整风，就是给他加一道紧箍咒。

对于怎样整纪整风，胡耀邦在一次团以上干部会议上说：从整个部队来看，正风占优势；但是，有歪风，主要是强迫命令、军阀主义和官僚主义歪风。对上级指示不学习不研究，也不看报纸，你说你的，我干我的，这也是一种歪风。这些歪风，是脱离群众的作风，害人坏事的作风。整风的主要障碍，是党内存在着不重视缺点，对缺点采取掩盖粉饰的态度。不克服这一障碍，整风就会无结果。整风的一条重要原则，是采取批评和自我批评的方法，教育的方法，而不是采取简单粗暴的组织结论，决不许可轻易处分人。

地方党政部门的整风开展以后，新老干部都有些惴惴不安。老干部有老区"左"的"三查"的经历，心有余悸；新干部则怕查成分，追历史，怕暴露缺点错误，整掉饭碗。胡耀邦认为，解除这些思想障碍的关键，在于领导带头，作出样子，而不能整下不整上，只整别人，不整自己。他说，务须从上着手，先从上面检查和批评自

胡耀邦在飞机上抓紧时间学习。

己，严禁我来整你，然后帮助下面同志反省检讨。区党委也明确指出："此次必须自上而下，重点整顿领导机关和领导干部、党员和干部。这不仅是因为上述几部分人的带头检查，可以消除广大干部的思想顾虑，引导大家认真总结工作，更重要的是这些人担负着较大较重的担子，他们的作风好坏，将直接影响事业的成败，故整风首先从区党委和行署一级机关开始。"

当区党委和行署各部门整风进入总结检查阶段时，胡耀邦在区党委扩大会上首先作了自我批评。他说，前段工作，成绩是主要的。"但有缺点，重大的缺点"，例如，对任务从整个过程看还抓得不紧；征粮工作中间紧，两头松，具体指导不够；在发动群众上具体办法少，督促不够，等等。在胡耀邦等领导干部带动下，各级各部门从上而下总结工作，听取下面的意见和批评，加上一再告诫不可简单粗暴，不可轻易处分人，所以干部们情绪稳定，对缺点、错误不掩饰、不护短，实事求是地作好个人总结，都觉得收获很大。

整风后期，在胡耀邦倡导下，全区普遍开展了"评功检过"活动。胡耀邦在不同场合多次讲："川北工作要有奖有罚。""党内务必有是非，故需严明赏罚。""评功"是自下而上，充分肯定成绩；"检过"是自上而下，作检讨、受处罚。他指出，无论是评功还是检过，最主要的是弄通思想，务求思想上得到提高。特别是对新干部，他们参加革命不久，工作经验不足，有这样那样的缺点失误是不可避免的。对他们功过的评定不能同党员和老干部用一个标准去衡量。对他们的进步和提高，也不能指望在一次整风中去完成，需要经过长期的教育和工作中磨炼。他一再讲，对大多数干部要从政治上、思想上、生活上关心爱护，而在处理上，则要十分谨慎，"只准对极少数太不像话，不能救药者才处分，并需要经过批准"。

这次整风，无论在部队，还是在地方，都有效地提高了干部思想觉悟和战斗力，同时也纯洁了干部队伍，为开拓川北工作创造了条件。

六、剿匪、"镇反"严格掌握政策

进入 1950 年以后，川北区党委根据中共中央西南局和西南军政委员会的指示，结合本地实际情况，部署了征粮和剿匪两大任务。这是直接关系到建立和巩固人民政权的两件大事。

对于川北地区匪特猖獗的形势，胡耀邦早已心中有数。国民党溃败之前，国民党国防部二厅、保密局和内调局都在此地做过潜伏布置：有所谓"巴山防线"的军事设防和情报网，有华蓥山和大巴山的"游击根据地"；特务头子廖宗泽、杨元森等曾率特务武装来川北活动；国民党党团和中统特务系统也普遍做过"应变布置"；胡宗南和孙震等敌军溃经川北时，除遗留下大批散兵游勇外，也布置了"地下军"；解放后，一些外地匪特又窜来活动，恶霸地主和旧乡保甲长以及封建会道门也蠢蠢欲动。就是说，川北的反革命势力是由特务、惯匪匪首、恶霸、反动党团骨干和反动会道门头子五部分组成，据估算共八万多人。匪特们组织武装暴动，杀害干部，抢劫军车、商车，烧毁公私建筑物和仓库，气焰极为嚣张。

在开展征粮工作之后，匪患就更严重。掌握足够的粮食，直接关系着支援前线、稳定物价、安定社会，是巩固新生政权必不可少的条件。但是征粮工作刚刚铺开，相互勾结的土匪和地主封建势力就大肆破坏。他们造谣惑众，煽动抗粮、抢粮、烧粮，破坏交通，杀害征粮工作人员，以致人心惶惶，社会不得安宁。这样，剿匪肃特就成为刻不容缓的重大任务。

任务主要由第六十一军承担。2 月初，部队投入战斗，剿匪工作全面展开，使匪特受到一定打击。但是打惯了大仗的指战员们认为小小土匪不堪一击，对剿匪肃特的复杂性和艰巨性认识不足，作战时又采取打大仗的办法对付分散隐蔽的敌人，并且忽视了发动群众和政治瓦解，所以虽然把敌人打得团团转，到处跑，但是歼灭不多，成效不大，匪特气焰仍很嚣张，甚至有的部队还遭到匪特的袭击和围攻。

为了加强对剿匪工作的领导，4月间，成立了以川北军区司令员韦杰、政委胡耀邦为正、副主任的川北剿匪委员会。委员会首先召开团以上干部会议，总结剿匪经验教训。胡耀邦来到会上，就全面贯彻剿匪方针和克服轻敌麻痹思想问题发表了讲话。他说，敌人已施行造谣、暴动、抢人、分散、隐蔽、躲藏、假投降、假悔过、放火等，还将要放毒、暗杀、潜入内部、挑拨离间、要美人计等。我们要准备对付敌人的"三十六计"和"七十二变"。他强调说，要充分、全面贯彻剿匪方针，要将英勇顽强的斗志与机动灵活的战术相结合；党委、政府、军队和群众相结合；宽大与镇压相结合；军事打击与政治瓦解相结合；发动群众与控制乡保甲相结合。要彻底歼灭匪特，还要挖掉匪根，否则就会时起时伏，我去彼散，我走彼起。挖匪根就是要挖出不上阵的指挥官、惯匪头子，以及幕后操纵者、出主意出钱财者。过去前一类抓得多，后一类抓得少。今后要坚决抓后一类，并须严办。要彻底歼灭匪特、挖掉匪根，更要发动和依靠群众，组织农会，实行减租减税，实行土地改革。真正把群众发动起来，团结在我们周围，股匪是可以肃清的，争取9月以前消灭川北地区匪特的目标是可以实现的。

这次讲话有效地克服了干部们的轻敌思想，提高了对全面贯彻剿匪方针的认识。他们按照剿匪委员会的部署，普遍把发动群众放在首要位置，剿匪部队各团都成立了百人以上的群众工作队，连队普遍建立了群众工作组，结合军事清剿，召开各界代表大会和群众大会，宣布剿匪的方针、政策，同时组织农会和农民自卫队。这立即收到显著效果。早已对匪特切齿痛恨的群众，一经发动，便纷纷举报匪情，提供线索，还自动设立盘查哨，四处堵截追捕。通江县大恶霸杨品恩等解放前曾杀害红军家属一百五十多人，解放后上山为匪。此时有二百四十多名自卫队员到数十里不见人烟的深山老林里搜捕，他们埋伏三天三夜，终于从峭壁的石洞里将杨品恩捕获。蓬安县自卫队张月阶等三人为捉拿匪首伍曾生等，不分昼夜追到重庆，经过二十多天的搜捕，终于将伍曾生捉拿归案。群众中的这些剿匪事迹，使胡耀邦深为感动，后来他在一封谈文艺创作问题的信里曾举了许多事例："如广元，有捉住匪首滚岩与匪首同归于尽的李登燕；如万源，有深入匪境、瓦解土匪一千余名的张云凤；如苍溪，有放火烧掉自己房子，帮助军队击毙匪首的陶老太婆"等。他说，"他们不愧为新川北的主人，是真正的新人，也是'最可爱的人'。"他号召一切文艺工作者表现这些"英雄人物和英雄事迹"，以"鼓舞人民群众的战斗意志，指明人民群众的斗争方向"。

部队军事清剿的战术也越打越精了，有的采取伏击和袭击结合、赶鱼入网的战术，歼灭了行为狡猾、一触即逃的股匪；有的采取一点扑空、四处搜索，一点击准、数路包围的战术，将股匪全歼。部队还乘势召开匪属座谈会，动员他们劝降，同时出布告，撒传单，广泛发动政治攻势。这种军民合作结成的天罗地网，使匪特感到走投无路，内部动摇分化，以致纷纷投降自首。"反共救国军"及其第七师师长鲜致祥就是看到无路可逃，只得自动投案的。经过持续进剿，到8月底，共歼灭股匪七万三千多人，其中政治瓦解两万四千多人，粉碎了匪特企图在营山、江油、盐亭、射洪、蓬安、南充等地发动暴动的阴谋，比原计划提前一个月消灭了股匪，从而安定了社会秩序，保证了征粮工作顺利完成。

其后，结合减租退押和土地改革，按照中共中央统一部署，进一步开展了镇压反革命运动。

在剿匪和"镇反"过程中，胡耀邦始终全神贯注地关注着运动的进展，严格把握政策。

1950年5月5日，就在部队以强大攻势进剿匪特之时，南充县发生了反革命暴乱，匪徒们围攻当地党政机关，残酷地杀害党政干部和群众。5月7日夜，川北行署大院内的行署职员宿舍被人纵火。正在重庆开会的胡耀邦连夜赶回南充，主持紧急会议部署破案。经过缜密侦察，很快查清这两起事件都是"国民党救民义军川北总司令"胡伯洲策动的。胡伯洲纠集了三千多名匪特，准备制造一连串事件。经过军民奋力协作，很快将胡伯洲以及二百四十多名暴乱骨干分子抓获，收缴了各类枪支一千五百多支。对这帮罪大恶极的匪特，群众和干部痛恨至极，纷纷要求将他们全部杀掉。面对人们的激愤情绪，胡耀邦向干部们说，越是在这种时候，越要把稳政策，分清主次，而不能感情用事。他说，剿匪不能不杀人，但杀人一定要做到一是"杀得其人"，即杀那些确实该杀、非杀不可的人，特别是幕后主谋，像胡伯洲这样的人；二是要"杀得其法"，经过一定机关批准，进行公审判决。遵照胡耀邦的指示，最后，经过万人公审大会，处决了胡伯洲等四名要犯，其余一律不杀。那些被分别处置、得免一死的匪徒们，对政府的宽大处理十分感激，有的还主动立功赎罪。

从1951年2月开展起来的镇压反革命运动，是前一时期剿匪反特斗争的继续。但由于这次运动是由中共中央统一发动和领导的，所以声势更为强大。而此时土地改革运动也正在同步进行。被这些惊心动魄的运动发动起来的广大群众斗争情绪异常高涨，基层干部也被这种形势所激动。因此，胡耀邦更为密切地关注着运动发展中的各种动向，及时发现问题，及时提出指导性意见。4月间，他看到川北公安厅一份简报，其中说：单是放毒者，就已经查出一百二十六名。他沉思良久，拿起笔来批道："这其中的许多情况，我不相信，特别是所谓一百二十六名放毒者，我敢肯定有错，通报如不实事求是弄清楚再发，有害无利，只会造成下面惊慌失措。现在已有此现象，望注意。切勿因此造成夸大敌情，盲目从事之危险。"随着运动的发展，他发现有杀人渐多的倾向，于是他在川北区党委会议上严肃指出："可以不杀，以不杀为有利，可以杀而杀，对我们没有利。"经过对情况的仔细分析研究，不久他给川北公安厅作了一个更重要的批示：从广元、蓬安、南充市三处我最近所阅看的材料中，我认为我们现在在彻底镇反中出现一种过左情绪。似乎有些同志是为了彻底而用彻底的办法搞彻底，有些同志似乎并没有了解我们是为了人民最大的最长远的利益而镇反，还有些同志对特务界限并不明确，还有些同志对中央清理中内层的捕杀原则并没有真正了解。还有一些同志量刑时又忘记了某些罪犯是否立了功。我相当担心这件事。无论如何，要请你们及时了解情况，严防偏差，如果一出偏差，那我们就无法挽救了。

为了总结前一段"镇反"的经验教训，1951年5月，胡耀邦主持召开了区党委扩大会议和公安厅局长会议。会上，他对一系列政策界限问题作了明确指示。

在提醒大家"肃清反革命是一个长期的严重的斗争，不容许在获得重大胜利之后就产生新的轻敌麻痹思想"之后，胡耀邦指出，"必须十分谨慎地区别反革命的界限，决不可把普通有劣迹的分子、一般反动党团分子、一般封建会道门分子、落后分子、一般违法分子与反革命分子相混淆；对于这些分子，虽然也应以适当方法施行争取教育改造，但与对待反革命分子是有原则区别的。这个界限，我们历来就是划清了的，今后要更加审慎，务求不错捉和错办一个人。"在量刑问题上，胡耀邦指出，"必须分别其罪恶之大小，对人民危害程度，分别治以应得之罪。对其中罪大恶极，人人痛恨者，应处以极刑；对罪不至死或可以不杀的分子，则处无期或有期徒刑，这也是必须坚持的；至于自动向人民政府真诚自首悔过立功赎罪分子，或被反革命胁迫欺骗非自愿之分子，或解放前反革命罪行并不重大而解放后又确已悔过、与反革命组织断绝关系者，均应结合着宽大，分别不同情况从轻处刑、减轻刑罚或免予处刑，给予政治上重新做人的出路。"对于批捕程序，他也作了明确规定："为了更加审慎地镇压反革命，手续应更加严格。除了对现行反革命凶犯（放火、放毒、杀害、叛乱等）人人皆有权及时予以逮捕送交人民政府审讯外，捕人权属县以上人民政府。区以下的人民团体（包括农民协会），除有权收集罪证，向政府控告或告密外，均无擅自捕人之权。对于反革命分子的徒刑的判决，应经由专署以上人民政府批准，死刑的判决，应由本署主任批准，务须防止一切无纪律现象的发生。"

为了帮助干部们准确地掌握政策界限，胡耀邦还具体分析了一个典型，以作示范。当时蓬溪县上报，准备把一个叫作刘振海的人划为反革命分子。刘振海 1946 年以前在国民党部队里当过排长，有偷东西、奸淫妇女行为。1946 年以后他参加了解放军，当时就曾把他当作特务抓起来，后因证据不足又放出来。后来他当看守所所长时又曾奸污妇女。就这么一个人，算不算"反革命"？胡耀邦写道，此人 1946 年以前是个兵痞，还够不上反革命分子。他"［19］46 年后即参加我军，一直到现在，基本上是做革命工作，而且做了五年革命工作了。如果我们现在又把他当反革命分子办，岂不有点冤枉。但因为这几年流氓性未改，所以无政府、无纪律，特别是当看守所所长搞女人，这是政治原则错误，但不要与反革命分子混为一谈"，"因而，把他当反革命是不对的，错误的，但因为［他］犯了无政府、无纪律、违法乱纪等政治错误，流氓性很大，应受较严格的处分。如果因为他错误大，要关他年把禁闭，实行劳改，我也同意。但决不可把他当作反革命分子，和什么混入的内奸分子"。他还特地关照说："此案还可以大大教育干部，请你们仔细一阅并进行讨论研究，如有不同意见，请告我。"

到 1952 年 4 月，川北全区各类反革命分子基本肃清，没有出现大的政策偏差，从而使社会稳定、政权巩固的大势得到切实保证。

七、"土改发展正常，甚慰"

几乎与"镇反"运动同时，1951 年 2 月起，农村土地改革运动也在轰轰烈烈地展开。

在农村实行土地改革，废除封建剥削制度，是解放广大农民群众、发展生产力、实现现代化的必要条件。1950 年 3 月，西南军政委员会召开了有关西南地区土地改革的会议。邓小平鉴于西南地区解放不久，大量敌对势力还在活动滋扰，形势还较动荡，所以灵活地提出暂不进行土改，而先实行减租。作为西南军政委员会委员，胡耀邦参加了这次会议，参与了制定《西南地区减租退押条例》的工作。一年之后，川北地区经过剿匪肃特、减租退押，贫雇农普遍发动起来，农民协会、农民自卫武装已经建立，旧的保甲制度已经废除，实行土地改革的时机已经成熟。于是，从 1951 年开始了土地改革。

川北的土地改革，是完全按照中央颁布的《土地改革法》和《关于划分阶级成分的决定》进行的。中共中央根据新的历史条件，对在战争年代里实行的土改政策有所调整，其中重要的是保存富农经济，中立富农，更好地保护中农和小土地出租者，以便孤立地主，有秩序地实现土改，以更有利于发展生产。川北区党委又根据本地的实际情况，制定了《川北土地改革实施细则》，以保证中共中央方针、政策的贯彻执行。

1951 年 2 月，川北区土地改革试点工作在巴中县恩阳乡正式展开。恩阳乡是巴中县城的门户，川北交通要道，信息灵通。这里的阶级关系、社会环境都比较典型，在这里试点，较有普遍意义。当然正因为是试点，也格外引起社会各界的关注，试点的好坏，关系重大。所以胡耀邦也非常重视这一试点工作。

开头阶段，一些土改干部面对复杂的阶级关系不知从何下手，有的人甚至同地主、富农吃吃喝喝，收受他们的贿赂。农民则多怀疑虑，深恐像三十年代那样，红军一走，土地又被地主夺回去，还要受地主还乡团的反攻倒算。各种敌对势力也竭力破坏、阻挠，甚至武装袭击恩阳区公所。一时之间，试点工作受到多方面的干扰和阻力。

3 月中旬一个傍晚，胡耀邦专程来到恩阳乡。一见到土改工作团团长，他就尖锐地说："我一到此地，见到你们这里一片和平的气氛，好像你们在搞和平土改呀。"他立即召开了工作团小组长以上干部会议，在听取了汇报和问清楚工作详情以后，语重心长地对大家说："恩阳乡土改试点工作，是川北人民最关心的一件大事，你们要尽一切力量，一定要搞好、搞彻底，川北人民正在等待着你们，注视着你们。"接着，他提出了打开局面必须抓好的几个环节。巴中县委、县政府同土改工作团密切配合，根据胡耀邦的指示，立即组织土改工作人员认真学习领会土改的路线要求，加强思想建设；召开群众大会，宣讲土改政策，组织忆苦思甜，激发群众的阶级觉悟；把钻入农民协会的坏分子清理出去，整顿农会组织；对一些意志薄弱、违法乱纪的土改工作人员，根据情节轻重，给以处分；对罪大恶极、民愤极大的地主、恶霸、反革命分子坚决镇压。经过扎扎实实的工作，很快发动了群众，打开了局面。恩阳的试点，为其他地区提供了经验。

此时，川北已集中土改干部数万名，还有从中央和西南局来的土改工作团近千人。于是成立了川北土改工作总团，胡耀邦兼任总团长。他向全体土改工作队员着力强调：在自身学好土改总路线、总方针和一系列政策的基础上，要大张旗鼓地进行宣传，将土改的目的、任务、步骤、方法、依靠谁、团结谁，这些原则性问题，具体切实地传达给群众，要做到人人皆知、家喻户晓。对地主、富农，也要让他们懂得政策，要守法不要违法。胡耀邦强调的另一点，就是必须紧紧依靠贫雇农。恩阳试点里曾有一种状况，就是不少干部对依靠贫雇农的重要性还不甚了解，有些人甚至看不起贫雇农，认为他们"落后"，"不好发动"。因此，胡耀邦反复强调："群众、特别是贫雇农，真正发动起来了，地主阶级真正打倒了，是土改好坏的基本标准。""依靠和发动贫雇农是土改斗争的关键。"后来，以川北区党委名义发出的指导土改的一、二、三号指示，也都指出发动和依靠贫雇农是土改"最基本的关键"。

各土改县遵照川北区党委和胡耀邦的指示，召开了二十二天左右的扩大会，训练干部。会上除了进行土改路线、方针教育和强化对贫雇农的认识外，还对前一时期减租退押中贫雇农的发动程度作了实事求是的分析。大家看到，减租退押中虽然也强调了贫雇农的领导地位，但由于那次运动本身的局限性，中农得利最大，政治兴趣也高。加之当时没有严格划分农民内部成分，以致除少数地方确为贫雇农领导和极少数地方仍为封建势力所把持外，大多数实际上是中农当权。通过分析、学习，干部们认识到这样的阶级状况不能适应土改斗争，非继续深入发动贫雇农不可。

干部思想认识的提高，大大加快了宣传政策和发动群众两项工作的进程，广大贫雇农踊跃行动起来了。

1950 年 6 月，中央人民政府颁布了《中华人民共和国土地改革法》。那时候川北地区还没有实行土地改革，但许多地主已看到自己的财产即将不保。在那之后的一年多时间里，他们分散、盗卖、隐藏甚至烧毁粮食，破坏农具，砍伐林木，拆卖房屋，杀死或饿死耕牛，以至抽屋夺佃，造成很大破坏和损失。所以第一期土改一开始，就开展了反破坏、反分散、反隐瞒的斗争。第二期土改之前，胡耀邦、赵林等系统总结了第一期土改中反违法斗争的经验教训，指出了反违法斗争是土改斗争的中心环节，是从政治上打掉地主威风、搞垮封建经济、适当解决贫雇农生产困难的必然过程。这种斗争必须贯穿在土改运动的每个阶段。在胡耀邦指导下，川北区党委作出了《正确开展惩治不法地主斗争的几项规定》，进一步阐述了斗争的性质、必要性和重要性。《规定》明确指出对这场斗争不能单纯从经济上着眼，更应着重于政治。对于斗争的范围、界线、做法，其中也作了具体规定，并特别指出：反违法只惩治违法者，守法地主不加惩罚；赔偿面要宽些，但要近于实际，判罚面要窄些，要经过法庭判决；赔偿量要留下一定比例，使违法地主有生活出路；那种"要钱无底"、"越交得快，越罚得多"的做法，都是不对的。胡耀邦还特别提出，对历史上虽有罪恶，但解放前后有出力、立功表现的头面人物，要"保护过关"，已移居城里的地主，不允许农民进城抓人，由领导出面调解并对农民说服。对于任行署委员或协商委员会委员的，则实行硬性保护，甚至由行署借钱给他们向农民退赔。

这些做法，都获得了农民的赞许和认可，从当时和长远来看，这样做都有利于社会的稳定和发展。

1951 年 12 月上旬，第三期土改铺开。川北区党委鉴于第一、二期土改中还有百分之二十左右的落后村，存在着严重问题；即使一般或较好的村，也有不同程度的遗留问题，因此决定在业已完成土改的二十个县开展复查工作。复查的范围是：清查漏网反革命分子；斗倒继续作恶的不法地主；纯洁和加强农村组织；修订敌我间划颠倒了的成分；彻底处理未分完的胜利果实；处理尚未处理的山林问题；调整区、乡；填发土地证。复查的重点是落后乡村。为了安定各阶层情绪，促进生产的发展，对一般和较好的乡村，不开展大规模的群众斗争。川北区党委指出，复查的原则是："团结内部，刀锋对敌，有利生产。"

在指导全部三期的土改运动过程中，胡耀邦始终全神贯注、兢兢业业。在土改的同时，还有镇压反革命运动和抗美援朝战争也在进行，即 20 世纪 50 年代初期的"三大运动"，任务极其繁重，政策性极强。胡耀邦几乎是日以继夜地工作。他在重大问题上同区党委反复商量，同时也不辞辛苦地深入各县、乡检查指导，工作中他既大刀阔斧又认真细致，使各项政策都得到较好的落实。

1952 年 4 月，川北地区土改工作全部完成，全区共没收、征收土地 964 万亩，占总耕地的 39.4%；占全区农村人口 56% 的无地、少地农民，分得了这些土地和一部分生产资料。封建剥削制度的消灭，给川北带来了前所未有的欢乐、兴旺的景象，广大农民的政治、生产积极性空前高涨。在保家卫国的号召下，四万多翻身青年农民踊跃参加中国人民志愿军，奔赴抗美援朝前线，他们中出现了黄继光那样的英雄人物。

对川北地区的土改，中共中央西南局作了肯定的评价。西南局在接到川北区党委关于土改情况的报告后复电说："你区土改发展正常，甚慰。你们的各项处置均属妥当。"中央土改参观团也来到巴中，特地总结了当地的土改经验。

为庆祝土改的胜利，土改总团送给每个土改干部一本纪念册，胡耀邦为纪念册题了词："每个革命干部都应牢记毛主席这四句话：完成任务，坚持政策，调查研究，实事求是。"

这既是对干部的要求与期望，也可以看作是胡耀邦的自勉与自律。胡耀邦也正是以这样的姿态和风格，迎接着随后到来的"三反""五反"等一系列运动。

八、"三反""五反"在于改造社会，移风易俗

1951 年年底，中共中央鉴于干部队伍中出现严重贪污蜕化现象，在全国范围内发动了反贪污、反浪费、反官僚主义的"三反"运动。12 月 8 日，毛泽东为中央起草了《关于三反斗争必须大张旗鼓进行的电报》，强调"应把反贪污、反浪费、反官僚主义的斗争看作如同镇压反革命的斗争一样的重要，一样的发动广大群众包括民主党派及社会各界人士去进行"。"三反"运动开展不久，就发现一切重大贪污案件的共同特点，是私商和蜕化分子相勾结，共同盗窃国家财产。私商对干部的引诱、侵袭几乎无孔不入，他们甚至把伪劣产品提供给抗美援朝前线。1952 年 1 月 26 日，毛泽东又为中央起草了《关于首先在大城市开展"五反"斗争的指示》，号召"在全国一切城市，首先在大城市及中等城市中，依靠工人阶级，团结守法的资产阶级及其他市民，向着违法的资产阶级开展一个大规模的坚决的彻底的反对行贿、反对偷税漏税、反对盗窃国家财产、

反对偷工减料和反对盗窃经济情报的斗争，以配合党政军民内部的反对贪污、反对浪费、反对官僚主义的斗争"。这样，一场震撼人心的"三反""五反"运动，就开展起来了。

川北地区就是按照中央部署，适时地开展了"三反""五反"运动。已经从土改、"镇反"等大规模群众运动中吸取了丰富经验的胡耀邦，本着一贯的审慎态度，关注着运动的每一步发展，认真掌握着政策。

胡耀邦特别注意从更深层次上理解这两个运动的意义，他认为这样的运动的终极目的，在于推动社会的前进。因此，当1952年年初部署运动的时候，他就引导干部把眼光放得远一些，而不要斤斤计较于眼前的功利。他说："三反"运动不单是清经济问题，它的目的是改造社会，移风易俗，教育干部为政清廉、全心全意为人民服务，推动各项事业向前发展，我们一定不能忽略这一点。"五反"运动主要是揭露资产阶级向党和政府猖獗进攻的各种阴谋，配合"三反"运动，肃清经济内奸和坐探分子，提高干部的阶级斗争觉悟，巩固国营经济的领导地位。并在这一运动中，划清劳资界限，进一步组织和发动工人阶级。所以，"五反"运动实际上是城市的民主改革运动。

"三反"运动很快进入"打虎"即斗争贪污分子阶段。胡耀邦深知，一场运动发动起来，开头容易出现"左"的倾向，会有些过火行为，所以他及时提醒大家："我们什么时候都不能忘记党的政策和实事求是作风"。他密切关注运动的发展，一方面随时纠正那些不符合政策的做法，一方面研究那些带倾向性的情况和问题。

由于运动发展迅速，一些单位虽揭出了"老虎"，但材料并不充分，于是硬追死逼，甚至施以变相肉刑。胡耀邦、赵林等领导人发现后立即指出："逼供信要避免，防止假老虎，要谈具体事实。"

在 2 月 6 日至 9 日的四天内，川北区党委连续三次发出指示，指出证据是降"虎"的最有力的武器，要求各地把斗智、斗理、斗法和斗据很好地结合起来，重证据而不单纯重口供。

为了掌握真实情况，胡耀邦不断派出干部到基层单位作实地调查。他把各地纷纷上报的反出了多少贪污分子和贪污金额的材料，同经过调查掌握的第一手材料两相对照，综合分析，发现这里面有不小出入，打出的一批"老虎"中有些并非真正的"老虎"。于是他在一份调查报告上鲜明地指出："目前'三反'的基本情况和特点是，两种情况同时并存：一是老虎还打得不彻底，一是已有一批假老虎（而不是一两只）。目前我们的指导方针就一定要注意两方面，否则不利。"他还指出，"我们相信数字，又不能轻信数字，要对情况作深入分析，掌握运动事实情况。"他疾呼："应该是我们更加清醒的时候了。"3 月，运动进入"打虎"高潮。胡耀邦昼夜思虑，从 3 月 1 日到 6 日六天时间里，五次向川北区各地领导干部打招呼："每一个新问题、新步骤，要精细地思考成熟，不要过于慌忙。""凡属社会上，干部群众中实际上不赞同的事就不可做，这里不可完全听信勇敢分子的话。"如果有打错了的，"在的确错了之后，平反得早好不好？好！可以使好同志不受委屈，使大家心服"。他还再一次要求各地党委书记要亲自领导，精心指导运动。

一天，有几个办案人员到川北行署来，报告有个基建单位的经营人员贪污几千吨石灰。胡耀邦疑惑地问他们：这个单位建房一共用了多少石灰？这些石灰堆放在哪里，你们调查过吗？几个人都回答不上来。他又问其中一名负责人："你知道吗？"回答说："没有去看过，只是材料上反映的。"几个人都有些紧张。胡耀邦没有批评他们，只是要他们回去再好好深入调查，情况弄清楚再讨论。几天之后，他们又来汇报说，经过实地调查，那里建房总共才用了几百吨石灰，贪污几千吨的事是不实的，并且作了检讨。胡耀邦耐心地对他们说："遇事必须实地调查研究，不能凭道听途说或者书面材料去下结论，这样很危险，给革命和建设事业带来的只会是损失、是灾难。这必须引起我们每个党员干部的高度重视。在行动中要深入实际，认真贯彻党的实事求是的作风，大家在今后的工作中要吸取这次的教训。"

根据上报材料，川北全区共统计出贪污在一千万元（合现行人民币一千元）以上的有四千多人。胡耀邦怀疑这个数字的可靠性，派人到各地去检查。经过反复逐个核实，最后落实为二千人，使一大批无辜者得到解脱。

在"五反"开始和进行当中，工商界情绪紧张，思想也较为混乱。一些人认为"'五反'是政府要搞资本家的钱"，"政府口头说要保护工商业，实际是要没收我们财产，搞垮我们，'五反'就是一个重要步骤"等等。他们普遍担心被划为"违法户"，怕退财补税过重，负担不起，怕挨了斗以后在工人面前无法抬头……

胡耀邦在实地调查中了解到这些情况，十分重视，迅即指示有关部门要搞好政策宣传和思想工作。在川北区党委统战部召开的工商等各界代表座谈会上，胡耀邦讲话时明确告诉大家："'五反'的目的是使工商界能守法，按照《共同纲领》的规定搞好自己的生产和经营。'五反'的政策，仍然是坚决保护正当的工商业生产。但对那些知法犯法的，不管以前、现在、将来，都是要反对的，绝不含糊。"对于大家提出的一些政策方面的问题，他一一作了回答和阐释，他说，"退补罚款，能够很快缴清又不影响营业的应一次缴清，实在有困难的，可分期补缴。税收要合情合理，合乎中央的税收政策。缺少资金的，国家可以贷款。劳资两利的原则不变。关于违法户与治安的关系，没有判刑的违法户，公安系统不能剥夺他们的权利。"胡耀邦还掷地有声地说："人民政府对工商界有三条保证：一、合情合理严肃谨慎地结束'五反'，并适当解决'五反'后工商界的实际困难。二、今后工商界的朋友，只要能够做到'严格守法，大胆经营'，政府一定坚决保护，坚决团结。三、任何一个人，在发展生产上、经营上、在工商业工作上有了成绩，对国家有功劳，人民政府是不会忘记的。"

由于严格把握政策，所以"五反"运动发展较为平稳，大多数有违法行为的工商户交代了问题，作了检讨，许多人获得了工人群众的谅解。

1952年端午节，"五反"运动已经接近尾声。上午，胡耀邦召集工商联委员到川北行署开会。委员们到会后，胡耀邦一一点名，只差南充市工商联主任林全久和一副主任未到。

"林全久呢？"胡耀邦问。

"他还在川北大旅社交代问题。"有人回答。

"哎，运动都基本上结束了，他还有哪些大不了的问题要交代呢？快去叫他来开会。"

不多久，林全久和一副主任相继赶到。见人到齐了，胡耀邦笑着对大家说："今天请你们来是为了给大家散散心。今天下午大家到嘉陵江去看划龙舟，热闹一下，庆祝'五反'取得的胜利，让'五反'在欢乐的气氛中结束。"

听了这样的安排，委员们兴高采烈，运动中受了冲击的委员也一扫郁闷紧张心情，精神为之一振。

"'五反'运动虽然胜利结束了，但有些糊涂观念和错误认识还需要澄清。"胡耀邦接着说。在对这些糊涂观念和错误认识讲清了道理、交代了政策之后，他又一次强调了"严格守法，大胆经营"。他说，"毛主席说过，凡是对人民做了好事的，人民是永远不会忘记的。你们也是一样，只要对国家作出了贡献，政府就不会忘记，我们说话是算数的。"

话一讲完，全场就响起了热烈掌声。

下午，嘉陵江上龙舟竞渡，锣鼓喧天。胡耀邦和行署领导同工商界人士以及南充人民共同欢度佳节，用这种特殊的方式，庆祝"五反"运动的胜利。

九、"恢复和发展生产永远是第一位的"

一个接连一个的民主改革运动情况错综复杂，问题千头万绪，需要付出极大的精力和智力。这一时期胡耀邦昼夜工作，真可谓朝乾夕惕。但是就在最繁忙的时刻，他也从来没有忽视过恢复和发展生产，而是一直抓紧经济建设，正确处理了民主改革和发展生产的关系。

到任不久，他就亲自兼任川北行署财经委员会主任。在理清川北施政方针的思路之后，他立即主持召开有各地、县税务、贸易部门干部参加的财经会议，通过了保证国家公粮、税收、整编等三个决议。这次会议使川北区财政工作从思想、政策统一，进一步达到了业务、制度统一。以后，他又多次主持召开全区经济工作会议，确定了一系列有关经济建设的方针、政策。他主持财经委员会的工作，每一项重要经济工作的决策，都要同委员会组成人员和专家们讨论研究，然后亲自布置、动员落实。他常说，革命的最终目的，就是发展生产力，也只有发展生产才能保证改革的最终完成。哪个对建设、工商不感兴趣，那就是对社会主义没有感情。

1951 年春耕季节，川北全区土改正值高潮，农民群众的注意力都在土改上。胡耀邦看到了有因运动而耽误生产的危险，因此由行署向各级政府、各土改工作团、各地农民发出了《大力领导春耕生产十项命令》，其中包括：一切工作必须围绕春耕生产进行；已土改地区务必于春耕以前把土地分配完毕，把可以推后解决的问题放到春耕以后解决，保证农民已经分得的土地财产不受侵犯；尚未土改地区应巩固减租退押成果，保证佃权，保证不荒芜一寸土地，谁种谁收；允许富农经济发展，严格保护中农；提倡农村借贷自由，有借有还；对缺少劳动力的烈、军属组织好代耕工作；督促地主、游民、懒汉参加生产；发生灾荒地区，抢收早熟作物度荒自救；县、区、乡三级组织农业生产委员会，统一领导春耕事宜。由于做到未雨绸缪，所以没有贻误农时，基本保证了在土地改革中农业生产的正常进行。

川北属于丘陵和山区交错的地区，农业生产长期处于落后状态。1951年春夏之间，全区大部分县发生旱灾，有些县又加上风雹、虫害，灾情严重。7月7日，胡耀邦召开行署紧急行政会议，安排全面抗灾工作。这次会议决定，一切灾区，无论是已土改区、正土改区或未土改区，毫无例外，都要以发动和领导群众抗灾为最中心任务。土改因此不能按期完成的，可以推迟。会议强调要发动男女老少一起动手，树立战胜灾害的信念。行署并且拨出专款和救济粮，赈济受灾严重的农民。经过群众性的抗灾自救，各地驻军的协助配合，再加上后来普降喜雨，1951年仍获得较好的农业收成。同1949年相比，粮食增产为132%，棉花为150%，蚕丝为120%，为川北农业发展开拓了良好前景。

在土地改革完成以后，川北经济如何发展，以适应全国大规模工业建设的形势，是一个紧迫的现实问题。胡耀邦在反复调查研究之后，确认川北的农业既然占全区生产总值的85%，当然还是应该以农业为主。1951年下半年，胡耀邦及时向川北各级党政领导提出了"有计划、有预见地领导农业生产的发展"方针。他说："现在，我们已有了全国政权，有了规模宏大的工业原料的需求，有了广阔的国内市场。这个重大情况的变化，一方面给我区农业潜藏力以充分发展的可能，另一方面，又需要我们在因地制宜的基础上，配合着整个情况的需要更有计划更有预见的领导。"从而，他响亮提出了发展农业的"四大"口号，即：大量发展蚕丝棉麻；大力提高粮食生产；大规模地植树造林，多种桐树，多种果木；大量繁殖畜牧，多喂猪，多养牛羊，多喂鸡鸭。这些号召，由于切实适合农民群众的愿望，所以得到热烈响应，没过多久，就大见起色，广大农村出现了粮棉遍地、牛羊盈野的喜人景象。胡耀邦认真总结了这"四大"的成功经验，掌握了它们的普遍性和规律性。20世纪60年代初叶，他在下放到湖南湘潭地区任地委书记时，又在湘潭推广了这四个"大"，同样收到了很好的效果。

胡耀邦一面在大抓农业生产，一面又苦心谋划发展交通运输问题。"要致富，先修路"的迫切性，他自然看得很清楚。农民虽然有了粮棉，但积存在家里，还是富不起来。农副产品必须卖得出去，工农业产品的"剪刀差"要缩小，使各项产品得以流通，这就非发展交通运输事业不可。胡耀邦同区党委一班人根据川北人多、劳动力充足的条件，决定给民工一定报酬，发动群众修路、护路。这样，除采取以工代赈办法整修了国民党军队溃败时破坏的公路外，还修成了从南充经蓬安到营山、阆中到苍溪、巴中到南江的沙河这三条公路，共一百六十八公里，这对于恢复和发展革命老根据地的经济有着重要作用。新修南充经武胜到合川的公路，准备同重庆连接起来。当时翻修和新建的公路总计一千六百多公里。经过多次疏浚，全区内嘉陵江、涪江、渠江的水路航道近两千公里，也都畅通无阻。同时，又架设电话线一万多公里。后来西南地区自筹经费修建成渝铁路，川北行署成立筑路委员会，胡耀邦又亲自挂帅，兼任主任委员，动员数万人参加这个宏伟的铁路工程。

为解决边远山区人民土特产品销售难和生活用品购买难的问题，胡耀邦制定了迅速普遍发展山区合作社、大力开展城乡物资交流的措施。他在 1950 年签署的《关于成立生产供销社各项决定的通知》中明确规定了供销社的经营方针是："扩大本区的土产和手工业品的流通范围，结合救灾，调剂本区农副产品及手工业产品的供求，扶助手工业产品与合作事业的发展，配合巩固物价稳定及人民币下乡，促进城乡物资交流。"到 1952 年 8 月，全区一半以上的乡镇建立了基层供销社。根据胡耀邦的指示，川北各国营贸易公司、山区生产供销社和山区合作社大量收购了农民的土特产；同时又积极向山区人民提供棉织、食盐、粮食等生活用品。全区和各县还每年都召开土特产交流会，促进土特产增产和物资交流，见效颇快，深受城乡人民欢迎。

当时川北地区的工商业经济更是落后。1950 年，全区二十二万多工商户中，工业只八万多户，其中手工业占 96.8%，机械工业仅占 3.2%；商业约十五万户，其中摊贩占 53%，坐商占 35%，行商占 20%，他们多系家庭商业户和独立劳动者，资金在 1000 万元（合现行人民币 1000 元）者占 96%，充分表现了浓厚的农村市场色彩。解放初期，这些工商业者怕财产被没收，怕戴"资本家"帽子，将财产大化为小，小化摊贩，坐商化行商，或关门停业，以致物价波动，市场萧条，经济运行处于停顿状态。

胡耀邦看到，这一切都在于有相当数量的工商户对党的相关政策不了解，或者不相信，因而解除他们思想上的障碍，仍然是工作的第一步。因此，一方面，他布置有关部门的干部都去做这方面工作；另一方面他也亲自出马，只要是有工商户人士的场合，他都要宣传党的工商业政策。平时，他经常邀请工商界人士座谈或者个别谈话，了解他们有些什么疑虑，有哪些实际困难，一一解答，澄清或者帮助提出解决办法。对于坚持营业的，他热情予以表扬，树立为大家学习的榜样。他时常对工商界一些头面人物说：你们要多做工作呀！要主动宣传党的政策，劝导工商业者开门营业，不必有什么思想顾虑。要慢慢地耐心地教育他们，以现身说法，多举身边大家都熟悉的好例子，去开导他们，是完全能够争取他们恢复、重操旧业的。他强调说，只要守法，工商业的前途是光明的。这些代表人物对胡耀邦如此倚重和信任他们深为感动，回去后果然纷纷去做其他人的工作。

按胡耀邦的布置，1950 年 10 月 23 日召开了川北工商会议，各县、市工商界代表和工商科长参加。会议的目的是，更深入地了解工商界现状，听取代表们对党的政策、措施的反映和意见，调查在公私、劳资、城乡关系上必须解决的问题，同时在代表中发现积极分子，经过培养以作为今后工作中的骨干。

每次开会，胡耀邦都要来参加听取意见。他认真记录，不断提一些问题，或者商讨一些想法。来自县里的代表，发言顾虑较少，提意见直截了当。如说政府对工商户没有尽到应尽的责任，“公营排挤私营”，有的要求国家重新审定税率，等等。一次，在场的区统战部负责人觉得有的意见有点“出格”，示意代表们“客观些”“缓和些”，胡耀邦掉转头对他说：“这些意见提得都很好，很少能听到这样发自肺腑的声音”，鼓励大家继续踊跃说下去。代表们见胡主任这样海纳百川的气度，更加无拘无束，敢言直陈。几天意见听下来，胡耀邦掌握了大量第一手情况，对全区工商界的心理、要求、不满有了清晰的了解。他经过同区党委、行署领导交换意见，最后形成了一篇在 11 月 6 日闭幕会上发表的三个多小时的讲话。他一口气讲了二十七个问题，既从大处着眼，告诉大家不要听谣言，不要怕国营，又讲了政府方面的方针、举措。胡耀邦在讲话中对工商界的号召、叮嘱，表现了党和政府对工商业者的殷切关怀与期望，以及按照政策经营的严格要求。这篇经过充分调查的，同工商界面对面的直接交流的讲话，起了非常好的作用，澄清了模糊观念，坚定了经营信心。一些代表说，听了胡主任一席话，胜过攻读十年书啊！

1951 年 1 月 19 日，南充市工商业联合会正式成立。此时川北各县工商界在税收方面已完成并超过了中共中央西南局下达任务的30%，在支援抗美援朝、参与市政建设方面也都作出了贡献。胡耀邦到会讲话时，满怀欣喜地首先对工商界的表现作了充分肯定和高度赞扬，这使工商业者们深受鼓舞。胡耀邦接着又非常坦诚地把今后各级政府在工商业工作方面要处理的六个问题告诉了大家：一、正确处理劳资关系，不能因片面强调维护工人利益而妨害了劳资两利原则；二、关于税收问题，仍采用民主评议的方法；三、工商界的人权要有保障。发生了劳资纠纷，决不应采取农村斗地主那样的方式，应运用协商、调解、评议、仲裁的方法；四、工商界的经营方式，提倡"联营"，但政府不能强制组织"联营"，"联营"与"单营"完全取决于自愿原则，政府一视同仁；五、销路问题，由于帝国主义的封锁，商品以内销为主；六、要认真听取工商界反映的意见和困难。

这样，就把政府同工商界之间的关系，差不多全都理清了，也为工商业的发展指明了方向。经过这次会议，南充以至整个川北的工商业又有了新的发展。

但胡耀邦没有就此放松对贯彻工商界政策的关注。1951 年 5 月，他曾有一个批示，指出对工商界不仅在经济上，而且在政治上，都要防止"冒险主义"倾向，在当时带来了很大震动。当时中共中央西南局统战部和中央统战部为筹备全国工商联，责成川北区党委选一个小城市作为工商联工作的典型实验县，于是区党委统战部派出一批干部到岳池县蹲点。胡耀邦每期都审看他们编写的《岳池县工商联典型实验通讯》，这《通讯》出到第三、四号，他读后十分不快。《通讯》介绍经验说，工商业者在爱国公约学习中，从工商联负责人到学习大组长、小组长，自上而下层层检讨，并有十二个人在一千二百人的大会上作检讨，作"典型示范"，会场"情绪紧张热烈"。胡耀邦批道："这一套不好，实际把大家弄得精神很紧张……大概想把工商业者当作布尔什维克来培养教育了。"《通讯》写道："岳池工商业者运用自我批评，坦白自己的错误、毛病和怪花样还是第一次，他们感到惊奇。"胡耀邦批示："当然惊奇，幼稚的同志啊，这样他们是害怕的。"《通讯》还反映有个别人对这种做法不满，胡耀邦批道："绝不是个别，只是个别人说出来了，多数人虽没有说，内心一定担忧！"胡耀邦最后写道："这些办法请大家用心思考，究竟为什么不对，然后才能提高思想水平。"胡耀邦又就这份材料，给区党委统战部写了一个批示："紧接着工商业的经济冒险政策之后，现在又出现了政治上的冒险政策。这份材料，实可作为代表，请你们考虑用什么方法求得最迅速有效的纠正和防止，否则演变下去，又会变成荒谬绝伦！"在胡耀邦的具体指导下，岳池县的试点纠正了"左"的做法，区党委统战部也认识到了工作中的问题，注意了防止"左"的倾向。

十、切实关心群众生活

只要区党委、行署没有重要会议，胡耀邦就极少待在机关里，而总是到各县、到企业、到基层、到群众中去，调查研究，发现问题，解决问题。对于群众反映的意见、要求，他十分重视，总是力求解决；对于从调查中听到、看到的重要情况，他常常举一反三，进而联想到其他方面，作更大范围的考虑。1950年年初，南充市许多缝纫工人因货源缺少而停机歇业，生活陷入困境。胡耀邦听说后，专门去到缝纫工人家里访贫问苦，同他们探讨出路。在同有关部门协商后，他决定将原由重庆加工的川北军区的军服和川北区党政干部的制服包给南充市缝纫合作社，同时指示粮食部门用粮食支持丝绸公司购茧，支持贸易公司收购土布。这些措施确有起死回生之效，使濒临破产倒闭的中小缝纫工业迅速复苏过来。

1952年1月8日，胡耀邦外出时经过南充市城西北市政府办公楼和工人俱乐部工地。他下车察看，发现市府楼修建了华丽的围墙，当即提出了批评。附近居民见他到来，纷纷上前反映拆迁中的一些不合理情况。胡耀邦认真听取了这些意见后，立即提出要因陋就简地结束俱乐部工程，不许继续拆除民房。回去之后，那些居民的急切目光和焦虑情绪，一直使他深感不安。他反复思索，觉得这是关系群众生活的大事，一点都马虎不得，现在才发现，似乎晚了一点，但正因为晚了一点，所以更需要下猛药救治。他又认真思索下去，想到有关住房的其他问题。这些问题如果不加解决或解决得不好，都会影响政府同老百姓的关系。于是，他给南充市市长吴致中写了一封信，讲了他对这些问题的看法和处理意见，请吴市长将这封信在 1 月 10 日召开的南充市第二届第三次各界人民代表会议上宣读，以唤起普遍的注意。胡耀邦写道：

　　一年多来，国家修建房屋，不仅浪费很大，而且，因为收回了大量国有土地，购买了大批民房，特别是将其中一部分拆掉，使国家财产和政府威望遭受到许多损失，在这个问题上，我犯了官僚主义的错误，应向人民群众公开检讨。为了补救在这个问题上可能尚未发现的问题，请你们立即检查：

　　1.搬迁户有无不满的，如有，请以我的名义向他们道歉。

　　2.所购买的民房，是否还有没有全部合理地给足购买金的？所取回的国有土地户，是否还有没有完全妥善安置的？如发现有，务须由修建机关立即并合理地予以补偿和安置。不办或拖延者，以违纪论处。

　　…………

　　据说现在市内民房不足，尚有一些租不到房子住，为此特明确规定：

　　1.自即日起，一切机关、部队、团体，均不得再购买一间民房，违者以违纪论处；

　　2.指定专人负责，统一协调一下公家住房。在十五天内，腾出一百五十间左右的公家住房，以稍低于市上的房租，租给无房可租的市民居住。

　　3.公家新建居民区的房屋租金是否尚高，如高了一些，请即再减低一点。

在这封信里，胡耀邦还指示要改革一些其他有关群众生活及利益的事情：

——学习班、识字班、夜校、业余学校，必须实行自愿原则，不得采取强迫命令办法实施；

——除国家正当税收和人民团体的会费以及国家统一的捐献外，所有一切机关团体，均不得借口举办什么事情向群众募捐，违者以贪污论处。

——请全体代表发挥为人民服务的高度热忱，在会议期间，广泛收集人民群众正当的合理的意见与要求，并提交大会切实讨论，务使我们每次各界人民代表会议真正能够为人民办出许许多多的好事来。

由于信里提到的都是关乎群众实际利益的实实在在的问题，所以宣读之后引起了代表们的强烈共鸣。经过热烈讨论，不仅关于居民住房等问题一一得到解决，而且也启发了代表们又提出一些其他方面的问题。特别是大家从中认识到，无论是人民代表还是政府工作人员，应该随时留神民情民意，在人民呼声面前不能麻木不仁，应该有大公无私的气概和处处为人民着想的精神。

十一、尊重知识分子，发展文教事业

1950年胡耀邦到川北不久，就提出了一定要办一所全区性大学。行署文教厅根据他的指示，将三台县私立川北大学迁到南充市，与南充市原川北文学院合并，建成川北大学。学生一千多人，为川北地区及川北周边许多县的优秀青年接受高等教育打开了一条通途。胡耀邦异常关心两校合并工作，提出：一、要亲密地紧紧地团结起来；二、不看牌子只看货色；三、对两校师生同等看待，学生一律参加甄别考试。当时虽然干部紧缺，但他还是抽调了一批得力干部担任学校领导，使学校发展很快进入了正轨。

在胡耀邦的关注下，川北地区的中小学教育也有很大发展，到 1952 年，平均每个县有两所中学，小学也比解放前增加了一倍，少数民族地区还开设了民族小学。此外还办起了工人业余学校二万三千多所，农民夜校三万四千多所，有近六百万工农群众参加学习。胡耀邦外出视察时，经常要了解学校教育情况，有时候还径直走进学校去察看教学设施，同教师们座谈。根据当时政治运动频繁的情况，他多次批示必须保持正常的教学秩序，保证教师队伍的稳定，限制政治学习时间，星期日不得召开会议，防止学校教育被冲击。

川北当时约有知识分子十万，其中大部分为中小知识分子，又多集中在中小学里任教。在历史上，川北特别是南充各县教师队伍的形成，同张澜先生兴办现代教育事业密切相关。这位清末秀才、早期革命家，从日本师范学习归国后，在家乡长期办学，培养了一代又一代的教育人才。他的子侄辈中也有众多优秀教育家。对这样一批学识、经验都很丰富的教育人才，胡耀邦视为重要财富，尊重有加，关爱备至。1950 年的除夕，他以行署主任名义，在《川北日报》上发表了向全川北文教工作者表示慰问的贺年信，信里说："由于诸先生的努力，使我区新民主主义的文化教育得以顺利展开。切盼继续奋斗，俾使 1951 年的学校教育、工农教育及抗美援朝的爱国主义与国际主义教育更向前迈进一步。"社会上三百六十行，他特地向文教工作者贺年，使人感到意味深长。他还同行署副主任联名指示各县市都要向文教工作者表示慰劳，在元旦后邀请城区十里以内的文教工作者举行座谈并聚餐一次，十里以外不便参加者由文教厅赠送新华书店书券一张。

1951 年 5 月，对电影《武训传》的批判，在知识分子中引起不小的惊恐。随之而来的，就是对知识分子的思想改造运动。川北区党委组织了"川北区教育工作者寒假学习会"，有两千多名大中学教师集中到南充来"学习"，进行组织清理和思想改造。胡耀邦担任学习会的主任委员，审慎地领导着这一场"学习"。他一开始就提出了"和风细雨"的口号，以避免精神紧张和粗暴斗争。进入思想检查时，他要求本着与人为善、耐心帮助的精神，联系实际，以理服人；对历史问题，他要求"坦白从宽，既往不咎"；总之是"放下包袱，轻装前进""仁至义尽，帮助到底"。他考虑到这期间教师们精神负担重，会影响身体，因此非常关心教师的生活。他多次到食堂察看伙食，到教师住地问寒问暖，并且再三嘱咐工作人员，要特别关照年老体弱的教师。在胡耀邦主持下，运动进行得大体上是与人为善的。在学习会结束时，胡耀邦为大家题词送行："敬祝诸位平安返校！敬祝诸位为人民、为后辈服务中获得更大的功绩！"给教师们以安慰和新的鼓励。

1952 年春，正是"三反"运动高潮期间，他深入一些县市考察，发现小学教师学习任务繁重，且常常被任意抽调去参加临时任务，各级行政部门在小学教师的任免、调用、待遇等方面问题不少。经与行署有关部门研究，他作了三点指示：一、小学一律不进行"三反"。教师政治学习，完小和中心小学每周讨论会不得超过两次，每次不得超过两小时；村小每周举行一次讨论会。星期日为教师休息时间，均不应召开会议。二、小学教员任免，必须依照人事制度，务必防止混乱现象。三、各级人民政府应对小学教师关心爱护，照顾其实际困难，严禁一切轻视、侮辱小学教师的事情发生。

主政川北时期，思考面极广的胡耀邦对生产人民精神食粮的文艺工作也密切关注，但是现在我们所见到的，只有 1951 年 8 月 7

日他给区党委宣传部副部长张永青的一封信系统地讲了这个问题。从这封有二千五百字的长信里，可以看到他把文艺看作是反映时代的号角、教育人民的利器，因而十分重视。他热情奔放地呼吁文艺工作者要深入基层，深入群众，去讴歌英雄的人民，讴歌伟大的时代。他所阐释的观点，无疑是深刻透辟的。他说：

> 我区的文艺工作者，骨干虽然不多，但一年多来，他们做了不少工作。建立了三万人的群众性的文艺队伍，深入到工厂和农村，与各种群众运动相结合，开展了大规模的群众性的文艺活动，创作了一些作品，在川北人民的各种斗争中起了一定作用，这是可喜的现象。可是，综观已发表的作品，能够完满地表现新社会、新人物面貌的实在很少，这不能不引起我们的十分警惕。无论如何，我们不能漠视川北人民斗争的新情况，这就是，一年多以来，我区千余万人民，在一个紧接着一个的翻天覆地的翻身斗争中，必然会涌现并已经涌现了无数的英雄人物，必然会产生并已经产生了无数可歌可泣的英雄事迹。……

在饱含激情地列举了一系列感人肺腑的事例后，胡耀邦接着写道：

> 这些英雄人物和英雄事迹，也许有些还是朴素的，但无疑地，由于他们大无畏气概和英雄精神的出现，才掀起了空前的翻天覆地的伟大斗争，才急剧地深刻地改造着社会面貌，改造着一切人们，也改造着他们自己。他们不愧为新川北的主人，是真正的新人，也是"最可爱的人"。他们的事迹，是惊天动地的事迹，也是应该大书特书的事迹。因此，表现他们，歌颂

他们，刻画出他们的思想感情和性格，以他们的崇高品质作榜样，鼓舞人民群众的战斗意志，指明人民群众的斗争方向，并通过这些英雄的事迹反映出正确的政策思想，就不能不是我们一切文艺工作者、戏剧工作者、音乐工作者、美术工作者、舞蹈工作者、曲艺工作者乃至新闻记者的基本任务。我认为：这是我们新文艺发展的方向问题。只有首先充分地表现这些朴素的新英雄人物，在这个基础上，再进而集中加工，才能创造出更为集中的典型人物；如果我们不首先面向这些新人物，而企图一下子就凭自己的"灵感"创造出所谓的典型，那就是脱离现实的创作方法。

接着他尖锐地指出：

可惜的是，这一重要问题在我们的创作思想中还没有根本解决，因而还没有认真去表现这些新英雄人物，甚至没有认识表现他们的重要。我们有一些文艺工作者，他们虽然有十分的热情，他们也许熟读过了和拥护毛主席的文艺政策，他们也说拥护"面向工农兵"的方向，但实际上，他们却不自觉地存留着有害的小资产阶级观点，他们不去寻找、调查、访问、捉摸这些活生生的新英雄人物，而是坐在屋子里以自己的性格、思想臆造出一些莫须有的人物和故事；或者，以想当然的思想感情来代替那些真挚的动人的新英雄人物的思想感情；或者，拼命地去堆砌许多美丽的词藻来代替有血有肉和有声有色的事实；或者，即使是下到工厂或乡村，对于这些新英雄人物也是熟视无睹，认为他们平淡无奇，而仍然写不出作品来。这样，他们就永远同人民群众格格不入，永远是"门外汉"。这样，他们也就把被他们认为是"平凡"的人物故事和"平凡"的历史无情地推在"后台"，打入"冷宫"。而他们自己也将永远徘徊于现实的边缘，变为"流浪儿"，无"家"可归。

从这个观点出发，还可以有力地打破另一种错误思想。这个思想是：我区之所以没有成功的文艺作品，乃是由于我区没有"有名的""优秀的"作家。如果把这个思想用另一句话来解释，那就是：我区要产生成功的文艺作品，就得攀请一些名作家来。诚然，我区现时没有优秀的作家，这给予我们文艺创作某种困难，但优秀的作家，从来也不是从天上掉下来的，而是从人民群众的斗争中锻炼、成长出来的，更不是被一些固定的人物所"垄断"的，而是在人民群众的斗争中不断成长起来的。如果我区的文艺工作者和文艺爱好者，能脚踏实地地本着毛主席所指出的创作方向去下苦功夫，那么，可以断言，我区将逐渐地一批又一批地成长出优秀作家来。

为此，我认为必须立即着手改变我们的文艺创作与现实斗争脱节的这种情况。我认为应采取如下的有效方法，这就是：讲明方向，组织力量，树立榜样和坚持下去。……

在这封信里，胡耀邦谈到了文艺工作的方向、功能、责任问题，文艺工作者深入群众、深入实际问题，文艺创作思想、创作方法问题等等，可以看作是他对文艺指导思想的全面阐述。他在谈"树立榜样"时还写道："为了给那样的作者和作品（指深入工农兵群众的作者及讴歌新英雄人物和事迹的作品——引者注）以应有的地位，我们的报纸与刊物，同时就应该拒绝刊登那些随便臆造、全属空话的通讯、小说、唱词、新诗等作品，以保持我们创作上的严肃性。"这不仅在当时，即使在今天，不是依然很有警示作用吗?!

在电视尚未出现的 20 世纪 50 年代，报纸是最重要的宣传武器，一个懂政治、有远见的领导人必然异乎寻常地重视报纸。胡耀邦曾说："没有哪一件工作比得上报纸，为干部为广大人民服务得如此之广，如此之及时，如此之深刻，如此之完备。"他对报纸的爱护和指导，当得上"无微不至"这四个字。

还在准备赴川北时期，胡耀邦就着手《川北日报》的筹办。他从十八兵团商调新华社驻兵团分社社长袁玉明负责筹办，又在兵团政治部办新闻训练班，培养了三十多名学员，还调拨印刷机，随他一同来到川北。开始时条件艰苦，设备简陋，机器要靠人力摇动。虽然困难很多，但在他的具体过问下，只经过短短的时间，1950年 3 月，《川北日报》就同读者见面了。

胡耀邦对《川北日报》的指导，首先着重在贯彻政策、方针方面。他要求报纸密切配合各个时期的中心工作，全面、准确地宣传报道群众的首创精神和英雄事迹。区党委的一些重要会议，以及胡耀邦同区党委、行署主要领导同志的小型商谈，都吸收总编辑袁玉明参加，以便使一些重要思想在报纸上及时体现。胡耀邦还经常为报纸出社论题目，他自己也动手撰写社论。他审阅大样的时候，看得极细，从政策提法到文字差错，从不放过。甚至连报纸印刷质量方面的问题，他的要求也很严格。1950 年 10 月，他专门给报社写了一封信，具体详尽地指出了这方面的问题：

　　——我们的错字、倒字、歪字往往比别的报纸多，往往还排得零乱；

　　——我们的拼版，很少端正过，线条往往是歪的，特别是这两天的报，歪得不像样了；

——我们有些新添的字体很难看；

——我们的油墨常常没有调好，多半太浓，有时则是漆黑一块；

——我们的报，常常是把字印得凹进报纸里去，常常有些字又没有印出来。

——我们的报纸十张总有好几张没有弄平而印重叠了的。

在列举了这些问题之后他接着写道：

我这样提出问题来，根本不是想批评你们，而是想和你们大家一起商讨，能否把报纸（书籍、刊物也一样）印得更好？要如何才能印得更好？还有一些什么问题，有些什么具体困难要解决？

这些，我都希望你们一件一件地告诉我，我愿意和你们一道来解决这些问题。

这深厚博大的关爱之情和对工作一丝不苟、精益求精的精神，使报社上下深受感动，经过认真的研究，使印刷质量很快得到改进。

胡耀邦经常要求各部门善于运用报纸指导工作，克服"手工业式"的领导方法。在他的倡导下，由区党委、行署有关部门负责人和报社负责人共同组成社论委员会，以加强对社论工作的领导。社论委员会每次开会，胡耀邦都要出席。由于胡耀邦的带头示范，区党委、行署各部门的领导人都很注意为报纸撰写文章或提供重要情况。

十二、奉调进京

1952 年下半年，在完成建国初期的民主改革和建设任务以后，川北等四个区重新合并为四川省。川北区一级党政干部一部分到四川省工作，一部分到西南和中央各部门工作。1952 年 6 月，川北区党委收到中共中央电令："调胡耀邦来中央工作，务于七月底抵京。"

"胡耀邦要调走了。"这消息迅速传开。人们惊愕、惋惜，希望这不是事实。当看到这确实是不可改变的事实之后，大家就商量如何对胡主任表达自己的尊敬、感戴和惜别之情。川北政协副主席卢子鹤和南充市各界人士按中国传统的做法，筹备给胡耀邦送一堂德政碑式的以红色缎子为底、上镶金字的八幅锦屏。胡耀邦得知后，特地去跟这些人会见，表示婉谢。他说，大家"坚决不能做这个东西。若真要送，就送我五个字好了：'为人民服务'。这五个字是毛主席说的，叫我们每个革命工作者，时刻用这五个字检查自己为人民服务的事做得如何了"。等一阵掌声过后他又说："你们送我这'五字箴言'，不用缎子，不用金字，只须口头嘱咐我、告诫我就行了。'良友之言，金石之贵'嘛，超过缎子做的屏、金子做的字啊！"一番话，说得大家更是感慨系之。卢子鹤老先生不禁黯然神伤地说："知己已去，我将安归？"

在胡耀邦离开南充的前夕，川北区党委行署全体干部在办公楼前广场上，为他举行了欢送会。区党委、行署领导和干部们，对他的离去都有些依依不舍。在同大家讲话时，他也明显地十分动情。讲话的最后，他既是自勉，又是鼓励大家，他说："党叫到哪里，就到哪里；到了哪里，就把哪里的工作做好。"

　　1952 年 7 月初，在静悄悄的黎明，胡耀邦轻车登程，悄然离开川北。到中共中央西南局办过手续，同老首长、老战友等话别之后，他即乘军用飞机到武汉中转，然后飞往北京报到。

　　川北亲政，是胡耀邦第一次从事地方工作，而那又正是一个社会矛盾错综复杂、各种斗争接连不断的特殊时期。但他很快驾驭了全局，创造了出色的业绩。这固然在于他从长期的革命实践中增长了突出的才干，同时更在于他的眼睛、他的心灵，始终是向着人民。他关心人民、热爱人民，总是以人民利益为施政的第一标准。

　　邓小平曾评价这个时期胡耀邦在川北的工作是搞得好的，"有主见，不盲从"。曾经在胡耀邦身边工作多年，对胡耀邦深有了解的黄天祥（川北行署政研室主任），对胡耀邦在川北的政绩作了这样的评价：

　　　　川北在全国并不占有显著的地位，它只有四川的四分之一。在社会经济的发展上，同沿海地区不能相比。对全国的全盘工作来说，没有特别重要的意义。但是，在从战争转向建设这个伟大变局中，以胡耀邦为书记的川北区党委在指导思想上、在领导艺术上、在工作作风和工作方式上，都是有预见和果断的。川北区党委根据本地区的实际情况，创造性地、放手大胆地执行中央的路线方针，执行西南局的决策和指示，符合川北人民的现实利益和长远利益。如何临政亲民，如何通盘筹划，如何调动和协调各种社会力量，颇有值得借鉴的经验。

　　　　作为川北党政全盘工作的领导人，无可否认，胡耀邦的作用是重大的，在某种意义上是具有决定性的。当时法制不健全，干部依靠领导，人民依靠"清官"，兴邦丧邦，第一把手的作为是太重要了。李登瀛同志在川北区党史座谈会上说："川北时期的工作大体没有留尾巴，干群心情舒畅。"这是川北干部和人民的心声。邓小平同志当时曾评论胡耀邦同志说："有主见，不盲从。"这个评价十分得当。胡耀邦是有思想的实干家，能实干的思想家。

第八章 青年战线上（上）

一、小伙子上台

中共中央调胡耀邦进京，是周恩来提名的，原是要由他任政务院建筑工程部常务副部长。恰在这时候，青年团中央书记冯文彬调动工作，需要有人接替。由于胡耀邦有过长期从事青少年工作的经验，年纪也轻，工作上朝气十足，是做团中央领导工作的最佳人选，毛泽东说，团中央的工作还是由胡耀邦来干好，于是党中央决定由他来接替冯文彬的工作。刘少奇也找他，向他说明为什么要改派他去团中央，说："你年轻，曾经做过团的工作；你领导过一个省，有全面工作经验；你当过总政组织部部长，人缘好，能联系各方面的关系，选来选去，就选中了你。"就胡耀邦的志趣来说，他愿意站在党政工作第一线，从事经济恢复和建设工作。川北的火热斗争生活，使他的情绪仍然处于兴奋和激动状态。因此他迟疑地对刘少奇说，希望让他再考虑考虑。不料第二天毛泽东找他谈话，用惯有的幽默口气说："你答应少奇同志啦，那好。当上团中央书记，就要到青年当中去做报告。你敢在大庭广众中作报告吗？""你敢跟知识分子谈话吗？"一身豪气的胡耀邦毫不犹豫地说："敢。"毛泽东说："好，我就要这样的人，你去。"就这样，胡耀邦又踏上了青年团的工作岗位。

历史上的青年团，在1936年经过改造之后，作为组织就已不复存在。但是抗日战争胜利后中共中央认为根据形势发展的需要，有必要把青年团重新建立起来。1946年下半年，由中央书记处书记任弼时主持，对重建青年团的工作作了多次研究和布置。经过两年多的试建，取得了经验，条件已经成熟。1949年1月1日，中共中央发布了《关于建立中国新民主主义青年团的决议》，确定"中国新民主主义青年团，是在中国共产党的政治领导之下坚决地为新民主主义而奋斗的先进青年的群众性组织，是党去团结与领导广大青年群众的核心，是党以马克思列宁主义教育青年的学校。"4月，在北平召开了中国新民主主义青年团第一次全国代表大会。毛泽东、朱德为大会题词并接见了会议代表，周恩来作了关于青年学习与青年团作风的报告，任弼时代表中共中央向大会作了政治报告。大会选举任弼时为中国新民主主义青年团中央委员会名誉主席。在随后举行的团的一届二中全会上，选举冯文彬为团中央书记，廖承志、蒋南翔为副书记。在1951年11月举行的团的一届一中全会上，增选了李昌、荣高棠、宋一平为团中央委员会书记，组成团中央书记处。

胡耀邦于1952年8月10日到团中央上班，他的第一个任务，就是要筹备召开团的一届三中全会，以确定团的任务和改选团中央领导。

连续几天里，他向冯文彬、蒋南翔、李昌等了解团的工作情况，交换意见。经过调查了解，他对团的工作状况有了初步的认识。他认为，几年来青年团工作很有成绩，但是团内存在着一种孤立的、形式主义的观点，这主要表现在脱离党的中心任务去孤立地静止地进行团的工作和团的教育工作，以及用许多空洞的形式主义的东西去代替那些生动的切实的工作。就是说，将团的工作紧紧纳入党的总体工作中去。同时他认为团在发动青年为实现党的主张、政策和当前的任务而斗争的时候，又不可抄袭党的全套方法，而必须采取适合青年的方法，这种方法从根本意义上说就是教育的方法。此外，当时团员有七百三十万，在将近一亿青年中还感到数量不足，因此争取在今后一年内再发展三百万。

8 月 14 日，他给毛泽东、刘少奇写了关于召开团的一届三中全会的请示报告，讲了他的这些想法。报告中说："应从总结工作来解决团的工作一些根本性质的思想问题，……这些问题彻底地解决了，其他一切问题便可迎刃而解。"8 月 16 日毛泽东就作了批示："同意这些意见。讨论团的方针的会议，可在 8 月 21 日至 24 日之间择一天召开。会前我可以与你们谈一下。"

8 月 23 日、30 日，毛泽东两次主持召开会议，讨论青年团工作。刘少奇、周恩来、朱德、邓小平等都参加了会议。毛泽东亲切地说：青年的特点是英勇积极，知识不足。面对着一个新的时期，学习是更加特别突出的任务。除了党的中心工作就是团的中心工作外，青年共同的普遍的经常的东西，是学习教育。学习马列主义的基本理论，学习文化和科学技术。还要注意身体，一定要把青年一代的身体搞好。毛泽东还指出，要把每个干部搞得实在些，除了学习马列主义基本理论、党的政策外，还要根据自己的工作岗位，努力具备必要的专业知识。他还出了两个题目要大家研究：一是党委应如何领导青年团？二是青年团应如何工作？

参加了这两次会议，看到党中央、毛泽东如此关怀和重视青年团工作，胡耀邦十分感动和深受鼓舞。他觉得毛泽东所提的两个问题意义重大，既包含有对青年团工作经验教训的总结，又是新时期里对青年团长远工作的根本要求。他觉得只要把这两条把握好了，工作是有信心的。但同时他又感到很大压力。他是第一次走上全国性工作岗位，这个岗位又是寄托着党中央的重任和亿万青年的殷切期望的。他很清楚，自己虽然做过团的工作，但现在整个形势已经发生了根本性的变化，一切都要从头学起和做起。在那些日子里，他不断地找人谈话，了解情况，多方求教，极其专注地阅读马克思、恩格斯、列宁、斯大林和毛泽东关于青年和青年工作的论述。他既兴奋又焦虑。常常终夜失眠，苦苦思考如何做好工作。

8月25日至9月4日，胡耀邦主持召开了青年团一届三中全会。刘少奇到会作了政治报告。会议讨论并通过了《关于当前工作的决议》。胡耀邦传达了毛泽东的指示和提出的两个问题，作了题为《在毛主席的亲切教导下把青年工作更加推向前进》的报告。他说：根据毛主席的指示，我们在决议中指出了引导青年善于学习，是青年团今后的一个"更加特别突出的任务"，并且因此明确规定了"关于学习的问题，关于学习和工作相结合的问题，关于青年团如何协助党教育好整个青年一代的问题，乃是青年团检验自己工作的标志"。关于青年团如何工作，他说："青年团的各级团委，要把工作做得更好，要能够以切实的工作成绩来体现党的助手作用，根据历来的经验，首先必须巩固团服从党的领导，其次必须深入群众，认真研究群众工作中的经验。"他着重讲了关于巩固团服从党的领导的问题，从政治上、组织上以至工作方法上都有提出了要求。他特别提到了"青年团的工作是一种群众性的工作，它应当经常关心党的政治方向和政策，但它不能像党一样去规划政治方向和各种政策，因而它应当避免乱发政策性的决定，应当防止长篇大论的空洞指示。"他还向团的干部提出要求。他说："团的工作是人民的一种事业，团的干部应该成为青年的表率。因为，保持和发扬团内那种朝气勃勃的踏实苦干的优良作风，乃是开展青年团今后工作的重要关键之一。"团干部要"一致努力，忠诚地当人民的勤务员，忠诚地当青年的好朋友"。

会议改选并扩大了团中央书记处，胡耀邦当选为书记，其他书记是廖承志、蒋南翔、李昌、荣高棠、宋一平、刘导生、罗毅、许世平；候补书记区棠亮、高扬文、杨述、章泽、胡克实。

这样，三十七岁的胡耀邦便正式接手了青年团的领导工作，在以后十多年的岁月里，以他一贯的激情澎湃的风格，在青年团的舞台上演出了有声有色的一幕。

团的一届三中全会之后，胡耀邦头脑里仍然萦绕着毛泽东提出的那两个问题。这期间他到团中央直属单位《中国青年报》社、《中国青年》杂志社、中国青年出版社、中央团校去同工作人员见面，也总是就这两个问题同这些单位的负责人探讨、交换意见。

9月，胡耀邦同蒋南翔、李昌联名就团的一届三中全会的情况向中共中央作了报告，报告对党委如何领导青年团、青年团如何服从党的领导的问题，明确提出：（1）要经常地、认真地研究党的方针政策。（2）要绝对服从党委的整个工作部署并接受党交给团的具体任务。（3）要根据党所制定的中心任务，提出团的切实可行的计划。（4）上级团委要经常监督下级团委切实贯彻党委的指示。关于青年团应如何工作的问题，报告中提出各级团委必须遵守：（1）不要过分强调团的系统领导，而要切实地尊重各级党委的统一领导。（2）政治上、工作上要有积极性、主动性，不懂的东西要大胆地向党委请示。（3）每个干部都要老老实实埋头苦干，要以切实的成绩来体现助手作用。各级团委必须警惕轰轰烈烈、空空洞洞的形式主义倾向，注意防止干部中华而不实、骄傲自大等倾向。

经过这一段紧张工作之后，胡耀邦得以稍许从容地更加系统地思考新的历史时期青年工作的深刻性。他经常同大家谈到"党的青年工作的战略意义"，他说：辩证唯物主义者历来认为，历史是不断前进的，在一个民族前进过程中，青年总是处在打先锋的地位。一个政党只要掌握了青年，就掌握了未来。因此团的工作重要任务之一，就是教育青年向前看，看到祖国的未来，看到自己的前途。他还说，一个青年工作者一定要热爱青年，要善于把青年中蕴藏的那种蓬勃向上的因素激发出来，同时自己也从中受到感染。一次，他见到一位与他相处多年，后来因为多种原因心情不大好的部下，他说：听说你感到有些孤独是不是？这大概是因为你接触的人大都是一些老人。你应当多接触青年人，同青年人交朋友，这就不会感到孤独了。

在深入基层团组织探讨"青年团如何工作"问题时，胡耀邦发现，团的基层干部热情高、干劲足，但办法不多，特别是对工作中的困难不会处理。还有的发牢骚说："党有权，政有钱，无权无钱青年团。"胡耀邦在帮助大家想出各种办法的过程中，归纳出三句话："上下请示，左右求援，自我奋斗。"他说，上下请示是上向马克思请示，向毛主席请示，向党的方针、政策请示，向同级党委请示，不要自作主张。下向群众请示，深入作调查研究，向群众学习，作群众的小学生。左右求援是配合行政、工会、妇联工作，共同完成党交给的任务。他说，自我奋斗是基础，不奋斗而总是请示，就不会引起重视；奋斗出了成绩，再去求援，就比较容易获得支持了。

在团的一届三中全会以后，经过几个月的筹备，1953年6月23日至7月2日，中国新民主主义青年团第二次全国代表大会在中南海怀仁堂召开。这次大会是青年团在祖国开始进入有计划的经济建设时期的誓师大会，大会的主题是，团结全国青年，站在祖国建设事业的前列。刘少奇代表中共中央致祝词，朱德到会讲话。刘少奇在祝词中充分肯定了青年团的工作成绩，阐述了进入经济建设时期全国人民的历史任务，要求青年团发挥党的助手和后备军作用，站在为国家工业化而斗争的前列。

胡耀邦在会上作了题为《团结全国青年在建设祖国伟大行列中奋勇前进》的工作报告。报告中说，在新的建设时期里，我们青年团要在党的领导下，在毛泽东同志的教诲下，继承和发扬中国青年运动的优良传统，团结全国各族青年为建设祖国而忘我地劳动，为建设祖国而奋发地学习。在建设祖国的伟大斗争中，协助党以共产主义精神教育团员和青年，使他们成为热爱祖国、忠于人民、有知识、守纪律、勇敢勤劳、朝气蓬勃、不怕任何困难的年轻的一代，遵循我们伟大领袖毛泽东同志指引的方向，为逐步实现国家工业化和逐步过渡到社会主义而奋斗。这就是我们光荣的巨大的任务。[①]

大会后期，6 月 30 日，毛泽东接见了大会主席团成员。他有针对性地说："现在的问题是缺乏团的独立工作，而不是闹独立性。青年团要配合党的中心工作，但在配合党的中心工作当中，要有自己的独立工作，要照顾青年的特点。""团的领导机关要学会如何领导团的工作，党的领导机关也要学会，就是围绕党的中心任务，照顾青年特点，组织和教育广大青年群众。"他说，新中国要为青年设想，保护青年一代更好地成长。他满怀关爱地说："十四岁至二十五岁是人们长身体的时期，二十五岁以后就不长了；又是工作

---

① 胡耀邦：《青年团在各个战线上的任务》（1953 年 6 月 24 日），《胡耀邦文选》，人民出版社 2015 年版，第 6 页。

时期，又是学习时期"，因此要"一方面学习，一方面娱乐、休息、睡眠，要两方面兼顾"。"两头都要抓，学习工作要抓，睡眠休息玩儿也要抓"。他强调说："一是照顾青年特点，一是照顾团的系统工作，同时受各级党委的领导，这是总不会错的。这不是新发明，老早就有了的，马克思主义历来就这么讲的，这是按事实，从实际出发，青年就是青年，不然何必搞青年团？"毛泽东还着重说，"我给青年讲几句话，一祝他们身体好，二祝他们学习好，三祝他们工作好。"

毛泽东还要求，新一届团中央委员，年龄要更轻一些。在谈到青年人是否有威信时，他说："威信是慢慢建立的。""群众对领导者真正佩服要靠了解，真正了解，才能相信他。""青年团只有四年历史，胡耀邦刚刚上台不久，不是一个早晨都佩服的。"说到这里，毛泽东把头转向胡耀邦，问："胡耀邦，你来多久了？"胡耀邦答："半年多了。"毛泽东风趣地说："小伙子上台，威信不高，不要着急，不受点批评不挨骂是不可能的"。[1]

毛泽东对青年"身体好，学习好，工作好"的祝愿在大会作了传达，会上顿时沸腾起来，代表们人人欢欣鼓舞，感谢党和毛泽东对青年一代的关怀。尤其毛泽东把"身体好"摆在第一位，大家觉得不同寻常。大会一致决定，将毛泽东提出的"三好"作为青年团今后工作的方向。

在接下来举行的二届一中全会上，胡耀邦继续被选为团中央书记处书记。

胡耀邦敏感地认识到，毛泽东提出的青年"三好"和关于照顾青年特点、开展独立活动的指示，应该是青年团工作的总的指导思

---

① 　高勇：《胡耀邦主政青年团》，第 25 页。

想，是从更深刻的意义上回答了"党委如何领导青年团，青年团如何工作"的命题。胡耀邦高兴地看到，到这时可以说原则上解决了在新的历史时期青年运动与整个人民运动的关系、团的独立活动和党的中心任务的关系、团的系统领导和党的统一领导的关系这些原则性问题。他多次用地球和太阳的运行关系作比喻，向团的干部阐述对毛泽东这个指示的体会。他说，青年团要像地球，既要围绕太阳公转，又要自转。公转就是服从党的领导和党的中心工作，自转就是积极主动地开展有益于青年"三好"的独立活动和工作，发挥青年团的主动性和积极性。要把公转和自转结合起来，缺一不可。他叮嘱《中国青年报》、《中国青年》杂志组织文章深入透辟地宣传毛泽东的指示精神，宣传青年"身体好、学习好、工作好"的深远意义。

二、独立开展活动，投入经济建设

20 世纪 50 年代初，正是国民经济从恢复时期进入有计划地建设的新时期，第一个五年计划对工业、交通运输业、商业都提出了具体增长目标，要求国民经济实现快速发展。经济建设的大潮已经汹涌有声，眼看就要到来了。

胡耀邦深知，在经济建设中，党是把青年作为重要力量，作为生力军，抱有殷切期望。他多次明确地说："过去几十年的革命只有两个字，叫作'解放'，今后的一切也是两个字，叫作'建设'。"因此青年团的一切工作，都应当围绕国家建设的任务展开。团的三中全会和团的"二大"，都提出了迎接大规模经济建设的任务。

1954 年 5 月 3 日，在纪念五四运动三十五周年大会上，胡耀邦以《立志做社会主义的积极建设者和保卫者》为题发表了讲话，热情洋溢地对新时期里广大青年群众和青年团员的任务作了阐述。他说："要把我国建成一个伟大的、光辉灿烂的社会主义国家，这个历史任务已摆在全国人民的面前。我们青年为这个伟大的事业所鼓舞，提出了'一切为着社会主义'的口号。"他说，广大青年树立了为实现社会主义而奋斗的决心，"我们的中国就是需要这样的青年。……只要我们能够奋发上进，刻苦学习，不断地虚心向周围的人请教，有勇气打倒前进中的困难，那就一定能够为国家做出漂亮的成绩"。他要求全体团员都应该"更好地学习，更好地劳动，切实遵守纪律，准确地模范地去完成党和国家所交给的任务"。最后向广大青年提出要求："我们要努力做到：哪里有青年团员，哪里就活跃，就有火一样的劳动热情，就有克服困难的勇士，就有团结友爱的集体，哪里就一定充满着崇高的爱国主义和国际主义的思想感情。"

在发动青年投身经济建设过程中，胡耀邦一直在思考、探索着毛泽东指示的照顾青年特点，独立开展活动的适当方式。

1954 年初，在北京建设苏联展览馆工地上，出现了一支青年突击队。当时，工程结构复杂，施工质量要求高，一群青年工人便组成突击队攻坚。这支突击队不怕苦累，有钻研精神，能攻克难关，受到工地领导和群众的高度赞扬。青年团北京市委总结了这个经验之后，向团中央汇报，胡耀邦听了非常重视，认为这种形式就很好地体现了照顾青年特点，开展独立活动的要求。他说，首先，突击队能接受艰巨的任务，突破定额，提高劳动生产率；其次，可以带动大家开展劳动竞赛；第三，可以锻炼培养人，在劳动竞赛中表现好的团员和青年，可以吸收为党员和团员。他指示要大力推广展览馆青年突击队的经验。

1954 年 4 月底，胡耀邦出席了北京团市委召开的推广青年突

击队经验的动员大会，在天安门广场亲切会见了第一支青年突击队
和后来相继建立的突击队的队员。他站在观礼台上兴高采烈地向突
击队员讲话，赞扬突击队不怕困难，勇于攻关，提高了劳动生产率，
在经济建设中作出了榜样。他希望突击队活动长期坚持下去，并表
示要向全国推广这一经验。他举起手臂高呼："工人阶级万岁！"

这样，一时间各地纷纷组织了青年突击队。到 1954 年年底，
据二十六个省市的不完全统计，仅建筑工地上的青年突击队就达
六百五十多个，一万二千多青年参加。这一活动一出现，就显示了
强大的生命力，其后多年来一直延续不断。直到今天，仍然有大量
青年突击队活跃在建设战线上。

在青年突击队的带动下，又出现了青年节约队。第一支青年节
约队是在长春市建筑工程公司建立的，他们拣回了大量被遗弃的金
属和建筑材料等等，为国家节省了大批资金。在中共中央提出"厉
行全面节约，克服一切浪费"的号召后，青年节约队在全国有了普
遍发展，作用也更加扩大，不仅回收了废弃物资，而且推动了行政
管理，特别是材料管理的改进，提高了青年爱护国家财产和向一切
浪费现象作斗争的自觉精神。

后来又有青年监督岗出现。顾名思义，青年监督岗是青年们为
帮助党组织和行政领导发现和消除工矿企业生产中的缺点和不良现
象而建立的。参加监督岗的都是生产能手，是能联系群众，敢于斗
争，并有一定技术水平和管理经验的优秀团员和青年。

工业战线上的这些活动，都有效地激发了广大青年从事社会主
义建设的积极性和创造性，并且也使青年们从中受到教育和锻炼。

在农业战线，一直发动广大青年踊跃参加互助组、合作社并积
极协助党贯彻农业合作化和统购统销政策的青年团组织，也在寻找
和创造着更加适合青年特点的活动内容和方式。广东省的基层团组

织，便是学习了北京张百发青年突击队的经验，在抗旱斗争和农田基本建设中组织农村青年突击队，取得很好的效果。在珠江三角洲，由于有了青年突击队，积肥和兴修水利的工效普遍提高。1955年夏，胡耀邦到广东考察青年工作，团省委书记田心向他汇报了这一情况。胡耀邦关切地问："大家对青年突击队的看法怎样？"田心说，"群众拥护，青年高兴，党委满意，团干好当。"胡耀邦兴奋地说，从农业增产出发，又根据青年特点，群众自己创造出来的东西，是很有生命力的。他明确表示，农村青年突击队这一形式，可以在全省推广。

其后，青年团广东省委写文章总结了中山县新平乡第九农业合作社的青年突击队的经验，这篇文章被选入毛泽东编的《中国农村的社会主义高潮》一书，毛泽东还特地写了按语："青年是整个社会力量中的一部分最积极最有生气的力量。他们最肯学习，最少保守思想，在社会主义时代尤其是这样。希望各地的党组织，协同青年团组织，注意研究如何特别发挥青年人的力量，不要将他们一般看待，抹杀了他们的特点。"这个批语产生了重大影响，不仅使全国广大青年和青年工作者受到了极大鼓舞，也使各级党委更加注意发挥青年人的作用和加强对青年工作的领导。胡耀邦更是长时期思考和领会这一段论述。他多次说，毛主席这个批语是对社会主义时期青年特点的最精辟的概括，把青年最本质的特点给我们指出来了，而且为我们青年团工作指明了方向，我们要下力气很好地研究如何特别发挥青年人的力量。

1955年5月，中共中央批准中央农村工作部《关于垦荒、移民、扩大耕地增产粮食的初步意见》。胡耀邦认为，垦荒事业正是青年们的广阔用武之地，他提出动员一部分城市未就学的初中、高小毕业生及其他失业青年参加垦荒事业。在他的主持下，团中央提出了

《关于响应党的号召，组织青年参加开垦荒地的几项意见》，其中提出："青年团在这一工作中应当承担动员青年参加开荒的任务，并保证一定数量的团员参加。……按照垦荒生产工作的各项需要，选拔那些有决心的、身强力壮的、政治比较纯洁的青年前往。"

这个精神传下去不久，就有众多青年报名要求垦荒，北京市郊区杨华、李秉衡、庞淑英、李连成、张生等五名青年向团北京市委申请组织垦荒队去黑龙江。团市委批准了他们的请求，并从报名青年中选出六十人，组成北京青年志愿垦荒队。胡耀邦细致地了解了垦荒队的筹备情况，会见了杨华等五名青年，充分肯定了他们这种可贵的爱国热情，并且亲切地询问了他们是否完全出于自愿，还有什么困难和要求。8 月 30 日，北京市青年志愿垦荒队出发赴黑龙江省萝北，北京市各界青年一千五百多人举行隆重的欢送大会。胡耀邦在会上发表了题为《向困难进军》的热情洋溢的讲话。他说："你们的行为是英勇的行为，是爱国的行为。为什么这样说呢？因为你们肯到祖国最需要的地方去，敢到最困难的地方去。""几千年来，我们的祖先把十六万万亩荒地变成了耕地，留下了十五万万亩在那里睡大觉。志愿垦荒的同志们说得好，我们中国青年一定不能让那些荒地长期睡觉，长期长野草，一定要有计划地让它们长粮食，要它们为祖国社会主义服务。……你们是垦荒工作的星星之火，星星之火是可以燎原的。"他强调说："我们只应该给你们必要的支援，你们应该用自己的双手独立去建立起自己美好生活。""但是困难还是很多很多的。……那么我们应该怎样对待困难呢？我看就是四条八个字：忍受、学习、团结、斗争。……搞社会主义不但要'向科学进军'，而且要'向困难进军'！有一千条困难，就打破一千条，有一万条困难，就打破一万条。"胡耀邦代表团中央把绣着"北京市志愿垦荒队"的锦旗授给队长杨华，并面对全场高声说道："这面锦旗代表了全国青年对你们的希望，请你们不要玷污这面旗帜，祝你们高举这面旗帜英勇前进。"杨华代表六十名垦荒队员庄严地表示了决心："要在荒无人烟的土地上建立新的团支部，建立起新的村庄和新的生活。"然后，他们登上了北上列车，踏上了北大荒创业的艰苦征程。

次年5月末，胡耀邦赴吉林考察工作，6月7日，他前往黑龙江萝北青年垦荒区看望垦荒队员。他会见了杨华、庞淑英等各垦荒队发起人和领导干部，听取了汇报。他勉励垦荒队员"不要向困难低头，要向困难冲锋"。他深入田间地头，看了垦荒队员种的庄稼，在茅草棚里同大家一起进餐，嘱咐大家要经受考验，经受锻炼，要热爱"北大荒"，在这里扎下根来，成家立业。他在那里住了三天，临行前，他勉励全体队员做到"五好"：劳动好、团结好、学习好、纪律好、身体好。在平时，他尽可能帮助他们解决生活、学习、工作上的各种实际困难。1960年、1961年，他两次给杨华写长信，鼓励他们克服困难，不断前进。经过四十多年的奋斗，现在北大荒已建成为八十四万亩规模的包括四十五万亩良田、植树造林十五万亩的萝北农场。杨华后来说，他在北大荒扎根四十年，前后与胡耀邦有过多次接触和书信来往，使他在北大荒极其艰苦的条件下创业的决心从未动摇，终身不悔。

几乎在北京建立垦荒队的同时，青年团上海市委组织了九十八名上海青年志愿垦荒队员到江西省德安县鄱阳湖畔的九仙岭从事垦荒。1955年11月29日，垦荒队到达这里刚四十天，胡耀邦便风尘仆仆地前来看望大家。他关切地到处察看，同队员们促膝交谈。他看到一名队员手上打着血泡，问他"疼不疼呀，苦不苦呀？"那队员回答："不疼，不苦。"胡耀邦赞许地说："不疼不苦是假的，不怕疼不怕苦才是真的。"他又指着简陋的茅草棚问："住得惯吗？"

队员们说："茅草房是我们自己盖的，我们喜欢它，我们要叫茅草房万岁。"胡耀邦笑着说，"茅草房固然好，你们能吃苦，这是可贵的品质。但是茅草房也只能住两三年，不能叫茅草房万岁。你们一定要靠自己的劳动，创造出比茅草房高级得多的房子，在不久的将来你们也要住高楼大厦，走宽阔的马路，也有电灯、电话、汽车。一句话，把这里建设得繁荣富足。"到了吃饭时间，胡耀邦同大家一起喝稀饭，吃炒黄豆、萝卜干。垦荒队副队长陈家楼请胡耀邦为他们垦荒队命名题字，没有毛笔，胡耀邦便用两个竹片夹着药棉，题了"共青社"三个字。到北京以后，他还用自己的稿费买了篮球、排球、乐器、书籍等寄给他们。

从此，胡耀邦同江西"共青社"结下了不解之缘。他关心着这里的每一步发展，多次派人前去看望。这里的垦荒队员每到北京也必去看望他，向他汇报，亲如家人。1984 年 12 月，已任中共中央总书记的胡耀邦再次来到这里。当年的湖畔荒滩此时已经具备城市面貌，他漫步街头，登高俯瞰，对这里的变化万分欣喜，挥笔重新题名："共青城"。而最终，他就以这里为归宿地，长眠在共青城畔的富华山上。

如今，经过几代共青人半个多世纪的努力，胡耀邦当年充满期望的那一番描绘已经成为现实。2013 年，共青城面积已达 308 平方公里，19 万人口，2012 年国民生产总值近 60 亿元，成为一个山清水秀、欣欣向荣的新兴城市。

从 1955 年 8 月到 1956 年 9 月，一年时间里，全国有近二十万青年参加了垦荒事业，为改变祖国面貌作出了突出贡献。

1956 年 1 月，中共中央提出《一九五六年——一九六七年全国农业发展纲要（草案）》。根据毛泽东"人迹所至，舟车所及"的地方都要绿化起来的指示，《纲要》中规定："从一九五六年开始，

植树造林是胡耀邦一贯热心倡导并身体力行的。这是他于 1982 年 3 月 14 日在北京郊区顺义植树时小憩。

亲爱的共青垦殖场的同志们：

在你们为了祖国振兴而坚持垦荒整
三十个春秋的时候，我高兴地向你们和你
们的亲人们表示热烈、诚挚的祝贺！

三十年前，你们中间的老一代人响应
党的号召，高举向困难进军的旗帜，发
扬坚韧不拔、艰苦创业的垦荒精神，
勇敢地到祖国最需要的地方去三十年

来，你们在鄱阳湖畔的荒滩野岭上安
家落户，生根开花，用自己的辛勤劳
动，创造了生机勃勃、繁荣富裕的共青城。

这是社会主义建设时期中国青年的
一个富有教育意义的创举。

今天，在我们党领导十亿人民进行
改变自己命运的社会主义现代化建设中，
伟大贫弱中仍然需要大力发扬你

们这种可宝贵的垦荒精神。一切
有理想、有抱负有出息的当代中国青
年，都应该沿着你们的奋斗足程中
悟出一个不朽的真理：中国青年的光
明前途要靠自己用双手去开辟，
中国人民的光明前途要靠自己用双手
去开辟，让我们继往开来，再展宏图，
一往无前地为共产主义壮丽事业

勇奋斗！

祝共青城的创业者们继续奋发进取
建功立业！

　　　　　　　胡耀邦
　　　　　　　一九八五年
　　　　　　　十月十五日

1985 年 10 月 15 日写给共青城的一封信。

1984 年 12 月 12 日，胡耀邦在江西考察时为共青城题名。

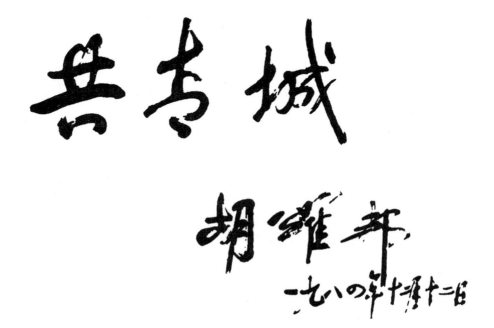

江西共青城胡耀邦墓碑及生平简介。

在一切宅旁、村旁、路旁、水旁以及荒地荒山上，只要有可能，都要有计划地种起树来。"在此之前，国家还公布了根治黄河水害、开发黄河水利和绿化黄土高原、控制水土流失的宏伟规划。为了配合《纲要》和规划的实施，胡耀邦主持制订了《中国青年实现纲要的奋斗纲领》，其中规定："每年四月一日和十一月一日为全国青年植树造林日，无论城市或农村团的组织，都应该在这两天，组织广大青年进行植树造林的活动。"接着，团中央同有关部门合作，开展了极有声势的植树造林活动。

1956 年 3 月 1 日至 11 日，在陕西省延安召开了陕西、甘肃、内蒙古、山西、河南五省（区）青年造林大会。实际上这是一次全国性的青年造林大会，除了这五省（区）的青年代表外，还有来自全国其他省、市、区的代表，一共一千二百多人。中共中央对这次大会十分重视，特地发来贺电，指出植树造林"不但要快造，而且要造好；不但要多栽，而且要栽活；不但要植树，而且要育苗；不但要造林，而且要护林。"同时还要求这次大会"不只是应该讨论造林问题，还应该全面地讨论水土保持问题，以便实现国家根治黄河水害和开发黄河水利的规划"。胡耀邦向大会宣读了这个贺电。

会上，胡耀邦作了题为《青年们，把绿化祖国的任务担当起来》的报告，报告中提出了全国青少年开展造林活动的四条要求和六条办法。四条要求就是中共中央贺电中提出的"不但要快造，而且要造好"等四项。他希望青年们一定要以顽强的意志和最切实的组织工作，去实现党的指示。他提出的六条办法是：制定造林规划，实行计划造林；抓紧造林季节，实行突击造林；广泛建立苗圃，搞好基地建设；学习造林技术，提高造林质量；开展护林活动，保证森林安全；实行奖励制度，促进造林高潮。他在报告中还宣布，党中央已经批准了团中央提出的每年 4 月 1 日和 11 月 1 日为全国青少年植树造林日。他号召全国各地团组织，都应当带领青少年，下定豪迈的决心，开展规模巨大的活动，一定要把祖国大地变成绿色的"海洋"。其后，由胡耀邦主持，在延安杨家岭举行了"向荒山进军"大会，代表们展开了热火朝天的植树活动。会议结束时，发出了《致全国青少年的信》，倡议在全国青少年中开展植树造林大竞赛。在这次大会带动下，大规模的植树绿化活动便在全国各地广泛地开展起来，并持续下去。

当时，在第一个五年计划和社会主义建设目标的鼓舞下，充满革命理想的广大青年劳动热情高涨，各条战线都涌现出大批积极分子。胡耀邦十分珍视这些先进人物的积极性、创造精神和他们的先进思想品质。他要《中国青年报》和《中国青年》杂志以大量篇幅宣传介绍这些先进人物，用他们作榜样去影响带动更多的青年。此后，《中国青年报》经常不断地在头版头条位置，刊登他们事迹的通讯，刊登大照片，并发表社论论述他们的精神境界，《中国青年》杂志则请作家学者们作更深刻细致的分析与论述。对先进人物的这样的大规模的报道宣传，青年团这两家报刊迈出了独创的一步。正是经过这样的宣传，像王崇伦、郝建秀、徐建春、吴运铎、倪志福、李瑞环、张百发这样一些杰出青年的名字广为全国青年所熟知，他们的思想和事迹成为广大青年学习的榜样。

为更大规模地调动全国青年在社会主义建设中的积极性和创造性，表彰各个战线的青年积极分子对祖国的贡献，并且把他们的先进经验和优良品质向全国青年宣传和推广，经胡耀邦提议，1955年 9 月 20 日至 28 日，团中央召开了有 1527 名优秀青年积极分子参加的全国青年社会主义建设积极分子大会。毛泽东和党中央对召开这样一次大会十分赞成和支持。毛泽东不仅亲自出席了大会开幕式，还要正在北京开会的各省党委书记们统统出席。刘少奇、朱德、周恩来为大会题词。邓小平代表中共中央讲话，他指出："无数的事实表明了中国的青年是敢于向前看的，是生气勃勃的，是对社会主义抱有无限热情的，是有强烈上进心的。我们毫不怀疑青年是我们的希望和我们的将来。"他说："社会主义事业的推进更是为青年的全面发展打开了无限广阔的天地，你们有一切机会学会为建设社会主义所需的本领，你们有一切可能把自己的聪明才智和力量贡献给祖国，只要你们方向正确，你们的任何一点积极性都应当受到珍视，都应当得到党和国家的支持。"

胡耀邦作了题为《中国青年为实现第一个五年计划而斗争的任务》的报告。报告中说："根据国家第一个五年计划的具体要求，根据青年的特殊情况，根据目前我国的国内外实际环境，全国青年应当为下面这几件大事而普遍地积极地动员起来，这些大事就是：一、积极参加社会主义工业建设和农业合作化运动；二、学习文化，掌握技术，向科学进军；三、提高革命警惕性，保卫祖国的社会主义建设。"他对这几件大事分别作了详细阐述。报告中，他还特别告诉大家，团的二届三中全会提议将中国新民主主义青年团改名为中国共产主义青年团。他说：这标志着青年团这个组织将更加坚定更加积极地为社会主义和共产主义而奋斗到底，是意味着每一个团员都更加努力把自己培养成为一个共产主义者。他要求大家老老实实、勤勤恳恳、生气勃勃地继续前进。

毛泽东、刘少奇、周恩来等出席了闭幕式，同全体青年积极分子一起照了相。

大会期间，会场门前，每天都挤满了自动前来要求同积极分子见面的青年。大会提出的快速炼钢、节约煤炭、节约原棉、突击队竞赛、四无粮仓、植树造林等七十多项倡议和保证，都得到会外成千上万青年的响应。会后，各地利用各种机会迅速传达大会精神，广大团员青年纷纷制定行动计划，开展各种"争取做一个社会主义建设积极分子"的活动，到处呈现着热气腾腾的景象。

对于这一时期的工作，胡耀邦大体是满意的。1955年2月，他在团的二届二中全会上，向全体团中央委员强调说："许多事实告诉我们，哪里的团组织注意运用了适合青年特点的工作方法，哪里的青年就特别显得生气勃勃，建设社会主义的劳动热情就更加高涨，同时也有助于他们集体主义品质的成长，而团的领导机关和青年群众的联系也就愈加密切起来。"以后，随着工作的深入开展，他发觉并及时指出了需要改进之处，如像计划性不足，只顾数量不顾质量，前松后紧，铺得太大，等等。1956年9月，胡耀邦参加中国共产党第八次全国代表大会。他在大会发言中回顾青年团工作时说：我们八年来"还只解决了一个半问题"，"一个问题是指我们已经建立了一个全国性的青年团，半个问题是指我们初步摸到了一些按照青年特点的工作方法"。这里，胡耀邦十分坦率地把按照青年特点开展团的活动问题，说成只解决了一半，就在于这里面还有很大的发挥和改进的余地。在这样庄严的党的大会上，他毫不隐讳地指出了有待解决的问题：由于我们有些活动没有注意同有关部门多加商量，取得他们的支持，有时就和这些部门的步调不够一致；由于有时我们提出的要求过高过急，到了下面又层层附加任务，就使得某些事情不太行得通，甚至发生一些强迫现象；由于有时我们过分强调青年打先锋，"包下来"，就使得一部分青年过分劳累，使得青年和中老年之间的关系不够协调。他诚恳地指出了这还没有解决好的"半个问题"，期望着在各级党委领导下得到较好的解决，使团的独立活动得到更好的开展。

三、"宣传教育工作是团的工作的灵魂"

在动员广大青年参加经济建设过程中，胡耀邦把青年团的宣传教育工作作为一个着重点，他要求在全部团的工作中，从始到终都要贯彻加强对青年的思想教育的工作内容。

"可以这样说，宣传教育工作是团的工作的灵魂。"1954 年 5 月 30 日，胡耀邦在同青年团大区宣传部长谈话时，把团的宣传教育工作提到了这样高度。他说："我们的任务是要把青年一代培养成为社会主义社会的直接建设者，要达到这个目的，最主要的方法，就是做好宣传教育工作，不倦地以共产主义精神教育青年。"

他说："青年是国家的未来，完成伟大的社会主义建设，主要靠现在的一代青年。青年劳动积极性和创造性的发挥和提高，正是我们进行教育的结果。而他们在劳动及其他各种斗争中，则受到实际的锻炼。如此反复不已，青年就进步和成长起来。所以把青年教育好，是一项极光荣的政治任务。"

胡耀邦认为，做好团的宣传教育工作，同样必须把握青年特点。青年富有敏感性，容易接受新事物、新思想，只要宣传教育工作做得好，他们是容易接受社会主义思想，积极为社会主义奋斗的。但青年人又比较幼稚，也容易受旧的影响，学坏样子，所以需要好好地引导和教育。如果不懂得这个道理，就会失去能够把最广大的青年教育好的信心，或者在教育方法上急躁、粗暴，而不是耐心说服，循循善诱。对青年只使用，只要他们发挥作用而不教育，或者教育方法不适当，都是不对的。

胡耀邦指出，为了把宣传教育工作做好，必须懂得群众的需要，从群众的水平出发，学会用群众的语言。他说，"广大青年要求解释政治生活和经济生活中的很多实际问题，我们就不能空洞地只说社会主义好得很。如果我们不了解青年对当前的任务和各种社会现象想些什么，要求什么，怀疑什么，有什么误解，那么我们就不能针对这些问题，给予马克思列宁主义的解释，我们的宣传教育工作就不能对症下药，就不起作用"。

他还特别强调，在宣传教育工作中，"很重要的一条，就是讲真话，不要讲假话"。"我们国家经济上文化上还很落后，就要同时讲这落后的方面，光说我们国家如何如何伟大呀，也是片面的。我们不要怕在青年中间讲各种困难问题……"

在胡耀邦的主持下，青年团的宣传教育工作，一方面配合着党在各个时期的中心工作展开，一方面又针对青年的较普遍的思想状况，经常性地进行。

1953 年 9 月，中共中央发布了过渡时期总路线："从中华人民共和国成立，到社会主义改造基本完成，这是一个过渡时期。党在这个过渡时期的总路线和总任务，是要在一个相当长的时期内，逐步实现国家的社会主义工业化，并逐步实现国家对农业、对手工业和对资本主义工商业的社会主义改造。这条总路线是照耀我们各项工作的灯塔，各项工作离开了它，就要犯右倾或'左'倾的错误。"这意味着中国革命转入了第二阶段即社会主义革命阶段。这在理论上和实践上无疑都是一件大事。

全民学习总路线的热潮即将兴起。胡耀邦认为，这正是对青年进行社会主义前途教育的重要时机。12 月间，他主持发出了团中央《关于学习和宣传国家在过渡时期总路线的指示》。《指示》中说，组织这种学习和宣传，就是对广大团内外青年最现实的共产主义人生观与道德观教育，通过这种教育，使他们知道社会主义是新中国发展的必然，要求他们自觉地拥护过渡时期的总路线和总任务，更好地培养自己成为为实现社会主义而斗争的坚强战士，这是当前和今后长时期内最根本的思想建设任务。《指示》对青年工人和农村青年提出了具体要求：青年工人要懂得中国工人阶级在社会主义改造中的重大责任，发挥中国工人阶级勇敢勤劳、忠于全体人民事业的先锋作用，克服资产阶级自私自利的腐朽思想对工人阶级的影响。农村青年要懂得工农联盟的重要性，认识发展互助合作的重要性。

对青年的总路线教育，很快地普遍开展起来，各地团组织运用多种多样的方式，帮助青年们了解总路线的主要内容和基本精神，从而提高了青年的积极性和创造性。

但是在总路线的宣传教育过程中，有些地方的团委工作粗糙，甚至简单粗暴，他们对青年们提出了过高过急的不适当的要求，把青年们的一些思想认识问题笼统地当作"资本主义思想"，要青年们作检查，提出要"铲除""肃清"青年中的"资本主义思想"。对于思想工作中的"左"，胡耀邦经历得太多了，他深知这会严重伤害青年，贻误工作。几乎每次谈思想工作时，他都要强调"思想斗争，批评与自我批评是要的、对的，但有的人却乱扣帽子，不讲道理，这就要不得了"。不要"搞得过分"。他说，"一讲反对资产阶级思想，也不要什么都和资产阶级思想联系起来"。在及时发现了总路线教育中的种种不正常做法后，他同团中央书记处成员认真讨论，于1954年3月发出了《关于总路线教育中防止发生急躁情绪和粗暴做法的通知》。《通知》明确指出：中国现在还允许资产阶级存在，中国共产党现在还采取着和资产阶级联合的政策，因此，资本主义思想就有它存在的社会基础，并且一定会不断地来侵袭和腐蚀人们，在目前要求广大团员和青年都立即肃清资本主义思想，显然是办不到的。在教育方法上，应当是正确启发，循循善诱，树立先进的榜样，鼓舞他们追求上进。这个通知不仅在当时制止了那些错误做法，对以后的思想教育工作也产生了重要影响。

1955年7月，毛泽东作了《关于农业合作化问题》的报告。10月，中共中央七届六中全会作出了加快农业合作化步伐的决议。紧随其后胡耀邦主持召开了青年团二届四中全会，作出了《关于动员和组织广大农村青年迎接农业合作化高潮的决议》。会上着重讨论了团组织在农业合作化运动中如何向青年进行宣传教育、发挥青年劳动积极性以及整顿和发展团组织等问题。胡耀邦在会上发表了讲话，要求把党的农业合作化思想政策向青年特别是农村青年广泛宣传，使他们为明确的目标奋斗。他要求各级团委把经济工作和政治工作紧密结合起来，巩固青年的劳动热情和发挥青年办社的积极性，发扬农村青年突击队在遇到紧急或困难任务时所起的突出作用。他还特别提出，农民组织了合作社，为了经济上的需要，迫切地要求学习文化，这要从扫除文盲做起。他说："扫除文盲工作是实行对农业社会主义改造有战略意义的任务之一。""青年团在扫除文盲这个任务中是党和政府的天然助手"。以后，胡耀邦还多次强调在广大青年特别是农村青年中扫除文盲问题，他把扫盲的步骤、形式以及教材的编写等问题都做了十分周到的规划。

在经常性的教育方面，当时的提法是对青年进行共产主义教育。这是从苏联共青团学来的。但在工作实践中，已逐渐形成了自己的概念。1955年2月16日至26日，以进一步加强对青年的共产主义教育为议题，举行了团的二届二中全会。胡耀邦在工作报告中，对于共产主义教育的总的原则和要求，作了系统的说明。他说：

——加强青年共产主义教育，必须紧紧结合全国的社会主义建设和社会主义改造进行。

——我们必须用一切方法教育、鼓舞和组织各个战线上的青年诚恳地劳动，热爱自己的专业，自觉地遵守纪律，克服某些青年中不安心平凡的劳动，轻视体力劳动，不遵守纪律的现象。

——我们必须加强青年革命警惕性的教育，加强青年革命责任感的教育。

——我们需要有计划地使新一代熟悉我国民族的历史、革命的历史、共产党的历史，熟悉我国历史上伟大的英雄人物，熟悉我国优秀的科学、文学、艺术，熟悉祖国优美的语言。

在日常工作中，胡耀邦以身作则，不断到团员和青年群众中间去，根据各个时期的中心任务和青年的思想实际，同大家谈话，作报告，解决各种思想认识问题，启发和推动大家思想上的提高。这一时期，他讲得最多的，是青年们要在各自岗位上成为先进生产者、工作者，成为优秀的社会主义建设人才，为此就必须掌握实际本领、掌握科学技术；为此就必须下定决心，不怕困难，而且善于克服困难；为此就必须虚心学习，下苦功夫向书本学习，向实际学习；为此就必须团结合作，谦虚谨慎。他大力倡导青年团的思想工作必须坚持说服教育，以理服人。他说，"我们必须用说服教育的方法去发扬青年群众的积极性和主动性，这也是我们党在过渡时期对青年进行思想教育的根本方针"。但他同时也指出，可惜"有些同志没有完全弄清楚这个方针，因而在实际工作中还存在两个重要缺点：一个是界限不清，把根本不违反集体利益的个人兴趣和个人爱好也加以排斥，甚至把青年的一些优点，例如有朝气、有理想、爱提问题、思想活泼等当成一盆脏水，同个人主义一起泼掉。一个是方法简单，急于求成，在对待落后青年的问题上，我们的同志总是希望他们在一个早上就赶上先进，如果不能，就得出悲观结论"。在以后那些纷纭严峻的岁月里，胡耀邦更是一而再地抵制那些"左"的声调，反复不断地强调在对青年的思想工作中务必坚持以理服人，实事求是。

胡耀邦倡导青年团做思想工作要"有声有色""多种多样"，"声音要响亮优美、要洪亮之声、要男高音女高音，低嗓子是不行的，枯燥的东西给人印象就不深。"胡耀邦本人就是杰出的宣传家、鼓动家，他的报告、演讲、文章、谈话，几乎无例外地都是言之有物，条理分明，生动风趣。他厌恶党八股，厌恶陈词滥调，厌恶枯燥乏味，总要自出心裁，有些新意，有新的语言，有动人的举例。他的命题、论点有力度，但不生硬，总是能够把青年的注意力吸引过去，使青年能够从中受到鼓舞、激励和思想上的启迪。

从 1954 年 10 月开始，在胡耀邦指导之下，开展了一场引起全社会关注和好评的共产主义道德教育活动。

当时不断有情况报送到团中央，反映青少年中的道德败坏、腐化堕落现象，有的偷盗、抢劫、拐骗、赌博，还有的结成流氓团伙、玩弄妇女或强奸幼女、作案犯罪、破坏社会治安。像上海，1954 年上半年青少年犯盗窃罪的，几乎达到前一年全年的人数。天津市第三区收容的二百多个流氓分子，青年就占三分之二。北京市 1954 年 4 月至 6 月共逮捕六百多个有严重罪行的流氓分子，青年占三分之二。这个情况引起了胡耀邦和团中央书记处的高度重视。胡耀邦认为，在这里团组织必然有很大的工作空间，很繁重的教育任务。为了更加有的放矢，胡耀邦提出要组织力量进一步把情况调查清楚，比如，一、犯罪作案的究竟有多少人，有严重错误但还够不上违法判刑的有多少人，有一般性问题的多少人；二、产生这些问题的原因是什么；三、极大多数青年对这些问题的态度，有哪些模糊认识；四、团的工作在这方面有哪些问题。

　　经过一些大中城市团委的调查，情况反馈回来，胡耀邦和书记处成员再作分析研究，认为，在全体青少年中，有道德败坏、腐化堕落以至犯罪行为的，并不占多数；新中国建立未久，旧社会污垢尚未彻底清除，也势必会出现这些现象；但这种人危害社会，影响很坏，对这些人要分别给予打击或劳动教养。而对广大青年，则是教育问题。胡耀邦认为，新社会要有新风尚，而树立道德意识是核心环节，这应当是一场除旧布新的斗争。团中央书记处经过研究，决定在全国大中城市比较集中地进行一次提倡共产主义道德品质、反对资产阶级腐朽思想侵蚀的宣传教育活动。胡耀邦主张在这次活动中，要提倡勤劳朴素，提倡尊重妇女，提倡团结友爱，教育青年关心集体，爱厂爱社，把集体利益放在个人利益之上。为了扩大这次教育活动的影响，具有震撼力，胡耀邦赞成在团的报刊上刊登几个反面典型，推动各级团委组织讨论，以形成声势。他强调说，这种反面典型不能多，基层一般不要搞；不要只暴露他们的罪恶，还要揭示他们堕落犯罪的原因，以唤起青年的警觉。

　　10 月 12 日，《中国青年报》发表了通讯《马小彦为什么会腐化堕落？》，报道了上海行知中学初三学生马小彦从一个单纯的少年堕落成斗殴、偷窃、嫖妓的流氓的经过。这篇引人深思的报道揭开了进行共产主义道德教育活动的序幕。其后《中国青年》杂志第二十期又刊出了同样题材的特写《在歧路上》。这两个典型产生的影响之大，超过了预期。接着，《中国青年报》和《中国青年》杂志又连续发表了多篇社论、文章。各级团委也纷纷行动起来，运用各种形式，组织青年学习讨论。家长、教师们普遍欢迎这个活动，纷纷出来配合。一时间，清新之风在社会上吹起，青年们认识到"下流娱乐场所去不得，黄色书刊看不得，流氓坏人交不得"。对青少年不仅要在物质生活上和身体健康上关心他们的成长，更要关心他们思想品德上的健康成长，成为社会上的共识。

胡耀邦注意到，一些青年有不良行为，以至腐化堕落，同他们缺少良好的业余生活，受到反动、淫秽的书刊的腐蚀，大有关系。调查显示，不少城市的书摊上，诲淫诲盗书刊随处可见，下流娱乐场所也不少，而社会上的管理有许多疏漏，青年团在这方面的工作更是一片空白。在团中央一次研究道德教育的会上，胡耀邦提出，青少年精力充沛，兴趣广泛，却又缺少生活经验，不会正确地生活，以致有些青少年业余时间赌博、玩牌、酗酒、打架、哄闹、沾染不良习惯。而我们不少团干部对青年的业余生活关心不够，"只管八小时，不管二十四小时"。他说，青年的共产主义道德品质，必须从日常生活中形成。我们青年团务必要改进工作，关心广大青年群众的业余文化活动。要充分认识到这是共产主义教育的重要组成部分，是青年团的一项重要工作，切不可轻视小看。他提出，青年团要积极组织青年学习科学文化技术知识，组织和指导青年阅读书籍报刊，开展多种多样的业余文学艺术、文化娱乐活动，广泛开展体育运动。要切实帮助青年办好俱乐部、图书馆、集体宿舍和各种文艺、体育团体，使青年有丰富多彩的业余生活。在他的指导下，团中央起草了《关于加强青年业余文化工作的决议》，在团的二届二中全会上全体通过。

到 1955 年 7 月为止，全国一百三十五个城市开展了共产主义道德教育活动。在党和政府有关部门的支持之下，这个活动发挥了很好的净化社会风气的作用。那一时期里，社会文化环境有了改观，青少年讲道德讲文明成为时尚，社会各界对青年团也更加信赖。

四、"扫除窒息群众创造性的作风"

在中华人民共和国建立以来的历史上，1956 年是具有重大意义的一年。一开年，中共中央就召开了关于知识分子问题的会议，强调根据新的形势和新的任务，要重视发挥知识分子的作用，提出知识分子已经成为我们国家的各方面生活中的重要因素，他们中间的绝大部分已经是工人阶级的一部分，并作出了《中共中央关于知识分子问题的指示》，要求充分了解和尊重知识分子，使他们发挥有益于国家的专长。紧接着，又制定了十二年科学技术发展远景规划，响亮地提出了"向科学进军"的口号。5 月间，毛泽东宣布实行"艺术方面的百花齐放""学术方面的百家争鸣"的"双百方针"，并且提出"调动一切积极因素"。这些举措，都深受知识分子的欢迎和拥护，他们为能够从几年来不断的政治运动和思想批判中解脱出来而舒了一口气。一时之间，学习文化、钻研科学技术的热潮迅速兴起，人们开始敢于表达个人观点、个人意志，整个社会呈现出前所未有的自由、宽松、祥和、欢乐的气氛。

大学生的反应格外敏锐而热烈。学生们不仅举行各种科学报告会，踊跃地发表科学论文，而且也饶有兴致地关注各种社会问题和探讨个人的成长道路。胡耀邦这时的情绪也是昂奋的，当时的形势使他思想中民主的底蕴大大活跃起来。他十分关心大学生中的各种思想动向，多次会见大学团的干部、积极分子，听取情况，同时应邀到大学去作报告。他完全了解，以前在学校里开展的许多思想批判活动，不仅窒息了教师队伍的生气，也在学生中产生很大的消极影响，以至长期以来，一些学生精神上过于紧张，过于拘谨。在他的布置下，4 月 22 日《中国青年报》发表了社论《扫除窒息群众创造性的作风》，批评了思想教育工作中简单粗暴的做法。5 月 21日，青年团北京市委召开北京市高等学校团的干部会议，胡耀邦到会发表了长篇讲话，特别强调了在青年学生中树立好的思想作风和好的精神状态的重要性。

他说，我们国家在政治上独立了，但在经济上、科学上还没有独立，因此要很好地培养高级知识分子。这些知识分子从哪里来呢，从大学里培养还是主要方法。他明确地说，大学是国家培养人才的地方，是研究学术、传播学术的场所，这种场所应该是思想最活跃的地方，在这个场所里可以大胆讲话，大胆怀疑，大胆询问，大胆争论。他指出，现在有些学生精神过于紧张，过于拘谨，不敢讲心里话，不敢大胆争论问题，不敢大胆怀疑提问，也不敢大胆交朋友，这种精神状态是令人担忧的。他说，要使科学独立，科学"解放"，精神不解放是不行的。学校不是立法机关，不是决定政策的地方，因此争论错了也不要紧，不要害怕。反过来说，这也不敢，那也不敢，那倒很危险，倒会发生学术上的宗派垄断、唯我独尊，倒会在学问上发生盲从。针对着某些简单化的作风，他说，有知识无知识的人，明显的区别就在于有知识的人能够讲道理，没有知识的人不能够讲道理。有知识的人如果不能充分地讲道理，就证明自己的知识还不够。因此我们提倡以理服人，而不要不加分析地用大帽子压人——你是个人主义，个人主义就是反党，反党就是反革命……当然，年轻的同志要讲很多的道理是困难的，要完全做到以理服人也是困难的，但是应当不断地学习讲道理，学习以理服人。在学习上，要按部就班，循序渐进，而不要贪多图快。他还特地讲了关于集体和个人的关系问题。他说，不要造成一种观念，好像为了顾全集体利益就一定要牺牲个人利益，好像这两者有着不可调和的矛盾。事实上，集体利益和个人利益是可以兼顾的。我们不要过分地宣传和提倡个人的一切利益都要服从集体利益，相反地要宣传一切不违背集体利益的个人兴趣和爱好可以充分发挥。他说，要做到这些，首先团的组织生活要加以改进，不要只搞生活检讨，内容要广泛些，丰富些。特别是，团内生活要少用一些党内斗争的术语。

会上，有人提出要注意青年也容易产生骄傲情绪。胡耀邦说，骄傲是要注意的，但还要注意两个问题，一个是虚心，一个是信心。只有虚心是不行的，中国各行各业的青年决不能丧失信心和勇敢的气概。

胡耀邦的这些见解是带有突破性的，有助于打破僵化、促进思想活跃、弘扬民主精神。正像他号召青年大胆思考、大胆讲话一样，他本人就是敢于大胆讲话的榜样。

在那段时间里，许多高校团委请胡耀邦去作报告，他都一一答应下来。秘书见他太忙，劝他谢绝一些。他说，平时跟学生们接触太少，现在人家请上门来，想见见面，听听讲话，是合情合理的，他们有这个权利，我们有这个义务。这两年同工农青年有接触，跟知识青年、尤其是大学生接触少了些。这些大学生将来都是高级知识分子，优秀的还会成为科学家、哲学家、文学家，成为大知识分子，成为建设国家的栋梁之材啊。有几次他约定的去大学的时间，恰好人大常委会或政协常委会召开（他是这两个常委会的委员），他都是向会议请假，而赶赴大学去同学生见面。

当时青年中流行着"独立思考"和"干预生活"这两个口号，胡耀邦都给予热烈地支持。在不同场合，他多次对青年团干部讲到，应当要求青年开动脑筋，善于独立判断是非，成为有见解、不断前进、敢于攀登思想高峰的年轻人，而不要当思想懒汉，不要当唯唯诺诺的应声虫。他主张尊重青年的个性，使他们都具有各自的性格特点，而不要以简单粗暴的做法，使他们成为同一个模式，千篇一律。他说，在青年团组织之内，尤其要有民主、活泼的空气，要改革那种"书记不发言，大家不发言，书记一发言，大家没意见"的状态，要改变那种即便发言，也是先说，"主席，我发表一点意见，意见很不成熟，可能讲得不对，如果讲得不对，请大家提出批评"这样绕了很多弯子才开始讲话的风气。我们不需要这种性格，有意见就大声说，主席，我有意见，同意某某的意见，不同意某某的意见，理由是……我们干事情要干干脆脆，不要拖泥带水，吞吞吐吐，转弯抹角，老是扭秧歌，进三步退两步；态度要明确，赞成就赞成，反对就反对，同意就同意，有棱有角。这样，团组织内部才会有朝气。

所谓"干预生活"，也就是揭露、批评和抵制各种社会不良现象，在当时尤其令人憎恶的是脱离群众的官僚主义。胡耀邦认为青年们敏锐、勇敢，在这方面正是大有用武之地。那时正流行苏联小说《拖拉机站站长和总农艺师》。书中的总农艺师娜斯佳是一个很有性格、很有正义感的年轻姑娘，她站在新生事物一边，反对官僚主义，反对因循守旧，充满创新改革精神。胡耀邦指示团的报刊好好推荐这本小说，以期在中国出现千千万万的娜斯佳式的青年。适应着"干预生活"的社会要求，《中国青年报》创办了《辣椒》副刊，以辛辣的形式，嘲讽社会丑陋现象。这个批评讽刺性的副刊，受到读者的热烈欢迎，但是也有人认为这种批评是对社会主义的丑化，要求胡耀邦把这个副刊取消。胡耀邦开着玩笑说："苏联有《鳄鱼》杂志，是动物，专门讽刺官僚主义；我们有个《辣椒》，是植物。这叫异曲同工啊。"

为着贯彻"双百"方针，培养青年文学人才和促进文学事业的发展，1956 年 3 月间，团中央和中国作家协会联合召开了全国青年文学创作者会议。中国作家协会主席茅盾和副主席老舍都到会发表了讲话。3月29日，胡耀邦在会上发了言。他一如既往地关注着文学事业的发展，对众多文学新秀的脱颖而出由衷喜悦。在发言中他说，繁荣文学创作和培养新生力量是当前文学创作的方针，两者要密切结合。不认真培养新生力量，就无法顺利地完成繁荣创作的任务。文学创作应当大胆地充分地反映和处理现实生活中各方面的矛盾，反映各种形态的斗争。这是反对公式化、概念化的最有效的办法。他指出，作品的形式应该是代表民族性的，应该具有民族的特点和风格；反对盲目的一切崇拜外国的观点，以及与马列主义思想相抵触的资产阶级思想。除此，创作的形式还应该是多样化的。他鼓励青年作者不但要向老作家学习，研究古今中外的优秀作品，而且要特别注意向人民群众学习。他还指出，青年时代是精力最旺盛的时代。青年作家要很好地爱惜和支配时间，在严格工作要求的原则下，尽量发展业余爱好。他最后要求青年作者防止骄傲，更大胆和更下功夫地创作，和老作家一起把社会主义的文学事业推向新阶段。

五、"勇于独创，办出特色"

深深懂得报刊书籍巨大影响力、并且有丰富的编辑、指导报刊工作经验的胡耀邦，异乎寻常地重视团的各种宣传部门和各种出版物在宣传青年运动、对青年进行思想教育和普及科学文化知识方面的作用，他以很大的精力指导这些部门的工作，尤其是对团报——《中国青年报》，团刊——《中国青年》杂志。

从1953年秋天开始，他就确立一个制度：每个星期天晚上，团中央宣传部、《中国青年报》、《中国青年》杂志社、中国青年出版社、《中国少年报》的负责人到他家里开"碰头会"，研究宣传工作。这种小型的会议总是开得热烈、自由、活跃。经常是胡耀邦先传达中央一些重要决策精神和中央领导人的讲话，然后他就敞开思路，谈他对这些精神的领会和由此派生出的对青年工作的想法。接着大家就无拘无束地议论开来，谈情况，谈观点，对胡耀邦那些想法表示赞成或不赞成，同他讨论。胡耀邦乐于听取大家的意见，有时也会和大家争论起来，在这议论纷纷、谈笑风生当中最后形成一些重要宣传报道思想和题目。

在各个宣传单位中，他倾注心血最多的，当数《中国青年报》。

创刊于 1951 年 4 月的《中国青年报》以贴近群众、丰富多样而深受青年的喜爱，有很好的社会声誉。胡耀邦到任不久，就明确谈到，团中央之所以要办一份青年的报纸，是为了通过它指导青年运动，以共产主义思想教育青年，它区别于党报和其他报纸之处在于它具有青年特点，今后应当使这一特点更加突出。他还说，办报纸不像上课，也不像编杂志，而是必须更多地提出和解决实际工作和生活中的问题。

当然，胡耀邦首先是极其注意《中国青年报》的"大行动"，这就是及时地鲜明地宣传党和政府一个时期的重大方针政策，宣传广大青年群众和团组织在贯彻执行这些方针政策方面的突出作用。他经常批转这方面的典型材料，要报社编为报道或者据以撰写言论。他要求在这些报道中都要体现出鲜明的青年特点，比如要大张旗鼓地报道青年的发明创造、宣传青年先进模范人物、批评挫伤青年积极性创造性的思想行为。……

在那一时期里，《中国青年报》经常以勇猛泼辣的风格开展社会批评，批评官僚主义，批评保守思想，批评违法乱纪行为，批评不良社会风气，胡耀邦总是热情地支持这样的批评。1953 年 1 月，中共中央发出关于反对官僚主义，反对命令主义，反对违法乱纪的指示，胡耀邦指示《中国青年报》按中央决定精神加强批评报道，特别是对违法乱纪行为的批评火力要猛，同时又告诫必须谨慎从事，事实准确，不能胡乱开炮。他还特别提出要表扬那些勇于同坏人坏事作斗争的青年和团的干部，如果有这样的典型，就要报道、通讯、言论这些形式一起上，还要配合图片，以形成一种声势，给读者留下印象。有时报纸由于开展批评而惹来了麻烦，他总是给报纸以保护。同时他也强调，批评是一个武器。凡是武器就包含两方面，一方面说明有力量，可以打敌人，打坏人坏事，一方面说明弄得不好就有危险性，可能打到自己人。因此在开展批评问题上既要坚决，又要谨慎。

他一如既往地特别注重报纸的社论，认为社论是报纸的旗帜，报纸倡导什么反对什么主要是从社论体现出来。他常常把《中国青年报》总编辑和部门负责人找去专门研究社论，有时他一开就是一串题目。这些题目的别开生面的角度和立意，往往使编辑们思想和眼界豁然开朗。对文章，他不但推敲"义理"，也极讲究"辞章"。他布置写文章时，从标题到结构到行文，甚至怎样开头、怎样结尾，都有要求。他喜欢创新和文采，讨厌人云亦云，更厌恶"板起面孔训人"，"抡起棍子打人"，要求青年报的文章应该是亲切自然，娓娓道来。常常早晨总编辑上班不久，他的电话就打过来了，多半是兴奋地称赞当天报纸上哪篇哪篇文章写得好，并且要询问作者的情况，有时也有批评，分析缺点错误。他懂得编排技巧，所以常常对版面安排也提出意见。他希望编辑、记者们多写千字以内的短文章，并且要学会作生动醒目的标题，他举例说，像列宁的《链条的强度是由最弱的一环决定的》、鲁迅的《论"费厄泼赖"应该缓行》这样的题目多么生动，看过题目，人们不是就非看正文不可吗？

1955 年 10 月，团中央"为了迎接社会主义新高潮的到来，适应青年团工作发展和广大青年的迫切需要"，决定《中国青年报》自 1956 年 1 月起由原来的周三刊改为周六刊。11 月 4 日，胡耀邦专门到报社去作动员，他热情洋溢地鼓励编辑、记者"甩开顾虑，勇于独创""办出特色"，使改刊后的《中国青年报》在内容、规模、技巧、文风、版面五个方面都有所创新。改版后的《中国青年报》适时地作了多方面的改革，更大地拓宽了报道面，更鲜明地提出和回答青年普遍关心的问题，更尖锐地抨击时弊。同时打破以往报纸只办一种综合性副刊的惯例，创办了以指导青年业余文化生活为宗旨的《周末》《自学》《科学与卫生》《长身体》《青年团支部》等等副刊专栏，这在国内尚属首创。这些举措改变了过浓的政治色彩，突出了服务性、知识性，使报纸面貌焕然一新，从而更受广大青年的欢迎，成为在全国新闻界有影响的大报，以致毛泽东也多次说过，他喜欢看《中国青年报》。

与《中国青年报》齐名的《中国青年》是一份有革命传统、影响广泛的刊物。它于 1923 年创刊以后，曾随革命形势的起伏，数次停办和恢复。1948 年 12 月再度复刊以后，它以切合青年的思想、学习需要和文章思想的深刻性、说理的透辟性，在青年中有很高的威信。胡耀邦对这份刊物也是关爱有加，他指出："《中国青年》并不是一般刊物，而是充满着思想性和战斗性的刊物。那么它应该有思想的权威，这就是我们杂志的个性。"[1]

因此，胡耀邦明确指出：《中国青年》作为全国性的政治思想

---

[1] 共青团中央编：《当代中国的青年和共青团》（下），当代中国出版社 1998 年版，第 627 页。

教育刊物，首要的是要抓思潮，要注重解决青年在革命和建设的重大斗争中所发生的带有共同倾向的、有普遍性的理论的或思想上的问题。但这不等于干巴巴的说教，而必须血肉丰满。同时也要关怀青年的身心修养和学习生活，包括对人要作阶级分析的情况下，还要不要孝敬父母，还讲不讲人道主义这样一些问题，都要有正面的回答。

在一次讨论改进《中国青年》的会上他说，总结过去的经验教训，首先应该要求每期刊物都有两三篇非常切合当前广大青年在政治生活中的问题的文章，这好比是工业中的一百五十六项①，没有它，就压不住，杂志的分量就显得轻飘。

他认为，"抓思潮"，教育青年，年长的人经历多，可以"现身说法"，而有思想深度的文章，则主要靠一些专家学者。因此他主张，以刊登文章为主的《中国青年》，应当更多地邀请社会名人、专家学者，以保持刊物在理论和思想上的较高水平。

在这种思想指导下，《中国青年》作了很大努力，邀请了一批名家成为比较固定的作者，逐渐拥有了一支高质量的作者队伍。这些作者的文章逐渐成为"名文"，成为了青年们的"良师益友"。直到如今，许多当年的青年读者，现在已是鬓发苍苍的老人，仍然清晰地记得那时从某篇某篇文章里受到的启迪和教益。

在倡导延请名家为作者的同时，胡耀邦也极其重视从群众来稿里发现优秀作品。1956年10月26日，他给当时任《中国青年》总编辑的邢方群写了一封长信，热情推荐两篇农村青年的文章，提议在《中国青年》杂志上登载。他将选用优秀的群众性稿件称作"革命性措施"。从这封信里可以看出他对这类稿件的着眼点以及他的

---

① 指当时在国民经济中举足轻重的建设项目。

写作主张：

　　送去两篇稿子^①，请你看看。我觉得写得极好，真是文情并茂，一口气可以读完，许久以来，我是极力主张我们的报刊适当地但又必须是认真地登载一些来自群众的稿件，特别是来自先进分子群众中那种自传性的通讯、特写、发言和论文的稿件。我始终认为，这样的稿子对青年，对知识青年，对我们自己，都是很好的教材。因为：

　　第一，这些稿子充满着生活气息，而充满生活气息的东西，最能鼓舞人们热爱生活，把美好的幻想和生活联系起来，从而能够丰富和坚定人们的革命人生观。

　　第二，这些稿子充满着一般教材书和一般文艺作品所找不到的阶级斗争知识和生产斗争知识。这些更具体更实在的知识，对帮助青年，特别是帮助同社会同劳动比较隔离的知识青年去认识世界是有很大作用的。

　　第三，这些稿子不但有内容，文字上一般的也简明、朴实，不空空洞洞，不哼哼哈哈，不拖泥带水，有些语言也非常深刻。这对锤炼知识青年和我们干部的文字能力（即思想表达能力），反对党八股、学生腔也能起好的作用。

　　第四，有计划地刊载这样的稿子，不但可以有力地鼓舞广大青年向先进分子学习，鼓舞先进分子努力保持先进，而且可以鼓舞成千上万的普通劳动者的写作勇气。这是任何历史上的报刊所没有干、也不会干的一个举动。我们应该干，

――――――――――

　　① 两篇稿子：指河北省隆化县农村青年罗荣写的《江南鲜花塞北开》和河北省静海县农村青年王培珍写的《我在农村安了家》，后来都发表在《中国青年》第21期上。

我们得在一切方面同群众一起破除迷信、解放思想。我们要同群众一起，把写作这个宝座由少数人的独占变成人民群众的文化广场。

第五，有计划地刊载这些稿子，还可以使我们自己更好地联系群众，熟悉群众的斗争、生活、语言和思想感情。我们得不断地努力从联系群众中学好群众观点，用"从群众中来"的办法丰富我们办报办刊物的群众路线。

我有意罗列了这么一大堆理由，目的是加重我在这个问题上的想法。我认为这么办是一个带革命性的措施。而任何一个革命性的措施都是有人反对的。反对的理由，我们预先可以想一想。我看，数来数去，不外是一条，就是说这些稿子没有"水"。这就要斗争，坚持地斗争，要用马列主义的观点去分析究竟我们要哪种"水"。水有许多种，毒水不去说它，有两种水：一种是深山里的泉水，虽然有点不"卫生"，但好喝；一种是蒸馏水，实验室里制造出来的，卫生倒很卫生，但喝起来简直是受罪。

如果你们同意，请有计划地办，第一要认真同下面联系，第二要认真地组织一些先进分子写。最近各地都召开先进分子会议，一定有许多好东西，请你们注意收集，也可以要各省市以后经常送你们两份来。

当然要注意质量，决不能因为疏忽而在反对者面前吃败仗。这就要认真选，认真加加工。……

这封信推动《中国青年》既有扎实的思想理论文章，又有生活气息浓郁的青年群众作品，向着密切联系群众大大跨进一步。

1952 年，团中央下属的青年出版社经国家出版总署协调，同开明书店合并。开明书店创办于 1926 年，是一家具有进步传统、基础雄厚的私营大书店，一向是以青少年和学生为读者对象。1953 年 4 月，两个出版单位正式宣布合营，改名为中国青年出版社，胡耀邦担任董事长。

开明书店有一批老编辑，多是饱学之士。胡耀邦关照当时中国青年出版社总编辑李庚务必尊重这些人员，善于同他们合作。他说，不应该忽视开明书店解放前属于进步书店的历史和它对中国文化事业作出过的贡献，更不能把这一批老知识分子简单地当作"私方人员"对待，他们有真才实学，懂得如何办出版社。他说："我就是尊重那些有知识、有学问、有业务经验、正派的、踏踏实实、勤勤恳恳一辈子干事业的人，我们应该重视这样的人。"他一再嘱咐："一定要和他们团结好，把他们安排得当，用其所长，有职有权，让他们能充分发挥作用。"

中国青年出版社的成立使胡耀邦极为高兴。他早就向往青年团要有一个强大的书刊出版阵地，向往着广大青年能够获得更多更好地适合自己需要的读物。他对出版社提出，出书的范围不要太窄，不应只限于团的工作指导和青年思想修养的读物，而应扩大包括社会科学、自然科学、文学艺术诸多方面，特别要多出版文化知识性读物。他极为欣赏"知识就是力量"的口号，要求出版社以优秀的书籍，增强青年们建设社会主义的力量。

由于指导思想明确，中国青年出版社在创建最初几年里，事业发展迅速，出书品种由 1952 年的十几种增加到 1956 年的五六百种，每种发行量达到几十万到上百万的已不在少数，其中像小说《红岩》，翻译小说《牛虻》等等，都曾影响过几代人。

六、"把少年儿童带领得勇敢活泼些"

少年时代便是从做少年儿童工作起步迈上革命道路的胡耀邦，在多年的团中央工作中，仍然热切地关注少年儿童工作。当时的团中央书记胡克实后来撰文说：胡耀邦"指导全团像大哥哥大姐姐一样去带领少年先锋队"，在少儿工作中"作出了重大贡献，为全国和少儿工作者留下了宝贵的精神财富"。

1949 年中共中央所作的《关于建立中国新民主主义青年团的决议》，把建立少年儿童组织作为团的一项重要任务，并且委托青年团直接领导。同年 10 月，中国少年儿童队建立，1953 年团的第二次全国代表大会上，"为了更确切地反映少年儿童队的性质任务和适应儿童们的愿望"，决定改名为"中国少年先锋队"。

团的"二大"开过不久，1953 年 11 月 2 日至 10 日，胡耀邦主持召开了第二次全国少年儿童工作会议（第一次会议开于 1950年）。会议根据过渡时期总路线和第一个五年计划的基本任务，确定了少年儿童工作的方针和任务。胡耀邦以《热爱新的一代是共产主义美德》为题对会议作了总结。这个讲话是他对新时期少年儿童工作的极具开创性的论述和部署。

他说："共产主义事业是人类历史上空前艰难、空前伟大的事业，也是一个长久的事业，它不是我们这一代人就能完成的。这个事业一定要传给我们的后辈，我们的子孙。我们的子孙还要世世代代地传下去。为保证我们的伟大事业能够继承下去，使人类社会达到空前未有的幸福的高度，就要在现在把少年儿童培养和教育好。""因此，培养教育新一代，是共产主义事业的根本任务之一。爱护儿童，教育儿童是具有重大意义的任务，也是新中国人民的一种共产主义美德。"但是，"并不是所有的人都明白这些道理，旧中国所遗留下来的轻视儿童的心理，还未得到应有的转变"，因此他疾呼："首先我们应该积极地、耐心地和长期地宣传爱护和关心少年儿童的必要性"，"需要用宣传的方法来改变这种旧社会轻视儿童的心理，争取更多的人来关心儿童"。

对于培养少年儿童的方针，他是这样说的："我们的方针，就是要将今天的儿童教育培养成为社会主义优秀建设者"，而"社会主义建设者必须是具有高度科学文化知识、共产主义道德品质、健全体魄的新型人物"。接着他就完整而明确地提出："这就是说，我们应该把今天的少年儿童培养成为全面发展的、爱祖国、爱人民、爱劳动、爱科学、爱护公共财物、健壮、活泼、勇敢、诚实的新一代。"

这个"五爱"的方针，当时不仅在青年团范围内，而且在教育界也引起强烈回应，后来甚至成为全社会的道德目标，直至今天。

胡耀邦还提出，在对少年儿童教育的方法上，要掌握两个原则：一是坚持长期、正面教育。少年儿童年纪小、知识不足，辨明是非能力差，因此就要耐心地、长期地进行正面教育，用正面的东西引导他们前进，而决不能采取打击、惩罚、斗争等粗暴的方法。这是培养少年儿童的根本方法。二是要善于发挥少年儿童的独立性、主动性和积极性。他说，"独立性、主动性和积极性，这是一种好的品质，它使人们一生中不盲从，不依赖，在任何困苦情况下，都是乐观向上的，勇敢地去和困难作斗争。"

在这里，胡耀邦强调的是，少先队是少年儿童自己的组织，它和学校的教育目标是一致的，都是为了把少年儿童培养成为一代社会主义新人。但是方法途径不同，学校主要是通过课堂教学，而少先队则是发挥少年儿童的主动性、积极性和创造性，通过自己组织的丰富多彩的活动，接触社会、接触自然，在生动活泼的实践中受到启蒙和教育。

这次会议提出的少先队组织发展的方针是，"采取积极态度，分别不同情况，有领导有计划地发展少先队的组织"。其后，一些地方的少先队开展了倡导独立性、积极性、创造性的公益劳动，包括绿化环境绿化学校，帮助学校制作简单的教学实验用品，栽培植物，饲养动物等等，后来统称为"小五年计划活动"。这些活动都吸引了大批少年儿童到少先队周围。但是，有些地方把入队条件定得过高，要求只有最拔尖的，一切方面都好，要能起模范带头作用的才能入队，稍有些顽皮表现的就不行，这样，许多少年儿童要求入队得不到批准，自尊心上进心受到伤害，而少先队的组织也发展不快。

于是，1955 年 3 月，胡耀邦主持召开了第三次全国少年儿童工作会议，着重讨论和解决少先队发展过于缓慢、少先队和少年儿童课余生活不活跃，不能满足少年儿童身心发展的要求问题。会议结束时，胡耀邦发表了讲话，题目是：《把少年儿童带领得更加勇敢活泼些》。

他开门见山地提出问题：究竟少年儿童"调皮"些好，还是"斯文"、"规矩"些好？他明快地回答，少年儿童还是"调皮"些好。他说，一味地要孩子们"斯文""规矩"，而不许"调皮"，是"有害"的，"这是当前少年儿童工作中一个很重要的问题，也就是如何正确地看待孩子，培养他们优良性格的问题"。

他满怀理解地讲道：孩子们是很好奇的，在他们的小脑袋里充满了许许多多奇怪的问题，例如，太阳为什么总是在早上升起来，月亮为什么老是跟着我走，等等，他们都想探求个究竟，问出其中的道理来。这样对自己不懂或不赞成的事物敢于怀疑，敢提问，是很好的，我们要耐心地给予解释和说明，直到他们弄明白为止。这样才有助于培养他们勇于追求真理的精神。如果我们不许少年儿童"争论"，一味强调听话，听老师、家长、辅导员的话，好话听，不正确的话也听，就是不许孩子讲话和争论，结果就会造成他们不去思索，只会盲从，唯唯诺诺，不利于孩子们的智力发育。

他进而讲道：孩子们之间发生一些争吵和打架，是免不了的，不必大惊小怪。至于对孩子们走路蹦蹦跳跳，说话吵吵闹闹，也都作为"调皮"去指责管束，就更是没道理。这"实质上就是压制和摧残少年儿童性格的健康成长，把他们变成毫无生气、呆头呆脑、放在那里动也不动的'小大人'"。他赞扬"小老虎"精神，而反对把孩子们造就成"小老头"。

胡耀邦还指出了少年儿童教育方面的另一种倾向，就是把孩子养得"娇娇滴滴，轻视人民，轻视劳动"。他主张引导少年儿童从事力所能及的体力劳动，如植树造林，修整校园，打扫卫生等等，以养成热爱劳动，热爱劳动人民的意识。他还指出，许多家长光是给孩子喝牛奶增强营养，却不允许他们划船、爬山，怕摔伤了，怕累倒了，这会把孩子养得弱不禁风。"身体是锻炼出来的，单靠营养是不行的。"

最后胡耀邦有力地强调说："我们的少年儿童是我们伟大的共产主义事业的继承人，他们应该是朝气勃勃，不怕困难，乐观而富于创造性的人。因此，注意培养儿童开朗、勇敢、活泼的性格是一件十分重要的事情。""如果我们能注意从积极方面去引导他们，满足他们的兴趣和要求，有领导地发展他们的才能，就可以得到良好的教育效果。相反地，如果一味地加以压抑和限制，必然会伤害孩子们的朝气，妨碍他们健康地成长。"

他的这些意见，在当时旧的传统的教育观点还有一定势力，认为孩子们"循规蹈矩"才是正途的情况下，是具有挑战性的，但也是具有说服力的，因而得到愿意接受新观点的大多数人的认可。通过这次会议，少先队组织也有了很大发展，少先队员从 1955 年的一千万人，发展为 1956 年的八千三百六十九万人。

到 1959 年，少先队已走过了十年的发展历程，10 月 18 日，在北京举行了庆祝少先队建队十周年大会。面对参加大会的一万七千名少先队员，胡耀邦意气昂扬地以《预备队的光荣任务》为题发表了讲话。在这次讲话里，他提出了著名的"三支队伍"的概念。

他亲切地告诉少先队员们说："摆在我国人民面前的是一个极其伟大的事业，这就是建设社会主义和共产主义。""而在我们的国家有建设社会主义和共产主义的各种各样的队伍"。

他说："第一支是伟大而光荣的中国共产党。这是领导我国人民建设社会主义和共产主义的先锋队。

"第二支是我们战斗的共产主义青年团。这应该是一支不知疲倦、不怕任何困难、为建设社会主义和共产主义而英勇奋斗的突击队。

"第三支就是你们的少年先锋队。你们这支队伍，我想应该是为建设社会主义和共产主义而积极准备的预备队。"

这里，他清楚地讲述了我国革命事业三支队伍的阶梯与他们之间的领导与继承关系。

接着，他鼓励少先队员们说："希望你们不要因为现在年纪小就小看自己。你们应该这么想：现在，我是小孩，不久我就会成长为大人；今天，我是建设社会主义和共产主义的预备队员，明天，我应该成为建设社会主义和共产主义的突击队员，后天，我还应该成为建设社会主义和共产主义的先锋队员。"

他说：你们现时的任务，"就是党和毛主席所号召你们的：好好学习，天天向上"。"怎样才算好好学习呢？应该好好地学习些什么东西呢？我认为，第一，应当学习知识。第二，应当学习劳动。第三，应当学习为人民服务的共产主义精神。"就是说，要用丰富的知识"把自己的头脑武装起来"；"努力准备好我们勤劳和灵巧的双手，跟随父兄和接替父兄，把我们的社会主义和共产主义事业一直多快好省地推向前进"；并且"经常不断地为祖国为人民做一些好事情。不是成天为自己着想，而是常常为祖国为人民着想，不是斤斤计较个人利益，而是时时关心祖国和人民的利益"。

直到20世纪60年代初，胡耀邦下放湖南湘潭作地委书记，他仍然关心着少年儿童工作。1963年12月，他在湘潭县中路铺小学到班上去跟小学生作了一次对话，鼓励孩子们从小立下改造世界的志向，但这要从参加力所能及的公益劳动、扎扎实实为人民为集体办事做起，后来整理成文章在《中国少年报》上发表，即《和少年朋友谈改造世界》。

胡耀邦同样十分重视《中国少年报》和中国少年儿童出版社在指导少年儿童工作、向少年儿童进行思想教育和普及科学文化知识方面的重要作用。他曾形象地说，培养少年儿童，要靠"一个身子两个翅膀"。身子是学校，两个翅膀，一个是少先队组织，一个是少年儿童书报读物。他对《中国少年报》和中国少年儿童出版社的工作，也都给予多方面指导。

七、有声有色的外事活动

1953年青年团第二次全国代表大会前夕，胡耀邦接待了来自许多国家的青年代表团，其中有苏联和民主德国、罗马尼亚、朝鲜、越南等东欧和亚洲社会主义国家青年组织代表团，也有意大利、英国、智利、澳大利亚等国青年团的代表。他们都是应邀来参加团的"二大"的。胡耀邦也就从这时开始，拓开了一条新的战线——青年外事工作战线。

中国青年的对外交往是中国总体外交的组成部分，是中国青年运动和青年工作的一条重要战线。抗日战争胜利之初，中国的民主青年团体就开始参加了以多边活动为主的国际青年活动。建国之后，中国新民主主义青年团、中华全国青年联合会（简称全国青联）、中华全国学生联合会（简称全国学联），在原有的工作基础上，又扩大了对外交往，邀请以社会主义国家为主的世界各大洲众多青年代表访问中国，派出了许多代表团参加国际青年活动，参加国际青年组织的工作，发展了同各国青年的友谊。在当时中国同大多数国家尚未建交的情况下，青年对外交往作为民间外交，在扩大新中国影响、增进相互了解、促进国家间交往关系方面，发挥了特有的作用。

1953年7月初，胡耀邦率领中国青年代表团前往罗马尼亚，出席在布加勒斯特举行的第三届世界青年代表大会，随后参加了在同一地点举行的第四届世界青年学生联欢节。

当时有两大民主进步青年组织活跃在国际舞台上，这就是1945年成立的世界民主青年联盟（简称世界青联）和1946年成立的国际学生联合会（简称国际学联）。中国青年组织是这两个组织的主要成员组织之一，多次参加了由两个组织召开的世界青年代表大会和世界青年联欢节。

胡耀邦的到来，受到当时任罗马尼亚共青团中央书记的热烈欢迎，两个年轻的领导人很快熟识起来。7月27日，胡耀邦在世界青年代表大会上发表演说。他详细介绍了中华人民共和国成立以来，中国青年同全国人民一道从事紧张的和平劳动，在短短四年中医治了战争创伤，基本上完成了国民经济恢复时期任务的情况。他说，我们祖国的伟大成就，鼓舞着中国青年积极参加建设。在我们人民缔造自己的文明和幸福的斗争中，青年已经成为一支重要力量。他还向大会报告说："由于我们完成了社会主义民主改革和经济恢复工作，我国已经进入了一个新的历史时期，今年是我们第一个五年建设计划头一年。""新的建设时期标志着我国开始了把农业国逐步改造成为工业国的伟大工程，标志着我国将从新民主主义逐步过渡到社会主义社会的美好前途。"他还讲了志愿军在朝鲜英勇作战和停战谈判的情况，最后他表示，"我们在毛泽东主席教导下的中国青年，永远忠实于世界民主青年的团结事业。""我们将始终与世界爱好和平的青年结成亲密的友谊，在世界青联的旗帜下，更紧密地拉起手来，向着和平、友谊和青年的美好将来奋勇前进。"

他的演说讲得慷慨激昂，当说到在志愿军强有力抗击下，美国不得不同意停战议和时，全场鼓掌四十多分钟。后来毛泽东得知这一消息，十分高兴，特地把胡耀邦找到家里，极有兴趣地询问了当时的情景。毛泽东问他：真的是鼓掌四十分钟吗？他说，主席呀，是四十一分钟呢。毛泽东说，你就讲得那么好？他说，是志愿军打得好啊！

参加世界青年学生联欢节的中国青年代表团由四百人组成。这个联欢节是当时国际上规模最大、最有影响的青年多边活动，每两年举行一次，每次有几十个国家的数万名青年参加。中国青年代表团的成员热情参加了联欢节内的各种政治集会、文艺演出、体育比赛，参观了各种展览。胡耀邦在其间忙碌异常，他组织全团接触并联系了一百多个国家的青年代表两万多人。在当时，还只有十九个国家同中国建立了外交关系，这样大规模的交往，对于开辟更广阔的外交空间，无疑起了播撒种子的作用。

联欢节结束后，胡耀邦受苏联共青团中央的邀请，到苏联作短期访问。两周前，他在到布加勒斯特的途中，就曾在莫斯科作两天逗留，但那次访问时间紧促，这回第二次来到莫斯科，得以较深入地对这个久已向往的地方作些探访了。但在这里仍然是紧张繁忙，除参观之外，他还要同苏联共青团中央领导人座谈，同各有关方面个别交流，作报告，给《共青团真理报》写文章、接受采访、为电台广播准备讲稿。结束莫斯科的日程之后，他又去列宁格勒，然后转赴基辅，主要看乌克兰集体农庄，然后经乌拉尔地区到西伯利亚城，乘坐火车，经过漫长的旅途回国。

这是胡耀邦第一次出访，他以富有感染力的热情和真诚以及敏锐而活跃的思维，向全世界的青年显示了新中国的建设成就，显示了新中国青年的动人风采，赢得了一致的好感和赞誉。

1954年8月9日至10日，世界青联第十次理事会在北京召开，六十八个国家的青年组织的二百六十三名代表出席会议。会议着重讨论的是殖民地、附属国的青年运动问题。胡耀邦作为东道国中国青年代表团的团长，在开幕式上以《中国青年和世界青年永远友好》为题致欢迎词。他说，这次会议的议题"的确是非常重要和迫切的问题"。因为，自从第二次世界大战以后，蓬蓬勃勃发展着的民族独立解放运动，已从根本上动摇了帝国主义的殖民制度。但是，以美国好战集团为首的侵略势力是不甘心失败的，他们打起"反共"的幌子，到处建立军事基地，胁迫一些国家组织所谓"防卫集团"，干涉他国内政。这种罪恶计划给殖民地和一切被压迫国家的人民带来了无穷无尽的灾难，使国际安全和世界

胡耀邦陪同毛泽东、周恩来、邓小平等党和国家领导人接见青年代表。

胡耀邦向外国青年代表挥手致意。

和平受到严重威胁。他着重强调，这些国家的青年都懂得，只有反对美帝国主义，只有取得了和平和民族独立，青年的切身权益和自己的美好前途才有保证。他说，我们青年之间，固然有不同的信仰，不同的生活志趣，但都是纯洁的、热情的。我们都有为人类创造幸福的高尚理想，也都希望自己有一个美好的前程。青年之间不应该存在任何的歧视和仇恨。青年人完全可以作好朋友，完全可以在这个世界上共同生活下去。眼前的会议就是一个有力的证明，在座的几十个国家的代表，有着各种不同的肤色、党派、宗教信仰、政治见解和生活习惯，并代表不同制度的国家。但我们找到了共同的语言，我们肩并肩地站在和平斗争的前列，彼此间建立了亲密的友谊。加强团结，扩大团结，争取更广泛的青年走进和平斗争的前列，我们就可以对和平事业作出更大的贡献。最后，胡耀邦再次表示：中国青年永远忠实于世界青年的团结事业，永远是各国青年最忠实可靠的朋友。

会议期间，中国代表团作了题为《殖民地半殖民地国家的青年为民族独立而斗争的正义事业一定胜利》的发言。这个在胡耀邦参与和指导下形成的发言，围绕民族独立这个中心问题，阐述了对殖民地半殖民地国家的青年运动应以反帝国主义、反封建为中心，必须重视学生运动和正确理解学生运动与工农运动相结合，以及如何开展青年运动的广泛统一战线等一系列问题的看法。发言受到了代表们的重视和好评。

利用这次开会的时机，中国青年组织还提交了由胡耀邦参与定稿的《对于世界青联在亚洲殖民地半殖民地国家工作中的一些问题的建议和意见》，主要内容是：一、亚洲殖民地半殖民地国家的青年运动虽有发展，但不能估计过高。世界青联有关这些国家青年运动的工作方针、斗争纲领和活动方式等的决议和意见，必须适应这些国家的历史条件和具体情况，才能给这些国家的青年运动以更大更实际的帮助。二、应充分注意亚洲殖民地半殖民地国家争取民族独立的要求，把争取青年权利的斗争摆在适当的地位上。还应更多地注意这些国家的学生运动，帮助加强和巩固这一阵地。三、应考虑在可能条件下，给予这些国家的青年运动以必需的精神和物质的帮助。四、应在民主协商，协同行动的基础上进行工作，决定重大问题和提出具体要求时，必须充分酝酿，吸收各方面的意见。要加强对各国青年运动的具体研究，加强与各国青年运动的联系，了解他们的实际情况。这些较全面的、带方针性的意见，引起了世界青联负责人的重视，使世界青联后来的工作更切合实际和更有成效。

其后，1957年7月，胡耀邦率领由一千二百人组成的中国青年代表团参加了在莫斯科举行的第六届联欢节，同来自世界一百三十一个国家和地区的三万四千多名各界青年、学生进行了广泛交流。此前不久，胡耀邦曾率中国青年代表团一行十八人出席了在基辅举行的世界青联第四届代表大会，在会上作了题为《为发展各国青年友好合作而奋斗》的发言。联欢节期间，中国代表团盛情邀请美国青年代表团成员访问中国，有四十二名美国青年接受了邀请，其中包括学生、职工、工人、记者和艺术界人士。他们冲破美国政府的阻挠，到中国进行了六个星期的访问。其间周恩来总理接见了他们，称他们是"打开两国人民来往的先锋"。这是新中国成立后第一次有这样多的美国人公开来华，引起了美国公众舆论的高度重视。

团的"二大"以后，1953年年底和1954年年初，在胡耀邦具体指导下，调整了外事组织机构，变过去的临时机构为分工比较明确的常设机构，同时进一步明确了新时期对外交往的重点：加强在国际青年组织中的作用；积极开展对社会主义国家青年的工作。
1956 年年初，团中央书记处又专门讨论开展国际活动问题，胡耀
邦提出，要大力加强国际合作，同社会主义国家青年的交往应遵循
"发展友谊、交流经验"的方针，要重视和珍惜社会主义国家青年
工作的经验；对资本主义国家的上层分子要多请进来，并注意建立
个人之间的联系，争取更多的朋友。接着，办起了对外宣传刊物《万
年青》。随着对外交往的不断扩大，外事工作在胡耀邦日常工作中
的比重也日益加大，他要就一些国际重大问题发表文章表明中国青
年的立场，要接待一批批来访的外国青年代表团，同他们会谈，陪
同他们去会见党和国家领导人，要参加各种外事方面的会议。在外
事工作中，他坚持既放开又谨慎的精神，重大原则问题有的要请示
中央，有的要团中央书记处集体讨论，注意把握政策，把握分寸，
而在具体活动中，则纵横挥洒，谈笑自如，决不束手束脚，拘谨呆
板。这样，他成功地完成了一次次的外事工作任务，毛泽东、周恩
来对他的工作十分满意。

第九章　青年战线上（下）

一、八大以后

　　1956 年 9 月 15 日至 27 日，中国共产党召开了第八次全国代表大会。这是一次确定今后发展方向的极其重要的会议。大会提出了团结全党和国内外一切可以团结的力量，为建设一个伟大的社会主义中国而奋斗的总任务。刘少奇在会上作的政治报告中指出："我国的无产阶级同资产阶级之间的矛盾已经基本上解决。""我们国内的主要矛盾，已经是人民对于建立先进的工业国的要求同落后的农业国的现实之间的矛盾，已经是人民对于经济文化迅速发展的需要同当前经济文化不能满足人民需要的状况之间的矛盾。"大会提出了党和国家的任务"已经由解放生产力变为保护和发展生产力"。大会鉴于苏联斯大林的教训，还提出了坚持集体领导原则和反对个人崇拜原则。

　　这次大会提出了一系列正确的理论、决策、方针，具有顺应历史发展潮流、并且推动历史潮流奔腾前进的重大意义。

胡耀邦作为代表出席了会议，并作了大会发言，全面汇报了青年团过去八年来的工作。[①] 他说，到 1956 年 6 月底，全国已有二千万团员，差不多占全国青年的百分之十七，绝大多数团员的思想是进步的，工作是有朝气的，青年团已经是党的一支可靠的后备队，成为吸引全国青年蓬勃向上的一个巨大的力量。

在这庄严的大会上，胡耀邦的发言充满历史的凝重感。他总结了青年团的历史经验，论说了青年团同党的关系以及青年团工作的总的方针任务这样一些带根本性的问题。他说：过去我们党所领导的革命青年组织，都曾经吸引了广大青年，对整个革命事业作了很大贡献。但是在组织问题上，我们却有过两次不同的教训：国内战争时期的共产主义青年团，只强调先进性的一面，忽视了群众性的一面，结果产生了关门主义，成了第二党；抗日战争后期的青年抗日团体，又因为缺乏先进组织作骨干，结果流于松懈无力。所以党中央在一九四九年在建团决议里就规定了，现在的青年团，必须是党领导下的先进青年的群众组织。几年来，我们一直坚持了这个正确的建团路线，既反对把青年团变成狭隘的青年组织，也反对把青年团降为一般性的群众团体。他强调说，青年是整个人民群众中的一部分，是整个革命运动的一个方面军。因此，青年运动在方向上和政策方针上，必须同整个革命运动相一致，这是一方面。另一方面，青年运动又是整个人民运动的一个特殊部分，青年有着旺盛的精力，有着多方面的兴趣爱好，而且青年时期又是思想上矛盾最多的时期，少年没有发生的问题，

---

① 胡耀邦：《引导我国青年向最伟大的目标前进》（1956 年 9 月 24 日），《胡耀邦文选》，人民出版社 2015 年版，第 15—23 页。

他们可能发生，成年人已经解决了的问题，他们还没有解决。正因为这样，青年团就不能用一般化的方法去带领青年，就要创造一些适合青年特点的方法，去发挥青年的社会主义积极性，去满足青年的各种进步要求，并且使青年干部在干的当中增长才能。开展既有益于社会主义事业又适合青年特点的独立活动，和向党闹独立性是完全不同的两回事。决不能把独立活动和闹独立性、把先锋作用和"先锋主义"混淆起来。

发言中，他还讲到青年团应当担负起教育青年学习科学文化知识和扫除文盲的重任，以及干部的思想作风等问题。最后他满怀信心地说，培养社会主义的新人和发展社会主义的新经济一样，都是我们党在过渡时期带有根本性质的任务，而且是密切相关的任务。我们相信，全党一定会更好地关注我们这未来的一代，引导他们朝着最伟大的目标——社会主义和共产主义，胜利前进。

这样，胡耀邦就向全党介绍了青年团工作的主要方针和经验，特别是提出了不能简单化地对待青年，使得各级党组织对青年团有更多的了解，能够更好地加强对青年团的领导。

在"八大"选举新的一届中央委员会时，胡耀邦列入了候选人名单。他得知这一情况后，深感不安，立即给毛泽东等中央领导人写了一封信：

陈云、小平同志阅转

主席并原书记处同志：

今天上午，我出席主席团会议，看到我的名字摆在预定的正式中央委员里的时候，从心底里发出了无限的痛苦。几次想站起来提出意见，但老是感到难为情。当快要散会的时候，算是鼓起勇气站起来了，可是又被大家说"不要谈个人问题"，就坐下来了。

我是做梦也没有想到，我会被提名为中央委员的。我绝没有低估自己，我曾经估量过自己的分量。我这样计算过，如果我们党把领导核心选成一个二千多人的大团，大概我可以摆得上。后来决定选成一个大连（这是我衷心拥护的），在这个连里有了我的名字，心里非常不安。但又一想，做青年工作的没有一个人也不好。所以就拼命压制着自己，没有提，也没有同别的同志讲。至于由于提得太快，又没有把工作做好，因而欠了党的债，那以后还可以经过自己的努力去补偿。从这一点上说，我认为我这样做也是识大体的。

现在九十七个正式中央委员的名单中又有我，我就完全想不通了。这样做使我太没有脸面见那些无论是过去多少年和这几年，对党的贡献都比我大几倍的绝大多数的候补委员。这，对我的压力实在太大了。

无论如何，请主席和中央同志把我的名字摆在候补名单里去。

情绪有点激动，写的词不达意，想一定会原谅我。

敬礼！

胡耀邦

一九五六年九月二十二日

事后，刘澜涛代表主席团同胡耀邦谈话，说青年团里应该有一名负责人为中央委员，这样对工作有利，他本人的资望也符合条件，劝他不要再提这件事，他才不得已接受下来。

"八大"的新精神，使全国上下兴高采烈，准备着用加倍的努力，迎接经济建设的新的高潮。团中央也及时作出决定，1957年5月召开青年团第三次全国代表大会，贯彻"八大"精神。

1957年很快到了。从1月份起，胡耀邦就同团中央书记们一道，忙于筹备大会。他兴冲冲地思考着如何根据八大的精神——阶级斗争已经基本结束，阶级矛盾已经基本解决，进一步调整青年团工作的思路，进一步动员广大青年投身建设事业。

2月27日，毛泽东在最高国务会议上发表了《关于正确处理人民内部矛盾的问题》的讲话。胡耀邦去听了这次讲话。毛泽东提出的"人民内部矛盾"的概念以及正确处理人民内部矛盾的一系列理论、政策、方针、方法，使胡耀邦都有豁然开朗之感。而最令胡耀邦触动的，是毛泽东批评说：最近一个时期，思想工作、政治工作减弱了。……我看是共产党应该管，青年团应该管，政府行政部门应该管。胡耀邦知道，毛泽东的这个批评是有针对性的。在此之前，由于东欧波兰、匈牙利事件的影响，一些地方出现了青年工人罢工和学生示威、罢课事件，这些都引起了高层的严密注意。胡耀邦敏感地意识到，围绕处理人民内部矛盾的新的思想工作必须迎头赶上。

他还是首先从做学生的工作入手。2月5日，北京大学团的干部举行学习会，他前去就学校青年团如何协助党加强学生的思想工作问题讲了一番话。他说，总的来说，我们的青年学生是好的，但是去年在学校中也出现了相当多的问题，叫作"大体还好、乱子不少"。他说，去年下半年问题暴露较多，原因相当复杂，必须具体分析，不能简单化。一条原因，是同我们的同学比较年轻有关系，这是最重要的一条。年轻说明青年的优点，也说明青年的缺点。优点就是比较真诚、爽直、坦率，有什么讲什么，脑子里藏不住什么东西。缺点就是没有经验，不知道多方面思考问题，想想这问题能否这样讲，这事能否这样做。他说，我们党历来都强调，对青年同志所犯错误放任自流是不对的，必须加以帮助，只要他们在做错事情以后，经过学习和讨论，进步了，就变成了好事情。

关于青年团怎样加强学生的思想工作，胡耀邦在指出培养正确人生观即为人民服务、而不是为个人服务的重要性外，还特别提出培养正确思想方法的重要。他说，青年人经验不多，阅历较少，往往把复杂的事情看得太简单，太容易，因此往往容易犯主观片面的错误。因此，如何通过每天所发生所出现的问题，使广大同学都不陷于空想，都不作主观片面的武断，都能进行实事求是的全面分析，也就是培养青年对一切事物的辩证唯物论的思想方法，这也应当是思想工作的目的。

在这次会上，他提出了八个问题，要大家思考，这些问题都是学生们经常议论的、也是最容易引发激烈情绪的，这就是：一、缺点错误问题，即在社会主义制度下共产党可不可能产生缺点错误。二、社会主义法制问题。三、社会主义制度下的官僚主义问题。四、妨碍个人自由问题。五、违反民主的问题。六、妨碍独立思考的问题。七、改善生活问题。八、群众观点问题。他认为这些问题不容回避，希望青年团引导着大家对这些问题寻找出正确的答案。

2月8日至21日，胡耀邦主持召开了团的省、市委书记会议，着重研究新形势下青年团的思想教育工作问题。邓小平到会对团的工作任务、工作方法等作了指示。由于各地程度不同地出现一些新的矛盾，团干部的思想也活跃而参差，所以会上的讨论格外热烈。胡耀邦综合大家的意见和提出的问题，在作会议总结时，系统地讲了七个问题：新的形势带来思想工作新的问题；思想工作的目的；思想工作的方法；对待有错误思想的青年的方针；提高团员的思想是提高广大青年的思想的一个主要环节；抓思想工作同抓其他工作的关系；掌握青年思想动态、提高团干部的思想水平，是做好思想工作的基本前提。他说，新的形势带来思想工作的许多新的问题。由于阶级斗争基本上结束，阶级矛盾基本上解决了，同时也就带来了另一方面的问题，即人民之间的关系、人民内部的矛盾相对地突出了。青年是人民的一部分，由于他们特定的许多原因（年轻，经验少），他们的要求、意见和问题往往更多一些。如果我们的工作做得不好，如果我们的思想上麻痹，也就是说，如果我们放松了思想工作，青年里面就容易闹事。就可能引起人民之间的矛盾的尖锐化，甚至由一些非对抗性矛盾转化为对抗性矛盾。根据去年的情况，我们得出这样一条经验，就是从此以后任何时候我们都不能放松思想工作。在谈到对待有错误思想的青年的方针时他说，总的来说，对青年中的思想错误，要坚持在爱护和保护的前提下进行说服教育工作。在这种方针下，对以下四种情况应该适当地加以区别对待：第一种是，一般讲怪话，一般的不满的，要坚持说理的方针。第二种情况是，公开散播反动言论但是没有反革命证据的，应该加以公开批评，但是批评也是要采取说理的批评，而不能简单地谩骂，不要轻易处分人。第三种情况是，对一般品质不好，道德败坏的，也要采取教育的方针，充分说服，充分教育。只有对那些极个别屡教不改、破坏了社会治安、严重违法乱纪的，青年团就应该支持政府给以必要的处理。第四种情况是，凡属是群众性的集体闹事（包括罢工、罢课、游行、示威），必须非常谨慎地细致地加以分析，对其中合理的要求要坚决加以支持，对不合理的要求和意见要帮助加以说服，对不妥当的要求要坚决加以反对。

在这次总结讲话中，他还对思想工作的性质作了发挥。他说，思想工作是一种什么性质的工作呢？第一，是一种先行性质的工作。就是说做任何一件工作，如果不先打通思想，先不从政治上讲清楚道理，先不说明问题的重要性，也就是说不以思想工作作先导，就要群众去做，就可能产生命令主义，形式主义，就可能助长某些人的个人主义。第二，还是一种保证性质的工作。它能够使一件事情坚持到底，能够使一些事情讲求质量，能够使一些事情有正确的目的性，能够使参加的群众在自觉的基础上发挥出持久的热情。因此，任何一件工作自始至终都要贯彻思想动员和思想教育。

3月间，胡耀邦在全国青联二届全国委员会第四次会议上的讲话中，又明确说道：有人说现在许多青年都埋头钻研业务，不问政治。我说这句话也要加以分析，不要一般批判。现在国内阶级矛盾已基本解决，今后更长的时间是同自然界作斗争。这就需要自然科学，需要业务。因此，埋头钻研业务是好事。为什么会发生不问政治的倾向呢？主要责任，百分之九十以上的责任，还是在于我们做思想政治工作的人。我们有些政治思想工作搞得不那么高明，我们所组织的政治学习多数情况甚至主要情况是内容枯燥，方法生硬。我们要将政治思想工作搞活泼一些，实际一些，大胆地去掉一些主观主义的、教条主义的做法。

其后，他在同《中国青年报》领导人等研究工作时，又强调了这一点：对于一些青年"只埋头钻研业务，不问政治"，可不能一刀切地进行批判。因为国内的阶级矛盾已经基本解决，今后长时期的中心任务是同自然界作斗争，这就需要钻研自然科学，钻研业务。我们应当提倡的是：抬头瞭望政治，低头钻研业务。这就合人心，顺趋势了。

这时候，胡耀邦对青年中可能出现的"闹事"等现象不无担心，但就青年全体范围来说，他仍然坚持要有一个宽松的环境，要有一种活跃的气氛，希望把青年团的工作建立在尊重青年个性，启发青年自觉的基础上。

团的"三大"的准备工作大体在 5 月初完成。5 月 11 日，中央政治局讨论"三大"文件，刘少奇、周恩来、朱德、邓小平都发了言。邓小平提出，报告总的精神是六个字：劳动、学习、团结。他说，这要作为团的一个时期的方针。特别是劳动，是中心的中心；学习上强调向老一辈学习；团结上强调反对宗派主义；组织建设上强调紧一点。

5 月 15 日，中国新民主主义青年团第三次全国代表大会在北京政协礼堂开幕。毛泽东、刘少奇、周恩来、朱德、陈云、邓小平等党和国家领导人出席开幕式。这次会议确定将青年团的名称改为"共产主义青年团"。邓小平代表中共中央致祝词说："用共产主义青年团来作为我们这支先进队伍的名称，不只是给全体青年团员带来了巨大光荣，而且，也在中国青年的肩上放上了更繁重的任务。""中国共产党深信，青年团员和全体青年必然能够克服自己道路上的各种困难，出色地完成自己的光荣任务。"

胡耀邦作了题为《团结全国青年建设社会主义的新中国》的报告。报告中说："党的'八大'提出'我们党现实的任务，就是要依靠已经获得解放和已经组织起来的几亿劳动人民，团结国内外一切可能团结的力量，充分利用一切对我们有利的条件，尽可能迅速地把我国建设成为一个伟大的社会主义国家'。作为共产党的最亲密的助手——中国共产主义青年团的总任务，就是团结和教育全国青年，在党的领导下，为完成党所提出的这个历史任务而奋斗。""在建设社会主义的伟大斗争中，我们青年的任务可以用三个口号来概括：积极劳动，努力学习，加强团结。共产主义青年团的工作，也就是要在这三方面对全国青年贡献出自己的力量，帮助青年更好地完成自己的任务。"他在报告中还就"教育青年热爱劳动""学习政治和业务，继承革命传统，掌握建设知识""巩固和扩大全国青年的大团结""坚持群众路线的工作方法""加强团的建设""加强同各国青年的友谊和团结"等作了阐述。

大会修改了团的章程，决定将改名以后的团的全国代表大会，同过去的中国社会主义青年团、中国共产主义青年团以及中国新民主主义青年团历次代表大会相衔接，将下一次代表大会定名为中国共产主义青年团第九次全国代表大会。

5月25日，大会闭幕，毛泽东、刘少奇、周恩来、朱德、陈云、邓小平等再次到会接见全体代表。毛泽东面对一千四百多名团代表即席发表了讲话。他说："你们的会议开得很好。希望你们团结起来，作为全国青年的领导核心。中国共产党是全国人民的领导核心。没有这样一个核心，社会主义事业就不能胜利。"他号召："同志们，团结起来，坚决地、勇敢地为社会主义的伟大事业而奋斗。"并且强调："一切离开社会主义的言论行动都是错误的。"

5月26日，胡耀邦在共青团三届一中全会上当选为团中央书记处第一书记，其他书记为刘西元、罗毅、胡克实、王伟、梁步庭、项南。

二、保护团干部

当胡耀邦和他的同事们在总结这次团代会时，也自然地去认真领会毛泽东的关于"共产党是全国人民的领导核心"和"一切离开社会主义的言论行动都是错误的"这一番话。他们当然都体会出这番话是极具分量，大有深意的。

毛泽东在2月所作的《关于正确处理人民内部矛盾的问题》的讲话里，对社会矛盾的分析同八大是一致的，他说，应该肯定，社会主义社会矛盾是存在的。基本矛盾就是生产关系同生产力之间、上层建筑同经济基础之间的矛盾。① 随后毛泽东又同民主党派、文艺界、教育界、新闻出版界座谈，倡导"鸣""放"，动员开展批评。5月1日，中共中央发表了《关于整风运动的指示》，提出"在全党重新进行一次普遍的、深入的反官僚主义、反宗派主义、反主观主义的整风运动"。其后，毛泽东又起草了《关于继续组织党外人士对党政所犯错误缺点展开批评的指示》，要求党外人士帮助共产党整风。受着毛泽东号召的感召和正确处理人民内部矛盾精神鼓舞的人们，先是党外人士，后来许多党员以及团的干部和团员也参加进来，怀着帮助党改进作风的愿望，纷纷提出意见。其中有些意见涉及共产党的领导，有些意见放言无忌，较为尖锐。5月15日，毛泽东起草了党内文件《事情正在起变化》，其中说，"最近这个时期，在民主党派中和学校中，右派表现得最坚决最猖狂"，"他们不顾一切，想要在中国这块土地上刮起一阵害禾稼、毁房屋的七级以上的台风。"

6月8日，中共中央发出《关于组织力量准备反击右派分子进攻的指示》，同日，《人民日报》发表社论《这是为什么？》正式拉开了反右派运动的帷幕。此时胡耀邦也认为，这确是一场严重的政治斗争。他特地去思想活跃的《中国青年报》社，按《事情正在起变化》的精神，跟编辑记者们打招呼。不久他就忙于出访任务。7月16日，他率团赴莫斯科，去参加第六届世界青年联欢节。

9月中旬，胡耀邦从苏联回国在新疆停留。不觉两个月过去了，他知道国内运动情况会有很大变化。一到乌鲁木齐，他便急急地打电话给团中央，询问机关反右派情况。当得知团中央系统已经划了

---

① 逄先知、金冲及主编：《毛泽东传（1949—1976）》（上），中央文献出版社2003年版，第632页。

一批右派，单是《中国青年报》就划了 17 个，已占编辑部人数的
17%，还有好几个待划时，他吃了一惊，不由地说："损失惨重啊！"
指示立即刹车，等他回去再说。

当时，胡耀邦虽然肯定反右派的必要性，但他没有想到会给少
不更事的青年戴上这样沉重的政治帽子，更没有想到呼啦一下子划
这样多的青年"右派"。但他回天无力，只能在可能范围内尽量保
护一些人。

《中国青年报》总编辑张黎群在新闻界一次鸣放会上说，现在报
纸缺少自己的声音，成了"传声筒、留声机、布告牌"。毛泽东得知
后让邓小平查处此事。邓小平找胡耀邦去询问张黎群的情况。胡耀
邦说：他讲的那些话，是糊涂俏皮话。他年轻时就参加了革命，对
党是很有感情的。田家英也帮忙说话，使张黎群免于戴上帽子。

《中国青年报》副总编辑钟沛璋是一位老党员，地下工作时期
曾做出过卓越贡献。胡耀邦十分赞赏他的文章，认为有思想、有气
势。但钟沛璋在团中央常委扩大会议上就青年团改革问题发言，提
出青年团应有更大的独立活动空间，被人揪住，要划右派。胡耀邦
说，那是在内部会议上的发言，各种意见都应该允许，将他保护了
下来。后来批判"项梁"①时他还是在劫难逃，胡耀邦实在顶不住了，
对钟沛璋终于被划为"右派分子"惋惜不已。

中国青年出版社社长李庚是位学识渊博、性情耿直的知识分
子。反右后期，他上书表示了对出版事业照抄苏联体制和将一些文
化人划为"右派"的不同看法，结果他自己也被划成"右派"，又
因为不肯认错，而被层层加码，成为"死不改悔"的极右，因此抑
郁不堪。1962 年，他从外地劳动改造回来后，胡耀邦立即托人捎话，

①　见本章第三节："跃进"中的蹒跚。

邀他去谈谈。见面听了李庚的倾诉之后，胡耀邦表示："是处理过重了。有意见允许提出来，组织上可以研究，该纠正的就纠正。……你吃了苦头，但不要耿耿于怀。"他对李庚郑重表示了道歉。李庚说："当时你出国不在家，你没有责任，不必由你给我道歉。"胡耀邦说："我是第一书记，团中央的事，我都有责任。错了就应该认错，我还是要向你道歉，请你原谅。"后来他设法为李庚平反，但阻力重重，只好给李庚打电话说，"你的事情现在怕一时不好解决，你不要现在就提出申诉，安心生活和工作，以后总会解决的"。这给了李庚以很大的生活信心和勇气。

当时团中央系统划了50多个"右派"，加上划成"中右"的，达近百人。按照处置右派的规定，这些人都要下放到农村去劳动改造，一批去北大荒，一批去陕北米脂。1958年2月，在他们出发之前，胡耀邦同大家座谈，为他们送行。

座谈会开始，大家神情沮丧，黯然不语。胡耀邦说"那我先说几句"，然后开口叫了一声："同志们。"

这久违的称呼，使这些处境艰难的人感动得眼含热泪。胡耀邦继续说：你们中间的绝大部分是有才华的，才华横溢，为党为人民做过不同程度的贡献。可这次你们的错误犯得太大了，你们太骄傲了。他接着说：今天你们犯了这么大的错误，我有不可推卸的责任。我平时对你们只知使用，帮助不够，敲打得不够。你们当中大多数人现在悔恨，难过，我也不好受，很不好受。可是你们要明白，党中央、毛主席认为这是一个大是大非的问题，是敌我矛盾，但是可以当作人民内部矛盾处理。因此团中央组织上对你们不能不做出适当处理。他说，你们中间绝大部分同志要下去劳动锻炼，希望你们能自觉地找苦头吃，自觉地好好地劳动，通过劳动彻底改造非无产阶级的世界观，彻底改造资产阶级思想，争取早日回到革命队伍中来，可以恢复党籍，可以入党嘛！你们不要背包袱。过去种种譬如昨日死，今后种种犹如今日生。我希望听到你们的好消息。我相信你们能改造好，我坚信咱们还有共事机会！他最后说：你们改造好了回来时，我给你们开欢迎会。咱们就这样说定了。

这不啻是让在座的人在绝望中看到了希望，在迷茫中看到未来，重新鼓起生活的勇气。

对于团中央系统划了那么多"右派分子"，胡耀邦一直感到有问题，以后做过多次检讨，说他对这些青年干部帮助不够，关心不够。后来这些被划为"右派"的干部，许多人都较早地摘了帽子，安排了工作，有的还照旧受到重用。

反右派斗争严重扩大化以后，毛泽东在八届三中全会上否定了八大决议中关于主要矛盾的论断，提出"无产阶级和资产阶级的矛盾，社会主义道路和资本主义道路的矛盾，毫无疑问，这是当前我国社会的主要矛盾"的论断。对这种理论上的变化，胡耀邦感到困惑。社会上"右派"划得越来越多，他对此也产生了怀疑。随着这些疑虑的加深，他渐渐滋生了令他痛苦的念头，他觉得毛泽东已听不得批评。这就是他后来在"文化大革命"中所检讨的。

三、"跃进"中的蹒跚

在"反右派"告一段落后，胡耀邦曾说，总不能天天"反右派"吧，总不能成为"反右派"的专家吧，还是要抓好团的工作，要组织力量下去搞调查研究，看看情况到底怎么样。他还想尽量有所作为，正像张黎群所说："客观地说，五七年整风以后，耀邦同志在很多重大问题上，特别是在政治领域，政治斗争方面，是很艰难的，有时不得不做违心的事，说违心的话。他苦于无奈，只能招架应付，无回天之力。但是，他对青年工作，并不懈怠，仍然尽力所能及，在其权限的有限空间，尽力缩小'左'倾错误的影响。要求各级团的干部努力改进工作方法和工作作风，避免简单粗暴的过火斗争，努力保护青年群众，努力实施自己的主张和观点，努力开展调查研究，发现、保护并推动新鲜事物，推动青年教育，开展有特色的青年活动，培养良好的作风。"

1958 年，进入"大跃进"年代。

1 月 7 日至 21 日，胡耀邦主持召开了团的扩大的三届二中全会扩大会议，讨论和确定新的一年里的工作任务。"反右派"斗争以后，中共中央认为思想战线上的社会主义革命已经取得伟大胜利，要适时地推进经济建设快速发展。这一年的元旦，《人民日报》发表了社论《乘风破浪》，提出要"又多又快又好又省地进行各项建设工作"，而且必须"鼓足干劲，力争上游，充分发挥革命的积极性创造性"。胡耀邦认为，在这"大干快上"的时机，正可以将团的工作更好地引向经济建设，以突破"反右派"后的沉闷气氛，再现青年团的活跃风貌。他在这次全会上的工作报告《共青团1958 年的工作任务》中，要求全团"鼓足干劲，加快步伐，作我们事业的促进派，带领广大青年成为生产大跃进中最英勇的突击力量"。在会议总结时，他又着重讲了"我们青年团的工作要不要跃进，能不能跃进，或者说能不能把我们团的工作做得更有生气一些"的问题。

3 月 15 日，团中央在江西瑞金召开了以植树造林为主要内容的江西、湖南、福建、广东四省百县青年团的观摩学习会议，有四省一百个县的团委书记以及农村团的基层干部共一百五十余人参加。3 月 20 日，胡耀邦作了题为《思想解放，勇敢前进》的讲话。

他强调共青团干部要深入实际，调查研究具体情况，把上级的指示结合本地区的情况，创造性地进行工作。凡是对社会主义有利，符合"多"、"快"、"好"、"省"方针的事情，共青团就应该毫不犹豫地去干，坚决反对那种机械地、形式地、毫无生气地执行上级指示的工作态度。他说，我们要积极地协助党在各项中心工作中做出成绩来，决不能抱着旁观等待的态度，要善于主动地选择我们青年团能够出力的地方定出规划，拿出措施，做出效果。在讲到青年团干部的工作作风和工作方法时，他提出团的干部都应该有两副革命正气，就是革命的志气和革命的勇气；两类斗争知识，就是生产斗争知识，政治工作知识；两套工作方法，一套是"蹲点"和"跑圈"，即深入调查和普遍指导相结合，另一套是"抓"和"推"，即善于发现和抓住典型，并加以推广。

会议期间，胡耀邦带领代表们来到当年毛泽东等从事活动的沙洲坝造林、种树五十亩，他提议取名为"赣湘闽粤四省百县林"，由此兴起了1956年以来全国范围的第二次青年造林绿化热潮。

继农业战线的活动之后，4月5日，团中央和全国总工会联合在上海召开了全国青年工人代表会议，主题是就青年工人如何实现祖国工业化的伟大历史使命交流经验。4月12日，胡耀邦在会上作了《人是我们伟大事业的决定因素》的报告。他说，在我们建设事业中，人，就是最重要的生产力；人，就是最宝贵的财富；人，就是我们伟大事业的决定因素。社会主义时代把人的作用提到了空前的高度，它要求我们既能掌握社会发展的规律，又能掌握自然发展的规律；要求我们既成为社会的主人，又成为大自然的主人。这就是说，时代要求我们青年工人应该成为具有高度政治觉悟，有文化修养和精通生产技术的人。他要求青年工人第一要增长志气，第二要掌握技术，第三要刻苦学习，第四要勇敢创造，第五要又勤又俭，第六要团结友爱。

在"大跃进"这面"红旗"的号召下，团组织又积极行动起来，带领青年为社会主义而"大干苦干实干"，"发出青春的光和热"。青年工人在进行技术改革中，青年农民在兴修农田水利的高潮中，都有很出色的表现。

5月5日至23日，胡耀邦参加了党的八大二次会议。这次会议提出了"鼓足干劲，力争上游，多快好省地建设社会主义"的总路线，将党的八大关于国内社会主义主要矛盾的论断，正式修改为："在整个过渡时期，也就是说，在社会主义社会建成以前，无产阶级同资产阶级的斗争，社会主义道路同资本主义道路的斗争，始终是我国内部的主要矛盾，这个矛盾，在某些范围内表现为激烈的、你死我活的敌我矛盾。"这一修改"中断了党的工作重心的转移，使我们党和国家长期陷入阶级斗争扩大化的迷误，阶级斗争连续不断并逐步升级，严重地干扰了社会主义经济建设"。[①]

为及时贯彻八大二次会议精神，6月2日至8月13日，胡耀邦主持召开了共青团三届三中全会。在会上，胡耀邦主持通过了《关于组织广大青年学习马克思列宁主义、学习毛泽东著作的决议》。

1958年下半年，完全背离客观经济规律的"大跃进"运动的恶果逐渐显现，团的工作也深受影响。"在广大农村，合作化运动高潮中的撤区并乡刚刚了结，大办人民公社以及随之而来的县社规模调整又全面展开。农村团组织也处于大变动之中。在合并县市和整顿公社机构中，有的中共地方组织对团干部的编制压缩过多，骨

---

① 薄一波：《若干重大决策与事件的回顾》（下），中共中央党校出版社1993年版，第623页。

干抽调过猛，在使用上统得太死。另一问题是团干部调动频繁，变动过大，兼职过多，使不少地方出现团的日常工作无人过问，团员教育无人负责，团费无人收缴，团的关系无人接转，团员档案失落等现象。"[①] 团的思想教育由于"强调'以阶级斗争为纲'，脱离建设实践，形成'政治第一'，'突出政治'的偏向。发展到后来，形成思想政治工作与经济工作'两张皮'的痼疾"。[②]

面对这种局面，胡耀邦也深感棘手。但是对党的事业一贯赤胆忠心的他，不能无所作为，他仍然要尽力打开局面。为了把各条战线上青年的积极性纳入正常轨道，在他的倡议下，11 月 20 日至 12 月 2 日，召开了第二次全国青年社会主义建设积极分子大会。朱德代表党中央在开幕式上致祝词，陈毅在闭幕式上就青年的工作、劳动和学习的问题发表了讲话。胡耀邦作了题为《发扬共产主义精神，努力建设社会主义》的报告。他向青年提出了四项要求：一、积极地参加劳动，人人无例外地养成劳动习惯，并且在劳动中刻苦钻研，提高自己的本领；二、更加努力地学习文化和科学知识，更加努力地学习马克思列宁主义理论，并且把这两种学习密切地结合起来，向"又红又专""红透专深"的目标前进；三、继续发扬积极性和创造性，彻底破除迷信，解放思想，敢想敢说敢做，并且使青年人中的那种敢想敢干的精神同实事求是的作风密切结合起来；四、要在自己的思想上高高地举起共产主义的红旗，不断地提高自己的共产主义思想觉悟，不断地提高自己的共产主义道德品质。

---

① 　共青团中央编写：《当代中国的青年和共青团》下册，当代中国出版社 1998 年版，第 28 页。

② 　共青团中央编写：《当代中国的青年和共青团》下册，当代中国出版社 1998 年版，第 191 页。

这次大会开得还是那么隆重，但是由于它是在"大跃进"中浮夸风大盛的时候召开的，报上来的一些青年积极分子的劳动生产成果被夸大了，有的甚至是虚假的。"特别值得引为教训的是，当时高指标、瞎指挥、浮夸风、'共产风'泛滥成灾，在这样情况下所激发起来的青年建设热情，不能不带有盲目成分在内，加以'大跃进'中，不注意保护青年的热情，只提倡鼓干劲，不引导青年注意劳逸结合，把苦干和巧干结合起来，违背了青年生理特点，损害了青年身心健康。这样做法，不仅不能使激发起来的青年积极性得到健康发展，相反的，使青年的这种积极性受到严重挫伤。"[1]

像每年年初都要制定全年工作规划一样，1959年初，胡耀邦考虑着全年的工作安排。在这之前，他刚刚参加了党的八届六中全会。毛泽东此时也发现了浮夸风、"共产风"严重，从郑州会议、武昌会议以至八届六中全会上都是反复强调"压缩空气"，纠正"左"的思想和决策。这种形势鼓舞了胡耀邦的信心，他要乘此时机振奋团干部的精神，把团的活动开展起来。

元旦一过，他就来到广西。广西正在开团的地、市、县委书记会议。1959年1月7日，他到会讲话。他首先从一些理论和政策问题讲起。他说，我国人民现阶段的任务是什么？提法需要变一变了，不是为建设共产主义而奋斗，而是为建成社会主义而奋斗。这是当前全国人民思想上至关重要的一个问题，必须把它弄明确，向全体团员、全国青年讲清楚。为着加速建成社会主义，具有决定意义的条件，就是努力发展生产。为此就要鼓舞、爱护、发扬群众的

---

① 共青团中央编写：《当代中国的青年和共青团》上册，当代中国出版社1998年版，第65页。

革命干劲，包括更好地关心群众生活，继续开展文化和技术革命。接着，他针对团干部对开展活动的疑虑说，不是要不要搞活动，能不能搞活动，该不该搞活动的问题。共青团当然要搞活动。团有团的业务，一个部门没有自己的工作内容就没有存在的必要了。他说，搞活动主要要有两条，一是要经过认真研究，切实可行；二是要符合党的任务政策，经过党委同意。对于 1959 年要开展哪几个方面的活动，他提出：主要是大搞思想教育活动，大搞生产活动，大搞学习文化科学知识活动。

2 月 23 日至 3 月 7 日，胡耀邦在北京主持召开了团的三届四中全会。会议的主要议题是，根据党的八届六中全会精神，总结 1958 年团和青年工作的经验，确定 1959 年的工作任务。会议的最后一天，邓小平、彭真、陆定一等接见全体与会人员，邓小平对团的工作作了指示。

3 月 6 日，胡耀邦作了会议总结。他着重讲道：服从党的领导不会影响正当的积极性；青年团要搞活动，这已经是完全肯定了的，我们应当也一定可以把活动搞得更好、更实在；要积累经验，提高水平，这没有别的办法，就是要努力学习。针对着团的思想工作中仍然存在着的"左"的问题，他要求"把思想工作提高得更细致一些"，特别是要善于分清是非界限，区别对待：一、要区别好心肠和坏心肠。对好心肠讲错话的人，要耐心解释，热情帮助；只有对坏心肠说坏话做坏事，恶意拨弄是非的人和反革命分子，才坚决打击。二、要区别合理要求和"思想问题"。对于一切合理要求都要耐心听取，认真研究，不要当作"思想问题"加以批评。三、要分清政治问题和思想问题的界限。四、对道德品质方面的问题，也要区别轻重、情节的不同，对一般性问题都要采取教育帮助的态度。五、在学术问题上，要允许人们"争鸣"，在艺术上要允许有风格、形式的差别，不要强求一律。

这一时期，胡耀邦总是利用各种机会为青年鼓劲，要把青年们"大跃进"以来屡遭挫伤的积极性调动起来。他倡导大宣传（宣传形势、奋斗目标和党的政策）、大表扬（表扬青年中的好人好事）、大竞赛。他竭力调整团干部的思想情绪和工作作风，纠正团的工作中那些不适合青年需要的做法，对广大青年群众提出新任务新要求。

在4月间举行的团中央书记处会议上，胡耀邦尖锐地指出："大跃进"以来，形势发展迅速，一部分同志被胜利冲昏头脑，因而产生了主观蛮干，无根据地瞎吹，当发现行不通的时候，又不转弯，忘记了群众路线、凡事同群众商量和"一切经过实验"，以致发展到弄虚作假。这种情况继续发展下去，我们的思想就会变质，许多已获得的成绩将会化为乌有。他提出要"继续反对虚夸和弄虚作假，提倡实事求是，讲真心话"。他还指出，这些年来团的工作中的形式主义毛病有所发展，往往用简单的鼓动和先进事例去代替更深入、更细致的思想教育，往往用先进的生产组织和积极分子代替团的基层组织和团员的核心作用，往往用一般号召代替深入细致的群众工作，在文风上也有缺少认真的分析和说理而只是概念加例子的不良表现。他倡导把敢想、敢说、敢干的风格同刻苦钻研、切实实验结合起来，"我们要想尽一切办法，把广大团的干部、青年的革命热情和求实精神结合起来"。

对于学生，胡耀邦则针对"大跃进"以来学生无心读书、不敢读书或不能静下心来读书的现象，一再论证读书的重要性，要求"继承人类全部文化遗产，用一切有用的知识武装起来"，同时做到读书、劳动、思想三丰收。

面对青年工人，他希望大家用尽一切办法，按时、按量、按质地完成生产任务，"成为实现今年大跃进的一支突出力量"。他特别倡导都要成为技术熟练的工人。他说，一个技术熟练的工人，至少需要具备四个条件：能够很熟练地操作一门技术，不出或少出废品；懂得与自己有关的机器设备的构造和性能；对普通的机器和工具能够做简单的修理；一专多能，精一兼数。他要求青年工人"投入到增产节约运动中去，把多出一分力，多流一滴汗，多省一分材料，多创造一分财富，看作是为整体利益服务的崇高义务"。

7月13日至18日，胡耀邦在青岛主持召开了团的三届五中全会，讨论加强团的基层组织建设，更好地提高团的战斗力的问题。这次会议作出了《关于加强农村团的基层组织在青年中的核心作用的决议》。全会提出，农村团组织要根据青年特点因地制宜地大搞生产活动，加强对农村青年的形势教育和党的政策教育，农村六十万个团支部要建设成为先进的、密切联系群众的、有战斗力的基层团组织。

至此，他把工、农、学几条战线的任务，都作了安排。

团的三届五中全会之后，胡耀邦去团中央委员、回乡知识青年典型徐建春的家乡山东省掖县西由公社住了六天，边参加劳动边调查研究。几天后，他接到中央办公厅通知：8月1日前赶到庐山，参加党的八届八中全会。29日，他同几个随行人员赶到莱阳机场，同其他几个中央委员一道，乘中央派来的飞机上了庐山。

此刻的庐山上已点燃了"反右倾"的烈火，政治局扩大会议对彭德怀的《意见书》展开了连续多日的猛烈批判，在7月23日毛泽东发表了严厉的讲话之后，已经将彭德怀以及持类似意见的黄克诚、张闻天、周小舟定为"有计划、有组织、有目的的、矛头指向党中央、毛主席和总路线"的反党集团，是右倾机会主义分子。现在，把中央委员叫来开全会，是要统——下认识，履行一下程序，通过一个决议。

8月2日，党的八届八中全会开幕。事先毫不知情的胡耀邦，面对这样突如其来的重大事件，一时难以理解。当时在会上负责简报和小型会议记录的冯征（曾是抗大四期一大队学员）私下里对他说，许多高级将领对这样批判彭德怀都想不通。胡耀邦沉痛地说，彭老总怎么会反党反毛主席呢？毛主席老人家听不进不同意见了。你作为会议工作人员，可以多听听，多想想，将来事实总会搞清楚的。

随他一同上山的秘书高勇后来记述说："在庐山会议上，他没有跟着瞎起哄，没有揭发批判彭德怀。整个会议期间，他只在会议小组会上作了一次简短的表态性的发言，主要内容是表示'拥护主席讲话'，'拥护总路线、大跃进、人民公社三面红旗'之类。"8月16日，八中全会闭幕，会议通过了《关于以彭德怀同志为首的反党集团的错误的决议》，他无奈地跟着举了手。

高勇写道："胡耀邦在庐山会议上的表现，当然逃不过'洞察一切'的毛泽东的眼睛。毛泽东通过每天听汇报、看简报，对每个人的表现了解得一清二楚。他除了看到胡耀邦一个简短表态外，再听不到他的声音，自然对他不会满意。几年后，耀邦也觉察到了毛泽东对他的不满，曾说：'庐山会议之后，主席有一两年不太理我，给我坐了冷板凳哩！'"

庐山会议之后，紧接着从上到下开展了一场声势浩大的"反右倾"斗争，一大批对"大跃进"有怀疑的干部、党员受到批判，有的被戴上"右倾机会主义分子"帽子，社会政治空气更加紧张，经济上更加蛮干，结果危机四伏。"反右倾"也使青年团工作再一次面临困境。"在团的专职干部大量减少，团的领导骨干十分缺乏的问题未能很好解决的情况下，1959 年，中共中央又在全国发动了：
"反右倾"斗争。共青团中央按照中共中央的部署，再次对团的干
部队伍进行了整顿。据九个省六千零二十三名专职干部的统计，在
运动中受到重点批判的有二百五十八人，占总数的百分之四点三。
团中央系统定右倾机会主义分子一人，重点批判十余人。团干部队
伍又一次受到冲击。"①

四、"穷年忧黎元"

"反右倾"之后，在政治、经济、思想各个领域里，总路线、
大跃进、人民公社"三面红旗"举得更高，对毛泽东个人崇拜的空
气更浓。接踵而来的便是 1960 年开始的连续三年的国民经济的严
重困难。在这种局势下，胡耀邦领导的青年团工作，也日益变得步
履艰难。

在那种全社会都要学习毛泽东著作的浪潮中，作为"党以马
克思列宁主义教育青年的学校"的青年团组织，自然要站在潮头。
1958 年 6 月团的三届三中全会上，就曾作过《关于组织广大青年
学习马克思列宁主义、学习毛泽东著作的决议》，从而展开了全国
青年学习毛泽东著作的运动。1960 年 1 月，团中央向中共中央报
送了《关于开展毛泽东著作的学习运动的提法问题》的请示报告，
中共中央转批了这个报告，使青年学习毛泽东著作运动引起了全党
的重视。胡耀邦于 2 月间在全国学生第十七届代表大会上以《用毛
泽东思想武装起来》为题发表的讲话，是这样论说学习毛泽东著作

---

① 共青团中央：《当代中国的青年和共青团》下册，当代中国出版社 1998 年
版，第 28 页。

的意义的：“学习毛泽东思想，是关系到培养青年成为共产主义事业接班人的最根本的问题，它对于提高青年的政治思想觉悟，树立无产阶级世界观和一生的健全发展都将起着伟大的决定性的作用。”因此，要“掀起一个学习毛泽东著作的热潮，下决心用毛泽东思想武装自己”。在胡耀邦主导下，同年4月，团中央、全国总工会、全国妇联在黑龙江联合召开了“全国青年学习马克思列宁主义、学习毛泽东著作现场会议”，总结交流了学习经验。之后，团中央又组织学习观摩团，分赴二十五个省市区的八十七个城市，进行学习观摩交流。胡耀邦强调，学习毛泽东著作不能图快，不能搞竞赛，“对于那些现在还不了解学习毛泽东著作重要性的人，不要勉强他们参加”。

这一时期，面对着工农业生产不断滑坡的形势，胡耀邦着重提出了青年职工要参加技术革新和技术革命，农村青年要争取农业全面丰收的任务。1960年2月，他主持召开了团的三届六中全会，根据国家形势安排全年工作。会议通过了《关于发动广大青年在全民的技术革命运动中发挥更大的突击作用的决议》，要求使这一运动成为全民的、全面的、持久的运动。对于农村青年，胡耀邦提出要“狠抓‘向空隙地进军’和‘变低产田为高产田’这两项活动”，并且在饲养员、炊事员、保育员、服务员、卫生员这“五大员”中大树标兵。

由于“大跃进”造成了严重的经济困难，1960年下半年，中共中央采取了“调整、巩固、充实、提高”的方针，并且要求各个方面的工作都做得更加扎实细致。根据这个精神，1961年1月4日胡耀邦主持召开了团中央常委扩大会议，认真回顾了过去一年的工作。对于工作中的不足，他说，这有四个方面：一、有些事情做得还有偏差，有时往往顾了这一头，丢了那一头，肯定了这一面，否定了那一面。有时往往主观地、简单地、绝对地看问题，而不是客观地、历史地、辩证地看问题。二、有些事情发觉得迟，抓得不紧。三、有些事情往往前紧后松，时冷时热。四、还有些事情粗心大意。

其后，邓小平指示团的工作要"深入细致，精雕细刻，点点滴滴，实事求是"。要求从团中央、团省市委做起，贯彻从群众中来到群众中去的群众路线，把工作直接做到基层。

为了把工作扎扎实实做到每个基层组织、做到每个青年身上，胡耀邦继提出开展"五好青年"（政治进步思想好，勤俭建国劳动好，勤学苦练学习好，体育卫生身体好，团结群众作风好）和"四好团支部"（思想政治工作好，"三好"［身体好，学习好，工作好］活动开展好，组织生活健全好，联系群众作风好）活动之后，又肯定了青年团陕西省委创造的各级领导机关办支部的经验，于 1961 年 12 月在南昌召开的北京、陕西、上海、江西等十二省市团委书记座谈会，提出了中央、省（市、自治区）、地（市）、县（区）、公社、大队团委都来办支部，即"六级办支部"。他说，为了使我们健全组织和开展活动心中有数，从明年起我们要六级办支部，书记带头，一年为期，每期办好一个。他说，"明年冬天如果真正办好了，全国加起来就有六万个好的团支部，我们的阵地就不是'星星之火'，而是'满天星'了。如果真正办好了，我们的感性知识就丰富了，说话也有根据了"。按"书记带头"的要求，胡耀邦自己也办了一个支部，这就是北京大学中文系 59 级一班团支部。其后他多次同这个支部的干部和团员谈话，直到一年后他去湖南湘潭工作的前一天，还给支部写了长信，向大家话别。

在那个特殊时期，胡耀邦更加关注团干部的思想作风和工作方法问题。事实上，胡耀邦从就任团中央书记时起，就把培养干部看作是有效地开展工作和向党输送合格接班人的第一要义。他循循告诫团干部要成为青年的表率，要有克服困难的勇气，要有打破常规勇于创造的精神。在五十年代初期的数年里，他推动各地办起了三十多所团校，不断地提倡团干部应当认真读书学习。他曾结合自己的实践和体会，向团干部提出了"干、看、读、想、写"的五字法。他说，干就是要努力工作，特别是要认真工作。看就是要经常到下面去，到青年中去，同青年谈话。青年分布在各个方面，不断地往下跑，看一看，问一问，跑得多，看得多，就增长了知识，增长了理解力。读就是要抓紧时间读书，有计划地读书，要读理论，读科学，读业务知识，学习文化。想就是要思考问题。做了工作，读了书，就要想，就会发现问题，就可以总结经验。写就是要随时把自己的经验教训、学习心得写下来，这样就能积累知识和经验，促使自己更快地进步。在他的影响之下，团中央机关形成了注重读书、相互尊重、十分融洽的气氛，各地也都涌现出一大批既有理论文化知识，又能密切联系群众的年轻干部。由于经济上的困难带来了干部思想上的不稳定，胡耀邦看到了"继续改进我们八万名脱产干部的作风"是当务之急。因此他经常去中央团校同学员们座谈，了解情况，讲授他们应有的思想作风和工作方法。在各种会议上，他反复强调要深入群众，要调查研究，要反映情况，要敢讲真话，而在这一切中，都要贯穿实事求是精神。他提醒大家说：实事求是地办一切事情，确实是不容易的，我们每天都会有比较实事求是和不实事求是的时候，每天都会有比较联系实际和脱离实际的时候。实事求是和联系实际有真相和假相之分，有本质和表面之分，有大和小之分。有这样的自觉认识，才能保持头脑清醒。针对当时的虚夸现象，他要求团的领导机关和领导干部要做到"三不三实"，即：不发无用的号召，不乱造声势，不搞空洞的议论；切切实实地搞调查研究，切切实实地总结经验，切切实实地编写教材和教育性论文。

当时团中央还有相当一批干部下放在各地，胡耀邦十分关心这些干部在困难形势下的境遇，总是找机会到下放地去看望他们。1959 年 5 月初，胡耀邦专程来到河北安国，看望下放到这里中国青年出版社的一批干部。他了解到不少干部吃公共食堂吃不饱，对带队人说，吃不饱是会损伤身体的，应该买点饼干之类，让大家晚上悄悄加点吃的。群众也不是完全靠食堂，晚上回到家里还不是要偷偷做一点吃。在安国的五天里，胡耀邦住在老乡家，白天参加大田劳动，晚上同村干部和青年们座谈。他同老乡一样吃发了霉的白薯干，甚至吃榆树叶，切身感受了农民的苦况。1961 年 3 月，他到湖南益阳看望了下放在那里的干部，嘱咐大家要有战胜困难的信心，要锤炼革命意志。同年 9 月，他又到山东金乡去看望下放干部。因为这些干部中有许多是在反右派、反"右倾"斗争中挨整的，因此这一次他推心置腹地同大家作了一次深谈。

他说，这几年团中央一个反右斗争，一个审干，都有问题，不少缺点。反右倾，现在看起来批判得宽了。团中央几个斗争都有缺点，我提醒过几次，说要搞稳一点。这些事情谁负责？我们书记处的同志要负责。我们没有对大家面对面斗争，但是领导的是我们。我乘此机会把历史说一下。几次运动，成绩是有的，但是问题不少。在座挨过批判的，我说基本上都不是事实，因此，账我主张不算了，大体上一笔勾销。没戴帽子的，将来填表就不写了。基本上都是好同志，缺点每个人都是有的。我代表书记处作自我批评，同志们的包袱可以卸下来。

胡耀邦一向喜欢到外地去，脚踏实地了解情况，考察工作。

他每到一地，不单单是调查青年团的情况，也向当地党政干部详细了解经济、文化、教育等方方面面的情况，就一些方针政策性的问题同他们探讨。"大跃进"以后，他在实际考察中耳闻目睹大量浮夸风、"共产风"的实际表现和所造成的严重后果，感到深深的不安，忧国忧民的心绪难以排遣。1960 年 9 月他出差到久违的川北，从广元到南充几百里路上，他看到群众衣不蔽体，面有菜色，不由得激动地说，还不如解放初期我在川北时吃得好，穿得好，难道这就是"大跃进"吗？他曾忧虑地对人说："有些地方自然灾害不是主要的、是共产风把人的积极性刮走了，这是第一位的问题"。[①] 后来在团的报刊宣传工作座谈会上他甚至主张把《三面红旗万万岁》的专栏取消，说"三面红旗就是不要讲那么多，讲多了让人反感"。

从 1961 年年初起，他到各地去更着重于对一些政策性很强的问题作更为深入的调查研究，希望能够找出克服一些困难局面的出路，向中央提出建议。1961 年春，他从河南内黄调查归来，就曾反复考虑，要改变农村目前的困难状况，最主要的是调动起农民的生产积极性，而眼前这种集体出工派活、大集体统一分配的经营管理，是否适合现在的生产力水平、农民的思想觉悟程度和基层干部的经营管理能力。他想给毛泽东、中共中央写一份调查报告提出自己的主张，即把耕地暂时借给农民，让一家一户去种，秋后除交公粮外，收多收少都归社员自己支配。但由于觉得想得不够成熟，放下了。

不久由中央统一组织，他率中央机关和辽宁省委调查组到辽宁海城调查。在相继向中央报送的几份调查报告中，5 月 5 日的"调

---

① 1960 年 11 月 23 日同中央团校学员座谈的讲话。

查材料之四"是《商业工作要活一点》。报告中说，人民公社化以后，农村商业由国营、供销社"两条腿"变成只有国营"一条腿"，从全民、集体两种所有制变成只有全民一种所有制，农村的商品交易就由包括集市贸易在内的三条渠道变成为一条渠道。从最近两年的情况可以看出，所有购销业务统统由国营商业独家包揽经营，是害多利少的。报告在分析了种种"害多利少"的表现后，提出了恢复供销社的原有性质、改变为集体所有制单位的意见。当时正在开中央工作会议的毛泽东看了这份报告后批示说："印发工作会议各同志。我看了这个谈商业的文件，也觉得很好，可发到县社两级讨论。"后来中共中央发出的《关于改进商业工作的若干规定（试行草案）》中指出，国营商业、供销社合作商业和农村集市贸易，是现阶段商品流通的三条渠道。要把过去撤消或合并的农村供销合作社恢复起来，把过去拆散的合作商店、合作小组恢复起来，同时有领导地开放集市贸易。胡耀邦的调查报告，对农村商业体制的改革，显然起了重要作用。

　　同年秋，他去河北唐县调查。唐县当年一度曾是华北野战军司令部的所在地，胡耀邦在这里工作过，当然会记得这老根据地的人民曾是怎样节省下自己的口粮去支援前线，是怎样期望着胜利后的富裕生活。然而现在竟是这样一片破败荒凉的景象，在老乡家里看到的只是空釜破缸，在集市上看到的只是饿牛瘦马。他感到对这里人民的一种负罪感。他根据《农村工作紧急指示》（十二条）的精神，指导和帮助唐县县委制定了一个《田间管理包产到户法》，在全县推广。他对县委干部说，农业要退够，要实事求是，不要惹事要办事，不能刮风要顶风。食堂要解散，要贯彻按劳分配多劳多得原则，要开放自由集市，并解决对山林、自留地、房屋的有关处理办法。这些富有创造性的政策、措施，使挣扎在饥饿线上的唐县人民获得一些生机，以至于多少年后，当地农民提起胡耀邦蹲点情况时还说，那个在咱们地方打过游击的胡政委是个好人，知道农民的苦。

就在去金乡的那一次，胡耀邦作了长时间长路程的察访。1961年9月4日，他带领三名工作人员，从山东德州下火车，换上吉普，一路风尘，经聊城进入鲁西南，在梁山、济宁、金乡停留。每到一地，都派工作人员入村入户调查。历史上本来就贫瘠的鲁西南，此时更是满目疮痍。此情此景，使胡耀邦一直面色阴沉。然后经江苏丰县、徐州，进入安徽，到宿州、凤阳和阜阳停留。这些地方情况较好些，胡耀邦情绪也高些，同地、县委负责人深入探讨了人民公社体制等方面的问题。由此到河南漯河，乘火车到河北邯郸，又同两地负责人仔细交谈。在从邯郸回北京的火车上，胡耀邦就酝酿要给中央写报告，29日回到北京，不久报告写成。由于这次黄河、淮河平原之行，除乘火车外，行程约三千六百公里，所以报告取名为《二十五天三千六百里的农村察看》。

报告一共讲了十个问题，包括水灾和水利问题、五风问题、田间管理责任制问题、大牲口问题等等。特别是，在报告中他陈述了对改革农村状况的看法。他认为"大队统一分配，在当前是保护队与队之间的平均主义的一个堡垒"。他赞成用分配大包干代替"三包一奖"，认为这是"解决生产在小队而分配在大队这个矛盾现象，真正调动小队积极性的一个大问题"。当时，在党内，对以生产队为基本核算单位的认识，并不一致，包括一些省委书记和相当数量的地委、县委书记在内。在高级干部中，像胡耀邦这样，以正式报告的形式，如此鲜明地表达对以生产队为基本核算单位的主张的肯定和支持，为数不多。当时毛泽东正在主持召开中央局第一书记会议，专门研究以生产队为基本核算单位问题，他看了这份报告十分高兴，当即写下批语："此件写得很好，印发各同志，值得一看。"[①]

五、严格自警自律

困难时期，胡耀邦在个人生活方面，自我要求更加严格。他本来一向自奉俭朴，衣不厌旧，食不求精，从来不搞特殊化，此时就更加自觉地以身作则，处处遵守有关制度。1960年末，他的家乡浏阳县文家市公社金星大队想买一台发电机，但当地买不到。大队支部书记龚光繁就托胡耀邦的哥哥胡耀福和堂弟胡用简到北京，请胡耀邦帮忙。党支部让他们带上一点家乡的土产竹笋和芋头，以表达家乡人民的一点心意。

胡耀邦认为，大队为生产和生活买台发电机是好事，答应设法为他们购买。但对于胡耀福二人用公款作路费和带来土产，却很不满意。在胡用简返回时，他特地给党支部写了封长信，郑重地提出了批评，信中写道：

"不久前，我曾经给公社党委详细地写了一封信，请求公社和你们一定要坚决劝止我哥哥、姐姐和一切亲属来我这里。因为，第一，要妨碍生产和工作；第二，要浪费路费；第三，我也负担不起。但是，你们却没有帮我这么办。这件事我不高兴。我再次请求你们，今后一定不允许他们来。

"这次他们来的路费，听说又是大队出的，这更不对。中央三番五令要各地坚决纠正'共产风'，坚决严格财政管理制度，坚决

---

① 逢先知、金冲及主编：《毛泽东传（1949—1976）》（下），中央文献出版社2003年版，第1180页。

退赔一平二调来的社员的财物，我们怎么可以用公共积累给某些干部和社员出外做路费呢？这是违反中央的政策的啊！如果社员要追查这些事，你们是负不起这种责任的啊！请你们党支部认真议一议这件事，一切违反财政开支的事，万万做不得。做了，就是犯了政治错误。

"送来的冬笋和芋头，这又是社员用劳力生产出来的东西。特别是现在的困难时期，大家要拿来顶粮食，你们送给我也做得不对。但是已经送来了，退回去，又不方便，只好按你们那里的价值，退回二十四元，交用简带回，请偿还生产这些东西的社员。

"来信说，冬季生产很好，我很高兴。但听说，你们去年整年的生产很不好，减产极大。务请你们根据中央政策认真吸取教训，兢兢业业地领导社员把今年的生产搞好。你们的生产搞不好，不但社员生活不能扭转，连我们这些在外工作的干部，脸上也感到不光彩。为了搞好今年的生产，我希望你们今年分三次（一次可在四月，一次可在八月，一次可在十一月）把你们的实际情况写信告诉我一下。要写实在的情况，不许虚夸，有什么意见和不懂的东西，也可写，可以问，绝对不要隐瞒。来信说，我对家乡有无微不至的关怀，这不合乎事实。一切不合乎事实的东西，都叫虚夸，不要那么写。但我的确关心你们的工作和生产，所以请你们在可能的情况下，今年分三次把真实情况告诉一下我。"

隔几天，胡耀邦又把这之前文家市公社社长杨庆祥来京时带来的茶油、豆子等物，折价退回。

胡耀邦这种清正廉洁的作风，不是一时一事上的，而是保持了一生。

经过"大跃进"的挫折，中共中央领导人头脑逐渐冷静下来，开始总结工作教训。1962年1月，召开了规模空前的扩大的中央工作会议，即七千人大会。胡耀邦参加了这次大会。刘少奇在工作报告中指出这几年的问题是"三分天灾，七分人祸"。他说，这些问题"是由于我们工作中和作风上的缺点所引起的"，"全国有一部分地区可以说缺点和错误是主要的，成绩不是主要的。"毛泽东也作了自我批评，并提出要加强民主集中制。这次会议体现出的实事求是的精神，使心情一直压抑的人民算是舒了一口气。

胡耀邦参加这个会，也是百感交集，别有一番滋味在心头。这几年政坛的翻覆，社会的震荡，经济的挫折，经过这次会议，也许会有些转机。结合着这几年的风云变幻，他也自然地联想到自己。

大会以后，他立即向团中央中层以上干部传达了大会精神并谈了自己的体会。这也是他历来的做法。每次参加了中央的会议，回来后他总是及时传达。他的传达总是具体而生动的，某月某日毛泽东说了什么，某件事情来龙去脉如何，他都一一讲给大家。同时，也总是结合着自己的认识和体会。听他的传达，令人有身临其境的感觉。

这次传达扩大的中央工作会议，他作了长篇讲话，除了介绍会议内容和他归纳出的一些认识以外，值得注意的是他对自己的检讨。

他说：最近四年来，我也是犯了错误的。我不是"正确派"，更不是"一直正确派"。第一，大部分错事情，我都是真正赞成的。第二，有些重要的错误，我想的、讲的、做的更过火，纠正得更慢。第三，在个别具体问题上，我确实有过怀疑。但是也有两条缺点，一是并没有想清楚，二是没有及时地提出意见。

显然，他是以严格要求的精神总结自己。他肯于向下属干部"交心"。他的这种推心置腹式的传达和自省，使大家受到深深的感染。

到 1962 年，胡耀邦从事团中央工作整整十年。这十年尽管有一半以上的时间，由于客观环境的变化，青年团工作未能正常施展，但从总体上来说，这是青年团历史上最辉煌的时期之一。尽管胡耀邦后来承担了党和国家的领导大任，但是他任团中央书记的这段历史，在他毕生事业中无疑是耀眼的一页。

第十章 下放湘潭

一、请缨赴湘潭

七千人大会以后，中共中央倡导大兴调查研究之风，并且开展了全国规模的调整工农业生产的政策。5 月间，中央书记处决定从中央直属机关和国家机关抽调一批领导干部，带职下放到主要产粮区，加强地、县和基层的领导，争取尽快恢复和发展农业生产，改善人民生活。

一直关注着农村形势发展的胡耀邦主动请缨，报名到一个地区去兼职办"点"，以深入了解实际，体察民情，总结经验，改变一个地区的面貌。

他的要求得到中央的批准，他被任命为中共湖南省委书记处书记，兼湘潭地委书记，工作重点放在湘潭。

1962 年 7 月 18 日，刘少奇对所有下放干部讲话。他交代的任务是：一、加强地委、县委和基层的领导；二、贯彻执行中央政策；

三、如实反映情况；四、改变地方党组织中的不正确作风；五、巩固集体经济，发展农业生产。

但胡耀邦没有立即动身，他留下来参加中央工作会议和八届十中全会。

7月25日，中央工作会议在北戴河召开。按原定计划，会议主要讨论农业、粮食、商业和国家支援农业等问题。会议开了一个星期以后，毛泽东认为不能这样只是讨论具体问题，离开阶级斗争就什么也说明不了。随后，他正式在大会上作了关于阶级、形势、矛盾的讲话，强调社会主义国家依然存在阶级、阶级斗争。既然阶级存在，就要出反革命，而他们总是想复辟的。所以阶级斗争一万年也要搞。在阶级斗争思想指导下，会议将邓子恢主张的"包产到户"批判为"单干风"，将彭德怀上书申诉[①]和习仲勋审看过的小说《刘志丹》批判为"翻案风"。猛烈的批判斗争进行了一个月，又经过近一个月的预备会议，八届十中全会在9月24日开幕。毛泽东在会上再次强调阶级斗争问题，号召全党"千万不要忘记阶级斗争"，"我们必须从现在就讲起，年年讲，月月讲，开一次中央全会就讲，使全党提高警惕，使我们有一条清醒的马克思列宁主义的路线"。

从此，阶级斗争的狂风又呼啸起来，由调整经济政策和对受批判、处分干部的甄别平反带来的社会缓和气氛又趋紧张，刚刚进行不久的对扭转困难局面极为重要的纠"左"又变成了反右。

9月27日，八届十中全会闭幕当天，胡耀邦又接受中央交给的任务，率领中国阿尔巴尼亚友好代表团赴阿尔巴尼亚访问，直到10月18日才回国。经过匆匆的准备，他在11月10日前往湖南走

---

① 即八万言书。

马上任。

湘潭是毛泽东的家乡，历来是人们瞩目的地方。胡耀邦当然明白，中央派他去湘潭，不会是一个随意的举动，而是重托，是信赖。这使他感到重担在肩。他虽然在川北已取得丰富的地方工作经验，但毕竟离开地方工作已经十年了，这十年里实际工作的繁复变化又是那样巨大，这次重返地方工作岗位，无疑是面临一个新的挑战。

但胡耀邦充满着自信。他一如既往，有对重担应战的胆识和魄力。他喜欢驾驭复杂的形势，喜欢从事开创性的工作。

在省里拜会了省委书记张平化等领导同志，听取了情况介绍，阅读了许多有关文件以后，11 月 16 日，他来到湘潭。

同他一起下放到湘潭地委的还有团中央书记处书记梁步庭，任浏阳县委书记；团中央办公厅主任鲁钊，任湘潭县委副书记。

在他到来之前，湘潭地委书记是由省委书记处书记华国锋兼任，他到来之后，华国锋改任第二书记。

胡耀邦同华国锋这是初次相识。高大憨实的华国锋具有北方汉子的质朴和耿直。他熟悉农村情况，平易近人，有吃苦的精神。在以后的合作中，他们互相尊重，互有好感。

华国锋和地委领导人王治国、高臣唐、樊茂生、赵处琪等向胡耀邦汇报说，"大跃进"以来，农业生产力遭到破坏，湘潭这个本是鱼米之乡的地区粮食减产到解放初期水平。近几年虽然逐渐好转，但是困难还没过去，一些地方农民家中无粮，生产积极性低落。"大跃进"和人民公社化运动中，不少基层干部犯了"五风"① 错误，反"五风"的整风整社当中，这些干部挨整，一些地县负责人也未能幸免，"不听上面的犯错误，听上面的也犯错误"的说法在干部

---

① "五风"，指"共产风"、浮夸风、命令风、干部特殊风和对生产瞎指挥风。

中流传，因而弥漫着泄气、怨气、悲观等消极情绪。七千人大会以后，已经向被整的干部道了歉，但没有完全解决。全地区有百分之六十的农户明明暗暗搞了包产到户，干部强行"扭单干"，又造成干群之间的矛盾。总之困难不少，矛盾不少。

在这众多问题里，胡耀邦最为重视的是，干部思想情绪、精神状态问题。干部不振奋起来，没有好的工作作风，没有明确的政策观念，则一切问题的解决都无从说起。在同华国锋等商讨后，他提出了"解泄气、鼓干劲、搞生产、渡难关"的指导思想。

紧接着召开了地委会议，胡耀邦同地委委员见面。他传达了八届十中全会精神，向大家介绍了全国形势，引导大家放开眼光看大局。他充分肯定了湘潭地区的工作，指出对前几年工作中的问题不要背包袱，上级已经承担了责任，大家要振奋精神，大胆负责。他说，他下放到湘潭，就是要同大家共命运，同湘潭地区广大人民共命运，鼓起干劲来改变湘潭面貌。"这是我们共产党人的天职，也是大局所在，大家一定要顾全大局。"地委委员们都久闻胡耀邦的大名，现在他来到他们中间，又有威望甚高的华国锋作他的副手，大家都为有"这么强的领导"而深受鼓舞。

胡耀邦没有待在地委机关里通过找各县领导汇报来了解各县情况，他在阅读了有关文件，参加几个会议后，便在11月下旬亲自"往下跑"，深入到各县去调查研究，掌握第一手材料。

当时湘潭地区下辖十个县，通常讲北五县，即洞庭湖滨的临湘、湘阴、岳阳以及平江、湘潭；南五县，即浏阳、醴陵以及罗霄山脉西侧的攸县、茶陵、酃县，从湖区到山区，这是一个数百公里的狭长地区。胡耀邦由华国锋陪同，只带少数工作人员，由北而南，进行了一个半月的广泛的考察。

他们风尘仆仆，一个县一个县，甚至是一个公社一个公社、一个大队一个大队地跑。每到一地，胡耀邦都要把当地各方面情况了解得充分而具体，包括人口多少，田土多少，稻插几季，亩产若干，猪牛饲养，鱼塘，果树，家庭副业，几许收入，有无自留地，群众情绪等等，也常常涉及学校教育、医疗卫生诸多方面。在听取汇报时，他不时提出问题，特别是群众生活安排，干部作风、干群关系方面的问题。他边听边同华国锋讨论，不时提出一些解决问题的办法和思路。在听取汇报的同时，他把秘书和警卫员都"撒"下去，直接找老百姓交谈，掌握最切实的情况，回来再同当地干部的汇报相印证。他自己也利用各种机会直接同群众攀谈，有时还就某些问题请农民群众座谈，听取农民意见。交谈当中，他提出一个又一个题目，引发大家思考、争辩；他提出各种方案，要大家比较、选择。他风趣的谈吐常常逗得大家哈哈大笑，使得最老实的农民也消除了拘谨感，极自然地表达自己的思想意愿。有时路上见到有农民在田头休息，他会停下车来，同大家席地而坐，问这问那，有说有笑。无论同群众还是同干部谈话，他都扼要地作笔记。他有深思的习惯，坐在车上时常沉默不语，一支接一支地吸烟，沉浸在对各种问题的思考之中。有时候兴致上来，他把思考的问题和意见同身边工作人员讨论，甚至是争论。坐在车上，他也细心观察所到之处的庄稼长势，人们的衣着、脸色甚至神情，从中作出此地生产好差、群众贫富的大致判断。他在干部和群众中没有架子，却有一种特殊的精神抖擞、热情充盈的魄力，能够使人们受到强烈感染。他一路奔波，走到哪里就住到哪里。农村有些地方条件还很差，土壁纸窗，没有取暖设备，甚至没有电灯。但他对这些毫不在意，总是兴致勃勃地谈话或阅读材料直到深夜。如果住在县委，就要找来地方志夜读，认真记录当地历史沿革，山川形胜，风土人情。他常常说，毛主席要我们解剖麻雀，光开膛破肚不算解剖，一定要把五脏六腑都弄清楚才算解剖。

　　本着"解泄气、鼓干劲"的方针，所到之处，胡耀邦都把调动干部积极性放在首位，充分做各级干部的思想工作。湖区各县岳阳、湘阴、临湘的县委书记都是南下干部，经验丰富，这里工作基础都较好，集体经济比较巩固。胡耀邦看到这里的生产还有很大潜力，特别是听到这些年在防汛抗洪斗争中干部和群众冒着狂风暴雨、奋不顾身、昼夜苦战、筑堤固坝的事迹，他既兴奋又感动。他鼓励大家把这种不畏艰难的干劲保持下去，打一个粮食翻身仗，同时把副业生产搞上去，争取群众生活有更大好转。

　　在到达醴陵时，正好县里召开扩大干部会议。县委书记李哲原是湖南省卫生厅厅长，此时下放为湘潭地委副书记兼醴陵县委书记。李哲邀请胡耀邦给大家作报告。胡耀邦听了情况汇报和看了会议简报之后，来到会上同三百多名干部见面。他说，我送给你们八句话："今年很有成绩，依靠大家努力；全国形势虽好，困难还有不少；继续乘胜前进，干劲加上钻劲；明年更好丰收，前途一片光明"。他动情地说，我们已经度过了三年困难时期，再继续奋斗几年，摆在我们面前的经济发展问题将逐步解决。在困难面前怎么办？有四种态度和办法：一是不干了，回家去；二是骂娘、发牢骚；三是当扒手，搞偷摸，这是法律所不容许的，要受到惩罚的。前面三条都是没有前途没有出路的。四是咬紧牙关，带领广大人民群众战胜困难，继续奋斗。革命就是和困难作斗争，胜利是从艰苦斗争中得来的。他举了长征过梦笔山时那个要好的战友拔枪自杀的例子说，爬这座山确实非常苦，但是走过山顶，最困难的阶段就过去了。咬着牙走下去，过了腊子口，就到了陕甘宁根据地。他说，他很为那位战友惋惜，一时的软弱，毁了一生的前途。他说，这件事对他震动很大，使他一直记得，困难是一种考验，也是磨炼，任何时候都要迎难而上，不要丧失革命的信心和勇气。他的话具有打动人心的力量，引导着在座的各级农村干部对工作前途作更深层次的思考。会后，大家还津津乐道地谈论着"四种态度"。

11 月 25 日，他们一行来到浏阳。

胡耀邦离开这块对他的生养之地，整整三十二年了。浏阳河还是缓缓地穿城而过，河边洗衣的妇女，河里拉船的纤夫，景色依旧。颇有文学情趣的胡耀邦不禁吟起"少小离家老大回"。但这一次太急促了，他无暇寻访少年时的陈迹。

浏阳也正在开公社党委书记以上干部会议。梁步庭向他汇报了情况。26 日，他向参加会议的人员作了报告。在照例分析了正在好转的形势之后他说：你们过去做了不少工作，家乡面貌发生了变化，但是工作中也出现了一些错误，如刮"五风"等等，农民积极性受了挫伤。为了纠正这些错误，进行了整风整社，可是不少干部挨了批判，六十五个公社有四十一个同志挨了斗争，大部分斗错了。这些错误不应完全责怪下面的同志，应该由上面负责。为了解开思想疙瘩，不是华国锋同志曾经来给你们作了报告吗？（华国锋插话：我来作了检讨。）华书记已经作过检讨，大家气消了没有，应该消了吧！搞革命这是难免的。我们这些人，前世无冤，今世无仇，来自五湖四海，都为的是想把革命搞好。我们是坚持真理，修正错误，既然上面担了担子，大家就不要再有意见了。他接着说，回过头来还是要讲，各行各业成绩是主要的，广大干部艰苦努力是主要的，建议你们会议讲清这一条，使大家昂起头来，鼓起劲来，把工作做好。这次讲话同样取得很好的效果，会场上当时就有人响应："我们没有意见了。"

胡耀邦这回对南北十个县的考察，虽然行程时间紧张，但他还是敏锐地了解了各县的重点、特色所在。

在岳阳，他乘机帆船从洞庭湖驶向城陵矶，看水势，勘地形，思考着抗洪抢险的长策。

在以生产瓷器闻名的醴陵，他认为这里的瓷器工业应该在促进经济发展上起更大作用。他还希望醴陵也像浏阳那样发展花炮业，使鞭炮和瓷器都争取多出口创汇。

在攸县，他发现茶花坪公社干部作风深入，吃苦耐劳，生产稳步上升，十分高兴，提示几个要点，要县委认真总结茶花坪经验。

在茶陵和酃县，他根据这里山区田土少，而林木资源丰富的特点，着力强调发展多种经营，发展木、竹等手工业制品和山区土特产。

一向对文史胜迹有浓厚兴趣的胡耀邦，在岳阳时，一天傍晚，登上了岳阳楼，望着烟波浩淼的洞庭湖，忘情地同秘书一起背诵起《岳阳楼记》。

在酃县，他从县志上读到炎帝陵在此地，兴奋地对县委书记郭步书说：我们中华民族的老祖宗炎帝神农氏葬在你们这里，这是酃县的荣耀啊。他关切地询问炎帝陵现在怎么样了，当听说1955年香客烧香引起火灾，主体建筑都烧毁了，以后再也没有修复，他提议立即去看看。他们一行到达时，看到的是一片断壁残垣，荒草丛生。胡耀邦绕陵园废墟走了一圈，连声说"太可惜"。他感叹地对华国锋和郭步书说，"根据县志，这里是宋初就建殿祭祀炎帝。前人对中华民族始祖有这份感情，有这种能力建造这样规模宏大的陵园，我们也应当有这份感情重修炎帝陵"。

时间跨过23年，1986年4月，重修炎帝陵，时任中共中央总书记的胡耀邦得讯，高兴地题写了陵碑。

对于胡耀邦来说，特别感到高兴的，还在于此行还登了一回井冈山。

那是在茶陵，华国锋告诉胡耀邦，这里离井冈山已经很近了。

胡耀邦说，1930年他参加革命的时候，中央根据地是在瑞金，所以他没有上过井冈山。华国锋提议说，从这里去很方便，何不去看看。胡耀邦经过考虑，决定就近一行。

12月初，他们登上井冈山。虽然已是隆冬季节，但山上依然林木葱郁。望着层峦叠嶂、云霭聚散、气象万千的井冈景象，胡耀邦十分感奋。在大井，他们参观了当年红军领导人的居室，都是那样狭窄、昏暗、潮湿，胡耀邦不住地说："干革命就是吃苦啊！"在毛泽东旧居前，有一块平滑的大石头，他听说毛泽东军务之余，常常坐在这里读书，便也在这里坐下，拿来一本书作阅读的样子，拍了一张照片，表达着他对毛泽东的崇敬。他们又到黄洋界、茅坪、茨坪等处，一一寻访了当年红军战斗生活的遗迹。胡耀邦的精神始终处于亢奋之中，显露着一偿夙愿的满足。

次日下山，途经永新县，停了下来。这里是胡耀邦投身革命的第一站，该是存留着他无数色彩缤纷的记忆。他急切地寻访当年湘赣省儿童局的旧址，寻访任弼时的住处，然而沧海桑田，都已杳无可寻。他只能满怀激情地向随行人员讲述发生在这一带的"不费红军三分力，活捉江西两只羊（杨）"①的故事，讲述他被怀疑为"AB团"的故事。在久久盘桓之后，他怀着无奈和感叹，踏上了归程。

二、少小离家老大回

经过一个半月的考察，并且随时同华国锋交换意见，胡耀邦对湘潭地区的主要情况和问题已经心中有谱。回到地委，召开地委会，

---

① 1928年6月，红军在永新击败国民党赣军杨如轩、杨池生部队，粉碎了蒋介石的会单川计划，朱德兴奋地写下此联。

明确并落实发展生产的大计。

胡耀邦提出，湖南是个"七山一水两分田"的农业大省，湘潭地区必须从田少山多的实际情况出发，进行综合经济开发、利用和管理。山区要以山养山，江湖区靠水吃水，有田的种田，能搞副业的搞副业，做到农林牧副渔全面发展。因此，明年的任务，总的要求是：鼓足干劲，集中力量，以粮为纲，全面安排，争取农业生产达到或接近1957年的水平。为实现这一目标，要有四个大抓：一、大抓粮食生产。粮食生产还是工作的第一位。湖南是全国的一个粮食基地，湘潭地区又是基地的基地，抓好粮食生产应当是长期方针。抓粮食生产应以提高单位面积产量为主，同时积极扩大耕地面积。二、大抓畜牧业，使牛、马、羊、鸡、犬（菜狗）、猪更快地发展起来。畜牧业中尤其要大抓养猪。养猪一举三有：有肥、有肉、有钱；又有三变：肥可以变粮，猪可以变油，又可以变富。三、大抓经济作物。争取扩大棉花、苎麻、辣椒等多种经济作物的种植面积，达到稳产高产，解决好农民的穿衣和零花钱等问题。四、大抓封山育林，有计划地开展一个群众性的荒山荒坡造林运动，解决农村烧柴、住房和用材问题。当然，这一切都要因时因地制宜。这四个"大抓"胡耀邦在川北实行过，他知道这是会有收效的。

为了切实贯彻"以粮为纲，全面发展"的方针，让农民放心生产，胡耀邦提出了一条十分重要的政策，就是把粮食征购任务固定下来，三年不变，三年后再稳定五年不变。

作了这样的部署、统一了认识之后，胡耀邦便以浏阳为重点，全面开展了工作。

1963年1月26日，春节一过，胡耀邦便又来到浏阳。

出于"首先要让老百姓吃饱饭"的想法，他同梁步庭、张琴室、石维刚等县领导进一步研究了"大抓粮食生产"的问题。他说，这策那策，把粮食搞上去是最上策。但他没有停留在眼前，而是作了相当长远的设想。他说，浏阳一百一十万亩耕地，如果亩产五百五十斤，全县就是五点五亿斤。当然，不能要求每亩都达到五百五十斤。换一个算法，一百一十万亩中有三十万亩亩产八百斤，就是二点四亿斤。浏阳土地的潜力还很大，这种可能性不是没有。这是第一步。第二步是再搞三年，即到 1965 年把耕地面积扩大到一百三十万亩，每亩平均产六百斤，全县就是七点八亿斤，就超过了 1957 年。第三步，到 1970 年左右，平均每人搞到一千五百斤粮食，以八十万人口计算，就是十亿斤。这样，我们的日子就好过一些。同志们敢不敢这样想？有长远设想比没有好。他说，在调整了粮食征购政策以后，农民的种粮积极性肯定会上来，但是现行的传统的耕作方式，难以改变粮食产量不高的局面，因此要从农田基本建设入手，在科学种田上下功夫，根据实际情况，可将单季稻改双季稻，间作改连作，高秆改矮秆。他还提出，各地农村都有一些荒山荒坡，没有利用，十分可惜。可以把这些荒山荒坡包给农民种粮食，一两年不要农民上交粮。一些土地较多的地方，也可以多分一点自留地给农民搞小自由，自种自收。

　　讨论当中，大家又提到了"单干"①问题。当时全县一万四千一百三十二个生产队，采取各种形式分田单干的有七千二百九十八个，占百分之五十一点六，县委觉得对这个问题处于两难之中。一方面，这是"走资本主义道路"，不能允许；另一方面，从实际效果看，这确实提高了产量，农民生活得到了改善。因此，县委感到压力很大，进退失据。胡耀邦看到，那么多基层干部和社员群众要求把田土分到各家各户自己干，而且从实际情况来

---

　　①　当时的所谓单干，实际上是包产到户。

看，确实是精耕细作，丰收有望。这与此前在河南内黄调查中所看到的情况大同小异。从内心来说，他认为在一个特定时期内，分田单干，不失为一种权宜之计。但在这时他不能不明确表示，反"单干风"，是毛泽东在八届十中全会上提出来的，必须贯彻，所以还是要"坚决扭单干，认真办集体"。但是纠正单干的方法要讲究，步子要稳妥，不能强迫命令。他同时又着重指出，这也必须顾及实际情况，比如山区分散的单家独户，屋前屋后有几丘小块田，搞集体生产往返浪费人力，住户没有责任，这种田就会减产甚至荒废。像这样的地方，实行包产到户是可以的。另外，有的生产队有那么几户经再三说服教育仍然坚持包产到户的，也应允许，不要霸蛮。集体办好了，他们会回来的。他开玩笑说：我们也来个赫鲁晓夫的办法，叫作"明智的妥协"不好吗？

大家赞成这种实事求是的做法。

据当时的湘潭地委副书记高臣唐回忆："后来，大约有百分之三十的生产队坚持了包产到户，个别地方搞了'明集体，暗单干'。实践证明，这种形式大大调动了农民的生产积极性。"[①]

在县里，胡耀邦会见了当年浏阳中学的老同学，并且回母校看了看（已改为浏阳县第一中学）。农历正月初四，他婉谢了县委领导的陪同，轻车简从，前往文家市。

文家市这时是区政府和公社所在地，仍然是乡镇面貌。少年时在这里读过三年高小的胡耀邦，对这里的一切都感到亲切。使他有些怅惘的是这里竟然这样寂寥，他离开家乡时这里的火爆情景已像烟云似的飘逝了。他抽空去了母校里仁学校，看到没有多大变化，只是更斑驳陈旧了。在那里，他向随行讲起 1927 年毛泽东在秋收

---

① 高臣唐：《耀邦同志永远活在我们心中》，《胡耀邦与家乡浏阳》第 46 页。

起义后率部队来到文家市，就驻在里仁学校，他曾经趴在墙头上看毛泽东对部队讲话的情景。过后，又去文家市街侧的高升岭上的古庙，寻访他与舅舅当年在这里活动的陈迹。他还去看望了幼时同学陈世爱，得知陈世爱家庭生活困难，立即答应拿出一百元钱来资助他的儿子上大学。他打听到老战友胡耀甫的八十五岁老母亲还健在，住在乡下，便派人用竹轿把老人接来区里问候。胡耀甫也是早年参加红军，长征快到陕北时在战斗中牺牲的，胡耀邦亲手料理了他的后事。现在老人已经失明，但是她还记得这个"邦伢子"，慈爱地摸抚着胡耀邦的头，两人间洋溢着亲子般的感情。他得知潘豹仍住在西乡，就同老战友邓洪一起驱车前往看望。1932 年夏，胡耀邦去湘东做扩大红军的宣传工作，在醴陵白兔潭遭遇敌人，是当时任前卫连长的潘豹机智地打退敌人，才转危为安。他们见到潘豹，才知道他在湘江战役时腿部负了伤，只得留在湘赣边境上打游击，直到解放。由于腿瘸，享受荣誉军人待遇，后来没有再出来工作。胡耀邦想在县里为他安排一份工作，他说已习惯了同乡亲们在一起，不愿意出去了。三个老战友一直谈到傍晚，胡耀邦才恋恋不舍地离去。

胡耀邦的这些寻访和会晤，都是挤时间进行的。在那几天里，他马不停蹄地跑了文家市、中和、山枣公社，走访了十几个大队，几十个生产队，同大队、生产队干部座谈，上门串户或到田间地头同群众交谈，详细了解农村生产生活等各方面情况。他还走了八里羊肠小道去察看了有争议的清江水库，决定按照多数人的意见，不关闸不蓄水。到达山枣公社桥头园时，已是中午。他们一行在路边草地上坐下来，拿出带来的馒头和白开水，吃起了午餐。胡耀邦边吃边向四面观察，他看到路边有两丘绿肥田长得特别好，田坎上的草也铲得光光的，跟其他田不同。他向大家说，这几丘田可能是"单干"的，你们信不信？经过调查，果然这个生产队都在单干。

从几天来掌握的第一手情况里，胡耀邦明确意识到，"单干"问题不能再拖延了。其所以如此，倒不在"单干"有多少消极作用，事实上他也清楚地看到了"单干"确有一些积极作用；但由于上级没有拿出明确的主意，大队、生产队、社员便等待、观望，田没有犁，水利没有修，到现在还没有着手准备今年的春耕生产。他对区干部说："我来后看到这种形势，很是担心。"但是胡耀邦没有第二种选择，中央是把"单干"看作阶级斗争一大表现，省里也把解决"单干"问题作为当务之急，因此他肯定地指出："要改变这种形势，把生产搞上去，现在需要立即解决的问题就是：坚决扭'单干'，认真搞集体。"在这样的前提下，再想方设法帮助基层干部学会办好集体经济，使农民从集体经济中多得到一些实惠。

胡耀邦把公社、大队干部都召集到区里来，2月5日，向大家发表了一篇题为《团结起来，办好集体经济》的讲话。在讲话里，他提出了八条"办好集体生产"的办法，包括干部带头，实行定额管理，坚持按劳分配，一切财务公用，加强思想教育，打击破坏活动，贯彻民主办社，解决实际困难等等。他把各方面问题想得很细，比如重新回到集体，生产队干部不担担子怎么办？缺乏资金怎么办？缺少耕牛、农具怎么办？口粮不够怎么办等等，并一一提出了解决的具体办法。讲话中，他对干部们没有责备，仍然是鼓劲的。他说："1959到1961年文家市集体经济没有搞好，固然与基层干部的某些缺点有关，但主要的不能由文家市区各级干部负责，而要由上级来负责，因为，有些主意是上级出的。现在基层有不少新干部，他们更不能对前几年的缺点、错误负责。这几年，大家吃了苦，受了累，工作很有成绩，党是了解你们的，群众也是会感谢你们的。"

到会干部们反映，胡书记这一番话使大家吃了"定心丸"。既然如此，那就干吧。——会后，很快兴起了春耕热潮。

这个讲话后来作为县委文件发到区和公社，作为在全县"扭单干"的依据。

在文家市期间，哥哥胡耀福和侄子胡德资曾到区里来看他，见他太忙，匆匆回去了。在处理完一些重要事情之后，胡耀邦决定回到离开三十二年的老家去看看。2月6日，只由警卫人员陪同，带上馒头和开水，他们一行步行前往苍坊村。

还是那样的丘陵地形，还是那样的山冲曲径，山坡上的丛丛松杉、油茶，由竹林拱卫着的褐色的屋场，这一切，都该唤起胡耀邦对自己少年时代往返文家市上学路上的遐想吧。他向警卫人员指点着说，这里叫枞树坡，那边还有个杉树坡，我小时候常在这里劳动。

胡耀邦回来了，这自然轰动了小小山村。苍坊大队党支部书记、大队长、生产队长出面接待，也不时有乡亲们前来看他。他向他们详细询问了村里的生产和生活情况。傍晚，他来到哥哥家，也就是他的旧居。

他从群众那里了解到胡耀福有一些占集体小便宜的行为，直率地批评了哥哥，让他把东西退回去。在家里住了一夜，第二天，为哥嫂留下几十块钱，告别了刻满童年印记的老屋，离开了苍坊村。

后来他对人说起，我三十多年没回家，在家里睡了一晚，很不舒畅。我们小时候在家大家都有事做，有的做鞭炮，有的绣花，有的打鞋底。现在大家都不寻事做，一些小孩子不但不做事，还吸烟，这样，一是家庭收入减少，二是把风气搞坏了。小孩子搞点家庭副业，培养他们从小热爱劳动，怎么不好！

他们一行又到中和公社停了一天，2月8日，农历正月十五，返回文家市。这天寒风裹着春雨，时落时停。他们登上中和与文家市交界处的山冈，来到一个叫作甘露亭的小亭歇脚。胡耀邦看到，

胡耀邦同万里一起逗孙子。

胡耀邦和孙女碰杯。

一个十来岁小女孩正向亭边茶店老板娘啼哭。女孩赤着脚，穿着单薄的破衣，满脸泪水。这引起了胡耀邦的注意。经询问老板娘，这个女孩叫王光梅，无父无母，她要带两个幼小的弟弟，还有一个八十岁的祖母需要扶持，生活凄惨。胡耀邦听罢，立即说："走，下山去看看。"他要小女孩引路，不顾山陡路滑，拄着拐棍，沿着泥泞的小路快步走下去。进了王光梅家破烂的草棚，只见屋漏锅破，老人和孩子在冷风中瑟缩，苦不堪言。胡耀邦大为动容，派人找来大队支书，严厉批评他不关心群众，限他三天把棚子和锅灶修好，对生活作好安排，三天后派人来检查。他和随行人员都给王光梅捐了一些钱。回到文家市以后，他要民政部门立即拿棉衣、棉被和几件单衣并几十块钱给王光梅送去。同时指示区委迅速摸清全区还有多少这样的困难户，发放救济粮款，安排好群众生活，限期办好这件事，并向他汇报。这件事后来在当地广为传颂，人们称之为"甘露亭访贫"。

其后数天里，继续是白天下去调查，晚间研究情况，整理材料。在文家市的半个月里，不少亲朋故旧来探访胡耀邦，他也想看望许多人，但由于接连下乡，只见到了少数人。在离去之前，2月13日，他安排用自费请来五十位乡亲故旧吃顿便饭。他满面笑容地对大家说：乡亲们，亲友们，今天请来各位吃一餐冒菜饭（没有用酒），君子之交，清茶一杯，以茶代酒，不成敬意。今后希望各位多支持区上和公社的工作，把家乡文家市地区建设好。他挨桌同大家交谈，一一问候。几十年的亲情友情，融化在一片欢声笑语之中。

离开文家市后，他又到了大瑶、大围山、张坊、官渡、古港等区，2月下旬，才回到湘潭。

三、四个"大抓"

在部署了大抓粮食生产之后，胡耀邦又把重点放在多种经营、特别是林业生产上。在前一年考察湖区各县时，他就曾同华国锋到过岳阳毛田。毛田区委书记许志龙领导群众在荒山植树造林、抗旱夺丰收的事迹，在当地传为佳话。这里 1962 年的粮食总产量，比产量最高的 1958 年还增产百分之二十八。从 1958 年开始栽种梨树，已栽了十万多株。胡耀邦和华国锋在许志龙引导下，登上一个山坡，只见郁郁葱葱，一眼望不尽的森林。他们两人高兴万分，大加赞赏。后来胡耀邦特地写了《可贵的革命干劲》的调查报告，介绍毛田经验。

从浏阳回来不久，胡耀邦又去醴陵调查了解林业生产情况，研究恢复发展林业生产的政策。县委向他汇报了醴陵发展林业生产的五年规划，详细谈了醴陵人多田少，有二十多万亩荒山荒坡，还有十几万亩残林等实际情况，计划大抓发展木本粮食——板栗。因为这种树经济价值高，五年结果，可当粮食，木质可做国防用材。规划三年育苗，五年造林，绿化所有荒山荒坡。胡耀邦听后高兴地赞扬说：你们抓住醴陵人多田少的特点，发展木本粮食，抓得对，抓得好，是百年大计，人民会感谢你们。

随后，由县委书记李哲、副书记李满元陪同，到军楚公社看了板栗育苗基地，到新屋湾生产队看了造栗林绿化荒山的现场。胡耀邦一路上兴致勃勃，同县里领导设想着栗树发展的前景。接着又来到尹家冲大队。走进山冲不远，看到在一片老残茶园里人们正在干活。胡耀邦走上山坡，席地而坐，同几个茶农交谈起来。正在这里进行技术指导的技术员告诉他：这片茶园有三百多亩，已有几十年了，茶树老化，缺蔸很多，产量很低，再不改造，几年后就没收益了。现在是按新式茶园的要求，砍去老枝，栽种新苗，合理密植。这样，三四年后就可见效益，每亩产值可达五六百元。胡耀邦听后很满意，他说，开发山区经济林大有作为，山上发展经济作物，同样可以致富；有了钱可以支援粮食生产，有了粮又可以支援山区开发，互相促进，这就是靠山吃山嘛。这一席话说得几个农民大为开心，有人说：首长您放心，我们一定加劲干，把茶园搞好。现在我们带红薯上山干活，三四年后我们可以带白米饭和腊肉进茶园劳动了，大家哈哈大笑起来。

胡耀邦一行从这里又去官庄林区。这个区有四个公社，是醴陵木材主要产区。下车后继续向山上攀登，走进阴森森的深山老林。这多半是松树和杉树，山腰下有些混合树。胡耀邦不顾疲劳，边走边看，看完整个山头才下山。到大林公社后，又同官庄区委书记桑海、县委农林部长吴彦凡和大林公社书记及几个干部座谈。桑海汇报时说到，官庄区人多田少山多，粮食不够吃，还得吃国家返销粮。胡耀邦说，你们田少是劣势，山多却是优势，要发挥优势，靠山吃山嘛。桑海忧虑地说，从长远讲靠山吃山是对的，可眼前买粮没钱，等砍了树卖了钱再买回口粮，解决不了燃眉之急。把大树砍了，再造用材林，短期内见不了效益，群众的积极性难以调动。胡耀邦从这些述说里发现官庄干部畏难情绪不小，于是他提出了一连串问题让大家讨论思考：你们是不是想困难多了些，同群众一起商量、想办法少了些？是不是克服困难的措施不够得力？等等。他说：我是出了些题目，文章靠你们做。这一下打破了低沉的空气，大家议论开来。有的说，拿出解放军打仗的劲头什么困难都可以克服。至于"短期见效快的作物"，大家一凑，果真不少：板栗、茶叶、黄花菜、竹子、平菇、梨子、桃子、李子、柑橘等等。副业方面可以发展造纸、竹编还可以做小椅凳等小木家具。有的人还提出，山上草多，可以养牛、养羊，大力发展饲养业。胡耀邦认为大家的想法很好，他归纳为四句话："以短养长，长短结合，靠山吃山，以山养山"。后来，湘潭地区就把这四句话作为发展林业生产的指导方针在全区贯彻。

为了全面掌握林区情况，有的放矢地指导林业生产，胡耀邦几乎跑遍了山区县的林区，先后到过酃县的十都公社和水口公社的原始林区、茶陵县的东乡林区、攸县的酒埠江林区、平江县的林区、湘潭县的青山、石固林区等。通过贯彻发展林业生产的方针和推广毛田经验，湘潭地区的林业生产有了显著发展，全区绿化面积扩大，林木产品增加。醴陵、酃县、湘潭、临湘、平江等县50年代是不产柑橘的，群众绿化造林的积极性调动起来之后，纷纷种了柑橘。攸县的广柑、浏阳的金钱橘也扩大了种植面积。湘潭县的小林场、小园艺发展很快，改变了丘陵、山区的面貌。到60年代末，湘潭地区的经济林、用材林都有较大发展，经济上获得了显著效益。①

四、立足在"帮"

在胡耀邦全神贯注进行"四个大抓"的时候，有新的情况出现了。

1962年冬到1963年春，毛泽东到许多地方视察，他说，所到之处，只有湖南省和河北省的两位省委书记向他侃侃而谈阶级斗争，别的省都没有谈。他认为阶级斗争问题还没有引起全党的重视，因此在1963年2月召开的中央工作会议上，重点讨论了农村社会主义教育和城市五反问题。毛泽东在会上说："要把社会主义教育

---

① 李哲：《心系人民群众》，《胡耀邦与家乡浏阳》第38页。

好好抓一下。社会主义教育，干部教育，群众教育，一抓就灵。"

胡耀邦虽然参加了八届十中全会，听了毛泽东关于阶级斗争的讲话，但是来到湘潭以后，他的注意力没有放在阶级斗争上，到各县调查时，很少询问这方面的情况。即使是"扭单干"，他也没有强调阶级斗争，而只是着眼于对生产不利。现在湖南省的领导人在毛泽东面前讲阶级斗争，受到毛泽东的表扬，这意味着湖南全省抓阶级斗争的运动，将全面铺开。他作为湖南省一个重要地区、同时也是湖南省的一个领导人，需要重新思考和安排一下工作步调了。

事实上在到浏阳作全面调查的时候，已经听到群众反映有农村干部多吃多占，形象说法是"仓里老鼠太多，油篓子漏油"；生产队和大队的账目混乱，干部乘机贪污挪用。这种干部不算多，但影响不好。住在文家市那几天，他就曾考虑在适当的时机，集中开展一次对农村干部的教育活动。现在，他决定把这个"时机"往前提。

胡耀邦把自己的想法同华国锋等地委领导人商量，大家认为有这种必要。但胡耀邦还是担心，基层干部过去的消极情绪经过好一番工作才有了好转，这次会不会又造成反复，因此政策必须适当。他说，基层干部都是农民，他们有朴实勤劳的特点，当然也有自私贪便宜的特点。他们不拿国家工资，工作十分辛苦，绝大多数是好的，所以对他们要爱护，这是前提。有些人有多吃多占、贪污盗窃行为，还有的养成老爷习气，欺负老百姓，严重影响了干群关系，这都是错误的，必须批评。进行社会主义教育，相信他们中间的多数人能够接受教育转变过来。他提出在查清问题上要严格，但既然叫"教育"，方法上就要稳妥，立足于教育帮助，真真正正地"帮"。

因此，他提出了要"四查四帮"：

一、查贫农、下中农发动情况，帮助大队、生产队把阶级队伍组织好；

二、查干部放包袱情况，帮助基层干部密切同群众的关系；

三、查生活安排情况，帮助基层把对困难队、困难户的粮食供销安排落实；

四、查生产情况，帮助下面搞规划，抓管理，解决当前生产上急需解决的几个问题。

胡耀邦强调，对一些提法也要注意，比如，不要叫"贪污分子"，叫"有问题的干部"也就可以了；不必叫"交代问题"，可以叫"放下包袱""洗手洗脸""洗温水澡"；也不必提"批判、斗争"，可以说是"搬梯子帮他们下楼"。总之是要与人为善，团结教育，以期唤起干部的自觉，幡然悔悟，使他们在放下包袱后，能够建立新的干群关系，把工作搞好。

关于退赔等政策，胡耀邦的意见是：贪污多占的东西原则上一定要退。要使干部从中得到一个深刻的印象：贪污多占的是不义之财，一定要退出来。但是退多退少，要经过群众的讨论，做到合情合理，既不能太宽，太宽了群众通不过；也不能太紧，太紧了干部生活过不去。凡是认真检讨，合理退赔，坚决改正，群众通过了的，不管包袱多大，一律不以贪污论处；反之，凡是拒绝检讨，阳奉阴违，口是心非，民愤很大的，一定要严肃处理。在组织上，可处分可不处分的，尽量不处分；可撤职可不撤职的，尽量不撤职。

华国锋等地委领导人原则上同意这些意见，于是决定仍以浏阳为试点，然后分期分批地进行。

浏阳县委根据地委的决定精神，采取了大动作。县委从县、区、社各级机关抽调了一千多名干部，又抽调了一千一百多个支部书记，组成工作队，在全县各区、社，由点到面铺开了"四查四帮"运动。

胡耀邦要求，运动一开始，就要向基层干部交代清楚，要放五个方面的包袱：一、阶级立场站得稳不稳，阶级观念模糊不模糊？二、执行政策坚决不坚决？三、经济手续清不清，有无多吃多占、贪污挪用？四、革命意志是否坚强，有没有消极退坡思想，有没有腐化堕落行为？五、工作作风怎么样，走不走群众路线，是否遵守民主集中制？同时也把验收标准向干部交底：一、错误事实交代清楚了没有？二、同群众见面了没有？三、退赔了没有？四、错误改正了没有？五、觉悟提高了没有？

由于这"四查四帮"的着重点是在"帮"字上，整个要求都是很温和的，目标是要全面改善基层的干群关系并搞好生产和群众生活，又有工作队严格把握政策，所以绝大多数基层干部没有抵触情绪，运动的开展较为顺当。

胡耀邦也亲自下到沿溪公社蹲点。他在实地观察基层干部经过教育以后的反应、动态和变化。几天过后，联盟大队的大队长张启流引起了他的注意。

群众反映，张启流把大队的东西几乎当成自己的家产。一次，一个贫农有困难，求他做点好事，帮帮忙，只当吃点斋。他说，我吃什么斋？我有的是鱼网，天天吃鱼斋。这个贫农又说，你上半夜想自己，下半夜也想想人家。他说，我想什么呀，我一觉睡到大天亮。一个贫农老太太为了借两元钱给儿子看病，在他面前下跪，他竟然不理睬。这个老太太说：旧社会的保长，也不过如此。

胡耀邦对有的基层干部蜕化变质到这个程度感到痛心。但他没有采取斗争的做法，而是把张启流找来，亲自做他的工作。他以张启流从一个穷孩子成长为大队干部的经历以及贫苦农民的生活现状反复启发开导他，使他终于觉悟到自己背离了党的"为人民服务"的宗旨和辜负了乡亲们的期望，是正在走着一条危险的路。他主动做了退赔，放下了包袱，大有转变，工作上表现不错。这使胡耀邦看到，只要方针政策对头，即使问题严重的干部，大多数也是可以转变的；既做好转化工作，又不伤害干部，是可能的。他把张启流这个事例，向全县作了介绍。

浏阳的"四查四帮"到 5 月中旬基本结束，只有少数大队没有搞完。运动中查出了一些有贪污盗窃、多吃多占行为的干部，还有一些被超支挪用的钱、粮、物。放下包袱的基层干部大部分比较轻松愉快，农民群众也比较满意。"四查四帮"由工作队掌握，没有发生粗暴斗争，没有发生打人骂人现象，始终体现着对基层干部的关爱与帮助，同时又使他们以真诚的检讨获得群众的谅解。船舱公社溪沅大队一个老太太说得很生动：这个"四查四帮"真好，不知是哪一位干部想出来的，如果他来了，我要留他吃餐饭，不收他的粮票。①

五、"杭州会议"之后

1963 年 5 月 4 日，胡耀邦以共青团中央第一书记的身份陪同阿尔巴尼亚劳动青年代表团去杭州谒见毛泽东。随后毛泽东在杭州召开有部分政治局常委和大区书记出席的小型会议，进一步研究农村社会主义教育问题。胡耀邦列席了这次会议。毛泽东在会上发表了四次讲话，继续强调阶级斗争。他说，中国社会出现了严重的阶级斗争，有些地方公社、大队、生产队的领导权实际上已落到地主富农手里，其他机关的有些环节也有他们的代理人，而"阶级斗争，一抓就灵"。他警告说，要防止出修正主义，如果不搞阶级斗争、生产斗争、科学实验，马列主义的党就一定会变

---

① 当时干部在群众家里吃"派饭"，要交粮票。

成修正主义的党，整个中国就要改变颜色；要充分发动群众，依靠贫下中农，建立贫下中农阶级组织和革命队伍；要开展清政治、清思想、清组织、清经济的"四清"运动，解决干群之间的矛盾；干部要参加劳动等等。会议根据毛泽东的指示精神，起草了《中共中央关于目前农村工作中若干问题的决议（草案）》，决议共十条，即后来所说的"前十条"。

12 日闭会后，胡耀邦到武汉参加了由陶铸主持的中南局会议，讨论关于贯彻杭州会议精神问题。

回到长沙以后，湖南省委召开全省三级干部大会，请胡耀邦传达杭州会议精神，研究"四清"问题。

胡耀邦作了极为认真的准备，在 19 日、20 日两天的会上，详尽传达了杭州会议精神。他归纳为四个问题：形势问题、认识问题、要点问题、方法问题，以毛泽东讲话为主，同时也介绍了文件起草和修改中的种种斟酌。在传达这个阶级斗争色彩很浓的会议的精神时，胡耀邦联系自己的体会，说了一段检讨性的话。他说："到湘潭地委后，开始一个半月，没有记住主席在十中全会上所作的关于阶级、阶级斗争的指示，因而一个半月中就没有查这方面的问题，只是到十个县走了一遍，这是进行示威的性质。正如主席形容过的，是大踏步走路，根本看不到蚂蚁子。延春同志在零陵看到了这个问题，抓住了这个问题。……我记得他问过我，因为我没有认真调查，没有说出什么意见。"他说，"为了做好工作，我想不但要好好地学习和体会中央的指示，还要向平化、延春同志和其他同志学习，向下面的同志学习，并且要认真地学习主席提出的用马克思主义的科学方法进行调查研究"。最后，他还是谈了他对阶级斗争的理解，他说："据我的认识，阶级斗争不是个简单杀人问题，而是主席所指出的，要把资本主义势力和封建势力中间的绝大多数人改造为新人的伟大运动。"

本着这样的思路，回到湘潭以后，按照中央部署，又开展了"四清"运动。胡耀邦把浏阳的"扭单干"叫第一阶段，"四查四帮"叫第二阶段，现在搞"四清"，是第三阶段，都属于社会主义教育范畴。

回顾起前一阶段的"四查四帮"，从湘潭地委到浏阳县委，都认为同中央"前十条"的精神是一致的，因此"四清"也就是"四查四帮"的伸延。由于"四查四帮"着重是在大队一级进行的，所以这一次对大队干部主要是要求参加集体生产劳动、改进干群关系，包袱放得不彻底的继续放，"四清"则着重是在生产队一级开展。

胡耀邦指示，首先要在全地区广泛宣传中央的"十条"决定，让决定同基层干部和群众直接见面，以作深入发动群众的准备。于是，全地区抽调了三千六百多名报告员和五万七千多名宣传员，以公社分片或以大队为单位召开大会，宣讲"十条"。报告员和宣传员们都以最快的速度，集中学习，然后分别下到基层。

地委决定"四清"仍然先从浏阳然后醴陵向全地区铺开。胡耀邦在部署完全区工作之后，又来到浏阳。

6月10日，胡耀邦在浏阳县公社党委书记会上作了动员。他对"经济上清什么？"的问题是这样说的："根据中央的指示，考虑浏阳的实际情况，我认为大家提出的内容是合适的，这就是：一、要好好清粮食账；二、要好好清现金账；三、要好好清工分账；四、要好好清理实物。总起来，叫粮、钱、工、物。"

他说：群众最关心的是粮食，因为粮食名目繁多，搞得最乱，干部在这个方面的贪污多占也最严重。凡属征购粮、统销粮、上缴大队粮、种子粮、饲料粮、生产队干部补贴粮、国家奖励粮、生产队出售粮、调拨粮、机动粮，一共十项，都要清理。

群众关心的第二个问题是现金收支。这是干部贪污多占的第二大漏洞处。凡属是国家贷款、国家投资款、救济款、灾情减免款、社会减免款、罚没款、公积金、公益金、平调退赔款、管理费用款、粮油统购款、生产队农副产品出售款、副业收入款、社员投资款，一共十四项，都要清理。

他对工分账和需要清理的集体财物，也都一一作了详细的开列。

他强调"早自清"，有经济问题的干部要及早、自觉清理自己。"对于那些彻底检讨，坚决退赔，认真改正的，无论错误多大，一律不给处分。"

由于这回要深入到生产队，一些事情会牵涉到社员群众，所以胡耀邦帮助浏阳县委制定了《关于"四清"工作的决定》，规定：

——不允许把"四清"范围扩大到社员中去；

——凡属群众性的集体隐瞒私分，一律不作清理；

——社员拿了集体工具、农具的，只许通过维护集体财产的教育，号召公物还家，不搞坦白检举。

在具体做法上，教育干部放下包袱，发动群众向干部提意见，首先是"背靠背"地进行，在双方都有了充分思想准备后，再由干部在会上作检讨，并提出退赔方案，由贫下中农和社员群众审查评议，避免顶牛现象和简单粗暴的做法。

这些安排，是在"四查四帮"基础上，更加周密，更加稳妥，更加体现出政策特色。

县委还指定了五六十名县委和区委主要干部分头深入基层，将"四清"的目的、要求、做法和政策界限，直接向所有基层干部和群众作讲解，务使干部群众都有正确认识。

在做了这样安排之后，胡耀邦觉得对浏阳这个"点"上的情况，已经心里有数，他要转向"面"上的工作。他先是到醴陵作了动员报告，然后来到平江。

在他的指导下，平江县的"四清"运动采取了两个引人瞩目的举措。

其一，当时平江县各区正在开会，安排运动。这里前一时期以大队干部为对象的"四查四帮"刚刚开始，现在就一并纳入"四清"运动。胡耀邦提议，各区把大队主要干部都召集到区上来，开一个大队干部放包袱、"早自清"的大会。会上，主要是采取批评、鼓励、商量三结合的办法，批评错误的思想行为，鼓励有包袱的干部放下包袱，同放了包袱的干部商量如何退赔，充分运用典型对比回忆对比的形式，进行自我教育。这样集中到区上来"放包袱"，比起在一个个大队里单独进行，由于人数较多，可以收以典型带全面之效，时间也更快些。从6月18日开始，到22日共五天时间里，大部分干部清理了自己政治、经济方面的问题。会上没有采取简单粗暴的方法，没有处分一个人。有的干部在放下包袱之后，写了打油诗："来时手脚不干净，思想包袱重千斤；会上洗了温水澡，污秽擦去一身轻；回去再向群众交，不义之财退干净；轻装上阵带头干，党的任务好完成。"

其二，也是在这几天里，地、县委工作组在长寿街的桂桥公社黄雀大队"解剖麻雀"，创造了四天"揭开大队阶级斗争盖子"的典型：第一天，两手发动。一手发动贫下中农，一手发动大队、生产队干部。第二天，基本揭开。经过阶级教育、政策教育，有的干部交代了问题；拒不交代的受到孤立。群众也发动起来，纷纷揭发检举或提供线索。并且选出了清算委员。第三天，扩大战果。这一天把运动引向生产队，根据各队实际情况，有的由群众自己清，有的工作组去帮助清。第四天，全面落实。查漏洞，划清政策界限，口头交代与书面交代核对，经济包袱与账目核对，没有账的与检举材料或有关当事人核对，简称"一查一划三核对"。经过这样的过程，"四天的确变了一个样"。

胡耀邦对这两个经验都很重视，他在黄雀大队的总结材料上加了很长的批语，上报省委。

6月下旬，胡耀邦召集临湘、岳阳、湘阴、湘潭四县县委书记碰头会。对这几个"四清"运动开展未久的县，胡耀邦又从指导思想上作了进一步动员。他着重强调了"运动中要自始至终抓紧干部教育"，做到三个结合。第一是把发动群众同教育干部结合起来。他说，发动群众本身就是对干部的教育，可以使干部看到，群众一旦发动起来，具有多么巨大的威力，从而增强遇事同群众商量，认真依靠群众，彻底走群众路线的观念。要知道，我们有不少干部不是贫下中农出身，群众观念是不深的，不牢固的。我们应当使他们在这次群众运动的大风暴中受到教育，克服那些非劳动人民的意识和轻视群众的观点。关于第二，把政策教育、阶级教育、前途教育结合起来，他说，要针对干部的思想状况，反复地交代政策，并且通过一些具体事例来体现政策。在交代政策的过程中，要不断地启发干部的阶级觉悟，引导他们回忆过去的阶级苦，并且组织由于受排挤压制而现在仍很困苦的贫下中农现身说法，启发他们的阶级情感。与此同时，又要引导他们向前看，看到国家的远大前途和个人的远大前途，懂得"包袱"和自己的光荣革命历史是不能"和平共处"的，总得放掉一个。只要坚决改正错误，积极工作，仍然是党的好干部。他说，第三，是把普遍教育和个别教育结合起来。对于那些思想不通、态度不好的干部，要注意进行个别教育。要深入发现他们的思想障碍之所在，要有的放矢地同他们个别谈话；或者组织小型座谈，由转变较好的干部介绍自己的体会去影响感染他们。

根据已有的经验，他还指出，在运动当中，要陆续把每一阶段的具体目的、要求和政策界限拿到基层干部和群众中去讨论，放手发动他们提意见，出主张。凡是这样做的地方，群众议论问题之热烈，是近年所没有的。这就形成了这样一个循环：党的政策不断地启发和鼓舞着群众的政治积极性，群众的政治积极性又不断地补充和丰富着我们的领导经验。

会后他在平江又跑了一些区、社，于7月5日回到浏阳，立即给高臣唐等几位地委副书记写了"电话通讯"，介绍了"四清"工作进入生产队时的一些做法，并提出整个"四清"在"双抢"前完成。

到7月下旬，全区的"四清"除三个县还有一部分社队没有结束外，绝大多数地区都已告一段落。8月初，胡耀邦召开县委书记会议，决定从下旬开始，对少数走了过场的地区进行复查。

运动整体来说是平稳的、健康的，胡耀邦心里比较踏实。他想抓紧时间把运动总结一下，给省委写一个报告。

天已经热起来，他由于过分操劳，痔疮发作。省委得知后，建议他到南岳衡山去休息一个时期，他谢绝了。后来又建议他到韶山滴水洞休息。他考虑那里属湘潭县辖区，便同意了。

滴水洞在韶山背后一条山冲里。这里遍山竹林，满目青翠，是休养的好地方。但胡耀邦也未得清闲，他用了几天时间，将"四清"工作的经验写成总结，报送省委。

此时好多地区旱情严重，一份份旱情报告送来，他再无心住在这清幽的环境里，8月12日，他离开了滴水洞，急急赶回地委。

然而时隔不久，就有了反应：中央某主管农村工作的负责人批评了平江经验，大意是说几天就搞完一个大队，是把阶级斗争看得太简单了，这样急急忙忙，不是走过场吗？其后，省委几位主要负责人也找胡耀邦谈话，提出同样的批评。

这些批评似乎没有能够打动胡耀邦。因为就工作思想来说，快与慢，急与缓，他从来主见在胸。从最初部署"四清"运动时他就说"有些同志往往把时间上的长短同思想上的粗糙、工作上的拖拉混为一谈。说时间短一点，就不把政策问题、做法问题搞细一点，急急忙忙搞一通，以致搞出乱子来。说时间长一点，就慢慢吞吞老牛拉破车，催一下，动一下，拖拖拉拉，养成一种很不好的作风。正确的做法应当是，仔细衡量一个运动的必要时间，先把运动的目的、要求、做法、政策界限都思考清楚，然后组织力量，雷厉风行，势如破竹地进行工作。就是说，我们对待每件事、每个运动，都要把思想政策的稳妥性、细致性同工作作风的紧张性、迅速性结合起来"。① 在总结黄雀大队经验时他说："彻底不等于透底，如果在大致可以结束时仍恋战不舍，其结果，一是领导上可能产生急躁情绪，二是可能产生'顶牛'现象，僵持不下。所以我们主张速战速决，但又并不要求这一次就把全部问题都解决得一干二净。"②

虽然如此，胡耀邦还是觉得心情非常不舒畅。他仔细思考了那些批评意见，仍然觉得难以接受。他认为分歧就发生在对现实的社会矛盾怎样理解上，这有实践问题，也有理论问题。他很想找时间好好读读经典著作，冷静下来作些思考。但繁重的工作任务，毕竟不能允许他这样从容地读书。他稳定一下心情，又踏上了下乡之路。

薄一波在《若干重大决策与事件的回顾》中有这样一段叙述："从'杭州会议以后'这一段的运动和试点情况来看，多数单位是搞得比较好的，但有些地方也发生了一些问题。早在 1963 年 1 月

---

① 《浏阳县社会主义教育运动第三阶段要求和做法》。
② 以中共平江县委名义撰写的：《我们怎样从实践中体会精神变物质的》。

14 日，《中央关于在社会主义教育运动中严禁打人的通知》就指出：'根据许多地区的材料反映，在农村社会主义教育运动中，有些地方发生打人和乱搞斗争等违法乱纪现象。'该通知所附的材料说，在湖南常德地区，发生了乱搞斗争、打人、乱'搜查'、重点'集训'、乱扣帽子、乱立'罚规'等现象；……同年 3 月 15 日，帅孟奇同志在《关于湖南农村社会主义教育运动情况和存在的问题的报告》中，也说湖南的运动虽然比历来的运动都较正常、健康，成绩也显著，但也有些地方发生了自杀、逃跑事件，以及打、跪、罚站等违法乱纪的现象。到 2 月底，全省已死了 76 人（王延春同志在报告中说 97 人），另外，经济退赔面偏宽和要求偏严的现象相当普遍，有的甚至采用了'鸡下蛋，蛋孵鸡'的计算方法"。[①]

　　如果说这是一个重要的衡量标准的话，那么，湘潭地区的"四清"运动没有发生这方面的偏差。胡耀邦总是让运动中的气氛和缓、平常，而不是恐怖、紧张；他总是强调教育、自觉，而不是惩罚、强制；对放包袱好的干部，他在公社乃至全县大会上热情表扬，使广大干部都感受到放下包袱并不受到歧视。因此，8 月中共中央发出《关于农村社会主义教育运动中的一些具体政策的规定（草案）》（即通常说的"后十条"），强调对基层干部总的精神是以教育为主，在具体做法上要划清政策界限、做好教育工作、经济退赔和组织处理工作，对该处分的干部要坚持实事求是，处分的面要严格控制等等，这时，这里已无须再翻过来"补课"，而只是一些扫尾的工作了。

---

① 薄一波：《若干重大决策与事件的回顾》（下），中共中央党校出版社 1993 年版，第 1111 页。

六、胼手胝足下乡忙

1963 年夏，一场持续数月的特大干旱扑向湘潭。

5 月末，南部各县已露旱象，酃县首先告急，向地委报告说，在一百多天中只下过三场小雨，全县受旱面积已达 33%。胡耀邦当时正在部署"四清"，忙碌万分。但 6 月 12 日，他还是带人火速赶赴酃县。他意识到旱灾的威胁更为紧迫，今年粮食如果减产，明年的一切工作都将被动。当时酃县县委干部都下去蹲点抗旱去了，只有一个人在机关值班。胡耀邦就让他引路，到受灾严重的地方去，一边察看灾情，一边听取汇报，一边研究抗灾办法。从汇报里他发现，有些地方群众悲观情绪大，抗旱不积极，说"抗什么旱，抗了也白抗"。他明白，这是由于一些干部多吃多占，伤了老百姓的心。县委领导闻讯赶来见他，他恳切地说，我们一方面要教育基层干部放下包袱，认识错误，一方面也要教育群众，看到大部分干部还是好的，抗灾得到的好处归根到底还是大家的。他又说，社会主义教育运动暴露了干群关系问题。要改善干群关系，关键是要干部参加集体劳动，积极投入抗旱第一线，同群众一道车水、筑坝、挖井，与群众同呼吸共命运。这样，群众就会把干部看成自己中间的一员，长期坚持下去，大家就有了共同语言和共同感情。县委迅速向区、社和基层传达贯彻了这些指示，动员各级干部都要深入抗旱第一线，同群众一起劳动。经过全县干部群众的不懈努力，旱灾造成的损失减到了最低限度，当年仍获得较好的收成。

8 月，溽暑中的湘潭酷热难当，早晨天不亮人就在满头大汗中热醒，直到深夜蒸腾的热气仍不稍减。经常失眠的胡耀邦这时候更是彻夜难寐。旱情还在持续。虽然已经布置了紧急动员抗旱，但进展并不平衡，他还是不放心。他的注意力又集中到浏阳，他决定再去看一看。

浏阳已经两个多月没下透雨了，溪河断流，农田龟裂，灼热的阳光像一盆烈火，烤得树叶卷成一团。这是几十年不遇的大旱。胡耀邦忧心如焚，冒着酷暑，忍着痔疮的痛楚，每天下去察看。当他得知官渡区沿溪公社有五千多亩水稻插不下去时，他带上地委农村部长陈军等人，再次直奔沿溪。

到了公社，正碰上帮助组织动员农民播种玉米、抢种高粱的区委书记王英文回来。胡耀邦满头大汗，不停地用草帽扇风，顾不得休息，就关切地问：群众情绪怎么样，有什么反映？王英文告诉他，群众说多年来都是插两季稻，今年改种一次旱土作物，一定会长出好芽。胡耀邦说，水旱轮作是会长出好作物的。王英文接着又说，已栽好的晚稻都已中耕追肥，劳动力能集中抢种玉米、高粱。现在男女老少已有两千多人起早摸黑忙着搞，估计还有两天可以完全种好。胡耀邦非常高兴地对陈军说，在上面老是听些消极的东西，听不到这些积极东西，赶快打电话回去，一定要组织群众抗灾夺丰收。

然而胡耀邦略一思忖，又发问：你说几千人上阵，怎么我一路看来并不像你说的那样？王英文问他是从哪里来的。他说，我是从县城来的，就在离这两三里的地方，也看不到很多人搞抢种抢插呀。王英文说，胡书记看到的地方是古港区临近沿溪公社的三口公社，我讲的是沿溪公社的情况，我可陪胡书记去检查。胡耀邦说，那你打电话要古港区和三口公社的书记到这里来一下。然后他们一行又到附近实地检查去了。

古港区委书记何寒光和三口公社书记李挥武赶来已是晚上，正好在沿溪桥上遇到胡耀邦一行归来。胡耀邦迎头就问李挥武：我刚才走黄岗大队路过，看见还有一些田怎么没有插上晚稻？李挥武解释说，我们公社的田全靠宝盖水库灌溉，现在水库断流了，黄岗离水库二十多里，是水库尽头，有点水也很难放到这里来。胡耀邦说，要想办法，千方百计种上作物，高粱、玉米、秋杂都行。即便现在种不上，也要作好种子准备，只要一下雨就抓紧播种，总之不要荒田。他们边说边来到沿溪公社。胡耀邦只穿了汗背心，坐在灯下，说，天老爷同我们作对，我们就得针锋相对，寸土不让，人定胜天嘛。要发动干部群众想办法，找水源，开源节流，能救活一蔸算一蔸，能救活一亩算一亩，尽量做到不减产或少减产，那就胜利了，就对得住父老乡亲，争得了工作的主动权。

谈完已经是深夜了。胡耀邦与李挥武到三口公社去过夜，让车子把何寒光送回到区里。①

大瑶山区在文家市区下游，缺水抗旱，他们要求文家市区通知清江水库放水，当得知水库没有蓄水，无水可放时，意见很大。胡耀邦得悉后，想到了2月份去察看清江水库时所作的"不关闸，不蓄水"的决定是错了，感到心里很沉重。8月下旬，他经由大瑶山又来到文家市。区长孙怀勇见他非常疲倦，说，胡书记，你太辛苦了，休息一下吧。胡耀邦说，老孙，我犯了一个错误啊！清江水库还是不能不关闸，不放水。孙怀勇说，这事不能怪你，我们区委都同意了。我们从这件事吸取教训，一定要继续修好清江水库，发挥它抗洪防旱养鱼发电综合利用的作用。胡耀邦仍是感到歉疚不已。

旱情到9月仍不见缓解，一直在为抗旱操劳的胡耀邦还在不停地奔走。9月上旬的一天，他从浏阳城浮桥码头坐上了一条小船，去沿河的枨冲、普迹、金江、镇头等公社察看。他头戴草帽，手里

---

① 参见何寒光：《精神永在，浩气长存》；李挥武：《三日夜谈》；王英文：《艰苦深入的楷模》（这三篇文章互有异同），《胡耀邦与家乡浏阳》，浏阳市委党史办公室编1999年版，第50、87、113页。

挂着一根竹竿作手杖，坐在船头，笑呵呵地给船工递烟，说道：在世界闻名的浏阳河乘船下乡去检查工作，真是机会难得哩！就是天公不作美，老不下雨。火辣辣的太阳照在河上，热气和金色涟漪令人头晕目眩。胡耀邦却仍是那样精神勃勃，不断地让船靠岸，上去走进生产队去，同群众谈论，了解抗旱情况；有时召集基层干部开会，督促他们再接再厉，渡过难关。他反复强调要千方百计寻找水源，要多种秋玉米、秋高粱等杂粮作物，进行生产自救。对抗旱组织不力的地方，"河里有水，岸上无人，田里开坼，禾叶卷筒"现象他十分恼火，他对社、队干部进行了严厉批评。

9月15日，胡耀邦一行在镇头区公所前面停船上岸。在区公所略略一坐，就要到对岸镇头公社去。大家劝他休息一下，他说，时间很紧，明天还要到沙市区去，争取多了解点情况。他们一行来到杨林大队的杨柳、万家等生产队。胡耀邦看到这里晚稻由于无水至今插不下去，非常着急，叮嘱社、队干部务必引水浇田，尽量扩大晚稻面积，确保粮食丰收。来到段坡生产队时，看到部分油茶山里有些空坪隙地，他当即提出，你们要把这些地开垦出来，种些黄豆等粮食作物。他说，这样既能增产粮食，又能增加群众收入，多搞粮食间作，是利国利民的好事。

后来，这个大队遵照胡耀邦的指示，组织群众大力开垦空坪隙地和吃茶园地，积极发展黄豆生产。在群众得到实惠之后，黄豆种植面积迅速扩大到四百余亩，成为全县粮林间作的典型。数十年过去了，这里的农民仍然保持着种植黄豆的习惯。

这一次，他们水陆兼程，走了一百多公里。

到9月下旬，全县粮食生产的形势已见了眉目。经过广大干部群众的苦干，严重减产的生产队大约有百分之七，而绝大多数生产队可获增产，至少是平产，全县粮食总产量预计可比去年增加5%。

9 月 24 日，胡耀邦喜气洋洋地在浏阳县三级干部会上发表了一篇总结抗旱工作的讲话，讲话的题目就是动员的口号："一切为了明年大丰收"。讲话中，他及时提出了努力完成国家征购任务，使核减的征购任务落实到真正受了灾的生产队里去，作好晚季粮食的分配工作，大力宣传勤俭建国勤俭持家，提倡节约用粮和计划用粮，切实抓好冬种，发动群众大修水利等十项任务。这是一篇把夺取大丰收的各方面工作都设想得非常详尽的讲话。最后他说："应该说，闹丰收我们许多同志已经有了许多成功经验，也有过一些失败的经验。但是真正夺取大丰收，我们的经验还是不足。比如，如何真正取得明年春季作物大丰收的任务就摆在我们面前了。究竟如何才能保证不落空，现在谁都不能打包票。应当怎么办呢？这就要求我们到基层去，到群众中去，从检查工作中去发现问题，从深入生产中去领导生产。因此，我们要强调深入基层，深入群众。"

对于这一时期湘潭全地区的生产局面，后来湘潭地委副书记高臣唐有这样的评价：由于胡耀邦"在全地区开展了鼓干劲、搞好生产的热潮，扭转了在困难面前怨气、泄气，消极悲观的局面"，"全区粮食总产发展很快，达到解放后最高年产量水平，国家征购任务完成了，农民肚子吃饱了，水肿病没有了，外流的回来了，社会稳定，人民安居乐业。耀邦同志团结地委一班人，创造性地贯彻党中央的方针、善于抓住典型、调动群众积极性的工作办法，他那满怀革命豪情、贵在鼓劲、朝气蓬勃的工作作风，鼓舞着全区的干部群众，成为湘潭人民建设社会主义农村的动力"。①

---

① 高臣唐：《耀邦同志永远活在我们心中》，《胡耀邦与家乡浏阳》，浏阳市委党史办公室编 1999 年版，第 44 页。

七、不能忘记青少年

1963 年 11 月，团中央同胡耀邦联系，准备明年召开团的第九次全国代表大会，团中央书记处已经起草了一份在大会上的工作报告，要送交他审查修改。

胡耀邦在地委的工作虽然异常繁忙，但他还是经常关心青少年工作。他同团省委、团地委一直保持联系，经常给他们以工作上的指导。

他刚到湖南时，团省委书记姜保胜去看望他并汇报工作。当谈到对青年进行阶级教育时，他说，阶级教育的内容不要仅限于讲阶级压迫和诉苦，可以宽一些，比如革命的坚定性、革命的雄心壮志、无产阶级的组织纪律性、又红又专、群众路线和群众观点、优良的风尚和习惯，等等，都是阶级教育的内容。他特别提到，搞批判要特别谨慎。他说，现在有个情况，有些人对任何问题都提到阶级斗争上来看，比如有些大学生不服从分配，也说是阶级斗争问题。不能这样简单地看问题，要具体分析。对青年要循循善诱，要鼓励他们前进。

1963 年 3 月 5 日，毛泽东发出"向雷锋同志学习"的号召，胡耀邦敏锐意识到这一号召具有重大意义，青年团必须迅速响应。他一面领导"四查四帮"运动，一面组织撰写长篇文章：《把青年的无产阶级觉悟提到新的高度——谈广泛开展学习雷锋的深远意义》，于 4 月 30 日同时在《人民日报》和《中国青年报》发表。文章说："雷锋是在中国青年的光荣的革命传统的基础上成长起来的。雷锋的革命精神，就是过去千百万优秀青年的革命精神的继续和发展。"

"四清"、抗旱、秋收等各项大事都忙过去了，已经相对有些空闲。11 月 6 日，胡耀邦陪同前来考察工作的国家计委副主任程子华、农垦部长王震去平江、浏阳、醴陵转了一圈，中旬才回来。11 月 17 日他去了湘潭县中路铺。这里离地委较近，来去方便。他把这里作为一个"点"，住了下来，一边读书，一边劳动，一边作调查。12 月 11 日一早，他同县、区、公社干部一起开了一块二十八亩半的荒坡，种上了一千七百多窝油茶。随后，他们来到中路铺完全小学看望学校师生。面对天真烂漫的孩子们，他用通俗的语言，启发的方式，同孩子们展开了一场有问有答的有趣对话。胡耀邦着重讲了少年儿童们要有改造世界的志气。他说："要这么来看改造世界：这是一项极其伟大极其艰巨的事情，又是一项非常具体非常实在的事情；是人类世世代代的革命者做不完的事情，又是每个有志气的革命的少年都可以参加的事情。"他说，多做一些有益于公众、有益于社会的事，就是"改造世界"的实际表现。他把管理刚刚种下的油茶的任务交给了学生，说明这也就是"改造世界"的实际行动。这篇讲话后来在《中国少年报》上发表，题目是《和少年朋友谈改造世界》。

12 月初，团中央从北京派来一个起草团代会报告的写作班子，带着报告草稿来到湘潭。班子里包括钟沛璋，他刚摘掉"右派"帽子不多久。胡耀邦见他也来了，十分高兴。胡耀邦对带来的稿子不满意，指出应该站得高，看得远，根据毛泽东思想，很好地总结几年来共青团工作的基本经验，从当前国内外形势来分析共青团工作的地位、作用和任务，中心思想是要促进中国青年革命化。

在以后的一个多月里，胡耀邦带领起草小组住在湘潭钢厂的招待所里，反复讨论，推敲、修改，一共写了八稿，他才通过。此后，胡耀邦又亲自主持，召开了几次各界青年座谈会征求意见。直到他觉得完全满意了，才由起草小组带回北京，提交团中央书记处讨论。

这时已到了 1964 年 2 月。

5 月，胡耀邦回到北京，确定召开团代会的各项实际工作。

6 月 5 日至 8 日，胡耀邦主持召开共青团三届九中全会，讨论并通过团代会上的工作报告（草稿），团章修改草案和关于修改团章的报告（草稿）等等。

6 月 11 日，共青团第九次全国代表大会在北京举行。同前几届一样，毛泽东、刘少奇、周恩来、朱德等党和国家领导人都来出席。大会气氛热烈而隆重。邓小平代表中共中央向大会致词，号召全国青年在阶级斗争、生产斗争和科学实验中作革命派。

胡耀邦的题为《为我国青年革命化而斗争》的工作报告，根据当时毛泽东提出的反对和平演变，反对现代修正主义的思想，阐述了在青年工作中马克思列宁主义同现代修正主义路线的斗争。在报告中他还着重讲了团的作风问题。他说："党经常教导我们共青团一定要树立一种好的作风，要把广大青年的风气带好。作风是一种无声的号召，无形的精神力量。团的作风好坏，对青年的革命化有着直接的影响。"他把团干部应有的作风概括为"朝气蓬勃，实事求是"八个字。他发挥说，朝气蓬勃就是要有勇于跟困难作斗争的革命干劲；就是开动脑筋，敢于和善于提出问题，有负责精神和创造精神；就是一种努力学习、永不自满的精神；就是防止脱离实际、脱离群众和沾染官僚主义习气。他告诫团干部，要永远保持艰苦朴素、联系群众的优良传统，奢侈浪费是思想上的腐蚀剂，追求个人的物质享受，就会丧失革命志气。他继而指出，朝气蓬勃是必然建立在踏踏实实了解情况的基础上的，因而朝气蓬勃又必然要与实事求是的精神结合起来。而所谓实事求是，就是做老实人、说老实话、办老实事，就是工作上扎扎实实，具有革命的坚持性，讲求工作实效。他说，团干部要有远大理想，但必须脚踏实地。

在胡耀邦倡导下，"朝气蓬勃，实事求是"成为青年团作风的规范，成为了广大团干部的座右铭。

7月2日，共青团九届一中全会选出了新一届团中央书记处：第一书记胡耀邦，书记胡克实、王伟、杨海波、张超、王照华、路金栋、王道义、惠庶昌，候补书记张德华、李淑铮、徐惟诚、胡启立。

这是胡耀邦主持召开的最后一次团代会。此后直到"文化大革命"初期团中央"改组"，胡耀邦虽然仍任团中央第一书记，但他实际上已去做地方工作，对团的工作已经参与不多了。

团代会后，他正准备重返湘潭，却接到新的任命，派他去主持陕西省的工作。这样，他就再没有回到湘潭。

第十一章　主陕纠"左"

一、陕情堪忧

1964 年 11 月，胡耀邦接到中共中央的任命：任中共中央西北局第三书记兼陕西省委代理第一书记，同时保留共青团中央第一书记原职。[①]

从湘潭回到北京虽然已经四五个月，但在召开团的"九大"大忙特忙过后，稍一沉静下来，就会不期而然地想起在湘潭的种种经历。在湘潭的工作没有做完，这一点常常使他觉得遗憾。比较起来，他更神往于全局性的实际工作，神往于在第一线上的火热的斗争生活。现在，又要到一个新的地方去开创工作了，他带着一偿夙愿的喜悦，久久沉浸在联翩的遐想和澎湃的激情之中了。

---

① 1965 年 6 月 25 日西北局通知：中共中央同意胡耀邦任中共陕西省委第一书记、西北局第二书记。

他很快地将团的工作向团中央书记处作了交代和安排，就带了两名秘书登程赴任。11 月 30 日晚，他四十九岁生日后的十天，来到了古城西安。

12 月 1 日，胡耀邦去西北局报到。西北局下辖陕西、甘肃、新疆、宁夏、青海五省（区），机关设在西安市里。西北局第一书记刘澜涛在 20 世纪 50 年代党的八大以后任中央书记处候补书记时，曾经联系和指导过团中央工作，是胡耀邦的老上级。胡耀邦向刘澜涛表示，他的主要工作是在陕西，以后要把绝大部分精力放在省里，西北局的工作，除重要会议之外，基本不参与。刘澜涛表示同意。

为了充分而准确地掌握陕西的情况，胡耀邦仍然从深入调查研究入手。12 月 3 日，他第一次主持省委常委会议，同省委主要领导同志见了面，接着又参加了四天西北局社教工作汇报会，之后就以整整十天的时间，分别同省委第二书记赵守一、省长李启明、省委常务副书记冯基平等交谈，听取省各部委厅局负责人的汇报，还找了四个地委书记交谈。同时，还派两个秘书去临潼县两个生产大队作实地调查。通过一系列的调查了解，他对陕西的情况有了总体上的估量。

他看到，陕西省在"大跃进"中"浮夸风"、"共产风"不像其他地方那样严重，生产受到的破坏比较小，但是农田基本建设上得不快；在三年调整时期，工业下马过头，特别是基础工业和为农业服务的工业下马过头，以致经济恢复的物质基础不如先进省份。全省粮食耕地共六千多万亩，粮食总产量在 1956 年曾达到一百零八亿斤，而这几年总产值都停留在八十多亿斤的水平上，单产是全国最低的一个省，比西藏还低。总产要恢复到 1956 年的最高年产量，还有百分之二十三的距离，也是全国差距最大的一个省。棉花产量这两年停留在一百六十万担的水平，单产只有四十斤。社员的口粮三分之一到二分之一靠自留地，八百里秦川富庶之地的农民，比河北、山西农民的生活水平还低。胡耀邦还特别关注陕北的情况。他在陕北吃小米饭、喝延河水长达十年，对陕北怀着特殊的感情。1956年他到延安召开五省区造林大会时，看到陕北人民住着破窑洞、吃着谷子糜子，仍然那样贫困，不禁黯然神伤。又是七八年过去了，现在如何呢？他了解到，现在陕北的粮食产量仍然低得惊人，平均亩产只有五十五斤。没有什么工业。文盲还占总人口的百分之四十三。克山病、大骨节病和布鲁氏菌病等地方病没有根本扭转，农民中的封建迷信还很盛行。

如果说，生产的恢复使胡耀邦感到焦急，以"四清"为主要内容的"社会主义教育运动"的态势，则是使胡耀邦吃惊和压抑。

他了解到，陕西这里十分强调"彭、高、习反党集团流毒很深"，"土地改革和镇压反革命很不彻底"，因而说这里阶级斗争格外激烈。所谓"彭、高、习"，就是彭德怀、高岗、习仲勋。曾任中央人民政府副主席的高岗，1954年就因"高饶事件"倒台了。1962年9月北戴河会议上，有人揭发小说《刘志丹》为高岗翻案，而后台是习仲勋。这时又正值彭德怀递交"八万言书"，为自己申辩。于是，会上就把他们拽到一起，定为"彭、高、习反党集团"。因为他们都长期在陕西工作和作战，高岗、习仲勋又都是陕西人，所以被认为"流毒"在陕西就"很深"了。在他们领导和影响下进行的土地改革和镇压反革命，自然也就"很不彻底"了。在上述思想指导下，在社教运动当中，大批干部和群众被当作敌对分子或有这样那样政治经济问题的人而遭抓捕或被惩办，这在省委的社教试点县长安、延安、西乡三县更甚。据政法部门和组织部门的汇报，1964年逮捕了六千四百余人，拘留五千余人，平均每天捕三十人以上。受到开除公职和开除党籍处分（即所谓"双开"）的脱产干部六百六十多人，受其中一种处分的干部，加上教师和不脱产的党员，就达四千五百多人，长安县正副区委书记和区长受处分的占百分之四十五，生产大队党支部书记被撤换的占百分之七十六。长安、延安、西乡共清查出应退赔现金八百一十三万元，平均每个农村基层干部应退赔一百八十三元，比陕西省当年人均收入的一百二十元还多六十元。三县在批判斗争中共发生自杀事件四百三十起，死亡三百六十四人。非试点的面上也发生浮动乱斗现象：西安市一度打击了九千五百多"投机倒把分子"；在陕南凤县，连上山砍柴、到集市卖鸡蛋、进城当保姆的收入也被当作剥削收入，都要退赔。在党政机关，由于西北局发出党政干部要清查阶级成分和阶级立场的规定，政治空气也十分紧张，半数左右的省属部、委、厅和各地地委、行署、县委、县政府领导班子被看作是烂了和有严重问题；一批未作结论的厅、局、处长被关押起来"隔离审查"。在文艺界，由于"反党小说《刘志丹》"一案的株连，一大批文艺作品被作为"大毒草"批判，许多知名作家、艺术家遭到残酷迫害。

面对这样复杂、严峻的形势，胡耀邦不能不忧心忡忡，思虑百端。但他坚定地认为，不管三七二十一，首先把农业生产搞上去，使城乡人民生活得到改善，是第一要务。他在不同场合反复强调，陕西必须急起直追，这是要付出艰巨劳动的，总的方针应该是：纵览全局，抓住要领，埋头苦干。在同省委、省政府领导们仔细研究后，他提出了发展农业的四项要求：大力搞肥料；继续搞水利和水土保持；大力引进良种；从基本建设着手为多种经营打基础。他一改历来把"水"放在第一位的观念，提出要把"肥"放在第一位。他提出，陕西松土壤多，涵养水分能力强，又多属旱土作物，肥比水更重要，这就必须因地制宜。由于现在有机肥和无机肥都严重不足，因此要大修厕所，大种绿肥，同时争取中央支持，提早兴办小氮肥厂和自办磷肥厂。对于当时粮食征购负担过重的问题，他提出在适当时机要让中央知道，向中央呼吁。他还特别强调要解决陕北落后面貌问题，提出了多办工厂、兴办大学、引进干部、组织知识青年进去等办法。他还提议省、地、县三级要抽调大批干部到农村基层，去参加生产、领导生产。

关于社教运动，胡耀邦出语谨慎。他没有对运动的全局部署发表评价性意见，但他认为对干部伤害过多，处理过重，必将带来严重的后遗症。因此他说，看来捕人多了点，"双开"多了一些，面上夺权斗争打击面宽了一些，因此他委婉地提议：

捕人暂停；"双开"暂停，留待运动后期处理；面上夺权暂停，待重新部署后再行动。

根据他的提议，省委、省政府作出了"三个暂停"的决定。

二、走马到职报陕情

两个星期以后，1964 年 12 月 14 日，胡耀邦又返回北京，出席于 12 月 15 日中央政治局召开的中央工作会议和 20 日召开的第三届全国人民代表大会第一次会议。

人大会议上周恩来总理作了《政府工作报告》，宣布调整国民经济的任务已经完成，整个国民经济进入了一个新的发展时期。

会上，胡耀邦继续当选为第三届全国人民代表大会常务委员会委员。

会议期间，中共中央请参加会议的各地党的领导人讨论社会主义教育运动等问题，胡耀邦也被邀请出席。

工作会议一开始就讨论社教所要解决的主要矛盾。毛泽东对听到的一些意见都不满意，他要求大家"冲口而出"地讲话，希望能听到一些新鲜见解。

胡耀邦在会上找了一些老朋友交谈，打听了别的省的一些情况，觉得对陕西工作的思路更加明确。听了毛泽东"冲口而出"的号召，他打定主意，要把自己对一些问题的认识和意见以及对陕西工作的思考，作一个汇报。他连续写了几个晚上，最后在 12 月 24 日完成了《向西北局和中央、主席的报告:〈走马到职报陕情〉》。

在这份九千多字的报告里，胡耀邦一方面按照会议的主题，阐述了他对社教运动的基本理论和政策的观点，这些观点当然都离不开毛泽东不断强调的阶级斗争的总体框架，但在联系到陕西的运动情况时，他就鲜明地表述了自己的看法。在"陕西社教要特别注意什么"这部分中，他说:"全省已经清洗了（即双开）六百六十多个脱产干部。性急了一点。性急了就难免出差错"。他说,"如果否认他们（干部）中的大多数能够在群众充分发动的条件下，在启发他们的阶级觉悟的条件下，可以进步，可能变好，因而不采取思想从严，处理从宽，而采取大批处分和清洗的办法，看起来似乎是彻底革命的办法，实际上同样是一种消极的错误政策"。对于补划漏划地主富农成分的问题，他说:"土改时确系地富成分，但几经沧桑，现在剩下孤老残疾，生活相当穷困的，和虽有劳动力但生活和家底已经一般，本人表现老实的，补划不补划?前一种属于可以不划的，后一种属于可划可不划的，我主张不划。"

除此之外，他还以不小的篇幅谈到"怎样把生产搞上去"和"一个特殊问题——陕北问题"。他说:"从去西安第一天起到现在，脑子几乎每天都在盘算生产搞上去的问题。""这几年陕西省的农业相当地落后了。第一，整个生产力上升很慢。第二，集体经济很脆弱。"他说:"生产为什么掉队了?有些同志认为这是因为陕西两条道路斗争特别严重。但是有同志认为这不是唯一的原因，原因还在于我们的同志对组织和领导集体生产有保守思想。……在生产斗争上是小手小脚，慢慢腾腾。……我赞成这种看法。"他特别提出了"肥料问题"，对"多年来陕西有个争论，是水第一呢，还是肥第一？"讲了自己的看法。对于"陕北问题"，他说，"要把这样一个极端落后的黄土高原根本改造过来，当然是不容易的。但是，许多同志认为，如果若干年前，树起雄图，抓住要领，拿出措施，埋头苦干，则可断定情况已经大不相同。因此，大家认为再不能蹉跎岁月，务必急起直追"。

会议期间，胡耀邦还当面向周恩来、副总理兼财政部长李先念陈述了陕西的困难，希望中央能够减轻明年的粮食征购任务，同时希望中央能够拨款在陕西建几个化肥厂，因为陕西当时连一个小化肥厂都没有。周恩来、李先念十分同情和支持，周恩来对胡耀邦说："你们受灾了嘛！征购任务减下来！"还说，陕西这样困难，我们过去不甚了解，这次才听说，你们写个报告吧。胡耀邦立即与同来参加会议的省长李启明商量，在征得陕西省委常委们的同意后，起草了一个《中共陕西省委关于粮食问题的请示》，向中央提出：1965 年陕西粮食征购任务，请求由十七亿斤减为十四亿斤。这是暂时减退一年，最多两年，让农民缓过气来，过几年赶上去，会给国家更大贡献。周恩来看了报告，不仅同意这些要求，还批示："今春必须在关中返销粮两亿斤左右，才能使农民积极性大增，有利于春季生产、夏季麦收、秋季粮棉两丰收。"周恩来还督促国务院有关部门在 1965 年给陕西增拨三万吨化肥，并拨款在陕西建化肥厂，第一批要建起年产七万五千吨的几个厂子，加大农业投入，以促进陕西的粮食生产。

后来胡耀邦回到陕西，将减少三亿斤征购粮的指标，层层分配落实到各地、县、区、社、大队，一直到生产队，并且斩钉截铁地

说："一次定下来，今年不变了。有的人还不相信，问秋天加不加？丰收加不加？我说，同志们，丰收不加，大丰收也不加，特大丰收也不加，天上再掉下些粮食来也不加。"减少征购粮，增加化肥量，这对贫苦无依的农民群众来说，真可谓是雪中送炭。再加上"三个暂停"和派出两万多名干部下乡，基层干部和农民群众称此为"四喜临门"，感到一种多年未有的欢畅。

在这次会上，毛泽东和刘少奇围绕着当时社会的主要矛盾和社会主义教育运动的性质以及运动的做法等问题，形成尖锐分歧。

在 12 月 20 日的中央政治局常委扩大会议上，刘少奇提出当时的主要矛盾和社教运动的性质，是"四清"和"四不清"的矛盾，或是人民内部矛盾和敌我矛盾交叉在一起。而毛泽东则认为，我们搞的是社会主义教育运动，而不叫"四清"和"四不清"的矛盾运动，也不叫党内外矛盾的交叉或者是敌我矛盾和人民内部矛盾的交叉运动。所以，提社会主义与资本主义的矛盾较好。毛泽东还由此不点名地批评刘少奇主持的前一阶段运动，是搞"神秘主义"，是不依靠群众，结果"冷冷清清"。

会议在毛泽东的主持讨论下，制定了《农村社会主义教育运动中目前提出的一些问题》（即《二十三条》），明确指出：关于运动的几种提法，即"四清"和"四不清"的矛盾，党内外矛盾的交叉或者是敌我矛盾和人民内部矛盾的交叉，社会主义和资本主义的矛盾，"后一种提法较适当，概括了问题的性质，重点是整党内走资本主义道路的当权派。"

1 月 14 日文件正式下发。但《二十三条》片面强调这次运动的性质是解决社会主义和资本主义的矛盾，运动的重点"是整党内那些走资本主义道路的当权派"，这就把斗争的矛头集中指向党的各级领导人，从而使阶级斗争扩大化的"左"倾思想发展到人为地任意地有系统地制造所谓"阶级斗争"阶段。《二十三条》对1964年下半年以来社教运动中某些"左"的偏向作了纠正，肯定干部的多数是好的和比较好的，要尽早解放一批干部，退赔可以减缓免；四清要落实到建设上；有左反左，有右反右，有什么反什么；好话、坏话、正确的话、错误的话都要听，要让人家把想说的话说完；要有政治、军事、生产、经济四大民主；不许用任何借口，去反社员群众；等等。

胡耀邦看出了毛泽东那些尖利的批评是指向刘少奇的。在他看来，毛泽东虽然那么不客气，但还属于工作批评。刘少奇倡导的"桃园经验"那一套做法，他并不赞成，觉得那确实是神秘而繁琐。他更多的注意力，还是集中在新出台的《二十三条》上，因为这直接关系着他回陕西后如何开展社教运动。他对《二十三条》满怀期望，心里觉得踏实，对回去以后的工作部署，心里更有了底数。

三、纠偏带来转机

会议一散，胡耀邦就马不停蹄，于1月17日回到西安。

按照他的安排，次日，1月18日，就在丈八沟招待所召开了陕西省委工作会议，传达、学习、贯彻《二十三条》。1月22日，胡耀邦在会上发表了长篇讲话。讲话中，他一方面宣讲了《二十三条》，传达了毛泽东在中央工作会议上的指示，一方面以力挽狂澜的决心和气概，鲜明地指出了陕西社教运动中的"左"的表现，提出了一系列旨在纠偏的政策思想。

他说，由于社教运动中的问题，实际工作已经蒙受了损失。这些问题，一是"双开"急了，有六百六十多名干部受到开除党籍、开除公职处理，多了，重了。二是抓人太多，有些是可抓可不抓的，特别是三百名职工、一百六十多名干部、教员，不该抓。三是斗争面、打击面偏严、偏大，有些地方有些乱。比如"现在地主富农出身的学生很孤立，'小地主'、'小富农'也叫起来了"。第四，对贫下中农代表的要求很不适当，伤了广大群众的感情。比如对贫下中农代表要查"三代""五夫"（指姐夫、妹夫、姨父、姑父、舅父），有的地方把贫下中农积极分子放到群众中去揭发批斗，揭发不出问题，又经得起批斗的考验，才能成为可以依靠的"根子"。第五，政策交代得不好，死了一些人，被批斗等各种原因致死的，全省共三百多人。"三百，多了，两百也多了，一百也多了"。

他说，这种实际工作上的偏差来自于思想上的偏差，即认为大多数干部都不好，都要斗；大多数工人和贫下中农都不能依靠。"这种想法，是很危险的想法。继续发展下去，就可能出现一个比较大的偏差，就可能产生冒险政策，使大好形势受到严重的挫折。"因此，他又重申了"三个暂停"：抓人上，除现行反革命和民愤极大者外，暂停一下；夺权暂停一下；"双开"停下来。他说，"不管怎么样，我看几个暂停还是对的"。他提出，对"集中训练"即变相关押的人员不要虐待。把《二十三条》给他们看，让他们讨论，不要搞成监视，不要把他们当犯人看。春节临近了，要让他们回家过年，跟老婆孩子团聚。这怕什么？不是他一个人的问题，也不是他老婆孩子的问题嘛。不让他回家过年，谁对我们都不同情，人民不同情，连娃娃也不同情。他激愤地说：我们到处搞隔离，搞得冷冷清清，凄凄惨惨，还有什么大好形势？

他进一步说：这一场斗争是重新教育人的斗争。我们共产党的本事在哪里呢，就在于改造世界，改造人，发展生产力。处分人、惩办人不是我们的目的，我们的目的是改造人，改造社会。他说，我们省社教中为什么有这么多的问题，就是坚决有余，清醒不足。我们不但要有坚决的革命精神，还要有清醒的头脑，就是要有科学分析。下面的干部早就有人对社教的做法提出批评，结果受了处分。我主张减轻他们的处分，以奖励讲反面意见的人，要树立这样敢在风头上讲不同意见的榜样、敢进行批评的标兵。他说，对任何事情都要坚持具体分析，避免形而上学，因此不能用静止的办法观察与解决问题。一条最好的办法就是领导大家向前看，立足现在，面向未来。过去的事情，有些弄不清楚，我的意见现在停下来，不要争了。比如某地土改是否彻底，争不清楚。留下来，待历史去解决，恐怕更稳妥。

他这一番讲话，把参加会议的省、地、县领导干部的头脑搅动得翻腾起来。以前认为是最革命的做法，他否定了；一些人长期认为只能如此的观念，他推翻了；似乎已经习以为常的是非标准，他颠倒过来了。他的观点同陕西干部过去一直听惯了的观点大不一样，但大多数人接受，当然也有一些人不接受。

胡耀邦一面参加省委工作会议，一面又直接到基层去，到群众中去，到各界人士中去，亲自宣讲《二十三条》。从1月18日到1月30日，连续十二天，他分别向工厂的干部和科技人员，向省市党员干部、军队党员干部、高等学校师生代表、中等学校干部和教师、新闻工作者、文艺工作者、统战干部和民主人士作报告，逐条地讲解《二十三条》。他针对带有普遍性的"左"的表现、特别是发生在群众中的十分具体却影响很大的问题，不厌其详地分析、讲解、纠正、解疑释惑。

每到一处，他都着力强调这场运动所要解决的是大是大非问题，而不是小是小非问题。什么是大是大非问题？这就是锋芒要对准党内那些走资本主义道路的当权派。什么是走资派？就是那些大贪污分子，大投机倒把分子，做官当老爷、蜕化变质分子。他说，不能用枝节问题、无原则问题去冲淡、转移、干扰大是大非问题。但是，"有些地方搞了一些细枝末节、鸡毛蒜皮。比如说，有些地方整社员、整工人、整学生"，这就走偏了方向。他说，社员、工人、学生也许有这样那样的缺点，但缺点与道路是不同的，不要把缺点当作道路问题。大题小作不对，小题大作也不对。

针对着滥揪历史问题和阶级出身的现象，他反复讲，历史问题看现在，家庭出身看本人，重在表现。他说，出身是无法自己选择的，但道路是可以自己选择的。在对西安市文艺工作者讲话时他动情地说：剥削阶级子女有无前途？我们说，一切走社会主义道路的青年，都有前途。我们党的中央委员几十年前许多都是地主、资本家子女。我国有五百万知识分子，我看至少有百分之七十出身于剥削阶级家庭，就是说有三百五十万，都抵得上一个小国家了。如果都不要，那怎么行呢。一切问题要作阶级分析，但不是唯成分论。唯成分论不是马列主义的。

他每次讲话都要提到打人的问题。他说，一些地方在运动中打人，连文化单位也开打。打人要严格制止，现在不行，将来也不行。一个革命者，任何时候都不许打人、骂人。打人骂人，无非是逼供信，这样做，怎么能不出冤案？

当时一些人特别热衷于整生活作风、生活细节、特别是"男女关系"问题，使不少人为一般的"男女关系"问题受到很重的处理。胡耀邦说，查什么男女关系？男女就是有关系嘛。青年正常恋爱，整人家干什么？那么封建、那么庸俗、那么低级趣味呀。我们反对的只是道德败坏，但事实没搞清楚的不要主观臆断。他说：我讲一个原则，领导干部道德败坏的，影响党的威信，要检查，批评，甚至处理。社员、工人中的男女关系问题，一般不查，主要是教育问题。他还提到，有些地方批判女孩子梳长辫子是资本主义，留短发才是社会主义。他说，不晓得是哪里刮来的这股妖风！这是形而上学的东西。陕西的同志爱吃面，南方人爱吃大米，吃面就是走社会主义，吃米就是走资本主义？

眼看春节来临，在极"左"思潮弥漫的社会气氛中，群众吃好点喝好点，给亲友拜年，农村里办社火、闹花灯，都被批为资产阶级思想行为。胡耀邦说，"过革命化春节"不错。什么叫革命化，不是吃棒子面才算革命化。我们主张不要大吃大喝，但还有中吃中喝，小吃小喝嘛。群众有点积蓄，过节的时候多买些肉，娶了媳妇多买一些东西，有什么不可以？大家忙了一年，节日看看朋友也可以，走亲戚送点礼也不算错，只要不拿国家的就对了。

1月28日省委工作会议以后，胡耀邦就决定停止正在进行的文艺批判和学术批判。他主张文艺、新闻、科学、教育部门的社教运动着重正面教育和学术讨论。在对文艺工作者讲话时他说，文艺界社教重点是端正文艺方向问题，提高文艺思想水平问题，改进作风，深入工农兵。他说，光有批判不行，要繁荣创作，社会主义的根本目的是发展生产力。他号召大家勇敢地创作，创作出好作品来，演出好节目来。他说，认识世界不是我们的目的，改造世界才是我们的目的。繁荣社会主义的文艺，就是我们文艺界改造世界的光荣任务。

这一时期，胡耀邦还极其关注所谓"投机倒把"问题。他在同群众作报告时就多次说，工人、农民卖辆自行车，卖点南瓜子，卖几个鸡蛋，就叫投机倒把？这是整群众嘛。1月19日，他在内部材料《陕情简报》上，看到一篇《西安市放手发动群众，整顿市场打击投机倒把活动获显著成绩》的汇报，其中说西安市已抓了近万名投机倒把分子，读后觉得其中问题很多，立即把这份材料批给了赵守一、冯基平等省委有关领导。他在批语中说，西安市打击投机倒把活动，"是否都打得很准？有些老实的劳动人民因为家计困难，作了一点小额的贩运活动是否也算作了投机倒把分子？退赔了没有？对这种人因为退赔和斗争，是否出了问题？对吊销了营业证的一些确系家计困难的贫民，是否有妥善的安置？……这些问题都要仔细研究"。他提出，"为了总结经验，可否考虑把群众性的打击投机倒把运动暂停一下？"

1965 年的春天，陕西人民感到了多年未有的心情轻松甚至舒畅。由于"四喜临门"，春节开禁，生活又有了些指望和乐趣。人们巴望着渐有好转的局面能巩固下来并继续发展，而不要再反复。

四、安康布政

春节一过，胡耀邦就动身前往陕南安康地区，到各县去深入考察。

在这之前，他在省委书记处会议上提出，现在干部思想不解放，缩手缩脚，顾虑重重，这种精神状态怎么能把生产搞上去？我建议春节以后，除了常务书记留在机关主持日常工作以外，书记处其他同志都下去，分别到各地、县参加多级干部会议，直接宣讲和落实《二十三条》。大家表示赞同。于是省委作了分工，胡耀邦和省委第二书记赵守一、省长李启明及严克明分别去陕南、关中，舒同、章泽继续在点上抓社教，萧纯抓城市社教，冯基平留在机关主持日常工作。

2 月 5 日，大年初二，胡耀邦带着三个人，坐一辆吉普车就登程了。他们翻越雄伟的秦岭，直奔安康。

安康地区在陕西省南端，汉水中游，与湖北、四川接壤。

从2月5日到12日，在八天时间里，他们跑了安康地区的宁陕、石泉、汉阴、旬阳、平利、白河、安康等七个县。一路上像往常一样，胡耀邦坐在汽车前面，吸着纸烟，一面观察陕南山川形胜，沿途田地状况，路上行人衣着，一面思考着向各县了解些什么，布置些什么。有时候路过生产大队，他停下车来，去找干部聊上一阵。去陕鄂边界上的白河时，他还越界到湖北竹溪境内，找了两个生产大队长了解那里的口粮情况，以同陕西比较。安康地区各县正在召开县、区、社"三干会"或加上大队的"四干会"（或统称"多干会"）。他每到一县，不但听县委汇报，还要去同区、社、队干部见面，宣讲《二十三条》，并且开门见山地提出问题，同大家商量，一个问题一个问题地排队，一件事情一件事情地处理。晚间，还要同随他一同调查的地委书记韦明海交换意见。一天的事情都处理完了，他就在灯下看县志，直到深夜。第二天一大早他就起来，又匆匆上路。就这样，他风尘仆仆，不顾疲劳，日夜加班，迅速将交代政策、讨论生产的要求贯彻下去。

在各县，情况最为复杂的，要同大家反复讨论、商量、说服、甚至辩论的还是对干部的处理问题。当时每县都有相当一批干部被"双开"，甚至被逮捕判刑，其中包括县委副书记、县长、县检察长、公社党委书记等领导成员。受处理的原因则有"包庇坏人""翻案""大搞封建迷信""挪用公款""乱搞男女关系、生活特殊化""闹不团结"等等。这些问题，经过深入查问和分析，明显看出相当一部分是定性偏重，有的则是强加的罪名。比如所谓"翻案"，是指根据实际情况核减了基层干部的经济退赔；所谓"大搞封建迷信"，是指盖房子上梁时贴了红纸。对于过重的处分，胡耀邦态度很明确，必须降下来；而方法上，他坚持同大家充分商量。在汉阴、白河、平利，他都从汇报中拣出一两个"典型"，对大家说，这些干部错误是有的，应当给予必要的适当的处分，现在把他们抓起来，双开除，处分过重了。他的意见是，这些干部都工作十几年几十年了，有的还是从外省到这里来的，都做出过贡献。现在有了错误，对他们要实事求是，要给出路。凡"双开"的不要"双开"，可以降级降职，将功补过。抓起来的尽量放出来，判了刑的要减刑。他说，把这些"典型"讨论清楚了，其余就可"照此办理"了。还有，鉴于犯"男女关系"错误的干部很多，而对这个问题缺少必要的界限，一般都处理很重，胡耀邦提出，三种情况要从严：一、利用职权搞腐化，影响很坏的；二、强奸或者一贯道德败坏的；三、破坏军婚、奸污幼女的。不属于这个范围的，不可轻易双开或法办。

对于一些早已习惯于"左"的思维和既定的事实的干部来说，这样一些改变，他们觉得简直不可思议。在胡耀邦的平等商量的态度面前，他们有顾忌，带着很大情绪，表示了不同意见。有人说，解放以来就是过去从宽，今后从严，结果这么多人出问题；现在再宽，以后他们还会重犯，到底啥时候严？也有的站起来直接同胡耀邦顶撞。胡耀邦大度地微笑着说，你们"左"，我有点右是不是？他还表扬顶撞他的人说：这位同志不赞成我的意见，他同我公开争论，这很好，我们大家商量讨论嘛！经过反复讨论，绝大多数人都能够接受。最后胡耀邦请地监委逐一研究，拿出意见。

对于有一般性的、例如多吃多占等问题的干部，胡耀邦主张只要好好洗澡，就既往不咎。洗手洗澡也要启发他们自觉，"不要按着脖子强洗"。在白河的县委扩大会上，基层干部们说，两三年来洗了四次了，刚刚过了年，又要洗。胡耀邦提出，有六种情况，只要已经洗过，可以不再洗了：一、公私不分；二、多吃多占；三、官僚主义；四、强迫命令；五、一般的轻微的男女关系；六、家庭或帮助家庭小量、小额的贩卖。他说：已经洗干净了，就不再洗了，行不行？

在同基层干部接触当中，胡耀邦发现他们程度不同、但是较为普遍地心里揣着一个"怕"字，怕犯错误。因此不敢放手工作，不敢接近犯错误的人，不敢负责；开会不敢大胆讲话，这不敢那不敢。因此所到之处，他都鼓励大家一定要丢弃这种精神状态，泼泼辣辣地工作。他说，讲过来讲过去，就是要大家往前奔。提心吊胆，胆战心惊，总向后看，那怎么行？要朝气蓬勃、干劲十足，不要缩手缩脚。他还向大家提出了当年在解放军十八兵团提过的"光荣到底"的口号，要大家再接再厉，创造成绩，不要对不起老百姓。

当时春耕大忙在即，胡耀邦感到最紧迫的、也是他最焦急的，是得赶紧把生产搞上去。他之所以急于要解放干部，也是要使大批干部不再纠缠于过去，卸下思想包袱，全身心地投入生产建设。每到一个县，他都要用极鲜明的语言强调生产的重要性，都要用极大的精力去部署生产。他说，生产搞不好，有什么大好形势？生产不好谈不上为人民服务。"同志们哪，明确不明确？一切都要围绕把生产搞好，争取大丰收！"他说："天大的事情，就是把生产搞好，这是前提、根本嘛！根本就是生产上升，其他都要为这个根本服务。"他说："社会主义教育的目的是什么？就是要落实到生产上去。""我们革命是为了什么？革命就是为了发展生产。""全党最重要的任务是搞好生产。"

对于生产，他提出了"两手抓，双丰收"的思路，即一手抓粮食，一手抓多种经营。他在所到的七个县里，无一例外地、兴致勃勃地同众多参加"三干会""四干会"的干部谋划生产大计。那真是让人不能不兴奋的热闹场面。他介绍全国的经济形势、邻省的形势，说明陕西是大大落后了，让大家有个宏观概念。他请那些生产搞得好的公社书记、大队支书到台上来，让他们讲粮食是怎样增产的。然后就以他们为例子，号召大家来一个竞赛，增了产的可以奖耕牛、奖农具、奖化肥。他向台下问问这个，问问那个，问他们那个社、队有多少人口，去年产多少，今年估计产多少，有没有增产的决心和信心？他帮助他们算账，一笔笔数字他记得十分清楚，心算也极快。有哪个人回答得使他满意，他就叫那人到台上来，面向大家讲想法。这样边问答边算账，引导干部们都转动了脑筋，全场情绪都被搅动起来。他的那些新鲜的提议，常常引起全场的应和。事隔近四十年，今天我们读当年那些会议记录，还感到如见其人，如闻其声，令人感奋不已。

根据安康地区山土特产丰富的特点，他对"抓多种经营"这"一手"，主要是强调发展山货土特产，因地制宜地发展中药材、蚕茧、木耳、核桃、柿子等等。他同时也十分强调发展林业。

为了使农民有点现钱收入，胡耀邦提出要把农村"赶场"重新组织起来，把集市贸易恢复起来并且搞活。当时农民把自留地产的红薯、黄豆等等拿到集市去卖，通通被当作投机倒把打击。胡耀邦在省委一月工作会议上曾经提过这个问题。现在到下面发现，阻力比原来想象的大得多。他再三强调，不要把投机倒把和农民的互通有无混同起来，真正的投机倒把要打击，集市贸易要保护。他说，不能卡得太死。卡得太死，一来增加困难，二来不能互通有无，三来不能刺激生产，对人民不利，对生产不利。至于农民的短途运输，当时被说成是"中间剥削"。胡耀邦说，短途运输是一项辛苦的体力劳动，这是靠人和牲畜的劳动力赚钱，而牲畜又是由驾驭者喂养，谁剥削谁呢？他还说，商品的本性就是自由，就要不断流动，所以经济工作要搞活，不能卡死。

八天的安康之行，一边实地考察，一边讨论纷纷，一边不断思索，最后到安康地委时，胡耀邦已形成了改变现有局面的系统意见。1965 年 2 月 12 日，他在安康地区干部会议上发表讲话，对这些意见作了全面阐述。[①] 这就是：一、要在政治思想方面放大一些，而不要抠得太碎；二、要在领导生产方面放得更宽一些，而不要过窄；三、要在经济政策方面搞得更活一些，而不要过死。

什么叫"政治思想方面放大一些"？他指出：一、不要着重历史问题，而要着重现在的表现，"重在表现"。二、不要着重已经"洗手洗澡"交代的问题，而是着重今后的工作表现问题，着重"将功补过"。三、不是着重枝节问题，而是着重关注大的关键问题，注重对党的方针政策的执行。"去年以来处理的一些人，都应根据以上精神加以清理，没什么可犹豫的。"

什么叫"领导生产方面放宽一些"？就是不仅要抓农业，而且要抓副业、抓山货生产；不仅要搞好今年，还要为以后的发展积极创造条件；不仅要注意现有的经验，还要创造新的经验，包括现代科学技术；不仅要注意增加生产，还要注意为生产服务的商业问题、财政问题、交通运输问题；不仅要有技术性措施，而且要有广泛的、持久的、扎扎实实的群众运动，充分发挥人的主观能动性。也就是说，不是一手抓，而是两手抓；不是争取单丰收，而是争取双丰收；不是短期打算，而是长期打算；不仅要继承，而且要发展。领导生产必须想得远一点、深一点，但是不要着急，不要慌乱。工作要积极，头脑要清醒，一步一个脚印。

---

① 胡耀邦：《放手大胆抓工作、抓生产》(1965 年 2 月 12 日)，《胡耀邦文选》，人民出版社 2015 年版，第 57 页。

什么叫"经济政策方面搞活一些"？他指出五点：一、国营商业、供销合作社，应该加强调查研究，倾听群众意见，经常注意改进自己的工作，为生产服务，为群众服务。二、活跃集市贸易。国营商业、合作社商业不可能代替农民之间互通有无的集市贸易，几十年以后也不能代替。农民不可能生产他所需要的全部生活资料和生产资料，国营商业、合作社商业也不可能全部购回农民多余的农副产品。因此，在社会主义社会里，集市贸易是合法的，是社会主义经济的重要补充。农民为买而卖，这叫简单交换，它可以导向投机倒把，但它本身不是投机倒把。只是为卖而买，产生利润，这叫资本流通，才产生剥削。这是个实际问题，也是个理论问题，这两方面问题都必须解决，而且宜早不宜迟。集市贸易组织好了，可以一举三得，生产可以增长，税收可以增加，真正的投机倒把分子也容易被发现。所有的集镇都要赶集，要向有关部门讲清，防止又乱没收。三、很好地组织短途运输。人力、畜力短途运输不是什么剥削，山区修路就是为便于山区运输。人力、畜力运输一百年也取消不了，飞机、轮船、汽车不可能解决全部的运输问题。短途运输是一种繁重的体力劳动，必须有合理的报酬。不组织短途运输，农民对修公路、修架子车路，就会没有兴趣。短途运输也是生产队一种副业。发展短途运输，就是为了互通有无，促进生产，发展副业。四、必须有计划地解决城市就业问题。城市就业，最大的出路是发展手工业，加工农副产品，生产农村需要的生产资料。然后在手工业的基础上，慢慢变成地方工业。手工业所需原料，要很好地加以解决。五、三级财政。要学会节省钱，也要学会花钱。不当花的钱花了，当花的钱不花，都是违背总路线精神的。要使人们看到，不管城市或农村，每年都要有点变化。

这篇思虑深远、贯穿实事求是、体恤民艰、逆当时"左"的潮流而上的讲话，带给人们豁然开朗的感觉是强烈的。

此时，胡耀邦思绪万千，激情难抑。他感到对运动和生产的主要问题都酝酿得比较成熟，这时省里各县正在开多级干部会，他认为有必要把这些意见整理成一个完整的方针政策性的东西，向省委通通气，以指导全省工作。2月13日晚，他亲笔起草了一篇《电话通讯》，至14日凌晨二时写毕，以急电向省委办公厅发出。在省委主持日常工作的常务书记冯基平，当即分别征得省委书记处各书记的同意，签发了省委办公厅以电话会议方式传达到各地、市、县（区）委。这篇《电话通讯》提出了八个方面的方针政策性的问题，包括学习和讨论《二十三条》要抓住精神实质，不要咬文嚼字，不要搞烦琐哲学，学习和讨论到一定时候就要停下来，转到讨论今年的生产问题上去；要明确告诉大家，中央减轻了我省今年粮食征购任务，是为了我省农民有充裕的口粮，有充沛的干劲从事生产，并且使多种经营更好地发展起来；今年农业增产的方针应该是"两手抓，双丰收"：关中地区主要是一手抓粮食、一手抓棉花，陕南地区主要是一手抓粮食、一手抓山货土特色，陕北地区主要是一手抓粮食、一手抓造林和畜牧业；要把多级干部会开活，主要办法就是选择一批增了产的典型公社和大队在大会上介绍增产经验以及要发展集市贸易，政治思想方面放得大一些，领导生产上想得宽一些，等等。八个方面的第二点，提出了解放干部的四条政策：

（二）为了正确地贯彻执行《二十三条》中关于干部问题的政策，应该向到会同志明确宣布：（1）凡属社教以来被处分过重的干部，一律实事求是地减轻下来。最好选择几个典型，经过大家讨论，重新作出决定，并在大会上宣布。（2）凡属停止和撤消工作，但尚未处理的干部一律先到工作岗位上去，待问题完全查清或经过一个时期的考验再作结论。（3）凡属去年以前犯有某些错误但已经交代过的在职干部（包括脱产和不脱产干部），不再在这次会议上"洗手洗澡"。只要做好工作，搞好生产，将功补过，就一律不咎既往。（4）凡属这次县的多级干部会议后，继续干坏事的人，不管职务高低，一律从严处理。只要我们掌握了这四条，我们就不会犯什么"左"的错误，也不会犯什么右的错误。

不料三天以后，这四条就惹出了大祸。

五、"四条"闯祸

2月17日，胡耀邦来到汉中地委，接到西北局打来的电话，说：《电话通讯》提出的四条干部政策不妥，可能引起翻案风。这使胡耀邦着实吃了一惊。他想，这四条是根据《二十三条》精神提出的，有什么错？

第二天上午，胡耀邦本着服从组织的原则，立即给安康地委打电话，传达了西北局的电话内容，请他们注意"翻案风"问题。他在后来经过的几个地县，也就没有再讲在安康所讲的那些内容，而是打招呼要防止"翻案风"。

2月25日，胡耀邦经过整整二十天风尘劳碌的调查考察后回到了西安。

一回来，胡耀邦就同赵守一、冯基平、章泽、李启明等交谈，征询他们的意见，后来又听了一些下去的干部的汇报。他总的感觉是，只要注意掌握政策，就不会发生问题。然而西北局认为其中的四条干部政策不妥，可能引起翻案风。

2月28日下午，胡耀邦主持省委书记处会议，并在会上作了检讨，承认"干部四条"缺乏分析，有片面性。会上决定向地、县发一个通知，要求"正确执行"干部四条。

会后，胡耀邦给西北局写信检讨了"干部四条"的"片面性"。回信说：工作中出一点纰漏不要紧，只要认识了错误，就会成为推动工作前进的动力。

3月3日，省委发出《关于执行耀邦同志二月十四日〈电话通讯〉第二个问题的前两条应注意的几个问题的通知》，要求"确实处分错了的，改正过来；处分过重的，减轻下来；但处分正确的，不能随意减免处分。对于有些人的处分问题，如果大家认识不一致，或者一时弄不清楚的，就不要匆忙地改变处分"。

3月7日，西北局发出通知，从3月10日起，召开西北局书记处扩大会议，讨论陕西省委1965年1月以来也就是胡耀邦主政以来的工作，邀请陕西省委书记处全体成员和西北局各部、委、办主要负责人列席。

会上，胡耀邦汇报了省委一月会议以来的工作。他说，在指导思想上主要是考虑到我省生产落后了，而春耕大忙在即，必须以《二十三条》为武器，调动一切积极因素，迅速投入到组织农业生产高潮的斗争中去。因此，有必要把面上的"四清"、夺权斗争放一下，集中力量把生产抓起来。他说，在对各县的多干会的指导上，突出地抓了两点，一是以《二十三条》为标准，统一大家对社会主义教育运动的认识，在肯定成绩、肯定必须把革命进行到底的前提下，消除在一部分干部中由于不了解政策而产生的不安情绪，以便团结绝大多数的干部搞好当前生产。另一个是在大讲大好形势鼓舞干部和群众的同时，适当地摆出了我省和先进省以及我省各县之间的差距，比较深刻地触动了在相当多的干部中存在着的右倾保守、故步自封的思想情绪。他说，在这两个问题上，收效是显著的。

在全省"多干会"期间，释放了逮捕的脱产干部四十三人，收回"双开"的七十六人，减轻处分的一百零二人，停职后又放回工作岗位上的四百七十八人。胡耀邦在汇报中列举了这些数字，认为这都是必须肯定的成绩。

同时，他也作了检讨。他说：一、由于看到陕西生产落后太大，因此在这方面想得多，特别是下去以后，看到一些同志对生产很不熟悉，更加着急，这样就对生产强调得很突出，对革命对阶级斗争说得很不充分。二、由于当时急于纠正实际工作中的缺点，调动干部和群众的积极性，这样就又出了一个片面性，在讲到前段社教中的成绩缺点时，比较起来对成绩说得不够充分（特别是对点上），而对可能发生的新问题估计不足。三、由于想把生产打上去，总想多出一些点子，而对情况的复杂性估计不足，分析不够，这样，又产生了更严重的片面性，这就是《电话通讯》对干部处理的四条办法。四条中用了好几个"一律"，这是没有分析的说法。如果大家完全照此作下去，一定要产生混乱和翻案风。四、对上述一些重大问题，特别是关于干部处理问题的四条，我没有提到省委会议讨论，更没有向西北局请示，是错误的。

在接下来几天的会议里，胡耀邦受到了"上纲上线"地批判，刺激和压力使他身心俱疲。他每夜失眠，头痛得难以支持。3月17日，极度虚弱的他病倒了。专家医生们经过两次会诊，发现他大脑神经过度紧张和超常疲劳，听力和视力严重衰退，肺部出现气肿，属于突发性大脑蜘蛛网膜炎，需要立即停止工作，住院治疗，否则十分危险。

3月18日夜里，他忧思难遣，难以入睡。天明后就要住院了，他觉得这件事情应该有个了结。他决定顾全大局，再作一次更全面些的检讨，但不涉及西北局会上那些批判言词，而只是检讨自己到陕西以来，特别是围绕着"干部四条"自己思想上和组织纪律上出现的一些缺点。这种检讨，也算是对自己几个月来工作的一个总结。已经是19日凌晨两点钟了，他披衣起来，带病奋笔。其后断续写了四天，直到22日才完成。

在这封四千多字的检讨里，胡耀邦对指责他对前段社教成绩肯定不够、"干部四条"会引起翻案风等等都承认了下来，并且诚恳地检查了自己自以为是，主观片面，不够谨慎，讲话容易走火等等缺点。在信的最后，他表示了对未来工作的信心："在西北局的督促和帮助下，我现在决心以一个革命者应有的高姿态去改正错误，我相信只要抓得准，抓得紧，还是能够赶上去的。"

胡耀邦住院以后，中央办公厅以及西北局、陕西省委的领导们陆续来看望他。把检讨送出以后，他的心情一时倒也平静下来。后来，赵守一、冯基平来看他，告诉他关中等地小麦长势很好，夏粮可望丰收，干部、群众在春耕大忙中劲头很大，特别是被解放的干部十分积极，使他感到兴奋，思绪又转向考虑未来工作上来。

住院整整两个月后，5月19日胡耀邦出院，但病状没有完全消除，医生告诫要继续休养一个时期。此时省委正根据西北局指示，忙着准备召开省委工作会议。

5月31日，省委工作会议开幕，胡耀邦一改以往作报告时那种尽情发挥、谈笑自若的状态，一上来就声明：由于身体不好，今天除了对报告的第三部分，即当前几项主要工作的安排作一些解释之外，其他都是照念。作完报告之后，胡耀邦就有意回避，在十几天内再没有进过会场，也不找人谈话，以便让大家敞开讲话。会上绝大多数干部说，胡耀邦来陕西，虽然只几个月，但成绩很大，开创了新局面；缺点、错误是局部的、一时的，检讨是诚恳的、深刻的。也有人认为检讨得过了头，胡耀邦有功无过。也有人认为错误严重，检讨得很不够。

6月11日，胡耀邦在省委第一一六次常委会上作了一个包括八个主要问题的发言。他在肯定已经作过的检讨的前提下，举出大量事实，说明"三个暂停"等在当时条件下只能如此，必须如此；说明他虽然对社教成绩肯定不够，但是没有夸大缺点；说明他不同意说光抓生产没抓革命，也不同意说没有抓阶级斗争，宣传贯彻《二十三条》，就是在抓阶级斗争，巩固集体经济、号召干部生产领导等等，就是"抓革命促生产"；说明他不同意少征购一些、向中央要点化肥就是"物质刺激"。他反驳了那些"上纲上线"的"批判"，同时也阐明了自己的正面主张。最后，他针锋相对地指出："似乎有那么一种观点，只要在工作中出了毛病，发生了某种片面性，就一定是总的指导思想上'左'了或者右了，就要往'纲'上提。这是一种绝对化的、形而上学的观点。""不能把局部的、一时的因而也是容易纠正的片面性，同顺着这种片面性滑下去以至形成某种倾向的错误混为一谈；不宜把工作中的一般错误都提到'纲'上来。""乱贴'左'倾或右倾标签，这是有害的。"

胡耀邦发言之后，省委通过了一个以安排工作为主，对争论问题不作结论的会议纪要，省委六月工作会议于18日结束。

在省委六月工作会议期间，叶剑英元帅偕同张爱萍、张宗逊将军等来西安考察军事工作。在西北局、陕西省委和省政府为叶帅等洗尘的饭桌上，张爱萍望着面色憔悴的胡耀邦深有用意地说："我们一进潼关就看到陕西的麦子长势喜人，看来又是一个大丰收。耀邦瘦了，陕西肥了，耀邦对陕西是有功的啊。"饭后，叶剑英把胡耀邦单独留下，关切地询问事情的经过，并建议耀邦随他回北京。

省委六月会议一结束，胡耀邦就向西北局请假，回北京治病。6月20日，胡耀邦同叶剑英一行，乘飞机返回北京。

胡耀邦

（1915—1989）

第二卷

张黎群　张定　严如平　唐非　李公天◎主编

严如平◎撰

北京联合出版公司
Beijing United Publishing Co.,Ltd.

1981 年 6 月，胡耀邦在党的十一届六中全会上当选为中共中央委员会主席。

胡耀邦在共青团十大筹备会上讲话（1978 年）。

大力拨乱反正，深得党心民心。在 1978 年 12 月党的十一届三中全会上，胡耀邦当选为中共中央政治局委员、中央纪律检查委员会第三书记。

彭德怀、陶铸同志追悼会现场（1978 年 12 月）。

目录

第十二章 "文革"磨难

一、飞来横祸

胡耀邦在 1965 年 6 月回到北京养病,生活是平静的,而思想却极不平静。主政陕西二百天里的种种重大是非问题,无时不在头脑里映现。离开陕西以后,那里还在批判他,而且调子越来越高,这消息他早已知道了。从那里拉开的架势看,他很清楚事情不仅不会就此结束,而且还会发展。他要向中央申诉。他把当时的文件,包括他自己的历次讲话细细看过,经过一再地重新估量,仍然认为自己在这二百天里的言论和举措,是经得起检验的。他着手准备一篇长篇发言,阐明自己那些政策主张的依据,驳斥对他的那些荒谬的批判,在适当的机会,当面向中央领导同志陈述。

10 月初,胡耀邦得到中央通知:西北局书记处和陕西省委书记处的部分成员正在北京参加讨论第三个五年计划的中央工作会议,10 月 6 日,由中央书记处主持,请他们来谈双方的争论,请胡耀邦出席。

10月6日，胡耀邦带着厚厚一摞材料来到中南海，走进会议室，他看到只有邓小平一个人坐在那里，尤其使他大感意外的是，邓小平告诉他："你们的争论摆下，不要谈了。你不要回陕西去了，休息一段时间，另外分配工作。"邓小平还告诉他，中央已派浙江省委书记霍士廉去接替他的工作。胡耀邦提出："中央是否给我做个结论？"邓小平说："没有必要。"胡耀邦说："他们写的《省委一百二十八次常委（扩大）会议纪要》已经发下去了，还要在十七级以上党员干部中肃清我的'流毒'呢。"邓小平说："他们说的不算，中央没有给你作结论。"胡耀邦又提出："是否把总书记今天讲的这几点形成一个文件发下去？"邓小平又说："没有必要。"

不久，就有比个人际遇更重大的社会动向引起他的注意。11月间，报纸上发表了姚文元的长篇文章《评新编历史剧〈海瑞罢官〉》。这篇文章点名批判了《海瑞罢官》的作者吴晗，说这个剧本是"用地主资产阶级的国家观代替了马克思主义的国家观，用阶级调和论代替了阶级斗争论"，剧中写的"退田""平冤狱"就是鼓吹"单干风""翻案风"。吴晗是北京市副市长，著名历史学家，声望卓著的民主人士。现在竟然这样点名批判，而且文章杀气腾腾，显然有极不寻常的背景。胡耀邦知道，学习海瑞，正是毛泽东提出来的。1959年4月5日，在上海召开的党的八届七中全会上，毛泽东提出要敢于讲真话，敢于批判他的缺点，要向明朝那个敢于痛骂嘉靖皇帝的海瑞学习。吴晗正是按照毛泽东倡导的精神，撰写文章，编写剧本的。如今，海瑞又成了"影射现实"的典型。

回想起这一年来思想领域里一场又一场的批判，都给人以

"山雨欲来风满楼"的感觉。1963 年 12 月 12 日，毛泽东在中宣部编印的《文艺情况汇报》上批道："各种艺术形式——戏剧、曲艺、音乐、美术、舞蹈、电影、诗和文学等等，问题不少，人数很多，社会主义改造在许多部门中，至今收效甚微。许多部门至今还是'死人'统治着。"又说："许多共产党人热心提倡封建主义和资本主义的艺术，却不热心提倡社会主义的艺术，岂非咄咄怪事。"[①]1964 年 6 月 27 日，毛泽东在中宣部《关于全国文联和各协会整风情况的报告》上又批道："这些协会和他们所掌握的刊物的大多数（据说有少数几个好的），十五年来，基本上（不是一切人）不执行党的政策，做官当老爷，不去接近工农兵，不去反映社会主义的革命和建设，最近几年，竟然跌到了修正主义的边缘。如不认真改造，势必在将来的某一天，要变成像匈牙利裴多菲俱乐部那样的团体。"[②]继这连续两次尖刻批判以后，康生就大肆施展罗织罪名的手段，在文艺界掀起了批判"老头子""祖师爷"的狂潮，接连不断地批判了夏衍、田汉、阳翰笙、邵荃麟、齐燕铭这些文化界、文艺界的代表人物，与此同时，又批判了《早春二月》《谢瑶环》等等一大批作品。以后，很快又扩展到其他领域，哲学界批判杨献珍的"合二而一"论，经济学界批判孙冶方的生产价格论和企业利润观，史学界批判翦伯赞的"历史主义"以及农民战争史研究中的"让步政策"等等。这些所谓"批判"，都不是着眼于学术观点或艺术观点，而是用强加的政治罪名，要一举置人于死地。这种社会气候，使胡耀邦产生一种压抑感。

---

① 《建国以来毛泽东文稿》第 10 册，中央文献出版社 1996 年版，第 436、437 页。

② 《建国以来毛泽东文稿》第 11 册，中央文献出版社 1996 年版，第 91 页。

　　而这时更令胡耀邦吃惊的是，他敬重的好友罗瑞卿突然被定为机会主义分子而被隔离审查。

　　在延安抗大期间，胡耀邦在罗瑞卿直接领导下工作，两人结下了友谊。以后在晋察冀野战军两人又在同一部队，相知甚深。新中国成立以后，罗瑞卿被授予大将军衔，在党、政府、军队里都担任要职，具有卓著的声望。胡耀邦同他虽各有所忙，但还是时有过从，遇有大事每每向"罗大将"请教，罗瑞卿暇时也到胡耀邦家里来打打麻将、聊聊天。在林彪提出"突出政治"等口号之后，性格耿直刚烈的罗瑞卿表示了疑问和不同意见，1965年11月，林彪诬告罗瑞卿反对"突出政治"，要夺取军权。毛泽东当即批示："那些不相信政治，对于突出政治阳奉阴违，而自己另外散布一套折中主义（即机会主义）的人们，大家应当有所警惕。"[①]这样一来，罗瑞卿随即被隔离审查。当胡耀邦读到中共中央批转的审查材料，看到其中列举的罗瑞卿"极端敌视毛泽东思想"等罪名时，真是百思莫解。他无法相信，像罗瑞卿这样身经百战，出生入死，对党、对人民、对毛泽东赤胆忠心、功勋赫赫的大将军，居然会反党、反毛泽东思想，而这一切，又都是缘于对林彪那一套有不同意见。这样不正常的现象，使胡耀邦感到深深的忧虑。

　　进入1966年，一切一切都预示着，那场疾风引来的暴雨，就要出现了。先是由批判吴晗演变到批判"三家村"，毛泽东又借此严厉批评了彭真领导起草的《二月提纲》，接着彭（真）、罗（瑞卿）、陆（定一）、杨（尚昆）被生拉硬扯地联在一起，定为"反党集团"加以揪斗。演变到后来，就是中共中央于5月16日发出

---

　　① 《建国以来毛泽东文稿》第11册，中央文献出版社1996年版，第486页。

了《中国共产党中央委员会通知》即"五一六通知",其中有一段话是:"混进党里、政府里、军队里和各种文化界的资产阶级代表人物,是一批反革命的修正主义分子,一旦时机成熟,他们就会要夺取政权,由无产阶级专政变为资产阶级专政。""例如赫鲁晓夫那样的人物,他们现正睡在我们的身旁,各级党委必须充分注意这一点。"在这同时,成立了陈伯达任组长,康生任顾问,江青、张春桥任副组长的中央文化革命小组(简称"中央文革小组")。一场所谓的"文化大革命"就此发动。

最早起来响应的是北京的大中学生。5月下旬,北京大学聂元梓等七人贴出了攻击北京大学党委和北京市委的大字报,即后来所说的"全国第一张马列主义的大字报",毛泽东说"北京大学这个反动堡垒,从此可以开始打破"。6月1日,他下令公开发表这份大字报,要使之成为一个突破口,以大大发动群众,打破原有秩序。果然,学生们纷纷起来"造修正主义的反",铺天盖地、乱加罪名的大字报把矛头指向学校党和行政领导人和教师,甚至施行体罚和种种污辱,党的组织很快陷于瘫痪,学校已难以进行正常的教学和各项工作。

这时毛泽东出外巡视。在北京主持中央日常工作的刘少奇、邓小平认为这种混乱局面必须制止。6月3日,他们召开中央政治局常委扩大会议,决定向北京市各大中学校派出工作组领导文化革命。会上决定北京市中学的"文化大革命"归团中央负责,立即派工作组进驻。

团中央由此惹上了大祸。

团中央书记处常务书记胡克实列席了这次会议,回来立即召开书记处会议汇报。胡耀邦面有难色,觉得事情复杂,深浅莫测,但既然是中央的决定，那就要执行。胡克实主持召开了书记处紧急会议，传达中央的决定，立即成立领导小组和"北京市中学文化革命工作团"。团长、副团长分别由胡克实和团中央书记处书记惠庶昌担任。随后，抽调了团中央机关六十多名干部，同中共北京市委干部一起，组成十六个工作组，进驻"文化大革命"运动已经掀起、局面混乱不堪的北师大女附中、清华大学附中、北京四中等十六所中学。其后又从北京和全国各地抽调一千八百多名团干部，组成三百多个工作组，陆续向北京市八个区的中学派出，并在各区成立了工作队，队长由团中央书记、常委、部长担任，工作队具体领导各工作组。

但工作组不曾料到，与此同时，中央文革小组的陈伯达、康生、江青以及关锋、戚本禹之流，却在暗中煽动学生反对工作组，因此工作组一进校，就遭到围攻。6月17日，北京师大女附中贴出反对工作组的大字报，紧接着清华附中红卫兵同工作组发生了冲突，他们向中共中央、毛泽东写信，控告工作组进校后压制造反派，搞折中主义，只讲团结，不讲斗争，火药味不浓等等，表示公开反对。

7月26日，中央政治局召开扩大会议，根据毛泽东的意见，决定撤销工作组，"文化革命"由群众自己来主持，让群众自己教育自己，自己解放自己。7月28日，改组后的中共北京市委作出《关于撤销各大专院校工作组的决定》，并说明这一决定"也适用于中等学校"。从此，陈伯达、康生、江青一伙更是气焰万丈地四处煽风点火，制造一起又一起学生同工作组严重对立的事件。7月27、28日，江青派人出席了海淀区、西城区中学师生代表大会，以中央文革小组的名义，宣布工作队要求学生复课是压制红卫兵，撤了这两个工作队队长周杰、胡启立的职务，并且对他们进行了批斗。这样，就在北京掀起了一股各校学生驱赶殴打工作组的武斗邪风。

一直居家养病的胡耀邦没有参与工作团的工作，但学生们的所谓"造反"行动使他深感不安。他支持工作组进驻学校去稳定秩序，当听说两个工作队长挨了批斗，工作组被赶出学校时，他气愤地说："派工作组是中央政治局决定的。中央文革小组的做法很不正常。"他要胡克实把这些情况向邓小平反映。

胡耀邦还不知道，邓小平的处境也很困难。7月29日，北京市委在人民大会堂召开全市大专院校和中等学校师生文化革命积极分子万人大会，宣读关于撤销工作组的决定。刘少奇、周恩来、邓小平在会上讲话，对派工作组承担了责任，并说这是"老革命遇到了新问题"。

当天晚上，北京石油学院附中等八所学校的红卫兵涌到团中央机关"造反"。他们刷标语，喊口号，声讨派工作组的"罪行"，四处寻找工作组成员批斗。

第二天，中央文革小组的张春桥偕同关锋、戚本禹等来到团中央，表示支持石油学院附中等八校"革命小将的革命行动"。他们咄咄逼人地指责胡耀邦、胡克实等"害怕革命、害怕青年、害怕群众"。

从此，一部分红卫兵就据守团中央不走，天天"造反"。他们找到了团中央候补书记、西城区工作队队长胡启立，立即在传达室将他团团围住，不容分说地把盛满污水的痰盂扣在他头上。经过撕扯、推搡、责骂的痛快淋漓的"批斗"之后，才开心而去。

几天来的突然变化，使得团中央内一片惶恐。胡耀邦和胡克实心情复杂，他们一方面想不通，不服气，一方面也疑虑百端，惴惴不安，不知道事情会发展到哪一步。

8月1日，中央召开八届十一中全会。这次全会是毛泽东发现广大干部包括高级干部对"文化大革命"都"很不理解，很不认真，很不得力"，认为有必要通过一个在全国范围开展"文化大革命"的正式决议而下令召开的。会议只经过短时间准备，开得仓促而草率。会议一开幕，毛泽东就又提出派工作组问题，说这是"想把那些朝气勃勃的学生都打下去"，并且说"这是镇压，是恐怖，这个恐怖来自中央"。

胡耀邦出席了这次全会。眼看工作组问题越闹越大，他心情不能不紧张。虽然派工作组的事他没有具体参与，但他仍然是团中央第一书记，他准备承担责任。

就在十一中全会开幕当天的下午，陈伯达、康生、江青把胡耀邦和胡克实找去"谈话"。这一番蛮横的"谈话"，给团中央和胡耀邦、胡克实定了"性"。

康生说，团中央在中学文化革命中犯了方向错误、路线错误。你们已经严重脱离了青年，害怕青年，是青年官僚。

江青说，你们为什么那么害怕群众运动？你胡耀邦从红小鬼变成了胆小鬼。

陈伯达说，你们头脑腐败！你们的思想要彻底破产，要彻底站到群众一边来，不彻底破产是不行的！又说，你们老气横秋，青年团成了老年团了。

康生马上接上去：我今年七十岁了，你们好像一百五十岁了。

这些，自然都引起了胡耀邦思想上的震动。只是他无法理解，派工作组并不是团中央的发明，团中央只不过是执行政治局的决定，而且工作组工作的时间很短，完全谈不上"镇压"，对此康生等人是完全清楚的，为什么现在连这个基本事实也不顾了？

但随后几天形势的发展，使胡耀邦明白了这还只是个开始，更严重的事情即将到来。

8月5日，毛泽东写下了《炮打司令部——我的一张大字报》，其中写道："可是在五十多天里，从中央到地方的某些领导同志，却反其道而行之，站在反动的资产阶级立场，实行资产阶级专政，将无产阶级轰轰烈烈的文化大革命运动打下去，颠倒是非，混淆黑白，围剿革命派，压制不同意见，实行白色恐怖，自以为得意，长资产阶级的威风，灭无产阶级的志气，又何其毒也。"在这一天的会上，他还严厉批评团中央，说"团中央应该站在学生运动这边，可是却站在学生运动那边"。并且说，胡耀邦、胡克实、胡启立"三胡"不是糊糊涂涂犯错误，而是明明白白犯错误。

8月6日，北京的一些中学生在天桥剧场举行辩论会，辩论一副宣扬血统论的无聊对联："老子英雄儿好汉，老子反动儿混蛋。"康生、江青等特地跑来参加，表示支持。他们都发表了长篇讲话，指责"共青团有严重错误"，"团中央某些人不是站在无产阶级文化大革命方面，而是站在资产阶级镇压革命这一方面"。在他们的煽动之下，"辩论会"成了声讨团中央的大会。他们还表示，学生们提出的"改组共青团这一要求是很正确的"，"红卫兵、红旗战斗小组应该成为改造共青团的主要骨干"。

这样，团中央就成了"文化大革命"发动以来，第一个受到冲击的单位。

二、改组之后

八届十一中全会在把林彪排在政治局常委第二的位置以代替刘少奇，并作出《关于无产阶级文化大革命的决定》之后，于8月

12 日闭幕。《决定》一开头就说："当前开展的无产阶级文化大革命，是一场触及人们灵魂的大革命……"

十一中全会闭幕的次日，8 月 13 日晚，中央文革小组操纵的北京市中学红卫兵在工人体育场举行万人群众大会，批判团中央在工作组问题上的"错误"，会上宣布以胡耀邦为首的团中央书记处所犯的"严重错误"是：

一、没有高举毛泽东思想的旗帜，违背了毛主席的指示；

二、没有站稳无产阶级立场，而是坚持资产阶级立场；

三、口头上坚持群众路线，实际上猖狂攻击群众路线；

四、应对挑动学生斗学生，压制学生运动的"中学工作组"所犯的错误负责。

随后宣布了中共中央关于改组团中央书记处的决定。

散会之后，高度亢奋的红卫兵如同潮水般地涌向团中央。一支红卫兵跑去关东店胡同，将胡耀邦、胡克实从家里揪到团中央。团中央大院里，办公楼各楼层上，顿时人声鼎沸，呼着口号的红卫兵到处追寻团中央其他书记和部门负责人。他们高呼"打倒胡家店"的口号，对胡耀邦、胡克实进行批斗。第二天，大批大批红卫兵又来"造反"。他们向被揪出的领导干部提出一个又一个的"质问"：

——你们的《团章》里为什么不写毛泽东思想？

——你们发展团员为什么不优先发展工人、贫下中农？

——你们会议室里为什么不贴毛主席语录，你们对伟大领袖是什么态度？

所有的说明、解释，甚至检讨都无济于事，不管怎么样，总是"态度恶劣"。在这无休止的纠缠当中，团中央陷入一片混乱。

8月15日，团中央改组，由两名工农出身的书记组成团中央临时书记处，其他书记停职反省。

从此，团中央机关和直属单位的工作完全瘫痪。团中央工作人员从被改组的惊愕和疑虑中缓过神来，也成立了造反组织。在红卫兵浪潮的巨大压力下，大多是出于"紧跟毛主席革命路线"的真诚愿望，也赶紧行动起来，对书记处特别是胡耀邦用大字报展开了声讨批判。那些大字报都用了危言耸听的字眼："打倒团内最大走资派胡耀邦""彻底揭发批判胡耀邦的修正主义黑货"等等。而大字报的所有揭发出来的材料，哪怕是最微不足道的，也都要加上"反党""反动透顶"之类骇人听闻的罪名。数日之内显得益发憔悴和苍老的胡耀邦每天都被"勒令"出来看这些牵强附会的大字报。晚间，他还不时被唤去参加机关里的批判会，去听那些同大字报如出一辙的"批判"。

通常，他只是沉默，在沉默中沉思……

此时，红卫兵运动正进行得轰轰烈烈。7月下旬，清华大学附中红卫兵把他们的两张论"无产阶级革命造反精神万岁"的大字报寄给毛泽东。7月31日，毛泽东给他们回信，赞扬他们的"革命造反精神"，说这些大字报"说明对一切剥削压迫工人、农民、革命知识分子和革命党派的地主阶级、资产阶级、帝国主义、修正主义和他们的走狗，表示愤怒和申讨，说明对反动派造反有理……"从此，大中学校中打着"革命造反"旗号的红卫兵组织，在全国迅速发展起来。8月18日在天安门举行庆祝"文化大革命"的百万群众大会，参加者主要是北京和来自全国各地的青年学生。毛泽东身着军装，戴着"红卫兵"袖章，同林彪一道站在天安门城楼上检阅百万红卫兵。林彪在讲话中煽动红卫兵"要打倒走资本主义道路的当权派，要打倒资产阶级反动权威，要打倒一切资产阶级保皇派，要反对形形色色的压制革命的行为，要打倒一切牛鬼蛇神"，"要打破一切剥削阶级的旧思想、旧文化、旧风俗、旧习惯……要扫除一切害人虫，搬掉一切绊脚石！"

从此，红卫兵开始冲出校园，喊着"革命无罪、造反有理"的口号走上社会。他们以"破四旧"为名"横扫一切"，对文化遗产、知名人士、领导干部以至出身、历史"不好"的无辜群众进行了残酷的、毁灭性的破坏和摧残。

在团中央首当其冲的胡耀邦，此后遭遇了有生以来最为惨重的伤痛与凌辱。

每天，偌大的团中央大院挤满了串联来京的红卫兵，他们横冲直撞，要团中央干部交出胡耀邦、胡克实等人由他们批斗。一天数次的批斗，长时间的反扭双臂、弯腰低头、当面的唾骂以及时不时的拳打脚踢，都使病中的胡耀邦不堪忍受。后来红卫兵越涌越多，情绪越来越激烈，为防止意外，团中央造反组织采取了远距离"示众"的办法，每当红卫兵叫喊"揪出胡耀邦""揪出走资派"的时候，就让胡耀邦等人从办公楼二楼会议室的窗户跨出，到朝着大院的平台上去"认罪"。于是胡耀邦、胡克实、王伟、王照华、胡启立等团中央书记、候补书记从一早就得默默地在会议室等候，只要外面一呼叫，就得被两个人押解着吃力地迈出窗户，他们被反剪双手，有时还要跪下，低头自报家门，并且要说是犯了"三反"①的罪行。8月的太阳炙烤得平台滚烫，他们的脸上汗水混合着尘土，身心俱疲。胡耀邦的痔疮、肠痉挛又时不时发作，经受着病痛和精神的双重折磨。但他仍然是那样坚定而倔

---

① "三反"：反党、反社会主义、反毛泽东思想。

强，从来只说自己是犯了"错误"，而不承认是"三反分子"，不管越聚越多的红卫兵如何吼叫，他决不改口。串联的"小将"这一拨刚刚走开，下一拨又来，他们又要被押出来，把这一切再重复一遍。就这样一次又一次地出来"示众"，直到傍晚红卫兵渐渐散去。

进入 10 月，中共中央宣布取消由党委领导运动的规定。在"踢开党委闹革命"的口号下，新一轮的造反狂潮迅速扩展到工农业领域。在林彪、陈伯达的煽动下，声势浩大的批判"资产阶级反动路线"的风暴在全国掀起，社会上出现了"打倒刘少奇"的标语和攻击邓小平的大字报，形势更加恶化。康生、江青、戚本禹等在不同场合，继续攻击共青团是"全民团""生产团""娱乐团"，说"团中央修到家了""团中央书记处修透了""要彻底砸烂"，这样，胡耀邦遭到了更凶猛的揪斗。

先是被揪到各个学校去批斗，经常受到辱骂和殴打。一次，一群中学红卫兵涌进团中央，揪胡耀邦等在礼堂门前批斗。照例是跪下，低头，"交代罪行"，高音喇叭里震耳欲聋的口号，人群不停地吼叫。由于胡耀邦不承认有"三反罪行"，一个红卫兵上来猛扯他的耳朵，见胡耀邦并不屈服，她抢起皮带，向胡耀邦劈头盖脸狠狠抽去，那竟然是个只有十六七岁的女孩。

在年轻工人也起来"造反"之后，胡耀邦和胡克实、王伟等人曾被由戚本禹操纵的长辛店机辆厂"造反派"揪去。他们被一些大汉像扔麻包一样扔到大卡车上，开车后被喝令跪着，不许扶着什么，接着就是一顿暴打，王伟头被打破。到了批斗场地，"造反派"凶狠万状地问："你是不是三反分子？"胡耀邦一字一句地说："我忠于毛主席，我忠于社会主义。""造反派"狂叫："你不读毛主席著作，反对毛泽东思想。"胡耀邦倔强地说："毛选四卷我读了好多遍。"“造反派”一拥而上，拳脚相加，觉得这还不够革命，又抡起皮带用铜扣猛抽。胡耀邦被打倒在地上，上衣被抽烂，鲜血从抽伤处流出。他回去后多日不能走路，从此落下了颈椎、肩膀和腰部时常作痛的毛病。然而他当时既不呻吟，也不改口。

这就是胡耀邦，一个老革命的操守和气概。他不说违心的话，不向错误低头，就是这样响当当、硬邦邦，宁折不弯。他还悄悄地鼓励年轻的胡启立等人：要挺得住，要经得起考验。

胡耀邦一被打倒，他的家人也横遭厄运。这个革命家庭，一夜之间失去了全部光荣！他的夫人李昭当时任北京市纺织局局长，因株连而受到批斗。在北京大学读书的大儿子胡德平也受到很大影响。因为平时和同学的关系融洽，总算侥幸平安生活到1968年春末，入夏则被关押批斗。因为他同周围一些朋友说过："我父亲不是走资派，冤枉。"因此“造反派”强迫他交代他父亲的"罪行"和他们父子间有什么勾结。当时只有十四岁的小女儿满妹也未能幸免，在学校里也因为爸爸是"三反分子"而被孤立和批斗。在那种令人窒息的日子里，李昭忍着悲愤总是一遍又一遍地对孩子们讲："你们的父亲母亲是清白无辜的。我们没有干过什么丢脸的事，不管什么事发生，你们千万不能干那些有愧于党或有愧于我们家的事。"在父母和哥哥都失去了自由的时候，懂事的三儿子德华和满妹便挑起了照顾他们的重担。他们忍受着屈辱，每天去给父亲送饭送药。后来他们还要骑着自行车，路远迢迢地去北京大学，给被关押的哥哥送衣服。这些衣物里总是夹着他们母亲李昭写的纸条，谆谆叮嘱："必须实事求是。"

到1967年"大串联"停止，揪斗恶浪渐退，造反派的兴趣转向了相互间武斗之后，胡耀邦才得稍稍喘过一口气来。虽然团中央机关干部为了"紧跟伟大领袖的战略部署"仍要时常批他，但在规模和酷烈程度上毕竟小得多也轻得多了。在一段时间里，胡耀邦被"专案组"勒令写"检查""交代"，他在这时对许多往事作了细细的回忆，而想得最多的，是几十年来他同毛泽东的关系以及他对毛泽东思想的认识。思考这些问题，常常使他心情十分矛盾。一方面，他对毛泽东怀着深厚感情，这种感情不仅在于他正是由于毛泽东的关爱、培养、器重，才得以迅速成长，更在于毛泽东的伟大功业以及个人魅力使他由衷景仰。每次读毛泽东的书或者听毛泽东的讲话，他总是一字一句地去深深体味，觉得那里面有丰富的宝藏，自己要勤奋地学习，努力地身体力行，才能算毛泽东的好学生。可是从 1957 年以来，反右派、大跃进、庐山会议上批判彭德怀，以及眼下的"无产阶级文化大革命"，那些有悖常理、甚至有悖毛泽东自己过去言论的事情，以及一次又一次所造成的重大恶果，又使他产生怀疑。这样想下去，以至于在一定程度上，他觉得对毛泽东的信仰也发生了动摇。于是，"吾爱吾师"与"吾尤爱真理"的矛盾在他心中严重撞击着。然而几十年养成的对党的赤诚和对领袖的热爱，使他警告自己首先要进行自我检查，因为对毛泽东和毛泽东思想的认识和态度，关系太重大了。于是，他本着无情地解剖自己和对党老实坦白的精神，实实在在地检查了这些"动摇"。

1967 年 4 月，胡耀邦的母亲，一向身体还算硬朗的刘明伦老人，在对儿子的强烈思念和担忧中去世了。胡德平到团中央把这个消息告诉一直关在那里的胡耀邦。

他们在"革命群众"的押解下赶去医院。胡耀邦一见母亲的遗体，未及鞠躬致哀，突然用家乡话喊了一句："娘老子，儿子送你来了！"接着"哇"的一声痛哭起来，泪如雨下，鞠躬之时全身颤栗。在"革命群众"督促下，不能久停，胡耀邦看了母亲最后一眼，只得凄然退出。走出医院，他无限感慨地念了一句唐诗："上穷碧落下黄泉，两处茫茫皆不见。"回到家里，他渐渐平静下来，对李昭和德平说起母亲当年曾是个苏维埃的女委员……

三、"牛棚"囚禁

进入 1968 年，各地派仗愈演愈烈，机关工作和经济生产全面瘫痪。把派工作组定为"方向性错误"的毛泽东，也不得不决定派遣解放军实行"三支两军"①，派工人毛泽东思想宣传队进驻学校。团中央毫无疑问也在"军管"之列。1968 年 3 月，一批解放军进驻了团中央机关和直属单位，人们把他们称为"军代表"。军代表直接领导了对胡耀邦等的审查，搜集并研究胡耀邦"三反罪行"的材料。

5 月，中央文革小组提出"清理阶级队伍"，就是要把地、富、反、坏、叛、特、走资派、资产阶级知识分子、反动权威统统从"阶级队伍"清除出去。一切听命于"林副统帅"和中央文革小组的军代表闻风而动，以迅雷不及掩耳的手段，一夜之间将团中央里那些莫须有的或捕风捉影的"叛徒""特务""反革命""走资派"等"牛鬼蛇神"一网打尽，关押起来，其中包括绝大多数的书记处书记、中层干部以及所谓"历史可疑"的干部四十多人，胡耀邦自然是第一号人物。

_____

① "三支两军"：支左、支工、支农、军管、军训。

他们被关押在团中央南院几间平房里，被一道围墙严密封锁着。这种关押"牛鬼蛇神"的所在，就叫作"牛棚"。军代表倒是不出面，一切由革命群众监管，叫作"群众专政"。被"专政"的这些干部完全失去了人身自由，《专政条例》规定彼此不准交谈、不准外出、不准家人探视、上厕所必须得到批准……

胡耀邦同所有的人关押在一起。每天要早早起来，在门前列队，听监管人员训话；然后就在"革命群众"严厉目光监视下劳动，拿着大扫帚清扫大院，或者把大量的砖石从这里搬到那里。干完活，就整天写"检查"，没有桌子，就俯在一张木凳上写。由于不准交谈，人们整天不吭一声，每个人都怀着沉重的心事。胡耀邦要写的材料特别多，他沉默着，神色凝重地一张张写下去。写累了，摸摸口袋，才记起了不准吸烟，于是，只好呆呆地仰望窗外的云天。晚上，就人挨人地在地铺上就寝。

这里三五天就要有一次苦役性的劳动，最经常最能体现惩罚意义的就是清扫厕所。他们被勒令直接把手伸进便器去拭洗污垢，用以检验是否有进行触及灵魂的改造的诚意。有时还要去清扫散布在机关外各处的员工宿舍的厕所。这时胡耀邦便要同"黑帮"们一道，排起队来，在多名"革命群众"押解下，扛着打扫工具，穿街过巷。街巷里一些小孩子常常会一面"黑帮""黑帮"地叫着，一面向他们投掷石块。在这些宿舍院落里，他们要掀开化粪池，把粪水一桶桶淘上来，再运出去。在团中央的西山农场林木结果之后，他们又被押解到西山去监督劳动。

由于时常干重活，胡耀邦的痔疮越来越重，经常脱肛便血。在"牛棚"里得不到治疗，他只好每天晚上在人们睡下之后，打一小盆水坐洗。一不小心弄得声音大了点，就会遭到负责看管的"革命群众"的呵斥。人明显消瘦了，但是走起路来还是那样敏捷，两眼还是那样炯炯有神。

除了军代表和"革命群众"不断传讯之外，找胡耀邦外调的人也特别多。他几十年革命生涯间，战友、同事、部属太多了，如今许多人都沦为被审查对象，都要他写证明材料。每有外调人员到来，他就要被押出去接受询问。一些外调人员总是要他多说出一些被调查者的"严重罪行"来，或者坐实那些纯属诬陷的事情。胡耀邦却不肯配合，总是坚持他自己的客观评价或事情的本来面目。湘潭的造反派到北京来要他揭发地委副书记高臣唐的"罪行"，胡耀邦冷冷地说："我在湘潭是第一书记，如果在工作中有什么偏差，我负完全责任，与高臣唐无关，更不知道他有什么罪行。"那时候调查最多的是关于邓小平，形形色色的造反组织纷至沓来。从1949年开始，无论在四川，在北京，他一直在邓小平直接领导下工作，经常往来，造反派认为可以从他这里获得大量"过硬"的材料，于是都严词逼问，要他深挖邓小平的"罪行"。胡耀邦却总是对邓小平大加称道，说"总书记原则性极强""总书记思路特别清楚"。这样"顶牛"的结果，就是外调人员气急败坏，拍案叫骂，然后再向负责监管的"革命群众"控告"胡耀邦态度极端恶劣，到现在还给邓小平评功摆好"。接着又是"革命群众"的训斥、批判。但胡耀邦处之泰然，写材料时仍然实事求是，决不因迎合而乱写。

"牛棚"的日子虽然那样漫长，但还是一天天熬过去了。不觉到了10月，秋风萧瑟，落叶满阶。一天下午，胡耀邦正在写材料，被军代表叫走了。晚间，又有人来取走了他的材料、书籍和被褥。在"牛棚"里关了五个多月的胡耀邦，此后没有再回来。

后来人们才知道，10 月 13 日举行八届十二中全会。当时许多中央委员被打倒了，为了凑足法定人数，临时把胡耀邦找去出席。

这次全会的主要议题，一是准备召开中共第九次全国代表大会，再一个是解决刘少奇问题。对刘少奇的审查，早在 1966 年 12 月就开始了。在江青、康生、谢富治等人直接控制和指挥下的"刘少奇专案组"，采取种种断章取义、牵强附会、伪造证据等卑劣做法，编造出一份《罪行审查报告》，给刘少奇加上了"叛徒、内奸、工贼"的莫须有罪名，提交给全会。这次全会非中央委员的列席人员比中央委员还要多，还规定他们同样有表决权，有些人如王洪文之类还被指定为组长，去领导中央委员。讨论时，容不得对刘少奇的《审查报告》提出任何疑问，而对所谓"一贯右倾"的朱德、陈云、邓小平等人进行攻击和诬陷，对所谓"二月逆流"的参加者谭震林、陈毅、叶剑英、李富春、李先念、徐向前、聂荣臻等人大加挞伐。胡耀邦坐在会场上，禁不住感到莫可名状的悲凉。

全会在通过对刘少奇的审查报告，最后确定了他的"叛徒、内奸、工贼"的罪名，并且"永远开除出党，撤消其党内外的一切职务"时，全体"一致通过"。仓促被弄到会上的胡耀邦，也跟着举了手。会后他得知，当时并非"全体一致"。陈少敏大姐就硬是没有举手。陈少敏的举动，使胡耀邦受到莫大震动和启发。把自己同陈少敏相对照，他感到愧疚。以后，每说起这次的举手，他都表示深深的自责。

全会结束后，胡耀邦又得以回到家里。家里再看不到慈爱的老母的身影了，他感到深深的思念和凄苦。故友或死或关，凋落殆尽，尚有少许自由的也相互避嫌，不敢往来。好在可以和家人团聚，一慰几个月来那种压抑、郁闷、孤寂的感觉。老伴李昭也变得憔悴了许多，但她一直保持着镇定，是她以坚定的信念和坚强的精神力量鼓舞着子女们闯过厄运。儿女们虽然都受了不少委屈，但是也都磨炼得更加成熟，这些，都使胡耀邦觉得宽心。

虽然军代表还不断地要他写检查，写交代，写思想汇报，写外调证明，写这写那，但他毕竟可以抽时间读读书、治治病，度过了一段宁静的家居生活。然而，一旦放眼社会，他的思绪就无法宁静。

"文化大革命"进入到斗批改阶段后，各省市自治区的主要领导人，绝大部分都因为成了"中国赫鲁晓夫"在当地的代理人而被打倒，其中不少人是胡耀邦熟悉的、具有长期革命经历、德才兼备的干部。各地党和政府都没有了，而代之以"革命委员会"。这种革委会集党政大权于一身。胡耀邦感到迷惘，他不明白这个社会将走向何处去。从团中央改组至今一年半来，他一直被囚禁，被批斗，更多的是思考自身的问题，现在才得以静静地看看社会。而眼前的一切，真有隔世之感。一切都变了，而且变得那么剧烈：正变成邪，丑变成美，倒行逆施变成了正确路线，宵小之徒变成高级领导，社会主义社会里充满封建色彩，尤其是无产阶级革命领袖成了要群众顶礼膜拜的尊神。共产党艰苦奋斗几十年，难道所追求的就是这样一种结果吗？

1969年4月，中国共产党第九次全国代表大会在北京举行，胡耀邦被召去参加。连他自己也奇怪他怎么又成了九大代表。他一点也高兴不起来，他并不幻想从此他的命运就会有所改变。他只是期望着这次大会能决定一些让全党和全国人民高兴的事情。然而事情却走向了他所期望的反面。

这次大会的主旨是使"文化大革命"的理论和实践合法化，使林彪、江青等人在党中央的地位正式确立。大会主席台的安排就意味深长：陈伯达、康生、江青等"文革"新贵在毛泽东左边一字排开，周恩来、朱德、陈云等革命元勋都坐在毛泽东右手，表明左派同右派泾渭分明。林彪代表中共中央所作的政治报告，对毛泽东提出的"无产阶级专政下继续革命的理论"大肆吹捧，而完全不谈今后国家的经济建设和文化建设。尤其惹眼的，是大会制定的党章没有关于党员权利的规定，却把林彪"是毛泽东同志的亲密战友和接班人"写入总纲。"这种完全违反党的组织原则的做法，在党的历史上从来未有过。"[①]

胡耀邦只有听着、看着、思考着，他一丝都没有以前参加党代会那种使命感，只觉得仿佛是卷入一股汹涌大潮里，现在首要的是要辨认东西。

大会选举中央委员会之前，不少人劝他对自己的问题写份"深刻检查"，说他是红小鬼出身，没什么大问题，检查好了仍然可以当中央委员。江青对他说，你是胆小鬼，你犯了走资派的错误，检讨不好吗？检讨好了，还可以跟主席干革命嘛。康生也找过他，要他"好好检讨"。最初提出的中央委员名单里，也确实还有他。但他在小组发言时提出，自己对所犯错误认识不上去，请中央从同样是红小鬼出身、与他情况类似，但认识较好的同志中选出一名，把他换下来。他的想法是：在现在这样情况下，做所谓"深刻检查"，把自己痛骂一顿当上中央委员，干什么？还能有所作为吗？无非是可以保住自己的功名利禄。但这样就要说违心的话，做违心的事，

---

① 《中国共产党简史》，中共党史出版社 2001 年版，第 147 页。

这是他万万不愿意的。后来他对亲属说：禄这个东西要看透，如果为了禄出卖灵魂，活着有什么意思？长征的时候死了多少人，那时候哪里会想到能有后来的禄？他还能劳动，能自己养活自己。没有了禄，对孩子有好处，得自己努力，不能靠天恩祖德过日子，靠天恩祖德就没出息了。

他没有作检查，没有继续当选中央委员。会后，就被遣送到"五七干校"。

四、"发配"黄湖

1966年5月7日，毛泽东致信林彪，说解放军和工、农、商、学、党政机关都要办成一个大学校。在这个大学校里，人人学政治、学军事、学文化，亦工、亦农、亦兵，都要批判资产阶级。不多久，这个名为"五七指示"的文件，就由中共中央向全党发布，说"这是马克思列宁主义划时代的新发展"。两年后，黑龙江庆安县在柳河办了一所农场，是专门让干部来劳动的，定名为"五七干校"。《人民日报》在宣传柳河五七干校时，又传达了"最新指示"："广大干部下放劳动，这对干部是一种重新学习的极好机会，除老弱病残者外，都应这样做。"于是各地党政单位风起云涌般纷纷办起了"五七干校"，大批党政干部和知识分子都被下放到干校"重新学习"，实际上是劳动改造。

团中央已被"改组"，其下属单位中国青年报社、中国青年杂志社、中国少年报社、中国青年出版社、中央团校、亚非学生疗养院和印刷技工学校等，也都停止了工作，两千多名干部、工勤人员、青年师生一时都无事可干。于是军代表一声令下，团中央"连锅端",所有干部员工,包括"老弱病残"在内,统统去干校,甚至连同他们年迈的父母、上幼儿园的孩子。

干校选址在河南省信阳地区潢川县的黄湖农场。这里地处潢川、固始、淮滨三县交界处,原来是淮河蓄洪分洪区,一大片洼地,土质碱化,树木稀疏。虽然名叫"黄湖",实际上没有湖,只有一条叫作"春河"的淮河支流。大跃进年代修筑了一条堤,把春河挡在堤外,在洼地上建起了一个农场。十年光景,农工们开垦了荒地一万二千多亩,还有八千亩有待开垦。此时农工已移往他处,此处早已荒芜,成为布满沼泽蒿莱的荒野。军代表把许多人弄到这里来,有"长远考虑":要选有发展余地的地方作为干校校址。应考虑到下一代,要为他们着想,不然今后子子孙孙如何生存呀!黄湖农场这地方不错,选定为干校,可以开荒垦殖,是有发展余地的。在军代表心目中,这里不仅是这些干部自身、也是他们子孙后代一代一代改造下去的"理想之地"。

干部们是4月间来到黄湖的。大家挤住在农场遗弃的一些破烂草房里,没有井水、没有厕所、没有电灯、没有蔬菜,唯有这些来自北方的干部不能习惯的绵绵淫雨。军代表的首要之务,是及时把大家编成连排班,夫妻分居,集体住宿,按军事化要求行动。

持续的春雨,使大堤外面的春河水陡涨。这里本来是水患区,洪水一来,无边无际,情景十分可怕。一旦溃堤,顷刻间将一切化为乌有。抱着在劳动中实现自我改造真诚愿望的"五七战士"们,立刻投入抗洪斗争。大家昼夜不停地加固险段,会水的喝两口烧酒跳进水里打桩,大多数人运土上堤加高加厚。这是到黄湖后的第一场考验,所幸洪水很快过去了。

接下来是盖房、打井，超负荷的劳动，早晨还要"天天读"，晚上还要在浑黄的马灯下搞"革命大批判"，批判那些"问题严重"的"牛鬼蛇神"。

胡耀邦是开过九大之后，五月间来到黄湖的。他看到他的这些部下已经是另一种形象，一个个灰头土脸，疲惫不堪。他们用惊奇的目光，或者淡淡的苦笑，无言地迎接他的到来。

胡耀邦被编入一连一排一班。一连是由机关行政部门组成的，家庭出身多为"红五类"。军代表把胡耀邦放到这些人员里，"有深意焉"，是要把他置于阶级感情深的"五七战士"的看管教育之下，给他一个合适的改造环境。

解开简单的行装，胡耀邦同一连"五七战士"合住在一个房间里。两年来的斗争、批判、囚禁、审查，使大家开头对他有点疏远。胡耀邦跟着大家一起干活，他心事重重地沉默着，但肯吃苦，不叫累，很快就把自己融入大家一起。他做事认真、乐于助人、谦逊朴实、热诚坦率，特别是他一点也没有因为"被打倒"而失去大度的言谈举止，很快就赢得大家的好感，人们淡化了对他"戴罪之身"的界线。

当时一连在场院干活。由精壮小伙子把大包粮食从仓库里扛出来，倒在水泥场上晾晒。派给胡耀邦的是把粮食摊开，划垄，这活不算重，算是对他的照顾。但他干得一丝不苟，在大太阳底下用木锨来回来去翻动，总是一身大汗。而这里天气阴晴无常，一片乌云就会带来一阵骤雨。只要稍有来雨的迹象，人们就得赶紧把粮食敛起、装袋，飞快地扛回库里。每逢这时候，年过五旬、身体矮小的胡耀邦也扛起百多斤的麻袋向仓库奔跑。

由于生活条件艰苦，他的痔疮越发严重，脱肛流血，连走路也困难，加上被打伤的颈、肩、腰部，天气一变就疼痛难忍。见他这样痛苦，已经对他越来越没有"界线"的干部都十分关心，连长总是尽可能用各种"巧妙"的办法继续照顾他。逢到外出干重活，就在全连集合出发时点名要他在宿舍"值班"，为大家晒被子。在场院抢收粮食入仓时，就派他去过秤、记账。胡耀邦也明白这些同志的善良用心，他一面表示感谢，一面还是尽量去多参加繁重的劳动。

连里脱坯盖房，他去和泥、当小工，也跟着脱坯。一块土坯重约二十五斤，最棒的小伙子一天也只能脱五十块，他用足力气，努力去干，一天竟脱了二十块。

麦子收回后，为了抢天气，昼夜不停地用机器脱粒。胡耀邦同大家一起站在机器旁，随着机器的运转，把麦秸拨向远处，一刻都不能停顿。天气蒸热，空气里弥漫着扬起的尘土和草叶。他勉力支撑，不落人后，一次竟累得跌进场边小沟里，爬起来仍然坚持干下去。

他同年轻人一起，拉架子车到六七十里的外地去拉砖运石，同年轻人走得一样快。

在插秧季节，更是超负荷劳动。夏日天长，早晨四点多钟天已微明，就要去秧田薅秧。然后除早餐午餐稍作停顿外，连续弯腰插秧，直到夕阳西下，已是晚上八点来钟，才能收工。长时间弯腰做着机械的插秧动作，两腿浸泡在泥水中，蚂蟥往往直爬进裤管里，这使得年轻人也几乎晕倒在水田里。胡耀邦也同大家一样，整天这样挣扎着，却还不停地琢磨怎样插得快又好，后来竟能一天插六分田。

夏秋多雨季节，堤外春河总要多次暴涨，于是干校便要紧急行动起来，投入抗洪。一次，胡耀邦被派夜间到堤上去巡逻，监视水情。他身披雨衣，穿着高筒雨靴，扛着铁锹，缓步走在堆满草袋的堤上。头上阴云密布，夜气浑茫；堤内灯火点点，人们在忙碌着；堤外是汹涌的波浪，翻滚着从脚下流过，还常常有黑魆魆的东西打着旋漂浮过来，大概是上游受灾老乡的家具或死猪死羊。这是一种令人恐怖的情景。胡耀邦全神贯注地察看水势的涨落，他又像过去多次的艰险遭遇一样，完全忘掉了个人安危。

他认真的劳动态度，大大缩短了干部同他的距离，人们逐渐又恢复了对这位老领导的尊敬。由"五七战士"组成的毛泽东思想宣传队为了在劳动中给大家鼓劲，编写了一些小节目，其中就有赞扬胡耀邦的快板。报上去审查时，被军代表砍掉了。

开头一个时期，干校生活极其艰苦，军代表还作出种种规定，不许这样，不许那样，连到集上买一点花生米也是"资产阶级思想的表现"，要受到批判。食堂里天天吃熬南瓜。胡耀邦也能习以为常，还开玩笑说，从前江西苏区有个口号，叫"打倒资本家，天天吃南瓜"，当时能吃上南瓜就是好日子了。因为劳累过度和缺少营养，不到两年时间干校就死去七人：团中央国际联络部部长钱大卫，早年是上海大学地下党的领导骨干，是优秀的外事干部，在劳动中猝发心脏病死去。才情横溢的作家吴小武（萧也牧），五十年代初期曾以小说《我们夫妇之间》而文名远播，同时也为这篇小说的"小资产阶级思想感情"而屡遭批判。他像牛马般地被驱赶着去干他多病的体质难以胜任的劳动，最后惨死在一些人的辱骂声中。这些同志的骸骨，被草草埋在荒地上。对这些干部的死，军代表漠然视之，无动于衷。有几个军代表却照旧身背猎枪到处游荡，打鸟，打野鸭，甚至把农民家的驴腿打残，再不就是关起门来炖甲鱼喝酒。8月，为纪念毛泽东横渡长江一周年，军代表下令在干校的一个大水塘里举行游泳活动。一位军代表四仰八叉躺在救生圈上，在水上红旗和标语牌引导下，由"五七战士"簇拥着推着前进，八面威风。当人们把这些情况告诉胡耀邦时，他苦笑着摇摇头。他叹息这场"文革"败坏了党的优良传统，糟蹋了解放军的英名。

军代表按照"伟大战略部署"，在干校一一开展了"整党建党""打击反革命""清查五一六"等活动。用军代表的说法是，运动越深入，矛盾就越尖锐，斗争就越激烈。这除了要继续注意"阶级斗争新动向"、揪出"阶级敌人"而外，就是要为有各种问题的人"定性"了，而首先要全力进行的，就是要把"团内最大的走资派"胡耀邦定为"三反分子"。

据"文革"初期的揭发，胡耀邦"一贯反对伟大领袖毛主席""一贯反对林彪副统帅""一贯反对学习毛主席著作"。根据是：他说"毛主席万岁"这个口号也要分析，作为一种政治愿望可以，但从生理学讲就不科学，人哪有活一万岁的呢？他说提倡学习《毛主席语录》有好处也有不好处，不好处是把分析的东西都去掉了，只剩下了结论。"林彪副统帅"提倡"政治挂帅"，他说现在到处讲政治挂帅，什么都联系政治，这样搞就不是政治挂帅，而是"政治当兵"了。"林彪副统帅"提倡"突出政治"，他说一切都突出政治就讲不通，比如游泳怎么突出政治？游泳要突出鼻子，不然会呛水。这些言论就够严重了，况且胡耀邦把团中央领导得"修到了家"，又"镇压群众运动"，在中共九大上他还不肯检讨。所有这些，不都是不折不扣的"三反罪行"吗？因此军代表认为，必须把胡耀邦定为"三反分子"。

于是军代表亲自出马，要胡耀邦检查，承认"三反"。胡耀邦说检查可以作，但不是"三反"。军代表说必须按"三反"检查。

胡耀邦很认真地写出了一份书面检查交上去。他说他确实对毛泽东的崇拜有过动摇，但从来没有反对学习毛泽东思想，只是认为这种学习必须图实效，而不能走形式。对于共青团工作的评价，他在检查里说："团的工作十七年中的某个时期或某个问题上，我们有错误，这我是承认的；但十七年的工作，不能否定，总的说十七年是红线，不是黑线。在某一时期及某些问题上的错误，我一定好好地检查。"军代表认为，这简直就是同"中央文革的首长"说的十七年间"一条又长又粗的黑线专了我们的政""对着干"。从而认定胡耀邦是要"顽抗"。

因为胡耀邦"对自己的问题老是认识不上去"，军代表命令他去各连听取群众意见，接受群众批判。黄湖的面积很大，连与连之间少则三几里，多则六七里。从此，便可以看到衣衫破旧、孑然一身的胡耀邦来往各连之间。他每到一处，首先都要说，是我不好，连累了大家。他真诚地要大家多给他提意见，帮助他提高认识。这时大家已经从运动初期那种上纲上线的批判中清醒过来，能够实事求是地指出他工作中的缺点错误，没有一个人认为这些缺点错误的性质是"三反"。而且大家对他十分热情，这给了胡耀邦不小的安慰。

"三反分子"问题，一直僵持到 1971 年初。当时军代表宣布给团中央书记处书记都"落实政策"，唯独不"解放"胡耀邦。如果不把胡耀邦定为"三反分子"，军代表感到难以向中央文革小组交代。后来看难以使他低头，就强行给他作了"三反分子"的审查结论，要他签字。胡耀邦说："我不是三反分子，不能签。"军代表拍桌子对他威胁，胡耀邦说："你急什么嘛。你可以把你们的结论报到中央去，我在结论后面写上我的保留意见，请中央决定好了。"最后，军代表不得不让胡耀邦写上了保留意见。

1971年9月，发生了林彪仓皇出逃，摔死在温都尔汗的"九·一三"事件。过了不久，便有文件下来。胡耀邦听了传达，着实吃惊不小。他怎么也想象不到，党内竟发生这么大的事，林彪竟是这样一个人。就在当天早晨，"五七战士"排队"早请示"时，在三呼"万寿无疆"之后，还三呼"林副统帅""永远健康"。事情来得太突然，人们都有点发懵。对于林彪，胡耀邦早年一直是很敬重的。但是在1959年庐山会议之后，在林彪出来主持军委和国防部工作之后，胡耀邦就觉得很不正常，林彪的一系列言论只围绕一个主题，那就是颂扬毛泽东。他编出那么多的"新颖"的说法和"理论"，狂热地吹捧毛泽东、毛泽东语录和毛泽东著作，大大强化了个人迷信的社会风气。当上"副统帅"以后，他整罗瑞卿、整"杨余傅"①，完全是"顺我者昌，逆我者亡"的那一套。特别是林彪大唱政变经，把党内关系说得那样阴森恐怖，说什么谁要是"犯上作乱"，就"全党共诛之，全国共讨之"，以及"站队站错了，一切都错了；站队站对了，一切都对了"等，味道很不对了。后来林彪作为毛泽东的接班人被写进党章，胡耀邦隐隐觉得凶多吉少。所以在"八一"建军节时，有些干部请他讲讲井冈山故事，他说，我不能讲呀，现在都把井冈山会师说成是林彪同毛泽东会师了，让我怎么讲呢？然而他万万想不到，事情会演变成这个样子。

后来当他从传达中得知林彪事件的整个过程之后，很长一段时间里他的脑子总是绕着这个事件转，心中的波澜难以平息。他觉得党内出了这么大的事，必然有极其深刻复杂的原因，其中最

---

① 杨余傅：杨成武、余立金、傅崇碧。1968年3月，林彪向毛泽东诬告三人勾结，要打倒吴法宪、谢富治，篡夺军权。于是撤掉三人全部职务，召开万人大会批判。

主要的，就是党章、宪法规定的集体领导和民主集中制原则遭到破坏。这场"文化大革命"虽曰无产阶级革命，却处处折射着封建阶级的纲常关系、宗法关系，从高层的残酷斗争到红卫兵的恣意横行，党内民主被践踏，社会民主被践踏，人民群众一部分作为政治斗争工具被利用，大多数被这场"大革命"整得苦不堪言。如何从制度上切实保障人民的权利，保障集体领导，这是需要深深思索的大题目啊！

军代表看出了他一直在沉思着什么，便问他"最近想些什么？"心怀坦荡的胡耀邦竟脱口而出："在考虑国家体制问题。"军代表听后觉得胡耀邦简直是荒唐透顶，可笑之至。他到各个连队去，用强烈的讽刺口吻说：胡耀邦现在还在考虑什么国家体制问题，我狠狠批评了他，说国家体制用得着你考虑吗？你考虑得了吗？你老老实实考虑自己的问题就行了。

古语说，"燕雀安知鸿鹄之志"，鸿鹄总是志在云天的。胡耀邦身在江湖，心存魏阙，沉重而深刻的思考，激发着他进一步钻研马克思主义的热情，他要从中寻找思想谜团的答案。每天，在经过繁重的劳动，然后再熬过各种会议之后，一般人都要早早休息了，他却不管多累，总是要挑灯夜读。黄湖一年中几乎有五个月的夏天，夏秋之夜潮湿而闷热，蚊子成群，别人都到外面摇着蒲扇乘凉，他却钻在蚊帐里，点起小马灯，戴上老花镜，读起他的"三部四卷"（马恩选集四卷、列宁选集四卷、毛泽东选集四卷），边读边用红笔在书上画出重点，边作笔记，摘下警句，或写下心得。他对人说，我们为什么受假马克思的骗？就因为原著读得太少，所以要尽量读原著。尽管过去不止一遍读过马恩原著，但是如今重新阅读《共产党宣言》《反杜林论》《共产主义运动中的"左派"幼稚病》等，又有新的更深刻的感悟。到离开干校时，他的读书笔记已经积下一大捆了。

随着时间的推进,胡耀邦以他开阔的胸怀、广博的知识,尤其是总是高人一筹的见识,使得越来越多的人乐于同他接近,有事向他请教,有苦闷向他倾吐。干校清查"五一六"时,一个干部受到怀疑,感到委屈,去找胡耀邦诉说。胡耀邦安慰他不要泄气,告诉他年轻人要禁得住坐冷板凳,并且给他在纸上写下了南齐孔稚珪的两句话:

> 以天下为量者,不计细耻;
> 以四海为任者,宁顾小节。

那位干部明白这是要他把眼光放得更远大,要看到"天下"和"四海",而不要被眼前的挫折所绊倒。于是他泰然处之,后来果然查清了并没有什么问题。

林彪事件在全国传达后,随即全面开展了"批林整风"运动,极"左"狂潮有所降温。毛泽东开始改变了对一些老同志的态度,为"二月逆流"平了反,还参加了陈毅的追悼会。周恩来乘势从全局上推动了"解放干部"的工作。他看到团中央军代表对胡耀邦的审查报告,迅速将胡耀邦调回北京检查身体、养病治疗。

1971年末,胡耀邦结束了两年多的干校生活,告别黄湖,回到北京。

五、幽居的日子

胡耀邦又回到他的幽静的小院。

其实这小院已经不再幽静,前院已被军代表的家属占据,饭厅、东西厢房也搬进好几户人家来住，成了一个喧闹的大杂院。胡耀邦居住的几间正房，也因多年未加修缮而显得益发陈旧。

虽然回到家里，也还是一派凄清。老伴李昭去了通县干校，儿女也还都在外地"改造"。令他欣慰的是老岳母还在家里，从她那里可以得到一些亲情的温暖。

但是一段相当长的时间里，干校生活的种种情景一直在胡耀邦头脑中萦绕。虽然这几年吃了不少苦，但他觉得这都算不了什么，甚至于还有好处。如果从事的那些劳动是累的，脏的，那么，全国数亿农民不是天天都在从事着这样的劳动吗？他觉得自己身居高位久了，不能切身体验劳动者的甘苦、艰辛，这就是一种危险。干校这一段经历，对以后无论干什么，都会有好处。他对晚辈常常讲起干校，尽管从性质上说，把这么多人一股脑轰到干校去是一种变相惩罚，是一种人才浪费，但既然已经下来了，从个人来说，就不必怨天尤人，而要利用这个条件，补充自己的不足。他说，经过几年劳动，觉得像这样做一个自食其力的普通劳动者也挺好。他还想写一篇劳动心得体会的文章，让子孙后辈也能从中学到一些东西。

回到北京，胡耀邦不时被叫到团中央机关"留守处"去参加名目繁多的"学习会"，还要定期向军代表汇报近期的思想状况和检查认识程度，受他们的呵斥。军代表给他作的审查结论，虽然已经从"三反分子"改为"走资派"，但仍然像一块大石头似的一直压在他的心上。虽然他回顾自己的一生，坚信绝不是什么"三反分子""走资派"，因而写了保留意见，但在这特殊年代，什么事情都能发生。成千上万的被打倒的老干部，有几个人的"罪名"是可以成立的呢？每想到这里，他就觉得十分憋闷。

但他也想得开：等着好了，大不了当一个普通劳动者度过晚年。

这时已不像去黄湖之前家居时那样孤寂。林彪事件发生之后，政治气候发生微妙变化，李昭和儿子胡德平都回来了，而且逐渐又有客人来访。一些老战友、老同志、老部属常常不期而至，相互携手问候，不胜唏嘘。从黄湖回北京办事的"五七战士"，也多半要来看望他。每逢故友到来，胡耀邦总是非常高兴。他们有谈不尽的话题，谈"文革"，谈社会，谈个人遭遇，谈见闻，也常常交谈对某本书的看法、切磋某个学术观点。他们的谈话又显露了锋芒，过去认为不可侵犯的，现在也画上了问号。有时还有些素不相识的人，径直走进院来，推门而入，胡耀邦也总是放下手头的事情，热诚接待。这些人里有的是慕名求教的，有的是遇到困难求助的，胡耀邦都尽其所能，倾力相助；到了吃饭时候，就留他们同全家一道吃饭，向他们了解社情民情。这些情况被军代表知道了，汇报上去，不久就传出话来，说胡耀邦家里开黑会，是"裴多菲俱乐部"。胡耀邦听说后只淡淡一笑，并不理会。

时间充裕了，他又开始了他的读书生活。他家有十分丰富的藏书，中国的、翻译的、人文科学的、社会科学的，都有。他曾说过，"我的钱大部分用于买书了""读书是我最大的愿望和爱好"。胡耀邦的读书，一方面在于追求新思想、新知识，不断充实和提高自己，更重要的还在于认识和解决现实问题。《毛泽东选集》他曾反复阅读，可以说烂熟于心了。《马克思恩格斯全集》和《列宁全集》陆续出版时，他都一卷卷通读，如今他又选出了有关的篇章重新研读，他要从这些经典著作中探求新中国成立以来革命和建设实践的经验教训和今后的道路。他也广泛涉猎中国的文史哲典籍。很早以前他就曾读过《资治通鉴》《鲁迅全集》，选读过"二十五史"，也热衷于古典小说诗词，有时自己也即兴写一点。"批林批孔"之后，为了弄清儒家思想对中国社会的影响，他想到历史学家侯外庐著的《中国思想通史》，可惜手头没有了，就让北大历史系毕业的儿子胡德平去找侯外庐之女、北大同学侯均初去借。但侯外庐已被打倒，书房被封，侯外庐便让女儿撬开窗户爬进书房，拿出一套《通史》送给了胡耀邦。这一时期，他还读了《田中角荣传》《日本列岛改造论》等。他思考的是：我们国家长期经济落后、科学落后，而日本战后也很困难，经过集中精力抓科学、抓教育，经济发展很快，成了工业大国。日本的经验，很值得我们借鉴。读书有所得，或有所疑，他也时常喜欢和胡德平展开议论。胡德平是个很有知识、喜欢思考、对事有见解的青年。父子俩常常会谈及一些尖锐的社会问题，观点契合了，两人都兴高采烈；有时看法不同，也会争论起来，各不相让。

只要是个人独处，稍稍清静下来，他就会陷入冥思苦想之中。他依偎在沙发上，点上一支烟，思绪随着烟云盘旋，扩大，升腾。一支吸完了，在烟蒂上再接一支。他每每想到，从湘潭下放的后期，到在陕西二百天，直到现在，将近十年了，他一直受批评、批判，这些批评、批判虽然猛烈，但是没能令他服气。他坚信在地方工作期间，把抓生产放在第一位没有错，让老百姓过上好日子没有错。批评他只抓生产而不抓阶级斗争，他觉得这比只抓阶级斗争而不抓生产好得多。

他思考着，在错综复杂的党内斗争中，要独立地判断是非，而绝对不能跟风。思想、理论、路线正确与否，要经过实践的检验。

他思考着党内民主问题。党内没有正常的民主，领袖人物不受监督，就会造成个人专断，以致党内没有批评，只有顺从甚至阿谀。

这样，任何不合理不合法的事情，在最高决策层就都会获得通过，以致错误的东西无限蔓延而很难得到纠正。

他更想到许多老战友被无辜打倒、囚禁甚至折磨致死。他的许多老部下也常常来向他诉说自己或子女的冤情。还有过去一次次运动中被强加五花八门罪名的干部和群众，他们戴着"敌对分子"的帽子赴诉无门。他忧虑这样多的冤案何时是了……

他思考着今后的社会主义建设将如何起步……

这是一段空闲的岁月，胡耀邦沉浸在读书和深思之中。

第十三章　整顿科学院

一、再试身手

1973 年 3 月，根据毛泽东的批示，邓小平被恢复了党组织生活和国务院副总理职务，被当作中国第二号"走资派"而打倒的邓小平被重新起用。此后他又相继被增补为中央政治局委员、被任命为中央军委副主席兼解放军总参谋长。接着在十届二中全会上，被选为中央副主席、政治局常委。1975 年 1 月四届人大一次会议上，周恩来在《政府工作报告》中重申了四化建设的宏伟目标。会后，周恩来病重，邓小平受命主持国务院和党中央日常工作。他一上台，就对各方面工作实行大刀阔斧的整顿。

就在邓小平复出后不久，1973 年 8 月党的第十次全国代表大会之后，江青、张春桥、姚文元、王洪文在中央政治局内结成"四人帮"，江青集团势力得到进一步加强。一心想篡夺党政大权的"四人帮"，看到竟是邓小平总揽大权，嫉恨交加，他们一方面向毛泽东告状攻击邓小平，一方面为邓小平实行的整顿出种种难题，设重重障碍。

邓小平的整顿工作在同"四人帮"的斗争中艰苦地进行着。他先是整顿军队，然后又整顿铁路运输和整顿钢铁生产，都收到明显成效。在继续开展经济领域整顿的同时，他又部署了科技领域的整顿。作为一个有远见的政治家，邓小平一直高度重视科学技术，认为科学技术上不去，四化建设就是一句空话。很久以来他就关注着集中国科学技术精英之大成的中国科学院，谋划着通过大力的整顿，恢复和健全中国科学院的工作。

科学院在"造反派"控制下，当时已经是百孔千疮。原有的一百零六个研究所只剩了四十多个，北京地区一百七十多位著名科学家，有一百三十多人被作为"反动学术权威"赶进"牛棚"，或者横遭种种迫害；大批科技人员都成为"资产阶级知识分子"，是"资本主义复辟的土壤"；各级领导干部大多数被扣上"走资派"帽子，大多数司局级干部被打倒或被重点审查，处级干部也半数以上"靠边站"；有几十名科学家和领导干部甚至被迫害致死。科研和各项业务都已停顿，院机关和各研究所多半由"四人帮"帮派分子掌权，他们横行无忌，为所欲为。直属科学院的研究基地、实验设备、资料、标本等大部分散失毁损。特别是江青制造的"蜗牛事件"①，更搅得科学界一片恐怖。中国科学院遭受了空前浩劫。

邓小平需要一个有足够的胆识和魄力的人去解决那些纷乱如麻的问题，去雷厉风行地整顿中国科学院的工作。

---

①　1973年，中央批准从国外引进彩色显像管生产线。四机部派人赴美国考察，美国康宁公司赠给中方人员每人一件玻璃蜗牛作为纪念品。这本是一种民俗工艺品。1974年"批林批孔"运动中，江青得知后，硬说这是美国人讽刺中国像蜗牛一样爬行，借此大闹。

其时，胡耀邦正在中央读书班学习。这个读书班是中共中央在党的十大以后，为倡导高级干部学习马克思主义经典著作而开办的，学员有部分新当选的中央委员、候补委员，各省市领导干部和部队领导干部，也招收一些曾被打倒的老干部。胡耀邦参加的是1975年4月在中央党校开办的第四期。这一期里还有陈再道、程子华、白治民、周林等。胡耀邦仍然保持着他一贯的认真读书、认真思考的作风。读书班里时时安排一些影射邓小平的学习内容，对这些他全不理会，在批判"经验主义"的学习会上他一言不发。五六月间，他还兴致勃勃地参加了读书班组织的到铁道部调查研究整顿工作，去河北遵化县参观五小工业、农业机械化和高产农田的建设等活动。这些又同样引起了他对当前工农业生产情况和问题的深深思考。

经过三个月的学习，读书班即将结业，7月4日晚，叶剑英等主要领导人在人民大会堂东大厅会议室接见全体学员和工作人员。会议开始，先由指定的学员汇报。叶剑英一眼瞧见坐在后面的胡耀邦，便高声招呼说，耀邦，你也来了？胡耀邦说，我来了，参座①，您身体好吧？叶剑英说，你也谈谈吧。胡耀邦说，我是认真读了经典著作的，但是因为多年来没有工作，对实际情况不了解，联系实际有些困难。叶剑英说，我看过你们读书班的简报，你学得不错，学习成绩很好。你们毕业后分配了工作，就接触实际了。

正交谈间，邓小平来了，他是刚刚会见外宾后匆匆赶来的，在问了一些情况后，他发表了讲话。他说："前一个时期，毛泽东同志有三条重要指示：第一，要学习理论，反修防修；第二，要安定团结；第三，要把国民经济搞上去。……这是我们这时期工作的纲。"

---

① 叶剑英曾任八路军参谋长，胡耀邦一直称他为"参座"。

这篇讲话，就是后来编入《邓小平文选》第二卷的《加强党的领导，整顿党的作风》。

胡耀邦与邓小平已有十多年没见面了，现在看到他身体还那么硬朗，思维还那么清晰，胡耀邦十分高兴，特别是邓小平讲的"三项指示为纲"，给了他深刻印象。

散会以后，叶剑英询问他近况如何，他告诉说，还没有"解放"。叶剑英鼓励他说：别理他们，让你出来工作就自然解放了。叶剑英回去以后，就向邓小平讲了胡耀邦目前的境遇，并且举荐胡耀邦协助邓小平开展整顿工作。

邓小平同胡耀邦虽然长时间没有见面了，但他对胡耀邦这个时期的遭遇大体有所了解。他相信这个老部下的坚定性、敏锐性和百折不挠的精神不会因饱受磨难而消逝，只要有工作的机会，他会不顾一切地奋斗下去。特别是他相信胡耀邦对于"整顿"会同他持同样态度。于是，邓小平经请示毛泽东后，由中央决定让胡耀邦去中国科学院。

胡耀邦7月16日从读书班回到家里。7月17日，时任国务院副总理、分管科学技术工作的华国锋就找他同李昌谈话，通知他们中央的任命，并且传达邓小平的指示：整顿首先是党的整顿，关键是领导班子，搞好安定团结，发展社会主义经济和各部门的业务，要坚决同派性作斗争。邓小平向他们提出三点具体要求：一是了解情况，向国务院汇报，二是搞一个科学院发展规划，三是准备向中央提出科学院党的核心小组名单。第二天，7月18日，他就来到中国科学院。

胡耀邦对于出来工作满心欢喜，已经十年没有工作了呀！虽然，他想到自己对科学技术是外行，也不了解科学院这个环境的深浅，但"协助小平同志进行整顿"这个工作任务，就使他勇气百倍。

胡耀邦在崇山峻岭中的留影。

能够继续在邓小平直接领导下工作，也使他非常高兴。他极为钦敬邓小平统驭全局的气概，相信这又是一次大手笔的举动。他很清醒地认识到，这次整顿，就是要在一些重要部门、一些重要问题上，把"文化大革命"中颠倒了的思想理论、政策措施重新颠倒过来，把严重的混乱局面扭过来，把无辜被打倒的干部解脱出来，把党的好的传统作风恢复起来。面对这么重要这么有意义的工作，他愿一试身手。

这几年里，胡耀邦对政治斗争的惊涛骇浪、政治势力的聚散消长有了更透彻的感悟。他看出了江青、张春桥等是怀着险恶的用心，在窥伺着邓小平的每一步整顿，因而工作中充满风险。但他没有过多地顾忌这些，长期磨难练就的胆气锐气，推动着他以大无畏气概投入了新的战斗。蕴蓄了多年的对是非颠倒的强烈愤懑和重塑历史的鲜明主张，现在有了适当时机，便踔厉风发地喷涌出来了。

同他一起被派往中国科学院领导整顿工作的，还有李昌、王光伟，后来又派来了王屏、刘华清、胡克实。胡耀邦同李昌是晋察冀野战军第四纵队时期同甘苦、共死生的老战友，又在团中央共过事；胡克实原先也是团中央书记，同样是老朋友。现在大家又携起手来，参加新的战斗了。

事情是千头万绪，但胡耀邦指挥若定。他请李昌负责日常的全局工作，王光伟、刘华清负责业务工作，胡克实、王屏负责政治工作，他自己则集中精力思考和安排整顿工作。

当时中央已发出关于对铁路整顿的决定，关于对工业整顿的决定，关于对军队整顿的决定三个文件。这三个文件都对整顿工作提出了明确的方案政策。胡耀邦首先组织对这三个文件的广泛宣传和学习，他自己也亲自宣讲要求全院人员，特别是领导干部了解中央对整顿的要求，同时联系科学院和各研究所的实际，按照中央的精神进行整顿。

经过认真的调查和思考，并且同李昌等人不断讨论，胡耀邦形成了关于整顿的大的思路。根据当时院机关各部门以及下属的研究所许多是"造反派"在掌权的情况，他针对性明确地提出，整顿工作主要是全院领导班子的组织整顿和思想作风的整顿，思想作风的整顿可能时间更长，任务更艰巨。思想作风的整顿包括：一、划清正确与错误科技路线的认识；二、划清正确与错误的知识分子政策的认识；三、划清正确与错误的干部政策的认识；四、科技战线政治工作的原则，政治工作要为科研的中心服务。党性和党风的整顿包括：一、分清党性和派性，如何克服资产阶级派性；二、什么是我们党的优良传统，怎样发扬优良传统；三、什么是党的组织原则和党的纪律，我们哪些地方违背了党的纪律；四、各级领导班子的作用，是否应该是党性好，作风好，团结好，敢字当头。他提出这一系列原则问题，启发大家思考。

从一来到科学院，他就按一贯的作风，从深入的调查研究着手开展工作。除了参加领导层会议之外，就是召开不同内容、不同级别、不同岗位、不同年龄的人员参加的座谈会，听取各方面情况。同时，也到各研究所去作实地调查。他每周都要去两个所。他广泛接触群众，倾听老科学家和中青年知识分子的意见，从中发现问题并考虑如何解决。工作中，胡耀邦利用一切机会，尽可能地学习科学技术知识。在刚刚受命来科学院之时，他曾为自己缺少科学知识基础感到有些"抓瞎"。想来想去，他想到了恩格斯。恩格斯就是一边从事革命理论研究，一边又学习自然科学，后来同杜林作斗争，又继续深入研究自然科学，研究了八年。恩格斯把这个过程叫"脱毛"，就是从无知到有一定知识，他的《自然辩证法》，就是一部把自然科学同哲学思想完美结合的精湛作品[①]。胡耀邦下决心也来一个"脱毛"，只要认真学，总会掌握一些东西。于是，他广泛浏览各种科技发展参考资料、国外科技界动态材料；其中所介绍的许多新的科学技术知识非常专业，但他兴味盎然地钻研并设法记住。许多这样的材料上都留下了他的批语："很有知识，虽然时间已经两年，对我仍感新鲜。""这份资料有新知识，上次我去研究所时，他们没有向我谈起。"每次到各个所去调查，他也都非常注意听取对有关知识的介绍，遇有不懂的问题，便真诚地向老专家或有关人员请教。他对什么都有兴趣，对什么都能钻研，而且又"不耻下问"，在同科研人员的广泛交流当中，他踏入了一个陌生的领域。因此，到科学院不多久，他已经掌握了十分丰富的各方面的科学知识和动态。

无论在座谈会上，还是去各研究所做调查时，胡耀邦都从思想整顿入手，着力纠正各种荒谬观点。他丝毫没有因长期挨整而变得畏缩，相反，比以前更为鲜明犀利。他就原本是理所当然而现在被"四人帮"及其帮派分子弄得异常混乱的问题，发表了一系列针锋相对的讲话并采取了相应措施。

针对科学院长期停止业务的工作现状，他充满焦虑地大声疾呼：把科学院恢复起来并搞上去。他明确指出，把科研搞上去，也是整顿工作的"根本目标"。他说，我们抓紧整顿也好，调整班子

---

①　恩格斯在《反杜林论》三版序言中说："因此，当我退出商界并移居伦敦，从而获得了研究时间的时候，我尽可能地使自己在数学和自然科学方面来一个彻底的——像李比希说的——'脱毛'，八年当中，我把大部分时间用在这方面。"《马克思恩格斯选集》所做的注释是："尤·李比希在他关于农业化学的主要著作的导言中谈到自己的科学观点的发展时指出：'化学正在取得异常迅速的成就，而希望赶上它的化学家们则处于不断脱毛的状态。不适于飞翔的旧羽毛从翅膀上脱落下来，而代之以新生的羽毛，这样飞起来就更有力更轻快。'"

也好，不是为整顿、调整而整顿、调整，我们是为把科研搞上去而整顿、调整嘛。为了强化人们的认识，他使用了极具震撼力的语言。他多次说：今后二十五年赶上世界先进水平，这是我们赌了咒，发了誓的。科研工作搞不上去，不仅是犯错误，而且是犯罪。要刮起一场搞业务的八级台风。八级台风还不够，要刮十二级台风。他进而强调，一切工作，包括政治工作，都要服务于这个目标：我们的政治工作，也就是要把科研搞上去。要使共产党的领导干部敢于抓科研工作。他满怀激情地号召说：所有搞科研工作的共产党员，业务上非上去不可。科研机关的共产党员，如果科研搞不上去，不觉得可耻吗？不觉得可悲吗？对科研着急的人，才有党性，才有爱国心。在许多研究所他都关切地问：我们的科研工作比美国、日本、苏联落后多少？他感触良深地说：历史是无情的，业务工作没有新气象，着急啊。他指出，所谓科研搞上去，就是既要把基础理论搞上去，还要把尖端技术搞上去。他不仅做动员，发指示，而且一个所一个所地同科技人员研究课题，商讨攻关，帮他们解决实际问题。他说：科研工作怎么搞上去，你们很着急，我也很着急，坐在办公室里材料这么一大堆，看了着急，心里闷得慌，一下来，你们就提出许多问题，我就要回答，就得拼命地想，拼命地抽烟嘛！

科学院是"知识分子成堆"的地方，如何看待这一批知识分子，是直接关系着"把科研搞上去"的极其重要的前提。"四人帮"及其帮派分子以敌视的态度对待这些知识分子，说他们一无政治头脑，二无工农感情，三无实际本领，大部分要不得，给他们扣上"资产阶级知识分子""白专道路""崇洋媚外""技术挂帅"等等大帽子，或者抓住所谓"出身成分""历史问题"等等，动辄批判斗争，甚至实行专政，把他们压得喘不过气来，惶惶不可终日。胡耀邦、李昌等领导在研究科技工作的特点和重要性时一致认为，自然科学既然科学地认识自然和改造自然，它本身就不包含阶级斗争，在自然科学研究领域就不能实行"对资产阶级的全面专政"，因此绝对不能把科技人员当作专政对象，胡耀邦来到这些科技人员中间时，同他一贯对待知识分子的态度一样，体现着充分的尊重、关怀和信任。他竭力澄清科技人员遭到的无端的批判，鼓励他们身心轻松地工作。在一次听汇报时，听到科技人员被批为"知识私有"，他马上动了感情，不屑地说：知识私有，什么叫知识私有？我这个人叫知识私无。有些口号不知道从哪里来的，不要上当。对科学院这些知识分子群体，他多次从总体上作了分析，认为他们绝大多数是好的和比较好的，是在为人民服务、为社会主义祖国做服务、为科学事业的繁荣做服务的，只有那些派性十足的人不好。他的这些分析，后来以明确的文字，写到了《汇报提纲》里。

当时还有一批受批判、受审查、受处分的科技人员，背着沉重的各色罪名，在人前抬不起头来。胡耀邦要求尽早为这些人落实政策。并且反复强调，落实政策必须严格区分和正确处理两类不同性质的矛盾。他指出：一，搞错了的一定要甄别平反。他切切叮嘱说：搞错了的，不能马马虎虎。同志们，一定要，一定要，甄别平反。二，一切污蔑不实之词必须推倒。三，一时查不清的，要根据现有材料作出结论，不能老拖下去。四，被逼死的，应予昭雪，恢复名誉。他说：同志们，现在已经九年了，又是一个国庆节，还不使最大部分的同志高高兴兴过一个国庆节，那讲不过去！

"四人帮"及其帮派分子说过去科学院是"三脱离"：脱离无产阶级政治、脱离生产实际、脱离工农兵群众，提出要"三面向"：面向农村、面向工厂、面向中小学。胡耀邦说：科研人员搞科研就是结合实际，为什么一定要到工农生产中去？有些东西工农兵看不懂，就是脱离工农兵？办外文刊物，大多数中国人看不懂，就是脱离中国人？他在心理所的一次讲话更是斩钉截铁：科学院就是科学院，不是生产院、教育院、白菜院、土豆院，科学院就是搞科学的，搞自然科学的。

"四人帮"及其帮派分子鼓噪"开门办所"，否定实验室的工作，让科技人员组成服务队去上街服务，让工农兵进研究所、实验室"掺沙子"。胡耀邦说：什么叫"开门办所"？七机部开门办？原子能所加速器开门办？还要保密呢，连参观都不让。什么"开门办所"？我不懂，我看这种独创性还是少搞点为好。

胡耀邦还明确指示，把所长、研究室主任这些被取消了的职衔都恢复起来。他说，设所长就是修正主义？设室主任就是修正主义？我看这是形而上学。有人说这是"复旧"，复旧就复旧，不要在乎！要从工作利益出发，不要拿罪名吓人。最重要的是把科研搞上去，谁破坏这个，谁就是修正主义。他还指出：选所长、副所长、室正副主任，最好是对本行业务比较精通或比较有权威的，为科学界所公认的，是一流的。这些人一上来，实际上是一种无形的影响，他会使人感到有奔头，这是一种精神力量。要重视选拔业务工作骨干，没有这一条对大干快上不利。

这些话，在当时可谓是"石破天惊"之谈，是有意的宣战。正像他在古脊椎动物研究所讲话时借题发挥说的，我们现在脱离了单纯的脊椎动物，有了脊椎就有了骨头，可以爬行，可以站起来。人没有骨头还行吗？一个马克思主义者，一个革命者，要搞点马克思主义，搞点骨头。又说：谁好谁坏，一时弄不清，但埋在地下的化石都挖出来了，历史的面貌是怎么也埋没不了、混淆不了、歪曲不了、抹杀不了的。科研人员们好久没听到这样令人振奋的讲话了。一时之间，他的每一篇讲话都迅速在不同单位传播开来。胡耀邦支持搞科研的鲜明观点，他的敢于否定各种谬论的气概，甚至他所使用的那些极富个性的尖锐的语言，都使科技人员欢欣鼓舞，感到得以一舒长期郁积在胸的闷气，感到有了依靠，又可以从事科学研究为国效力了。造反派头头的气焰也不得不有所收敛。胡耀邦很快获得科技人员的信任。

当时科技人员们在生活上还有诸多困难，长期得不到关怀。一次，胡耀邦走进几个研究所的宿舍。那里本已拥挤不堪，过星期天时，一些住宿人员还要搬到楼道或办公室去住，以照顾那些没有住房的新婚夫妇来团聚。见此情景，胡耀邦急得连说："这怎么行，这怎么行？"随后他找到管理部门一了解，才知道全院宿舍差九万多平方米，有一千四百多户分居两地，一家四五口只住十几平方米的不在少数。他立即找到主管负责人，商量怎样用最短的时间，解决居住困难问题。最后决定先建一批活动房，同时申请基建经费盖房子。随后，他又指示解决机关食堂问题，孩子入托、煤气灶具补贴工资等问题。这些都是非常棘手的事。他亲自同有关部门领导磋商，请求支持，终于大部分问题得到解决。宿舍和托儿所盖成后，使得四百多对长期分居的夫妻得以团圆！一些新分配来的大学生也有了住所，有四百六十多个孩子进了托儿所，解决了一千多名家长的后顾之忧。这就是后来在科学院被传为美谈的"五子登科（票子、房子、妻子、孩子、火炉子）"。

经过同李昌等领导的反复研究和同有关方面的充分酝酿，胡耀邦等向党中央、国务院提出了中国科学院党的核心小组组成人员的建议。10月，党中央根据这个建议，正式任命郭沫若院长继续担任核心小组组长，胡耀邦担任第一副组长。李昌、王光伟担任副组长，刘华清、王屏、胡克实等任核心组成员，稍后又增加武衡、王建中、秦力生、郁文。以前造反派组织头头列席核心小组会议，这个做法以后废除。按照邓小平关于整顿领导班子的指示，将新的领导班子建立了起来。

二、起草《汇报提纲》

对基本情况已经掌握，胡耀邦同其他领导成员按邓小平的要求，积极准备向中央提交一份提纲挈领的汇报。8月1日，胡耀邦部署提纲的起草工作。他对提纲的框架和主要思想都讲了想法，限一星期交卷。随后就由李昌、王光伟、胡克实带领一个起草小组分头起草。草稿写出来后，从8月7日到11日，胡耀邦多次主持修改。他们边议论，边分章、分节、逐句、逐字定稿。8月11日拿出了第一稿，定名为《关于科技工作的几个问题（汇报提纲·讨论稿）》。

《提纲》共分六个部分：一、关于肯定科技战线上的成绩问题；二、关于科技工作的组织领导问题；三、关于力求弄通主席提出的科技战线的具体路线问题；四、关于科技战线知识分子政策问题；五、关于科技十年规划轮廓的初步设想问题；六、关于科学院院部和直属单位的整顿问题。

同"四人帮"一直宣扬的科学院执行的是"一条反革命修正主义黑线"截然相反，《提纲》的第一部分从农业、工业、医疗卫生以及原子能、激光、红外等现代新兴的科学技术等方面概括了中国科技事业二十多年来所获得的伟大成就，指出"新中国成立以来""建立了一支具有相当规模的和一定科学技术水平的科学技术队伍"，"这支队伍的绝大多数人是拥护社会主义、愿意为人民服务的。这支队伍为独立自主地解决经济建设和国防建设中的一些重大科学技术问题作出了贡献"。肯定了"科技战线上的绝大多数领导干部、科技人员和广大职工，辛勤努力，作出了贡献，成绩是主要的"。

第二部分着重提出了全国科技战线专业研究机构的组织调整和

领导等问题。

第三部分共讲了六个方面的关系：政治与业务，生产斗争与科学实验，专业队伍与群众运动，自力更生与学习外国长处，理论研究与应用研究，实行百花齐放，百家争鸣方针。这一部分是《提纲》的核心内容，是对"四人帮"种种论调的一次集中的批驳，也是在科技战线上进行政治上、思想上、业务上全面整顿的鲜明纲领。

在这一部分里，胡耀邦着力阐明的是什么是政治以及政治工作的作用问题。因为从林彪开始，一些人利用毛泽东"政治挂帅"的口号，把它夸大到了荒谬的地步。而"四人帮"又用这个口号将科研和各项业务工作冲击得几近崩溃。长期以来，政治成了整人和搅乱社会的符咒，造成严重的精神恐惧和思想混乱。在起草提纲时，胡耀邦用十分简明的语言表达了政治和科研的关系：政治是要挂帅的，但政治工作是为科研服务的。这就从本质上摆正了两者的关系。胡耀邦还指出政工干部不能作空头政治家。他说，科学院的政工干部的责任在什么地方？在本世纪内帮助党培养出上千个一流的专家、上万个二流的专家，我们的历史贡献就不小了。

关于生产斗争和科学实验的关系，《提纲》指出，科学来源于生产，又指导生产、促进生产。在这一部分里，胡耀邦明确提出了"科学技术也是生产力"这一论断，提出科研要走在前面，推动生产向前发展。

当时"四人帮"把科研工作中必要的查阅外国文献、参考借鉴外国已有的科研成果，一概批判为"洋奴哲学""爬行主义"，给同外国科学界共同进行资源考察扣上"卖国主义"帽子，闹得国际学术交流几近中断，没有人再敢去研究国外科技动态和发展成果。针对这种情况，胡耀邦提出要实行"拿来主义"，即有分析有批判地将外国东西拿来，为我所用。他说：要说洋人的东西、外国的东西不能学，那马克思主义也是从外国引进来的，马克思、恩格斯也是洋人。我们对马克思主义就是实行"拿来主义"。在他的授意下，《提纲》里写下了这样一段话："要像鲁迅所说的'拿来主义'，把外国的先进科学技术拿来为我所用。"

在"关于实行百花齐放、百家争鸣方针"这一节里，《提纲》毫不含糊地指出了不容混淆学术问题和思想政治问题的界限，指出："在科技战线要大力加强学术活动，广泛开展学术交流，鼓励学术上不同意见的争鸣和讨论，改变学术空气不浓和简单地以行政方法处理学术问题的状况。""在科技工作中，遇有不同意见，要区分问题的性质，分清界限。有的是属于政治路线方面的问题，有的是属于世界观方面的问题，有不少则是属于不同学术观点和具体方法的问题。既要看到相互之间的联系又要区别主次，分清性质，不能混淆。"《提纲》进一步写道：

> 自然科学学术问题上不同意见的争论是好事不是坏事。这种是非要通过学术讨论的方法，通过科学实践来解决，不能用行政命令办法轻易下结论，支持一派，压制一派。更不能以多数还是少数，青年还是老年，政治表现如何来作为衡量学术是非的标准。不能把资本主义国家、修正主义国家的科学家的学术观点都说成是资产阶级的、修正主义的，随意加以否定。

关于科技战线的知识分子，照"四人帮"的论调，从旧社会过来的，是当然的"资产阶级知识分子"；新中国成立后培养起来的，只要是努力钻研业务，也都成了"白专"典型、修正主义苗子；连科技人员中的党员，也是"戴红帽子的最危险"。胡耀邦在《汇报提纲》的第四部分，却作了完全相反的历史分析，对他们中的绝大多数，从政治上作了充分肯定。《提纲》写道：

　　一、从解放前旧学校毕业的知识分子，绝大多数是拥护社会主义、愿意为人民服务的。对他们要大胆使用，吸收他们参加一定的业务领导工作。对于受审查的，要尽快落实政策，作出实事求是的结论。二、新中国成立以后留学的有近万人，是党和国家从各方面条件比较好的人中选拔派遣的，现在一般都是工作中的骨干。不能认为他们到修正主义国家学习过，就是"修正主义苗子"，不能把他们在修正主义国家学到的科学技术知识说成是修正主义货色，对他们中有学问、有干劲的要放手使用。三、解放后我们自己培养的，占绝大多数。他们中的绝大多数是好的和比较好的，而且年轻力壮。他们中不少人下放劳动多年，要采取措施，使他们所学的专业知识得以发挥作用。四、从工农兵中培养提拔的技术人员，他们技术上好，熟悉生产，有实践经验，但不少人科学理论知识不足。要为他们创造条件，鼓励他们向工农知识化的方向前进。

　　《提纲》中明确指出，对知识分子的政治工作，就在于"造就一大批无产阶级自己的专家（包括改造旧的和培养新的）"，"如果我们的政治工作使科技人员不敢钻研业务，不敢学外文，不敢看业务书，那就是失败的政治工作。如果我们的政治工作是反对钻研业务，那就是空头政治，就是在政治上犯了方向错误"。这些话是太尖锐了，文件起草人有顾虑，主张不要写，胡耀邦语含诙谐地说：我就这么一点创造性，你们就把它留着吧。

　　《提纲》还从"猛攻关键技术，组织钢铁、粮食两个科学技术大会战""为加强国防现代化，研究发展一批新材料、新装备，提供两弹、卫星、飞船、核潜艇所需的各项配套新技术""狠抓几项新兴技术（计算机与自动化技术、激光技术、遥感技术、仿生技术）""加强基础科学和理论研究，向认识自然的深度和广度进军"等四个方面，勾画了"科技十年规划轮廓"，描绘了一幅鼓舞人心的科技现代化、科技为四化建设服务的壮阔图景，那真是大气魄、大手笔的杰出构想。

三、苦心经营

《提纲》第一稿写成的第二天，8月12日，胡耀邦就拿着先去征求邓小平意见。他边读边讲，谈了两个小时。邓小平听完，赞赏地表示"很好"，并且说："科技工作很重要，第一次汇报，长一点也可以。"他进一步指出："主要先抓科学院本身的问题，要重点解决派性问题。""还有班子问题。"

从邓小平那里回来，胡耀邦和李昌召集科学院各部门和各直属单位负责人开会，对《提纲》第一稿进行讨论。会议之后，快马加鞭，8月15日改出了第二稿，题目没变、结构没变，只是文字有些改动，增加了一些毛泽东论科学技术的语录。这一稿还分送给国务院政治研究室负责人胡乔木，国防科工委主任张爱萍等人征求意见。他们分别提出了一些具体意见。胡耀邦日夜加班，只隔一天，8月17日就赶出了第三稿。这一稿题目和框架仍然不变，但又作了一些文字修改，一方面对某些提法作了进一步斟酌，如"如果我们的政治工作是反对钻研业务，那就是空头政治……"等那一番话，就改得较为平缓。另一方面，对前两稿一些讲得不够充分的地方，又作了强化。比如对那些热衷于造反的人，就更加明确地指出："有极少数人，受林彪修正主义路线的影响，这几年被派性迷了心窍，搞歪门邪道，在思想政治上并没有入党，却处处盛气凌人，以改造者自居；在业务上自以为是，指手画脚；在组织上只知有派，不知有党，动辄以我划线，打击异己，甚至公开与党的路线和党的领导相对抗。"胡耀邦对这种人深恶痛绝，在口头讲话时他更严厉地指出，这种人如不改变，就会成为法西斯分子。

胡耀邦把这份稿子送给邓小平，同时写了一封信。信中说："送上我们多次反复修改的汇报提纲。这一稿在几个关键的地方是按你的指点改过的，有些地方是接受了参加讨论的一百多名同志的意见，乔木同志最后为我们做了很多很好的修改。这一个月我是把全部精力放在这个文件上的，用一句老话，是拼了一点老命的。我怀着一种渴望的心情，祈望得到你的进一步指点，祈望得到你对我们展开工作的支持。"

8 月 26 日，邓小平约胡乔木谈《汇报提纲》的修改。他指出：这个文件很重要，要加强思想性，多说道理。但不要太尖锐，道理要站得住，攻不倒。你同耀邦他们一起议论一下，要亲自动手修改。科学院是个有争论的单位，所以每一句话都不能轻易去说，无论说什么都要好好考虑，要慎重。你转告耀邦、李昌，要他们少在群众中说话，等提纲改好了，国务院通过了，毛主席批准了，让提纲自己说话，让群众在讨论提纲时自己说话。①胡乔木当天就打电话给胡耀邦，转达了邓小平的指示，告诉说邓小平已将《汇报提纲》交给他修改，请胡耀邦去政研室讨论如何修改。

8 月 27 日上午，邓小平又找了胡耀邦去，提醒他要"慎重一点，平稳一点。《提纲》要缩短，原则都保留，棱角磨掉一些，写得平

---

① 《邓小平年谱（1975—1997）》（上），中央文献出版社 2004 年版，第 86—87 页。

稳一些，修改工作由乔木办，你催着点"。邓小平叮嘱胡耀邦：要发动群众，什么事，群众起来了就好办了，不管搞［掉］派性，搞规划，都是这样。可以先抓落实政策，搞好班子，要挑选有学问、有劲头、有组织能力的搞科技工作。

胡乔木接受修改任务之后，先让于光远组织修改。国务院政治研究室是由邓小平直接领导的单位，这一年的7月初才正式建立，它的负责人里包括胡乔木等，是一个"秀才"班子。任务是整理准备收入《毛泽东选集》第五卷的文稿，以及撰写理论文章，收集文艺、教育、科学、出版方面的情况，代管中国科学院哲学社会科学部，胡乔木为主要负责人。于光远"文革"前就是中宣部科学处处长，并兼任国家科委副主任，熟悉科学技术工作。他对《提纲》的结构作了一些改动，压缩了篇幅，改写了一些地方，用了两三天时间拿出了一份草稿。但邓小平认为这个文件非常重要，要求胡乔木亲自动手。

8月31日，胡乔木、胡耀邦召集相关人员讨论《提纲》的修改。胡乔木传达了邓小平显然是出于策略上考虑的意见：科学院起草的稿子太锋利，站不稳，要重新搞。科学院是个有争论的单位，所以每一句话都不能轻易去说，无论说什么都要好好考虑。要慎重，不要什么都讲得那么凶。话要少说，说多了，要说得稳妥很困难。胡乔木还对《提纲》如何修改提出了具体意见。他提出："要把主席［有关科学技术的］指示排一下，指示就是我们的路线、方针。"他还提出现在的稿子文字太陈旧，没有"文化大革命"以来写文件的那些语言。

接着，9月2日，胡乔木拿出了由他亲自执笔的改稿，即《汇报提纲》第四稿（未定稿）。这一稿在结构、内容、文字上都有很大改动，题目改为《科学院汇报提纲》，全稿由六部分改为了三部分：一、中国科学院科研工作的方向任务；二、坚决地、全面地贯彻执行毛主席的革命科技路线；三、关于科学院的整顿问题。在第二部分里选编了毛泽东有关科学技术的论述，共集纳了十条。《提纲》之外，还编了一个《汇报提纲第二部分中所引用的毛主席关于科技工作指示的出处》，作为附件。后来，由于有人对《提纲》中关于哲学不能代替自然科学的提法有疑问，邓小平又指示编了一本恩格斯、列宁、毛泽东的有关语录，名为《哲学只能概括、引导而不能代替自然科学》，作为第二个附件。

9月3日，胡乔木将《汇报提纲》第四稿的未定稿交给了邓小平。邓小平看后表示很满意，说这个文件很重要，不但能管科学院，而且能对整个科技界、教育界和其他部门也起作用。

《汇报提纲》在完成第四稿之后，报送国务院审议。9月26日，邓小平主持召开国务院会议，听取科学院汇报。副总理李先念、陈锡联、纪登奎、华国锋、王震、谷牧、孙健都到了，胡乔木以及国家计委、国家建委、国防工办、国防科委、教育部等部委负责人参加了会议。胡耀邦首先按《汇报提纲》的三个部分简要汇报。他说：解放以来，我国科学技术的发展速度是比较快的，我们用了二十年的时间，走过了资本主义国家一二百年的路程。但我们与世界先进水平还有不小的差距。他说，科技战线的任务，第一，是为生产需要服务；第二，是发展新兴科技领域；第三，是研究基础科学。他还对科学院整顿进展情况作了简要汇报。李昌和王光伟也相继作了汇报。会上气氛很热烈，大家不断地插话，提出问题，共同讨论。邓小平兴致勃勃，在汇报过程中也插了许多话。胡耀邦汇报到差距很大时，邓小平说，这一点是要谦虚一点好。胡耀邦汇报说现在不敢讲红专，邓小平说，实际上是不敢讲"专"字，应说清楚。胡耀邦汇报到落实政策问题时，邓小平说，所、研究室不调整，很难说落实。一个县、一个工厂不把班子弄好，谁来执行政策？归根到底是领导班子问题。胡耀邦讲到自己有"辫子"会被人抓住时，邓小平说，比我强一点。我说过我是维吾尔族姑娘辫子多。有时说错话，办错事，他们抓住不放，拆台。

听完汇报，邓小平说，科学研究是一件大事，要好好议一下。如果我们的科学研究工作不走在前面，就要拖整个国家建设的后腿。在谈到科研队伍的现状时，他说，大大削弱了，接不上了。搞科研要靠老人，也要靠年轻人，年轻人脑子灵活，记忆力强。大学毕业二十多岁，经过十年三十多岁，应该是出成果的年龄。这一段时间一些科研人员打派仗，不务正业，少务正业，搞科研的很少。少数人秘密搞，像犯罪一样。陈景润就是秘密搞的。这些人还有点成绩，这究竟算是红专还是白专？像这样一些世界上公认有水平的人，中国有一千个就了不得。说什么"白专"，只要对中华人民共和国有好处，比闹派性、拉后腿的人好得多。邓小平强调说，广大科研人员实在是想搞研究啊！闹派性的是少数。领导班子，特别要注意提拔有发展前途的人。对于那些一不懂行、二不热心、三有派性的人，为什么还让他们留在领导班子里？邓小平还着重谈了教育问题，他说，我们有个危机，可能发生在教育部门，把整个现代化水平拖住了。大学究竟起什么作用？培养什么人？有些大学只是中等技术学校水平，何必办成大学？一点外语知识、数理化知识也没有，还攀什么高峰？中峰也不行，低峰还有问题。要解决教师地位问题。几百万教员，只是挨骂，怎么调动他们的积极性？①

会上原则通过了《汇报提纲》。邓小平提出要把专家治所、高

① 邓小平：《科研工作要走在前面》（1975年9月26日），《邓小平文选》第二卷，人民出版社1994年版，第32—34页。

中毕业生直接进大学等内容以及会上的一些重要意见增补进去，再改出一稿，就可以报送中央了。

胡乔木等根据邓小平的指示，于 9 月 28 日改出了第五稿。这一稿作为定稿，以胡耀邦、李昌、王光伟三人的名义上报，由邓小平转呈毛泽东。

这时的胡耀邦有一种完成一件大事的轻快心情，只等着毛泽东的批复了。结束了《汇报提纲》的起草工作，他继续开展科学院的各项整顿。

10 月 24 日，中国科学院团委举行纪念长征胜利四十周年大会，请胡耀邦讲话。在这个有二千五百多名青年科技人员出席的大会上，胡耀邦发表了题为《实现四个现代化是新的长征》的讲话，响亮地提出了"进行新长征"的口号。[①] 他热情洋溢地说，这个新长征是什么呢？这就是毛主席号召我们的，要求我们的，要在本世纪末实现四个现代化，把我们可爱的祖国建设成为伟大的社会主义强国。我们的伟大的长征、伟大的惊天动地的事业的进军号已经吹响了！他还说，四个现代化实现不了，总有一天我们大家全部完蛋，我们的子孙后代要骂我们的。

他在讲话中向青年提出了四条要求：大学革命理论，大树革命雄心，大讲革命纪律，大长革命精神。他说，在到 2000 年前的二十多年里，年轻的同志怎么办，怎么前进？无非有三种可能：一是陷到修正主义里去；二是马马虎虎混它半辈子，从现在混起，再混二十五年，也是"老革命"了；三是为社会主义，为党的事业，为四个现代化立下丰功伟绩。他说，这第三种人一定不是少数。

---

① 胡耀邦：《一定要把科研搞上去》（1975 年 10 月），《胡耀邦文选》，人民出版社 2015 年版，第 70—71 页。

末了，他神情凝重地说："我今天正式向同志们建议，二十五年后的今天，到 2000 年 10 月 24 日，再开这么一个大会。我想，那时候坐在台上的，将是为我们伟大祖国四化贡献力量的人。如果我能挣扎到那天，有可能也向他们说几句祝贺的话。"这时候全场响起了热烈的掌声，表达了大家对他的感谢和祝愿之情。胡耀邦接着说，"同志们不要鼓掌，那种事情大体上没有希望了，正因为我自己没有希望，所以我今天就将满怀全部的希望献给在座的同志们……"

他的讲话在青年们激动的、经久不息的掌声中结束。这次讲话影响很大，它是那样的顺乎人心、感人肺腑。社会上一再把讲话记录稿翻印传抄，"新长征"也很快成为人们的行动口号，成为报纸上喜闻乐见的主题。正是在胡耀邦这种思想、精神的感召和鼓舞下，科学院许许多多青年更加坚定起来，显现了昂扬奋发的姿态。

四、又被打倒

万万没有想到，《汇报提纲》上引用的一条毛泽东语录惹出了麻烦。

原来，在报送毛泽东的《汇报提纲》第二部分里，以黑体字引用了毛泽东的一句话："科学技术是生产力。"《提纲》送上以后，邓小平去毛泽东那里汇报，毛泽东说不记得说过这句话。邓小平说马克思也讲过这样的话，毛泽东还是说记不得自己说过。邓小平说，请主席把稿子退回给我修改，毛泽东没有退。从来都是善于从一件具体事情入手破解全局的毛泽东，这个举动显然不在于对一条语录有异议，而是隐约表明了他对这个文件的不满了。

直到 10 月 24 日，也就是胡耀邦做"进行新长征"报告这一天，毛泽东把《汇报提纲》退回给邓小平，邓小平又找胡乔木修改，改出了《汇报提纲》的第六稿。然而这时又"风云突变"，形势急转直下，首当其冲的正是邓小平，因此这次的修改稿就没有报送了。

形势的逆转，缘于刘冰等人给毛泽东写信事件。

刘冰是一位老干部，当时任清华大学党委副书记。1968 年，解放军八三四一部队宣传干部迟群、中央办公厅机要局干部谢静宜带领工人宣传队进驻清华大学，以后迟群任清华大学党委书记，谢静宜任副书记，他们很快成了江青亲信，跟着"四人帮"兴风作浪。他们作威作福，独断专行，任人唯亲，搅得清华乱上加乱。特别是，四届人大以后，野心勃勃的迟群没有得到提升，便消极怠工，酗酒滋事，发泄怨气，一塌糊涂。他们的种种恶劣表现引起许多干部和师生的强烈不满，早已忍无可忍的刘冰便同另外三名校党委负责干部惠宪钧、柳一安、吕方正于 8 月间写信给毛泽东，揭发迟群。但这封信根本无法直接送到毛泽东那里，刘冰等觉得由邓小平转最为合适。可是又怎样才能送交邓小平呢？他们想到了胡耀邦。

刘冰早年也是青年团干部，是胡耀邦的老部下。去年他去探望胡耀邦时，就曾谈到过有迟群、谢静宜这么两个人，闹得实在太不像话。这次他来到胡耀邦家，说了写信的事，胡耀邦表示"我支持你"，并且说：迟群、谢静宜"他们哪里是干革命，是投机嘛。这种人在咱们革命队伍中不是个别的"。他把信仔细看了一遍，说："信要实事求是，要注意用事实说话。……你们信里的'装疯卖傻'，'乱蹦乱跳'，这些就是形容词，是空话嘛。"刘冰说明了实际情况就是如此，同时提出请胡耀邦将信转给邓小平。胡耀邦说，科学院和清华大学不属一个组织系统，由他转信不合适。他把邓小平的地址和邓小平秘书的电话号码告诉了刘冰，说由他们直接把信送到邓小平家就可以了。

邓小平见到信后，立即递交给了毛泽东，毛泽东没有反应。刘冰等出于急切解决清华问题的心情，10月间又写了第二封信，这封信将谢静宜的问题也写进去了。这回他们托人送给了胡乔木，胡乔木送到邓小平那里，邓小平又转呈给了毛泽东。

本来，邓小平领导的整顿工作，已经触及了"文化大革命"的极"左"错误，逐渐发展成为对"文化大革命"的比较系统的纠正，这已是毛泽东所不能容忍的。加上邓小平又不肯回应毛泽东关于"文化大革命"七分成绩、三分错误的评价，更使毛泽东不快。这回毛泽东在看了又是由邓小平转来的信后更加不满。他说，清华大学刘冰等人来信告迟群和小谢。我看信的动机不纯，想打倒迟群和小谢。他们信中的矛头是对着我的。我在北京，写信为什么不直接写给我，还要经小平转？小平偏袒刘冰。一直窥伺毛泽东意图的"四人帮"于是借机发难，叫嚷说这是右倾势力回潮，邓小平从此又陷入被动。刚刚露出曙光的天空，霎时又阴云密布。

11月中旬，"四人帮"策划要清华大学党委向政治局作汇报，以借机闹一场。11月16日政治局开会，叶剑英、王洪文、张春桥、江青、姚文元等政治局委员参加，作为毛泽东联络员的毛远新以及迟群、谢静宜也参加了。毛泽东指定参加邓小平"整顿"工作的胡乔木、胡耀邦、周荣鑫（教育部长）、李昌以及刘冰要参加会议，说参加会议也是一种帮助。胡耀邦和李昌事先得到通知，要准备就科学院的整顿中的"错误"作检查。会上，迟群、谢静宜否认刘冰对他们的揭露，然后就一致对邓小平大肆攻击。会上把替刘冰转信也作为一个严重事件追问。王洪文发言说，他到上海去了一趟，听到下面有许多反映，对胡耀邦、周荣鑫意见很大，说胡耀邦的"右倾回潮"的言行"和无产阶级专政下的继续革命背道而驰"。张春桥、姚文元、江青也不断讲话，指责科教方面出现了"逆流"，大刮"翻案风"。

第二天晚间继续开会，由被"帮助"的五个人作检讨。胡耀邦第一个站起来，大声说："我讲些意见。主席要我们五位同志来参加会，是对我们的关怀，我在这里对主席表示衷心的感谢。昨天晚上，王洪文副主席对我讲了许多话，我在这里郑重声明，他说的那些问题我没有，说我说了什么话，我没有说过，请求中央查证。"对于替刘冰转信一事，他说：我对他说过我支持你，但我们不是一个组织系统，信要由你自己送。他讲完后，王洪文没有吭声，会场上好久没有人说话。①

高层的动向很快传到清华、北大，两校"造反派"立即贴出大字报，批判邓小平的"唯生产力论"，继而"四人帮"操纵社会上掀起了铺天盖地的"反击右倾翻案风"的狂风恶浪，开展了对邓小平的"以三项指示为纲"②的批判。与此同时，也展开了对《汇报提纲》的批判。由于《提纲》的第五稿里有大量毛泽东语录，难以下手，"四人帮"便将最早的第一稿拿出来作为靶子。他们批判《汇报提纲》是"邓小平妄图从科技阵地'打开一个大缺口'，否定毛主席的科研路线，篡改党的团结、教育、改造知识分子的政策，翻'文化大革命'的案，算'文化大革命'的账，反对无产阶级在上

---

① 刘冰：《我竟成了"右倾翻案急先锋"》，《我亲历过的政治运动》，中央编译出版社 1998 年版，第 396 页。

② 三项指示为纲：当时毛泽东在不同场合提出了要学习理论、反修防修；要安定团结；要把国民经济搞上去。邓小平据此提出：这三条指示，"就是我们今后一个时期各项工作的纲"。

层建筑领域对资产阶级实行全面专政，以达到他复辟资本主义的罪恶目的"。他们把根据"三项指示为纲"写成的文章《论全党全国各项工作的总纲》《关于科技工作的几个问题（汇报提纲）》和国家计委起草的《关于加快工业发展的若干问题》连在一起，说成是"三株大毒草"，动用了一切宣传机器，使出了一切吓人字眼，企图全面推翻已见成效的整顿工作。

从此，科学院"四人帮"帮派分子卷土重来，自行改组了科学院党的核心小组，胡耀邦和李昌等被停职反省。

"四人帮"帮派分子得意忘形地把《汇报提纲》和国务院讨论《提纲》时邓小平的插话讲话记录稿印了成千上万份在院内外散发，鼓动群众起来批判。他们哪里想到，今非昔比，科技人员看到这两份材料后，都觉得这是说了他们心里话，不是毒草而是香花，不是谬论而是为党为民的金石之言，不仅不应当批判，还应当充分肯定。"四人帮"帮派分子多次想组织批判大会，但群众对什么"批邓反右"十分反感，拒不参加，后来只好化整为零，让各研究所分别去开。在院机关，有几个科室联合起来召开的一次会上，可容纳一百多人的会议室只零零落落坐了几十个人。胡耀邦和李昌坐在台上一张小桌旁等待质问和批判。有的造反派去指着胡耀邦大吼：胡耀邦，你一到科学院就上蹿下跳到处开座谈会、讲话、作报告，蛊惑人心，你安的什么心？胡耀邦鄙夷地望着他说，毛主席指示，没有调查就没有发言权，党中央、国务院派我到科学院的任务是提出切合实际的发展科学技术的规划，我不到各单位去调查研究，征求专家学者的意见，怎么向党中央、国务院汇报？又有造反派跳上来追问：你们在《汇报提纲》里说，科学技术也是生产力，要走在前面，这不是在搞"唯生产力论"吗？胡耀邦说：我不懂什么"唯生产力论"，我只知道科学技术在社会发展中的重要性，没有瓦特发明蒸汽机，能有英国的工业革命吗？台下的群众，每当听到"造反派"提出那些愚蠢透顶的问题，就会毫不客气地发出嗤笑声，而当胡耀邦对答时，又情不自禁地发出啧啧赞叹，使那几个"造反派"尴尬万状，只得草草收场。

1976年1月8日，周恩来与世长辞，胡耀邦感慨万千，不胜悲痛。"四人帮"竭力压制全党全国人民对周恩来的怀念，下禁令不准开追悼会，不准戴黑纱白花，不准宣传等等。胡耀邦当时正受批判，但他还是鲜明地支持科学院下属刊物突破禁令，刊登周恩来的照片、党中央的讣告和邓小平的悼词。

胡耀邦在"批邓反右"斗争中气愤和郁闷交加，又病倒了，住进了协和医院（时称"反帝医院"）。科学院"造反派"头头竟窜到医院去揪他，医生们出面坚决阻止，声明如果粗暴劫持，一切后果由不听医生劝阻的人负责，"造反派"才悻悻而去。到7月，他们声称得到"中央批准"，把胡耀邦揪到了大连，要在全国科学会议上批斗。他们把腐烂了的水产品给胡耀邦吃，使他得了急性中毒性肠胃炎，腹泻、呕吐不止。7月28日回北京的路上，正赶上唐山大地震，幸而火车在秦皇岛附近停下，才算躲过了这一劫。

胡耀邦再次过起了家居生活。他的家由于要防震，在厅里搭了个双层铺，上接屋顶，以拦接震下来的砖瓦，下层住人。就在这样局促的环境里，勤于思考的胡耀邦一直在沉思科学院这一场交锋和那些重大观点。为了进一步弄清科学技术是生产力这个观点，他细细研读马克思的原著，包括《政治经济学批判大纲》。这部马克思的笔记性著作一共有四册，七八十万字，译文艰涩，读起来十分吃力，胡耀邦静下心来，硬是一字一句读下去，还找出五条马克思关于科学技术是生产力的论述，认真领会这些论述的含义。

胡耀邦在科学院的工作前后共一百二十天，他对自己的这一段工作是满意的，只是万万想不到就此中断了。但正像人们说的，胡耀邦到哪里工作，哪里就有声有色。这次在科学院工作的时间虽短，但他的一系列作为，启发了人们解放思想，使大家看到了未来的光明。

第十四章　在中央党校拨乱反正

一、"中兴伟业　人心为上"

1976 年，在中华人民共和国的历史上，是大悲大喜的一年。1 月周恩来总理逝世，人们深情地进行祭奠；天安门前的"四五运动"愤怒声讨"四人帮"在"文化大革命"中的罪行。之后，7 月朱德委员长也大星陨落；9 月，经过长时间疾病折磨的毛泽东主席也与世长辞。这些都使胡耀邦陷入深切的悲痛之中。他回忆同毛泽东主席的一次次接触，沉浸在深切怀念之中，同时也伴随着沉静的分析和思考。此时，结成"四人帮"的江青、张春桥、王洪文、姚文元加紧了篡党夺权的步伐，"批邓、反击右倾翻案风"的调子也越来越高。悲痛的胡耀邦面对这种险恶形势，为党和国家的前途命运担忧。

10 月 6 日，中央政治局执行党和人民的意志，采取断然措施，一举粉碎了"四人帮"，挽救了党，挽救了社会主义事业，党和国家事业的发展翻开了新的一页。华国锋在粉碎"四人帮"这场关系党和国家命运的斗争中起了决定性作用。第二天，中央政治局一致通过华国锋任中国共产党中央委员会主席、中共中央军委主席。将来提请中央全会追认。[①]

10月8日上午，叶选宁突然来到胡耀邦家，把已经将"四人帮"抓起来的消息告诉了胡耀邦。还说，他父亲叶剑英向胡耀邦问好，希望他养好身体，准备迎接党分配的工作。他父亲要胡耀邦想想，对当前如何治理国家有什么建议，过两天再来，听听他的意见。

这突如其来的消息，使胡耀邦震惊而又欣喜。他的思绪迅速转向了党和国家的中兴问题。他用心地想了一天一夜，有了总的思路，为了便于记忆，他又费了一番心思编了几句简明的话，概括了他准备建言的要点。

10月10日，叶选宁如约而至。胡耀邦对他说，自古以来，有识之士总是说，大乱之后要顺应民心。民心为上。根据这种远见卓识的道理，我以为当前有三件大事特别重要：一、停止批邓，人心大顺。二、冤狱一理，人心大喜。三、生产狠狠抓，人心乐开花。[②]

胡耀邦还问叶选宁：你能够见到华国锋主席吗？叶反问：你对华主席熟不熟？胡耀邦说很熟，同过一年半工作哩。又说，如果你能够想办法见到他，请把这几句话也转告给他。

然而，要解决这些重大问题，不能不涉及毛泽东晚年的错误和

---

① 《中国共产党历史大事记》（1919.5—2005.12），中共党史出版社2006年版，第287页。

② 胡耀邦：《对当前如何治理国家的建议》（1976年10月10日），《胡耀邦文选》，人民出版社2015年版，第72页。"冤狱一理，人心大喜"，在1980年11月19日《中央政治局会议上的发言》中说是"冤案一理，人心大喜"。

对"文化大革命"的看法。由于一些长期形成的严重思想禁锢，这些重大问题一时成为禁区。

中央主要负责人在 10 月 7 日至 14 日的打招呼会上，在向高层通报粉碎"四人帮"的情况时，提出全党要揭批"四人帮"，还要求"继续批邓、反击右倾翻案风"。他在 10 月 26 日对中央宣传口负责人还说，凡是毛主席讲过的，点过头的，都不要批评。在 1977 年 2 月 7 日的《人民日报》、《红旗》杂志、《解放军报》社论《学好文件抓住纲》中把这个意思表述为："凡是毛主席作出的决策，我们都坚决维护，凡是毛主席的指示，我们都始终不渝地遵循。"人们称它为"两个凡是"。胡耀邦听到了这些"精神"，心里真是凉了一大截！1977 年 1 月初，他的老部属去看望他时，说他应该出来担当中兴重任，他不无苦涩地说："我是一株'大毒草'①呀，现在还要'继续批邓、反击右倾翻案风'，怎么能让我出来工作？我出来又怎么工作呀？"他感慨地说："与其去做违心事，不如在家抱抱孙子吧！"

这期间，华国锋曾几次找胡耀邦谈话，希望他出来工作。胡耀邦表示自己也是"批邓、反击右倾翻案风"的重要对象之一，不停止批邓，自己就难以出来工作。华国锋说这个问题慢慢总要解决的，一下子急不得，让胡耀邦先出来工作。叶剑英在 1977 年 2 月间约胡耀邦到家来，诚恳地说：你还是出来工作好，也是帮助我嘛！太重要的部门，他们不放心你去，中央党校要恢复，想让你当常务副校长。叶剑英还寓意深长地对胡耀邦说："我看也好，党校远在西郊，是非少点。凭你的智慧和才干，你在那里是可以搞出点名堂来的。"

---

① "大毒草"是指"批邓、反击右倾翻案风"时受批判的由胡耀邦主持起草的《中国科学院工作汇报提纲》。

胡耀邦思考再三，决心出来工作，为党和国家的中兴大业尽一个共产党员的责任。

二、停止"批邓"，揭批"四人帮"和康生

1977 年 3 月 3 日，中央政治局决定恢复中共中央党校，由中共中央主席华国锋兼任校长，中央政治局委员汪东兴兼任第一副校长，胡耀邦任副校长，主持日常工作。

培训党的高、中级干部的中央党校，具有光荣的传统和很高的声誉。但是当时的中央党校不仅是"文化大革命"的重灾区，而且还被康生把持了多年，深受"左"倾路线的严重破坏，处于停办散摊状态，教职工队伍搞散了，校舍也拨给了别的单位。

华国锋、汪东兴虽然担任中央党校校长和第一副校长，但由于忙于中央其他工作，实际上是由胡耀邦主持中央党校的日常工作。胡耀邦到中央党校坚持他"停止批邓，人心大顺"的理念，根本没有进行"继续批邓，反击右倾翻案风"的工作。

胡耀邦只用很短时间，就打开了中央党校工作的局面。按照中央的部署，他首先抓了揭批查与"四人帮"篡党夺权有牵连的人和事。人们郁积已久的对"四人帮"的愤怒一下迸发了出来，纷纷揭批他们的罪行。随着运动的开展，造反派头头犯下的严重错误被一一揭发了出来，但是他们推诿说：我们做的这些事情，都是经康生和曹轶欧（康妻，原任康生办公室主任）同意的。我们执行的是康老的路线，不是江青的路线。康生在 1973 年 8 月中国共产党第十次全国代表大会上被选为党中央副主席，尽管他在 1975 年 12 月 16 日已经死去，但在中共中央的讣告中被称为"无产阶级革命家""马克思主义理论家""光荣的反修战士"，甚至在 1977 年 8 月

举行的中国共产党第十一次代表大会上，仍被奉为"为我国人民革命事业建立了卓越功勋的无产阶级革命家"，人们不能不有所顾忌。中央党校的造反派就拉着他这杆大旗当保护伞。

随着揭批"四人帮"运动的进一步深入，中央党校的教职员工勇敢地把康生这个做尽坏事的极"左"派嘴脸揭露出来了。因为胡耀邦几次说过：对于中央党校的领导，在台上的也好，在台下的也好，活着的也好，死去的也好，凡是对他们有意见的，都可以提出来。①1978 年 2 月 9 日，中央党校哲学教研室李公天、韩树英、吴义生、卢俊忠、毛卫平五人就带头在中央党校 16 楼走廊上贴出了揭发康生的小字报，指出康生与江青是一丘之貉。几个小时后，揭批康生的小字报接二连三地贴了出来。来自全国各地的学员多是地、司（局）级以上干部，他们纷纷写信或打电话回去，报告中央党校已经开始揭发康生。此后，有些地方也开始向中央报送材料揭发康生的罪行。根据胡耀邦的意见，中央党校将小字报的主要内容摘登在《情况反映》上，及时向中央政治局常委作了报告。在铁的事实面前，原来还在说康生好话的人不再讲什么了。

不追究康生的罪行，不仅中央党校不能彻底清查那些与林彪、"四人帮"篡党夺权阴谋活动有牵连的人和事，不能分清是非，而且影响全国揭批查运动的深入。胡耀邦同意副教育长冯文彬及党校许多干部的意见，在 12 月中旬连续召开了四天全校工作人员大会，放手让教职员工揭发康生、曹轶欧的罪行，有 17 人发了言。冯文彬在大会最后说："发言的同志和在座的同志都是历史的见证人。事实证明，康生是'文革'中搞破坏的罪魁祸首之一，党校长期不

———————————

① 　孟凡：《揭开康生问题盖子的始末》。

团结的根子是康、曹。我代表校党委宣布：康生强加给中央党校的所谓'反毛泽东思想的顽固堡垒''修正主义的大染缸'等一切诬蔑不实之词，都应全部推倒；康生在党校制造的许许多多冤假错案必须一一平反昭雪，给受害者恢复名誉。"校党委决定将康生、曹轶欧犯罪事实上报，请中央审查处理。

后来在 1978 年 11 月，胡耀邦让中央党校和中央组织部共同整理一份康生点名诬陷的干部名册，计有 603 人，其中包括：党中央副主席、政治局委员，国家主席、副主席，国务院总理、副总理，全国人大常委会几届委员长、副委员长 33 人；第八届中共中央委员、候补委员 58 人；第三届人大常委会委员和第四届政协常委会委员 93 人；中央和国家机关正副部长 91 人；大区中央局和各省党委书记、副书记，省长、副省长 51 人；大军区一级干部 11 人。其余 266 人，也都是老干部和社会知名人士。胡耀邦将这份材料带到十一届三中全会前的中央工作会议上去，与会者看了，无不感到极大的愤慨和震惊。三中全会揭发了康生的问题，决定由中央纪律检查委员会立案审查。后来在审理林彪、江青两个反革命集团时，经过最高人民检察院特别检察厅和最高人民法院特别法庭检察、审判，最后认定康生为林彪、江青反革命集团的主犯之一。这是对康生这个老奸巨猾的野心家的严正判决。

三、在全国形成平反冤假错案的舆论

胡耀邦坚持他"冤案一理，人心大喜"的战略思考，坚持实事求是方针，经过细致调查研究，果断地在中央党校开展平反冤假错案的工作。

胡耀邦发现，党校是"文革"的重灾区之一，康生多年操纵，在这里制造了许多冤假错案。对这些受害的干部，必须迅速加以平反，落实政策。他首先提出要在临时党委领导下，成立一个落实干部政策的领导小组；接着设立了落实政策办公室，着手进行甄别工作。当时由于"文化大革命"并未被否定，更由于个人迷信还牢固地禁锢着人们的思想，全党全国尚受着"两个凡是"的严重束缚，许多冤假错案似乎都是铁板钉钉子的铁案。胡耀邦敢为天下先，力排众议，冲破重重阻力，组织落实政策领导小组和办公室成员，具体解剖疑难案例，弄清事实，分清是非。他以这种抓典型推动全局的工作方法，领导了平反冤假错案工作，收效明显。

中央党校原党委书记、校长杨献珍在批判"合二而一"时受留党察看两年处分、"文革"中又被定为"死不悔改的走资派"。一个负责甄别工作的领导干部认为："文革"中定的"死不悔改的走资派"、开除出党的处分可以平反；而1964年定的留党察看两年的处分不能平反，因为那次批判"合二而一"是毛泽东领导的。胡耀邦发现了这个问题，他说：毛主席一再说过"有错必纠"，为什么"文革"前的问题不能甄别呢？看看定下的案有没有错嘛！坚持实事求是嘛！他坚定地提出：我看不管是什么时候定的，不管是什么情况下定的，不管是什么人定的，只要是错了，就要纠正，就要平反。根据胡耀邦的意见，中央党校临时党委决定另设一个落实干部政策第二办公室，专门甄别平反"文革"前的冤假错案。

正是在胡耀邦坚持实事求是"有错必纠"方针的推动下，中央党校不仅将"文革"中被打倒的一大批领导骨干很快解放出来，一一落实政策，安排到领导岗位上，成为揭批查运动和筹备复校工作的中坚力量，而且对多年积聚下来的163个冤假错案和1358人

（包括早年的学员）的问题，也都在此后两年里一一进行了甄别、平反，并做了妥善的善后处理。这为党校超过半数的教职员工洗刷了冤屈、恢复了名誉、解除了包袱和压力，对党迸发出巨大的向心力和凝聚力，焕发出了高昂的革命热情和创造精神。胡耀邦也从中取得了后来在全国平反冤假错案、落实干部政策的直接经验。

胡耀邦清楚地看到"文化大革命"中煽动"怀疑一切、打倒一切"，把成千上万的干部打成叛徒、特务、走资派、反革命修正主义分子，"文革"前的历次政治运动中积累下来的冤假错案也不计其数。若不及时清理加以甄别、平反，落实党的政策，不仅民怨沸腾，中兴大业也没有干劲。民心不可违啊！但是要甄别平反难以数计的冤假错案谈何容易。哪一个案件不是被罗织了一大堆振振有词的罪名、经过层层审批而定的！有许多案件都是根据"最高指示""中央文件""公安六条"①……更不要说还有的是"康老说的""无产阶级司令部中央文革定的""毛主席批的"。

与此同时，胡耀邦的脑海中，时时涌动起许许多多老战友、老部属被整得妻离子散、家破人亡、蒙受冤屈的痛苦情景。为什么把这许许多多出生入死、献身革命数十年的好同志打成叛徒、特务、走资派、反革命？他决心要为这些冤假错案的甄别平反而奔走呼号。这不是某一个单位、某一个部门的问题，而是全局性的问题，因此要在全国形成舆论，推动全党来进行。

1977 年 5 月间的一个下午，胡耀邦把党校有一定写作能力的杨逢春请到自己的办公室里，对他说："我想让你写个东西，不知道你敢不敢、怕不怕。"杨逢春说："要我写什么呢？"胡耀邦说：

---

① 1967 年 1 月 13 日，以中共中央、国务院名义发布的《关于无产阶级文化大革命中加强公安工作的若干规定》计有六条，简称"公安六条"。这个"公安六条"在"四人帮"粉碎后还存在了一段时间，后来才停止使用。

"是有关干部工作的文章。"杨逢春感到为难："可惜我对干部工作情况不了解。"胡耀邦说："那不成问题，我可以给你介绍情况。如有困难，再找两个同志帮助你。"胡耀邦随即请党校从事科学社会主义教学的叶扬和党史党建的教师陈中两人参加；同时与《人民日报》负责人取得联系，对方表示写这样的文章很有必要。

胡耀邦随即和杨逢春、叶扬、陈中及《人民日报》的几位编辑整整谈了两个半天，向他们讲全国政治形势和落实党的干部政策的重要性、紧迫性。胡耀邦对他们说，这20年来，我们党的政治生活很不正常，首先是中央政治局的政治生活不正常。一是没有真正的集体领导，二是没有正常的批评和自我批评，使得少数坏人能够从中搬弄是非，诬陷好人。这是我们党执政后遭到的一次长时间的危机。粉碎了"四人帮"，本来有了彻底改变这种不正常状态的极有利的条件，可以全面恢复党的八大确立的正确的政治路线，很可惜，没有及时抓紧利用这个好时机。现在，党内很多同志都要求别再放过这个好时机了，但是看来要取得根本好转，还要有个过程。对这样一个过程，不能操之过急，必须一步一步地向前走，但也不能松松垮垮，要尽可能抓紧。

接着，他回忆起在延安担任中央军委总政治部组织部部长时的情景，动情地说：在革命战争年代，我们的党集中了中华民族最优秀的儿女，国民党比不上，其他民主党派也比不上。正是因为我们党拥有大批优秀的干部，所以常常能化险为夷，转危为安，最终取得了革命战争的胜利。但从1957年开始的20年来，一个又一个莫名其妙的政治运动，坑害了一批又一批优秀人才，"文化大革命"的10年更是弄得到处都是冤假错案，人人胆战心惊。现在要真正拨乱反正，首要的就是要全面落实干部政策，平反冤假错案，把"文化大革命"颠倒了的干部路线是非纠正过来。只有这样，才能把大量被迫害的干部解放出来，才能把压在各阶层人民心头的大大小小的石头都搬掉，才能使全国人民生气勃勃地发挥他们的聪明才智。要真正中兴我们的党和国家，非此莫属！胡耀邦对在座的人说，可是时至今日，还有一些同志并不这样看，他们以种种借口轻视甚至阻挠这项工作。因此我们应当从理论上阐明这项工作的正义性与必要性。你们可以组成一个班子，搞出一个写作方案来。写的过程中遇到什么问题，可以来找我。有人问文章写多长，他说，《人民日报》的一个版面有多大，文章的块头就多大。有人问多长时间写出来？他说：在力求准确完善的前提下，当然快一点好。因为被迫害的同志和他们的亲属都在眼巴巴地望着哩！

在胡耀邦的直接具体指导下，文章的写作相当顺利。杨逢春、叶扬、陈中写出的提纲得到胡耀邦首肯后，不到一个星期就写出了初稿。胡耀邦看了后觉得有了个基础，提出一些重要的修改意见。以后一遍一遍地对修改稿提出修改意见，还请《人民日报》的编辑也参与修改，前前后后修改了十七次，才最后定稿。《人民日报》准备立即登载，但胡耀邦说先等一等看。

1977年8月中旬召开党的十一大，胡耀邦是中共中央直属机关选出的正式代表，出席了大会，并重新当选为中央委员。[①]但是令胡耀邦失望的是，这次大会并没有纠正"文化大革命"的错误理论、政策、口号，反而加以肯定。

可喜的是，此时已再次复出、重新担任中央党政军领导职务的邓小平，在大会的闭幕词中号召全党：一定要恢复和发扬毛主席为

---

① 胡耀邦在1956年9月举行的中国共产党第八次全国代表大会上当选为中央委员；在"文化大革命"的九大、十大中，他因拒绝检讨认错而被排挤在外。

我们党树立的群众路线、实事求是、批评和自我批评、谦虚谨慎、戒骄戒躁、艰苦奋斗和民主集中制的优良传统和作风，在全党、全军、全国努力造成一个又有集中又有民主，又有纪律又有自由，又有统一意志，又有个人心情舒畅、生动活泼，那样一种政治局面。邓小平的讲话，抓住了当时实现拨乱反正任务的关键，有力地推动了刚刚起步的拨乱反正。在邓小平的倡导下，一个有利于解放思想、纠正"左"倾错误的氛围开始在党内外逐步形成。

这时，广大干部和人民群众要求解决"文化大革命"遗留问题的呼声越来越高，尤其是要求甄别平反冤假错案的上访、申诉与日俱增，胡耀邦感到发表那篇文章已是时不我待了。经过与《人民日报》负责人联系，决定在粉碎"四人帮"一周年那天，在《人民日报》第一版以整版篇幅发表。

这篇由胡耀邦精心策划、亲自指导、反复修改定稿的文章，题目叫《把"四人帮"颠倒了的干部路线是非纠正过来》，由杨逢春、叶扬、陈中三人署名。文章说，落实毛主席的无产阶级政策，特别重要的是要落实党的干部政策。因为党的干部路线和干部政策被"四人帮"摧残破坏殆尽。文章揭露了"四人帮"对干部进行诬陷迫害、残酷打击的种种表现，尤其是对担负各级领导职务的老干部制造冤假错案的罪行。文章同时提出，至今有些同志，特别是有些做干部工作的同志，由于受"四人帮"流毒的影响，在落实党的干部政策这个大是大非的问题面前，工作很不得力，致使一部分有路线觉悟、有工作能力的干部还没有分配工作，对许多受审查的干部还没有作出正确的结论，一些混进干部队伍的坏人还没有处理。这些都说明，落实党的干部政策仍然是一项严峻的战斗任务。文章鲜明地提出：我们要敢字当头，敢于冲破阻力，敢于推倒"四人帮"一伙在审查干部中所做的错误结论。

一切强加给干部的诬陷不实之词，一定要推翻，颠倒的干部路线是非一定要纠正。

文章中这些话说得铿锵有力，掷地有声，犹如惊雷击破沉闷的大地、甘雨洒向久旱的枯苗，多少人读了热泪盈眶，夜不能寐。《人民日报》一个月内就收到一万多封来信和电报，文章作者两个月收到的来信来电可装两麻袋。读者在信、电中说："我们全家人冤沉海底已多年，全家老少边听广播边掉眼泪。这下一家人可盼到大天亮了！""我们读这篇文章越读越激动。全家人哭了一个晚上。""我们受林彪、'四人帮'迫害这么多年，有冤无处诉，有屈无处伸。这篇文章说出了我们的心里话。""我们有希望了，我们终于盼到党中央解决问题的时候了！"

四、"十二级台风面前要挺住"

但是对这篇文章也并非没有非议。有些地方和部门对落实干部政策迟疑观望，认为这是多年积累下来的老大难问题，没有中央红头文件不好办，不能凭一篇文章行事。有些党委和组织人事干部也觉得应当给那些干部落实政策，可是"前任首长批的，现在无权过问"，"上级批下来的，下级只能服从"；还有的觉得"好不容易定了案，现在不能翻烧饼"。以"审干""定案"为己任的政工干部和组织人事部门的人更是不以为然，很是恼火；有的甚至打长途电话责问《人民日报》："这篇文章是哪里来的？有没有中央文件作依据？""过去所定之案都是根据中央原有的文件精神办的，这么多年怎么平反？""这样搞只能搞乱局势，制造新的不稳定。"在中央机关也有不小的反应。一些人甚至说"这篇文章是大毒草，现在不批，将来也要批"。

胡耀邦对于种种非议十分重视，他把文章作者和《人民日报》的编辑请到家里商谈。胡耀邦对大家说："看来我们这篇文章是打响了，凡是蒙冤受苦的人都欢欣鼓舞。可是也有人不高兴，认为我们闯了乱子。这不奇怪。自从我们的党诞生以来，每一个历史阶段都有正确与谬误的重大斗争。有时恰恰是谬误的一方占了上风，这种风还刮得很猛，简直就是十二级台风。但是只要正确的一方沉着应战，坚持不懈地努力，最后总会取得胜利。现在我们也正处在与一股新的十二级台风抗衡的关键时刻。我们既然坚定有力地跨出了第一步，就决不后退，并努力扩大已经打开的突破口。"接着他引用了一句苏轼的名言："古之立大事者，不惟有超世之才，亦必有坚忍不拔之志。"鼓励大家要以坚忍不拔之志来办好这件大事。他细致地同大家研究下一步的行动，商定要继续写文章，同时请《人民日报》选登各地干部群众强烈要求落实干部政策的来信，报道那些勇于落实政策、平反冤假错案的地方和部门。

胡耀邦和文章作者及《人民日报》的编辑几经研究，确定第二篇文章的题目是《毛主席的干部政策必须认真落实》，认为文章应着重阐明以下内容：许多干部群众热情赞扬第一篇文章的同时，也愤怒揭露"文化大革命"中残酷迫害革命干部的罪行，而有些主管组织工作的同志和某些组织部门，对落实干部政策犹豫不决，患得患失，能拖则拖，能推则推。有些地区和部门的党委没有揭批"四人帮"和彻底摧毁帮派体系，致使这些帮派体系中的一些骨干分子还在暗中活动，欺上压下，压制和破坏干部政策的落实。胡耀邦还说，革命战争年代，干部到了党的组织部门就像回到自己家里一样，感到十分亲切温暖。但是这些年，一些组织部门在"四人帮"及其帮派体系的控制下，干了不少坏事，把党的优良传统和作风完全破坏了。我们要通过深入揭批"四人帮"，使党的优良传统和作风重新发扬光大，把党的组织部门建设成为真正的"党员之家""干部之家"。

杨逢春等人在胡耀邦的指导下，思路明确，很快写出了文章的草稿。胡耀邦不顾当晚停电，点起两支蜡烛，与作者逐字逐句地细心推敲修改，直至夜深。11 月 27 日，《毛主席的干部政策必须认真落实》一文以"本报评论员"的署名在《人民日报》头版头条位置发表；同时在第二版选登了五篇读者来信，这五封信分别冠以这样的标题：《不能无动于衷》《这样说法不对》《肃清"四人帮"的流毒》《首先是要清理组织人事部门》《应当多发表这样的文章》。后来，《人民日报》又以显要位置登载了《宁夏区党委大力落实党的干部政策》等报道，有力地推动了全国落实干部政策工作的开展。

五、以实践标准检验"文革"

胡耀邦在 1977 年 8 月参加了党的十一大后，即布置中央党校党史、党建教研室准备研究"文化大革命"这段历史。他说，研究党史，当前就是着重讨论九、十、十一次路线斗争①的一些问题，应该抓住这个问题，最好能写出一个稿子来。在 1977 年 10 月 9 日中央党校开学典礼上，中共中央副主席叶剑英希望在党校工作的同志和到党校学习的同志，都要用心研究党的历史，特别是着重研究

---

①　当时所谓第九、十、十一次路线斗争，是指"毛主席无产阶级革命路线"同"刘少奇反革命修正主义路线"、林彪"形左实右路线"、"'四人帮'极右路线"的斗争，实际上就是十年"文化大革命"。

"文化大革命"以来的历史，正确总结党的历史经验。^①这是党中央交给中央党校的一项重要任务。也就是说，胡耀邦主持中央党校工作，还要承担领导研究"文革"这一段中共党史的重大任务。此后，中央党校党史教研室即着手制订党史教学的计划，准备在开学后组织学员进行研究。

12月2日，中央党校召开党委会议审议党史教学计划。党史教研室提出的党史教学计划草稿，思考问题未敢越出十一大政治报告和中央文件的框框，仍然是在肯定"文化大革命"的大前提下，只讲林彪、"四人帮"如何破坏"文化大革命"；至于刘少奇的"反革命修正主义路线"，则是"破坏"毛主席无产阶级革命路线达17年之久、又继续破坏文化大革命的大黑线。胡耀邦在讨论过程中先后插话指出："因为是中央文件就是正确的，这是什么理论啊？有些文件受林彪、'四人帮'的干扰，错了就是错了嘛，部分错了就是部分错了，全错了就是全错了。"他明白地说："这十几年的历史，不要根据哪个文件、哪个同志讲话，反面材料光看文件不行，'四人帮'还有许多没有形成文件的东西，还要看实践嘛！"有些问题"当然要跳出框框"来进行研究。一个星期后，按照胡耀邦的布置，形成了一个党史教学的新方案，12月10日再次召开党委会议进行了讨论。胡耀邦讲话说，怎么研究，抱什么态度，这是一个方法论。可是方法不对头，研究党史也要迷失方向的。他进一步指出，评价"文化大革命"要看实际结果，要由实践检验，而不能依靠哪个文件、哪个人的讲话。要完整地准确地运用马列主义、毛泽东思想体系，而不能断章取义，依据只

---

① 参见《叶剑英副主席在中共中央党校开学典礼上的讲话》，《人民日报》1977年10月10日，第3版。

言片语。胡耀邦这番话是同当时盛行的"两个凡是"针锋相对的，对大家起到了振聋发聩的巨大作用，许多人至今回忆起来都说：启迪作用终生难忘。

按照胡耀邦一再强调的意见，《关于研究第九次、第十次、第十一次路线斗争的若干问题（草稿）》于1978年1月18日形成，对"怎样进行研究"明确提出了两条指导原则：（一）"应当以马克思列宁主义、毛泽东思想的完整体系"为指导，去进行研究。"坚决反对像林彪、'四人帮'那样抛弃原著的精神实质，摘取只言片语，实用主义地加以运用，以及不顾时间、地点和条件，将马列和毛主席针对某些具体情况作出的指示，搬用于根本不同的情况等做法。"（二）"路线的正确与否，不是理论问题，而是实践问题，要由实践的结果来证明。我们应当在马克思列宁主义、毛泽东思想的基本原理指导下，以路线斗争的实际结果为标准，也就是以社会实践为标准，来研究第九次、第十次、第十一次路线斗争中的是非。"《若干问题（草稿）》还说："今天，我们已经有条件以实践为检验真理的标准，辨明这几次路线斗争的是非，把扭曲的历史真相恢复过来。这样地研究路线斗争的历史，是当前正在进行的打碎'四人帮'的精神枷锁、实现思想大解放的重要环节之一。"并强调"我们应当用毛主席一向提倡的延安整风精神和科学态度，摆脱有关个人利害得失的种种考虑，敢于触及林彪、'四人帮'设置的种种思想禁区和一切被实践证明为谬误和片面的东西，拨乱反正，正本清源，如实地总结第九次、第十次、第十一次路线斗争中的经验教训（包括个人的经验教训在内）"。1月20日，已经到中央组织部上班但还兼任中央党校副校长的胡耀邦审阅了这个《若干问题（草稿）》，肯定"路子是对头的"。他说，此稿"只是太简略了。应该意气风发的同时又严密周详地加以充实。现在大约是一万四千字，可以扩充到三万字"。

中央党校在胡耀邦指导下，将这个《若干问题（草稿）》数易其稿，扩展到四万字，最后由胡耀邦审定，作为党史教学的"讨论提要"，发给全校八百多学员和几百名教职员，热烈讨论了 10 天。由于坚持"四不主义"（不抓辫子、不打棍子、不戴帽子、不装档案袋子），大家思想活跃，各抒己见。对于研究党史的指导原则，特别是实践标准，大家都十分注意，认为应当如此。许多学员从"实践检验"出发，对"文化大革命"提出了一系列疑问，诸如"对那张'马列主义大字报'如何评价？""怎么把林彪写进了党章？""对九大、十大如何看？""九大、十大、十一大对三次路线斗争的总结是否正确？""我们这么大的党，被林彪、'四人帮'几个人搞到崩溃的边缘，是什么原因？""我们的路线有没有问题？"等等。也有一些学员提出：这个文件讲到刘少奇，为什么没有再写"叛徒、内奸、工贼"？有的甚至质问："谁给你们权力摘掉刘少奇的三顶帽子？"还有的问："这个文件为什么不提以九大、十大、十一大文件为依据？"有的则说："中央不讲话，我们不好讲。"但是他们对许多问题进行了思考。更重要的是，许多学员将《若干问题（草稿）》寄回到本单位去了，把实践检验"文革"的思想"扩散"到了全国各地和各部门，无疑是后来在全国开展的真理标准大讨论的前奏，也是向"文革"、向极"左"思想发起冲击的一次响亮的号角，成为后来彻底否定"文革"的先导。①

来自四面八方的八百多名党的高中级干部，用 10 天的时间以

---

① 　金春明、李振霞：《否定"文革"的先导》，《人民日报》1989 年 4 月 27 日，第 6 版。

实践为标准来检验三次路线斗争是非，以实践为标准来检验毛泽东亲自发动和领导的"文化大革命"，这在 1978 年初，无疑是石破天惊之举。

六、创办《理论动态》

　　1977 年 6 月 4 日，胡耀邦召开了一个小会，把思考了很久的想法提了出来。他说，我们党校要搞一个理论性的、议论性的刊物，针对时弊，短小精悍。他说，我注意的是，三五年把科学态度搞好。这个搞不好，我们党还可能走弯路。这个科学态度就是实事求是，也是我们办刊物的灵魂。两天后，胡耀邦召集了一个具体筹办《理论动态》的会议，谈了他对办刊物的具体构想：内容宁可少一些，一期一题，要及时，给人们头脑里装一个问题，不要装几个问题。我们只搞理论问题，政策问题可牵涉一点，带理论性的政策问题牵涉一点。接着他讲了已经想到的十一个选题和思路，同大家探讨，并要求编辑组经常出题目，经常想，有的请人写，有的自己写。他说：每篇稿子定稿我都要看，搞两个月你们就可以自己搞了。至于发行范围，除中央外，各部委、军兵种、各省的党委和党校以及理论宣传单位都要有一份。他勉励大家说：写批判的东西不容易，要加紧看书，掌握资料。

　　6 月 22 日，他又召集编辑组开会，对大家提出的种种问题，进一步明确如下几点：（一）刊物名称还是叫《理论动态》好，是个内部刊物。（二）发给中央同志，给自己，也给下面省以上的干部，搞理论工作的部门。（三）作用主要是两个，第一，提供一些材料，给这些领导同志掌握理论研究上的基本动向作参考；第二，查明和澄清有关马列主义一些重大理论问题和同这些重大理论问题有关的一些观点、出处、原意、它的发展等情况。但又不是泛泛地搞，要针对当前的争论、弄不清楚的问题，要有针对性，根据当前理论斗争的需要。（四）稿子能自己搞最好，或者主要靠我们自己搞。（五）篇幅尽量控制在2000字左右，两页，特别情况下可以搞三页、四页。领导同志，包括省委书记，长了没时间看。（六）还是要搞成期刊，两三天一期不行就定五天出一期，准备好了再出。

与此同时，胡耀邦在中央党校开展一种理论活动，就是发动大家研究理论问题，定期举办理论座谈会，有准备地座谈讨论一些重大理论问题。7月12日举行了第一次理论座谈会，胡耀邦亲自主持，主题是如何搞好《毛泽东选集》第五卷的辅导。有教员在会上发言，对如何理解继续革命问题提出了一些自己的看法。他说，对"继续革命"要有一个总的理解：继续革命的对象，第一不能将"'文革'的重点是整走资派"这一提法扩大成"继续革命的重要对象是整走资派"，否则"完全有可能被某些野心家利用来不停顿地'打倒一切'"；第二，继续革命的任务应包括生产力方面的革命；第三，"不断革命"并不就是"不断反右"，毛泽东说过：我们要进行两条战线的斗争，既反对"左"，也反对右。对这一发言，胡耀邦觉得有新意，因为在长达10年的"文化大革命"中，把这个所谓"无产阶级专政下继续革命的理论"，看作是"马克思主义发展史上的第三个里程碑"，作为全党的指导思想。说什么"过去只承认阶级斗争，不承认无产阶级专政，不是马克思主义者；现在只承认无产阶级专政，不承认无产阶级专政下继续革命，也不是马克思主义者"。现在探讨怎样才能把它科学地阐述清楚，是具有理论和现实意义的。因此，胡耀邦在会上当即肯定讨论这个问题的重要性。他认为可以将发言整理后，作为《理论动态》第1

期刊出，以便引起争论。第二天发言被整理成文，胡耀邦亲自审阅，做了一些修改后即送印刷厂付印，于 7 月 15 日发出。

《理论动态》第 1 期发表的《"继续革命"问题的探讨》一文，对这个"继续革命"问题，做了不同的阐述，使人耳目一新。邓小平看了这篇文章，表示引起讨论好。许多看了《理论动态》的党内领导干部和党校的教师，都觉得文章提出了一个确实值得人们重新思考的问题。也有的人大吃一惊，说："怎么对这个基本理论还要进行'探讨'？"

《理论动态》就这样在胡耀邦的亲自动手和精心设计下创办起来了。胡耀邦对编辑组成员说，我现在先给你们出了第 1 期，以后就得五天一期出下去，风雨无阻，逢五逢十出刊，不管星期天还是国庆、春节都要按期出。他对大家说，我们要自己创造一个环境，压迫自己。

编辑组成员在胡耀邦直接领导下，从各个方面一个问题一个问题地撰写和组织文章，诸如：针对"两个凡是"，《理论动态》第 3 期《列宁关于正确对待马克思主义原理的一段精辟论述》、第 4 期《如何把学习"毛选"五卷的辅导搞得好一些》、第 16 期《干部理论教育要系统地学习原著》，第 19 期《列宁关于完整地准确地理解和运用马克思主义的论述》等多篇文章，连续论述必须完整地准确地学习和掌握马克思主义和毛泽东思想。

《理论动态》还发表许多文章强调要解放思想，实事求是，如：第 9 期《理论工作必须恢复和发扬实事求是的作风》，第 33 期《无产阶级革命导师反对对自己的不科学评价》等等；还有一些文章，比较早地提出了实践是检验真理的标准，如：第 13 期《群众路线也是我党理论工作的根本路线》，第 26 期《重视群众的历史主动性》，第 31 期《文风与认识路线》等，特别是第 60 期那篇《实践是检验真理的唯一标准》的发表，反应强烈，直接引起了全国性的真理标准大讨论。

《理论动态》还为新时期要以经济建设为中心提供了不少理论文章，如：第6期《按劳分配是否必然产生资产阶级分子问题的探讨》，第18期《关于社会主义企业利润的几个问题》，第24期《现代科学技术概况》，第29期《揭穿"四人帮"对生产力在历史发展中所起决定作用原理的篡改》，第36期《关于我国社会主义货币的若干问题》，第41期《利用价值规律为社会主义计划经济服务》等等。

《理论动态》刊出的这些文章都是紧密联系实际，针对当时全党重大的理论和实际问题，阐述马克思主义的观点，批判林彪、"四人帮"的谬论，同时也勇敢地对多年来盛行的"左"倾错误，甚至是被认为禁区的问题，从马克思主义的原理出发加以分析和批判。这些文章把颠倒了的是非再颠倒过来，把弄偏了的东西纠正过来，把混浊的东西加以澄清。胡耀邦正是这样要求的。

《理论动态》越来越受到人们重视，影响不断扩大。《人民日报》《光明日报》等报纸要求转载其中的某些文章，胡耀邦觉得这可以进一步扩大影响，表示同意；至于文章的署名，他说，报纸发社论、写评论，有些问题大家都可以评论，报纸要依靠大家办，我们也可以参加评论，我们可以当特约评论员嘛。编辑组觉得"特约评论员"这个名称好，《人民日报》也说好。于是，《理论动态》的一些文章，先后署名"本报特约评论员"在《人民日报》《光明日报》《解放军报》发表，很引人注目。人们熟知的引发全国真理标准问题讨论的《实践是检验真理的唯一标准》一文首先就是在《理论动态》上刊出，而后在《光明日报》上以"特约评论员"名义发表的。

胡耀邦非常重视《理论动态》的编辑队伍，注意提高他们的思想水平。在《理论动态》创办两个月时，他曾对大家说，我们要有一个正确的估价，我们没有犯原则上的错误，但有这样那样的缺点。刊物有了一定的影响，要有信心。他重申办刊的方针，强调这个刊物有一定的目的，一定的篇幅，作用、编法有它自己的特点，主要在理论上，又牵涉到一些思想问题，用短小的篇幅发表点看法，发表一点意见。不要在预定的目的、作用、篇幅以外去寻求什么。他还要求大家努力提高质量，指出只要两期质量一般，威信马上会降下来。不要炒冷饭，搞一般化的东西。怎样保证质量？就是要对当前的理论思想问题，以马克思主义的观点加以解释、介绍。他要求编辑要熟悉马克思主义观点，经常翻阅马列著作，又要观察当前思想理论动态，把这两者高度结合起来。10月12日，他在理论动态组的会议上，专门谈了10月7日在《人民日报》发表的《把"四人帮"颠倒了的干部路线是非纠正过来》这篇文章的写作经验，指出文章最大的优点就是敢于接触实际，敢于接触几千万人的问题，用一种彻底唯物主义的精神，以马列主义、毛泽东思想的观点，谈了党的一个重要问题。这给了我们搞马克思主义理论工作的信心。不要怕，形势不同了。他还鼓励大家：文章要短小精悍，是匕首、投枪、手榴弹，要办好，要精雕细刻。12月17日，在他要到中央组织部去上班的两天前，还专门召集理论动态组的成员开了一个会，对大家说，我后天到组织部去上班，你们要满怀信心地提高、前进，我还和大家共命运，继续管《理论动态》。他说，《理论动态》应该继续前进不要后退，应该提高不能降低。大家要做思想战线上的前卫战士，每天用这个要求来激励自己。他还郑重地对大家说，我要易地闹革命了，有一段话要对大家说：许多人总要依附，依附于自己的领导者、熟人、老朋友、老首长、老同事。我不这样。不要把自己轻易地依附什么人，不要轻易地绑在一个什么车上。毛主席有一句话讲得很深刻：跟正确的走，跟科学走。依附于人民，归根到底还是个人民，还是个人心问题。

此后，胡耀邦无论是在中央组织部，还是任中央秘书长兼中央宣传部长，或者任中共中央总书记，都是深情地关心着《理论动态》，多次召集编辑人员来商讨选题和文稿，更多的是在看了《理论动态》后写下各种批语，或赞扬，或批评，或提出选题，或把一些想法告诉编辑组。直到在党的十一届六中全会当选为中共中央主席之后，他仍然密切关注着《理论动态》，于 1981 年 9 月 29 日在中南海勤政殿召集《理论动态》组的编辑开会，提出还是要抓住当前人们关心的一些实际问题加以阐述，加以思想的、理论的阐述，要抓住人们脑子里有怀疑的、没弄清楚的、模糊的、急需要解决的问题，加以条理的、理论性的、有说服力的说明。他要求大家密切地注意实际情况，注意思想动向。他还叮嘱大家，在文风上要注意反对假、大、空、长。写文章的根本方法，要从个别到一般、从具体到抽象、从地上到天上，而不应当从抽象到抽象、从概念到概念、从天上到天上。

胡耀邦高度重视《理论动态》，不止一次地说过："这个刊物，你别看它小，办好以后等于我们办了另一个党校。"①他多次对《理论动态》的编辑说，要明确认识自己的历史责任和理论工作的历史使命。他这样勉励大家，也这样要求自己。他还曾诙谐地说过：将来我死了，创办《理论动态》要写上一笔。

---

① 《中央党校通讯》第 185 期。

1981 年 9 月，胡耀邦同邓小平等观看人民解放军在华北地区举行的军事演习。

胡耀邦在党的十一届六中全会上发表讲话（1981 年）。

七、一个"阵地"　一个"模范"

胡耀邦在中央党校以惊人的毅力和智慧，紧紧依靠群众，积极筹备，艰苦工作，仅用半年时间，便把遭受"文革"破坏的这个"重灾区"重新建设起来，于1977年9月正式招生复校。限于住房条件，第一期只招了学员800名，其中省军级干部150人，地厅级干部350人，宣传理论工作干部300人。

早在到校不久的3月末，胡耀邦同党校干部的两次谈话中指出：我们党校是中国共产党的党校，应当成为学风、文风、党风的模范、表率、典范。我们要明确提出这个任务，不然，这个党校还搞什么？！他进一步指出：我们党校要发扬党的优良传统，一是理论，一是作风。党校的同志对理论要有最大的兴趣、最大的热情、最大的干劲。要把我们党校办成发扬光大党的优良传统的模范。总之，要把中央党校办成宣传和捍卫马列主义、毛泽东思想的坚强阵地，成为恢复和发扬党的革命传统和优良作风的模范。这一个"阵地"、一个"模范"也就是他办党校的宗旨和奋斗目标，一切教学指导思想、教学方针、教学原则、教学内容和教学方法，都是从这个要求出发的。

党校教学的指导思想，胡耀邦主张应当是掌握和运用马克思主义、毛泽东思想的基本原理和立场、观点、方法，去认识和改造客观世界。他提倡要以自学为主，读原著为主，这样才不致受林彪、"四人帮"之流任意歪曲的欺骗。他说，到中央党校来学习的，都是党的高、中级干部，应当要求他们认真读马克思主义经典原著，独立思考，联系实际，融会贯通，达到掌握马克思主义精神实质的目的。能够养成这样的学习习惯，就会终生受益。当然，有的原著比较难读，党校的教员要针对书中的要点、难点，进行一些必要的辅导。

胡耀邦提出，学习马克思主义要有四个方面的内容：哲学、政治经济学、科学社会主义、党的建设。他强调这四门课程是不可分割的，都是党的思想建设课。特别是把科学社会主义作为基本课程，这在党校、在全国都是首创，对于全国党校和高校开展社会主义理论的研究、教学和宣传，确立其应有的地位，起了强有力的推动作用。随即他组织党校各教研室提出这四门课必读的和选读的参考书目，邀请校内外著名专家、学者多次讨论，自己也挤出时间重新阅读其中一些篇章，最后编成《马列著作、毛泽东著作选读》十几册共一百万字作为教材。这些专题《选读》，不仅给学员、教员，还送中央政治局委员。后来叶剑英赞扬说，中央党校做了件好事。① 对于马列原著，胡耀邦根据过去阅读中的一些疑问，提出要请中央编译局的有关同志和中央党校有关教研室的教员一起，重新校对一下译文。这些同志认真细致地查对德文版、俄文版的原著，改正了多处原来译得不够准确或者不够恰当的地方。

为了帮助学员学习现代科学知识，了解当代世界科技发展情况，胡耀邦还邀请著名科学家钱学森等多次来校作报告。

为了给大家创造敢讲真话的条件，胡耀邦还在党校教职员工开展揭批"四人帮"运动之初，就宣布实行"三不"，即不抓辫子、不打棍子、不戴帽子，使大家解除了思想顾虑，畅所欲言，议论纷纷，对分清是非产生了很好的效果。开学后，胡耀邦在教学实际活动中也加以倡导。他说，抓辫子、戴帽子、打棍子，是那些没有本

---

① 沈宝祥：《中央党校的新生》，《党史纵横》2006 年第 4 期。

事的人的方法。学风学风，首先要把学习讨论的风气扭转过来。提疑问，讨论，这个风气好嘛！当时有个姓谢的学员提出："以阶级斗争为纲"不妥，因为我们要搞社会主义四个现代化，就不能像过去那样频繁地搞政治运动。不少学员听了很惊讶，认为这种说法跟多年来中央的提法不一致，有的人还提出要开支部大会批判他。党校领导完全不同意那样做。有些学员担心会不会毕业后写个什么东西装进档案。胡耀邦说，要明白告诉大家：毕业时不做鉴定，不写小材料；自己写个小结，小组评议一下，有不同意见还可以保留。我们不写任何材料。由此，"三不主义"加上"不装袋子"（整理成材料装入干部档案袋）而发展成"四不主义"，对于推动大家形成解放思想、独立思考、民主讨论、探求真理的好学风，起了很好的作用。

胡耀邦很重视学科建设和教师队伍的培养。他在复校之初就提出要设立哲学教研室，政治经济学教研室，科学社会主义教研室，党史、党建教研室，后来又陆续增设了几个教研室。除原有教师外，他请中央通知各省市、各部委推荐适宜任教的人来校。他要求教师不断提高政治素质和理论修养，要解放思想，要有理论勇气，要敢于拨乱反正。他鼓励教员要大胆工作。在经济学开课前的一个晚上，他亲临教研室全体会议给大家鼓劲，说的第一句话就是"送大家上前线！"使大家深受感动和鼓舞。接着他说：万事俱备，只欠胆量。胆量只能从实践中来，越战越勇。针对有些人心有余悸，不敢接触实际问题的状况，他说：不敢接触实际，我们的政治经济学就很贫乏。接触新事物，研究新问题，可能会出现这样那样的问题，出这样那样的偏差，这不要紧，只要没有登报，没有在党校以外随便讨论，就不算犯错误。研究嘛，探讨嘛！① 他还指点他们当前要着重讲清楚的问题，如哲学课一定要针对过去唯心主义盛行，形而上学猖獗，把辩证唯物主义、历史唯物主义讲好；党史、党建课一定要实事求是，去伪存真，以实践是检验真理的唯一标准这个原理来分清是非，总结经验教训。

胡耀邦在先后专任和兼任中央党校副校长的五年多时间内，每期学员开学或结业的典礼，他都亲自参加。他用明白晓畅、深入浅出的语言，阐明党在新时期面临改革开放和四个现代化的历史任务，勉励大家努力学习，踏实工作，以身作则，端正党风。1984年党的十二届三中全会作出了《中共中央关于经济体制改革的决定》后，一些人钻改革空子，以权谋私。在中央党校一个来自全国各省市主管教育的书记的研讨班结业典礼上，胡耀邦特地赶来讲话。他说：现在有两股风，一股是在职的一些领导干部利用他们的权力，一股是已经离退休的老干部利用他们的关系、影响。这两种人由他们自己或他们的子女倒卖钢材、倒卖汽车牟利，必须坚决及时刹住，这是经中央书记处讨论决定的，请你们记录下来回去认真传达，就说不要等中央的文件了。在1985年7月15日的学员毕业典礼上，他讲道："党风关系党的生死存亡的问题，端正党风必须从领导干部做起，上梁不正下梁歪！"来自全国各地的一千六百多个学员报以长时间的雷鸣般的掌声表示赞同。

胡耀邦从1977年3月来到中央党校，同年12月调任中央组织部部长，但他仍然兼任党校的工作。特别是在1977年这九个多月里，他以中央党校为阵地，放眼全党全国，开始了坚决纠正"左"倾错误的实践。

从1979年到1982年，中央党校共办了七期党的高、中级干部

---

① 沈宝祥：《中央党校的新生》，《党史纵横》2006年04期。

轮训班，三期中青年干部培训班，多期理论宣传干部训练班、研讨班、部门班、新疆民族班和西藏民族班，以及与中央机关、国家机关、部队、北京市合作举办的三、四期部分走读班。学员人数共计17838名，相当于"文革"前中央党校学员总数的2.6倍。这些学员是全国各地贯彻十一届三中全会路线、方针、政策的骨干力量，在中国历史的大转折中作出了重要贡献。

胡耀邦不仅大力抓好中央党校的建设，而且十分重视地方各级党校的建设。他亲自主持为中央起草《办好各级党校的决定》稿；1979年底至1980年初，还召开了全国党校工作座谈会，总结中央发布《关于办好党校的决定》两年多来的经验，做好党的干部培训工作，开拓创新，适应新的历史条件的需要。

第十五章　组织路线的拨乱反正

一、组织部要办成"党员、干部之家"

1977 年 12 月 10 日，中共中央对中央组织部的领导成员作出调整，任命胡耀邦为中央组织部部长。

1977 年 9 月 9 日，位于北京西单闹市的中央组织部机关大院里，在球场的墙壁上贴出了老干部的一张大字报，指出时任中央组织部部长在十一大受到了好多代表的批评，但传达时一字不提，是一种不老实的表现。

在沉闷了 10 年之久的中央组织部，这张大字报引起了热烈的反响。机关待分配干部支部、机关干校留守组支部等数十名党员纷纷贴出大字报表示支持。这期间，几十张大字报纷纷贴出，强烈要求这位同志对执行林彪、"四人帮"干部路线的问题作出检查，要求中央组织部尽快把"四人帮"颠倒了的干部路线是非纠正过来。

10 月下旬和 11 月间，华国锋、叶剑英、邓小平、李先念、汪东兴等人几次议及：要解决中央组织部的问题。叶剑英先在会上提出："喊冤上访的人这么多，到哪里去找一个断案如神的包公呢？"邓小平先已知悉一些老同志提名胡耀邦，此时随即说："我推荐一人，胡耀邦，最合适。"叶剑英、李先念等对于在延安时期曾任总政组织部部长、当今在中央党校出色工作的胡耀邦都表示赞同。

于是胡耀邦走马上任了。

"文化大革命"结束后，随着对林彪、"四人帮"的揭发批判，平反冤假错案成为全党的一项重要工作。1977 年 3 月 14 日，尚未复出的邓小平同志与前来看望的胡耀邦谈话，就粉碎"四人帮"后应该抓落实干部政策、平反冤假错案问题交换了意见。邓小平复出后，平反冤假错案的工作开始不断推进。有了邓小平的支持，胡耀邦到任后，立即着手推动平反冤假错案，落实干部政策工作。

12 月 15 日上午，中央组织部大院鞭炮齐鸣、烟花朵朵，中组部广大干部满怀激情欢迎胡耀邦的到来。胡耀邦匆匆进了大楼，随即出席了处以上干部会，对大家的欢迎表示感谢，并说：我今天来只是向大家先报个到。中央党校那边还有一些事需要交代一下，过几天再来正式上班，和大家一道工作。

12 月 19 日，胡耀邦正式到中央组织部工作。他在到任当天的全体人员大会上，发表了一篇讲话。他说，贯彻执行毛主席的干部路线，把林彪、"四人帮"颠倒了的干部路线是非纠正过来，是我们中央组织部的根本任务。现在可以说是积案如山，步履维艰。这山究竟有多高？是喜马拉雅山，唐古拉山，还是泰山？一时难以说得清。仅是人人熟知的"文化大革命"期间的重大案件，诸如天安门事件，"六十一人案"问题，"为刘少奇鸣冤叫屈"和"恶毒攻击伟大领袖""恶毒攻击林副统帅"的"现行反革命"案件等等，究竟有多少受害者，谁也说不清。至于"文化大革命"前的历次政治运动，究竟伤害了多少自己人，也没法说得清。

胡耀邦接着说：对于新中国成立以来以及"文化大革命"中每一个冤假错案的复查和给蒙受冤屈的同志落实政策，自然是党的组织部门责无旁贷的首要任务；而对于新中国成立以前的历史遗留问题，不管是由于当时的历史条件所限或者是战争环境的影响，还是受康生等人的阻挠破坏而没有解决或解决得不彻底的，我们组织部门也要把澄清这些问题当作自己义不容辞的责任。

胡耀邦在阐明了组织部门的责任和任务后说：但是阻力可能是很大的。我们每向前迈一步，其艰难程度就如同攀登喜马拉雅山，所以说"步履维艰"。然而，不管如何艰难，我们也要有"会当凌绝顶"的决心。希望全体同志团结一致，振奋精神，做好我们的工作。他在讲话最后还向大家提出两个具体要求：一是认真做好来访接待工作，二是认真处理群众来信。胡耀邦希望大家共同努力恢复与发扬党的优良传统和作风，把党的组织部门建设成为"党员之家""干部之家"，扫除这些年来"门难进、脸难看、话难听、事难办"的官衙恶习，使每一位来访的党员、干部，不论党龄长短、资历深浅、职务高低，都能感受到一视同仁的亲切温暖，无话不可谈，无事不可求。他还说，今后如有蒙冤挨整的老同志来找我，我都要和他们见面谈话，请任何人不要阻拦。凡是信封上写有"胡耀邦"三个字的来信，都请及时送给我，如没有我的同意，任何人不要主动代劳处理，更不能扣压。

胡耀邦这席话，在中组部的上上下下，引起了热烈的反响，就连传达室值班的人，都感到肩上承担的责任重大。

二、敞开大门，热情接待来访

开完大会，胡耀邦又把靠边站的"老干部支部""待分配干部支部"和"干校留守组支部"的干部请到自己的办公室，亲切地对大家说："现在要做的事情太多了，你们帮我分挑一些重担吧！首先要恢复党的优良传统和作风，把中组部的风气彻底转变过来。我们要打开大门热情接待好每一位来组织部申诉冤屈的老干部，给他们关心和帮助。"[①]胡耀邦当即提名由中组部副部长陈野苹牵头成立一个"老干部接谈组"，专门接待来访的老干部。

12 月 21 日，"老干部接谈组"正式成立，有成员七人，后来工作量大，陆续增加到四十多人。他们多数是待分配的老干部，像章蕴、帅孟奇、蹇先任、孙以瑾等这些第二次国内革命战争时期的领导干部都热情参加了。按照胡耀邦要把中组部恢复成为"党员之家""干部之家"的要求，撤掉了办公楼内的警卫岗哨；传达室是中组部的第一个窗口，对任何人来访，都礼貌相待，笑脸相迎。接谈组在办公大楼的第一层设有两间条件好的办公室，让老干部不必上楼就能反映情况。接待室里有沙发，备有茶叶，让来访的人坐着谈话，能喝上热茶，让他们感觉到像是到了自己的家里。胡耀邦不止一次地对大家说："来找我们的群众和干部，有的经过长途跋涉，有的忍饥受饿，携儿带女来京上访，是相信自己的问题能够得到党的关怀和解决，我们有什么理由不热情接待他们呢！"[②]

---

①　曾志：《胡耀邦主政中组部纪实》，《中华儿女》（国内版）1998 年第 3 期第 13 页。

②　陈野苹、曾志、李步新：《回忆胡耀邦同志在中央组织部的光辉业绩》，《人民日报》1989 年 5 月 20 日。

　　老干部接待组成立不久，美名就在京城传开。许多中央国家机关靠边站了好些年的老干部，一传十、十传百，来到中组部倾诉心声；后来各省市的干部也纷纷来了。一些老党员、老干部、老红军在家属、子女陪同搀扶下，声泪俱下地诉说他们的冤屈；有些中、下级干部和知识分子也闻讯赶来，申诉自己的不幸遭遇。他们无不激动地说：多少年来，我们有话没处说，有冤无处伸，这下总算找到党中央的大门来倾诉了！他们要求重新审查自己的结论，解决工作、治病、住房、家属子女的困难等问题。他们还反映了一些单位和地区的领导班子情况和问题以及正在开展的揭批查运动的情况。胡耀邦密切关注接待组的工作情况，要求对来访者提出的合理要求，尽可能积极帮助解决；有些问题以中组部的名义转交有关部门或省市处理；有些重要案件采取走出去、请进来的办法直接进行调查了解加以解决；对于带有普遍性的问题，集中研究解决，抓住一件解决一批。在1978年的2月至3月间，来访要求谈话的人排起了长队，每天都有几百人。接待组的成员不顾年老体弱，日以继夜地工作，章蕴等几位老干部累得犯了心脏病还不肯休息。胡耀邦提出：对有些年纪大的同志要强制规定每星期有一到两个半天在家休息，以免累垮。工作中的困难请及时提出，不断改进工作方法。

　　胡耀邦只要不开会或外出，总是对来访者有求必应，热情接待，耐心倾听他们的申诉和要求。就连夜晚或假日，他也经常利用吃饭和休息时间接待来访。他对警卫人员打过招呼："对找到家来申诉的上访人员，一律不要阻拦。"他交代秘书先热情接待下来，再尽可能安排。有些上访者凌晨就登门等候，胡耀邦就一边吃早饭一边接待一个又一个上访者。对有时在回家路口遇到了找他的人，他即弃车同行，边走边谈，帮助解决问题。对于大量指名写给他的来信，他配置一位抗战时期即参加革命的干部专职处理，帮助他初阅、摘要，然后他亲自一一批示作复，每天都要批办几十件。他经常用休息时间看群众来信，别人劝他休息，他说："一个中午我还能看十来封信呢！"据统计，他在中组部一年时间里，一共批了四千多件群众来信。[①]他恳切地对大家说："我们组织部的干部要有这样的风范，不管党内党外，也不论职位高低，凡是碰上困难，受了挫折，倒了霉的同志，都应予以关心和帮助。不仅对于遭受委屈、陷于痛苦和危难的同志，要伸出援助之手，就是政治上犯了大错误的也不应厌弃，不避嫌，满腔热情地给予同志式的关心和帮助。而且主动地把温暖送上门，鼓励这些同志振奋精神，吸取教训，继续前进。"[②]

胡耀邦提倡组织部门的干部要学会交朋友。哪里有党员、干部，哪里就是组织部门的第一线，应当经常倾听他们的意见，同他们平等地讨论问题。1978年4月4日，胡耀邦在中组部党委整风扩大会议上的讲话中谈到：中组部的干部没有三分之一的人参加接谈工作是不行的。要同群众多打交道，否则很闭塞。办案的人要亲自找当事人谈话。他还说，谈话也要总结经验，谈话本身就是教育人和接受教育的过程，既要解决问题，又要提高思想。按照胡耀邦的意见，接谈组迅速增加了人员，不光是老干部，还抽调了各局、处的干部，按地区和部门分设五个小组，大大提高了接谈工作效率。这年8月，中组部的机构设置按照中央批准的方案加以调整，接谈组的工作任务分别由顾问室、办公厅信访处和各局、室承担：顾问室

---

① 陈野苹、曾志、李步新：《回忆胡耀邦同志在中央组织部的光辉业绩》，《人民日报》1989年5月20日。

② 何载：《冤假错案是这样平反的》，中共中央党校出版社1999年版，第111页。

代表部领导负责重要的来访接谈，办理部长批交的重要信件；司局级以上干部来访，按来访者反映的内容性质，分别由各局、室接谈；司局级以下干部的来访，由办公厅信访处接谈；来信统一由办公厅接收，然后分交有关局、室处理。中组部的来信、来访工作，进入了一个全部动手，分工负责的新阶段。

在胡耀邦的重视和领导下，信访工作充分体现了"党员之家""干部之家"的新气象。后来他在一个材料上批道："组织部要成为党员、干部之家。当然当好这个家是很不容易的。为了为千千万万的人民服务，要千辛万苦，要横下一条心，该坚持的一定要坚持，该挺身而出说话的一定要挺身而出，该表扬的一定要表扬，该批评的一定要批评。至于个人成败利钝，一概不在话下。"他要求组织部门的干部要提高政策水平，保持一身正气，公道正派地对待党员和干部：一要有个坚持实事求是思想路线的自觉性；二要有一种公道待人的好风气；三要有一股刚直不阿的正气，坚持党性，刚直不阿，冲破阻力，有错必纠。他勉励大家："要理直气壮、光明正大地讲党性，讲公道话，有根有据，充分说理，旗帜鲜明，态度诚恳。既不能开口训人，也不能含含糊糊。"[1] 他勉励大家说，组织部要把风气搞好。这是不可战胜的。全国组织部门的干部超过十万人。大家都坚持真理，所向披靡，不怕一切，那么我们的风气就能搞好，我们的工作就能搞好。

胡耀邦一贯喜欢在大食堂同大家融洽地打成一片，与大家一道排队买饭、吃饭，以便能与大家聊聊天。机关里无论哪一个人有什么困难或想不通的问题要找他，他总是热情接待，细心倾听，

---

① 陈野苹、曾志、李步新：《回忆胡耀邦同志在中央组织部的光辉业绩》，《人民日报》1989 年 5 月 20 日。

鼓励畅所欲言，并循循善诱地耐心帮助。对于在"文革"中犯过一些错误的干部，他一方面热情帮助他们正视和检查错误，鼓励他们放下包袱好好工作；另一方面希望大家（包括一些老干部）历史地看问题，不要揪住不放。对于长期没有分配工作的干部，他说服并督促有关部门加快落实政策，"加一把椅子先［让他］上班嘛！"正是在他细致的工作之下，有些干部之间长期存在的疙瘩逐渐得到化解，民主团结的风气日益增强，大家的工作积极性也十分高涨。

三、要恢复干部的工作权利

胡耀邦到中央组织部来上班没几天，一封署名原对外文委205名干部的来信，放到了他的办公桌上："'四人帮'剥夺了我们的工作权利，我们强烈要求恢复工作。"胡耀邦了解到，仅仅中央国家机关，就还有六千多干部等待分配工作，他们是在日日盼、夜夜望啊！原对外文委这205名干部来信，只是其中的一件罢了。胡耀邦看完信后当即批示："中组部干部组立即派人前去了解待分配干部情况并看望同志们。国务院政工组也派人，成立一个工作组，由组织部牵头。"他认为，让这六千多人迅速走上工作岗位，这是落实毛主席干部政策的当务之急。

1977年12月28日，工作组迅速组成，来到外交部政治部（对外文委已于1968年被撤销，由外交部代管）。外交部政治部随即派人和工作组一道，来到对外文委留守处了解情况，并一一登门看望了原对外文委副主任夏衍、楚图南、陈忠经、曹瑛、张致祥五位部级领导干部，转达了胡耀邦的问候。这些领导干部都是我们党在文化、外交战线作出过重大贡献的、在国内外享有声誉的人，被诬蔑、造谣、栽赃、陷害了整整 10 年。他们握住工作组干部的手热泪盈眶地说："信发出去没几天，耀邦同志就派人来看望我们，太没有想到了！"其他干部也先后闻悉来了工作组，都说有了盼头。随后，工作组在留守处的协助和安排下，先后召开了 8 个座谈会，了解大家的要求。许多人说，对外文委已经撤销整整 10 年了，我们成天没有事干，让人民白白养活我们，心中实在有愧。有个干部的一首诗生动地表达了大家的心情："一年两年十余年，只耗草料不耕田，等闲白了少年头，原来'四害'是祸源。一月二月三四月，除了'四害'心欢悦，东风浩荡春光好，只争朝夕情切切。"

工作组还听取了大家对分配工作的意见和要求。许多人说，分配工作要考虑到原来的专业和特长。对外文委原来的业务已经分到外交部、文化部和对外友协等部门了，应该人随业务走。还有的干部对于"文化大革命"初期因为"夺权"问题、"五一六"问题等被做了"严重政治错误"的结论，要求重新审查，不然新单位也难以接受自己。有的人还要求工作组负责到底，不要只是了解了解情况就走了。对于大家的意见，工作组细心听取，并表示一定向胡耀邦汇报。

经过五天的初步调查了解，工作组于 1978 年 1 月 3 日写出《情况简报》。胡耀邦阅后批示："一、这个材料很值得一看；二、请这个工作组顺从大家的意愿一抓到底，限定时间做完该单位的全部分配和妥善处理工作；三、立即考虑其他单位也推行这个'领导上第一线，一抓到底，干净全部解决问题'的办法。"

根据胡耀邦的意见，工作组到对外文委留守处了解 205 名干部的详细状况，并多方征求意见，反复座谈讨论，提出了分配干部的三条意见：一、"人随业务走"，"归口再消化"，约一百人左右由外交部、文化部分别接受；二、正被外单位借调借用的五十多人，办理正式调动手续；三、夫妻的一方在北京其他单位的，争取去那个单位安排工作。为了做好待分配干部的政治思想工作，工作组提出要加强留守处的力量。胡耀邦即派中组部副部长曾志去外交部政治部商量，并和留守处核心小组研究，决定成立临时领导小组，吸收对外文委原副主任张致祥任副组长，具体分管专案复查工作。张致祥"靠边站"了十多年，对于待分配干部的处境有切身感受，为人也公正，表示要用自己的实际行动做好最后的收摊子工作，因而受到大家的欢迎。不久，中联部部长耿飚找胡耀邦说，要张致祥去中联部工作，中央将任命张为副部长。对外文委的干部闻讯，即给中组部领导写了一封挽留的信，还在张的办公室门口贴上了对联："诺言宜守三月为期恳请坚持到善终 / 众望所孚重任在身可能之下请留步 / 请勿先行。"胡耀邦请曾志与张商量。张说先去中联部报个到，这一段时间半天在中联部、半天到文委参加专案遗留问题的复查工作。胡耀邦说这个办法可以，并征得了耿飚的同意。

205 名干部的工作分配，并不顺畅，有些接收单位对干部过分挑剔，以种种借口表示拒绝。胡耀邦亲自给这些单位的领导打电话商量，还请曾志去找他们当面商谈。在胡耀邦的直接领导下，经过多方面的努力，205 名干部终于在 6 月中旬全部分配或妥善安置完毕。

四、一个"干部师"走上四化前线

为了全面解决中央国家机关六千多名待分配干部的工作问题，胡耀邦一直牵挂在心头，从各方面加以推动。1978 年 1 月 7 日，也就是胡耀邦到中组部来上班才十几天，他就主持召开了一个有国家计委、一机部、农林部等部委的政治部门负责人和"五七干校"待分配干部代表参加的座谈会，研究解决仍然留在"五七干校"的干部的分配安置办法。待分配的干部说，8 年打败了日本鬼子，我们离开机关到干校都已有 9 年了，自己不分配工作受歧视，连家属、孩子也抬不起头来。会上大家分析了迟迟分配不了这些干部工作的原因：有的是搞派性，有的是被看成包袱，有的是"文革"中被诬陷，审查结论挺吓人，也有的人对分配的工作岗位不合意。有的部委汇报了工作情况。胡耀邦充分肯定国家计委的做法，希望各部门参照计委的办法，由主要领导同志出面，亲自召集一些待分配干部开座谈会，听取大家的意见，做些调查研究，制定解决这一问题的具体方案。1 月 11 日，胡耀邦把这次座谈会的主要内容，作为中央组织部［1978］组通字 2 号通知发给中央直属各单位和国务院各部委局。这个文件立即引起许多部委的重视，不到半个月，铁道部、轻工部、建委等九个部委召开了待分配干部座谈会，四个部委的党组作了研究，三个部委准备召开座谈会。但也有一些部委按兵不动，还在等待观望。

看来，中央和国家机关六千多干部的分配、安排，远不是发个文件就能解决的问题。为了有力地推动这项工作，胡耀邦决定在中央组织部成立一个"干部分配办公室"，提名由曾志牵头，抽调吕枫（时任中组部经济干部局副局长）等人参加。这个办公室于 1 月 18 日成立，下设综合组、分配组、政策组，除中组部 7 人外，还从中央国家机关借调 18 人来从事这项工作。

干部分配办公室成立后，即分赴各部委了解情况，发现有相当一部分单位需要继续推动，因而向胡耀邦建议召开一个规模大些的会议，请各部委主管干部工作的副部长和具体负责干部分配工作的政治部主任、干部处处长参加，让胡在会上给大家讲讲。胡耀邦同意召开这样一个会议，但他说不要我一个人唱"独角戏"。"中央国家机关落实干部政策的工作要靠大家去讲、去做。实际上中央国家机关有些老同志已经在那里开展工作了。前几天国家建委的韩光同志到我家，谈了六七个部级干部的情况以及分配的打算，他谈的想法我是赞成的。韩光同志还是第一个找我谈落实干部政策问题的。我们干部分配办公室的工作就是去推动、去督促检查干部分配工作。推动有两个办法，一是我们直接去推，二是用做得比较好的工作经验去推，这两个办法都要用。"①

1 月 28 日，经过充分准备的中央国家机关干部分配工作经验交流会上，铁道部党组副书记、副部长刘建章和轻工业部党组副书记、副部长韩培信向与会者三百多人介绍了他们落实干部政策，抓紧分配、妥善安置待分配干部的情况和做法。接着胡耀邦讲话，对分配、安置中央国家机关六千多名待分配干部的工作进度和做法提出了要求。他指出，那么多同志没有分配工作，我们心里不安，各部委的同志也会不安。这些同志都是我们党的宝贵财富啊！他要求各部委尽快做好这件工作，加快步伐，争取今年上半年基本完成。他们的工作安排，原则上是请各部委自己解决；个别难以解决的，可以提出来和中组部共同商量解决。有些部门要增加干部，首先从待分配干部中解决。有的部门如果编制有矛盾，也应该优先考虑给干部一个工作出路。他特别讲到，我们要用正确的态度去看一个干部，要打破人要完人、金要足赤的旧观念。十全十美的人是不存在的。有些人在"文革"中犯过一些错误，但他们经过多年教育，多数同志在进步。应该这么看，才符合实际。他强调领导同志要亲自

---

① 曾志：《胡耀邦主政中组部纪实》,《中华儿女》（国内版）1998 年第 3 期第 21 页。

出马，听取多方面的意见；特别是要听一听待分配干部的意见，实事求是地解决问题。

这次经验交流会，有力地推动了中央国家机关各部委开展落实干部政策、分配安置干部工作。各部委都把这项工作列入党组议事日程，分析情况，研究和制定分配方案。许多部委的主要领导干部学习铁道部、轻工部的做法[①]，亲自出面召开待分配干部座谈会，征求意见，听取批评和建议。有些部委开创了多条渠道分配和安排他们的工作，并做好年老体弱干部的安置工作。中组部干部分配办公室先后走访了 35 个部委，及时向胡耀邦汇报进展情况和有关问题，并且开了几次座谈会，请冶金部、外贸部、体委、新华社等部委介绍经验和办法，加以推动。当时，各部委反映直接影响干部分配的是"文革"中遗留的许多问题，对很多干部所作的"结论"引起了争论，负责进行复查的人也顾虑重重，表现得"一怕"（怕犯右的错误）、"二等"（等中央下达政策）、"三慢"（行动迟缓，犹豫不前）。胡耀邦在 1 月 28 日的讲话中倡导上下结合办理疑难案件后，30 多个部委就陆续报来了案件材料。中组部于 3 月 3 日、3 月 22 日、4 月 22 日三次举行疑难案例座谈会，在曾志、吕枫的主持下，胡耀邦同大家一道，分别讨论解决了 22 个部委局提出的 74 个疑难案件，其他部委的许多疑难案件也都迎刃而解。参加复查的人员解放了思想，提高了认识，分清了是非。这使得久久拖延不决的案件复查工作大大加快，大家都很满意，干部分配工作便也顺利进行起来。

经过五个多月的工作，至 1978 年 6 月底，中央国家机关 53

---

① 1978 年 2 月 5 日，中央组织部将刘建章、韩培信在经验交流会上的发言记录整理成文，以函件的形式印发给中央国家机关各单位，并在函中说："希望将你们落实干部政策的情况和经验，随时告诉我们。"

个单位共分配安置干部 5344 人，占原有待分配安置 6241 人的 86.5%，其中副部长级以上干部 87 人，司局级干部 325 人。尚待分配、安置的 897 人，各部委继续抓紧进行。7 月 6 日，胡耀邦对干部分配办公室的全体成员说："你们的工作做得很好，分配了五千三百多人，等于动员了一个干部师上前线。"① 事实上，这一个"干部师"，为中央国家机关各部委充实了一大批革命热情高昂、富有工作经验、在四化建设前线冲锋陷阵的宝贵干部。他们的迅速分配和安置，对于拨乱反正和安定团结的意义自不待言；对于推动全国落实干部政策，也起了示范作用，使几十万干部重新走上工作岗位，为顺利实现全党工作重心的转移提供了重要的组织准备。

富有政治思想工作领导经验的胡耀邦十分明白，要全面落实党的干部政策，重要一环是端正组织部门广大干部的思想认识，解除他们的种种疑虑，指导他们学好理论和党的方针政策。这就需要有一个舆论阵地和宣传工具。他刚到中组部不久，即申请办一个内部刊物，半年之后的 1978 年 5 月获得批准。

《组工通讯》于 6 月 1 日正式出版。胡耀邦亲自为这个刊物选题、定题、组稿、审稿，力求文章观点要鲜明，文辞要简洁。第一期《抓紧落实干部政策》一文，阐述了落实干部政策的重要性和紧迫性，提出了当前落实干部政策的任务，并说：由于"四人帮"的破坏，以致积案如山，使成千上万的革命同志多年蒙冤难白，并且株连了他们的家属子女，这就使落实政策所涉及的不只是几百万人，而是上千万人。对他们的问题如果不解决，党心不安，民心不安。文章希望从事平反冤假错案的干部要设身处地地为遭受打击迫害的同志

---

① 曾志：《胡耀邦主政中组部纪实》，《中华儿女》（国内版）1998 年第 3 期第 18 页。

着想，为党和人民的利益着想，深刻理解在一个干部身上落实政策，调动起来的将是一大批人的积极性；在一大批人身上落实政策，调动起来的将是成千上万人的积极性。这篇经胡耀邦精心审阅修改定稿的文章，受到各级党委和组织部门的很大重视。

第十六章　平反冤假错案

一、以"两个不管"抵制"两个凡是"

复查和平反党的历史上一批重大的冤假错案，是"文化大革命"结束后拨乱反正的一项重要内容。陈云在 1978 年 11 月的中央工作会议上，率先提出必须坚持"有错必纠"的方针。他在参加东北组讨论时指出："对有些遗留的问题，影响大或涉及面很广的问题，是需要由中央考虑和作出决定的。"① 邓小平在闭幕会上讲话，谈到平反冤假错案时指出："这是解放思想的需要，也是安定团结的需要。目的正是为了向前看，正是为了顺利实现全党工作重心的转变"，"我们的原则是'有错必纠'。凡是过去搞错了的东西，统统应该改正。有的问题不能够一下子解决，要放到会后去解决。但是要尽快实事求是地解决，干脆利落地解决，不要拖泥带水。对过去

---

① 《陈云传》（下），中央文献出版社 2005 年版，第 1520 页。

遗留的问题，应当解决好"。① 之后，全党解决历史遗留问题的工作步伐大大加快。

十年"文化大革命"制造了许许多多冤假错案；过去历次政治运动中的"左"倾错误也遗留下了很多历史案件，真是"积案如山"啊！胡耀邦深刻认识到，平反冤假错案，绝不是可有可无、可做可不做的问题，而是关系到我们党是不是实事求是、是不是是非分明、是不是真正坚持原则的问题。在党内和干部队伍中，是非功过一定要分明，这样我们的党才是不可战胜的，我们的事业才是毁灭不了的。他自己对冤假错案的祸害就有过多次亲身感受：20 世纪 30 年代初他在中央苏区曾被怀疑为"AB 团"分子；延安"抢救运动"中妻子李昭被无端怀疑为"特务"；60 年代在西北局遭到批判；"文化大革命"中被加罪为"三反分子"和刮右倾翻案风炮制"大毒草"的主要负责人。他对干部和群众在"文化大革命"期间以及以前历次运动中蒙受冤屈的事实更是了解很多。对党对人民对干部对战友深厚的无产阶级感情和政治上高瞻远瞩的观察思考，使他深深感到，进入历史新时期，一定要把上百万干部和群众的冤假错案加以复查、平反。不然怎能做到党心民心大顺，怎能积聚人才，怎能实现安定团结，怎能同心同德搞四化？

根据之前在中央党校着手平反冤假错案工作的实践，担任中央组织部部长的胡耀邦认为，要贯彻实事求是、有错必纠的原则，首要的问题是要破除人们头脑中的许多条条框框，统一办案人员、组织部门以至全党同志的思想认识；尤其是对于组织部门那些按照

---

① 邓小平：《解放思想，实事求是，团结一致向前看》（1978 年 12 月 13 日），《邓小平文选》第二卷，人民出版社 1994 年版，第 147 页。

胡耀邦在家中会客。

"上级领导"和什么文件的指示、规定，经过上级批准的案件要进行复查以至纠正，更加需要解放思想，坚持一切从实际出发、从事实出发。为此，他认为除了在《人民日报》等报刊上继续发表文章形成舆论 ① 外，还要召开全国各省市自治区和中央国家机关各部委的党委组织部长会议，统一思想认识，明确方针原则，作出全面部署。

中央组织部在 1978 年的 2 月 22 日至 4 月 24 日的两个月间，先后召开了六次"疑难案例座谈会"。除有 22 个部委参加了中央国家机关的三次疑难案例座谈会外，全国 28 个省市自治区的 92 名党委组织部长和专案负责人分别参加了 2 月 22 日、3 月 28 日、4 月 24 日三次疑难案例座谈会。在陈野苹主持的这三次座谈会上，胡耀邦同大家一起先后对 118 个疑难案件逐一弄清其事实真相，具体分析问题的性质。如中央机关有个干部，在"文化大革命"中写的交代材料有许多涉及毛主席的问题，专案组认为他诬蔑伟大领袖，给他戴上"现行反革命"的帽子。但是他是在受审逼供造成精神失常的情况下写的，该怎么办？胡耀邦同与会人员一起分析，进一步查证此人出身贫苦，从小参加革命，没有反毛主席的阶级基础和思想基础，所写材料是严刑逼供、诱供而致精神不正常时编造出来的，一致认为这种交代材料不足为凭，这个案件纯属冤假错案。这种案例分析，使得大家在实事求是地分析解决疑难案件的基础上，提高了政策思想水平。

在这些疑难案例座谈会上，胡耀邦不仅对于如何解决各类疑难

---

① 《人民日报》继 1977 年 10 月 7 日、11 月 27 日发表了两篇专论外，又于 1978 年 1 月 10 日发表了评论员文章《切实整顿组织部门，落实党的干部政策》、1 月 19 日社论《切实清理干部积案，落实党的干部政策》等，均是在胡耀邦指导下写成的。

案件发表了明确具体的意见，而且就平反冤假错案的指导思想和方针政策作了阐述。他在 3 月 22 日中央国家机关 14 个部委研究疑难案件的座谈会上说，审干复查，对犯错误同志的处理，分配干部的工作，对死去同志的善后工作，基本方针都是四个大字：实事求是；方法是群众路线。审干复查最大的根据，不是某个人说了什么，也不是某年某月的文件规定了什么，而是事实，是实事求是。对于"文化大革命"前的历史老案，如反右、"三反"、"五反"的遗留问题，如果真是冤案、错案也要复查。对于"文化大革命"初期自杀的那些人，除个别极少数反党分子、坏分子外，结论一律不写自杀，免得子女背包袱。在"文化大革命"中查抄一些同志的财物，审查期内扣发的工资，需要认真清查退还。有些审干材料中，有许多不实之词，需要认真清理。在 3 月 28 日北京、吉林等 11 省市的疑难案件座谈会上，胡耀邦在讲话中提出了落实党的干部政策这件事有没有办好，要有个标准。接着他说应该有四条：第一条，没有结论的应该尽快做出结论；结论不正确的，要实事求是地改正过来。第二条，没有分配工作的，要适当分配，或者加以适当安排，年老体弱的要适当安置。第三条，死去了的，包括自杀的，也要做出实事求是的结论，把善后工作处理好。第四条，他们的家属子女应当解决的问题要得到适当的解决。① 在谈到处理叛变自首的政策界限问题时，胡耀邦说，情况很复杂，千差万别，不要规定条条框框，还是采取研究疑难典型案例的办法，如一次解决不了下次再来研究。确实是叛徒的，回头革命几十年来为党做过一些工作，现在是否还叫

---

① 这四条标准，后来在《组工通讯》第一期（1978 年 6 月 1 日出版）的文章中，作为检验一个地方一个单位落实干部政策的五项基本任务（第一条分为两项）提出，大大提高了各级党委的责任心；在 1979 年 9 月中组部《关于善始善终搞好落实干部政策工作的意见》中又作为验收一个地方一个单位是否善始善终的标准。

敌我矛盾？我看这于情于理都说不通。杜聿明过来几十年了，现在是政协常委、爱国人士，还能说他是敌我矛盾吗？叛徒不能重新入党是正确的。如果回头革命几十年，表现好的或基本好的，还应该按干部待遇。这些如今看来是合情合理的话，在当时起到了振聋发聩的作用。

中央组织部原副部长帅孟奇，是大革命时期的老党员，在白区地下斗争中曾于1932年10月被国民党反动当局逮捕，在狱中受尽酷刑，始终坚贞不屈。1937年5月经党中央营救出狱。"文革"中江青诬陷她是叛徒。粉碎"四人帮"后，专案组仍然把她定为叛徒。在1978年6月9日的会上还说这个案不能翻。胡耀邦细致研究了帅孟奇的历史档案和有关材料，在一次会上明确地说：帅孟奇不是叛徒，而是一位老革命家。

面对数量极大的平反冤假错案工作，胡耀邦在上海、山东等10个省市疑难案件座谈会上讲话说，平反冤假错案，落实干部政策，必须全党来抓，从中央到省、地、县，四级党委一齐抓。我们这种讨论解决疑难案件座谈会的方法可以层层推广。务必要搞些典型案件，实事求是，作出结论。

胡耀邦紧紧抓住平反冤假错案这个问题不过几个月工夫，就打开了局面。然而，在那个年头，从中央到各地各部门各单位的许多人，对于"文革"中形成的各种冤假错案，对于"文革"以前各项政治运动中确定的案件，都列入禁区而不敢越雷池一步。针对这种情况，8月初，叶剑英向胡耀邦提出：党的历史上的功过是非要"坚决不动摇地弄清楚，不论是什么时期，不论什么人，来一个彻底的唯物主义"。胡耀邦立即在中央组织部传达了叶剑英的意见。9月20日，在全国信访工作会议上胡耀邦再次指出："经过对实际情况的调查核实，分析研究，对于不实之词、不正确的结论和处理，不管是什么时候、什么情况下搞的，不管是哪一级组织、什么人定的、批的，都要实事求是地改正过来。"①尽管他三令五申，许多人仍然将信将疑，顾虑很多。他们还想等中央红头文件。

面对重重阻力，胡耀邦认为，首先要使实事求是的原则、实践是检验真理的唯一标准的观点、"两个不管"的方针为广大干部所理解和掌握。胡耀邦应邀出席全国信访工作会议时，有些同志劝他不要去，更不要去讲话，"人家正要找你的碴儿，你还送上门去？"胡耀邦不以为然，他说："这正是广泛动员平反冤假错案的最好时刻，是踏破铁鞋也难觅得的讲坛，我们决不能放过。"②对于这样的会议，通常他只写个三言两语的提纲即席讲话，但是这次他把中组部的两个干部请到家里来一同讨论，自己坐着小板凳伏在茶几上一字一句地起草讲话稿，字斟句酌地和大家讨论修改，精心推敲，力求严密准确，直到夜晚11时定稿。9月25日，胡耀邦在会上又着重讲了落实干部政策平反冤假错案的问题。他强调落实干部政策的根据不是别的，而是事实，也就是干部过去的实践。判断对一个干部定性和处理是否正确，根本的依据还是事实。他用明白、准确的语言再一次讲了"两个不管"的原则。总之，对待一切案件，都要尊重客观事实，这才是彻底的唯物主义。他殷切希望从事信访工作的同志要实事求是、合情合理地解决群众切身的问题。③

胡耀邦在全国信访工作会议上的讲话，大多数与会者深表赞同，

---

① 中共中央党史研究室：《中国共产党历史》第二卷（1949—1978）下卷，中共党史出版社2011年版，第1030页。

② 何载：《冤假错案是这样平反的》，中共中央党校出版社1999年版，第24页。

③ 胡耀邦：《落实干部政策，关键在于实事求是》（1978年9月25日），《胡耀邦文选》，人民出版社2015年版，第95—101页。

有许多与会者当晚就把"两个不管"用长途电话传了回去，在各地引起了重视。在中央组织部不久下发的一个文件中，把"两个不管"准确地写了进去。"两个不管"在实际工作中冲破"两个凡是"，成为平反冤假错案的基本方针，使得上百万个被认为"铁定"了的案件，能够按照客观事实，实事求是地重新复查甄别。胡耀邦坚定地提出并实践"两个不管"，还说对于冤假错案，组织部的同志要挺身而出，一齐上阵，讲公道话，讲老实话，讲正派话，把党风搞正，把错案彻底纠正过来。他嘱咐《组工通讯》写一篇《评价干部要公道》的评论，强调对于冤假错案，不论是谁，不论是哪一级组织作的评价和定论，只要不符合实际，都要重新评价，恢复历史本来面目，并且需要有坚持真理、修正错误的勇气。他意味深长地说："任何事情，每个人，都要经得起历史的检验，可不要盲从啊！千万不要随波逐流，看风使舵，放弃原则。在台上办事，千万不要盲从，随声附和，丧失原则，看风使舵，投机取巧。不管是谁，我认为应该赞成的就坚决赞成，不能同意的就先好好想想，两种办法：第一提意见，第二不作声。不表态，总可以吧。如果放弃原则，随波逐流，总有一天要犯错误。"在那个年头说的这些话，鲜明地表达出他的原则立场。

胡耀邦要求《组工通讯》的文章要对实际工作具有指导性，要紧密结合实际，抓住落实干部政策、平反冤假错案中的思想障碍和政策性问题，实事求是，分清是非，刚正不阿，公道正派。当时，湖南吉首军区政治部给中央组织部来信反映：永顺县武装部一个干部，在"文化大革命"初期因为说了毛泽东思想也可以一分为二，便被定为犯有严重政治立场错误，取消了预备党员资格。胡耀邦看了后认为这是一个相当普遍又是有理论性的问题，即要求《组工通讯》以《一个需要澄清和正确处理的问题》为题撰文。这篇文章经胡耀邦亲自修改补充后明确指出：马克思列宁主义、毛泽东思想是经过革命实践检验证明了的真理，但并没有结束真理，而是在实践中不断开辟认识真理的道路。在这个意义上讲，马列主义、毛泽东思想也是可以一分为二的，它作为客观真理，既具有绝对性，又具有相对性。因此，对讲过"毛泽东思想可以一分为二"的人，要实事求是地具体情况作具体分析，不能笼统地轻率地都定为"严重政治立场错误"，定错了的应予以平反。这篇刊登在《组工通讯》第2期（6月8日）的文章（后来有些报刊予以转载），使得一大批敢于坚持真理而蒙受冤屈的干部得到了平反。

胡耀邦从天津的人民来信中发现，"文化大革命"期间被指控为"恶毒攻击"毛泽东、林彪、党、社会主义的案件很多，无不受到十分严厉的"打击"。他即派人专门调查此类案件的真实情况，发现绝大多数原本是正确的意见和认识；有些说法不够准确，而被无限上纲为"恶毒攻击"；还有的纯是捕风捉影、无中生有；有的则是林彪、"四人帮"的陷害。胡耀邦批示：经过查明，确属林彪、"四人帮"及其帮派制造的，应予平反。他让《组工通讯》发表了《认真清理被指控为"恶攻"的案件》（8月10日第11期），并在文中分析了5种案情，指出"必须一一甄别，抓紧改正"。这使得成千上万蒙冤受屈甚至被"严厉打击"成反革命的人得到平反昭雪，重见天日。

《组工通讯》中的其他文章，如《"四清"中的错误也应纠正》（8月17日第12期）、《评价干部要公道》（12月12日第31期）、《审查结论必须同本人见面》（12月28日第32期）、《"右派"错案的改正工作一定要抓紧》（1979年1月4日第33期）等文，也都是根据胡耀邦在内部会议上的讲话加以整理而成的。《组工通讯》在平反冤假错案中，及时有力地发挥了重要的指导作用。

二、突破"六十一人叛徒集团"案

中央组织部的工作得到邓小平、陈云等人的有力支持。邓小平在恢复工作后，多次在一些要求平反和落实政策的申诉信上作出批示，要求组织部门在干部问题上要体现毛泽东一贯强调的党的政策。1978年1月和4月，陈云两次致信中央政治局常委会，建议对陶铸、王鹤寿等一些党的高级干部的历史问题再审查一次，并对一些尚未结束审查的老同志解除监护，接回北京。

由胡耀邦主持平反的第一个冤案，是西藏自治区党委原副书记、西藏军区原副政委王其梅。王其梅曾任第二野战军十八军五十三师政委，进军西藏先遣支队司令员兼政治委员。"文革"中，王其梅遭残酷摧残和折磨，于1967年8月15日含冤离世。

1977年，王其梅夫人王先梅写申诉信给李井泉并转邓小平。12月25日，邓小平在信上批示："请东兴同志批交组织部处理。王其梅从抗日战争起做了不少好事。他的历史问题不应影响其子女家属。建议组织部拿这件事做个样子，体现毛主席多次指示过的党的政策。"[1] 拿到王先梅的信和邓小平的批示，胡耀邦亲自派了两位局长到王先梅家里了解情况。1977年12月31日，胡耀邦在中组部部务会议上说，应该把王其梅这个问题加以解决，当作审视"三六"大案的突破口。"三六"大案，即指"六十一人叛徒集团"案。

所谓"六十一人案"，其实是一个早有定论的案件。20世纪

---

① 《邓小平年谱（1975—1997）》（上），中央文献出版社2004年版，第249页。

30 年代初，国民党反动统治当局先后逮捕了中国共产党在华北地区从事地下工作的许多重要干部，把他们关押在北平草岚子胡同的"北平军人反省院"监狱。他们当中有薄一波、刘澜涛、安子文、杨献珍、赵林、李楚离、廖鲁言、徐子荣、胡锡奎、刘锡五、王其梅等。这些人在狱中成立了党的组织，和敌人进行针锋相对的斗争。当时敌人规定：只要在"反共启事"上按个手印，即可释放出狱。但是他们坚决拒绝。1935 年末，中共中央派刘少奇到天津主持北方局工作。北方局领导考虑到日本帝国主义侵略华北日亟，民族危机日益深重，为了迎接抗日高潮，急需大量领导干部，乃接受北方局组织部长柯庆施的建议，让在狱的同志履行手续出狱。事关重大，刘少奇代表北方局请示延安的党中央。中共中央总书记张闻天在征得毛泽东等人的同意后批准了这一重大决策。狱中支部听到北方局代表传达的这一决定后，开始时认为不妥，拒绝执行；后来担任地下交通的孔祥祯在北方局组织部长柯庆施和徐冰的派遣下再次说明了这一重要决定的来由和意义。薄一波等人得知是党中央的决定，经过全体党员激烈而严肃的讨论，最后才办了手续出狱。这 61 人出狱后，即投身抗日救亡运动，以后在抗日战争和第三次国内革命战争中大都表现得英勇积极，建立功勋，其中有 19 人光荣牺牲；新中国成立后，35 人先后分别担任国务院副总理，中央国家机关部长、副部长，省委正副书记、省长及司局长等职；有些人在党的七大、八大被选为中央委员、候补中央委员。"文化大革命"开始后不久，这些人即被林彪、"四人帮"、康生诬蔑为"自首叛变"的"叛徒""变节分子"，还说是"刘少奇招降纳叛的一个叛徒集团"，先后被批斗、监禁、扣押或赶出北京。当时中央专案组还设立"三六"专案组①进行专案审查。

这个冤案虽然被康生等人一口咬定是"永远翻不了"的"铁案""钢案"，但是被诬为"叛徒"的这些人据实申诉。粉碎"四人帮"后，向狱中传达党中央和华北局决定的当事人孔祥祯于1977年11月11日在医院的病床上向党中央写信汇报了当时的实情：当年华北局提出、经过中央批准、由柯庆施布置徐冰和孔祥祯受命两次给狱中传达中央决定，这些人才得以出狱。并说：张闻天、柯庆施、徐冰都已去世，亲身经历其事者只我一人。这是事关几十个干部政治生命的大事，若不及早报告中央，一旦个人命尽，真会使我死不瞑目，遗憾九泉。

此前，薄一波闻悉胡耀邦主政中组部后，写信要求见胡耀邦。此时的胡耀邦工作千头万绪，就派秘书代他专程看望薄一波，并听他的申诉。胡耀邦阅看了秘书的书面汇报后，批示要立即组织人力复查这个"六十一人案"。他调集干审局贾素萍、倪书林、周曦旭、张汉夫四人专门进行"六十一人案"的复查工作。他对大家说：他们（中央专案组）不给材料，我们找当事人调查！我们必须下功夫对能够提供原始材料的地方和人都走访一遍，看看这些事情的来龙去脉究竟是怎么回事。这样才能还历史事实之本来面貌，才能分清哪些是当事人自己要承担的责任，哪些责任应是领导方面承担的。这样才能真正地是非分明，对党对同志高度负责。他叮嘱四位干部：此案关系重大，为了减少阻力，不宜声张，必须审慎、细致，踏踏实实地进行调查研究，珍惜每一份资料。请大家鼓足干劲，抓紧时间，争分夺秒，争取3个月复查完毕，写出复查报告，在中央召开三中全会时拿出来。他说，如果我们

---

① 因为办理出狱手续时是在1936年，故名为"三六"专案组。

不把落实干部政策工作抓得紧紧的、搞得好好的，我们的党和国家就不会扬眉吐气。而落实干部政策、平反冤假错案的突破口，就是对薄一波、刘澜涛、安子文、杨献珍这些同志特大错案的平反昭雪。现在很多同志都知道我们这里是"党员之家"了，既然是"党员之家"，我们就要形成这么一股风气：多登门可罗雀的寒门，少跑车水马龙的大户。一句话，多走冷门，少走热门。他并请贾素萍等专门去看望薄一波。

与此同时，胡耀邦在向中央领导人汇报工作时，反映"六十一人案"的许多当事人及其家属纷纷申诉要求复查此案的强烈愿望，提出中央组织部准备复查此案。1978年6月25日邓小平在一份申诉材料上批示："这个问题总得处理才行。这也是一个实事求是的问题。"陈云在此前表示："他们出反省院是党组织和中央决定的，不是叛徒。""这个问题我是了解的，我要向中央报告，要管这个事情。"7月14日华国锋对胡耀邦说："'六十一人'的问题要解决，由中央组织部进行复查，你先给中央写个报告。"叶剑英也表示支持，指出应当复查清楚。

贾素萍等接受任务后，先向申诉的当事人调查访问，倾听他们的意见。接着，他们在北京又先后找到与"六十一人案"有关的周仲英、马辉之、刘有光、朱则民进行调查，还专门访问了孔祥祯。孔祥祯说，因为给监狱送信这件事，我被监禁了8年，又下放了2年。这当中，红卫兵、专案组来了多少人调查，都要逼着我在诬蔑捏造的材料上签字，我不干，他们就整我，把我的腿也弄残了，幸亏叶帅批准我回京，进了北京医院治疗。如今你们要复查，也是了却我的一个心愿啊！孔祥祯详详细细地追述了42年前亲自经历的往事。胡耀邦听取了调查访问的汇报，阅看了他们写的材料，并批示将有些材料报"送中央常委阅"。他批示调查访问要继续扩大，并要注意进行研究，弄清每一个细节。8月初，贾素萍等4人出发去安徽，先到安庆访问了刘澜涛。此后，他们又到天津、山东、吉林、陕西，一一访问了当事人及其家属。还有4个人查阅敌伪档案，搜集人证物证，有的累得犯了心脏病也坚持不懈。他们同心协力，一同调查访问，一同研究分析，一同整理材料，集思广益，得出了一致的看法。10月，胡耀邦听取了他们的汇报，指出根据这些充分的复查材料，可以起草报告提纲啦！此后，胡耀邦多次与他们一同研究如何写好调查报告。尽管他忙于出席中央工作会议，但仍然审阅修改调查报告的草稿。

11月20日，中央组织部向党中央正式报送了《关于"六十一人叛徒集团"案件的调查报告》。调查报告列举了大量确凿的事实材料，明确地说："我们认为，'文化大革命'中提出的所谓薄一波等'六十一人叛徒集团'是不存在的，是一个错案，遵照伟大领袖毛主席关于'有反必肃，有错必纠'的一贯教导，我们对这一重大案件的结论和处理意见是：一、薄一波等同志在敌人反省院对敌斗争中表现是好的。出狱时他们在敌人拟好的'反共启事'上按手印，并发表在当时平津的报纸上，是执行党组织的指示。当时北方局的决定并不只是刘少奇个人的意见，参与决定这个问题的还有柯庆施等当时北方局的领导同志，1936年张闻天同志是当时党中央总书记，对他们的批复，应看作是代表中央的。许多同志证明，毛主席曾向他们表示过，中央知道他们出狱的经过，这一点应该认为是可信的。

"二、对那些根据党组织指示，在敌人拟好的'反共启事'上按手印并登报后出狱，在'文化大革命'中被错误处理的同志，应恢复其党籍，恢复其原工资级别，酌情安排适当工作。因这一问题而使其家属、亲友受到株连和错误处理的，也应改正过来。已经去世的，应做好善后工作。

"三、在这批党员中，有人被捕后有自首变节行为，或有其他政治错误，对这种人，应根据其问题的性质情节轻重，另作处理。

"四、对薄一波、刘澜涛、安子文、杨献珍等同志工作中的错误，包括严重错误，应当实事求是地另作结论。"

12 月 16 日，也就是十一届三中全会召开的前夕，中共中央以［1978］第 75 号文件，正式向全党转发了中央组织部的这个报告，宣布"六十一人"的问题全部解决。后来，中央组织部从中央专案组交出的档案中又发现四份文电，进一步证实了"六十一人案"是一件重大错案，向中央写了《关于复查"六十一人案件"的补充报告》，经中央批准于 1980 年 4 月 21 日印发。

"六十一人案"是在邓小平、陈云、叶剑英等人的推动下，由胡耀邦精心组织和领导中央组织部复查平反的一个大案，是党的实事求是原则的胜利。如同"文革"之初康生等人制造此案震惊全国一样，12 年后的平反昭雪也在全国产生了重大的影响。这一重大案件的复查平反，鼓舞了伸张正义的人和广大干部群众对平反冤假错案的信心和决心，是清理"文革"积案的一个切入口，大大推动了全国平反冤假错案工作向广度和深度迅速发展；也使薄一波、刘澜涛、安子文、杨献珍等一大批久经考验的重要干部重新回到了领导岗位。人们赞佩胡耀邦的高度原则性和无畏的革命精神；还有的人称颂胡耀邦大公无私的高尚品格。胡耀邦认为，这是老一辈革命家支持下由党中央作出的决策，这只是他应尽的职责。至于个人，则是按实事求是、错了就改的方针做了。要对得起党，对得起人民。

三、撤销"中央专案组"

中央专案组是在"文化大革命"开始不久成立的一个特殊机构。它完全脱离党和人民的监督，置党纪国法于不顾，全凭林彪、"四人帮"和康生、谢富治等少数人的非法决定，任意对党和国家领导人以及高级干部进行立案审查。它不经过国家司法行政机关依法批准，任意采用"监管""监护"或逮捕等手段，把审查立案的人投入监狱。而且它采取单线领导的方式，只对个别领导人负责，使得篡党夺权的野心家可以肆意陷害好人。粉碎"四人帮"后，中央专案组的存在，使得胡耀邦和中央组织部落实干部政策和平反昭雪的工作遇到很大困难。在胡耀邦的一再要求下，中央于1978年5月作出决定：把中央专案领导小组下属的第一办公室、第三办公室和"五一六"专案联合小组办公室的案件全部移交给中央组织部。但是6月9日胡耀邦和陈野苹、公安部部长赵苍璧去向中央专案组要档案材料时，却遇到了麻烦。中央专案组回复说：这两个办公室的案子，都是经过毛主席批定的，现在应继续贯彻毛主席的指示，也要贯彻华主席的指示。"六十一人"的案子是经过毛主席和党中央批准才定案的，不能随便翻过来；还有彭德怀、陶铸等人的问题，也不能随意翻过来。所以关于这些案子，还是原来的那句话：结论材料可以交给组织部，而文书档案不能交。另外，关于一、三办的所有其他案子，属于人民内部矛盾的，也可以交给组织部，属于敌我矛盾的，都不能交。

后来在11月中央工作会议上，陈云提出："专案组所管的属于党内部分的问题，应移交给中央组织部，由中央组织部复查。""像现在这样，既有中央组织部又有专案组，这种不正常的状况，应该结束。"许多人对于专案组拒不交出全部材料更是表示愤慨。在接着举行的十一届三中全会上，中央委员们一致认为，"过去那种脱离党和群众的监督，设立专案机构审查干部的方式，弊病很大，必须永远废止"。①

出席三中全会的胡耀邦，决定利用会议的间隙，乘势落实解决这个悬了半年之久的问题。经过协商，中央专案组和中央组织部的干部于 12 月 19 日讨论交接工作。胡耀邦偕同陈野苹、赵苍璧等人，中央专案组三个专案办的负责人都参加了会议。会上宣布中央决定：中央专案审查小组第一办公室、第三办公室、"五一六"专案联合小组办公室自即日起全部撤销。所有专案工作，一律交由中央组织部办理。在移交过程中，不准销毁任何材料。会后各专案办公室即停止办案。已送交中央档案馆的专案材料，全部调出，统一交给中央组织部。

从中南海回来，胡耀邦即与陈野苹研究做好移交工作的各项部署。20 日上午，陈野苹在中央组织部的主要干部会议上，传达了19 日会议的决定和中央组织部做好接收工作的安排：从部内有关局抽调和部外借调一批干部组成三个组：一组是案件组，负责清理三个专案办的案件；二组是材料组，负责清理保管和借阅材料；三组是文书组，负责文书档案处理工作。经过两个月的紧张工作，中央组织部把中央专案组的专案材料，全部接收了过来。胡耀邦指出，现在中央组织部承担了全部专案复查工作，这个任务光荣又艰巨啊！我们要坚持实事求是的原则，以对党对人民高度负责的态度，

---

① 《中国共产党第十一届中央委员会第三次全体会议公报》（1978 年 12 月 22 日通过），《三中全会以来重要文献选编》（上），人民出版社 1982 年版，第 1—14 页。

抓紧做好这件工作；特别是对那些仍在外地被监督劳动的领导干部的案件，更要及早复查清楚做出结论。他说，可以先接在外地的回北京来治病嘛，有些人可以先分配工作，后做复查结论嘛！他还提出，要采取全党办案的原则，走群众路线，把案件交给干部所在单位进行复查，提出意见，然后送中央组织部审理，再报请中央审批，这样可以大大加快复查工作的进度。

四、研究"右派"改正问题

在冤假错案中，涉及全国五十多万人的"右派"问题，是胡耀邦下大力参与平反的一个大案件。

1957 年春，中共中央决定开展一场以正确解决人民内部矛盾为主题，反对官僚主义、宗派主义、主观主义为主要内容的整风运动。开展整风运动，发动群众向党提出批评建议，是发扬社会主义民主的正常步骤。在整风过程中，极少数资产阶级右派分子乘机鼓吹所谓"大鸣大放"，向党和新生的社会主义制度放肆地发动进攻，妄图取代共产党的领导，对这种进攻进行坚决的反击是正确的和必要的。但是，反右派斗争被严重地扩大化了，把一批知识分子、爱国人士和党内干部错划为"右派分子"，造成了不幸的后果。

任中央组织部部长不久，胡耀邦便将全国几十万右派分子的复查平反问题，作为一项重要工作来筹划。他先了解基本情况，查问全国共有多少"右派"，并考虑如何入手。他决定请副部长杨士杰挂帅，组织几个干部，专门负责处理这项重要工作，并多次与杨士杰等人进行研究、讨论。

这时，中共中央和国务院以及中央组织部、中央统战部、公安部等部门，接到右派分子及其亲属的大量申诉、上访和来信，要求复查平反；还有很多人则要求摘掉"右派"帽子。因为从 1959 年到 1964 年先后分五批为三十余万人摘掉了右派分子的帽子，但还有二十多万人，由于"文化大革命"的破坏和干扰而未能摘去，还有些人又被重新定为"右派分子"，受到了更加残酷的批斗。胡耀邦对杨士杰说：应当把他们的要求综合上报给中央。他在向华国锋、叶剑英、邓小平等人汇报与讨论工作时，曾几次说到"右派"问题。

1978 年 4 月 5 日，中共中央批转了中央统战部、公安部《关于全部摘掉右派分子帽子的请示报告》，即〔1978〕第 11 号文件。由于这个文件完全确定反右派是正确的，现在只是要把右派分子帽子摘去，并且重申"尊重 1962 年的规定，对于右派分子一般不搞甄别平反，只是对于其中确实完全搞错了的，才作为个别问题，予以实事求是地改正"，结果要求复查平反的申诉、上访比以前更多了。

胡耀邦认为贯彻实事求是、有错必纠的方针，要甄别改正的右派分子不是个别问题，而应当是错了就改正、错多少改多少。1978 年 4 月 7 日，胡耀邦在一封反映在反右运动中被开除党籍问题来信上批示：反右派中个别完全错了的案子要大胆处理，完全错了和二十年表现好的，我意应恢复党籍（不要甄别平反这个名称）。可考虑从此案着手办。① 与此同时，党内党外要求为右派甄别平反的呼声很高。当年担任中央统战部部长的李维汉，认为全部摘帽还不能解决问题，给胡耀邦写信主张对错划的右派分子要复查平反。胡耀邦经过反复考虑，并与杨士杰等人研究，坚定地说：我们说

---

① 胡耀邦：《关于平反冤假错案的批语》（1978 年 4 月—1979 年 12 月），《胡耀邦文选》，人民出版社 2015 年版，第 83 页。

"有错必纠"，"必纠"者是一定要纠正之谓也。为什么划错了的右派不能纠正呢？他决定让中央组织部政策研究室起草一个报告，以中央组织部的名义报送中央，提出要实事求是地为右派分子甄别改正。这个报告还附送了1957年《关于划分右派分子的标准》，请中央重新定断。但是这个报告没有及时得到批复。胡耀邦隔三差五地让杨士杰打电话询问。终于，中央决定5个有关部门开个会，研究"右派"改正问题。

1978年6月，按照中央和国务院的指示，中央统战部和公安部牵头，中央组织部、中央宣传部、民政部参加，在山东烟台举行专门会议，讨论如何妥善处理反右派运动的遗留问题。胡耀邦请杨士杰和中组部干部陈文炜代表中央组织部去出席这个会议，行前对他们说：右派问题不只是一个摘帽问题，而是成千上万个被错划的人的复查平反问题。应当坚持实事求是，有错必纠的原则。不过反右派斗争是毛主席发动的，如今到处还是"凡是毛主席作出的决策都要坚决维护"，会上可能会有不同意见，你们要有精神准备啊！

烟台会议上对于全部摘去右派分子帽子，并且决定从此不再叫他们"右派"或"摘帽右派"，在妥善安置时不再歧视这些方面是一致的；但对于是不是搞甄别平反，引起了激烈的争论。许多人在讨论中引毛主席的话，引中央文件，都认为不能搞甄别平反，只能对极个别确实完全搞错了的，才可以作为个别人的问题予以改正。在闭幕总结会上，杨士杰特别就"右派甄别平反"的问题发言说：反右运动已经过去二十年了，今天我们对待"右派"的问题一定要实事求是，不能说只有"个别确实完全搞错了的"才可以作为个别问题改正，而应当坚持实事求是的原则，错多少改多少。他特地引用了胡耀邦在中组部说的一句话："在今天这样的形势下，再不能通过我们的手去制造冤假错案了！"同时也不能因为我们工作上的疏漏，使历史上的冤假错案得不到理所应当的解决。事实上，当年被打成右派分子的人，许多都是学有所成、有所建树的知识分子。他们的知识不但是我们党的财富，更是全社会的财富。对他们改正和摘帽后的安置，不能单纯地只就生活问题就地安置，而应当通过妥善安置，调动他们的积极性，发扬他们被压抑已久的聪明才智，为国家的四个现代化作出新的贡献。但是，杨士杰的这个发言，在会上没有被大多数人接受。

杨士杰和陈文炜回到北京后，向胡耀邦汇报了会议的情况，胡赞扬杨士杰的发言好。这时，陈文炜以会议参加者的身份起草了一份材料，向中央反映烟台会议的真实情况，还说了"保留意见"，杨士杰看后也表示同意，当即签了名送往中央统战部。有关领导看了这份材料后一再询问：这是杨士杰的个人观点，还是中组部的意见？陈文炜将这个材料的底稿送给胡耀邦，胡看后表示完全赞成！

五、拉开改正"右派"的帷幕

1978 年 5 月，被错划为"右派"的原中央广播事业局副局长温济泽，向中央组织部提出申诉书，要求复查平反。申诉书后还附了廖承志（时任国务院侨办主任）、胡乔木、吴冷西、熊复（三人均任毛泽东主席著作编辑出版委员会办公室副主任）的证明材料。胡耀邦接到申诉书的当天上午即仔细阅看，认为当年温济泽只因没有完成打出百分之五的"右派"任务，就说他是"右倾温情主义""抗拒运动"，是完全没有道理的；至于他不同意在对外广播中播放对"毒草"的批判，被认为"公然同情和包庇右派分子"，更是错误的。胡耀邦接着看了廖承志等人写的几份证明材料，都说温济泽是个久经考验的老干部：他 1929 年在淮阴中学就因参加革命活动以"共产党的嫌疑犯"被捕，释放后即加入共青团，1931 年任上海复旦大学附中团支部书记、"全国民联筹备处"青年部长。1932 年 7 月又被捕，后在狱中入党，刻苦自学不懈。1937 年获释后即到延安，在陕北公学讲授社会科学概论、哲学、政治经济学，并参加毛泽东主持的编纂《马恩列斯思想方法论》工作。他编著、撰写了很多书，如《马克思生平》《人和自然的斗争》等等。他对党忠贞不贰，工作兢兢业业，为人谦虚谨慎，在新闻界、学术界和中青年中都很有声望。当年划他为"右派"时，胡乔木等都感到震惊。

胡耀邦当即请中组部的干部找出过去中央关于处理"右派"问题的文件，看看怎样为这样的冤假错案平反。后来有干部说 1962 年 8 月中央有个文件，规定对"右派"分子不应当一般地提出甄别平反问题，所以不能叫"平反"，只能叫"改正"。胡耀邦说："改正就改正吧！"他立即让干审局唐佩荣征求广播事业局党组的意见，唐告诉他们："温济泽已向中组部申诉，胡部长研究了他的申诉和证明材料，同意给他改正，现在征求你们的意见，希望今天下午能答复。"广播事业局党组立即答复："同意耀邦同志的意见。"胡耀邦当天就批示："给温济泽同志改正。"

这个为"右派"改正的消息迅速传开，随后胡耀邦又这样说道："右派"改正问题，我已经开了个头，这位被改正的同志叫温济泽。他的名字很好记，三个字旁都有三点水。经过了解，他的问题是冤案，我就批了。要改正，你们可以照这样办。所以尽管烟台会议对是否甄别平反"右派"问题争论不休，会后也有不同意见，但是胡耀邦已经拉开了改正"右派"的帷幕。这个消息不胫而走，传到四面八方。"右派分子"及其亲属纷纷来到中央组织部、中央统战部、公安部、民政部、国务院信访办等机构，要求甄别平反。

鉴于中组部对烟台会议有不同意见，中央决定烟台会议的五个部再次开会，胡耀邦仍然请杨士杰代表中央组织部去出席。胡耀邦坚定地认为，把划错了的"右派"全部改正过来，这是执政党对党员和人民民主权利的基本态度问题，是勇于纠正自身错误、明辨是非的大是大非问题，因为它关系到五十多万人及其亲属们的政治生命和人格尊严，这是天大的大事，是绝对不能回避或打折扣的。他对杨士杰说，我们的意见还是：凡不应划为"右派"而被错划了的，应当实事求是地予以改正；经过批准予以改正的人应当恢复政治名誉，由改正单位分配适当工作，恢复原来的工资待遇，原是共产党员、共青团员的，应当恢复党籍团籍。杨士杰十分同意，表示一定在会上表明这些意见。

这个会于 1978 年 9 月在北京民族饭店举行，主题是讨论全部摘掉"右派"分子的帽子的实施方案，实际上焦点在"右派"的改正问题上。尽管这时在全国已经开始了"实践是检验真理的唯一标准"的讨论，但是不少人仍然未能解放思想，对于是否能给许许多多"右派"改正，还是一大禁区。他们说，过去的是非已经过去了，没有必要再一一清账了，今天只要统统摘掉帽子，都当作自己人看待，就够可以的了。有一位副部长在会上不无担忧地说：如果把几十万"右派"都改了过来，全党不就忙得乱了套了吗？还有人在会下说：不管怎么着，每个地方每个部门总得留下一些"样板"，不能都改了啊。一时众说纷纭。

按照胡耀邦在会前的嘱咐，杨士杰在会上发言说：我们党的历史上，也曾经为一些冤假错案平过反，纠过正，都是分清了是非，增强了团结，促进了革命事业的发展，还从未听说过"乱了套"的。现在我们按照实事求是的原则，把当年错划了的"右派"改正过来，错了多少就改正多少，只会提高党的威望。至于是不是"留样板"，这要看有没有人确实符合当年《关于划分"右派"分子的标准》所规定的条件，总不能把好同志硬作为"样板"留下吧？那样岂不是又通过我们的手去制造冤假错案吗？经过充分讨论，会议五人领导小组成员中央统战部部长乌兰夫、公安部部长赵苍璧、中宣部部长张平化、民政部部长程子华最后都同意杨士杰代表中央组织部的意见。杨士杰随即电话告诉中组部："问题解决了！"胡耀邦闻悉后也高兴地说："这就好，这就好！"

9 月北京会议后，中央组织部等五部门都同意修改 6 月起草的《贯彻中央关于全部摘掉右派分子帽子决定的实施方案》。这个修改后的方案不仅对摘了"右派"帽子的人在安置、使用等方面作出了进一步的规定，要求在"提职、提级、调资、奖励、授予职务等问题上与其他职工一样对待"，而且特别写有一段"关于改正问题"。文件明确规定："凡不应划'右派'而被错划了的，应实事求是地予以改正"；"经批准予以改正的人，恢复政治名誉，由改正单位分配适当的工作，恢复原来的工资待遇"；"生活有困难的，给予必要的补助"；"原是共产党员，没有发现新的重大问题的人，应予以恢复党籍。原是共青团员的，应予撤销开除团籍处分"等等。

这个文件在修改过程中，胡耀邦告诉杨士杰，在原则问题上要坚持，要按照实事求是的原则改正一切错划了的"右派"；同时在一些具体问题上也要善于妥协，诸如可以不叫甄别平反而叫改正；同意改正后不再补发这些年扣发的工资，以减轻当前国家财政的困难，但有生活困难的应当补助；以解决问题为重，一般不登报。

9 月 17 日，中共中央以［1978］第 55 号文件，向全党转发了
这个《实施方案》，同时中央在批示中指出，"对于过去错划了的
人，要做好改正工作。有反必肃，有错必纠，这是我党的一贯方针。
已经发现划错了的，尽管事隔多年，也应予以改正"。不久人们不
仅欣喜地获悉："全国全部摘掉'右派'分子帽子"（新华社电讯），
而且多次看到"公安部错划'右派'全部改正""中央党校、最高
人民法院等单位错划'右派'被全部改正"等消息。但是也有些地
方和单位觉得"太突然了"，还在犹豫观望。《人民日报》为此发表
了一篇题为《共产党人应有的品质与气魄》的评论，指出："中央
党校、公安部和最高人民法院等单位的改正工作所以进展较快，是
由于他们对这项工作有正确认识，有较强的党性和政策观点，对那
些委屈二十多年的同志有深厚的无产阶级感情。但有些地区的有些
部门，面对这项重要工作，犹犹豫豫，摇摇晃晃，至今不敢切实抓
起来。这样的精神状态同当前的大好形势是不相适应的。要办的事
情很多，一定要珍惜每一个人力，每一分时间，尽可能在较短的时
间内，把这项工作做好。"

六、"错了的都要改正"

为了推动全国性的大规模改正右派的工作按第 55 号文件规定
全面展开，胡耀邦认为中央五个部门要有专门班子做好这项重要工
作。他的这个意见得到其他四部门赞同，随于 10 月 17 日设立了审
查改正右派分子办公室，由杨士杰负责。11 月 18 日，胡耀邦在一
次讲话中，针对有些干部怕改正"右派"的工作"改了这个，那个
又来了，怎么办？"的忧虑，明确地说：有多少就改多少。我们党
的方针是"有反必肃，有错必纠"，必纠者一定要纠正之谓也，是

错多少纠正多少之谓也！① 推动各地各单位为错划了的"右派"完全彻底地改正过来。在他看来，把那么好的同志划为"右派"，使他们蒙了冤、受了难，很是对不起他们。在一次青年团的全国性会议上，他向当年被错划为"右派"的《中国青年报》副总编辑陈模当众三鞠躬道歉。他还说，我要向团中央机关所属单位所有挨整的同志道歉！

12 月 6 日至 8 日，中央组织部分两批召开了中央和国家机关 51 个单位改正错划"右派"的经验交流会，公安部、人民日报社、中央党校、最高人民法院的干部介绍的经验对其他单位是个有力推动。

要把成千上万的"右派"改正过来，触动了一些人的"左"倾观念和僵化头脑。由于各种原因和阻力，对改正工作总是缩手缩脚，犹犹豫豫，老在琢磨"扩大"了没有，"扩大"了多少，而不是坚持从事实出发，按照"标准"来检验是否划错了。有些地方和单位向中央组织部提出：都要改正，是不是太多了？胡耀邦告诉办公室的干部答复他们："是错的就要改正，不管有多少！"还有的单位来请示："有些人是毛主席点了名的。"胡耀邦说，毛主席说错了的也得改正，不然怎么叫实事求是。

改正"右派"的工作在党中央的高度关注下，在胡耀邦和中央组织部等部门的推动下，在各级党委和有关部门的努力下，进展顺利。1979 年 2 月，中央组织部和中央统战部召开了全国"右派"复查改正工作经验交流会，明确提出"1957 年反右派斗争犯了扩大化错误"，强调"改正错划的'右派'，就是改正我们在反右派斗争中的错误"，"无论哪一级组织或哪一个人批准定案的，凡是

---

① 胡耀邦在老干部工作座谈会上的讲话（1978 年 11 月 18 日）。

错了的都要改正"。① 这个经验交流会，有力地推动了全国各地对错划"右派"的改正平反工作。后来针对工作中出现的新情况新问题，中共中央又就错划"右派"改正后的安置等善后工作的政策问题发出通知，要求各地各部门解决好为失去公职的人重新恢复和安排工作、安置生活以及重新调整原来安排不当的工作等遗留问题。

改正"右派"的工作得到了邓小平等的支持。1980 年 1 月 16 日，邓小平在中央召集的干部会议上讲话指出：反右派斗争，"问题出在哪里呢？问题是随着运动的发展，扩大化了，打击面宽了，打击的分量也太重。大批的人确实处理得不适当，太重，他们多年受了委屈，不能为人民发挥他们的聪明才智，这不但是他们个人的损失，也是整个国家的损失。所以，给右派分子全部摘掉帽子，改正对其中大多数人的处理，并给他们分配适当的工作，就是一件很必要的、重大的政治措施。"②

但是，一些当年轰动一时的大案，包括那些含有错误言论的党外爱国人士案如何复查，仍有阻力。1980 年，已经是中共中央总书记的胡耀邦，责成中央统战部调查研究，提出解决方案。6 月，中央在批转中央统战部《关于爱国人士中的"右派"复查问题的请示报告》中说，为了消除反右派斗争扩大化造成的严重后果，对"右派"进行复查和改正是完全必要的。并且指出，许多人是出于善意提出批评意见；一部分人在涉及党的领导及社会主义制度等问题上发表了一些错误言论，但也不是在根本立场上反党反社会主义；还有一些人确有反党反社会主义的言行，但在后来确有转变，都要给他们改正过来。这个文件进一步推动了复查

---

① 《宋任穷回忆录》（续集），解放军出版社 1996 年版，第 93 页。

② 邓小平:《目前的形势和任务》（1980 年 1 月 16 日），《邓小平文选》第二卷，人民出版社 1994 年版，第 243—244 页。

改正工作。

还有个别疑难大案，很费了一番周折。例如当年被说成"要杀共产党""要共产党下台"的"极右分子"葛佩琦，虽然中央组织部在 1978 年 12 月 27 日听取了他的申诉和要求，将他的申诉批给原单位中国人民大学复查，但是中国人民大学于 1979 年 11 月 12 日作出的"复查结论"却是"不属于错划，不予改正"。1980 年 4 月 2 日傍晚，葛佩琦来到胡耀邦的家，递上了申诉。虽然这时候的胡耀邦已经担任中共中央总书记，但是他一如既往，仍然亲自阅处申诉上访和群众来信。他当夜看了葛佩琦的申诉信，即批请中央组织部副部长陈野苹："指定专人，督促有关单位对葛佩琦同志落实政策。"第二天葛佩琦就拿到了胡耀邦签署的信，去中央组织部找陈野苹。当年为葛佩琦定罪是说他煽动要"杀共产党"，而事实上他的发言是被断章取义地歪曲了。[①] 他不仅被划为"极右分子"，还于当年被捕，连同所谓历史问题（实际是被党派遣到国民党高级军事机关做情报工作），被判处"无期徒刑"，直到 1975 年 12 月获特赦释放，因而案情十分复杂。在中央组织部的推动下，经过有关单位再调查取证，终于在 1980 年 12 月 10 日由北京市高级人民法院作出结论，在《刑事再审判决书》中宣告葛佩琦无罪；1982 年 1 月 10 日中国人民大学党委重新作出《复查结论》"予以改正"。葛佩琦原是一个 1938 年 7 月入党的老党员，他的党籍直到 1983 年 5 月 23 日才得到恢复。由此可见，一个冤案的复查改正是何等艰难！

[①]　1957 年 5 月，葛佩琦在中国人民大学召开的座谈会上的发言，据《北京日报》5 月 26 日报道是："今天的党群关系比起 1949 年差了十万八千里。群众为什么对我们（党和政府）起恶感呢？因为我们做的事没有他们想象的那样好。老百姓的生活没有提高，提高的只是共产党。……现在共产党工作做得好没话说，做不好，群众就可能打倒共产党，杀共产党的头，可能推翻他。"

经过各地各部门共同努力，到 1980 年，全国共有 54 万多名错划右派得到改正，使这个遗留了 20 多年的问题终于得到解决。[①] 胡耀邦积极推动和领导改正"右派"这项工作，全党上下一致赞扬抓得好，把这么多"右派"改正了完全必要；这不仅使大批优秀人才[②] 获得了彻底解放，返回了四化建设的工作岗位，其中有些人还担任了党和国家的高级领导职务；而且大大恢复和增强了党的威望，巩固和发展了安定团结的政治局面。

七、刘少奇等案的平反

在冤假错案中，刘少奇案件无疑影响最大，受到举世瞩目。

刘少奇早在 1943 年就担任中央书记处书记和中央革命军事委员会副主席，成为毛泽东信赖的得力助手。新中国成立后，刘少奇历任全国人民代表大会常务委员会委员长和国家副主席、主席，中共中央副主席。1968 年 10 月，党的八届十二中全会错误地通过所谓《关于叛徒、内奸、工贼刘少奇罪行的审查报告》，决定把刘少奇永远开除出党，撤销其党内外一切职务，成为中国共产党历史上最大的冤案。1969 年 11 月，刘少奇在开封含冤去世。

随着平反工作的层层展开，刘少奇一案也提上了日程。

党的十一届三中全会刚刚闭幕，1978 年 12 月 24 日，邓小平收到了一封要求为刘少奇平反的人民来信，他立即批示："政治局

---

① 中共中央党史研究室：《中国共产党历史》第二卷（1949—1978）下册，中共党史出版社 2011 年版，第 1030 页。

② 据工业和文教部门统计，被错划为"右派"的人中，高中级知识分子、技术人员、专家占百分之六十以上，有的单位达百分之八十。

各同志阅，中组部研究。"① 这样把考虑刘少奇案件的问题正式提上了议事日程。中央工作会议和三中全会结束后，胡耀邦在 12 月 28 日到中央党校向第二期学员传达三中全会精神时说："有同志讲，刘少奇那个'叛徒、内奸、工贼'算数不算数？这我还讲不清楚，因为我没有看材料，我估计不可靠，大体上不可靠。"② 他很严肃谨慎，同时又巧妙地把要为刘少奇复查平反的信息透露给了来自全国各地的中高级干部。

1979 年 2 月 5 日，国家地质总局局长、前交通部长孙大光致信胡耀邦并中共中央，建议重新审议刘少奇一案。胡耀邦同姚依林商议后，转报华国锋、叶剑英、邓小平、李先念、陈云、汪东兴批阅。2 月 23 日，陈云在孙大光来信上批示："中央常委各同志已传阅完毕，中央办公厅应正式通知中组部、中纪委合作查清刘少奇一案。"

根据陈云的批示，中央纪委和中央组织部共同成立刘少奇案件复查组。时任中央纪委第三书记的胡耀邦，直接领导了复查工作。复查组对 1968 年 10 月八届十二中全会提出的刘少奇的各项"罪状"，进行了周密的调查研究工作，反复核对各种材料，向中共中央作出详尽确切的复查情况报告，用可靠的事实逐条否定了强加给刘少奇的罪名。中央政治局一致同意这个复查报告，据此作出关于为刘少奇平反的决议草案。

1980 年 2 月 23 日至 29 日举行的党的十一届五中全会，对刘少奇一案的复查进行了严肃认真的讨论。经过讨论，全会一致通过了《关于为刘少奇同志平反的决议》，决定：撤销党的八届十二中全会强加给刘少奇同志的"叛徒、内奸、工贼"的罪名和把刘少奇

---

① 《邓小平年谱（1975—1997）》（上），中央文献出版社 2004 年版，第 459 页。
② 胡耀邦在中央党校第二期全体学员大会上的讲话（1978 年 12 月 28 日）。

同志"永远开除出党，撤销其党内外的一切职务"的错误决议，撤销原审查报告，恢复刘少奇同志作为伟大的马克思主义者和无产阶级革命家、党和国家的主要领导人之一的名誉；在适当时间为刘少奇同志举行追悼会；因刘少奇同志问题受株连造成的冤假错案，由有关部门予以平反；本着团结一致向前看的精神，把全会的决议向全党和全国人民进行传达，消除过去对刘少奇同志的错误处理所造成的影响，鼓舞全党同志和全国人民同心同德、充满信心地献身于实现四个现代化的宏伟事业。①

刘少奇冤案的解决，对全国平反冤假错案的工作是一个巨大的推动。在邓小平、叶剑英、李先念、陈云等领导和推动之下，全党持续不懈地进行了三年多平反冤假错案的工作，"六十一人案"、刘少奇、彭德怀、贺龙、张闻天、习仲勋等一大批冤案相继平反，其规模之大、影响之深是前所未有的。

胡耀邦在参与组织全党大力开展平反冤假错案的工作中，尽管有些案件难度极大，阻力重重，但是他始终以对历史负责、对党的干部和人民群众负责的革命原则性和大无畏精神，鼓励各级党委组织部门的干部尽心尽力。他并且以身作则，凡遇到重大疑难问题，无不参与细致研究并最后拍板或提交中央政治局决定。

这一时期，全国各级党委组织部门会同纪检等部门按照十一届三中全会的方针政策，进行了大量的艰苦细致工作，清理"文革"中发生的案件达 30 万件之多，复查新中国成立前后的历史遗留案件更达 110 万。结果使 300 万名干部的冤假错案得到了平反纠正，47 万多名共产党员恢复了党籍，上千万无辜受株连的干部和群众

---

① 《三中全会以来重要文献选编》（上），人民出版社 1982 年版，第 413 页。

得到了解脱。①

八、让阳光消融冻雪

值得一提的是，对每一个冤假错案的平反昭雪，对每一个历史问题的清理解决，最后必然集中体现在受害者所得到的结论上。这个结论是党和国家对一个干部、一个公民、一段历史以至一生的定性和评断；对有些已经逝去的人来说，则是"盖棺论定"，其家属十分重视，对一字一句都视若千钧之重，自在情理之中。胡耀邦体察受害者的心情，认为实事求是的原则应当贯彻始终，应当完整地体现在最后结论的每一个字上。而要做到这点，就要改革结论的写法。他不仅亲自审阅和字斟句酌地修改了许多人的结论文稿，还先后提出了一些改革结论写法的原则性意见，诸如：（一）"从大处着眼"，坚持"宜粗不宜细、宜宽不宜严"的原则；（二）不搞繁琐哲学，"不要拖泥带水"，"不要纠缠具体枝节，干净利落解决问题"；（三）"不要留尾巴"；（四）要全面地正确地评价干部的功过是非；（五）"对干部审查的结论一定要同本人见面"；等等。② 这些改革结论的原则，使党组织在最后做好结论的工作上摆脱了繁琐哲学的纠缠，"获得了解放"（组织部门干部语），更使受害干部和家属得到安慰和心理平衡，很多人表示衷心拥护。

尤其是"结论一定要同本人见面"，体现了党的光明磊落，大公无私；体现了党内民主，尊重同志，允许本人提出意见；体现了实事求是，使结论更加切合实际，有利于贯彻落实，不留尾巴，避

---

① 中共中央组织部关于全国组织工作座谈会的报告（1983 年 7 月）。

② 何载：《冤假错案是这样平反的》，中共中央党校出版社 1999 年版，第 165 页。

免反复。诚如《组工通讯》的一篇评论所说：对干部审查结论或处理决定，必须通知本人到会，允许申辩，允许保留意见。把这件事情做好了，有助于审查工作更加符合实际，有利于全面落实干部政策，有利于恢复和健全党的生活。

在一些人的审查结论中遇到一个"自杀"的问题。他们在"文革"中，极其痛苦地走上了自杀的路，或伤残，或身亡，当时即使得到抢救的，也被指为"叛党""叛国"，被开除党籍甚至开除公职而抬不起头来；其家属、子女则无不受到株连。胡耀邦看到这个问题具有一定的普遍性。经过分析研究，他提出一要看到"文革"这 10 年的特殊性；二要进行具体分析。他在一次研究案例的讲话中说，在"文革"当中，造成自杀的原因很多。有的人是对形势误解、恐慌和惧怕；有的人是对政策怀疑、失望和疑虑；有的人是失去自信心，认为没有出路、前途；有的人是有一些缺点毛病感到心亏理短，受到公开批斗觉得无颜见人；也有极个别是畏罪自绝的。我们不能用一个框架去一刀切。对那些被迫而非正常死亡的，除极少数坏蛋以外，一般不要按自杀对待，作结论时不要写"自杀"，只写上何时去世就可以了，并且按照革命干部对待，免得给家属子女背包袱。至于还活着的同志，就不要再提这件事了，不要使人觉得一有问题就永无出路，背一辈子的包袱。他还举了这样一个事例：1972 年毛主席对一个被陈伯达迫害自杀的同志的结论上批道："逼死了人还开除党籍吗？"是啊，你搞得人家痛不欲生，还说人家"畏罪自杀"，太不通情达理了嘛！胡耀邦的这些意见，得到中央组织部其他人的赞同，并制定出新的规定。从而大大加快了落实干部政策工作的进度，受到了被审查干部及其家属、子女的由衷拥护，也为各级组织部门所欢迎并贯彻执行。

在大规模平反冤假错案的工作中，胡耀邦注意到许多干部有一个心病：在自己的档案材料袋中，装有许许多多不明不白的材料，其中有的是自己在特定条件下被迫违心写下的无限上纲的一次又一次的交代、检查，有的是调查、揭发自己的诬蔑不实的材料。经过他和中央组织部的干部反复研究，认为要改变多少年来"凡材料均存档"的陈规旧矩，结合这次平反工作，对档案材料进行必要的清理。

中央组织部按照胡耀邦的意见作出了一系列明确的规定。例如对于错划"右派"分子的档案材料，明确规定：（一）原被内定"右派"、中右或因"右派"言行受处分，经复查改正的，其原报告和结论以及所依据的证明材料，均应从本人档案中抽出、销毁；（二）经过复查仍维持原结论的，其档案材料不作处理；（三）原被内定为中右或因其某些错误言论被批判，虽未受处分，其档案中有关材料应抽出销毁；（四）凡经复查改正的，应该由改正单位书面通知其受株连的家属、子女和亲友所在单位，将他们档案中的检举揭发材料抽出销毁，消除影响。

1979年11月30日，中央组织部向各级党委组织部发出通知，要求对于"文革"中立案审查的干部档案材料，进行认真处理，把一切诬蔑不实的材料全部销毁。以后，各级党组织和人事部门又清理了其他干部的档案材料。此举使广大干部去除了一个终生萦绕心头的精神包袱，密切了和党组织的关系。

对审查结论的写法进行改革，让结论同本人见面，重新规定对非正常死亡的人的认识和处理办法，清理干部档案……这些事情所涉及的都是组织人事部门的机要工作，如今在胡耀邦坚持实事求是、发扬民主的精神倡导下，都有了明白、公开、合理的规定。它使得广大党员干部和人民群众同党靠得更近更亲了。

尽管胡耀邦为平反冤假错案、落实党的政策，付出了极大的精力，并且三令五申推动各级党委把这件大事认真抓紧办好，但是，在执行过程中，仍会遇到一些这样或那样的阻力。一是有相当数量的干部，仍然被禁锢在"左"的条条框框之中，不能冲破思想牢笼，头脑僵化，依旧以老的眼光看待一些事物；二是不少干部原是办案、定案人，他们总觉得自己当年是按中央文件、上级指示办的，害怕纠正、平反了会否定自己；三是还有一些人涉及个人利害得失，就寻找种种借口拖、压、顶、抗；四是有一些领导干部对蒙冤受屈的同志冷漠无情，对他们的申诉不理不睬，对案情不闻不问，而是轻信下级办案人。这就使得一些冤假错案迟迟得不到解决，蒙冤受屈的人不得不到处申诉上访，最后告到中央来。胡耀邦就经常不断地收到四面八方的申诉信件。

三中全会之后，胡耀邦在中南海上班，要管方方面面的工作，真说得上日理万机，然而他仍然十分重视干部和群众的来信，尤其是向他申冤诉屈的来信。他总是安排时间来阅办这些来信，一一批请有关部门和地方党委认真查处，并且要求他们将查处结果回答报告给自己。他要求从事复查和落实政策工作的干部，要有深厚的无产阶级感情和主动负责的精神。1981 年 6 月，他在一封国家机关两名部长因申诉的问题长期得不到解决的申诉信上批道："现在我们仍有些党委或组织部门，总以一些不能成为理由的理由，将一些该负责处理或解决的干部问题推托不管，致使不少同志的问题长期无人负责，拖着不办。退一万步说，即使某个干部的问题确实要由别的单位负责处理和解决，但告到你那里来了，你也该站在党的立场上，看看是否该解决。如果该解决，也应该替这个同志奔走到底，而不能采取一推了之的态度。采取这种态度，何年何月能够成为'干部之家'？怎么能说得上主动为党工作？这个事你们要好好抓一抓，在《组工通讯》上发点议论，介绍一些好典型，批评某些错误的态度。"接着他又在一封来信上批示说："我已提过多次，革命队伍中应充分发挥工作中的主动性，争先恐后地工作。""现在，大家都在喊反对官僚主义，其实官僚主义这个幽灵每天都在我们每个人的身边游荡。我希望组织部门，首先是中央和省市两级组织部门，更好地发挥工作中的主动性、创造性，做驱赶官僚主义的模范，从而带头在这方面扭转我们的党风。"①

胡耀邦对那些以种种借口拖、压、顶、抗的现象不能容忍。1981年12月，他在一份简报上看到中央某些部门有些人仍然奉行极"左"的一套抵制三中全会的方针政策后批示道："这种情况出现在中央的鼻子底下，真是难以想象。某些部门和某些干部如此胆大妄为地藐视和抵制中央政策而受不到制止和揭露，我认为原因之一就是我们缺乏自上而下的检查、督促。在这种情况下，许许多多好党员、好干部只好闭口不言或者等待时机，而极个别的专搞邪门歪道甚至同'四人帮'仍有藕断丝连的人，就公然我行我素，专横跋扈起来。这个潜伏的危险，我们必须心中有数。鉴于此，我主张抓住这件事不放。"

对于有些部门和党委不切实了解情况、不密切联系群众、不坚决改变领导工作中的官僚主义作风，胡耀邦很是着急。相当一段时间，推动和督促中央组织部和各地党委深入到下面去加强检查、具体督促，是他进一步抓好平反冤假错案、落实各项政策的一个重要环节。还在1980年9月2日，他在一位湖南眼科专家要求落实政策的来信上批道："我们现在到处的通病是：讲大道理的多，写规定条文的多，漫无边际议论的多；发现问题的少，解决问题的少，深入检查督促的少。这个风气各部门一定要认真改过来。"他指出，

---

① 胡耀邦：在一封来信上的批示（1981年6月7日、7月5日）。

"知识分子的政策落实得不好，请中组部配合统战部、宣传部、教育部、卫生部、国家科委切实办。"后来他多次将群众来信批给有关部门和地方党委，并推动他们注意检查落实情况。他说："我说过多次，落实政策问题要发现一个就严格检查一个，正确处理一个。否则，可能拖上 10 年还得不到圆满解决。现在一切工作都要抓到实处，禁止老发一般化的指示号召。"① 他对于那些继续坚持"左"的错误，拒不落实政策的事件十分气愤，"主张查 100 个事例，然后教育全党"。②

胡耀邦在一些申诉信中发现，有些部门和地方在落实政策工作中，存在因循守旧、层层照转、繁琐查证、拖拖沓沓的现象，使得问题长期得不到解决。为了迅速解决问题，尽快解除蒙冤受屈的人的痛苦，他主张："不必层层转，可以一竿子到底。解决时，也不必搞许多可有可无的繁琐查证，把基本情节弄确凿了就可以拍板（但一定要确实），这样才能提高工作效率。现在我们不讲'多快好省'了，其实，任何工作都有个'多快好省'的问题。什么事拖拖沓沓，繁琐得要命，怎么谈得上工作效率？"③ 他在另一封申诉信上批示："不要再繁琐地考证了（当然'文化大革命'后的几个情节要稍加查证一下），也不要再实行'哪级党委定的由哪级党委改正'这个误大事的办法了"④，认为某些案子可以由中央组织部或上级党委直接作出决定，加以迅速处理。

这一时期进行的平反冤假错案工作和历史遗留问题的清理工作，其规模之大、其解决之彻底、其成效之卓著、其影响之深远，

---

① 胡耀邦：在一份简报上的批示（1982 年 10 月 20 日）。
② 胡耀邦：在一份报告上的批示（1982 年 9 月 29 日）。
③ 胡耀邦：在一封上海来的申诉信上的批示（1981 年 6 月 13 日）。
④ 胡耀邦：在一封来信上的批示（1982 年 6 月 26 日）。

在中国共产党历史上是从来没有过的。胡耀邦坚持实事求是、有错必纠，推动党的组织路线拨乱反正，组织和领导了平反冤假错案，落实干部政策的大量工作，使大批蒙受冤屈和迫害的干部、知识分子和普通群众得到平反昭雪。许许多多得到平反的人及其家属，无不衷心地钦佩胡耀邦的高贵品格，赞扬他的历史功绩，还有不少人称颂他为"胡青天"。胡耀邦不止一次地制止这种称颂和赞扬，而是对他们蒙受的冤屈和苦难进行赔礼道歉，并予以落实政策，恢复应有的待遇。他还一再强调，平反冤假错案这件大事，是在老一辈革命家支持下由党中央作出的决策，是全党许多同志努力完成的，我个人的作用微不足道。

第十七章　真理标准大讨论

一、审定《实践是检验真理的唯一标准》

由于林彪、"四人帮"把毛泽东说过的话都奉为"最高指示"，说成"句句是真理"，并且把"无产阶级专政下继续革命的理论"说成是对马克思主义的"创造和发展"，是"第三个里程碑"。而粉碎"四人帮"后，"两个凡是"是以当时传达党中央声音的权威方式公布的，因而得到普遍宣传。拨乱反正困难重重。于是，"两个凡是"的推行和对这一方针的抵制也就不可避免。

早在 1977 年 2 月，"两个凡是"提出不久，邓小平就"两个凡是"的提法提出异议，认为这不是马克思主义，不是毛泽东思想①。4 月 10 日，他致信华国锋、叶剑英并转党中央，提出"我们必须世世代代地用准确的完整的毛泽东思想"来指导我们全党、

---

① 《邓小平年谱（1975—1997）》（上），中央文献出版社 2004 年版，第 155 页。

全军和全国人民。5 月 3 日，党中央转发这封信后，"准确的完整的毛泽东思想"的提法很快得到党内许多干部的拥护，成为委婉地抵制"两个凡是"的思想武器。5 月 24 日，邓小平又一次批评了"两个凡是"。指出："'两个凡是'不行。按照'两个凡是'，就说不通为我平反的问题，也说不通肯定一九七六年广大群众在天安门广场的活动'合乎情理'的问题。把毛泽东同志在这个问题上讲的移到另外的问题上，在这个地点讲的移到另外的地点，在这个时间讲的移到另外的时间，在这个条件下讲的移到另外的条件下，这样做，不行嘛！""毛泽东思想是个思想体系"，"我们要高举旗帜，就是要学习和运用这个思想体系"。① 邓小平的这些话，对于那种搞只言片语，甚至歪曲、篡改毛泽东思想的行径，无疑是有力的揭露和批判。他提出"准确的完整的毛泽东思想"，进一步鼓舞了许多干部和理论工作者，促使人们开始比较直接地批判某些主要的"左"倾理论观点。

俗话说得好：一把钥匙开一把锁。由于"两个凡是"的根据是"毛主席的话句句是真理"，如果这个大前提推不倒，那么"两个凡是"也就"岿然不动"。所以，破除教条主义和个人迷信的桎梏，还是一个严峻而紧迫的任务。在邓小平等老一辈革命家的启发和鼓舞下，一些干部和理论工作者开始酝酿就真理标准问题撰写文章，以澄清多年以来在这个根本问题上的思想混乱。

真理标准的全国性大讨论，正是在这样的历史背景下产生的。这场大讨论发端于一篇题为《实践是检验真理的唯一标准》的文章。这篇文章由南京大学教师胡福明起草和多位理论工作者反复修改而

---

① 邓小平：《"两个凡是"不符合马克思主义》（1977 年 5 月 24 日），《邓小平文选》第二卷，人民出版社 1994 年版，第 38、39 页。

写成。胡耀邦对这篇文章很赞赏，认为这是一篇抓住思想理论战线上拨乱反正关键问题的好文章。1978 年 5 月 10 日，在胡耀邦的支持和审定下，中央党校《理论动态》第 60 期刊登了这篇文章。5 月 11 日，《光明日报》以特约评论员的名义公开发表，新华社全文转载。

这篇文章鲜明地指出："一个理论，是否正确反映了客观实际，是不是真理，只能靠社会实践来检验。这是马克思主义认识论的一个基本原理。

"实践不仅是检验真理的标准，而且是唯一的标准。……正是实践，也只有实践，才能够完成检验真理的任务。

"凡是科学的理论，都不会害怕实践的检验。相反，只有坚持实践是检验真理的唯一标准，才能够使伪科学、伪理论现出原形，从而捍卫真正的科学与理论。

"客观世界是不断发展的，实践是不断发展的。新事物新问题层出不穷，这就需要在马克思主义一般原理指导下研究新事物、新问题，不断做出新的概括，把理论推向前进。"

文章列举了马克思、恩格斯修改《共产党宣言》、毛泽东修改《中国农村的社会主义高潮》一书的按语等事例，说明"革命导师们不仅提出了实践是检验真理的唯一标准，而且亲自作出了用实践去检验一切理论、包括自己所提出的理论的光辉榜样"。并指出："他们并不认为自己提出的理论是已经完成了的绝对真理或'顶峰'，可以不受实践检验的；并不认为只要是他们作出的结论不管实际情况如何都不能改变，更不要说那些根据个别情况作出的个别论断了。他们时时处处用实践来检验自己的理论、论断、指示，坚持真理，修正错误，尊重实践，尊重群众，毫无偏见。他们从不容许别人把他们的言论当作《圣经》来崇拜。毫无疑义，马克思主义的基本原理，马克思主义的立场、观点和方法，必须坚持，决不能动摇；但是马克思主义的理论宝库并不是一堆僵死不变的教条，它要在实践中不断增加新的观点、新的结论，抛弃那些不再适合新情况的个别旧观点、旧结论。"

这篇文章还强调："任何理论都要不断接受实践的检验。""我们不仅承认实践是检验真理的标准，而且要从发展的观点看待实践的标准。实践是不断发展的，因此，作为检验真理的标准，它既有绝对的意义，又有相对的意义。"

"马克思主义强调实践是检验真理的标准，强调在实践中对于真理的认识永远没有完结，就是承认我们的认识，不可能一次完成或最终完成，就是承认由于历史和阶级的局限性，我们的认识可能犯错误，需要由实践来检验，凡经实践证明是错误的或者不符合实际的东西，就应该改变，不应再坚持。"

文章论述了实践是检验真理的唯一标准后进一步指出："检验路线之正确与否，情形也是这样。"路线同样必须由社会实践来检验。检验党的路线的标准只有一个，就是千百万人民的社会实践。这样的论述，进一步加强了文章的现实针对性和战斗力。

文章最后说："现在'四人帮'及其资产阶级帮派体系已被摧毁，但是'四人帮'加在人们身上的精神枷锁，还远没有完全粉碎。毛泽东同志在第二次国内革命战争时期曾经批评过的'圣经上载了的才是对的'这种倾向依然存在。无论在理论上或实际工作中，'四人帮'都设置了不少禁锢人们思想的禁区。对于这些禁区，我们要敢于去触及，敢于去弄清是非。科学无禁区。凡有超越于实践并自奉为绝对的禁区的地方，就没有科学，就没有真正的马列主义毛泽东思想，而只有蒙昧主义、唯心主义、文化专制主义。"

　　"躺在马列主义毛泽东思想的现成条文上，甚至拿现成的公式去限制、宰割、裁剪无限丰富、飞速发展的革命实践，这种态度是错误的。我们要有共产党人的责任心和胆略，勇于研究生动的实际生活，研究现实的确切事实，研究新的实践中提出的新问题。"

　　《实践是检验真理的唯一标准》一文在《光明日报》公开发表后，立即引起强烈反响。第二天，新华社全文播发，《人民日报》《解放军报》等报纸全文转载；全国35家省市级大报，两天内有25家转载。到5月底，全国已有30多家报纸转载。

　　就在《人民日报》转载的5月12日夜晚11点，正在值夜班的《人民日报》总编辑，接到了毛泽东主席著作编辑出版委员会办公室一位领导同志严厉的电话批评。

　　这个电话，不仅曲解了《实践是检验真理的唯一标准》的原意，而且上纲为"砍旗"，一再说"在政治上很坏很坏"，从另一个角度认为真理标准问题不仅涉及理论思想上的是非，而且是一个严重的政治问题。

　　值完夜班、看完5月13日大样的《人民日报》总编辑，即向胡耀邦电话简要通报了此事。胡耀邦认为这是重大争论，当即于5月13日下午在家里召集中央党校《理论动态》编辑组成员，以及《人民日报》总编辑等来讨论。胡耀邦对那句"在政治上要砍倒毛泽东思想这面红旗，是很坏很坏的"断语感触很多。他激动地说：我多少年都是在毛主席直接领导下工作，对毛泽东的著作和思想，我自己是反反复复学习，真可以说达到过"无限信仰、无限崇拜"的程度，但是对他老人家的缺点错误提出一点不同的看法，怎么就上纲成是反对他老人家呢？把学术争论一下子上升到政治上，这个风气再不改变怎么得了呀！[①] 在这个会上，胡耀邦对大家说，我们的《理论动态》要进一步办好。这几天我考虑了几个选题，一个是从真理越辩越明说起，讲清历史潮流是无法阻挡的，历史潮流滚滚向前。我们的民族经历了"文革"这场大灾难，反面教训是如此之深，在今后几十年，再重复这种灾难，倒退，人民通不过，这是不以某些人的意志为转移的。社会往往在倒退以后实现大跃进，这在世界和中国的历史上有许多这样的例子。我们必须写一篇文章，讲一下这个辩证法，把历史潮流怎么不可阻挡讲透一点。[②]

5月18日，在中央召开的部分宣传和新闻单位负责人会议上，《实践是检验真理的唯一标准》一文被指责为"实际上把矛头指向毛主席思想"。各省主管宣传的负责同志还被告知：对《实践是检验真理的唯一标准》一文，不要以为《人民日报》转载了，新华社发了，就成了定论。

那些坚持"两个凡是"立场的人，给胡耀邦施加了很大的政治压力。他们采取各种方式，力图遏止真理标准问题讨论的展开。胡耀邦后来回忆这一段的情况时说："那个时候的局面也确实不太明朗。"但是胡耀邦坚信历史潮流不可阻挡，他顶着巨大的压力，坚持组织撰写文章。

[①] 胡耀邦：《要坚持实践是检验真理的唯一标准》（1978年5月—1979年3月），《胡耀邦文选》，人民出版社2015年版，第89页。

[②] 《理论动态》第70期（1978年6月30日）发表了《历史潮流滚滚向前》，《人民日报》同日署名"岳平"公开发表，新华社向全国播发；《光明日报》于7月2日转载，其他许多报纸也转载了此文。

二、邓小平等的领导和推动

《实践是检验真理的唯一标准》一文引起的风风雨雨，也传进了中南海。在真理标准问题的讨论遇到很大阻力的关键时刻，邓小平、叶剑英、李先念、陈云、聂荣臻、徐向前、罗瑞卿、谭震林等一批老同志纷纷表明态度，公开表示支持开展这一讨论。他们在不同场合、从不同角度反复强调，要恢复毛泽东同志倡导的实事求是的原则，恢复党的优良传统，使这场讨论得以顶住压力，并从思想理论界扩大到党、政、军及社会各界，成为一场规模宏大、影响深远的群众性大讨论。

1978年5月29日叶剑英在全军政治工作会议上的讲话中强调，政治工作要实事求是，理论要受实践检验。

邓小平原来没有看这篇文章，听说引起了争论，便找来看了。他认为文章是马克思主义的。5月30日，他在与胡乔木等人谈话时说：现在发生了一个问题，连实践是检验真理的标准都成了问题，简直是莫名其妙！6月2日他在全军政治工作会议的讲话中，表示了明确的支持。他在讲话中阐述马克思主义毛泽东思想的基本原则一定要和实际相结合，要分析研究实际情况，解决实际问题。如果只把过去的一些文件逐字逐句照抄一通，那就不能解决任何问题，更谈不到正确解决什么问题。他进一步指出，我们说的做的究竟能不能解决问题，问题解决得是不是正确，关键在于我们是否能够理论联系实际，是否善于总结经验，针对客观现实，采取实事求是的态度，一切从实际出发。我们只有这样做了，才有可能正确地或者比较正确地解决问题，而这样地解决问题，究竟是正确或者不完全正确，还需要今后的实践来检验。他特别引证毛泽东《人的正确思想是从哪里来的？》一文，说明人的正确思想只能从社会实践中来。而由社会实践中产生的思想（包括理论、政策、计划、办法）是否正确地反映了客观外界的规律，还是没有得到证明的，还不能确定是否正确，只有放到社会实践中去，经过实践的检验，才能证明它究竟是正确的还是错误的，此外再无别的检验真理的办法。他说，我们"有一些同志天天讲毛泽东思想，却往往忘记、抛弃甚至反对毛泽东同志的实事求是、一切从实际出发、理论与实践相结合的这样一个马克思主义的根本观点、根本方法。不但如此，有的人还认为谁要是坚持实事求是，从实际出发，理论和实践相结合，谁就是犯了弥天大罪。他们的观点，实质上是主张只要照抄马克思、列宁、毛泽东同志的原话，照抄照转照搬就行了。要不然，就说这是违反了马列主义、毛泽东思想，违反了中央精神。他们提出的这个问题不是小问题，而是涉及到怎么看待马列主义、毛泽东思想的问题"。他说："马列主义、毛泽东思想的基本原则，我们任何时候都不能违背，这是毫无疑义的。但是，一定要和实际相结合，要分析研究实际情况，解决实际问题。按照实际情况决定工作方针，这是一切共产党员所必须牢牢记住的最基本的思想方法、工作方法。实事求是，是毛泽东思想的出发点、根本点。""毛泽东同志历来坚持要用马列主义的立场、观点、方法来提出问题，分析问题。""马克思主义的活的灵魂，就是具体地分析具体情况。马列主义、毛泽东思想如果不同实际情况相结合，就没有生命力了。我们领导干部的责任，就是要把中央的指示、上级的指示同本单位的实际情况结合起来，分析问题，解决问题，不能当'收发室'，简单地照抄照转。"①

邓小平在讲话中态度鲜明地讲实事求是，讲实践标准，讲怎样看待毛泽东思想的问题，锋芒直指"两个凡是"为代表的僵化的思想观念和错误行为，令与会者耳目一新。据时任解放军总政治部副主任兼《解放军报》社社长华楠回忆："邓小平同志讲话的当天，罗瑞卿同志就给我们打招呼，指示军报根据这个讲话的精神，组织编发有分量的文章。"邓小平的讲话，新华社在当天作了详细报道。6月3日，《人民日报》、《解放军报》和中央其他报纸以及地方报纸都以头版头条位置作了报道，通栏标题是：《邓副主席精辟地阐述毛主席实事求是光辉思想》，在标题的下面，还引用了邓小平的一段话，突出他讲话的主要精神："强调指出：马列主义、毛泽东思想的基本原则，任何时候都不能违背。但是，一定要从实际出发，理论和实践相结合，总结过去的经验，分析新的历史条件，提出新的问题、任务和方针。"6月6日，《人民日报》和《解放军报》又在第一版全文发表了这篇讲话。

邓小平在全军政治工作会议上的讲话公开发表后，立即引起社会各界的广泛关注。这篇讲话使那些思想仍处于僵化状态的同志受到震动，也使要求解放思想、坚持实践标准的同志受到鼓舞。时为《理论动态》编辑的沈宝祥后来回忆说："第二天《人民日报》就在头版头条详细摘要发表了小平的讲话。当时我们受到了很大鼓舞，大家都很兴奋。"

叶剑英、邓小平的讲话，是对坚持实践标准的一个强有力的肯定。尤其是中共中央于6月30日把这两篇讲话连同华国锋的讲话，

---

①　邓小平：《在全军政治工作会议上的讲话》（1978年6月2日），《邓小平文选》第二卷，人民出版社1994年版，第113—125页。

以三十八号文件发到全党全军，更是对真理标准讨论的一个巨大推动。

坚持"两个凡是"的人对《实践是检验真理的唯一标准》一文横加指责，反而促进了这场大讨论更深入更广泛地发展，也激起了理论工作者撰写又一篇阐述实践标准的重要文章的激情。随后，一篇题为《马克思主义的一个最基本的原则》的文章送给胡耀邦和《解放军报》总编辑华楠、副总编辑姚远方等人征求意见。

《马克思主义的一个最基本的原则》一开头就引证了叶剑英在中央党校开学典礼讲话中的两段话："如果理论不能指导实际，不受实际检验，那算什么理论！决不能把理论同空话、吹牛甚至撒谎混为一谈。""如果我们只是躺在马克思主义的书本上，脱离实际，并且把马克思主义的词句当作包医百病的灵丹妙药，那就只能在生活实际的'天空中飞翔'。"文章说，叶剑英的讲话切中了林彪、"四人帮"根本颠倒了理论与实践的关系这个根本问题，"思想上的拨乱反正，正本清源，澄清是非，不能不从这里开始"。

文章言简意赅地阐述理论与实践的关系，指出：实践要以革命理论为指南，而"理论之所以能够指导实践，正因为、也不仅仅因为理论来自实践，并且经实践的检验证明是正确的。理论指导实践的过程，就是实践检验理论的过程。许多理论是正确的或基本正确的，经过实践的检验而得到补充和发展；有的理论的真理性是不完全的，经过实践的检验而纠正了它们的不完全性；有些理论是错误的，经过实践的检验而纠正其错误。指导实践的理论，就是这样来自实践又经过实践检验而得到补充、纠正、丰富和发展。理论如果脱离实际，不与实际相结合，或者不在实践中得到发展，老停留在一个地方，它就不可能指导实践"。

文章针对一些人的模糊认识，还介绍了马克思主义认识论对真理的阐述："实践作为检验真理的标准，既是绝对的，又是相对的"，因为"客观世界的变化运动永远没有完结，人们在实践中对于真理的认识也就永远没有完结"。指出"对不可知论、怀疑论及其他哲学怪论的最有力的驳斥是实践"。"理论首先要受命于实践才能够指导实践；理论不是亘古不变的，它是在实践中不断地获得补充、修正、丰富和发展的。""人们认识世界的程度，始终受着历史条件和实践水平的限制。历史条件改变了，实践发展了，认识也要向前发展。新的历史条件必然要促进理论的变化。"

胡耀邦阅看了这篇文章后，感到此文既有理论色彩又很有针对性，特别是从理论上进一步阐明了理论要受实践检验的道理，强调要恢复《实践论》的权威，恢复实事求是的权威，恢复实践标准的权威，很有力量。文章尖锐地提出了对毛泽东思想是真捍卫还是假捍卫的问题，指出有些人天天讲毛泽东思想，却往往忘记、抛弃甚至反对毛泽东思想的根本观点、根本方法，胡耀邦觉得很好。文章虽然也没有点"两个凡是"，但对坚持"两个凡是"的人的思想观点作了有力的剖析，批驳了他们的无理指责。胡耀邦很赞赏这篇文章，思索如何使它得以发表才好。由于当时《人民日报》《光明日报》接到有关禁令，陷入很大的困境，《理论动态》也被点名批评，并指令"下不为例"，胡耀邦经过反复思考，在与担任中央军委秘书长的罗瑞卿电话联系后，他对秘书梁金泉说：有办法了，去找罗大将，找罗大将。梁金泉问：为什么要找他？胡耀邦说：罗大将说要发。在那里发，分量就很不一样了。罗大将在党内威信高，影响大，理论上强。我已电话说好了，你把稿子送去就行。说着，他将文稿装进信封口袋，让梁金泉乘车专程送去，送到罗瑞卿手中。①

这之后，胡耀邦和罗瑞卿频频电话联系（有记载的至少 6 次），商谈这篇文章的修改和发表事宜。罗瑞卿先后三遍细看了这篇文章，还亲自查阅毛泽东的哲学论著。6 月 19 日，《解放军报》将修改稿清样再送胡耀邦审阅。胡耀邦看后说了三点意见：一、同意由军报发表，因为文章中许多地方谈到全军政工会议；二、其中有关"砍旗"的几句话可以删去，从理论上讲清楚就可以了；三、这篇文章请同时送韦国清、罗瑞卿同志再看看，我不再看了，他们看后由军报自己定稿就是了。②此后，罗瑞卿又审阅了最后送审稿，并说：不是有人讨厌特约评论员吗？《解放军报》就用特约评论员署名发表这篇文章。他还安排《解放军报》和《人民日报》同日刊发。在 6 月 23 日夜 22 时至 24 日凌晨 2 时，身经百战的罗瑞卿犹如亲临前线指挥作战，三次给人民日报社打电话，详细指点，叮嘱校对同志要细细看，编辑同志也要好好看，无论如何不能出现错字，不能出现错误标点。③

《马克思主义的一个最基本的原则》在邓小平《在全军政治工作会议上的讲话》公开发表后，在罗瑞卿强有力的支持下，于 6 月 24 日在《解放军报》以特约评论员的署名发表了；《人民日报》《光明日报》在当天同时刊载，新华社也全文转发，全国各地报纸纷纷转载。这对真理标准的讨论是又一个有力推动。

罗瑞卿十分明白实践标准问题的深刻意义和斗争的严重性，他对《解放军报》总编辑华楠说过："发表这篇文章可能有人反对，

①　沈宝祥：《真理标准问题讨论始末》，中国青年出版社 1997 年版，第 138 页。

②　华楠、姚远方的回忆，《真理标准问题讨论始末》第 141 页。

③　李庄：《人民日报风雨四十年》，人民日报出版社 1993 年版，第 327 页。

准备驳，不要紧，出了问题首先由我负责。要打板子打我。"①他在
7月18日出国去做治腿手术之前，还特地给胡耀邦等人打电话说，
这篇文章如果要挨打，他愿先挨四十大板。很不幸，他在德国治疗
过程中逝世。罗瑞卿在这个关键时刻对真理标准讨论给予重要支
持，是这位无产阶级革命家对中国革命事业作出的最后一项重大贡
献。

真理标准问题的讨论在北京、在全国各地日益广泛地开展起来
了，但是两种思想、两种观点的斗争也更加激烈和尖锐了。这期间，
胡耀邦和"特约评论员"不断受到来自高层的点名批评。一时间，
在北京和外地都有传言："胡耀邦犯了大错误"，"实践标准的文章
出了大毛病"等等。但新闻舆论界不顾种种责难和禁令，继续不断
地刊登阐述实践标准的理论文章，并且还以很大的篇幅宣传报道北
京和全国各地开展真理标准问题讨论的动态，形成了一股不可阻挡
的声势。

马克思主义理论工作者在真理标准讨论的开展中，发挥了显著
的作用。中国社会科学院《哲学研究》编辑部于6月20日和21日
召开的真理标准座谈会，六十多名与会者强调只有坚持社会实践是
检验真理的唯一标准，才是坚持马克思主义思想路线的大问题。7
月17日至24日，中国社会科学院哲学研究所和《哲学研究》编辑
部又召开了全国性的讨论会，对真理标准问题的政治意义展开了广
泛的讨论，中国社会科学院顾问周扬在闭幕会上的讲话中指出：这
场讨论不仅是一个理论问题，而且"是个思想政治问题"，"关系到

---

① 郝治平：《春天的思念》，《人民日报》1996年4月22日。

我们的思想路线、政治路线，关系到我们党和国家的前途"①。8 月，在中国社会科学院经济研究所和《经济研究》编辑部召开的座谈会上，孙冶方等人强调"对于那些实践证明能促进生产力发展的经济理论和经济政策，就应该充分加以肯定；对于那些实践证明不能促进生产力的发展，甚至阻碍生产力发展的经济理论和经济政策，就要破，就要改"。②

在这前后，自然科学界也积极参加这场讨论。先是 5 月中旬，国务院副总理方毅主持召开了有国家科委、中国科学院、中国科协负责人参加的联席会议，专题讨论了《实践是检验真理的唯一标准》，并且作出决定支持这场讨论。接着，中国科学院理论组和自然辩证法研究会于 7 月 5 日和 10 日联合召开了理论讨论会，强调当前"迫切需要开展一个马克思主义的思想解放运动"③。

以上所举的几次具有重大影响的讨论会，《人民日报》《光明日报》等都作了及时、充分、很有声势的报道，可以说在这场大讨论中，新闻界和理论界从一开始就密切合作，共同努力，形成强有力的舆论，为这次马克思主义思想解放运动作出了贡献。胡耀邦十分赞赏，后来他于 1979 年 3 月 31 日在《理论动态》上的批语中说："希望新闻界、理论界更好地发扬这种互相商讨、互相琢磨的风气。"④

---

① 《人民日报》1978 年 7 月 30 日。周扬的这个论断，后来被邓小平写进《解放思想，实事求是，团结一致向前看》（1978 年 12 月 13 日）这篇重要讲话中，见《三中全会以来重要文献选编》（上）第 22 页。

② 《光明日报》1978 年 9 月 3 日，《人民日报》1978 年 9 月 4 日。

③ 《人民日报》1978 年 7 月 10 日。

④ 沈宝祥：《真理标准问题讨论始末》，中国青年出版社 1997 年版，第 153 页。

三、真理标准讨论向深入开展

全国性的真理标准大讨论日渐兴起。邓小平于 7 月 21 日找中央宣传部门负责人谈话，就真理标准问题的讨论指出：不要再下禁令、设禁区了，不要再把刚刚开始的生动活泼的政治局面向后拉。7 月 22 日，邓小平在同胡耀邦的谈话中说："这篇文章（指《实践是检验真理的唯一标准》）是马克思主义的。争论不可避免，争得好，引起争论的根源就是'两个凡是'。"在这次谈话中，邓小平还赞扬《理论动态》"班子很不错，你们的一些同志狠读了些书啊！不要搞散了，这是个好班子"。[①] 邓小平的这两次谈话，是对胡耀邦组织真理标准讨论又一次明确有力的支持。

叶剑英、李先念都对邓小平的主张和关于真理标准问题的讨论表示了明确支持。叶剑英在中央政治局会议上公开表示：我不主张对讨论采取压制态度，对待毛泽东思想，不能采取教条主义态度。李先念在国务院的会议上也旗帜鲜明地指出：实践是检验真理的唯一标准，凡是经过长期社会实践证明是符合客观规律、符合大多数人利益的事，就坚决地办、坚持到底。我们的一切政策、计划、措施是否正确，都要以能否为人民群众谋利益作为标准来检验。

此后，邓小平根据形势的发展，逐步将真理标准问题的讨论引到工作重点转移和政治路线方面。8 月 13 日，他在同吴冷西谈话中说：实践是检验真理的唯一标准，是马克思主义的。实践标准那篇文章是对的，现在的主要问题是要解放思想。还指出：

---

① 沈宝祥：《真理标准问题讨论始末》，中国青年出版社 1997 年版，第 127 页。

文化、学术和思想理论战线正在开始执行"双百"方针，但空气还不够浓，不要从"两个凡是"出发，不要设禁区，要鼓励破除框框。8月19日，他在听取文化部负责人黄镇、刘复之汇报工作时又说：我说过《实践是检验真理的唯一标准》这篇文章是马克思主义的，是驳不倒的，我是同意这篇文章的观点的，但有人反对，说是反毛主席的，帽子可大啦。……我们不要下通知，划禁区。能够讲问题，能够想问题就好。要敢于正视现实，敢于提问题、想问题，这样才能够很好地实现新时期的总任务，为四个现代化服务。9月16日，他在听取吉林省委第一书记王恩茂的汇报后说："现在摆在我们面前的问题，关键还是实事求是、理论与实际相结合、一切从实际出发。这是政治问题，是思想问题，也是我们实现四个现代化的现实问题。""实践是检验真理的唯一标准，这是马克思主义，是毛主席经常讲的。毛主席总是提倡要开动脑筋，开动机器。林彪、'四人帮'把我们的思想搞僵化了。思想僵化，就不可能实现四个现代化。"

7月23日下午，胡耀邦把中央党校《理论动态》编辑组的成员请到家里，传达了7月22日邓小平的谈话要点，鼓励大家"可以大胆些了"。他还就深入开展真理标准讨论这件大事谈了一些自己的思考。他说，这几年，有些人一见到实践是检验真理的标准就大吃一惊，一听到"一分为二"是普遍现象又大吃一惊。这些马克思主义常识，一些老同志淡忘了，一些新同志根本不知道。毛泽东思想是什么？要恢复本来面目。①

8月3日下午，胡耀邦又把中央党校《理论动态》编辑组的成

---

① 胡耀邦：《要坚持实践是检验真理的唯一标准》(1978年5月—1979年3月)，《胡耀邦文选》，人民出版社2015年版，第90页。

员召集到家里来，研究进一步撰写理论文章的选题。他说，检验真理的唯一标准是实践，这个文章已经做过了，现在要做的文章是，一切都要经过实践的检验。要列出若干条来展开论述，比如政治路线、先进单位和先进人物、评价干部，这些都是多年来在人们思想上搞得很混乱的问题，很需要通过真理标准问题的讨论，找到实践这个科学的评价尺度，进行拨乱反正，作出正确的评价。①他要求《理论动态》编辑组的成员自己动手写一篇有分量的文章。

8月18日晚上，胡耀邦又对《理论动态》编辑组的编辑们说："在一次看电影的时候将这个问题对叶帅讲了。我对叶帅说，（真理标准）这个问题，我现在要准备把它扩大，不光讲真理问题。这个问题不搞清楚，要影响各条战线的工作。我那天给他们（指《理论动态》编辑组）出了个题目：《一切都要经过实践的检验》。"接着他又将这命题进一步发挥说："你说是先进、正确，我就要看实际，不管纲领、宣言、指示、检讨、声明、政策、措施，统统都要经过实践检验。现在有些县委书记说，你们这个问题跟我无关，其实，这个问题早就在他们的工作中发生影响了，他还不知道。"②

根据胡耀邦的意见，《理论动态》编辑组撰写这篇文章。胡耀邦于9月4日、6日、9日三次审阅修改，并对这篇文章的题目进行了推敲，最后确定为《一切主观世界的东西都要经受实践检验》，在《理论动态》第84期（9月10日）刊出；《人民日报》于9月25日以"特约评论员"的名义公开发表；《光明日报》和《解放军报》于9月26日转载；新华社向全国播发，许多地方报纸也纷纷转载。

---

① 沈宝祥：《真理标准问题讨论始末》，中国青年出版社1997年版，第184—185页。

② 沈宝祥：《真理标准问题讨论始末》，中国青年出版社1997年版，第184—185页。

　　《一切主观世界的东西都要经受实践检验》是胡耀邦亲自命题、阐述主旨、指导写作、一再审改、最后定稿而成的，是继《实践是检验真理的唯一标准》和《马克思主义的一个最基本的原则》之后又一篇重要文章。这篇文章开宗明义："实践是检验真理唯一标准的问题，不仅是带根本性的理论问题，而且是带根本性的现实问题。它不仅关系到哲学战线，而且关系到各条战线的实际工作。"文章阐述了六个问题：真高举还是假高举要看实践；对人的处理是否正确，要受实践的检验；谁是好干部，谁有能力，也要靠实践来检验；看待先进，要坚持实践第一的观点；对生产的领导，要靠实践检验；检验文艺作品，也要靠实践。文章对这六个方面长期存在的是非颠倒和多种糊涂观念一一作了剖析，以推动各项实际工作的拨乱反正，进一步解决思想路线问题。文章的最后，还概括了"两个凡是"的思想方法是"过去的一切都不许动，今后的一切都照搬"，指出"这种观点恰好是丢掉了理论和实践相结合的原则，丢掉了毛泽东思想的根本"。

　　在这前后，胡耀邦还精心指导了中央党校《理论动态》编辑组撰写一系列文章，据统计共有 11 篇①。他付出很大的精力指导撰写这些重要文章，用以组织和推动真理标准讨论。他密切注视这场大讨论的进展情况，请中央党校及时提供有关真理标准讨论的报刊文章、各种材料及各省情况。胡耀邦从客观实际出发，发现新情况，研究新课题，提出文章的选题和主旨，因而使得这些文章具有强大的战斗力和生命力。

　　真理标准问题的讨论，在邓小平等老一辈革命家的领导和支持下，在胡耀邦的组织和推动下，向各条战线、各个领域扩展，使"两

---

① 沈宝祥：《真理标准问题讨论始末》，中国青年出版社 1997 年版，第 189 页。

个凡是"受到极大的冲击。

6月25日，中共甘肃省委召开了全省理论工作座谈会，省委第一书记宋平讲了"路线是非是可知的。实践是检验真理的唯一标准"[1]的话。7月，黑龙江省委常委扩大会议讨论真理标准和民主集中制问题，省委第一书记杨易辰随后在8月23日《人民日报》发表了《拨乱反正必须解放思想》的文章。与此同时，辽宁省委第一书记任仲夷在《理论与实践》杂志上也发表了《理论上根本的拨乱反正》，指出坚持实事求是、坚持实践标准，"是当前理论上最大的拨乱反正，它必将给人们的思想带来更大的解放，使我们在新的长征路上迈开更大更快的步伐"。[2]新疆维吾尔自治区党委第一书记汪锋在自治区党委工作会议上讲话说：这不仅是一个理论问题，而且"是关系到我们党的思想路线、政治路线的问题，关系到我们党和国家前途和命运的大事"。[3]广东省委第二书记习仲勋在广东省委关于真理标准问题学习讨论会上指出："实践是检验真理的唯一标准，这绝不是一个单纯的理论问题，而是一个有重大实践意义的问题。"[4]这样的论断此后在许多地方党委负责人的讲话中不断出现，使得真理标准的讨论在全国范围陆续开展了起来。据不完全统计，从1978年6月25日起，到11月10日中央工作会议开幕那天的四个多月中，已经有二十个省市自治区党委负责人公开表示支持真理标准问题的讨论。"两个凡是"已经相当孤立。

在各地开展的真理标准大讨论中，各地党委的宣传部门、理论

---

[1]　《光明日报》1978年6月28日。

[2]　《光明日报》1978年9月9日。

[3]　《光明日报》1978年8月29日。

[4]　《人民日报》1978年9月20日。

学术界和报刊单位在当地党委的领导下，积极主动地做了大量的工作，发挥了很好的作用。许多地方的党委宣传部门，组织当地理论工作者、党校和大专院校的教师、报刊宣传单位以及厂矿企事业单位负责人等进行座谈讨论，传达北京几个讨论会的精神，使得各单位各部门的讨论逐步开展了起来。

与此同时，解放军各大军区、各军兵种、各总部也先后召开党委会议或常委扩大会议，就真理标准问题展开学习讨论，主要负责人一一发表讲话或撰文，强调只有坚持实践是检验真理的唯一标准这条基本原则，我们的军队才敢于纠正被林彪、"四人帮"搞乱了的是非，才能正视和研究在新的历史条件下面临的新课题、新情况，提高战斗力。

诚如有的学者所指出的："在党和共和国的历史上，省市及大军区的党政军领导机关及其主要负责人对一个理论问题的讨论高度关注、主动作出鲜明的表态，并见诸报端，是不多见的，甚至可以说是空前的。"[①]

四、三中全会高度评价真理标准讨论

已经进入11月，也就是中央工作会议和十一届三中全会即将召开之际，《红旗》杂志收到了8月间约请老革命家谭震林为纪念毛泽东逝世两周年（后一改再改而成为纪念毛泽东诞辰八十五周年）写的文章，意在请他回忆和颂扬毛泽东领导井冈山斗争的伟大贡献。谭当初即表示，写文章不能光讲历史，要从现实着眼。"要我写，我就要写实践是检验真理的唯一标准，阐明毛泽东思想是

---

① 魏新生：《冲破禁锢思想的藩篱》，红旗出版社1997年版，第36页。

从实践中来，又经过革命实践检验的科学真理。"[①]11 月 14 日，谭对《红旗》编辑部的人说，《红旗》很被动，我来帮个忙，把真理标准问题写到这篇文章中去了。谭还说，这篇文章我想了两个月，也提出了"两个凡是"[②]。我这"两个凡是"，就是针对那"两个凡是"的。[③]

这时，中央工作会议正在举行，叶剑英、邓小平、李先念看了谭文，都表示赞赏。华国锋也同意了要登。[④]于是《红旗》只好照登，不得不"卷入"讨论了。

但是坚持"两个凡是"的人在中央工作会议后期公开挑起了争论。11 月 27 日，有人在分组讨论会上先后发言说，现在党内在这样的问题上存在着分歧，这种分歧不仅是思想问题，而且是政治问题，是路线问题，是关系到国家前途命运的问题，在国内和国际引起了人们对安定团结局面的疑虑。他们还指责《实践是检验真理的唯一标准》一文割裂了《实践论》中关于理论与实践相互关系的学说的完整性，所持的观点是片面的，因而在理论上是错误的；文章实际上提倡怀疑一切，提倡不可知论，提倡相对主义，否认相对真理，这是严重的理论错误；文章的基本内容，不是用实践标准来检验"四人帮"的反革命修正主义，而是要检验和修改马列主义、毛泽东思想。文章提出这样的观点，会引起思想混乱，在国内、国际上都会引起很坏的反映；文章混淆了修正主义和教条主义

---

① 《谭震林传》编纂委员会：《谭震林传》，浙江人民出版社 1992 年版，第381 页。

② 谭文中说："凡是实践证明是正确的，就要敢于坚持；凡是实践证明是错误的，就要敢于纠正。"

③ 方克在理论工作务虚会上的发言，《理论工作务虚会简报》。

④ 方克在理论工作务虚会上的发言，《理论工作务虚会简报》。

的界限，认为现在主要是批判教条主义，这就颠倒主次，错了方向，不符合十一大提出的批判"四人帮"反革命谬论的任务。他们还说，"有的文章直接间接地提到毛主席，有一种诱导人们去议论毛主席的错误倾向，后果是不好的"。

出席中央工作会议的绝大多数人并不同意他们的立场和观点，相反，纷纷发言对他们的观点进行了批评，指出《实践是检验真理的唯一标准》强调实践标准，是为了肃清林彪、"四人帮"的流毒，更好地进行拨乱反正。文章说任何思想、理论，即便是已经在一定的实践阶段上证明的真理，在其发展过程中还要接受新的实践的检验而得到补充、丰富或者纠正，这本身正是马列主义的基本原则，怎么能说是"砍旗"呢?！至于有人指责"非毛化"，实际上还是"按既定方针办""句句是真理"的翻版。安徽省委第一书记万里说："当前实践是检验真理的唯一标准和'两个凡是'的争论已经公开化了。这是党内一场严肃的政治斗争，是关于如何按照马列主义、毛泽东思想搞四化的斗争，不只是一个理论斗争。"广东省委第一书记习仲勋发言指出："关于实践标准的问题，是个思想路线问题，对实际工作关系很大。是非搞不清楚，就不能坚持实事求是。"全国人大常委会副委员长邓颖超说："实践是检验真理的唯一标准问题，是一个重大问题，我们每个人应当表明自己的立场、观点，旗帜要鲜明。"国务院副总理兼国防部部长徐向前强调："实践标准，是马克思主义的根本观点。这个问题不搞清楚，对我们的工作影响很大，关系到我们究竟执行什么路线的问题。马列主义、毛泽东思想要丰富、要发展，不能把革命导师的每句话永远不变地照搬。"[1]他们分别在各组发言，赢得了众

---

① 以上所摘发言，均见《中央工作会议简报》。

多与会者的共鸣。

邓小平在会议闭幕会上的讲话中指出："目前进行的关于实践是检验真理的唯一标准问题的讨论，实际上也是要不要解放思想的争论。大家认为进行这个争论很有必要，意义很大。从争论的情况来看，越看越重要。"①

胡耀邦没有对真理标准问题作专题发言，但是他为推动和指导真理标准讨论的进一步发展，又继续做了许多工作。10 月 27 日他看到上海复旦大学新出的《复旦学报》（社会科学版，1978 年第 1 期，10 月出版）上有几篇论述真理标准问题的文章，即给中央党校《理论动态》编辑组推荐，11 月 5 日，《理论动态》第 95 期上转载了《理论由实践赋予活力》一文。这篇文章指出，理论在指导实践、应用于实践的同时，实践也在显示和衡量着理论的检验，不是在理论指导实践的过程之外，而是在同一的认识过程之中，是同一认识过程中相互区别又相互统一的两个方面。混淆两者的区别或者割裂两者的统一，都是错误的。实践无止境，认识也无止境，真理是没有顶峰的。文章从认识论原理的高度，回答了"否定理论""怀疑一切""割裂《实践论》""要砍旗"等指责，澄清了一些人的模糊观念。

11 月 15 日，胡耀邦审阅了他指导《理论动态》编辑组撰写的《平反冤案的历史借鉴》文稿，20 日刊出。《人民日报》也在同一天作为"特约评论员"文章在第一版全文刊出。这篇文章把平反冤假错案同实践标准相联系，把胡耀邦反复讲过的话表述了出来："我们必须坚持以客观事实为根据，而不是以某些人的主观

---

① 邓小平：《解放思想，实事求是，团结一致向前看》（1978 年 12 月 13 日），《邓小平文选》第二卷，人民出版社 1994 年版，第 143 页。

意志为转移，对冤案、错案、假案进行平反昭雪。""事实是最顽强的东西。一切不实之词和错误处理，都经不起实践的检验，最终都是站不住的。"这篇文章在中央工作会议上受到广泛的重视和好评，湖北省委第一书记陈丕显和安徽省委第一书记万里等都说好。

11月12日，即中央工作会议的第三天，胡耀邦召集中央党校《理论动态》编辑组的一些成员开会，讲了中央工作会议的一些情况，要求写文章号召干部重新学习。《理论动态》编辑组的编辑按照他的提示写出了初稿，题目是《论新的重新学习》，于12月12日送请胡耀邦审阅。胡耀邦阅后将题目改为《伟大转折与重新学习》，再征求一些人的意见。两天后他在修改稿上再加修改，并提醒《理论动态》："凡属根本理论的地方，望千万不要出漏子，或者忘记了。"这篇文章指出："重新学习必须有一条正确的思想路线。马列主义、毛泽东思想，是实现四个现代化的指导思想。我们要打倒保守主义和本本主义这两个学习的敌人。""凡是经过长期社会实践，证明是符合客观、符合大多数人利益的事，就坚决地办，坚持到底，不允许任何人改变和取消。凡是不符合客观规律，不符合大多数人利益的事，就坚决抛弃，坚决改正，不允许任何人袒护和包庇。"这样就把重新学习同实践标准联系了起来。该文先在《理论动态》第104期刊出，《人民日报》则是在12月24日发表十一届三中全会公报的同日于第2版以本报"特约评论员"的名义刊出，使其成为贯彻三中全会精神的舆论，具有了特殊的意义。

11月28日，胡耀邦在中央党校三部第一期学员结业会上讲话指出："有的人往往对基本道理或基本常识不太注意，甚至认为不值得多说。其实，我们有些同志恰恰是在一些普通常识上犯错误。

这一点，毛主席对我们的教导是非常之多的。"他的这个提示通过这批干部传往全国各地和各部门，以推动真理标准讨论的进一步发展。接着他指导《理论动态》写好《打开理论工作的广阔天地》这篇文章。文章鲜明地指出："我们决不能躺在马克思主义书本上，搞现成的条文和只言片语。马列主义毛泽东思想的基本原理不能违背，但是我们也要有所前进，有所创造。"文章还尖锐地批评个别人摆出一副教师爷的架势，今天批评这个是否定"文化大革命"，明天又指责那个是"砍旗帜"。他们还大言不惭地宣称，这是维护旗帜。其实，这种做法的本身，离毛泽东思想何止十万八千里！这篇文章在《理论动态》刊登后，12 月 22 日以《人民日报》特约评论员的名义发表在第 1 版上。

胡耀邦还对即将结业返回各地的中央党校学员说：今后我们的工作怎么搞？回答是要尊重实践论。有些人不尊重实践，总说毛主席没有说过呀！其实毛主席的《实践论》说得明明白白：我们大家都要尊重实践，一切靠实践检验。尊重实践论，就不要搞天才论，不要搞特殊论。有的同志不是讲嘛，实践论的对立面是天才论。我说还不够，是天才论加特权论。①《理论动态》编辑组按照胡耀邦讲话的要旨，撰写了《伟大的实践论指引我们夺取现代化建设的胜利》一文，胡耀邦细致地审读后，作了较大的修改。文章充分肯定半年多来关于实践标准的讨论是一次新的马克思主义的思想教育运动，"解放了全党全国人民的思想，从根本上端正了辩证唯物论的思想路线，把我们的一切事业重新引导到毛泽东思想轨道上来，为实现历史性的伟大转变奠定了思想理论基础"。文章强调：在实现

---

① 　胡耀邦：《要坚持实践是检验真理的唯一标准》（1978 年 5 月—1979 年 3 月），《胡耀邦文选》，人民出版社 2015 年版，第 92 页。

四个现代化的过程中，必须在马列主义毛泽东思想指引下，实事求是地研究新情况，解决新问题，集中人民群众在新的实践中提供的大量丰富的经验，加以科学的总结，提升到理论高度，再经过实践的反复检验，在思想理论上有所创造，有所前进。这篇文章对"砍旗""非毛化"等指摘加以有力的反驳，刊登在《理论动态》第105期（12月25日）上，《人民日报》于第二天作为纪念毛泽东诞生八十五周年的文章，署名"本报评论员"全文转载在第2版上。

　　真理标准讨论这场思想解放运动，成为拨乱反正和改革开放的思想先导，为中央工作会议和十一届三中全会的胜利召开，作了思想理论准备；中央工作会议和三中全会对真理标准讨论作出了高度评价。三中全会一致通过的公报说："会议高度评价了关于实践是检验真理的唯一标准的讨论，认为这对于全党同志和全国人民解放思想，端正思想路线，具有深远的历史意义。一个党，一个国家，一个民族，如果一切从本本出发，思想僵化，那它就不能前进，它的生机就停止了，就要亡党亡国。"①

---

① 《三中全会以来重要文献选编》（上），人民出版社1982年版，第11页。

第十八章　中央领导层的更新

一、中央工作会议

在 1977 年 8 月举行的中国共产党第十一次全国代表大会上，胡耀邦重新当选为中央委员。十一大政治报告宣布，以粉碎"四人帮"为标志，"文化大革命"宣告结束。但是，由于"文化大革命"造成的混乱状态不可能马上得以改观，导致各项工作在前进中遇到了严重的阻碍。然而从中央到地方，越来越多的人要求全面展开拨乱反正，彻底纠正"文化大革命"及其以前的"左"倾错误，把社会主义事业引上健康发展的轨道。邓小平向中央政治局常委会议提出了全党工作着重点如何不失时机地转移到社会主义现代化建设上来的问题，中央决定召开十一届三中全会。

为了准备三中全会的召开，中共中央决定于 1978 年 11 月 10 日开始，先召开中央工作会议。为了开好会议，参与会议筹备工作的胡耀邦认为确定哪些人参加十分重要。由于此时已有不少老一辈革命家次第恢复工作，担任中央部委和各省市自治区的领导职务，胡耀邦向中央建议这次中央工作会议可以开得大些。这个意见得到了华国锋、叶剑英、邓小平等人的支持，决定通知各省市自治区和各大军区负责人及中央党政军各部门的主要负责人共212人参加。胡耀邦为确定中央工作会议参加者名单，提出了很多建议，诸如提名思想理论、新闻出版、文化艺术、科学技术等部门也要有人参加。这就使得这次中央工作会议与会人员的组成上，与前几次的中央工作会议有很大的不同。

胡耀邦为出席中央工作会议，作了一些重要的准备。他让中央组织部加紧写出了"六十一人案"的调查报告，整理了已经着手复查、清理的重大冤假错案，其中包括彭德怀案；也让中央党校写出了康生问题的材料。他将这些材料带到了中央工作会议，报送给中央常委，也分送给出席会议的陈云等人。这些材料，引起了人们的极大关注。

中央工作会议在京西宾馆举行。11月10日的开幕会上，华国锋宣布会议的议题是：一、讨论如何进一步贯彻执行以农业为基础的方针，尽快把农业生产搞上去；二、商定1979、1980两年国民经济计划的安排；三、讨论李先念在国务院务虚会上的讲话。华国锋接着说，在讨论上面这些议题之前，先讨论一个问题，就是从明年1月起，把全党工作的着重点转移到社会主义现代化建设上来。

中央工作会议一开始，参加者分成六个大组，在重点转移这一关系全局的重大问题上展开了热烈的讨论。胡耀邦参加西北组，是西北组四个召集人之一（另三人是新疆维吾尔自治区党委书记汪锋、宁夏回族自治区党委书记霍士廉、兰州军区第一政委萧华）。在分组会上，大家讨论了如何端正实现全党工作着重点转移的指导思想问题，也就是要结束"两个凡是"的"左"的指导方针，拨乱反正，确立新的指导方针。

在 11 月 11 日举行的分组讨论会上，老革命家谭震林提出：进行工作重点转移，先要解决一些问题，如天安门事件、"二月逆流"、"百万雄师"①等问题。紧接着第二天（12 日），在东北组的陈云也发言说：实现四个现代化是全党和全国人民的迫切愿望。安定团结也是全党和全国人民关心的事。对有些遗留的问题，影响大或者涉及面很广的问题，是需要中央考虑和作出决定的。他在发言中参考胡耀邦提供的材料提出了六个问题：一、薄一波同志等六十一人所谓叛徒集团一案；二、关于所谓自首分子问题；三、陶铸、王鹤寿等定为叛徒问题；四、彭德怀同志问题；五、关于天安门事件；六、关于康生的错误。②陈云在会上提出的这些问题，涉及对"文革"的评价和对"文革"前的指导思想、指导方针的评价，都是大家关心而又不敢触及的敏感问题。陈云的发言受到与会者的赞同和响应，代表们纷纷离开会议原定的议题，围绕陈云提出的坚持有错必纠方针、解决历史遗留问题进行

---

①　"天安门事件"是指 1976 年 4 月 5 日发生在北京天安门广场镇压革命群众悼念周恩来、拥护邓小平、声讨"四人帮"的事件；"二月逆流"是指 1967 年 2 月陈毅、叶剑英、李富春、谭震林、李先念、徐向前、聂荣臻等人对"文化大革命"的错误做法提出强烈批评，而被林彪、江青、康生等人诬为"搞复辟""搞翻案"，称其为"二月逆流"；"百万雄师"是武汉群众组织"百万雄师联络站"的简称，在 1967 年 7 月因为不满谢富治、王力宣布其为保守组织而示威游行，被打成"反革命组织"。

②　陈云：《在中央工作会议东北组的发言》（1978 年 11 月 12 日），《三中全会以来重要文献选编》（上），人民出版社 1982 年版，第 15—17 页。

讨论。

13 日上午，胡耀邦在西北组发言说，我赞成把全国工作的着重点转移到现代化建设上来，但也要把该解决的问题解决好。要把"文化大革命"中尚未解决的一些大是大非问题搞清楚。林彪、陈伯达、"四人帮"，还有康生，欺骗、蒙蔽毛主席，搞了许多假东西。这些大是大非问题的解决，关系到安定团结，关系到实事求是的作风，关系到教育子孙后代，关系到维护毛主席旗帜的问题。赫鲁晓夫的历史教训，我们一定要吸取。

他在发言中着重讲了平反冤假错案、落实干部政策问题。他说，我们有 1700 万脱产干部，在历次运动中有 17% 的人受到种种"审查"，人数达 200 万之多；下面还有不脱产的基层干部被"审查"，也有 200 万。其中有多少人受到冤屈现在还不知道，总之是不在少数。对受冤屈的人应按照彻底唯物主义的精神，有错必纠，有错必改。否则，危害安定团结的因素消除不了，着重点的转移也难顺利。这件事情应当在 1979 年庆祝建国三十年前基本完成，有些事可以"一风吹"。接着他说："六十一个人"的问题，毛主席在世时，小平同志在政治局就提出，定他们叛徒是不公道的。他也谈到了彭德怀问题、陶铸问题、王鹤寿问题等，主张坚决平反昭雪。

胡耀邦还谈到康生的问题，说：我对他的历史情况不了解。他在 1942 年抢救运动中，犯了那么大的错误，从不作一句自我批评。在"文化大革命"中，他做了大量坏事，民愤极大。据中央党校统计，被他点名戴上叛徒、国（民党）特（务）、死不改悔走资派帽子的，就有六百多人。把朱委员长、叶副主席都放到"有严重问题"里面。在这方面，他超过了林彪、陈伯达。他指使南开大学搞所谓"南方叛徒集团"，反周总理。"六十一个叛徒"也是他点的名。胡耀邦认为，康生在"文革"中也是罪魁祸首。

胡耀邦在发言中，进一步提出："文化大革命"的教训要总结一下。为什么林彪、"四人帮"能在台上10年之久？根本教训是什么问题？他认为我们党内生活长期不正常，存在"党内有党，法外有法"的现象。他介绍邓小平说的一句话：党内要有一大批敢于思考问题、敢于说话、敢于处理问题的干部。他主张要揭露党的生活中的矛盾。

胡耀邦的这次发言，在西北组引起热烈反响，其他组的与会者纷纷打听，很多人表示赞同。

谭震林、陈云、胡耀邦的发言，涉及"文化大革命"中的重大政治事件，以及"文革"前的"左"倾错误，犹如一石激起千层浪，会上会下议论纷纷。

当时，邓小平正在新加坡、泰国、缅甸等国访问（11月5日至14日），华国锋同胡耀邦商量会议的进展将突破原来设想的议题时赞同胡耀邦的意见。后来，中央常委会决定，会议就这么开起来，大家有什么讲什么，知无不言，言无不尽，畅所欲言，批评和自我批评都是指名道姓的。中共安徽省委第一书记万里、武汉军区司令员杨得志、中共湖北省委第一书记陈丕显、中央军委副主席聂荣臻、中共广东省委书记王首道、全国政协副主席康克清等许多人在此后几天的讨论中先后都说，要为"文化大革命"中一些重大政治事件平反。解放军后勤学院院长陈漫远、铁道兵政委吕正操、军事学院院长萧克等许多人在发言中揭发批判了康生的问题。许多人在发言中又相继提出了一些新的问题，并对一些中央领导人阻挠解决历史问题的错误提出了严肃的批评。

对于大家发言中提出的"文化大革命"中的许多问题以及这些问题的要求，中央政治局常委和中央政治局进行了认真的讨论和研究。

11月25日，华国锋代表中央政治局在会上宣布：（一）天安门事件完全是革命的群众运动，应该为天安门事件公开彻底平反。（二）为因所谓"二月逆流"受到冤屈的所有同志一律恢复名誉，受到牵连和处分的所有同志一律平反。（三）现已查明"薄一波等六十一人案件"问题是一起重大错案，应为这一重大错案平反。（四）彭德怀曾担任过党政军的重要领导职务，对党和人民作出过重大贡献，怀疑彭德怀里通外国是没有根据的，应予否定。（五）陶铸在几十年的工作中对党对人民是有贡献的，经过复查，过去将他定为叛徒是不对的，应予平反。（六）将杨尚昆定为阴谋反党、里通外国是不对的，应予平反。（七）康生、谢富治有很大的民愤，对他们进行揭发批判是合情合理的。（八）一些地方性的重大事件，一律由各省、市、自治区党委根据情况实事求是地予以处理。中央还决定，中央专案组结束工作，全部案件移交中央组织部。这次讲话后，与会者认为对"反击右倾翻案风"问题，中央也应有个说法。12月14日，会议印发华国锋这次讲话的定稿本，增加了一条内容："实践证明，反击右倾翻案风是错误的"，将1975年至1976年连续下发的12个有关"反击右倾翻案风"的中央文件全部予以撤销。这项决定作为第二条，讲话的内容变为九条。

中央政治局的重大决定，使两年来广大干部群众一直强烈呼吁的几项要求终于得到基本解决，受到大家热烈拥护。在分组讨论会上与会者纷纷指出，这是实事求是原则的体现，也是我们党勇于坚持真理、勇于修正错误的优良传统，是我们党兴旺发达的标志，必将对全党全国人民产生巨大影响。有些人在发言中肯定胡耀邦领导中央组织部勇敢地冲破"两个凡是"的阻碍，提出"两个不管"，是坚持了实事求是、有错必纠的原则，是为党为人民做了一件大好事。

在围绕党的工作重点转移这一中心思想展开讨论时，胡耀邦强调工作重点转移的必要性，发言中引证毛泽东说过的"要波浪式前进，一浪未平，一波又起"，指出不要等波峰已平，再提出新任务，否则就会产生松劲、骄傲情绪。他在后来的发言中，还对尽快发展我国农业问题和提交会议讨论的《关于加快农业发展若干问题的决定（讨论稿）》和《农村人民公社工作条例（试行草案）》发言说："文件还不大解决问题，可能有两个原因：一是对一些问题还没吃透，二是思想上还有框框。思想框框又有两个，一是人民公社的许多问题是毛主席生前定的，二是怕否定'文化大革命'。如果思想上有框框，必然要阻碍我们吃透农业上的一些根本问题。"有些农村体制如"政社合一"，就应该改变。他说，"文化大革命"使我们国家元气大伤，劳动力的体质差了，积极性也差。如今农业要发展，主要还是要靠农民和基层干部的积极性。劳动者的积极性永远是第一位的。而林彪、"四人帮"使几亿农民和几百万干部的积极性受到毁灭性的打击。如果笼统地说"集体经济就是好"，那是抽象分析的方法；集体经济如果办得不好就不能充分发挥农民的积极性，那就根本没有什么优越性。他强调要解放思想，突破框框，正视我国农业现在存在的问题，实事求是地提出解决问题的政策措施来。

胡耀邦在这次发言中还说，现在我国农民养活自己的水平太低了，似乎好歹歹吃饱肚子就行了。这怎么能行呢？接着他讲了一个"吃饭"的笑话：建国初期，他同一位老同志一起去苏联访问。苏联党的领导人请他们一行吃西餐。侍者端出第一道菜时，那位同志不吃，想等饭上来后再吃，没有想到侍者看到他不吃端上来的菜，以为他不想吃，再上第二道菜时，把第一道菜端走了。结果一道一道菜端上来，又一道一道地端走。他等着饭来，最后没有饭，饿了一顿。胡耀邦讲这个故事，引得大家哄堂大笑。他用这个故事说明由于闭塞，不少人连"吃饭"这个概念也很狭窄。他进而指出，有些人以为解决"吃饭"问题就只有靠粮食，不知道发展多种食品的重要性；只知道"以粮为纲"，而不注意农林牧副渔全面发展、多种经营。胡耀邦在这次发言中提出的"养活"和"吃饭"问题，无疑是农业中的关键性问题。

西北组讨论农业问题十分热烈，意见也很多。大家推举胡耀邦、王任重（陕西省负责人）、江一真（卫生部负责人）、李登瀛（甘肃省负责人）、于光远（国务院研究室负责人）组成小组，集中大家的意见，对两个农业文件提出一个修改稿，供中央政治局讨论修改时参考。

中央工作会议充分发扬民主，开得生动活泼，大家敞开思想畅所欲言，敢于讲心里话、说实在话，并积极地开展批评。胡耀邦会后在中央党校向学员说："这次会议的发言简报估计有一百五十多万字，相当于两部《红楼梦》，近三部《三国演义》。总的来说就是五大问题：（一）转变有伟大的意义、伟大的前途；（二）转变以后，我们要老老实实抓经济，把生产搞上去；（三）要转变得好，就要我们把政治上的安定团结搞好，做到是非、功过、赏罚分明；（四）还要把我们的思想路线、思想方法搞好；（五）把我们党的风

胡耀邦到农村考察，深入基层与农民促膝谈心，具体了解人民的衣食冷暖。

气搞好，党的生活搞好。"①

在中央工作会议后期，会议通知各组酝酿讨论增补陈云、邓颖超、胡耀邦、王震为中央政治局委员，陈云并任中央政治局常委和副主席，黄克诚、宋任穷、胡乔木、习仲勋、王任重、黄火青、陈再道、韩光、周惠补选为中央委员等人事问题。大家在讨论中，一致同意这些同志进入政治局和中央委员会，认为是众望所归。

由于会议的内容大大超出原定的议题，会期也超出原定的时间。12 月 13 日，会议举行闭幕会，华国锋、叶剑英、邓小平分别讲话。华国锋在讲话中，对开了 34 天的会议作了总结，充分肯定了会议的成就，并讲了"两个凡是"和真理标准讨论问题，党的团结和提高领导水平问题。对于"两个凡是"，他表示"应该作自我批评"；讲到集体领导时表示不要宣传他个人，不要再提"英明领袖"。这些话受到与会者的欢迎。

叶剑英也发表了重要讲话。胡耀邦为起草叶剑英的讲话稿，花了很多精力；叶剑英本人又一再修改、推敲。叶剑英是党中央的副主席，在政治局常委中名列第二，担任全国人大常委会委员长，他的革命贡献，尤其是在粉碎"四人帮"中建立的功勋，使他在党内、在全国人民中都有很高的威望。他在这次会议上的讲话，自然受到人们的特别重视。

叶剑英在讲话一开始，高度评价了这次中央工作会议，说大家畅所欲言，充分讨论，开展了批评，一些犯了错误的同志也不同程度地作了自我批评，这是我们党兴旺发达的标志；特别是"在这次

---

① 胡耀邦在中央党校关于三中全会精神的讲话（1978 年 12 月 28 日），《中央党校校刊》第 2 期。

会议上实行这样充分的民主，确实是一个很好的开端，带了个头。我们一定要永远坚持、发扬下去"。

接着，叶剑英讲了三个问题，第一个是领导班子问题。他说，"文化大革命"的一个最大教训，就是这场运动的领导班子"中央文化革命领导小组"是由一批反革命两面派和篡党夺权分子所把持，"踢开党委闹革命"。它从反面告诉我们，在组织上必须健全民主集中制，一定要选好领导班子。他深有感慨地说，我们这些老干部、老同志，为了中国的革命事业，南征北战，过了大半个世纪，现在，年岁都大了。自然规律是违背不了的。他满怀革命深情地提出了一个"要十分注意培养革命事业接班人"的问题，极力主张老干部、老同志要用心发现、积极培养、无私支持年轻一些的同志来挑担子。

叶剑英讲的第二个问题是发扬民主和加强法制。他说，我们要实现社会主义现代化，还必须认真实行民主集中制。他十分强调要在党内外充分发扬民主，"只有充分发扬民主，才能最大限度地调动起广大干部和群众的积极性，集思广益，群策群力地建设社会主义；只有充分发扬民主，才能广开才路，及时地发现我们党的优秀人才，把他们充实到各级领导岗位上去；只有充分发扬民主，才能保障广大干部和群众有对领导实行监督和批评的权利，从而有可能及时发现和揭露像林彪、'四人帮'一类的阴谋家、野心家、两面派，巩固我们的政权，使我们的社会主义现代化建设事业有切实的保证"。

叶剑英讲的第三个问题是"勤奋学习，解放思想"。他说，勤奋学习和解放思想是相互关联的两个方面，学习愈好，知识愈丰富，愈有利于解放思想。他指出，许多同志对于社会主义现代化建设的思想准备不足，前怕狼后怕虎，墨守成规，因循守旧，思想就是不解放，不敢往前迈出一步。怕什么？是不是怕人家说自己"复辟资本主义"，怕抓辫子、扣帽子、打棍子，怕丢乌纱帽？那么为什么不怕两千多年遗留下来的手工业生产方式继续保存下去，不怕中国贫穷落后，不怕中国人民不答应这样的现状？

年高德劭的叶剑英讲的这三个问题，实在是确保社会主义现代化建设事业能够顺利进行的三个关键问题，语重心长，意义深远。

邓小平作了题为《解放思想，实事求是，团结一致向前看》的重要讲话。胡耀邦参加了这个历史性文献的起草工作。

邓小平早在 11 月初就准备讲话稿。但由于会议内外形势发生了新的变化，已经起草好的讲话稿显得不适用了。12 月 2 日上午，邓小平约见胡耀邦、胡乔木、于光远，谈讲话稿问题。[①] 邓小平将自己草拟的 3 页讲话提纲约 500 字拿了出来，将所列的 7 个部分和需要阐明的观点谈了一下，胡耀邦等都表示赞同。从邓小平家里出来，即由国务院研究室林涧青等人具体执笔起草，商定了文章的框架。两三天后初稿送邓小平审阅。为了修改这篇讲话稿，胡耀邦等人，5 日、7 日、9 日、11 日几次到邓小平家里共同研究讨论，不断地深化对各个问题的论述。11 日邓小平让执笔者对改定的稿子通读了一遍之后拍板定稿，在 12 月 13 日中央工作会议的闭幕会上宣读。[②] 邓小平的讲话共分四个部分：

一、解放思想是当前的一个重大政治问题。指出：解放思想，开动脑筋，实事求是，团结一致向前看，首先是解放思想。只有思

---

① 《邓小平年谱（1975—1997）》（上），中央文献出版社 2004 年版，第 445 页。

② 邓小平：《解放思想，实事求是，团结一致向前看》（1978 年 12 月 13 日），《邓小平文选》第二卷，人民出版社 1994 年版，第 140—152 页。

想解放了，我们才能正确地以马列主义、毛泽东思想为指导，解决过去遗留的问题，解决新出现的一系列问题，正确地改革同生产力迅速发展不相适应的生产关系和上层建筑，根据我国的实际情况，确定实现四个现代化的具体道路、方针、方法和措施。一个党，一个国家，一个民族，如果一切从本本出发，思想僵化，迷信盛行，那它就不能前进，它的生机就停止了，就要亡党亡国。只有解放思想，坚持实事求是，一切从实际出发，理论联系实际，我们的社会主义现代化建设才能顺利进行，我们党的马列主义、毛泽东思想的理论也才能顺利发展。从这个意义上说，关于真理标准问题的争论，的确是个思想路线问题，是个政治问题，是个关系到党和国家的前途和命运的问题。

二、民主是解放思想的重要条件。指出：当前最迫切的是扩大厂矿企业和生产队的自主权，使每一个工厂和生产队能够千方百计地发挥主动创造精神。为了保障人民民主，必须加强法制。必须使民主制度化、法律化，使这种制度和法律不因领导人的改变而改变，不因领导人的看法和注意力的改变而改变。现在的问题是法律很不完备，应该集中力量制定刑法、民法、诉讼法和其他各种必要的法律，经过一定的民主程序讨论通过，并且加强检察机关和司法机关，做到有法可依，有法必依，执法必严，违法必究。

三、处理历史遗留问题为的是向前看。指出：为了顺利实现全党工作重心的转变，我们的原则是"有错必纠"。凡是过去搞错了的东西，统统应该改正。最近国际国内都很关心我们对毛泽东同志和"文化大革命"的评价问题。毛泽东同志在长期革命斗争中立下的伟大功勋是永远不可磨灭的。没有毛泽东同志的卓越领导，中国革命有极大的可能到现在还没有胜利，我们党就还在黑暗中苦斗。应该科学地历史地看"文化大革命"。"文化大革命"已经成为我国社会主义历史发展中的一个阶段，总要总结，但是不必匆忙去做。有些事要经过更长一点的时间才能充分理解和作出评价。

四、研究新情况，解决新问题。指出：尤其要注意研究和解决管理办法、管理制度、经济政策这三方面的问题。在管理方法上，要特别注意克服官僚主义。如果现在再不实行改革，我们的现代化事业和社会主义事业就会被葬送。要学会用经济方法管理经济。在管理制度上，要特别注意加强责任制。在经济政策上，要允许一部分地区、一部分企业、一部分工人农民，由于辛勤努力成绩大而收入先多一些，生活先好起来，影响左邻右舍，带动其他地区、其他单位的人们向他们学习，使整个国民经济不断地波浪式地向前发展，使全国各族人民都能比较快地富裕起来。这是一个能够影响和带动整个国民经济的大政策。强调：全党同志要善于学习。根本的是要学习马列主义、毛泽东思想，要努力把马克思主义的普遍原理同我国实现四个现代化的具体实践相结合起来。

邓小平的讲话提出并回答了人们关注的实现历史转折和进行现代化建设所面临的最重大、最关键的问题，为即将召开的十一届三中全会明确了指导思想，实际上成为十一届三中全会的主题报告。后来，这篇讲话被誉为在"文化大革命"结束以后，中国面临向何处去的重大历史关头，冲破"两个凡是"的禁锢，"开辟新时期新道路、开创建设有中国特色社会主义新理论的宣言书"。

由于闭幕会上这些讲话的重要性，会议又继续进行了两天讨论。与会同志一致认为，邓小平的讲话提出了当前实现历史转折和进行现代化建设所面临的最重大、最关键的问题，为即将召开的十一届三中全会明确了指导思想，指明了党在今后的主要任务和前进方向。

12 月 15 日，会议结束。在老一辈革命家的推动和绝大多数与会同志的共同努力下，这次为期 36 天的中央工作会议终于打破"两个凡是"方针的束缚，把原来准备讨论经济工作的会议，开成了一次为全面拨乱反正和开创新局面作准备的会议。

二、十一届三中全会

由于中央工作会议已经做了充分准备，十一届三中全会从 12 月 18 日至 22 日只开了 5 天。胡耀邦等 169 名中央委员和 112 名候补中央委员出席了会议，黄克诚等 9 人列席了会议。

全会的第一天，华国锋代表中央政治局讲了三中全会的主要任务，"就是讨论通过中央政治局关于从明年 1 月起，把全党工作着重点转移到社会主义现代化建设上来的建议。同时审议通过关于农业问题的两个文件和 1979、1980 两年国民经济计划安排；讨论人事问题和选举成立中央纪律检查委员会"。

中央委员们在分组的讨论中普遍认为，现在全国范围揭批林彪、"四人帮"的群众运动，已经基本上胜利完成，实行全党工作中心转变的条件已经具备。应当适应国内外形势的发展，及时地果断地把全党工作的着重点和全国人民的注意力转移到社会主义现代化建设上来。许多人说，加快社会主义现代化建设，并在生产迅速发展的基础上显著地改善人民生活，加强国防，这是全国人民最为关心的大事，对于世界的和平和进步事业也有十分重大的意义。全党全军和全国各族人民要同心同德，进一步发展安定团结的政治局面，并且立即动员起来，为社会主义现代化建设进行新的长征。

在讨论中，许多中央委员说，实现四个现代化，要求大幅度提高生产力，就必然要求多方面地改变同生产力发展不适应的生产关系和上层建筑，改变一切不适应的管理方式、活动方式和思想方式。这是一场广泛、深刻的革命。我们要根据新的历史条件和实践经验，采取一系列新的重大的经济措施，对经济管理体制和经营管理方法着手认真的改革，在自力更生的基础上，积极发展同世界各国平等互利的经济合作，努力采用世界先进技术和先进设备，并大力加强实现现代化所必需的科学和教育工作。

为了加速发展经济，对于我国经济管理体制上的权力过于集中这个严重缺点，一些中央委员认为应予重视解决。应该有领导地大胆下放职权，让地方和工农业企业在国家统一计划的指导下有更多的经营管理自主权；应该着手大力精简各级经济行政机构，把它们的大部分职权交给企业性的专业公司或联合公司；应该坚决按经济规律办事，重视价值规律的作用，注意把思想政治工作和经济手段结合起来，充分调动干部和劳动者的积极性；应该在党的一元化领导下，认真解决党政企不分、以党代政、以政代企的现象，实行分级分工分人负责，充分发挥中央部门、地方、企业和劳动者个人四个方面的主动性、积极性、创造性。胡耀邦非常赞成党政企分开，各司其职，不要党包揽一切。他认为这是发扬社会主义民主，改善党的领导的一个重要措施。

与会者对农业问题作了深入讨论，共同认为，目前全党必须集中主要精力把农业尽快搞上去，大力恢复和加快发展农业生产，坚决地、完整地执行农林牧副渔并举和"以粮为纲，全面发展，因地制宜，适当集中"的方针。为此，必须首先调动我国几亿农民的积极性，要采取一系列政策和经济措施，在经济上充分关心他们的物质利益，在政治上切实保障他们的民主权利。大家提出应当采取的政策措施有：切实保护社队的所有权和自主权，不准无偿调用和占有生产队的劳力、资金、产品和物资，必须贯彻按劳分配的原则，自留地、家庭副业和集市贸易不受干涉，三级所有、队为基础的制度稳定不变，实行民主管理、干部选举、账目公开等等。大家还提出，粮食征购指标在今后一个较长的时间稳定不变，绝对不许购过头粮，建议适当提高粮食统购价格，超购部分的价格更应当高些，其他农产品收购价格也要逐步作相应提高；而农机、化肥、农具等价格则要降低，把好处给农民。对于提交全会的《关于加快农业发展若干问题的决定（草案）》和《农村人民公社工作条例（试行草案）》，同意先发到各地讨论和试行。

为了实现全党工作重点的转移，大家在讨论中认为，要有一个安定团结的政治局面，要充分发扬民主、统一认识、增强团结，要加强群众监督和中央委员的监督，加强法制建设，等等。大家在讨论中涉及的内容相当广泛，提出了许多很好的建议。

三中全会的一项重要议程是"讨论人事问题和选举成立中央纪律检查委员会"。

对于人事问题，由于此前的中央工作会议后期已经有了广泛而充分的酝酿，所以各组在讨论时意见都比较一致。全会增选陈云为中央政治局委员、政治局常务委员、中央委员会副主席；增选邓颖超、胡耀邦、王震为中央政治局委员；增补黄克诚、宋任穷、胡乔木、习仲勋、王任重、黄火青、陈再道、韩光、周惠为中央委员，以后提请党的十二大追认。

恢复建立在"文革"中被取消的中央纪律检查委员会，是新的历史时期加强党的建设的重要步骤。中央政治局在几个月前讨论三中全会的议程时，就将选举成立中央纪律检查委员会作为一项重要的准备工作，交给胡耀邦负责进行。胡耀邦领导中央组织部做了大量的准备工作，其中最重要的一项是在全国范围考察、提出中央纪律检查委员会成员的候选人名单，1978 年 10 月 25 日、12 月 2 日、

12月16日三次向中央政治局提出方案。在16日向中央的报告中说：

"一、上届中央监委委员共六十人。现在提出的中央纪委候选人名单（草案）是99人。其中，书记、副书记15人，常委23人，委员61人。按我们党的状况，同时考虑到目前还有一批老干部能工作而没有分配实职工作，我们认为，中纪委候选人的总名额99人是适宜的。

二、我们党已经多年没有设立纪律检查机构，林彪、'四人帮'又把党的纪律废弛得不像样子，中央一旦恢复纪委，全党都注意是由哪些同志在这方面担负起拨乱反正的责任。所以这次挑选的中纪委候选人，一般都是在第十次、第十一次路线斗争中表现好的，政治历史上没有什么大问题的同志；同时也注意了党性、组织纪律性较强，能坚持原则，作风正派，办事公道，看问题比较全面，党内信得过的同志。

三、提名的中纪委候选人，大多数是党龄较长、年龄较大而能工作的同志，也提了二十几名年富力强、有实践经验的中年同志。名单中包括同林彪、'四人帮'作过坚决斗争的，以及各条战线和有关部门的同志。还包括蒙古、藏、壮、苗、回、朝鲜、维吾尔等7个少数民族的同志。女同志有12人。

四、中央纪律检查委员会是以兼职委员占多数组成，还是专职委员占多数组成？我们反复考虑，鉴于过去监委兼职委员太多，心思不在监委工作上，甚至开起会来都很困难；同时考虑到目前还有一批能工作而没有分配实职工作的老干部，因此，这届中纪委多配了一些专职委员，占到委员总数的一半以上。"①

中央组织部在报告的后面附上了中纪委候选人名单，包括各人

---

① 《十一届三中全会会议文件》。

的简历。

由于在中央工作会议上广泛征求意见，并不断修改补充，所以全会在酝酿讨论中都表示满意。在 22 日的正式选举中，100 名候选人全部当选：第一书记陈云，第二书记邓颖超，第三书记胡耀邦[①]，常务书记黄克诚，副书记王鹤寿等 11 人，常委帅孟奇等 24 人，委员朱穆之等 61 人。

三中全会原则通过了《中共中央关于加快农业发展若干问题的决定（草案）》和《农村人民公社条例（试行草案）》，原则同意《1979、1980 两年国民经济计划安排》。对于全会的《公报》，全会亦决定原则通过。

全会的《公报》，历来是表述全会成果的重要文件，中央常委会十分重视。先是，华国锋在中央工作会议期间，几次同胡耀邦谈及《公报》的起草事宜，说要胡耀邦关注此事，并布置中办研究室着手起草。胡耀邦认为这是一个既要体现三中全会还要包括中央工作会议的巨大成果的重要文件，乃推荐擅长起草文件的胡乔木主持。华国锋同意，即于 12 月 10 日亲自向胡乔木作了布置。12 月 14 日，胡耀邦与胡乔木等人商量《公报》起草问题，对中办研究室写出的稿本进行了讨论，大家提出很多建议。胡耀邦为《公报》设计了大的框架，说："除了开头、结尾外，搞四个部分：经济，政治，思想，组织，都是围绕工作重点转移。"这就使得起草工作有了纲目。18 日，全会开始。当晚，胡耀邦与胡乔木等看了起草小组改出的第二稿后，提出了具体的修改意见。20 日上午，胡耀邦看了胡乔木的修改稿后又提出了一些修改意见；晚上还去人民大会

---

① 原先提名时，胡耀邦和中组部只提名陈云为第一书记，邓颖超为第二书记；但"陈云同志坚持要我（胡耀邦）兼一个"（1978 年 12 月 12 日胡耀邦在十省市自治区解决突击发展党员问题座谈会上的讲话），因此胡耀邦列名为第三书记。

堂与华国锋等共同商量修改方案，让胡乔木再加修改。21日下午，中央政治局会议上讨论了公报草案，胡乔木根据讨论意见再次加以修改，于22日清晨印发出席全会的全体人员审议。这是全会的最后一天，各组集中讨论了公报草案，提出了很多修改意见。在当晚的全会闭幕会上，全会决定原则通过，根据各组讨论意见再加修改后由中央政治局常委审定发表。

在三中全会闭幕后于12月25日举行的中央政治局会议上，讨论决定人事问题。会议讨论了新增选的4位政治局委员的分工，决定陈云分管中央纪委和公检法、民政等政法部门，邓颖超分管工、青、妇等群众团体，胡耀邦分管中央日常工作和宣传工作，王震仍分管国防工业部门。

中央政治局会议同时根据中央工作会议和三中全会上许多人的意见，决定设立中央秘书长、副秘书长，协助中央领导同志处理日常工作，任命胡耀邦为中央秘书长兼中央宣传部部长，胡乔木为中央副秘书长兼毛泽东主席著作编辑出版委员会办公室主任，姚依林为中央副秘书长兼中央办公厅主任。除此之外，还宣布了其他人事任免。华国锋仍担任中共中央主席，但经过这次全会，就体现党的正确指导思想，决定党和国家重大方针决策的实际作用看，邓小平实际上已经成为党中央领导集体的核心。这些人事任免变动的决定，使党中央机构得以新的面貌出现，为贯彻和落实十一届三中全会所确定的路线、方针、政策，提供了组织保证。

三、进入中央领导层

胡耀邦自从十一届三中全会当选为中央政治局委员，担任中央秘书长分管中央日常工作后，全面协助华国锋、叶剑英、邓小平、李先念、陈云等中央政治局常委，领导全党大规模地进行拨乱反正工作，坚持解放思想、实事求是的思想路线和把党的工作中心转移到经济建设上来、实行改革开放的政治路线，全党工作迈进一个蓬勃发展的兴旺阶段。他每天都要工作十几个小时，吃住在中南海，假日也常不回家，至多星期六回家吃一餐晚饭与家人见个面。他日理万机，坚持三中全会确定的路线、方针、政策毫不犹豫，并注意从实际出发，灵活机动地加以贯彻实施。他承上启下，有效地解决了不少地方和部门的领导问题；他还做了许多领导层之间的协调工作，有力地推动全党自上而下实现安定团结的政治局面。他殚思竭虑，不辞劳苦，各个方面的工作都卓有成效，在全党上下赢得了广泛的赞誉。

1979 年 7 月，邓小平提出，思想路线、政治路线的实现要靠组织路线来保证，现在解决组织路线问题已经提到我们议事日程上来了。他特别提出要抓紧解决由什么人来接班的问题，要采取一系列措施，着手解决干部的革命化、年轻化、知识化、专业化问题，实行新老合作和交替，废除领导职务终身制，逐步实现干部队伍的梯形结构。

在 1979 年 9 月举行的党的十一届四中全会前后，中央和地方几千名干部对于党的各级领导班子问题作了广泛的讨论。这种讨论的成果，集中地体现在这次全会通过的叶剑英代表中央在庆祝中华人民共和国成立 30 周年大会上的讲话稿上："我们的老干部毕竟年纪大了，体力差了；而现在的各级干部班子中，中年、青年干部太少。我们要认真总结过去在干部选拔方面的经验教训，下决心在一定时期内，把大批经过实践考验、得到群众拥护的年富力强的优秀干部提拔到领导岗位上来。"关于选拔各级领导干部的标准，叶剑英在讲话中明确提出当前应当特别强调三条："一是坚决拥护党的政治路线和思想路线；二是大公无私，严守法纪，坚持党性，根绝派性；三是有强烈的革命事业心和政治责任心，有胜任工作的业务能力。"[1]11 月，邓小平在一次高级干部大会上指出："现在我们面临的问题，是缺少一批年富力强的、有专业知识的干部，而没有这样一批干部，四个现代化就会变成一句空话。"他特别强调"我们老干部的责任就是要认真选好接班人"，这是"第一位的责任"。[2]

　　1980 年 2 月召开的十一届五中全会决定增加中央政治局常委人数，恢复党的八大决定的、实践证明是必要的和有效的措施，设立中央书记处作为中央政治局及其常务委员会领导下的处理经常性工作机构。叶剑英在第一天的会议上作了一个重要发言，阐述中央政治局常委会决定成立中央书记处并提交全会讨论这个问题。他说："我们老同志都想为党多干些时间，多做些工作，但是年纪不饶人，自然规律不可抗拒，革命事业总有一个交班和接班的问题。""我们讲中央书记处接班，是接集体的班，而不是接哪一个人的班。""中央书记处是培养锻炼党的高级干部的场所。"[3]2 月 29 日，邓小平在十一届五中全会第三次会议上讲话，他充分肯定"这次全会很重要，开得非常好"，"真正体现了中央委员会的集体智慧和集体领导，在党的生活中树立了很好的风气。应该在全党各级领导机构中把这种风气推广发扬下去"。他说："这次会议解决的加强党的领导、改善党的领导的问题，包括加强中央常委领导的问题，建立

---

　　①　叶剑英：《在庆祝中华人民共和国成立三十周年大会上的讲话》（1979 年 9 月 29 日），《三中全会以来重要文献选编》（上），人民出版社 1982 年版，第 225、224 页。

　　②　邓小平：《高级干部要带头发扬党的优良传统》（1979 年 11 月 2 日），《邓小平文选》第二卷，人民出版社 1994 年版，第 221、227 页。

　　③　叶剑英：《在党的十一届五中全会第一次会议上的讲话》（1980 年 2 月 24 日），《三中全会以来重要文献选编》（上），人民出版社 1982 年版，第 362 页。

中央书记处的问题，提出党章修改草案和制定党内政治生活的若干准则的问题等，是十分重要的。"关于书记处的工作，他指出：我们要发扬民主，但是同时需要集中。也许现在和以后一个相当时候，更要着重强调该集中的必须认真集中，以便把效率提高一些。我们强调集体领导，这次讲接班也是集体接班，这很好，很重要。但是，同时必须把分工负责的制度建立起来。集体领导解决重大问题；某一件事、某一方面的事归谁负责，必须由他承担责任，责任要专。应该说，过去我们的书记处工作效率不算低，原因之一就是做出决定交给专人分工负责，他确实有很大的权力，可以独立处理问题。现在反正是画圈，事情无人负责，很容易解决的问题，一拖就是半年、一年，有的干脆拖得无影无踪了。办事效率太低，人民很不满意。这样能够四个现代化呀？我希望，从重新建立书记处开始，中央和国务院要带头搞集体办公制度，不要再光画圈圈了。书记处和国务院的某些工作，不一定全体成员都参与，有几个人一议，就定了。有些事情可以一面做，一面报告政治局和常委；要上面讨论的事情可以等，备案性质的就不要等。各级都要实行集体领导、分工负责。比如实行党委领导下的厂长负责制，党委只管大的政治问题、原则问题，厂里的生产、行政方面的管理工作，就应该由厂长负责统一指挥，不能事无大小都由党委包起来。厂长和几位副厂长也各有专责，有管技术的，有管科研的，有管财务的，有管后勤的，等等，需要商量的事也可以几个人商量决定。上下都要讲究工作效率。这样做，难免有时要犯一点错误，但这种错误比那种议而不决、决而不行、拖拖沓沓、长期解决不了问题的错误好得多，也容易纠正。① 叶剑英、邓小平的这些意见获得绝大多数中央委员的赞同。

---

① 邓小平：《坚持党的路线，改进工作方法》（1980 年 2 月 29 日），《邓小平文选》第二卷，人民出版社 1994 年版，第 274、282—283 页。

经过充分的讨论，大家都赞成增加中央政治局常委的人数和成立书记处，并对常委和书记处候选人名单反复酝酿、讨论。最后，全会增选胡耀邦、赵紫阳为中央政治局常委，选举胡耀邦为中央委员会总书记，万里、王任重、方毅、谷牧、宋任穷、余秋里、杨得志、胡乔木、胡耀邦、姚依林、彭冲为中央书记处书记。除宋任穷71 岁外，书记处其他 10 人都是六十多岁。大家一致认为："吸收那些能够坚定地执行党的路线，具有独立工作能力而又年富力强的同志参加领导工作，这不仅是为了适应现代化事业的繁重工作的需要，而且是为了保证党的路线、方针、政策的长期连续性，保证党的集体领导的长期稳定性的需要。"①距十一届三中全会只有一年多一点的时间，胡耀邦正式走上党中央的领导岗位。

四、坚持集体领导

十一届五中全会后，胡耀邦处于第一线，带领中央书记处，把 10 亿人口大国的"党政军民学、工农商学兵"方方面面的大事都掌管了起来。面对拨乱反正、改革开放的千头万绪，胡耀邦倾注了全部精力，是他一生中最为呕心沥血、殚思竭虑的岁月。他明白，自己的一言一行，都要对人民负责，对党和国家负责，对历史负责，凡事无不战战兢兢，如履薄冰。但是他不改一贯的思想作风，敢说敢做，果断明快，敢于坚持真理，敢于承担责任。他按照十一届三中全会解放思想、实事求是的路线，密切关注和调查研究新情况，解决新问题，提出拨乱反正的许多方针政策。他要主持中央书记处的会议，他要对各项决策、措施的意见和方

---

① 《中国共产党第十一届中央委员会第五次全体会议公报》(1980 年 2 月 29 日)，《三中全会以来重要文献选编》(上)，人民出版社 1982 年版，第 405—406 页。

案表示意见，要对众说纷纭、各执一词的讨论作出结论。对于各个方面各个部门的重大方针政策，要加以指导，肯定正确的，批评和纠正错误的；对于植根于各级干部头脑和方方面面工作中的"左"倾教条主义影响，他要进行大量的说服教育和组织、推动工作加以拨乱反正；对于各种不同认识或各自利益驱动所引起的矛盾和纠纷，他要充分调查研究、倾听不同意见而后秉公决断；对于不少部门和地方的领导班子老化、软弱、不团结等问题，他要分别不同情况十分细致地加以解决；对于党内和社会上的不正之风，他要大声疾呼地反对和处置，尤其是对腐败分子和违法乱纪的高干子弟，更要严惩不贷。他还要面对来自各个方面的期望、建议、要求、批评甚至攻击、诋毁，努力使自己方寸不乱，保持冷静和理智，从善如流而不计嫌隙。

处于第一线的胡耀邦这样做、这样说，自然也会有同其他人意见相左的情况，许多时候会得罪人；也难免会出现某些情况不明、了解不细、判断失误而说错话、做错事的时候；还有一些时候，为了顾全大局，为了团结大多数，为了耐心等待，他不得不在某些问题上说出妥协或退让的话，做出违心的事。但是他一片公心，诚恳务实，勇于坚持真理，也勇于改正错误。所以，绝大多数人都是拥护、支持、理解和谅解他的。

胡耀邦担任总书记后，把自己作为中央书记处这个集体中的平等一员，定期主持召开书记处会议，民主讨论一切重大问题，充分发挥集体的智慧和经验，让大家各抒己见，畅所欲言。对有些问题有意见分歧，或少数人坚持不同意见，只要不耽误工作，他常常是并不立即作出结论，而是留待以后再充分讨论。他对书记处各成员的工作和意见，总是充分支持、理解以至必要的谅解。在书记处讨论问题时，对于对他提出不同的或批评的意见，他虚

心听取。至于他在中央政治局常委之间，对老一辈革命家和主席华国锋，都是十分尊重，以谦逊谨慎的态度参加讨论党和国家的大事。

坚持集体领导，反对突出个人，胡耀邦身体力行，并且一再提醒全党：这是一个根本性的问题。他在兼任中央宣传部部长后第一次向中央宣传系统领导干部的讲话中就说：少宣传个人，这是宣传工作的一个方针。这不是一个普通的问题，不是可讲可不讲、可注意可不注意的问题。这是对待马克思主义的根本态度问题。他认为，坚持集体领导，这要在党的制度上加以规定和解决。在胡耀邦参与主持制定的《关于党内政治生活的若干准则》十二条中，把"坚持集体领导，反对个人专断"作为第二条，并作出了一系列明确的规定，明确指出：集体领导是党的领导的最高原则之一，各级党委都要实行集体领导和个人分工负责相结合的制度，凡是重大问题都由集体讨论决定，不得由个人专断。这十二条准则在党的十一届五中全会上获得通过，对规范全党政治生活具有十分重要的意义。

1980年7月30日，中共中央正式发出《关于坚持少宣传个人的几个问题的指示》，明确规定：一、除中央有专门决定，不得新建老一代革命家个人的纪念堂、馆、亭、碑等建筑；二、出版老一代革命家和其他革命英雄的传记和文集，应当慎重从事；三、报纸上少宣传领导人个人的没有重要意义的活动和讲话；四、将毛主席像、语录、诗词逐步减少到必要限度，毛主席像章要尽量收回利用；五、一般高级干部丧事应力求简化和节俭。这个文件对于加强党的建设，起了良好作用。

1980年11月10日至12月5日，中央政治局连续召开九次扩大会议，通过了三项决议：一、向六中全会建议，同意华国锋同志辞去中央主席、军委主席的职务。二、向六中全会建议，选举胡耀邦同志为中央委员会主席，邓小平同志为军委主席。三、在六中全会前，暂由胡耀邦同志主持中央政治局和中央常委会的工作，由邓小平同志主持中央军委工作，都不用正式名义。

在中央政治局会议作出了向六中全会建议选举胡耀邦为中央主席的决定后不过一个月，胡耀邦在全军政治工作会议上的长篇讲话中，着重讲到了反对个人迷信、反对突出个人的问题。他说：强调宣传个人，不强调宣传党、宣传人民，把宣传个人强调在宣传党之上，超过党，超过人民，任何时候都是错误的。实事求是地宣传某个人的贡献是可以的，但是务必首先宣传党，宣传阶级，宣传人民，然后才是宣传个人。没有党，哪里有个人呢？个人是党里面的一分子，是受党管的嘛，是受集体制约的嘛。

1981 年 6 月 27 日至 29 日，党的十一届六中全会在北京举行。这次全会的议程是两个：一、审议和通过《关于建国以来党的若干历史问题的决议》；二、改选和增选中央主要领导成员。由于对改选中央主席一事经过了半年之久的广泛讨论，在全会之前又举行预备会议充分酝酿认真讨论，所以在全会上顺利地进行了无记名投票的民主选举。选举结果是：胡耀邦为中央委员会主席，赵紫阳、华国锋为中央委员会副主席，邓小平为中央军事委员会主席，中央政治局常务委员会由胡耀邦、叶剑英、邓小平、赵紫阳、李先念、陈云、华国锋组成。

胡耀邦对于被选为中央委员会主席，是有清醒理智认识的。在六中全会闭幕会上，他发表了一个 18 分钟的讲话，其中谈到"两个没有变"。他说："我是在我们党的一个特定的历史条件下，被推上现在这个岗位的。本来，按全党绝大多数同志的意愿，中央主席是要由小平同志来担当的。除邓小平同志之外，无论从水平、从能力、从资望上来说，还有好些老同志都比我更合适。""现在就这样定下来了，这当然是一个很大的变化。但是我想，我有责任向全会说明，有两条并没有变：一是老革命家的作用没有变，二是我的水平也没有变。前面我说过，这些年常委起主要作用的是叶剑英、邓小平、李先念、陈云四位同志，特别是邓小平同志。这不是什么秘密。连外国人都知道，邓小平同志是现今中国党的主要决策人，有时候他们还用另外一个词，叫'主要设计者'。不管是哪个词，意思是一样的。现在的中央领导核心，政治生活很正常，真正恢复了集体领导。好几位老同志就说过，现在中央的政治生活，算得上是我们党历史上最好的年代。我是同意这个话的。老一辈革命家仍然是中央起主要作用的核心人物。这个情况可不可以告诉全党呢？我认为，不但可以，而且应该。至于我的水平并没有变，那更是同志们看得很清楚的。因为世界上根本不可能有这样的情况：一个人的工作职务突然上升了，他的本事也随即膨胀起来。今天的胡耀邦，还是昨天那个胡耀邦。对待这样的问题，当然主要是靠我自己有自知之明，但是，也要请全党按照这次历史决议的精神，实行监督，首先要请中央委员会的成员进行监督。"①

胡耀邦的"两个没有变"，赢得了全体中央委员的热烈掌声。邓小平在全会的闭幕会上讲话说："我们这次把胡耀邦同志选作党的主席，刚才他作了一个简短的讲话，我想，这一段话也证明，我们这个选择是正确的。""我们相信，这个重大的决策，重大的选择，是正确的。"②

全会结束后，胡耀邦当即对中央宣传单位的领导同志说：希望

---

① 胡耀邦：《在党的十一届六中全会闭幕会上的讲话》（1981年6月29日），《胡耀邦文选》，人民出版社2015年版，第261—265页。

② 邓小平：《在党的十一届六中全会闭幕会上的讲话》（1981年6月29日），《邓小平文选》第二卷，人民出版社1994年版，第383页。

你们注意，我们无论如何不要搞个人崇拜的宣传，不要突出宣传我个人。只要你们把好两年关，不搞个人崇拜的宣传，我想我们党就会形成一股新风气。

胡耀邦担任党中央主席，担子更重了、责任更大了。他在第三天庆祝中国共产党成立六十周年大会上的讲话中预见到了："当前，在我们面前还有许多困难。拨乱反正的任务还没有完成，各方面的工作都还存在许多问题。我们的四个现代化建设，物质条件和知识、经验都很不足。人民生活水平还很低，有许多急迫的问题需要解决。党的领导和党的作风还有待进一步改善。轻视困难是不对的。充分估计我们的困难，才能立于不败之地。"他还把一个多月前攀登泰山的感受，生动地比喻到未来的岁月，说"已经到了'中天门'，前面还有一段要费很大气力的路——三个'十八盘'"。[1]他更加兢兢业业，深思熟虑，周密地处置一些问题，常常夜不能寐。他在一个月后对中央党校学员的讲话中曾说："一个月前，我们全党作了一个历史决议，评价了1981年以前的一些主要问题、历史功过。从1981年7月以后，我们要写自己的历史了。凡是在台上的人，都要准备写自己的历史，写自己1981年以后的历史，八十年代的历史。难道我们只写人家的历史，不写自己的历史呀？每个在台上的人都将要经受检验。""既然是上了台，不管是我也好，不管是你们也好，那就横了这条心，不到黄河非好汉，不到长城非好汉，不到南天门非好汉！"[2]胡耀邦以"写好自己的历史""不到南天门非好汉"的决心，尽心尽力地工作着。

---

① 胡耀邦：《在庆祝中国共产党成立六十周年大会上的讲话》（1981年7月1日），《胡耀邦文选》，人民出版社2015年版，第275—276页。

② 胡耀邦在中央党校第六期学员结业会上的讲话（1981年7月29日），《中央党校校刊》第7期。

五、健全各级领导班子

领导班子问题关系国家长治久安。早在 1977 年，尚未正式复出的邓小平就提出：在揭批"四人帮"的斗争中，要从广大干部中找积极分子，对有错误的班子要坚决改组，对有问题的人一个也不留，要把各级领导班子搞得更年轻一些。1979 年夏，邓小平到安徽、上海、山东、天津等地视察，把领导班子建设问题放到突出的地位。他提出："现在最迫切的是班子问题，是找接班人的问题。"

胡耀邦在工作中，大力推动各级领导班子的调整和健全。这项工作为推动落实干部政策，顺利实现全党工作重心的转移，提供了重要的组织保证。

鉴于"文革"之后各级组织严重不纯的状况并未改变，胡耀邦提出了"三位一体"调整领导班子的方针。这就是：一、把参与"四人帮"篡党夺权阴谋活动的骨干分子以及反对党中央路线和有各种严重违法乱纪行为的人，从领导班子中清理出去；二、对犯有严重错误和不称职的干部进行调整；三、选拔充实一批德才兼备的优秀中青年干部。他在中央组织部工作期间，一方面积极恢复和安排老干部的工作，使他们重返工作岗位，发挥骨干作用；另一方面推动各地充分认识选拔中青年干部是个战略问题，要走群众路线放手进行。他与各省市区党委主管组织工作的负责人共同研究，充分讨论，草拟了《关于调整领导班子的几点意见》，明确提出了"调上""调下""调开""交流"四种调整办法。

胡耀邦强调要从知识分子中选拔德才兼备的领导干部。这是党的干部工作中富有创见而意义深远的重大举措。他通过《组工通讯》

发表有关言论，反复阐明建设四个现代化需要知识分子干部这个观点。他告诫组织部门的干部，必须把选拔人才的思想搞对头，弄清楚什么样的人是四化建设需要的干部，要破除"左"的思想，特别是轻视知识分子的偏见，跳出只从党政干部中寻找人才的圈子，扩大视野，放眼于广大知识分子，把大批优秀的人才发现出来，选拔上来，以适应社会主义现代化建设的要求。胡耀邦还多次指出，仅仅靠翻档案，凭死材料办事，或者只听少数人的汇报，偏听偏信，都不可能把人选准选好，越是充分走群众路线，选拔干部的工作就会做得越好。

　　对于"文化大革命"中提拔上来的大批中青年干部，当时有些人主张统统撤下去，"大换班"，有的说至少要把他们放到基层去锻炼考验几年。胡耀邦则主张：在分清思想政治是非的基础上"多换思想少换人"。他在一次会议上强调要作具体分析，分别对待。他说，对他们一般不要讲"双突"（突击入党、突击提干），那样容易伤感情。提得恰当的，应当保留；好的很优秀的，就要很好地加以爱护；提得不够理想的，要区别对待：思想品质作风都好、能力不够、群众不赞成下去的，也可保留；思想品质不好，在路线斗争中又犯错误，群众不赞成的，应调下去。他在另一次会议上说，"文化大革命"是一场内乱，是在林彪、江青两个反革命集团的几十个阴谋家、野心家所利用这个特定历史条件下进行的一场政治斗争。在这场政治斗争中，许许多多干部、党员、非党人士受到了伤害，有些人在当时特定的历史条件下犯了错误，对此要有历史唯物论的分析和认识。对于林彪、江青两个反革命集团的主犯和若干成员所犯下的罪行，必须予以法律惩处外，对于为数众多的其他有牵连的人，必须以政治斗争的办法来处理。我们不能从局部角度、暂时观点来认识和处理他们，而要以党的最高利益和全局的长远利益来考虑和认识他们。重要的是要实事求是。要从历史的特定条件出发，作出具体的全面的分析。

对各级领导班子的调整和配备，胡耀邦加以精心指导，指出领导班子要调整好，主要是把一二把手配好。绝大多数地方不必大换班。重要的是班子配好后，要经常检查他们的工作，要有一套好的制度和办法。由于指导思想对头，政策把握稳妥，各级领导班子的调整和配备，进展相当顺利，没有引起大的波动。这就为进一步拨乱反正，贯彻三中全会的路线、方针、政策，巩固安定团结的政治局面，推动工作重点的转移，提供了组织保证。

六、努力推进新老交替

不仅是中央领导机构，就是在全党，都有一个干部队伍新老交替的重要任务。站在党和国家的长远利益的战略高度，邓小平等老一辈革命家高度重视这个问题。十一届三中全会前，1978 年 2 月，邓小平在听取四川工作汇报时就明确指出，总的政策是，过去"四人帮"要打倒的一批老家伙，现在还得请他们回来。老家伙的任务，首先是找接班人。十一届三中全会以后，党中央把这项工作作为重要议事日程之一，胡耀邦为此坚持不懈地进行了大量工作。

干部队伍老化，是进入新的历史时期之后中国共产党面临的一个突出问题。中国共产党是一个大党，在 20 世纪 80 年代初，拥有许多开国元勋和老一辈无产阶级革命家，以及富有革命经历的各级领导干部。然而他们当中的许多人进入了老年阶段，体力上、精力上都难以胜任繁重工作和继续领导现代化建设的艰巨重任。大量选拔年富力强的年轻干部，做好新老干部的合作和交替工作，一时显得十分紧迫。为此，邓小平提出了设立顾问委员会的设想，并提出"这样，就可以让一大批原来在中央和国务院工作的老同志，充分利用他们的经验，发挥他们的指导、监督和顾问的作用。同时，也便于使中央和国务院的日常工作班子更加精干，逐步实现年轻化"。胡耀邦在一次讲话中指出，做好新老干部的合作和交替，关系到提高工作效率、搞好现代化建设、全党安定团结、党的事业后继有人、国家长治久安。如果新老结合不好、交替不好，我们党不是不可能再有动乱的。即使政治路线正确，如果组织路线不正确，同样会有问题。反过来说，如果处理得好，我们的天下，社会主义制度，可以预见到未来的 20 年、30 年，肯定会兴旺发达。

1978 年胡耀邦在中央组织部工作时，把选拔中青年干部充实到各级领导班子中来，提到社会主义事业后继有人的战略高度来抓。他曾分三批召开选拔优秀中青年干部工作汇报会加以推动。他在 1978 年 8 月 19 日的 7 省市选拔优秀中青年干部工作汇报会上说，现在我们干部队伍青黄不接，选拔优秀的中青年干部是一个战略问题，必须走群众路线才能搞好。他强调从现在起，就应当放手让德才兼备的中青年干部在一定的领导岗位上经受锻炼，增长才干，请老干部对他们进行传帮带，使他们成为各级领导班子强大的后备力量，以便可以从中挑选领导干部。这样，党和人民的事业才能后继有人，兴旺发达。他特别要求组织部门的干部，思想和工作必须跟上形势，努力发现人才，培养人才，把这项具有战略意义的工作做好。同时要求把过去行之有效的领导干部后备名单制度逐步恢复建立起来。胡耀邦的这一举措，受到叶剑英等人的赞赏。叶剑英在党的十一届三中全会前举行的中央工作会议上，着重提出全党要重视培养和选拔接班人，要求"老干部、老同志要用心发现、积极培养、无私支持年轻一些的同志来挑担子"。

邓小平在这个问题上讲了很多重要意见。他要求老同志做好这项工作，说这是老同志最主要的、第一位的任务，是关系到我们党和国家长远利益的路线问题。这个问题解决不好，我们见不了马克思。1982年1月11日、13日，中央政治局召开扩大会议，讨论机构精简问题，邓小平进一步强调解决干部新老交替的重要性，指出："这次革命不搞，让老人、病人挡住比较年轻、有干劲、有能力的人的路，不只是四个现代化没有希望，甚至于要涉及到亡党亡国的问题，可能要亡党亡国。"他还说："选人要选好，要选贤任能。""出要解决好，更重要的是解决进。"邓小平的讲话，成为其后中央和国务院机构改革的指导思想。①

陈云也高度重视中青年干部的选拔和培养。他在1980年12月中央工作会议上提出："我们老干部必须担负起挑选德才兼备的青年干部的责任。"陈云还提出要成千上万地提拔中青年干部。他说：培养年轻人很有必要。建国时我45岁，可以三班倒、四班倒，白天开会，晚上同周总理谈，午夜去找毛主席。现在不行了，如果还要那样干，就是向"八宝山"开快车。②

1980年8月举行的中央政治局扩大会议，专题讨论了党和国家领导制度的改革问题，其中一项重要内容是废除领导干部职务终身制，大量选拔年轻干部；并且提出了逐步实现各级领导人员的革命化、年轻化、知识化、专业化。

对于这个干部四化，胡耀邦在实际工作中，加以阐述为"德才兼备，年富力强"8个字。他说：德，主要看"文革"中的表现，特别是三中全会以来的表现。如果现在是45岁，"文革"时才30岁，

---

① 邓小平：《精简机构是一场革命》（1982年1月13日），《邓小平文选》第二卷，人民出版社1994年版，第397、400、401页。

② 《陈云年谱》（下），中央文献出版社1998年版，第243页。

要着重考虑同中央在政治上是否保持一致，对中央的路线政策是一条心还是两条心。才，主要看知识化、专业化。即使是做统战工作、宣传工作，也都是专业，都要有专业知识。年富力强是不仅要年轻，还要身体好、精力充沛。至于领导经验，只有在领导工作的实践中才能积累、取得。你没有让人上台，他哪来的领导经验。还有种说法是这个人太骄傲。对于这个骄傲，要有分析。可能他比较有胆识。四面讨好的人不叫有德，不叫有才，叫滑头。他推动各地要把德才兼备、年富力强的干部选拔到第一线，担任实职性的领导工作。要尽可能多提50岁以下、40岁左右的干部到各级领导岗位上来。他们能够肩负起本世纪的任务，跨到21世纪。这是个巨大的优势，正是我们党的希望所在。

年轻干部要胜任党和人民的重托，当然不能只凭年龄轻些。胡耀邦反复告诫青年干部：努力学习，努力调查研究，努力工作，努力开创新局面；要时时刻刻想到我们的党、国家、人民赋予自己的历史重任。不要在重任面前无所作为，更不要辜负了党和人民的期望。他特别要求青年干部要有革命的勇气，要有开创新局面的革命毅力和革命风格。同时，他指出，年轻的同志，不管担任了多高的领导职务，都要尊重革命前辈。

对于大量选拔年轻干部到领导岗位上来，许多人顾虑会把不合格的人也提拔上来，以致却步不前。古人云，"拔十失五，犹得其半"。① 胡耀邦在谈到这个问题时说，我们坚持德才兼备，首先要考察他的历史和实际表现，特别是他对中央的路线政策是否保持一致。然而十全十美的人是没有的，任何人都会有这样那样的缺点和不足，就要看他的主要方面，基本方面，不足方面则加以帮助，在

---

① ［晋］陈寿：《三国志·蜀书·庞统传》。

实践上加以考察。还要看到，人是要变的，有的人经不起考验，难免会坏掉一些，我们也要有精神准备。他在1986年5月的一次讲话中说，这几年，中央、省、地（市）、县，一共提拔了230万人，都是一些三十几岁、四十几岁或五十刚出头的同志。中央的看法，新提起来的这二百多万年轻干部，绝大多数提拔得是正确的，没有这批年富力强的同志上来，我们的事情不好办。是不是都好？确实发现有不好的，有个别人很不适当，有些同志上台以后没有自知之明。但这个数量不能夸大，如果是1%的话，大概就是2万多吧。不行就下来嘛，能上能下嘛。充分走群众路线，把事实核实清楚，经过大家讨论，不行就下来，重新安排适合的工作。至于违法乱纪的，则是另外一个问题。

二百多万年轻干部走上了各级领导岗位，同时有二三百万老干部退下来，较好地实现新老交替，其意义是不可低估的，它不仅给领导工作和四化建设带来蓬勃朝气，也保障了党的正确路线、方针、政策的连续性和稳定性；还为今后干部队伍的建设、新老干部的交替积累了宝贵经验。

在大量选拔年轻干部的同时，妥善安排好老干部是至关重要的。胡耀邦为安排好老干部，进行了大量的调查研究，总结了一些地方的经验，向中央提出了许多建议，为中央所采纳，随即制定了一系列政策规定。

如何估量老干部，是做好妥善安排工作的前提。通常所说的老干部，即是新中国成立前参加革命工作的干部，[①] 至1981年底统计，

---

① 这是1982年国务院的规定。此前的规定则是：第一、二次国内革命战争时期参加革命工作的干部，抗日战争时期参加革命工作的副县长及相当职务或行政十八级以上的干部，新中国成立以前参加革命工作的行署副专员及相当职务或行政十四级以上的干部为老干部。

全国尚有大革命时期的 700 多人，10 年内战时期的 1.7 万多人，抗战时期的 42 万人，解放战争时期的 191 万人。他们为人民革命事业和新中国的建立，绝大多数都作出过自己的贡献，应当得到人民特别是年轻干部的尊重。现在他们之中的绝大多数，要离开领导工作岗位，必须要有一个正确的政策。

1978 年 11 月中旬，中央组织部召开了部分省市和部委主管干部工作的负责人参加的老干部工作座谈会。正在京西宾馆出席中央工作会议的胡耀邦，特地抽出时间听取会议情况汇报，并于 18 日在座谈会上作了重要讲话。他除了向大家讲了一些中央工作会议的情况和主要精神外，着重讲了老干部工作的重要性。他说，首先要明确"老干部"这个概念。随着时间的推移，凡是解放以前正式参加革命工作的同志，都应算是老干部。我们在全党和全国人民中应当提倡尊重老干部的历史功绩。有些老干部历史上可能有过这样那样的错误，只要是认识和改正了，一般应当从宽对待。胡耀邦说，老干部的工作，要区别不同情况去对待：身体健康状况良好，年纪不太大，还能够胜任现在工作，本人又要求的，可以继续工作；年纪大了，现在担任领导职务感到吃力的，可以安排在二线，担任名誉职务；健康状况不好，难以继续工作的，就要离职休息。老同志最重要的任务是为党发现和培养中青年干部，搞好传帮带。在政策上，我们应当研究制定一些适当从优的规定，使他们身体健康，安度晚年。

为了对老干部做出妥善安排，顺利实现干部新老交替，陈云主持起草了《关于老干部离休退休问题座谈会纪要》。《纪要》指出："干部必须实行离休退休制度，这是根本办法。"《纪要》还对老干部离休退休后的待遇提出若干原则性的意见。十一届六中全会印发了《纪要》。

1982 年 2 月 20 日，中共中央正式颁布了《关于建立老干部退休制度的决定》，对老干部离休、退休的年龄作出了明确规定。1982 年 1 月 12 日，胡耀邦主持召开中央政治局会议，讨论国务院和中直机构改革问题时，对老干部的具体安排问题进行了进一步研究。胡耀邦在发言中说，我们的党是个大党、老党，几十万老干部，绝大多数同志对革命有贡献，不充分尊重他们，很不得人心，不利安定。但老化是自然规律，是谁也逃脱不掉的，又必须想办法解决。他提出了三条解决办法：一、作为大国、大党，中央要保留八十人左右在全国有影响有威望的党内、党外老同志压阵脚，但各省、各部不存在这个问题；二、要设一些名誉职务，如顾问委员会，以便安排；三、身体不好的下决心退休离休一批，但政治待遇、生活待遇必须从优。许多政治局委员同意这三点意见。有的说，老化问题不解决不行了。我们这些人搞了一辈子革命，最后要革好这次命，废除终身制，并且要制造一种到年龄就退休的风气。耿飚等几位政治局委员还报名要求带头退休。会议并讨论了对退休、离休老干部生活待遇必须从优的方案。会后，中共中央于 2 月 20 日发出了《关于建立老干部退休制度的决定》。此后，国务院及中央组织部等有关部门根据这一文件作出了一系列政策规定，以确保退休离休下来的老干部在政治上和生活上都得到从优的待遇。

在中央的号召下，大批老干部主动离休、退休或退居二线。据中直机关和中央国家机关统计，到 1982 年底，有 81% 的老干部办理了离休手续；各地的老干部也先后离休、退休。

对于那些对党有过较大贡献，有较丰富的领导工作经验，在党内外有较高声望的老同志要安排好，这是胡耀邦在中央和各地的讲话中一再强调的。他说，年岁大了，一般不要再安排到第一线，担任实职性的领导工作了，可以退到第二线，或者当顾问，除中央和省一级设立顾问委员会外，各个部门也可以设置顾问，使一些老干部有个过渡，一步步地退下来。同时，他对老干部说：我们的老同志要很好地支持那些新上台的干部，放手让他们工作。听到人家反映一些问题的时候，一般先不急忙表态，而是去调查调查，核实核实，采取一种负责的态度、慎重的态度。

对于更多的老干部来说，退出第一线，离休下来了，就不要过多地去干预年轻人的工作。胡耀邦曾说，干扰过多，将来自己去见马克思时，大家印象并不好。还有积极性的话，可以做的事情很多，群众工作、社会工作有的是，调查研究，家庭访问，做青少年教育、转化工作，做党外朋友的工作，做华侨、起义军官、民主人士的工作……无穷无尽。他对老同志说：要善于自己安排好自己，例如写回忆录，把自己经历的斗争写出来；再是练习书法、绘画；三是学点养身之术，如太极拳、下棋等等。对有些工作和问题还要发表点意见也是好的，不过不要采取泛泛地讲一大篇的办法，而是有什么问题讲什么问题，一件事一个单位或一个人，把问题搞得很具体很实在，确确实实，有根有据，不会被人钻空子。针对有些老同志对新的领导班子指手画脚干扰甚多的情况，他还说过：老同志有三大任务，第一是长寿，第二是长寿，第三还是长寿。不要老是讲"发挥余热"了，有人发挥得别人都受不了啦！老红军和抗战时期的老同志是"第一梯队"，要长寿清静；五十多岁的是"第二梯队"，要扶持后俊；年轻的"第三梯队"要拼搏上阵。大家亲密团结，我们的党和国家、社会永久昌盛。

新老交替在全党全国最具影响力的是十二大选举。十二大选举产生的中央委员会，共有中央委员 210 名、候补委员 138 名，其中新选的一百二十多名中央委员和候补委员，大都是 60 岁以下的。这无疑是为全党和全国人民所注目的，中央领导层年轻化大大向前推进。但是 60 岁以上的仍占三分之二，是个明显的问题。胡耀邦说：习惯势力要一步一步改，不是一天就能革除的，不那么容易。只是确定过两三年再开一次代表会议，中央委员中的老同志再退一批，增补一批年轻同志。将来到十三大，再退一批、选一批，就逐渐实现年轻化了。

1984 年 9 月举行的党的十二届三中全会，讨论了增选中央委员会成员以及对中央顾问委员会、中央纪律检查委员会成员作相当幅度调整的问题，认为应当召开党的全国代表会议来庄重从事。1985 年 5 月，中央政治局常委会议决定设立一个由胡耀邦、习仲勋等 7 人组成的工作小组，指导有关部门进行三个委员会增选新成员的候选人名单酝酿、考核和征求意见的工作。

许多老干部赞成和支持中央决定，表示应当退下来，让位给年轻的干部。工作小组乃起草了关于进一步实现中央领导机构成员新老交替的决议稿，关于同意一部分老同志不再担任中央三个委员会成员的请求报告和给叶剑英、黄克诚的致敬信，连同新增选人员的候选人名单，报送中央政治局、书记处多次讨论。9 月 11 日起，四中全会举行了四天预备会议，充分讨论了三个委员会新增选人员的候选人名单，包括要增选的中央委员会委员 56 人（其中一部分是原来的候补委员）、候补委员 34 人，中央顾问委员会委员 56 人，中央纪律检查委员会委员 33 人。16 日四中全会通过了候选人名单。

1985 年 9 月 18 日，有 992 人参加的党的全国代表会议在北京举行，胡耀邦主持了会议。这次会议除了讨论审议《中共中央关于制定国民经济和社会发展第七个五年计划的建议（草案）》，以备提

胡耀邦重视基础设施建设。图为 1982 年 9 月，胡耀邦到渡口市（今攀枝花市）二滩水电站工地视察，与工程技术人员座谈。

1984 年 4 月，胡耀邦在河南省平顶山市考察时，对工程技术人员介绍的五笔字型汉字编码系统很感兴趣。考察结束后，胡耀邦积极倡导中央机关办公自动化。

1984 年 4 月，胡耀邦到河南省洛阳、平顶山市考察时，同当地干部一起查阅地图。右一为乔石，时任中央书记处候补书记兼中央办公厅主任。

胡耀邦和杨尚昆在辽宁铁岭同当地负责人一起商讨建设规划（1984 年）。

交明春六届人大四次会议审议批准外，重要的议程就是增选三个委员会的成员，实现新老交替。胡耀邦在题为《团结奋斗，再展宏图》的开幕词中，阐述了领导班子年轻化对于更好地适应社会主义现代化建设的要求、保持党的马克思主义方针政策的连续性的重大意义和必要性；赞扬了近两三年来好多老同志请求退出三个委员会的行动，是"在废除领导职务终身制，建立中央领导干部退休制度，推进中央领导成员年轻化这件有历史意义的大事当中，起了模范作用，对党作出了新的贡献"。他还解释几位老革命家留在党的最高领导层中，有些已经年高的老同志继续留在中央领导机构"也是党的事业的需要"。[1]邓小平在会上作了讲话，指出："这次三个委员会成员的进退，工作做得很好，特别是中央委员会的年轻化，前进了一大步。一批老同志以实际行动，带头废除领导职务终身制，推进干部制度的改革，这件事在党的历史上值得大书特书。"[2]

出席会议的代表对三个委员会委员增选人员的候选人名单进行了充分的认真的讨论，最后于9月23日庄重地进行了投票选举；全国代表会议还赞扬一批老同志不再担任中央三个委员会成员，在新老交替实现年轻化方面为全党树立了榜样。

在全国代表会议闭幕后接着举行的十二届五中全会上，对中央政治局和中央书记处的成员，也进行了新老交替的调整。经过选举，增加田纪云、乔石、李鹏、吴学谦、胡启立、姚依林为中央政治局委员，以替代不再担任中央领导职务的叶剑英、邓颖超、徐向前、聂荣臻、乌兰夫、王震、韦国清、李德生、宋任穷、张

---

[1] 胡耀邦：《团结奋斗，再展宏图》（1985年9月18日），《胡耀邦文选》，人民出版社2015年版，第624—625页。

[2] 邓小平：《在中国共产党全国代表会议上的讲话》（1985年9月23日），《邓小平文选》第三卷，人民出版社1993年版，第145页。

廷发；中央书记处增加乔石、田纪云、李鹏、郝建秀、王兆国，以替代辞去书记处书记职务的习仲勋、谷牧、姚依林。在这年的12月，胡耀邦提名由胡启立主持召开中央书记处会议，田纪云协助万里处理国务院日常工作，让年轻干部担负领导责任，获得中央常委会通过。

自然规律不可抗拒，任何人都是要老的。胡耀邦和中央其他领导人考虑到，从长远来看，要选拔一些更年轻的优秀干部到领导岗位上来，让他们担担子，在实践中增长才干，积累经验。这样就可以一茬一茬地接班，不至于青黄不接。胡耀邦在几次会议上都说，将来中央委员当中，要有一批40岁上下的人才好；在地方也要有年轻的储备干部。这些人可以称为"第三梯队"，这从全党长远利益出发，大家都要想得通，尤其是我们上了年岁的老同志更要想得通。不然到时候就会后继无人，没有选择的余地了。同时，他勉励新担任领导职务的年轻干部，第一要努力学会驾驭的能力，要多拿点时间想点全局的问题，读点书，马列主义、中外历史、政治经济学，都要读一点，要熟悉全局情况，学会支配时间。第二要发扬处理问题解决矛盾的好作风，一是光明正大，旗帜鲜明，坚持真理；二是身体力行，模范带头。

为了适应蓬勃发展的社会主义现代化建设事业的需要，胡耀邦在全面贯彻干部革命化、年轻化、知识化、专业化的方针中，一再号召在各种岗位上的干部特别是年轻干部都要珍惜时间努力学习，提高自己的政治、业务水平，尤其是要尽快掌握原来不熟悉的建设本领和知识；同时各级领导部门要做好干部培养训练的教育工作。年轻干部年富力强是个优势，但是只有不断提高他们的专业知识和业务能力水平，才能正确发挥这个优势。他指出，长时期来，我们对干部培训工作没有引起应有的重视，尤其是在"左"倾思想的影响下，"知识越多越反动"的错误观念和批判"白专道路"的做法，造成干部队伍理论、知识和专业水平普遍低下的严重状况。这种状况必须改变。有一组统计数字：在国家机关的企事业单位领导干部中，大学程度的只占6%，高中程度的占22%，初中以下文化程度的竟占72%；在党的系统，更有过之而无不及，在全国县级以上党委领导干部中，大学文化程度的只占5%。因此，胡耀邦在十二大的政治报告中说："为了造就社会主义现代化建设的大批专门人才，必须大力加强干部的教育和训练工作。""普遍轮训干部是提高干部素质的一项重要的战略措施。"[①]

为了落实十二大提出的这一战略措施，胡耀邦和中央书记处确定首先在中央党政机关贯彻实施：要使干部教育工作经常化、制度化、正规化，培训工作要有长远规划和年度计划；要明确规定中央党政机关的所有干部，都要分批分期参加轮训，每三年离职学习半年要成为一种制度；要把干部培训和干部任用结合起来，使用和提拔干部把学历、学习成绩同工作经历、工作成绩一样作为重要依据进行考察；为了不影响干部学习期间的工资福利和其他待遇，使他们能安心学习，要规定同在工作岗位上的干部一样对待。这些重要政策规定的意见，在征求中央机关意见时，受到广泛欢迎。

中共中央直属机关党委和中央国家机关党委按照中央的部署，还对轮训干部的形式和方法进行了探讨，并总结了有些部委的经验。在轮训的形式上，既有到党校和干部学校进行培训和进修，也有各部委在机关开办走读培训班、文化补习学校，还有在各部委所

[①]　胡耀邦：《全面开创社会主义现代化建设的新局面》（1982年9月1日），《胡耀邦文选》，人民出版社2015年版，第459页。

属的高等院校和中等专业学校开办干部专修科和培训班，充分运用一切可以运用的力量，把干部教育工作开展了起来。有些部委分别干部的不同情况，把两三次、四五次的离职学习半年的时间集中一次安排。如大专班、中专班的学制要二三年，有些干部培训班也要一二年，就不能只学半年，隔三年再来学半年。

胡耀邦和中央书记处在听取中直机关党委和国家机关党委的汇报后认为，要把干部教育工作做好，除了各部委要采取切实措施加强领导，中央组织部、中央宣传部、劳动人事部和教育部也都要做好有关的工作。中央决定有关部门组成一个干部教育工作小组，由中央组织部牵头并办理日常工作。这个小组不仅要统筹、协调中央党政机关的干部教育工作，研究和拟订有关方针、政策，以后还要负责检查和指导全国各地的干部教育工作。

1982年10月3日，《中共中央、国务院关于中央党政机关干部教育工作的决定》正式发布。中央党政各机关在机构改革的基础上，迅速对全体干部的现有文化程度、业务和理论水平进行调查摸底，研究制定了分期分批培训的规划，按照中央决定付诸实施。许多省市自治区党委和政府也仿效行动了起来。

第十九章 理论工作务虚会

一、贯彻三中全会"解放思想、实事求是"精神

　　1979 年 1 月 18 日至 4 月 3 日（2 月 16 日至 3 月 27 日休会），胡耀邦主持举行了理论工作务虚会。这是中央决定召开的一次十分重要的会议。

　　还在 1978 年 9 月真理标准的讨论热烈进行之时，许多人提出了一系列重大理论问题，但在有些问题上各执己见，未能充分展开讨论和得出正确的结论。叶剑英建议中央召开一次理论工作务虚会。此前，在 1978 年 7 月，李先念主持召开的国务院务虚会，采取一边工作一边开会的形式开了两个月。李先念在中央常委会上汇报了务虚会的情况，引起了大家的很大兴趣。叶剑英在中央常委会上提出，何不把搞理论和思想工作的人集中起来，也仿照国务院务虚会的办法，开个理论工作务虚会呢？让大家把不同意见摆出来，在充分民主讨论的基础上统一认识。中央常委们表示

赞同。在中央工作会议和三中全会上，肯定了真理标准大讨论，但理论认识上的许多分歧，还来不及都加以解决。尤其是对毛泽东的个人迷信和教条主义的影响，在许多领导干部和广大理论工作者中，还是根深蒂固的，许多人思想上还处在僵化半僵化状态，"两个凡是"还有广阔市场。与此同时，许多人又提出了不少理论原则问题，诸如"阶级斗争、生产斗争、科学实验三大革命运动一起抓"的提法还要不要说？阶级斗争在社会主义阶段是否始终都存在？"以阶级斗争为纲"有没有错？社会主义社会里"继续革命"的任务是什么？党内有没有"走资派"等等。在1978年12月13日中央工作会议闭幕会上，华国锋正式宣布了中央政治局关于召开理论工作务虚会的决定。三中全会后担任中央秘书长兼中央宣传部部长的胡耀邦，负责主持筹备和召开这个会议。

理论工作务虚会分两个阶段举行。第一阶段以中央宣传部和中国社会科学院名义召开，邀请中央和北京理论宣传单位的负责人及思想、理论、新闻、文艺、科学各界的代表参加，一些在党内多年从事和关心思想理论工作的老领导陆定一、吕正操、李卓然、李一氓等21人作为特邀出席者参加，共160多人，还有各省市派来的联络员28人，从1月18日开到2月中旬，在北京友谊宾馆举行。

1月18日，理论工作务虚会举行第一次全体大会，印发了胡耀邦的《理论工作务虚会引言》。①这篇《引言》早在1月6日就定稿，并报送中央政治局常委审阅。华国锋首先表示赞同，于1月9日对胡耀邦说，《引言》看过了，很好；并答应在会议结束时讲话，让胡耀邦为他准备讲话稿。邓小平也表示同意。因此

---

① 胡耀邦：《理论工作务虚会引言》（1979年1月18日），《胡耀邦文选》，人民出版社2015年版，第109—122页。

在正式开会之前《引言》就发到了每位与会者的手里。在正式开会的时候，胡耀邦没有再全文念《引言》，只是对会议的安排和《引言》的内容作了几点说明。他在讲话中提到了毛泽东讲过的两段话，说："1965 年底，彭德怀同志分配到三线当副总指挥，毛主席请彭老总吃饭，主席对彭老总讲了三句话：你要向前看。你的问题由历史做结论吧。也许真理是在你这一边。""1968 年 10 月 14 日八届十二中全会上，下午一点钟，主席讲了几句话后问我们：'同志们，你们对文化大革命怎么看？'下面鸦雀无声，没有答复。毛主席接着说：'我看五十年、一百年之后，可能我们这一段是历史上的一个小插曲。'"胡耀邦用这两段话引起与会者的热烈反响，使人领悟到毛泽东也并不认为自己是"一贯正确""永远正确"的，我们还有什么理由要"句句是真理"而坚持"两个凡是"不放呢？

八千多字的《引言》，共分三个部分：一、这个会议的由来、目的和开会方法；二、对两年来思想理论战线形势的估计；三、伟大的转变和理论宣传工作的任务。胡耀邦在讲了会议的由来、目的和开会方法后，对思想理论战线两年来的形势做了分析，他说："两年来，我们党领导的揭批'四人帮'的斗争，不但在政治上、组织上取得了伟大的胜利，而且在思想理论战线上同样取得了伟大的胜利。思想界、理论界、新闻界、文艺界和科学界，对林彪、'四人帮'的大量反马克思主义谬论，如'天才论''一切从本本出发论''批判唯生产力论''按劳分配产生资产阶级论''全面专政论''党内有一个资产阶级论''社会主义时期只能反右不能反"左"论''儒法斗争论''黑线专政论''三突出论''反对科学是生产力论'等等，进行了深入的批判，冲破了他们设置的各种禁区，运用马克思列宁主义、毛泽东思想的锐利武器，分清了被他们搞乱了的思想是非、理论是非、路线是非和政策是非。全党和全国人民的思想获得了大解放。"

对于在有些人眼里是"乱得很，糟得很"的思想理论界，胡耀邦作了高度的评价。他指出，我们放眼世界，像中国人民这样关心理论问题，这样有理论兴趣的民族，不是很多的。这是一种可贵的民族精神。特别令人高兴的，是在揭批林彪、"四人帮"的伟大斗争中涌现了一大批理论联系实际，密切联系群众，善于思考问题，敢于发表意见的闯将。应当看到，这两年的思想理论战线并不平静，有过那么几次风浪。这些同志在斗争中冲锋在前，不愧为思想理论战线的前卫战士。他说：意识形态战线是容易犯错误的一条战线。如果脱离实际，脱离群众，更容易犯错误。我们应当允许在理论问题上犯错误。对待犯错误的同志要进行帮助，犯错误的同志也应总结经验教训，有所进步。我们要提倡理论问题的不同观点的争论，提倡对理论文章的批评和反批评，真正发扬民主学风。他提出，康生、陈伯达、张春桥、姚文元、关锋、戚本禹等人把马克思列宁主义、毛泽东思想垄断起来，只许自己任意歪曲篡改，不许别人进行创造性的研究。他们可以利用特权毫无根据地把人民欢迎的作品扣上"反党文章""反党小说""黑画""黑戏"的帽子。这种摧残文化、钳制思想的恶霸作风必须肃清。

这次理论工作务虚会，是在全党工作重心转移的时候召开的，胡耀邦指出：我们应当着重讨论一下理论宣传工作怎样适应这个伟大的战略转变。一方面是继续扫清我们前进道路上的思想障碍，另一方面，是研究和解决伟大转变中层出不穷的新问题，把马克思列宁主义、毛泽东思想同新的实践密切结合起来，使理论工作从实际出发又能走到亿万人民实现四个现代化的伟大实践的前头，生气勃勃地指导我们的实际工作飞跃前进。

胡耀邦说：为着坚定不移地朝着理论工作的唯一正确方向前

进，就一定要认真读马列和毛泽东著作。一定要认真面向实际，一定要解放思想，带头搞好毛泽东同志一贯提倡的优良学风。"最根本的，就是要完整地准确地领会和掌握马列主义、毛泽东思想的科学体系，反对本本主义。要从思想僵化或半僵化的状态中解放出来，从小生产的习惯势力中解放出来，从各种官僚主义的'管、卡、压'下面解放出来，冲破一切'禁区'，打碎一切精神枷锁，充分地发扬理论民主。"

胡耀邦这篇《引言》，不仅指明了理论工作务虚会的目的和任务，而且分析了思想理论战线的形势，阐明了新的历史时期思想理论工作的任务和基本方针，是十一届三中全会之后全面阐述思想理论宣传工作的重要文献之一。

二、突破禁区，直指"左"倾错误

胡耀邦说明《引言》的话音刚落，刚刚从邓小平家赶到友谊宾馆会场的周扬，向大家传达了邓小平对会议的意见：这个会"不要设禁区，不要下禁令"。这使得与会者受到鼓舞。

1月19日分组讨论的第一天上午，几位同志作了一个题为《关于真理标准讨论的情况》的联合发言，把真理标准问题这场重大讨论的前前后后作了详细的介绍。他们强调指出："'两个凡是'的错误思想就是一切照办的本本主义思想，是产生一系列争论的总根源。坚持这种意见的同志，实际上是在维护林彪、'四人帮'所设置的禁区，甚至搞新的禁区。如果不打破这个禁区，大家就不能大胆提出新问题、分析新问题、解决新问题，我们就无法前进。"他们在发言的后半部分还列举了十个方面的事实说明，由于有些人反对实事求是的思想路线，坚持本本主义、推行"两个凡是"，以致严重阻碍揭批"四人帮"，阻碍拨乱反正，阻碍实现四个现代化，有害于党和国家的前途。这篇发言印发给会议每一个参加者，自然引起了热烈的讨论。

1月22日，胡耀邦向大家传达了邓小平对务虚会的几点意见，并根据各组讨论的情况，归纳出若干问题，建议大家深入思考研究：

一、怎样深入讨论真理标准问题；

二、社会主义时期的阶级斗争，党的基本路线是怎么来的；

三、建国以来理论工作的经验教训；

四、对"文化大革命"的估价，"文革"性质、要求、教训等；

五、社会主义民主问题。从十月革命到现在都没有解决，民主是集体的行为；

六、康生问题。他究竟是马列主义理论家还是假马列的骗子，或是一个棍子；

七、突出宣传个人问题；

八、对马克思、列宁、毛泽东能否一分为二，对马列主义毛泽东思想能否一分为二。

胡耀邦强调指出："这次会不强调什么人作检讨，不开成批判人的会。自己愿意检讨也可以，但要讲出道理来。"他还说："敞开思想谈，三不主义。但不要向外扩散，使用的材料一定要准确。""为了畅所欲言，所有的会议记录文字，都由自己定稿，不审查。"

身受三中全会精神鼓舞，又听说了邓小平"要敞开思想"的号召，与会的许多人敞开思想，深入思考，对新中国成立以来思想理论战线上的各种问题和经验教训，各抒己见，畅所欲言，进行了广泛的讨论。他们意气风发，议论风生，热望党和国家中兴繁荣的炽热心情溢于言表。长期在中宣部从事理论工作、时任中央编译局局长的王惠德说，现在全党面临着一个重新认识的问题：建国快要 30 年了，现在还有两亿人吃不饱饭，我们一定是在哪里出了毛病。这个重新认识的要求是阻挡不住的。我们搞理论工作的同志麻木不仁，不思考，不去研究是不行的。"文革"前长期担任中宣部副部长、时任中国社会科学院顾问的周扬说：首先有个对"文化大革命"的定性问题，但在理论上必须弄清楚。究竟是出了林彪、"四人帮"几个野心家、阴谋家造成的，还是在路线上、理论上有问题？无产阶级专政下继续革命的理论是否存在问题？这个问题不搞清楚，"两个凡是"的问题也就搞不清楚。长期从事外事工作、对国际问题颇有研究的中国社会科学院副院长宦乡说，20 年来国内"左"倾机会主义思想的发展，同一定的国际条件也有关，国际共产主义运动的论战，大大加强了国内"左"倾思想的发展。这些在思想理论界很有声望的人的鞭辟入里的发言，给与会者很大启发。

1 月 27 日，胡耀邦又向大家传达了邓小平在听取会议讨论情况汇报时的讲话，要求会议讨论民主问题，并写出文章来。胡耀邦认为，邓小平这次讲民主问题的观点比较彻底，非常重要。他要求文件起草小组把它加以发挥，写进准备为邓小平、华国锋在会上的讲话稿中去。

三、敞开思想，深入探讨重大理论问题

与会者敞开思想，深入思考，在分组讨论中对一系列思想理论

问题进行了广泛的议论，主要是：

（一）关于建国三十年来党的路线问题。许多人说，建国初期到 1956 年，党的路线基本上是正确的；虽然那时在农业合作化、批判胡风、肃反斗争中也有"左"的错误，但只是"一个指头"；1957 年的反右派运动，党的路线开始向"左"转，"大跃进"、公社化"左"倾思潮泛滥成灾，庐山会议后"左"倾路线逐渐形成，"四清"运动使"左"倾错误日益严重；"文化大革命"是"左"倾错误路线发展到登峰造极的表现。有些人分析"左"倾路线的形成和发展，有国际国内的历史根源和思想根源：党和毛泽东个人威望的提高，使我们产生了骄傲情绪和"唯意志论"，波匈事件使我们过高估计阶级斗争、资本主义复辟和国外颠覆势力的能量。还有人指出，民主集中制的不健全和个人迷信，也是原因。

（二）关于社会主义时期的阶级斗争问题。许多人认为，多少年来，说社会主义历史阶段始终存在着阶级和阶级斗争，是社会主义社会的主要矛盾，说阶级斗争始终是纲，这不是发展马克思主义，而是背离了马克思主义。大家认为，说生产资料私有制改造后的阶级和阶级斗争问题，是所谓无产阶级专政下继续革命理论的核心问题更是错误的。有些人从阶级划分的标准、社会主义发展的不同阶段、各个不同阶段不同的主要矛盾等方面作了阐述。

（三）关于无产阶级专政下继续革命的理论问题。在讨论中有三种不同看法：一种看法认为从内容到提法都应当否定，因为它是向所谓"走资派"夺权的理论。另一种看法是这个理论的内容是错误的，但"继续革命"这个提法不能否定掉，重要的是把继续革命的对象和方法搞对头。还有一种看法认为对继续革命理论的内容本身也要区别不同情况作具体分析，并非全是不正确的，用对立统一规律来观察社会主义社会存在两类矛盾，阶级斗争并没有结束，政权问题仍是阶级斗争的实质。

（四）关于民主与法制问题。有人提出，民主不能只是手段，它既是手段也是目的。即使作为方法和手段，也是领导国家的根本方法。有人指出，无产阶级专政的根本任务，首先就是要大力发展人民民主，不断扩大民主的范围，提高民主的程度，完善民主的制度。只有这样，才能依靠人民对敌人实行有效的专政。许多人认为，发展民主必须加强法制，使民主制度化、法制化。法制应该保护民主，而不是把法制和民主对立起来。应该建立和健全有法律保证的民主制度，如选举制度、监督制度、罢免制度等。

（五）关于领袖和群众的关系问题。许多人在讨论中提出，长期以来，我们有许多模糊甚至错误的观念，今后要在以下几个原则问题上澄清是非：不是人民应当忠于领袖，而是领袖应当忠于人民；不是领袖创造历史，而是人民创造历史；领袖不是一个人，而是一个集体；领袖不是天生的，而是在实践中成长的；领袖不是不能批评的；领袖的权威不是人为树立起来的，而是从斗争实践中自然形成的；领袖应当在党组织之内，遵守少数服从多数的原则，而不是在党组织之上发号施令；党的领袖不是终身制，应有任期等。

（六）关于经济理论问题。三中全会确定以经济建设为中心的总方针，经济理论问题就成为大家特别关注的讨论重点。回顾30年来经济建设的经验教训，许多人认为在理论上以下几个重大问题值得探讨和重视：一、生产力决定生产关系、经济基础决定上层建筑，是马克思主义的基本观点，可是毛泽东片面强调生产关系、上层建筑在一定条件下表现为"主要的决定作用"，导致"唯意志论"破坏生产力的大跃进、人民公社等等错误。二、社会主义国家所有制同全民所有制是否可以画等号，全民所有制采取国家所有制形式利弊如何？三、离开生产关系谈所有制，是马克思批评过的蒲鲁东的错误；把生产、流通、分配三大环节中的流通丢掉了，又是恩格斯所批判的杜林的错误。我们在农业合作化和公社化中不断变革所有制，很少考虑生产水平和生产关系发展的过程，经济管理上忽视流通问题，是否重犯了蒲鲁东和杜林的错误？四、人民公社政社合一，用行政手段领导生产，而且使集体所有制带上国家所有制性质，在理论上是否违背了经济规律？五、毛泽东早在1958年就提倡吃饭不要钱、取消薪金制、恢复供给制，说这些都是"对资产阶级法权的破坏"，1975年又强调要限制资产阶级法权，这是否违反社会主义经济发展规律？六、"阶级斗争是纲，其余都是目"、"抓革命、促生产"等提法，确切不确切？此外，还议论了计划与平衡、以纲带目与按比例发展、波浪式发展与比例失调、大中小并举、土洋并举等关系问题。

（七）关于国际问题。有几个小组对于"左"倾错误在国际问题上的反映展开了议论。有的说，由于思想上的唯心主义和形而上学，我们认识一个国家的社会性质形成了这样一个模式：思想理论——政策路线——政治制度——社会形态，结果对南斯拉夫的判断便成了一个历史错案。还有，我们用固定的框框套，不承认事物的多样性，以我划线，无限上纲，先有结论后找材料，引用对方自我揭露的材料来大张挞伐，在"文革"时期更是强加于人，如时代问题、农村包围城市的武装革命道路问题、全盘拒绝议会斗争和议会选举问题、第三个里程碑问题等等，造成国际共产主义运动中的思想混乱，使许多兄弟党的革命力量蒙受损失。这些教训，都有必要从理论上加以总结。

（八）关于正确对待毛泽东思想问题。这是在讨论上述各问题时都难以回避的核心问题。不少人的意见主要是，毛泽东思想作为一个科学体系，应该是完整的、准确的。毛泽东的思想有其阶段性，要进行具体分析。毛泽东的思想，对于经实践检验证明是正确的部分，应该继承发展；对于一些有待实践进一步检验的，应当细心地辨别其合理内核；对于实践已证明是错误的，要实事求是地指出，不能搞"两个凡是"。

与会者对二十多年来理论工作的经验教训进行了讨论，普遍认为我们的理论水平低、理论工作落后，是一个不争的事实。原因何在？教训何在？一是1956年国内三大改造提前完成、国际上发表两篇《论无产阶级专政的历史经验》《再论无产阶级专政的历史经验》，便滋长起骄傲自大情绪，对国内、国际，都不再注重了解和考察实际，反以理论权威自居，对马克思主义做出新的"发展"和"贡献"。二是理论工作不民主，搞个人迷信。多少年来，理论工作者往往只能复述、解说、注释毛泽东的著作和言论，搞新的训诂学，而不是独立思考进行研究。混淆学术问题和政治问题的界限，政治问题是绝对禁区，更使得理论研究被窒息。康生、陈伯达等人以势压人，践踏理论民主，草菅人命，教训惨痛。三是片面强调理论工作"为政治服务""从政治上考虑"，把理论工作的党性和理论研究的科学性对立起来。根据现行政策确定理论研究的命题和任务，先有结论后找材料，就谈不上理论研究的科学性，也不可能为确定方针政策提供正确的理论依据。四是许多人在发言中列举了康生搞极"左"和整人的罪行。有些人指出，康生是一个思想理论界的大恶霸，他的罪行累累，应当清算。如今康生虽然已经死去，但"康生现象"应当引起全党充分警惕。为什么中国共产党内竟会产生像康生一类的人物？这与党内生活不正常有很大关系。

务虚会上，与会者大多数在解放思想、实事求是的思想路线指引下，想了以前有疑惑而不敢深想的问题，说了以前想说而不敢说出的意见。许多认识和意见，突破了条条框框和许多禁区，对"两个凡是"和教条主义思想僵化进行了尖锐的批评，对一系列理论方面的重大原则问题进行了深入的讨论，批判了"左"倾错误，对于全面推进拨乱反正，正确总结历史经验，实行改革开放，具有积极的意义。

但是，在理论问题和现实问题的讨论中，在对毛泽东和毛泽东思想的评价问题上，少数人也有片面、偏颇以至错误的观点，出现了怀疑以至否定社会主义制度、无产阶级专政、党的领导、马列主义毛泽东思想和毛泽东的错误倾向；对于当时社会上错误思潮的泛滥，也存在着思想上的摇摆以至右的偏差。

理论工作务虚会第一阶段，于2月15日结束。2月16日胡耀邦对参加会议的各省市自治区党委干部说，会上发言涉及的方方面面内容很广，发了264期简报，人手一份，但这都是个人的意见，对一些同志的批评也都没有经过核实，所以大家回去请不要传，不要扩散。并说如果没有什么特殊情况，3月初或3月中旬将复会继续讨论。

四、推动解放思想和发扬民主

随着真理标准问题讨论的展开，干部群众思想进一步得到解放。与此同时，10 年"文革"中长期积累的一些社会矛盾问题也都冒出来了。北京、上海、广州、武汉、贵阳等不少地方，一些在历次运动和"文革"中受到冲击和处理的人纷纷上访申诉；有些上山下乡的知识青年聚集在一起要求返回城市；有些人对本单位领导不满，贴出大字报进行尖锐批评；还有一些关心党和国家命运的人对如何改进党和国家的政治生活、加快社会主义建设发表各自的意见，有的还引起了争论；一些人上街贴大字报小字报、散发油印刊物、进行街头辩论以至成立自发组织；也有些人要求解决问题的心情十分急切，出现了游行、请愿等事件。

北京的"西单民主墙"在 1978 年 10 月形成时曾经对天安门事件平反等起过好作用。但在这时，它却变成了少数坏人用来进行非法宣传和犯罪活动的阵地，出现了一些对中国共产党领导和社会主义制度产生怀疑甚至反对的言论。

混杂在这股思潮之中的，有两种仇视党和社会主义的人。一种是"四人帮"的残余分子，他们攻击三中全会方针，攻击中央领导人，说三中全会是翻案、复辟、倒退，是现代修正主义。还有一种人鼓吹西方资本主义如何美妙，提出"反饥饿""要人权"等口号，甚至有人贴出大字报要求美国总统"关怀"中国的人权。有的非法组织，诽谤马列主义、毛泽东思想，污蔑无产阶级专政的国家制度。有的人同境外特务机构联系，策划破坏活动。个别地方还出现了部分群众冲击党政机关、占领办公室、静坐示威、阻断交通的现象，对社会秩序形成了压力。

　　如何正确对待广大群众在发扬民主过程中出现的各种言行？如何恰如其分地估量这股怀疑或反对党和社会主义的思潮？如何对待和处置这股思潮？当时在党内、在党的高层，都引起了思考。还在三中全会刚刚结束之时，有几个省委书记就提出，有些地方存在两方面的现象：一方面有的党委、政府机关干部，不懂得发扬民主，保护人民的权利；另一方面，也有一些党员、群众不懂得如何运用自己的民主权利，往往走到无政府主义方面去。他们这样下去，一会把工作秩序搞乱，二会把生产秩序搞乱，三会把社会秩序搞乱，妨碍交通、治安。

　　早在1978年11月25日，邓小平针对天安门事件平反后群众的反映和北京市街头大字报的情况，就及时指出："我们的工作要跟上去，要积极引导群众，不能和群众对立。""但讲问题，要注意恰如其分，要注意后果。迈过一步，真理就变成谬误了。毛主席的伟大功勋是不可磨灭的。我们不能要求伟大领袖、伟大人物、思想家没有缺点错误，那样要求不是马克思主义者的态度。外国人问我，对毛主席的评价，可不可以像对斯大林评价那样三七开？我肯定地回答，不能这样讲。党中央、中国人民永远不会干赫鲁晓夫那样的事。"他还指出："现在中央的路线，就是安定团结，稳定局势，搞社会主义现代化。""安定团结是实现四个现代化的必要政治条件，不能破坏安定团结的局面，这是中央的战略部署，这是大局。我们处理任何问题，都要从大局着眼，小局服从大局，小道理服从大道理。不搞什么新运动，不要提中央没有提的什么运动。要引导群众向前看。"[①]

---

　　①《邓小平年谱（1975—1997）》（上），中央文献出版社2004年版，第435、436页。

对于人民群众尤其是青年在发扬民主过程中出现的种种言行，胡耀邦强调建立和健全党和国家的民主生活，是我们党中央的一条政治方针，是坚定不移的，需要我们很好地加以引导，使党和国家的民主生活向健康的道路上发展。理论工作务虚会期间，胡耀邦让工作人员把安徽省委第一书记万里对上访、贴大字报的人指出"在发扬民主的同时必须注意法制和纪律"的有关报道，登在 1 月 23 日的会议简报上，提请与会人员思考；2 月上旬，他又把上海出现游行、卧轨、冲击党政机关的情况批发给会议讨论。他说：只要我们认真做工作，有两三个月，这股小小的逆流就可以基本上平息下来。他具体指导《人民日报》等报刊宣传单位要加强正面宣传，坚持正面引导；还建议有关单位派出一些干部到那些群众自发组织中去，耐心引导和影响他们不要误入歧途。

五、"四个坚持"

社会上出现了错误思潮蔓延、安定团结受到威胁这些新情况、新问题，理论工作务虚会没有按原定计划在 3 月中旬复会，而是到 3 月 28 日才复会。

1979 年 2 月上旬，邓小平访美归来，部署了对越自卫反击战以后，即把注意力转到国内政治思想战线。他了解了社会上右倾思潮蔓延的情况，看了理论工作务虚会的简报，觉察到了问题，决定要在理论工作务虚会上，强调坚持四项基本原则。3 月 27 日上午，邓小平就准备在理论工作务虚会上的讲话稿问题，同胡耀邦、胡乔木等谈话。他指出："四个坚持，坚持社会主义道路，坚持无产阶级专政，坚持党的领导，坚持马列主义、毛泽东思想的基本原理，现在该讲了。民主和法制问题，要展开讲。要讲民主与集中的关系，眼前利益与长远利益、个人利益与国家利益的关系。"还指出："思想理论界应有一个主导思想。理论工作的主导思想、中心任务是要引导人们向前看。有那么一种倾向，就是迷恋于算旧账。对三中全会的精神宣传得少，还出现了一些似是而非的提法，甚至是偏激的提法。这样不好，不利于团结一致向前看，不利于调动人民的积极性，不利于一心一意奔向四个现代化。"①

3月28日，理论工作务虚会复会。会议改由中共中央主持，称为"全国理论工作务虚会"。参加者除中央和北京各单位的人员、解放军系统从事理论宣传工作的干部外，还有各省市自治区党委分管思想宣传工作的书记和宣传部部长等，共四百多人。会议以中共中央的名义召开。胡耀邦主持第一天的全体会议，讲了这次会议的两个议程：一、请邓小平作报告，然后进行讨论；二、座谈对当前形势的看法以及对当前工作的意见、要求和建议。

当天下午起，到会人员分组就第二项议程先行讨论。四百多人分14个组，除原来的5个组外，还新增加了军队的3个组和地方的6个组。讨论中发言最多的内容是对理论工作务虚会第一阶段的看法以及对当前思想理论战线形势的估计。发言的人大多数认为，前一段务虚会开得好，敞开思想，讨论问题，有利于思想解放，应该充分肯定。有些人说，目前有一种说法，说乱子是务虚会这帮秀才们闹出来的，把目前社会上极少数人的问题归咎于务虚会，这不符合事实。现在社会上有各种思潮，其中"文化大

---

① 《邓小平年谱（1975—1997）》（上），中央文献出版社2004年版，第499—500页。

革命"中形成的无政府主义就不能低估；个人迷信和封建专制主义则根深蒂固，例如对前一段解放思想抱怀疑态度的人近来就出来指手画脚；而对于揭批林彪、"四人帮"持怀疑和反对的态度也有些抬头，甚至还有"四人帮"的残余势力乘机捣乱，明目张胆地攻击三中全会的正确路线。这怎么能归咎于理论工作务虚会呢？与会人员认为，三中全会以来的形势总的说来是好的，应当充分肯定解放思想、实事求是的巨大影响和深远意义；目前有些地方出现了一些不正常的甚至是违法乱纪的现象，这同三中全会和理论工作务虚会没有关系，而是过去遗留问题的爆发；有人借机反对务虚会，也是反对三中全会的。许多人希望中央要肯定三中全会以来的好形势，继续坚持解放思想、实事求是的思想路线，并对某些错误思潮和不正常现象加以分析，对那些模糊的、混乱的认识加以澄清。也有人认为，前一段有些人将会上讨论到的一些重大理论问题和涉及现实的问题捅了出去，传播面很广，群众中议论纷纷，影响不好，引起了某些人对会议的非议。希望中央对这些重大问题尤其是对毛泽东和"文化大革命"的评价，尽快组织力量进行研究，以便全党全国人民统一思想，同心同德。

3月30日，邓小平受中央委托向理论工作务虚会全体大会作了《坚持四项基本原则》的讲话。针对当时党内和社会上存在的两种错误思潮，特别是正在蔓延的从右面来的怀疑和反对社会主义道路、无产阶级专政、共产党领导、马列主义毛泽东思想和毛泽东的思潮，提出必须坚持社会主义道路，必须坚持无产阶级专政，必须坚持共产党的领导，必须坚持马列主义、毛泽东思想。强调指出，这四项基本原则是"实现四个现代化的根本前提。""如果动摇了这四项基本原则中的任何一项，那就动摇了整个社会主义事业，整个现代化建设事业"。他说，"粉碎'四人帮'以至三中全会以来，党中央实行的一系列方针政策一直是坚持这四项基本原则的。""尽管如此，中央认为今天还是有很大的必要来强调宣传这四项基本原则。因为现在一方面，党内有一部分同志还深受林彪、'四人帮'极'左'思潮的毒害，有极少数人甚至散布流言蜚语，攻击中央在粉碎'四人帮'以来特别是三中全会以来所实行的一系列方针政策违反马列主义、毛泽东思想；另一方面，社会上有极少数人正在散布怀疑或反对这四项基本原则的思潮。而党内也有个别同志不但不承认这种思潮的危险，甚至直接间接地加以某种程度的支持。"

邓小平在讲话中说，"关于林彪、'四人帮'所散布的极'左'思潮（毫无疑问，这种思潮也是反对四项基本原则的，只是从'左'面来反对），我们过去已经进行了大量的批判，今后还需要继续开展这种批判，不能放松。现在，我想着重对从右面来怀疑和反对四项基本原则的思潮进行一些批判。"他着重批判了"从右面来"的对四项基本原则的怀疑和反对，阐明为了实现四个现代化，我们必须坚持四项基本原则，明确指出：每个共产党员，更不必说每个党的思想理论工作者，决不允许在这个根本立场上有丝毫动摇。如果动摇了这四项基本原则中的任何一项，那就动摇了整个社会主义事业，整个现代化建设事业。他还指出：我们要有计划、有选择地引进资本主义国家的先进技术和其他对我们有益的东西，但是我们决不学习和引进资本主义制度以及各种丑恶颓废的东西。邓小平在讲话中对"解放思想"的内涵作了科学的界定，明确指出"解放思想，就是要运用马列主义、毛泽东思想的基本原理，研究新情况，解决新问题"，以便推进中国的社会主义事业；决不允许一些人借此攻击马列主义、毛泽东思想。表明了中国共产党所实行的改革开放，一开始就具有明确的社会主义方向。

邓小平强调说："大家知道，这四项基本原则，并不是新的东西，是我们党长期以来所一贯坚持的。"①

3月31日，胡耀邦召开各小组召集人的会议，提出用三天的时间对邓小平的报告加以学习、讨论；同时议论一下思想理论工作怎么向前看，今后理论研究抓什么。他希望各地各单位能拟出一批思想言论和理论文章的题目来，好好商量一下第二季度中央和各地宣传理论部门怎样写出一批好文章来。

从4月1日起，各组讨论邓小平的报告，中央机关、北京市机关也及时进行传达，纷纷表态说这个报告非常重要，说提出坚持四项基本原则是完全正确的，意义重大，不能有丝毫动摇。这篇讲话深刻地指出了当时全党工作中，特别是思想理论战线上的一些根本性问题，对于坚定不移地贯彻十一届三中全会的方针具有重大指导意义。

在4月3日的结束会上，胡耀邦作了一个简短的《结束语》，对这次理论工作务虚会作出三点评价："一、对于会议的前一段，我同意小平同志代表中央讲的：'在三中全会以后召开的这次理论工作务虚会上，大家敞开思想，各抒己见，提出了不少值得注意、需要研究的问题，总的说来开得是有成绩的'。""二、这一段会议，经小平同志代表中央作了一次重要的讲话，这就使整个会议开得相

---

① 邓小平：《坚持四项基本原则》（1979年3月30日），《邓小平文选》第二卷，人民出版社1994年版，第164—183页。

当完满了。""三、小平同志对理论工作有点意见，与其说是批评性的意见，还不如说是勉励性的意见，是对我们这条战线充满着希望，提出了很严格的、高标准的要求。"

1979 年 4 月上旬，中央报刊通过社论、评论员文章传达了邓小平《坚持四项基本原则》讲话的主要内容，广大干部群众联系实际学习贯彻这篇讲话精神。与此同时，党和政府一方面采取切实措施，逐步解决知识青年回城、冤假错案平反等问题，落实各项政策；另一方面，国家机关作出维护社会安定的规定，用法制手段坚决打击煽动闹事、反对四项基本原则的坏分子和刑事犯罪分子。社会秩序、生产秩序、工作秩序基本上稳定了。

六、真理标准问题讨论的继续深入和"补课"

尽管三中全会充分肯定并高度评价了历时半年多的真理标准问题讨论，但是当时广大干部思想僵化半僵化状态还普遍存在，个人迷信还很盛行，坚持"两个凡是"的人的思想观念和政治态度都还没有完全转变过来。1978 年 12 月 31 日，胡耀邦在中央宣传系统所属单位领导干部会议上说："实践是检验真理的唯一标准还要不要继续讨论？我的意见，可以继续讨论"。[①] 他在担任中央秘书长兼中央宣传部部长后，谈到 1979 年宣传工作的任务时，把继续讨论真理标准问题列为第三项。

1979 年 5 月 21 日《解放军报》发表题为《坚定不移地继续贯彻三中全会精神》的评论员文章中提出："实践是检验真理的

---

① 胡耀邦：《要坚持实践是检验真理的唯一标准》（1978 年 5 月—1979 年 3 月），《胡耀邦文选》，人民出版社 2015 年版，第 93 页。

唯一标准问题的讨论，对解放思想起了很好的作用。但是，这个讨论在部队许多单位没有怎么进行。""我们军队的同志要抓紧补上实践是检验真理唯一标准这一课，要重新好好学习三中全会文件。"第二天，《人民日报》在转载这篇文章时，将题目改为《重新学习三中全会文件，补上真理标准问题一课》，鲜明地提出了真理标准问题讨论补课的要求。从此，真理标准问题讨论的"补课"逐步展开。中共安徽省委第一书记万里在 5 月召开的省委工作会议上明确地说："真理标准问题的讨论要继续深入"；中共广东省委第一书记习仲勋在 6 月初的省委四届三次常委扩大会议和省地县三级干部会议上说："关于真理标准问题讨论，许多地方还要补上这一课。"中央许多部委和多数省市自治区的党委，也都部署了真理标准讨论的补课，强调要把真理标准的讨论，提高到端正党的思想路线的高度来认识，要以省地县（部局处）三级领导干部为重点，紧密联系工作实际，联系干部思想，防止说一通空话、走一个过场。

6、7 月间，《人民日报》先后发表《把真理标准问题的讨论推广到基层去》《开展真理标准讨论打开思想解放大门》等通讯或评论，推动"补课"活动在全国各地开展起来。

需要指出的是，关于真理标准问题讨论的"补课"，中共中央并没有作决定、下指示，但是要贯彻三中全会确定的路线、方针、政策，就必须解决干部中普遍存在的思想僵化半僵化问题，必须解放思想、实事求是，而真理标准问题讨论的"补课"则是最有效的一剂良药。这正是全国各地各部门纷纷部署"补课"的原因所在。应当说，这是形势发展的需要，人民的需要。至于对真理标准问题讨论及"补课"表示怀疑、反对以至抵制的并非没有，但已形成不了气候，逐渐销声匿迹了。

7 月 29 日，邓小平在一次讲话中说，"就全国范围来说，就大的方面来说，通过实践是检验真理唯一标准和'两个凡是'的争论，已经比较明确地解决了我们的思想路线问题"；但是，"这个争论还没有完"，"现在考虑补课，这很重要"。"真理标准问题的讨论是基本建设，不解决思想路线问题，不解放思想，正确的政治路线就制定不出来，制定了也贯彻不下去。我们的政治路线就是搞社会主义现代化建设"。"正确的政治路线能不能贯彻执行，关键是思想路线对不对头。所以，不要小看实践是检验真理的唯一标准的讨论。这场争论的意义太大了，它的实质就在于是不是坚持马列主义、毛泽东思想"。[①]

1979 年的秋冬，真理标准讨论的"补课"在全国范围达到了高潮。各地党委宣传部门、党校等理论单位，报纸刊物等舆论机构，都发挥了很大作用。这次"补课"，虽然是一年前真理标准问题讨论的继续，但是由于经过了三中全会，因此具有新的内容和含义。"补课"使得那些原来按兵不动或犹豫观望的地区和部门也都补了上来，并且推动广大基层也逐步展开和深入。许多地方都鲜明地指出，"补课"这是一个思想路线、政治路线问题，是个关系到我们党和国家前途命运的问题，因此渴望祖国中兴、向往四个现代化的各级干部和人民群众都十分重视。"补课"公开点破了"两个凡是"，使得人们能够把两条对立的思想路线的是非界限划得清清楚楚，有力地驳斥了"砍旗""丢刀子""非毛化"等攻击，澄清了对"高举""捍卫"的某些糊涂认识。"补课"还围绕工作

---

① 邓小平：《思想路线政治路线的实现要靠组织路线来保证》（1979 年 7 月 29 日），《邓小平文选》第二卷，人民出版社 1994 年版，第 190—193 页。

重点的转移，弄清我国社会的阶级状况和主要矛盾，弄清生产力和生产关系、经济基础和上层建筑的辩证关系，弄清生产力在社会历史发展中的最终决定作用，进一步认清了三中全会路线方针政策的正确性，提高了贯彻执行的自觉性。"补课"是贯彻落实三中全会精神和各项政策的大发动，也是研究新情况、解决新问题、建设四个现代化的一次大实践①，使干部和群众的思想认识和精神状态发生了很大的变化。

在这场大讨论中，上海的情况颇引人关注。上海市的广大干部和理论工作者、新闻工作者，自觉地积极地参加到大讨论中来；但是某些负责人的态度不明朗，等待、观望。因此从总体上来说，上海市的真理标准问题讨论没有开展起来。1979 年 6 月，中央任命反右派运动中被错划为"右派"，刚刚恢复工作的前总政文化部部长陈沂为中共上海市委副书记兼宣传部部长。陈沂启程前，胡耀邦同他谈话中指出上海关于真理标准问题没有讨论好，嘱咐他到上海以后，同市委的同志一起研究加以改进。②陈沂到上海后，很快打开了真理标准问题讨论"补课"的局面。

1979 年这一年，真理标准讨论"补课"在各级党委领导下广泛开展，取得很大成绩，但并不平衡。胡耀邦在部署 1980 年宣传工作时指出："要结合我们的工作和实际情况，继续开展真理标准问题的讨论，深入进行辩证唯物主义思想路线的教育，进一步解放

---

①　山西的干部、群众经过"补课"，普遍认识到，毛泽东树立的大寨红旗，不能是山西的"土凡是"，也要用实践来检验。他们进而在落实自留地、家庭副业、集市贸易等一系列政策上总结经验教训，摆脱了极"左"的一套和"大寨"这个紧箍咒，使党的农村政策逐步得到落实，就是有力的例证。

②　陈沂：《十年历程》，百家出版社 1990 年版，第 3 页。

思想，真正把大家的思想统一到搞四化上来。"① 各地各部门在 1980 年继续进行了一段时间的"补课"，对于进一步排除"左"和右的干扰，把全党和全国人民的思想统一到三中全会的路线和方针上来，齐心协力搞四化建设，起到很好的作用。

———————————

① 胡耀邦在全国地、县宣传工作座谈会上的讲话（1979 年 12 月 13 日）。

第二十章　总结三十年历史经验

一、"回避不了的大事情"

　　10 年"文革"给党和国家带来的灾难太深重了，然而应当如何认识"文革"和吸取教训呢？"文革"前的 17 年又应当如何认识呢？总结"文革"，势必涉及对毛泽东的评价，这是全国人民最关心的大问题。许多高中级干部和理论界、知识界人士都要求加以总结，明辨是非。但是在有些人看来，这是个异常棘手的问题。现在大可不必做，弄得不好就会"捅马蜂窝"，甚至搅得天下大乱！还有些人认为，我们只要一切遵循毛泽东的指示和决策去做就是了，只要揭批"四人帮"就行了。如果要搞什么总结，就会引起对毛泽东的怀疑和不满，就有"砍旗""丢刀子"的危险。也有人认为，"文化大革命"和以前的那些年，确有许多问题要弄清是非黑白，可是那太复杂了，大家的认识很难一致，要经过充分的准备，选择适当的时机；有的甚至主张留给下一代人去做吧。邓小平提出，应该"拿出一个东西来"，对建国 30 年来党的历史作出科学的总结，对"文化大革命"作出评价、对毛泽东同志的历史地位作出正确的评价，澄清人们对一系列重大历史问题的认识。邓小平说，很显然，人们"都在等。从国内来说，党内党外都在等，你不拿出一个东西来，重大的问题就没有一个统一的看法。国际上也在等。人们看中国，怀疑我们安定团结的局面，其中也包括这个文件拿得出来拿不出来，早拿出来晚拿出来。所以不能再晚了，晚了不利。"[①]1979 年 10 月下旬，邓小平找有关同志谈话，他说，常委会研究，准备为明年五中全会、六中全会和后年十二大做点准备工作。关于起草建国以来党的历史问题决议，现在着手，明年年底六中全会讨论通过。

身处拨乱反正第一线的胡耀邦，在实际工作中深切感到，对于"文化大革命"以及此前长期存在于各个方面的"左"倾错误，进行全面清理和认真总结，实在是刻不容缓的事情；不然的话，是非不清，功过不明，拨乱反正就无法进行到底，人们反倒会争论不休，各执一词。列宁说过："一个政党对自己的错误所抱的态度，就是衡量这个党是否郑重，是否真正履行它对本阶级和劳动群众所负义务的一个最重要最可靠的尺度。公开承认错误，揭露错误的原因，分析产生错误的环境，仔细地讨论改正错误的方法——这才是一个郑重的党的标志，这就是党履行自己的义务，这才是教育和训练阶

---

① 邓小平：《对起草〈关于建国以来党的若干历史问题的决议〉的意见》（1980 年 3 月—1981 年 6 月），《邓小平文选》第二卷，人民出版社 1994 年版，第 305—306 页。

级，以至于群众。"^①胡耀邦很赞成列宁这个分析。

如前所述，胡耀邦 1977 年到中央党校不久，就领导和组织党校的师生着手总结"文化大革命"10 年的历史，并且提出要以马列主义毛泽东思想的完整体系为指导、以实践的结果为检验是非的标准这一重要原则，冲破了"两个凡是"的思想牢笼。他在 1978 年 11 月的中央工作会议上几次发言中都讲道：应当全面地、认真地总结"文化大革命"及以前历史的经验教训。在 11 月 13 日上午的发言中他指出，"文化大革命"的教训要总结一下。为什么林彪、"四人帮"能在台上 10 年之久？根本教训是什么？在 11 月 26 日的发言中，他又说：10 年"文化大革命""左"倾错误达到登峰造极地步，给党和国家造成空前严重损害，为了继续弄清大是大非问题，势必要接触到如何评价"文化大革命"和全面评价毛主席的问题。这是即使想回避也回避不了的事情。建议中央经过周密准备之后，说清楚这两个问题。胡耀邦主张全面总结"文化大革命"及以前历史的经验教训，赢得了许多人的赞同。

1979 年初召开的理论工作务虚会上，与会者在讨论理论上的若干问题以及总结理论战线上的经验教训时，也都碰到了这个不可逾越的问题：如何评价"文化大革命"以及此前的是是非非。许多人建议中央总结"文化大革命"的理论、对象、路线、方针、政策，全面评价毛泽东的功绩和错误。在此期间举行的中纪委会议、4 月中央工作会议以及各地召开的一些会议上，人们总是要对十一届三中全会的路线方针政策同此前的路线方针政策相比较，不可避免地涉及"文化大革命"及以前的"左"倾错误问

---

① 列宁：《共产主义运动中的"左派"幼稚病》(1920 年 4 月)，《列宁选集》第四卷，人民出版社 1960 年版，第 213 页。

题，直接间接地涉及毛泽东晚年问题以及对毛泽东的功绩与错误的评价问题。

许多干部在实际工作中，在拨乱反正的实践中，更是常常遇到了"符不符合中央文件""违不违背最高指示"的问题。广大干部和群众强烈要求对过去的重大事件进行总结，明辨是非。对"文化大革命"及以前的历史经验进行全面总结的时机日趋成熟。

胡耀邦在 1979 年 1 月部署全年宣传工作时，提出要为国庆 30 周年准备一篇重要文章，并组织了一个起草小组着手准备。5 月，他向中央政治局常委会提出，今年是建国 30 周年，正是一个全面回顾建国以来的战斗历程，初步总结基本经验，鼓舞全国人民搞四化的好时机，建议以中央的名义发表这篇重要文章。经过中央政治局讨论，决定由叶剑英代表党中央、全国人大常委会和国务院在庆祝新中国成立 30 周年的大会上发表讲话，总结 30 年的基本经验；讲话稿由胡耀邦主持起草。随即，胡耀邦充实和加强了起草小组的力量，反复研究，加紧起草。邓小平对这个讲话的起草工作高度重视，他于 9 月 4 日、12 日两次同胡耀邦、胡乔木、邓力群谈话，就讲话稿修改问题提出意见。指出：还是要讲在三十年的历史上毛主席是有伟大功绩的，我们的一切成就是在毛泽东思想照耀下取得的。要把坚持四项基本原则同三十年的整个历史衔接起来，要在坚持四项基本原则的大前提下写这个讲话。要使人看了讲话以后得出一个总的印象，我们的党和人民现在是真正坚持毛泽东思想，是完整准确地学习、运用毛泽东思想，是真正将毛主席为我们制定的路线、方针、政策付之实现，不是搞只言片语。这是个非常大的问题。这些意见为叶剑英讲话稿的修改定了基调。

要在一篇讲话稿中全面回顾新中国成立以来 30 年曲折复杂的

历程，并对 30 年的成败得失作出总结，绝非易事；何况在当时，个人迷信、盲目崇拜仍然根深蒂固，"文化大革命" 10 年灾难以及此前严重的 "左" 倾错误还从来没有被公开指出和正式批评过。胡耀邦在与起草小组成员研讨时强调：实事求是，以实践为标准来检验和回顾 30 年，要防止片面性。首先要高度评价毛泽东和周恩来、朱德等老一辈革命家的不朽功绩；对毛泽东晚年和我们党的缺点错误不能回避、缩小，但也不能夸大、歪曲。要实事求是地指出：我国封建社会的历史特别长，我们的社会主义制度还处在幼年时期，不可避免地带有旧社会的许多痕迹，我国的社会主义革命和社会主义建设都是在前无古人的情况下进行的。对于 "文化大革命" 则有必要从思想理论上加以总结，提出几条基本教训来深刻记取，成为全党和全国人民的精神财富。

在胡耀邦的主持下，起草小组从 7 月起写出讲话稿初稿，嗣后根据中央政治局和各部委各省市自治区负责人审阅后提出的修改意见，以及前前后后有三四千人参加讨论提出的修改意见，一遍又一遍地进行修改。9 月 24 日改出第四稿后提交十一届四中全会最后审议。27 日四中全会一致通过了叶剑英的讲话，指出："这是一个对全党全军和全国工作有长期指导意义的、非常重要的历史文献。它的发表，将极大地鼓舞和激励全党全军全国各族人民团结一致，向着社会主义现代化的宏伟目标奋勇前进。"①

叶剑英的讲话，对 30 年的历史，分为建国初期、大规模建设、"文革" 10 年、粉碎 "四人帮" 后四段，分别作出评价；对毛泽东在建国以来前 17 年的功绩给予高度评价，而对他的失误和缺点则

---

① 《中国共产党第十一届中央委员会第四次全体会议公报》(1979 年 9 月 28 日)，《三中全会以来重要文献选编》(上)，人民出版社 1982 年版，第 191 页。

采取了不指名的批评，初步分清了原则是非；对"文化大革命"，明确指出：对党内国内形势作了违反实际的估计，对修正主义没有作出准确的解释，离开了民主集中制，采取错误的斗争方针和方法这四个方面的问题，并强调林彪、"四人帮"利用这个错误制造和推行了一条极"左"路线。这些经过反反复复修改和推敲的表述，甚至以语法结构上没有主语的方式来隐去毛泽东的名字，以便能够为当时广大干部和人民群众所接受，对于维护安定团结的局面是必要的。

新中国成立 30 周年的庆祝活动过后，起草建国以来党的若干历史问题的决议（以下简称"历史决议"）工作提上日程。对于历史决议的起草工作，中央常委会确定在中央政治局领导下，由邓小平主持进行。现在就着手，提交明年底的六中全会讨论通过。邓小平说，有了国庆讲话，历史决议就好写了。以讲话为基础，考虑具体化。起草小组由胡乔木任组长，就以起草国庆讲话的班子为基础，再增调一些人来。

历史决议起草小组组成后，查阅资料，借档案，阅看材料，找人访问，并经过研究讨论，于 1980 年 2 月拟订出一份"决议"提纲草稿，报送邓小平。

二、"把功绩说够，把错误说透"

总结新中国成立后 30 年的历史，不能不对毛泽东在重大历史事件中的功过是非以及指导我们事业的理论基础——毛泽东思想作出评价和分析。历史决议的起草，准确把握了这个重大问题。

在几十年的革命岁月中，胡耀邦一直把毛泽东作为导师来尊崇的。他反反复复学习毛泽东著作，赞叹毛泽东思想博大精深。然而，胡耀邦是一个具有深厚理论修养的革命家，他对毛泽东尊重，但不盲从、不迷信。他不是盲目崇拜的教条主义者或为我所用的实用主义者，而是以马克思主义科学态度来对待毛泽东。

在林彪、"四人帮"把对毛泽东的个人崇拜捧到顶峰的极盛之时，胡耀邦就对"三忠于""四无限"的口号表示出极大的反感。1968年4月23日，中共中央、中央军委、中央文革小组发布的向门合学习的命令中说，门合"二十年如一日，一贯忠于毛主席，忠于毛泽东思想，忠于毛主席革命路线"，"以他光辉的一生，实践了他自己的誓言：一切想着毛主席，一切服从毛主席，一切紧跟毛主席，一切为着毛主席"。胡耀邦看了《人民日报》登载的这个命令后，对身旁的三儿子胡德华说：一切为着毛主席，那毛主席又为着谁呢？应该为着人民嘛！就是毛主席也应该为着人民，他老人家自己不是也倡导为人民服务吗？这个最基本的道理，怎么一改头换面就不认识啦？他进一步指出："三忠于"，我们应当忠于什么？我们首先应当忠于党忠于人民；再有应当忠于毛泽东思想，而不是别的什么。

在"文革"后期，胡耀邦曾经说过，自己在思想上先后有过五次对毛泽东的疑惑：第一次是1957年"反右派"运动，第二次是大跃进放卫星、人民公社化，第三次是批彭德怀和反右倾，第四次是城乡"四清"运动，第五次是"文化大革命"。但是囿于毛泽东的崇高威望，他还是不断反省自己的疑惑。直到林彪自我爆炸，才使自己的头脑解脱了一些束缚，并陷入更深的思考：毛泽东晚年的这些过错和失误，有国际国内的历史原因，但也是同我们党内长期以来民主生活不正常分不开的，当然也同毛泽东本人脱离实际、脱离群众和不再谨慎了、听不得不同意见了有关系。

胡耀邦对于毛泽东的功过是非，采取了科学分析的态度。他在粉碎"四人帮"后进行了一系列拨乱反正工作，包括纠正了毛泽东晚年的一些错误；但他充分肯定毛泽东对中国革命有"最大功绩"（对南斯拉夫记者语）。他用《实践论》的观点重申实践是检验真理的唯一标准，以打破多年来盛行的个人崇拜。他充分肯定并宣传毛泽东的正确思想和决策，以此来纠正毛泽东晚年的种种错误。在平反冤假错案时，他总是援引毛泽东"有反必肃、有错必纠"和"实事求是"的方针，一再说如果毛泽东在世也会平反这些冤假错案的。他反对"两个凡是"，是反对对毛泽东的盲目迷信和崇拜，反对对他晚年错误的"遵循"和"维护"，也反对对他的伟大功绩不给予应有的肯定。他在纪念毛泽东诞生90周年时撰文《最好的怀念》中说："同许多伟大历史人物一样，毛泽东同志也有自己的错误。他晚年的严重错误，曾经使我们党陷于极大的困境。应当怎样来对待这样一位有崇高威望而又刚刚去世不久的伟大领袖的失误呢？党内某些人首先是当时一些负责人，不是恢复和发展毛泽东同志留下的极端宝贵的遗产，而是企图继续推行他晚年错误的一套。还有一些好同志，有的说跟了毛泽东几十年，现在要批评他，感情上过不去。有的担心公开揭露他的错误，会使我们党陷于混乱，发生信任危机。此外，也有少数人走到了另一个极端，想要党把毛泽东同志的伟大贡献因他晚年的失误而一笔勾销，从而使党陷入歧途。我们党没有受这种干扰。我们党清醒地认识到，感情决不能代替革命的理智，形而上学的方式决不是我们所坚持的严格的辩证唯物主义和历史唯物主义。"[1] 胡耀邦坚持主张以辩证唯物主义和历史唯物主义为指导，对毛泽东的功过是非作出全面的分析，深刻分析他成功和失败的原因及其教训。

---

[1] 胡耀邦：《最好的怀念》，《人民日报》1983年12月26日。

在历史决议的起草过程中，邓小平多次发表重要谈话，就历史决议的总的指导思想，全面科学地分析建国以来党的历史、如何正确对待毛泽东和毛泽东思想等发表意见。1980 年 3 月 19 日，他在谈到历史决议的起草问题时说：中心的意思应该是三条：第一，确立毛泽东同志的历史地位，坚持和发展毛泽东思想，这是最核心的一条。第二，对建国 30 年来历史上的大事，哪些是正确的，哪些是错误的，要进行实事求是的分析，包括一些负责同志的功过是非，要作出公正的评价。第三，通过这个决议对过去的事情做个基本的总结。这个总结宜粗不宜细。总结过去是为了引导大家团结一致向前看。这三条原则，贯穿历史决议起草过程的始终。决议草稿出来后，邓小平不太满意，认为没有很好地体现原来要确立毛泽东同志的历史地位、坚持和发展毛泽东思想的设想。他于 6 月 27 日、10 月 25 日等多次发表谈话，指出：毛泽东思想这个旗帜丢不得，丢掉了这个旗帜，实际上就否定了我们党的光辉历史；决议要阐述毛泽东思想，要看到这个全局；对毛泽东同志的错误不能写过头；毛泽东同志的功绩是第一位的，错误是第二位的。这些意见对决议的形成至关重要。

胡耀邦于历史决议起草期间，在许多场合对党和军队的各级干部讲了要正确评价毛泽东的功过和毛泽东思想这个重大问题。1981 年 1 月，他在中央党校学员结业会上向来自各地的党政干部讲话中，着重阐述了"毛泽东同志的功绩是第一位的"和"毛泽东思想必须坚持，但是同时要把毛泽东思想同毛泽东晚年的错误思想加以区别"两个问题。他在全军政治工作会议的长篇讲话中，又论述了这两个问题。他说：毛泽东同志为我们的党，为中国革命，为中国人民，立下了伟大的功绩。这是历史的事实，是不能动摇的。但是，毛泽东同志晚年是有错误的，他的错误是第二位的。只有说清楚这两个方面，才是公公道道的，才是实事求是的。不说毛泽东同志有伟大的功绩，叫不叫实事求是呢？不能叫实事求是。只说毛泽东同志有伟大功绩，不说毛泽东同志有错误，是不是实事求是呢？同样不是实事求是的。所以，承认毛泽东同志有伟大功绩，同时又指出毛泽东同志确有错误，都是实事求是的，缺哪一个方面都不是实事求是的。

因为有不少人对于毛泽东思想必须坚持，但是同时要把毛泽东思想同毛泽东同志晚年的思想加以区别这样的观念难以理解，胡耀邦说：这个问题怎么不可理解呢？我们讲的毛泽东思想，是一个有确定含义的科学名词了，就好像我们说的马克思主义一样。马克思主义是不是就完全等于马克思呢？不是。马克思主义同马克思这个人有联系，但是又有区别。马克思主义的创立主要靠马克思，但是不完全靠他，还有一个恩格斯。马克思主义变成一个专门的名词了。毛泽东思想也是这样，是毛泽东同志加上中国共产党人在中国革命的长期斗争中，把马克思主义和中国革命实践相结合，加以具体运用和发展，就形成了毛泽东思想。毛泽东思想，第一是毛泽东同志贡献的；第二是他的战友们贡献的；第三是毛泽东同志和他的战友们、学生们一起总结了中国革命的经验。因此，毛泽东思想又是中国人民革命斗争的结晶。所以，一个是毛泽东思想，一个是毛泽东同志本人在晚期，在不少方面，或者说在不少重大问题上，违背了他原来经过实践检验证明是正确的思想，在很大程度上走向了反面，这没有什么奇怪的。

胡耀邦强调：毛泽东是伟大的马克思主义理论家，又是伟大的无产阶级革命家和战略家。他的社会活动，即使从党成立算起，也有55年。以他作为主要领袖的我们的党，领导全国各族人民在我们这样一个东方大国中把革命搞成功了，使社会主义的新中国在世界上站住了。这是多么了不起的功绩！把毛泽东思想同毛泽东同志晚年的思想分开来，是实事求是的，是历史唯物主义的，不分开是不实事求是的。马克思曾经讥笑有些人是皮相主义者，看问题看了一点表面，就以为自己了不起，还自封为正确。我们一定要教育我们的同志，采取科学分析的态度，采取谨慎的态度，不能简单地要么是、要么否，这是形而上学。

胡耀邦在这里明确指出：毛泽东的贡献和功绩是第一位的，缺点错误是第二位的，他晚年的思想同毛泽东思想要区别开来，我们要坚持的是毛泽东思想，要纠正的是他晚年的错误思想。

在正确评价毛泽东的功过是非时，还有一个敏感问题是：毛泽东晚年的错误，尤其是"文化大革命"中的错误，同林彪、江青两个反革命集团的罪行如何区分的问题。其时，广大干部和人民群众在强烈要求严厉惩办林彪、江青两个反革命集团时，对这个问题也困惑不清。江青等人更是把自己的罪行推诿到毛泽东身上。邓小平明确指出：毛主席犯的是政治错误，错误被林彪、"四人帮"这两个反革命集团利用了。他们的目的就是阴谋夺权。所以，要区别毛主席的错误同林彪、"四人帮"的罪行。担任中央的"两案"审理小组组长的胡耀邦在 1980 年 3 月 30 日中央书记处讨论"两案"审判的会议上说，审判"两案"，首先要把两个反革命集团的罪证查实得周密有力。他们的罪行要同毛主席的错误分开，这样做符合历史真相。比如，江青是一贯搞逼供信的，毛主席一贯反对搞逼供信。1967 年，王洪文、张春桥在上海拍一部砸一个工厂的片子，毛主席看后发了脾气，不准他们演，说："把干部搞成那个样子！""六十一人叛徒集团"材料中，有很多反证材料，江青没有向毛主席报告，封锁了毛主席。所以，毛主席错信了他们逼供出来的材料。（两个反革命集团的）罪证要搞周全，一定要同毛主席分开。把他们的罪证搞得周全才能教育人民。胡耀邦还强调，对林彪、江青两个反革命集团的审判，只起诉他们颠覆政府、分裂国家、阴谋叛乱、杀人伤人等罪行，而对于他们违犯党纪、军纪、政纪的严重错误，不要作为罪行提出起诉，这也有助于把他们的罪行同毛泽东的错误分开。

当时，不仅在国内存在着胡耀邦指出的两种偏向，在国际上也有议论，说中共在搞"非毛化"，以致一些外国友好人士也颇为担忧。邓小平指出：如果真搞"非毛化"，那就要犯历史性的错误。中国革命的历程已经证明，如果没有毛主席的领导，中国人民至少还要在黑暗中摸索很多年才能取得胜利。我们必须总结经验教训，正确评价毛主席的各个方面，目的还是要坚持毛泽东思想。胡耀邦在会见外国元首和国际友人时，也向他们解释说："现在我们中央一级、省一级包括军队中军以上的主要干部，绝大多数都有跟随毛泽东同志四五十年的历史，其中有十几位在五十多年以前的革命初期就是毛泽东同志的战友，其他跟随毛泽东同志40年以上的，都是毛泽东同志培养起来的学生。我们这些人都是毛泽东同志的学生。可以说，毛泽东同志培养了中国的两代人。现在外界有一个误会，说我们要'非毛化'。学生怎么能够把老师打倒呢？但有时候学生可能发现老师有缺点和错误。要是学生不敢纠正老师的缺点和错误，那就不是好学生。那样，学生也对不起老师。"

胡耀邦赞成邓小平提出的把毛泽东同志晚年的错误思想与毛泽东思想区分开来，正是为了更好地坚持和捍卫毛泽东思想这个科学思想体系，并用毛泽东思想作为拨乱反正的锐利武器。他特别强调："对于马克思列宁主义、毛泽东思想的普遍原理，在任何时候，在任何一条战线上，都是不能背离的。我们要坚决捍卫马列主义、毛泽东思想的基本真理，继续警惕以'左'的或右的形式出现的修正主义倾向。"①他在各个方面大力进行的拨乱反正，是要纠正毛泽东晚年的错误思想，而回到毛泽东思想的正确轨道上来。他不同意那种主张取消毛泽东思想的提法的观点，指出毛泽东思想是历史形成的，是全党公认的。1980年7月他对中央宣传单位负责人说：对待毛泽东同志、对待毛泽东思想的态度，不单是中国的问题，也是世界性的问题；不单是我们这一代人的问题，也是关系到我们子孙后代的问题。所以，全党必须十分谨慎，十分严肃，千万不能掉以轻心。毛泽东同志的伟大功绩，我们要讲够，他的严重错误，也要说透，话不一定多。不能感情用事，个人意气用事，要向历史负责，向人民负责。②他要求起草小组在起草历史决议时，要以怎样正确对待毛泽东和毛泽东思想这个问题为轴心。

三、起草历史决议

历史决议的起草，是关系全党、全国以至具有世界影响的一件大事，胡耀邦在一年多的时间里，自始至终组织实施了起草工作，直到最后在十一届六中全会上通过发表。现在人们可以从许多文集、书刊中看到邓小平先后十几次对决议起草的讲话，这些讲话记载了邓小平的一系列重要思想和意见，显示出他对主持决议起草的重大指导作用；关于胡耀邦在起草决议过程中的组织实施情况和所起的作用，因为没有公布有关档案资料，人们知道甚少。现在只能从决议起草的主要过程探寻一二：

---

①　胡耀邦：《理论工作务虚会引言》（1979年1月18日），《胡耀邦文选》，人民出版社2015年版，第117页。

②　胡耀邦：《怎样正确对待毛泽东同志和毛泽东思想》（1980年7月11日、12日），《胡耀邦文选》，人民出版社2015年版，第209—217页。

1979 年 10 月下旬，中央政治局会议决定着手起草历史决议。起草工作由邓小平主持，胡耀邦、胡乔木、邓力群组织实施，胡乔木主要负责。

10 月，邓小平找胡耀邦、姚依林、邓力群商讨成立起草小组，决定以国庆讲话起草班子为基础，确定由胡乔木负责。

10 月 30 日，胡乔木召开起草小组会议，布置立即开展起草的各项准备工作。

1980 年 2 月 20 日，起草小组将"决议"提纲（草稿）报送邓小平、胡耀邦审阅。

3 月 19 日，邓小平找胡耀邦、胡乔木、邓力群谈对"决议"提纲（草稿）的意见。邓小平提出起草决议的三条总的指导思想。

4 月 1 日，邓小平同胡耀邦、胡乔木、邓力群谈决议总体结构框架的设想和对毛泽东的评价问题。

5 月 23 日，起草小组改出"决议"提纲（草稿）。随后写出"决议"草稿，送邓小平、胡耀邦等审阅。

6 月 27 日，邓小平同胡耀邦等谈"决议"草稿的阅后意见。邓小平强调：重点放在毛泽东思想是什么、毛泽东同志正确的东西是什么这方面。错误的东西要批评，但是要很恰当。主要的内容，还是集中讲正确的东西。

7 月 3 日，胡耀邦主持中央书记处会议，根据邓小平的意见讨论《决议》起草中的中心问题——正确评价毛泽东的功过是非和牢固树立毛泽东思想的历史地位，关键是要把毛泽东晚年错误的思想同毛泽东思想区别开来。

8 月 8 日，起草小组写出"决议"初稿（不全）。

9 月 10 日，起草小组写出"决议"（未定稿），分 5 部分约 6 万字。

9 月 21 日，中央召开各省市自治区党委第一书记座谈会，讨论"决议"（未定稿）。

9 月底，中央政治局决定组织 4000 多名高级干部讨论"决议"（未定稿），广泛听取意见。

10 月 5 日，起草小组修改"决议"（未定稿），约 5 万字。

10 月 10 日，邓小平找胡耀邦、胡乔木、邓力群谈话，商议在准备提交党内 4000 人讨论的决议稿中是否增加粉碎"四人帮"后的四年这段历史的内容。邓小平在发表意见时说：等到 4000 人讨论后，如果大家觉得需要加，再加也不迟。

10 月 12 日，胡耀邦签发中央办公厅关于组织《决议》（草稿）讨论的通知，并下发了《决议（讨论稿）》。

10 月中旬—11 月下旬，中央和国家机关、军队系统和各省市自治区的高级干部 4000 多人，对《决议（讨论稿）》分组进行了热烈认真的讨论。讨论期间，以 88 期快报、938 期简报将大家的意见和建议汇集到中央。中央党校的一、二、三部学员 1548 人经中央批准于 10 月 17 日至 25 日讨论了一周。中央党校学员讨论的简报也有 157 期。

10 月 25 日，邓小平针对 4000 名干部大讨论中的主要意见和建议，找起草小组胡乔木、邓力群谈如何修改《决议》。邓小平说了重要意见，并确定按照大多数人的意见把粉碎"四人帮"以后 4 年这段补写上去。

在讨论过程中，有些人认为对毛泽东的错误没有讲透彻，对毛泽东的历史地位、功过的评价是做了妥协的。邓小平说："毛泽东同志的功劳是第一位的，错误是第二位的，这个估计是合乎实际的，决不能加以怀疑和否定。如果不是这样看问题，那就不是马克思主义的态度，不是历史唯物主义的态度。很明显，感情用事地把他的错误说过头，只能损害我们党和国家的形象，只能损害党和社会主义制度的威信，只能涣散全党、全军和全国各族人民的团结。还是过去的话，这个总结宜粗不宜细。总结过去是为了引导大家团结一致向前看。"①

12月5日，中央政治局会议决定《决议》参照讨论中提出的意见进行改写，在政治局讨论并原则通过后，仍在4000人范围内再讨论一次，在再次修改后提请六中全会讨论通过。中央政治局认为，现在通过这一决议的时机已经成熟，不宜再行推迟。

12月16日，起草小组参照4000人讨论的意见和建议，改出《决议（修改稿）》计八个部分。

1981年2月17日，胡耀邦在起草小组人员会议上提出，决议可考虑改变一种写法，着重联系历史经验，写当前的任务和今后的做法。根据胡耀邦的意见，有关人员将决议的题目拟为《关于建国以来党的若干历史问题和历史经验的决议》，分九部分。3月7日，邓小平说：胡耀邦的第二个方案不考虑了。

3月初，胡耀邦对起草小组说，决议稿写出后要多听听老干部、政治家，包括黄克诚、李维汉等同志的意见。邓小平说这很对，我赞成。

3月24日，陈云对历史决议提出两点意见：一是专门加一篇话，讲讲解放前党的历史，写党的六十年。六十年一写，毛泽东同志的功绩、贡献就会概括得更全面，确立毛泽东同志的历史地位，坚持和发展毛泽东思想，也就有了全面的依据。二是建议中央提倡哲学，主要是学习马克思主义哲学，重点是学习毛泽东同志的哲学著作。

3月，邓小平三次找起草小组成员谈修改决议的意见。

---

① 邓小平：《对起草〈关于建国以来党的若干历史问题的决议〉的意见》（1980年3月—1981年6月），《邓小平文选》第二卷，人民出版社1994年版，第292页。

3月30日，胡耀邦主持中央书记处会议，讨论决议的修改和讨论情况，确定：胡乔木领导起草小组抓紧修改，争取4月中旬修改出来，4月下旬提交中央政治局讨论。现在的稿子先发政治局、书记处同志和一些老同志，在40人左右的范围内看看，由起草小组派人听取意见。

4月7日，邓小平对起草小组负责人谈修改意见。

5月15日，起草小组根据40多人的讨论意见改出修改稿。

5月15日，邓小平同胡耀邦等再谈历史决议稿的修改问题。指出：起草时间很长了，稿子不要再变了，快搞出来。在胡耀邦、胡乔木各自谈了对决议稿的十条基本经验的意见后说：十条基本经验很重要，可以给人以信心。

5月19日，中央政治局扩大会议开始进行，有74人出席。邓小平讲话说，决议要提到六中全会通过。大家都在等，不能再晚了，晚了不利。还说为了早点拿出去，再搞4000人讨论不行了，就开政治局扩大会议，70几人推敲得更细致些，改得更好些，提到六中全会。胡乔木对决议稿作了几点说明。21日至29日与会者74人分5组讨论了8天。

6月4日，根据中央政治局扩大会议上分组讨论的修改意见和建议，起草小组对决议草稿又改出了一稿。起草小组同时写出《关于历史决议修改情况的汇报》。修改稿和《汇报》印发给参加政治局扩大会议的74人，请他们再提修改意见。

6月11日，起草小组吸收大家的意见，又改出《决议（草案）》。

6月13日，胡耀邦主持中央政治局扩大会议，原则通过《决议（草案）》，决定提交十一届六中全会审议。

中央常委会讨论即将召开的六中全会议程，决定全会分两段进行：6月15日—25日11天为预备会议，前8天分组讨论《决议（草案）》，后 3 天讨论改选、增选中央主要领导成员；6 月 27 日—29 日 3 天为正式会议，第一天讨论通过决议，第二天选举，第三天通过公报。

6 月 15 日—22 日，六中全会预备会议分组讨论《决议（草案）》。同时，《决议（草案）》还分发给参加 4000 人大讨论的中央党政军机关高级干部 1000 人征求意见；并向 130 名各民主党派代表征求意见。

6 月 22 日下午，中央常委会召集全会预备会各小组召集人举行碰头会，商讨根据大家意见对《决议（草案）》怎样进行修改的问题。邓小平、陈云、胡耀邦都发表了重要意见。最后决定起草小组吸取大家的意见再行修改，委托中央常委会定稿。

6 月 26 日，起草小组根据全会预备会议各组讨论意见和中央党政军机关高级干部的修改意见和建议，改出《决议（草案）》修改稿。邓小平、胡耀邦等又进行了推敲和审改。

6 月 27 日，十一届六中全会正式举行，讨论并一致通过《决议》。29 日通过的全会公报指出："全会认为，《决议》的通过和发表，对于统一全党、全国各族人民的思想认识，同心同德地为实现新的历史任务而奋斗，必将产生伟大的深远的影响。"[①]

从以上前后 20 个月的简明日志中不难看出，历史决议的制定，是在中央政治局和中央书记处的领导下，由邓小平主持，胡耀邦、胡乔木、邓力群组织实施，胡乔木负责的起草小组起草，经过出席中央政治局扩大会议和中央委员会全体会议的全体成员以及中央和地方 4000 名高级干部的认真讨论，提出了大量修改意见和建议，经过反反复复的修改，最后才形成的。

---

① 《中国共产党第十一届中央委员会第六次全体会议公报》（1981 年 6 月 29 日通过），《三中全会以来重要文献选编》（下），人民出版社 1982 年版，第 794 页。

四、揭示三十年历史

十一届六中全会最后通过的《历史决议》，全文 28000 字，集中众人智慧而成，这是一份在当时历史条件下能够为大多数人接受的历史决议，它对建国以来 32 年历次重大事件，特别是对"文化大革命"，作出了总结，分析了在这些事件中党的指导思想的正确和错误，也分析了产生错误的主观因素和社会原因。

《历史决议》共分八个部分：第一部分是对建国以前中国共产党 28 年历史的回顾，着重记述了毛泽东对中国革命的贡献和毛泽东思想在党和人民集体奋斗中形成而被公认为党的指导思想的历史过程。

第二部分是对建国 32 年历史的基本估计，强调"总的说来，是我们党在马克思列宁主义指导下，领导全国各族人民进行社会主义革命和社会主义建设并取得巨大成就的历史"。

第三部分是"基本完成社会主义改造的 7 年"。肯定"在这个历史阶段中，党确定的指导方针和基本政策是正确的，取得的胜利是辉煌的"。也指出了改造过程中要求过急、工作过粗、改变过快、形式过于简单划一的缺点和偏差。

第四部分是"开始全面建设社会主义的 10 年"。强调"虽然遭到过严重挫折，仍然取得了很大的成就"。党积累了领导建设的重要经验，建设起很大一部分现代化建设的物质技术基础，培养和积累起了各方面建设的骨干力量和工作经验。对于这 10 年在指导方针上的严重失误，指出了"反右扩大化""大跃进""反右倾"等"左"倾错误；并说责任在党中央的领导集体，毛泽东负有主要责任，但不能把所有错误归咎于他个人。还指出：毛泽东在关于社会主义社会阶级斗争的理论和实践上的错误发展得越来越严重，他的个人专断作风逐步损害党的民主集中制，个人崇拜现象逐步发展。党中央未能及时纠正这些错误。

第五部分"文化大革命"的10年，指出这是一场由毛泽东错误发动、被反革命集团利用、给党和国家带来严重灾难的内乱，毛泽东负有主要责任，但他的错误"终究是一个伟大的无产阶级革命家所犯的错误"。决议分析"文化大革命"所以会发生并且持续10年之久的原因，除了毛泽东领导上的错误这个直接原因外，还有复杂的社会历史原因，主要是：（一）社会主义社会的发展规律，有些已经比较清楚，更多的还有待于继续探索。我们党对于新生的社会主义社会缺乏充分的思想准备和科学研究；（二）毛泽东逐渐骄傲起来，脱离实际和群众，主观主义和个人专断作风日益严重，日益凌驾于党中央之上，使集体领导原则和民主集中制受到削弱以致破坏。这个复杂现象是一定历史条件下的产物。中国是一个封建历史很长的国家，长期封建专制主义在思想政治方面的遗毒，不易肃清，党内和国家政治社会生活的民主又没有加以制度化、法制化，以致党的权力过分集中于个人，党内个人专断和个人崇拜现象滋长，这就使党和国家难于防止和制止"文化大革命"的发动和发展。

第六部分"历史的伟大转折"，对粉碎"四人帮"以后的4年加以总结。在充分肯定华国锋在粉碎"四人帮"斗争中的功绩后，指出三中全会前的两年，华国锋在指导思想上继续犯了"左"的错误。决议指出三中全会是具有深远意义的伟大转折，结束了徘徊中前进的局面，开始全面地认真地纠正"文化大革命"中及其以前的"左"倾错误。"从此，党掌握了拨乱反正的主动权，有步骤地解决了建国以来的许多历史遗留问题和实际生活中出现的新问题，进行了繁重的建设和改革工作，使我们的国家在经济上和政治上都出现了很好的形势。"决议在总结了政治、经济、组织、法制、人事等等方面的成就后指出，"总之，三中全会以来，毛泽东思想的科学原理和党的正确政策在新的条件下得到了恢复和发展，党和国家的各项工作蒸蒸日上。"

第七部分专门论述了毛泽东的历史地位和毛泽东思想。决议指出毛泽东是伟大的马克思主义者，伟大的无产阶级革命家、战略家和理论家。他虽然在"文化大革命"中犯了严重错误，但是就他的一生来看，他对中国革命的功绩远远大于他的过失。他的功绩是第一位的，错误是第二位的。以毛泽东为主要代表的中国共产党人根据马克思列宁主义的基本原理，把中国长期革命实践中的一系列独创性经验作了理论概括，形成了适合中国情况的科学的指导思想——毛泽东思想。党的许多卓越领导人对它的形成和发展都作出了重要贡献，毛泽东的科学著作是它的集中概括。决议列举了毛泽东思想的主要方面内容是：关于新民主主义革命，关于社会主义革命和建设，关于革命军队的建设和军事战略，关于政策和策略，关于思想政治工作和文化工作，关于党的建设。毛泽东思想的活的灵魂是贯穿于上述各个组成部分的立场、观点和方法，有三个基本方面：实事求是、群众路线、独立自主。"毛泽东思想是我们党的宝贵财富，它将长期指导我们的行动。"决议指出，把毛泽东晚年所犯的错误同毛泽东思想区别开来，是十分必要的。

第八部分是"团结起来，为建设社会主义现代化强国而奋斗"。决议指出了我们党在新的历史时期的奋斗目标，强调总结历史经验的根本目的，就是要在坚持四项基本原则的基础上，把全党、全军和全国各族人民的意志和力量进一步集中到建设社会主义现代化强国这个伟大目标上来。决议阐述说，尽管我们进入社会主义社会还是处于初级阶段，但是我们已经建立了社会主义制度，将经过一个由比较不完善到比较完善的长久过程，这就要求我们在坚持社会主义基本制度的前提下，努力改革那些不适应生产力发展需要和人民利益的具体制度，并且坚决地同一切破坏社会主义的活动作斗争。

历史决议的通过，表明党的领导层和全党四千多名高级干部，对建国 32 年来的重大事件和主要经验，已经取得了基本一致认识。但是胡耀邦清楚地看到，在广大干部和群众中，还会有很多不同认识和看法、想法。要把全党、全军、全国人民的思想认识都统一到决议上来，还会有一个过程。6 月 29 日胡耀邦在六中全会闭幕会上讲今后的工作时，专门说了一段如何用历史决议统一全党思想的话。他说："我相信，历史决议的公布，党内党外的绝大多数，是会热烈拥护的。但也有人，对其中的一些看法、说法感到不理解，会提出这样那样的问题。对此，我的意见，不必过于着急。要采用通常的学习讨论办法，逐步地加以解决。时间可能要一年左右。采取这样的办法，不但比较稳妥，而且可以大大提高人们的思想水平。"[1]

十一届六中全会后，全党全军和全国各族人民按照中央的部署，普遍开展了学习历史决议的活动。广大干部和群众最为关心的如何评价毛泽东的功过是非和毛泽东思想的地位问题，看了决议的表述，绝大多数都表示赞成和拥护。有一本历史著作引用了干部和群众如下一些朴实的话语："一些人说，现在对毛泽东的功过分清楚了，理直气顺了，心里的一块石头落了地。还有的人说：过去毛泽东住在天上，他是神，我们敬他，可是总觉得离他远。如今党中央通过的决议，把他的功过讲活了，就像把他从天上请到人间，和我们老百姓住在一起，我们都感觉他老人家也是人，离我们近了，

---

[1] 胡耀邦：《在党的十一届六中全会闭幕式的讲话》（1981 年 6 月 29 日），《胡耀邦文选》，人民出版社 2015 年版，第 263 页。

我们对他老人家也就更加亲了。"① 广大干部和群众经过学习和讨论，辨清了一系列历史事件的是非曲直，明确了重大经验教训，初步揭示了多年的个人崇拜和教条主义"左"倾错误的危害。决议使得中国共产党的威望更加提高了，全党和全国人民的团结更加增强了，同心同德建设社会主义现代化的步伐更加坚定了。

---

① 王洪模等:《改革开放的历程》，河南人民出版社 1989 年版，第 217 页。

第二十一章　十二大开创新局面

一、十二大的主题

在毛泽东去世和粉碎"四人帮"6年之后，中国共产党第十二次全国代表大会于1982年9月在北京召开。作为党中央主席、总书记的胡耀邦，责无旁贷地担起筹备和主持这次大会的主要工作。9月1日，邓小平作为大会执行主席，宣布大会开幕，并致开幕词。他在开幕词中强调指出："我们的现代化建设，必须从中国的实际出发。无论是革命还是建设，都要注意学习和借鉴外国经验。但是，照抄照搬别国经验、别国模式，从来不能得到成功。这方面我们有过不少教训。把马克思主义的普遍真理同我国的具体实际结合起来，走自己的道路，建设有中国特色的社会主义，这就是我们总结长期历史经验得出的基本结论。"邓小平提出的关于建设有中国特色的社会主义的思想，是十二大的指导思想，也是整个新的历史时期改革开放和现代化建设的指导思想。邓小平还说："回顾党的历史，这次代表大会将是党的第七次全国代表大会以来的一次最重要的会议。"① 从 1945 年到 1982 年的 37 年中，中国共产党举行过七大、八大、九大、十大、十一大、十二大数次全国代表大会，邓小平唯独把十二大同七大衔接起来，有什么深意呢？这是因为这两次大会，都是总结了历史经验，制定了正确的纲领和策略，从而开创了新局面。这两次大会确有可比之处。

1981 年 6 月十一届六中全会后，中央政治局一致认为：1982 年召开第十二次全国代表大会，总结粉碎"四人帮"以来 6 年的历史、特别是十一届三中全会以来这 4 年的历史性胜利，进一步清除"文化大革命"遗留的消极后果，为全面开创社会主义现代化建设新局面，确定继续前进的正确道路、战略步骤和方针政策，是适宜的。

十二大的主要准备工作是起草政治报告。十二大报告的起草工作自始至终都是在邓小平的直接指导下完成的。邓小平高度重视十二大报告的起草和修改，他说："恐怕要到报告前夜才能最后确定。"起草工作由胡耀邦、胡乔木共同主持，具体起草工作由胡乔木负责，邓力群协助。胡耀邦在 1982 年 1 月的一次中央书记处会议上说，我国社会主义现代化建设事业能不能在本世纪搞出一个名堂来？我的初步看法是，如果搞得好，可能搞成一个比较大的名堂；如果搞不好，那就只能搞点小名堂或者中名堂。这里一个有决定意义的问题，就是我们能不能在最近这几年内，真正打开局面。打开局面是不容易的。抗战初期，毛泽东同志和刘少奇同志着重强调的就是打开局面这四个字。一切走在历史潮流前面的人们，要打开局面，就要有点眼力、魄力和毅力，并且要有一整套正确的战略和战术，否则就不可能打开局面，即使一时打开，也不能持久，不

---

① 邓小平：《中国共产党第十二次全国代表大会开幕词》(1982 年 9 月 1 日)，《邓小平文选》第三卷，人民出版社 1993 年版，第 1—3 页。

能取得彻底的胜利，甚至功败垂成。①

胡耀邦关于开创新局面的观点，是经过深思熟虑的，得到了政治局大多数人的赞同。

胡耀邦经常到政治报告起草小组的驻地北京西郊玉泉山去看望大家，把自己的一些想法提出来同大家一起讨论研究。他说，这个报告要"有理论""有思想""有深度""有新意"，要深入浅出，讲出点道道，回答人们最关心的问题，指明前途，给人以信心。他说报告可以夹叙夹议，但不要絮絮叨叨，拼凑很多情况和老话，使人听了闷气；也不要发号施令，尽是空话。这些想法受到起草小组成员的赞同，表示要努力摆脱老习惯、老思路，去掉过去那种毛病。胡耀邦还提出：报告分经济、文化、政治、党、国际几个部分，可以分头准备，研究得细一些。

在报告起草过程中，邓小平提出了指导性的重要意见。如，1982年6月25日，邓小平审阅报告修改稿后，对胡耀邦、胡乔木说："报告架子可以，但要写得精彩些、短些。经济部分可以多改，外交部分要注意策略，不要使人觉得我们的外交政策变了。"报告稿经过不断讨论修改，经十一届七中全会审议通过，提交十二大。

二、二十年"翻两番"的战略目标

政治报告要提出全面开创社会主义现代化建设新局面的纲领、步骤和方针政策，其中一个核心问题是经济建设的战略目标问题。胡耀邦在十二大政治报告中提出：我国经济建设的战略目标：从1981

---

① 胡耀邦：《关于对外经济关系问题》（1982年1月14日），《胡耀邦文选》，人民出版社2015年版，第372—373页。

年到本世纪末的 2000 年，力争使全国工农业的年总产值翻两番，即由 1980 年的 7100 亿元增加到 2000 年 28000 亿元左右，使人民的物质文化生活达到小康水平。这个战略目标，把"以经济建设为中心"的政治路线具体化、纲领化，无疑会对全党和全国人民产生巨大的鼓舞和动员作用。

参加十二大报告起草工作的于光远很赞成树立一个奋斗目标，不过他对"工农业总产值"这个提法提出了异议。他说："把工农业总产值作为奋斗目标，缺点很大。农业总产值采取'产品法'来统计，即农产品的产量乘单位产品的不变价格，问题不大；而从苏联那里学来的这个产值目标中工业总产值采用的是工厂法，即一个工厂出产一种产品计算一次产值。比如南京有一个制药厂，生产阿司匹林。一厂改两厂，一厂生产阿司匹林粉，一厂把粉压成阿司匹林片，一下子产值就翻一番。"他主张用国民生产总值（GDP）或者国民收入，都比工农业产值好。他把这个想法告诉了湖北省委第一书记陈丕显。陈丕显说："可是现在我们的干部都不懂什么叫国民生产总值和国民收入呀。"于光远也感到现在绝大多数人都不懂得别的指标，看来只有勉强使用工农业总产值这个指标。后来在起草小组再开会时，他宣布放弃自己的意见，胡耀邦认为这切合当前实际，但对于光远提出必须加上"在不断提高经济效益的前提下"的意思，表示欣赏。

三、坚持改革开放

为了实现 20 年的奋斗目标，在农村改革已经取得成效的形势下，必须在经济体制方面已经进行初步改革的基础上，抓紧制定改革的总体方案和实施步骤，有领导有计划有步骤地进行全面改革。只有改革，才能开创新局面，才能实现翻两番的目标，政治报告对此要予以强调。

十二大的政治报告中，较多地阐述了"努力建设高度的社会主义精神文明"这个命题，强调"这是建设社会主义的一个战略方针问题"，"关系到社会主义的兴衰和成败"。更令人注目的是，政治报告把"努力建设高度的社会主义民主"作为政治报告6个部分中的第4部分，十分突出地加以阐述，强调这"是我们的根本目标和根本任务之一"，而不是可有可无的"手段"或"方法"。这样的表述是过去从来没有过的。在报告中，胡耀邦说：我们一定要"继续改革和完善国家的政治体制和领导体制，使人民能够更好地行使国家权力"，"社会主义民主要扩展到政治生活、经济生活、文化生活和社会生活的各个方面"，"根据社会主义民主的原则，建立人与人之间的平等关系和个人与社会之间的正确关系"，并且要把民主建设同法制建设紧密结合起来，"使社会主义民主制度化、法律化"。这些重要任务和目标的提出，显示了党中央力求反映广大民众对政治体制改革的强烈愿望。

代表大会的第一天，胡耀邦代表党的第十一届中央委员会向大会作了政治报告，受到代表们的重视，认为政治报告总结了6年来特别是十一届三中全会以来我国各条战线拨乱反正所取得的伟大胜利，分析了我国当前的政治形势和经济形势，提出了全面开创社会主义现代化建设新局面的方针任务。许多代表都是各部门、各地区的负责干部，他们对于进入新的历史时期要开创新局面，感到方向明确，责任重大，表示回去以后要根据十二大精神重新规划本部门本地区的工作。

1983 年 2 月 12 日，胡耀邦到海南岛崖县海军基地与解放军指挥员共度春节，并题写春联：祖国宝岛连天春色，人间神州遍地风雷。

1982 年 5 月 1 日，胡耀邦在天津新港考察期间，同坚持节日生产的工人座谈。

四、党必须在宪法范围内活动

十二大的另一个重要议题，是修改中国共产党章程。这次大会对党章作了很多重要修改。修改党章是按照十一届五中全会决定进行的，是十二大的一个重要事项。整个修改工作是在中央政治局常委领导下，在邓小平的直接指导下，在胡耀邦、胡乔木主持下进行的。一开始邓小平就对如何修改好党章提出了总体要求："党章要写好，让人看了以后，感到面目一新，对党有信心，希望，照新党章办事就能把党整顿好。"在党章的整个修改过程中，邓小平提出了很多重要意见。

胡耀邦在政治报告中对新党章进行了阐释。胡耀邦指出："为了加强新时期党的建设，我们对十一大党章作了许多有根本意义的修改。""清除了十一大党章中'左'的错误，继承和发展了党的七大和八大党章的优点。"新党章对党的各级组织、党的干部和全体党员的要求更加严格，以便把党建设成为领导社会主义现代化事业的坚强核心。

新党章有一条极为重要的规定："党必须在宪法和法律的范围内活动。"这是过去党章中从来没有过的。胡耀邦强调这是一项极其重要的原则，"从中央到基层组织，一切党组织和党员的活动，都不能同国家的宪法和法律相抵触"。

新党章规定："党是根据自己的纲领和章程，按照民主集中制组织起来的统一整体。它在高度民主的基础上实行高度的集中。"这个规定一改过去几十年来"在民主基础上的集中和在集中指导下的民主"的传统提法，不再有"在集中指导下的民主"这个词句。

这是总结了多少年来党内民主生活极不健全、实际上只有集中没有民主的教训，大大有利于防止和纠正在"集中指导下"的借口下，将党由民主纳入少数领导人的个人权威和意志之下的不良现象。

在新的历史时期，要担负起领导社会主义现代化建设的重任，必须改善党的领导现状，才能坚持党的领导。胡耀邦在十二大报告中提出，当前要着重解决好以下几个问题：（一）健全党的民主集中制，使党内政治生活进一步正常化。首先是党中央和各级领导机构的政治生活，要遵循民主集中制和集体领导原则，驱除家长制、"一言堂"或各行其是的现象。（二）改革领导机构和干部制度，实现干部队伍的革命化、年轻化、知识化、专业化。消除权力过分集中、兼职副职过多、机构重叠、职责不明、人浮于事、党政不分等种种弊端，克服官僚主义，提高工作效率。（三）加强党在工人、农民、知识分子中的工作，密切党和群众的联系。要大大加强党在生产第一线的工作，吸取具备党员条件的优秀工人入党。要进一步健全农村党的基层组织，加强对农民的思想教育。要特别重视充分发挥知识分子在现代化建设中的作用。要进一步加强对工会、青年团和妇联的领导，帮助他们发挥作用。（四）有计划有步骤地进行整党，使党风根本好转。严肃正视目前党内存在着思想不纯、组织不纯、作风不纯、党风还没有根本好转的问题，用 3 年时间分期分批地对党的作风和党的组织进行一次全面整顿。

胡耀邦在政治报告中指出，新党章是在新的历史时期把我们党建设得更加坚强的重要保证，要在全党进行普遍教育，严格执行。同时他还强调：十一届五中全会通过的《关于党内政治生活的若干准则》，在党的实际生活中起了很好的作用，今后作为党章的重要补充，将继续保持它的全部效力。[①]

五、一批新人进入中央委员会

十二大的另一项重要议程是选举产生新的中央委员会和中央顾问委员会、中央纪律检查委员会。这将是在中国共产党历史上新老交替规模最大的一次。为充分准备，在3个多月前中央专门成立了一个由17人组成的人事安排小组，由胡耀邦任组长，余秋里、程子华任副组长。胡耀邦强调要大量选拔年轻的优秀干部进入中央领导层，实现革命化、年轻化、知识化、专业化和新老合作交替的原则，为党和国家的长治久安提供可靠的组织保证。这是进入改革开放历史新时期以来邓小平、陈云提出并反复强调的一个大问题，是一个十分紧迫的任务，因为党的十一大选出以及后来增补的中央委员，年龄超过70岁的占了很大比例。中央常委会先已提出了在中央和省市自治区两级设立顾问委员会的设想，让一大批老同志退居二线，大家都表示赞成。人事小组就按照这些原则对三个委员会的人选，提出名单。胡耀邦对此项工作比较放手，在名单的选新去旧方面不多发表意见，有时只从实现新老交替的原则方面着眼谈些看法，或对个别人的去留表达个人意见。

对于新的中央委员会将由哪些人组成，许多人都十分关心。胡耀邦在十一届七中全会闭幕时的讲话中说："在我们党内生活中，有两种长期没有得到澄清的错误舆论。一种是一个人被提拔了特别是当上中委了，那么似乎他就会一下子变得特别能干，或者说他碰

---

① 胡耀邦：《全面开创社会主义现代化建设的新局面》（1982年9月1日），《胡耀邦文选》，人民出版社2015年版，第454—463页。

上了好运气，同某个人的关系好，等等。另一种是以为凡是不再当中委的，或者按其条件来说可以当中委而没有当上的，那一定是得罪了什么人，要永远倒霉了。这两种舆论，从根本上说，都是受了旧思想旧意识残余的影响。毛泽东同志曾经多次说过，当了中委的，不一定都比没有当上的强；没有当上的，或者不再当的，也不一定就比当上的差。我们应当坚定地确信，只要真正是心在人民、心在党，党是决不应当也决不许可嫌弃任何一个这样的同志的。"①

经过精心准备，人事小组向中央书记处报送了三个委员会名单的初步方案。胡耀邦主持召集中央书记处和人事小组成员一起，开了多次会议，反复讨论反复比较，并议定了几条原则，又把名单作了一些修改和调整。8月上旬，中央政治局举行扩大会议，有130多人参加，用4天的时间进行了讨论，对3个名单草案提出修改、调整，然后于9月3日提交十二大的大会主席团。接着，在9月6日至10日，十二大的代表们又充分酝酿和反复讨论，并经过预选，于9月10日和11日选举出了3个委员会。中央委员会委员210人和中央候补委员138人中，新选进的有211人，占总数的60.6%；年龄在60岁以下的有171人，占49%；有大学学历的122人，占31%。就年轻化程度来说，不能算是很理想，但较之上一届已有很大改变，根据当时的主客观条件，也算是比较圆满的了。

大会选出的中央顾问委员会，是172名具有40年以上的党龄、对党有过较大贡献、有比较丰富的领导工作经验、在党内外有较高声望的老同志。他们中间64人是上一届中央委员或候补中央委员，如今退居二线。今后的职责按照党章的规定是"在中央委员会领导下，

---

① 胡耀邦：《在党的十一届七中全会闭幕时的讲话》（1982年8月6日），《胡耀邦文选》，人民出版社2015年版，第415—416页。

对党的方针、政策的制定和执行提出建议，接受咨询；协助中央委员会调查处理某些重要问题；在党内外宣传党的重大方针、政策；承担中央委员会委托的其他任务"。① 简言之，是中央委员会的政治上的助手和参谋。当选为顾问委员会主任的邓小平特别强调："顾问委员会要注意的第一件事情，就是不要妨碍中央委员会的工作。"②

大会选出的中央纪律检查委员会，由 133 名委员组成。由于它是由党的全国代表大会选举产生的，担负起贯彻执行新党章，维护党的纪律，保持党的纯洁性的重大职责，所以全党和全国人民都寄予更大的期望。

十二大选举产生三个委员会，使一批德才兼备、年富力强、经验丰富、具有专业知识的中年干部走上中央的领导岗位，显示出党的生机勃勃、兴旺发达景象，邓小平、陈云、叶剑英、李先念等老一辈革命家都十分兴奋。尤其是中央委员会中有 112 名中年，都是由全国各地悉心选拔出来的优秀干部。胡耀邦考虑到要让老一辈革命家和中央政治局的成员认识一下这批干部，特地安排于 9 月 13 日下午在十二大全体代表合影留念后，选了 39 名新当选的中央委员和候补中央委员作为第一批（以后开全会时再分两批）同大家见面。在人民大会堂的新疆厅，当这些干部兴奋地步入大厅时，各位领导人都从座位上站起来，鼓掌表示欢迎。这些人对老一辈寄予的厚望个个都十分激动，围了一圈坐在后面。然后由中央组织部负责同志——唱名，向大家介绍这些新人的情况。第一个被介绍的是 52 岁的中央对外联络部副部长李淑铮，她腼腆地站起了身来，大家都露出了赞许的目光。当介绍到 41 岁的王兆国时，胡耀邦说，他是小

---

① 《中国共产党章程》（1982 年 9 月 6 日十二大通过）第 22 条。

② 邓小平：《在中央顾问委员会第一次全体会议上的讲话》（1982 年 9 月 13 日），《邓小平文选》第三卷，人民出版社 1993 年版，第 6 页。

平同志发现的人才，是第二汽车厂的副厂长。陈云侧过身来招呼王兆国说：请你再站近些，让我仔细看一看。胡耀邦说，你们胆子大一点，站到中间来嘛！于是每一名被唱名的年轻干部都站到了前面来，还同中央领导人一一握手。这 39 人中，还有新选为中央书记处候补书记的 46 岁的郝建秀、47 岁的天津市委书记李瑞环、47 岁的交通部女副部长郑光迪、50 岁的航天工业部副部长宋健、51 岁的空军某部军长于振武、52 岁的福建省委书记胡平、52 岁的机械工业部副部长何光远、53 岁的民政部部长崔乃夫、53 岁的水电部副部长李鹏；最年轻的是胡锦涛，39 岁，时任甘肃省建委副主任。

十二大选举产生的第十二届中央委员会，随即在 9 月 12 日和 13 日举行了第一次全体会议，选举产生中央政治局、中央政治局常委、中央总书记和中央书记处的成员。他们是：

中央政治局委员（按姓氏笔画为序）：万里、习仲勋、王震、韦国清（壮族）、乌兰夫（蒙古族）、方毅、邓小平、邓颖超、叶剑英、李先念、李德生、杨尚昆、杨得志、余秋里、宋任穷、张廷发、陈云、赵紫阳、胡乔木、胡耀邦、聂荣臻、倪志福、徐向前、彭真、廖承志。

中央政治局候补委员（按得票多少为序）：姚依林、秦基伟、陈慕华。

中央政治局常务委员会委员：胡耀邦、叶剑英、邓小平、赵紫阳、李先念、陈云。

中央总书记：胡耀邦。

中央书记处书记：万里、习仲勋、邓力群、杨勇、余秋里、谷牧、陈丕显、胡启立、姚依林。

中央书记处候补书记：乔石、郝建秀。

十二届一中全会还决定了中央军事委员会主席由邓小平担任，副主席是叶剑英、徐向前、聂荣臻、杨尚昆（常务）。

十二大期间，作为老一辈革命家的代表叶剑英和陈云，在9月6日的大会上发表了讲话，李先念在11日的大会上致闭幕词。

叶剑英在毛泽东逝世到邓小平复出这段时间内，是中国政治舞台上当之无愧的重要人物。他举贤荐能，热心物色党和国家领导岗位的接替者。他以唐人"雏凤清于老凤声"的名句，来欢迎比较年轻的干部走上中央领导岗位。他说："这是党的事业兴旺发达的重要标志。""我们新的中央委员会，一定要更好地坚持民主集中制，坚持集体领导原则。集中群众的智慧和力量，事情就好办了，就可以化难为易，化险为夷，可以减少工作中的失误。党的历史经验反复证明了这一点。这几年来，中央政治局、书记处在这方面做得比较好，取得了显著成效。"[1]可以看出，叶剑英对于1980年重建后的书记处的工作是满意的，他对胡耀邦和中央书记处今后的工作寄予厚望。

叶剑英在十二大的讲话，给胡耀邦很大勉励。

新的中央领导，怎样不负党和人民的众望，担当起领导中国建设社会主义现代化事业的重任呢？胡耀邦在全会最后的讲话中说："从现在起，今后五年内，党和国家的命运，是同我们这个新的中央领导集体，新的战斗指挥部，息息相关的。我想我们这个领导集体的每一位成员，都会意识到自己肩上的历史重任。"他接着说："今天在座的，许多同志是新当选中委的；也有些同志的工作，经过选举，有所变动。有进有出，有上有下，这也是党内生活的一种正常情况，在我们党的事业急剧发展的情况下，更是这样。无论各人情况如何，只要大家都能向前看，都能时时想到人民的需要和自己的不足，那就一定能够不断前进，作出新的贡献。我们还衷心地

---

[1] 《十二大以来重要文献选编》（上），人民出版社1986年版，第94页。

希望，新上来的比较年轻的同志，一定要珍视党和人民的重托，刻苦学习，谦虚谨慎，兢兢业业，振奋精神，好自为之。我们大家都坚信这么一条真理：公道自在人心。让党心、军心、民心，对我们每个人作再一次的鉴定吧。"① 胡耀邦这番语重心长的话，也是对自己的一种督促和鞭策。

　　胡耀邦也早已考虑到自己的退休问题。1982 年他已 67 岁。还在 1980 年他刚刚出任总书记不久，一位老部属去看他，打算请他到一个全国性会议上去讲话。当他看到胡耀邦忍着牙痛喝稀饭时，出于对他的健康的关心，不禁直率地问他准备什么时候退休。胡耀邦沉吟了一会儿，郑重地说："71，顶多 72。"这就是说，他准备到党的十三大退下来。此前此后，他在许多场合表示：到十三大，一定要退下来，决不搞终身制。

---

　　①　胡耀邦在十二届一中全会上的讲话（1982 年 9 月 13 日），《人民日报》1982年 10 月 22 日，第 1 版。

第二十二章　尊重知识　尊重人才

一、"团结教育改造的方针不适用了"

在历次政治运动中，党内党外的一些知识分子，遭受的苦难和迫害很大。进入历史新时期，应当怎样认识和对待知识分子？还要不要继续实行"团结教育改造"的方针？这个在今天看来是不成问题的问题，当时却是一个十分严峻的问题。

在知识分子问题上进行拨乱反正和落实政策上起主导作用的是邓小平。他在 1977 年 5 月就提出："一定要在党内造成一种空气：尊重知识，尊重人才。"1977 年 9 月，在起草全国科学大会讲话时，他就坚决放弃了此前一直沿用的对知识分子"团结、教育、改造"的提法。1978 年 3 月，他在全国科学大会开幕式上重申了"科学技术是生产力"和"知识分子是工人阶级一部分"的观点。

胡耀邦对以上观点深以为然。在 1978 年 3 月中央政治局讨论通过邓小平在全国科学大会讲话稿时，胡耀邦明白地说："团结、教育、改造"这个方针不仅不要讲，而且不适用了，应当要废除了。在1978年10月31日中央组织部召开的落实党的知识分子政策座谈会上，他说："我们党对知识分子实行团结、教育、改造的方针，是在建国前后着重地提出来的。在老解放区，我们的干部队伍中大部分是工农干部，也有一些是小知识分子成长起来的干部。随着解放战争的发展，我们从乡村到城市，接收了国民党遗留下来的大量的宣传教育机构，学校和文化团体，企事业单位。对这些单位中的大量知识分子，我们采取什么方针政策？""党中央认为，不要排斥他们，抛弃他们，而应该采取团结、教育、改造的方针，使他们为新中国服务。这些从旧社会过来的知识分子，大约有二百多万人。他们的绝大多数经受过帝国主义、封建主义、官僚资本主义的压迫，有程度不同的革命性。但是，他们还没有和共产党相处过，对共产党领导的革命事业，对共产党的政策、主张，对人民政府的领导方法和工作作风，都还很不了解，很不熟悉。在他们的头脑里主要还是民主主义和个人主义的思想。要使他们适应新中国的需要，全心全意为人民服务，就必须对他们进行教育，帮助他们重新学习，逐步改造旧的世界观。这样做，是革命的需要，是为了使这些从旧社会过来的知识分子逐步转变为工人阶级的知识分子。党对知识分子的团结、教育、改造的方针就是在这样的历史条件下提出来的。"

然而，新中国成立至今已经快30年，现在的情况已经与那时大不相同了。胡耀邦分析说，建国后，除了接收了大量旧的知识分子外，我们自己还培养了更多的知识分子。现在我们的知识分子队伍人数已经有两千多万。所以说，随着社会主义革命和建设事业的发展，我们的整个干部队伍、知识分子队伍都发生了很大的变化。我们现在的一千几百万脱产干部，已经不是原来的状况了。解放初期参加工作的知识分子也不是原来的面貌了。他们在学习马克思列宁主义、毛泽东思想过程中，在同工农相结合的过程中，在自己的工作实践中，努力改造世界观，已经有了很大的进步，已经不是对共产党的主张、方针、政策，对社会主义制度不甚了了的知识分子了。他们中的绝大多数几十年来跟党走，为社会主义事业而努力工作。我们自己培养出来的知识分子已经占知识分子队伍中的绝大多数。我国知识分子队伍的状况发生了一系列根本的变化，因此，我们党在建国前后提出来的，以旧社会过来的知识分子为主要对象的团结、教育、改造这个方针，现在已经不适用了。

为什么今天仍然有人抱着团结、教育、改造的老方针不放呢？胡耀邦分析说，过去，我们对毛泽东同志什么时候说要团结、教育、改造知识分子没有研究清楚，加上林彪、"四人帮"的干扰破坏，诬蔑知识分子是"臭老九"，把人们的思想搞乱了。因此，现在我们的一些同志还有糊涂认识，不仅看不到知识分子的进步，而且对知识分子产生一种偏见和厌恶心理，总觉得他们不行，不是自己人。胡耀邦说，情况变化了，就要根据新的情况，决定党的方针、政策。我们要从实际情况出发，要对历史和现状作调查研究，正确地分析和解决问题。[1]《人民日报》随即根据这篇讲话，发表了"本报特约评论员"文章：《完整准确地理解党的知识分子政策》，受到广大知识分子的由衷欢迎。

胡耀邦从党在新时期建设四个现代化的中心任务出发，分析知识分子的特点，提出要提高知识分子在社会上的地位，充分发挥他们的作用。"要认清知识分子与四个现代化的关系，没有知识分子

---

[1] 胡耀邦：《为什么对知识分子不再提团结、教育、改造的方针》（1978年10月31日），《胡耀邦文选》，人民出版社2015年版，第102—106页。

尊重知识。

675

四个现代化就不可能实现。"①在1983年中共中央召开的卡尔·马克思逝世一百周年纪念大会上的报告中，他以相当大的篇幅对这个问题作了系统的阐述。他说：推翻旧世界，需要知识和知识分子；建设新世界，更加需要知识和知识分子。而且应当说，在我们这样原来经济文化落后的国家，能否掌握现代化科学文化知识，是决定建设成败的一个关键。但是，恰恰在这个关键问题上，我们曾经长期认识不足，并且被一些背离马克思主义的错误观念纠缠了多年。因此，如何正确对待知识和知识分子的问题，就成为当前把马克思主义普遍真理同中国社会主义现代化建设的具体实践很好地结合起来的，一个重大而迫切的问题。他指出："在社会主义现代化建设的新时期中，知识分子起着特别重要的作用。按照马克思主义的观点，按照科学和工业的最新发展趋势，体力劳动和脑力劳动的本质差别将会逐渐缩小甚至归于消灭，将会造就出体力劳动同脑力劳动在更高水平上结合的一代代新人。但这是远景，今天还办不到。也就是说，科学文化知识和脑力劳动相对集中在知识分子这一部分人身上的状况，在相当长的历史时期内还会存在。因此，知识分子是我国社会主义现代化建设所绝对必需的智力因素，是我们国家的宝贵财富。"他强调指出："我们一定要造成尊重知识和知识分子的社会风气，并且采取切实措施，改善他们的工作条件和生活条件，把这看成是'基本建设'，并且是'最基本的基本建设'。要向广大人民讲清楚，在社会主义社会，一般说来，科学文化程度高一些的比低一些的，脑力劳动者比体力劳动者，在物质待遇上高一点，不但是脑力劳动本身的不可缺少的条

---

① 胡耀邦在落实党的知识分子政策座谈会上的第一次讲话（1978年10月16日）。

件，更重要的将大有利于社会生产的发展，有利于人民物质文化生活水平的提高，同时也有利于工人阶级和全体劳动者的知识化，有利于鼓励工农子女努力学科学、学文化，从而培养更多的知识分子。很明显，这样的政策，是符合社会主义发展规律，符合工人阶级和全体人民的长远利益和切身利益的，是马克思主义的政策；反之，过去一个时期那种'左'倾错误政策，则是同马克思主义、社会主义的原则背道而驰的政策。"[1]

二、把知识分子政策落到实处

过去，中央组织部管理全国的干部，只管中高级党员干部，从来不管知识分子。1977年12月胡耀邦担任中央组织部部长后，首创也管知识分子，而且以落实政策为发端，改变知识分子的社会地位。他和陈野苹、曾志等人研究，认为进入社会主义建设时期，知识分子的重要作用日益显著，他们在党和国家的干部队伍中的比重越来越大，而落实干部政策在知识分子方面的任务又特别艰巨而繁重，中央组织部应当把知识分子作为自己工作的重要对象管起来。陈野苹、曾志等认为胡耀邦的这个思想很重要、很深刻，一致赞成中央组织部要有个专门机构来负责这方面的工作。

经过充分准备，中央组织部在1978年10月10日至11月4日，专门召开了两次落实知识分子政策座谈会，胡耀邦仔细听取与会者的汇报和提问，在会上讲话中说：落实知识分子政策，做好知识分

---

[1]　胡耀邦：《马克思主义伟大真理的光芒照耀我们前进》（1983年3月13日），《胡耀邦文选》，人民出版社2015年版，第501—510页。

子工作，首先要改变对知识分子的看法，要把"臭老九"改变为与工人、农民一样的"香老三"。

对于落实知识分子政策的紧迫性，胡耀邦引用了令人信服的数据和事实：上海市有各种科技干部约八万人，在"文革"中遭到各种形式审查的有8965人；鞍钢13000名科技人员在"文革"中被定为敌我矛盾的达1193人；湖南省在"文革"中被"清理"的中小学教员有14000多人。而许多地方对这样严重的问题还是采取"一慢二看三等"的态度犹豫观望，裹足不前。这不仅不利于安定团结，而且对于我们四化建设事业也是重大损失。

在听取各地情况汇报中的疑难问题后，胡耀邦经过反复研究，在讲话中对落实知识分子政策提出了一系列政策性的意见。他说，对知识分子不要老是在家庭出身不好啊、社会关系复杂啊、有这样那样的历史问题啊这些陈芝麻烂谷子上纠缠，更不要摆脱不掉林彪、"四人帮"散布的错误观念，应当是：家庭出身看本人，社会关系看影响，历史问题看现实表现。这是辩证唯物主义的态度，是无产阶级的政策。他指出，经过复查是冤假错案的，就要坚决纠正。像归国的知识分子同外国人的来往、通信和某些个人接触是正常的，不能因此而戴上"特务""里通外国""特嫌"的帽子；像学术上不同意见的争论，不能戴上"学阀""反动学术权威"帽子；在议论领导人时发过某些怨言、说过某些错话的，可以批评帮助，但不能指为"恶毒攻击"而戴上"反革命"的帽子。经过一再复查如果不属于冤假错案而需要进行组织处理的，那么，也应当可宽可严的从宽，介于两类矛盾之间的按人民内部矛盾处理，即使属于敌我矛盾的，只要民愤不大、本人确有真才实学、有所贡献的，也可按人民内部矛盾处理，妥善安排，用其所长。一般性的问题不要留尾巴。胡耀邦还谈到落实知识分子政策，要十分注意改善他们的工作条件和生活条件。分配他们的工作，要做到有职、有权、有责，充分信任，放手使用。对于用非所学的，应当适当调整，做到人尽其用。要关心他们的生活，尽可能帮助他们解决困难，使他们没有后顾之忧。

在两次座谈会的基础上，中组部发布了《关于落实知识分子政策的几点意见》。这个文件提出了六条要求：一、对知识分子队伍应当有个正确的估计；二、继续做好复查和平反冤假错案工作；三、对知识分子要充分信任，放手使用，做到有职有权有责；四、调整用非所学，做到人尽其才、才尽其用；五、努力改善知识分子的工作条件和生活条件；六、加强领导，改善作风。[①]这个文件对于纠正知识分子的"左"倾错误、推动各地落实知识分子政策具有很大的指导意义，只是当时还未能引起全党足够的高度重视和切实贯彻执行。

在胡耀邦的重视和督促下，中央组织部专门成立了宣教干部局。胡耀邦对宣教干部局的工作十分重视，经常给予具体指导。1978年底他不再担任中央组织部部长了，但对宣教干部局还常常给予关心和指导。1979年2月，他在一位美术业余爱好者的来信上批示道："文艺界（大概还有科技界和教育界）确实还有一大批人的政策要落实，有更多的人可能是落而不实。请中组部宣教干部局在今年内主要抓好这件事。对于一些（比如几千人吧！）有名望的没有人管的老人，要开出一个名单来，指定哪一级或哪一部门负责解决，即一落到底，才能解决问题。"后来他又在一部小说的作者来信上批示道："文化人落实政策这件事，中组部宣教局要

---

① 《十一届三中全会以来党的组织工作文献选编》，中共中央党校出版社1986年版。

亲自抓，中宣部文艺局要亲自抓，文化部要亲自抓，文联和各协会也要亲自抓。"他还要求："请宣教干部局同上述单位同志联系一下，请他们各自发挥作用。不要说'没有办法''无能为力'。办法和能力都是闯出来的。要一个一个地查，发现一个就同那里的党组织商量解决，直到解决好了才罢手。"①

由于知识分子广泛分布于各个方面、各个系统、各个部门，只由中组部成立一个宣教干部局负责是难以适应需要的。胡耀邦于1981年3月27日在中组部宣教干部局《关于1980年知识分子工作情况的汇报》的批示中提出：中央机关要对知识分子有个总管单位和办事机构。他批示："知识分子，不论是党员或非党员，都是党和国家的干部。按照干部要统一管理的规定，知识分子的工作当然要由中央组织部抓总。但由于我国的知识分子绝对数已经不小，情况又较复杂，加上历史上形成的习惯，照管好知识分子各方面的问题，中央其他部门也有不可推卸的责任。比如，党外民主人士、起义军官、宗教界人士，中央统战部就要多负责任；民族干部，特别是民族上层干部，民委就要多负责任；作家、文化人，中宣部就要多负责任；科技人才、教授、医生，国家科委、教育部、卫生部就要多负责任；归国侨胞，侨办就要多负责任；等等。过去是这么做的，这几年也是这么做的。问题是有些部门抓得紧，做得好些，有些部门抓得不紧，做得差些。"②在他的建议和推动下，由中组部牵头，中宣部、统战部、教育部、文化部、卫生部等13个单位参加组建了知识分子工作联系小组，从5月5日起定期开会，

---

① 胡耀邦：《关于落实知识分子政策的批语》（1979年1月—1982年12月），《胡耀邦文选》，人民出版社2015年版，第123—124页。

② 胡耀邦：《关于落实知识分子政策的批语》（1979年1月—1982年12月），《胡耀邦文选》，人民出版社2015年版，第128—129页。

协调解决各种问题，把知识分子工作落到了实处。

　　胡耀邦深知，知识分子工作不仅要有专门机构和部门负责，还要不断加以检查、督促、推动。因为不少人长期受到"左"的错误影响，存有许多错误观点和做法需要克服和改正。他密切关注知识分子工作，发现了问题就大声疾呼，要求各地各单位认真解决。1979 年 10 月，他在全国政协的一份材料上批示说："现在，我们党要给知识分子解决的问题也是成山的。大部分问题中央不做出决定、规定，任何人都解决不了。这是对的，不成问题的。中央也在积极做这件事。但有些问题各地方、各单位是能够解决的。有些问题，如果我们不去了解、考察、纠正、批评，即使中央有了文件，有些地方还是不办。可见办任何一件事，既要有中央的指示、规定，还要组织实施。二者缺一不可。"① 他在另一份材料上进一步指出："对待知识和知识分子，在我们的队伍中还有许多错误的观点和做法，这些还要经过极大的努力才能克服。克服的办法主要有两条。一条是造舆论，即向全体干部和人民做说服教育工作。这要开列一大批题目，然后分头组织人加以研究，研究清楚再写成文章。每篇都要反复推敲，不仅使工农同志，也使知识分子感到入情入理。思想通了，事情就好办了。一条是狠抓知识分子的政策落实。这方面，主要不是靠一般号召，而是靠检查督促。要不断地检查督促，发现一起就解决一起，抓住不放。谁不落实，就严肃批评。到处检查，使人们感到无法推脱。这样，还可推动整个风气的改造。扭转风气，没有特别的轻松窍门。窍门就是抓住不放，顽强到底！" 1980 年 9 月 2 日，他

---

　　① 胡耀邦：《关于落实知识分子政策的批语》（1979 年 1 月—1982 年 12 月），《胡耀邦文选》，人民出版社 2015 年版，第 124—125 页。

在一封要求为湖南一眼科专家落实政策的来信上批示道："知识分子政策落实得很不好。请中组部配合统战部、宣传部、教育部、卫生部、国家科委切实抓紧办。我们现在到处的通病是：讲大道理的多，写规定条文的多，漫无边际议论的多，发现问题的少，解决问题的少，深入检查督促的少。这个风气各部门一定要认真改过来。"①

尽管胡耀邦三令五申地要求各地各部门把知识分子政策落实工作做好，但是许多错误观点和做法还是根深蒂固地存在于某些干部身上。顽固的官僚主义又是"左"倾错误影响长期难以清除的保护伞。这个状况在中央直属机关、中央国家机关也程度不同地存在着。1981年10月6日，胡耀邦批示说："中组部要对中直机关和中央国家机关落实知识分子政策情况进行一次集中的检查。"② 为了推动全党进一步做好知识分子工作，在胡耀邦推动下，1982年1月30日中共中央发出通知，要求各级党委在上半年普遍检查一次知识分子工作。接着中央组织部也发出通知，要求各级党委组织部门要认真检查对知识分子政策在政治上落实情况，认真解决他们工作上、生活上存在的主要问题。这年4月3日，中央办公厅又转发了中组部《关于中央机关检查对高级知识分子落实政策情况的报告》，再一次要求中央党、政、军各部门和各省市自治区党委按照1月30日《通知》，认真做好这一工作。

在中央三令五申之下，知识分子工作的局面有了很大改观。然而仍然有个别人我行我素，对中央的指示顶着不办，继续对知识分

---

① 胡耀邦：《关于落实知识分子政策的批语》（1979年1月—1982年12月），《胡耀邦文选》，人民出版社2015年版，第127—128页。

② 《十一届三中全会以来党的组织工作文献选编》，中共中央党校出版社1986年版。

子实行"左"的错误政策。胡耀邦感到如果再三再四耐心等待和说服教育仍然难以改变，就不能不采取必要的组织措施，否则会贻误大事。他在一个材料上批示道："我的意见，要进行一次切实的检查，凡属一些单位党和行政的一二把手，文化程度比较低又不懂知识分子政策的一律坚决调下来，换上另外有文化的、懂得政策的、年龄较轻的同志担任。"①

1983 年 11 月，人民日报社《情况汇编》第 590 期刊登了一篇题为《一位获博士学位的留法学生回国一年半后还未分配工作》的材料。这位留法博士叫李武强，1970 年毕业于西安交通大学无线电工程系，后被分配到陕北富县广播站工作。1980 年 2 月，他考入法国巴黎大学，是我国"文革"结束后首批派出去的公费留学生。1982 年李以优异成绩获得巴黎大学物理学博士学位，巴黎大学校长要他留在法国搞科研，他回答说："我们国家四化建设刚刚起步，'机器人'研究也才开始，我应回去报效祖国。"想不到他回到北京后，有关部门却没有将他当成一位宝贵的人才，而是互相推诿、扯皮，一年半过去了仍然没有分配他的工作。后来竟以"等待分配"为由，将他分回到原单位富县广播站。县广播站没有他所学专业的用武之地，就把他当成一个壮劳力，整天派他干些爬杆、架线、修理舌簧喇叭、往山上扛水泥袋等杂事。他曾三赴西安、两进北京，从中央到地方找了几十个部门和单位，结果都吃了"闭门羹"，几百页上诉材料全部退回。县广播站还批评他"不安心工作""这山望着那山高"。邓小平批示："请国务院检查。天天讲缺人，有人不能用、不会用，为什么？是谁的责任？

---

① 《十一届三中全会以来党的组织工作文献选编》，中共中央党校出版社 1986 年版。

如何纠正？需要弄清楚。"① 胡耀邦批示："这个典型必须引起我们严重警惕。人事组织部门确有些工作极端马虎、鄙视知识、不学无术的人，组织部门、人事部门不引进一大批热衷四化、积极上进的优秀干部，并坚决把某些不称职的人调走，我看要打开组织、人事部门的新局面是困难重重的。"12 月 20 日，中央组织部、宣传部、统战部联合发出通知，要求县级以上党委的组织、宣传、统战部门在 1984 年上半年对落实知识分子政策的情况再进行一次认真检查，边检查边解决问题，真正做到对待知识分子政治上一视同仁，工作上放手使用，生活上关心照顾。

胡耀邦对六十年代、七十年代响应号召上山下乡的几千万知识青年，也给予充分关注。他到农村去考察工作，常常要问起那些安家落户的知识青年，工作和生活得怎样，勉励他们为社会主义农业现代化建设做出贡献。他于 1982 年冬接到湖南省委转来株洲南华幼儿园萧芸的一封信，信中说，返城的知青因为当年在农村几年、十几年辛勤劳动，但"农龄"不被承认为"工龄"，因而在工资级别、住房分配、福利待遇等诸多方面都得从头开始，困难很多。胡耀邦看到这封信后，立即批示国务院有关部门调查解决。中央文件后来明确规定：知青在下放农村劳动期间的农龄一律算工龄。这使得几千万知青在晋级、评职称、分房及其他福利待遇方面都得到合理解决；对他们在艰苦岁月里为我国农业生产做出的贡献也是有力的肯定。

---

① 《邓小平年谱（1975—1997）》（下），中央文献出版社 2004 年版，第 945 页。

三、知识分子的知己

胡耀邦一生被知识分子视为知己。他尊重和爱护知识分子，在新的历史时期也是如此。

为了熟悉和了解文艺界的情况，1979 年夏，胡耀邦把几位作家请到家里来，无拘无束地座谈，详细倾听他们的各种意见，自己只是偶尔插几句话，平易近人，热情对话，使座谈更加深入、具体。有些作家爱把自己创作的文稿送给胡耀邦征求意见，他就尽量抽出时间来阅读。对梁信的电影剧本《赤壁大战》，看了后亲自回信说"很欣赏"。李准写了一个名为《冤孽》的剧本，描写一个老太太收养了一个日本孤儿，后来孤儿回国了，写信回来说，日本什么都有，就是没有奶奶了。有人向中央告状说这是一个卖国主义的剧本。胡耀邦听了表示不相信，使李准受到很大鼓舞。有作家要求面谈，胡耀邦也尽量安排时间让到家里来会见；至于有的知识分子上访到他家，他要求身边的人员热情接待，他自己更是细心倾听各种意见和要求，一一责成有关部门负责答复和解决。

1982 年 2 月 4 日下午，胡耀邦邀请 6 位科技人员到中南海勤政殿来座谈我国当前的科技政策，听取他们的意见长达两个多小时，会后还合影留念，然后一起吃饭。这是他在 1 月 13 日会见出席科技体制改革座谈会时有感于同科学家联系太少而采取的措施。此后他无论是在北京，还是去外地考察，只要一有机会，就常常同科学家见面，听取他们对各个方面的意见建议。1985 年 7 月，他去新疆考察，特地前往某火箭卫星发射试验基地和某核试验基地，看望长年奋战在西北荒漠中的知识分子和干部、战士，赞扬他们在生活上、环境上甘居下游，而干的是保卫祖国安全、攀登世界科学高峰的事业，是"身居最下游，志在最高峰"，中国征服宇宙的第一代人。他还提出：希望文艺工作者多到这里来看看，唱唱《十五的月亮》，互相鼓舞和支持。

中国的知识分子有一个最大的特点，就是具有献身事业、报效祖国的强烈爱国心。胡耀邦深知这一点，并且竭力为他们报效祖国创造条件。1979 年 4 月，他看到中国科学院报送的一个文件，提出要增补学部委员（即现今的院士），充分发挥学部委员的作用，即表示完全赞成，认为有许多杰出的科学家早应当成为学部委员，并且应当充分发挥学部委员的学术领导作用和对国家建设的参谋、顾问作用。

1981 年 5 月 11 日，增选扩大为 400 人的中国科学院第四次学部委员大会隆重举行，胡耀邦出席开幕式表示祝贺。20 日大会闭幕那天，胡耀邦和中央书记处邀请全体学部委员到中南海来做客。在大家参观了中南海的一些景点后，还在怀仁堂举行座谈。胡耀邦在座谈会上说，这次学部委员大会是把全国最优秀的、最有威望的科学泰斗组织、结合了起来，成为一个新的强大的领导集团。他说，科学是推动历史前进的巨大力量，科学是生产力，科学是四个现代化带头的东西。假使有文学家还要形容一下，科学技术是灌溉人类幸福之花的真正的圣水。他向科学界提出两点希望：第一点，深入生产实际找任务。要深入我国现在生产技术的实际、深入我国经济战线人们的科学技术水平的实际、深入当代科学技术出现的新苗头新发现的实际中去，寻找基础理论和应用科学的课题，为当前兴国的困难服务，促进生产的发展，为四个现代化服务，为新的理论、新的生产水平服务。第二点，是希望用主人翁姿态工作。科学家是国家的主人，要自己找工作干，要积极出主意、提建议，要敢于批评坏现象和不正确的东西，要敢于坚持四项基本原则，要坚决地同歪风邪气作斗争。他说：最近我看到有一副对联说，"风声雨声不吱声了此一生；国事大事不问事平安无事"。我主张把它改一改，改成："风声雷声悲哀声枉此一生；险事难事天下事争当勇士"。为人一生要对中国四个现代化有所贡献，要对中华民族有所贡献，要对全世界人类的事业有所贡献。怕这怕那不行。我们国家的大事，天下的大事，一点困难没有，一点危险没有？即使是领导得最正确，也可能有危险。所以天下没有一点危险没有的事。"险事难事天下事"，看你采取什么态度。科学成就也是有危险的，也是难事，科学的成就艰难困苦，危险多的是。能不能有成就，我说非常重要的一条，是看有没有志气，有没有勇气。当然，除了勇气还要有智慧，还要有苦功夫。但是，有勇气有智慧是一个基础。胡耀邦最后说，中国科学院的天空已经升起了一个光芒四射的星团，它照亮了我们攀登科学高峰的道路，激励我们的科学家勇敢地、披荆斩棘地向现代化的科学高峰前进，我希望你们把这个历史责任担当起来。①

胡耀邦希望科学家以主人翁姿态深入实际找课题的讲话，在科学界引起很大反响。著名数学家华罗庚在 1982 年 3 月 22 日给胡耀邦写了一封长信，谈了自己二十多年来深入工厂、农村，推广"优选法"和"统筹法"的亲身体会，深深感到科学家要深入生产实际找课题，把科学理论与生产实际结合起来，很不容易，且有风险，如果领导上再不大力支持，就更是阻力重重。即使决心下了，也不是一朝一夕之功。但是只有如此做，中国实现四个现代化才有希望。他在信中说，自己有生之年屈指可数，愿集中

---

① 胡耀邦在中央书记处邀请参加中国科学院第四次学部委员大会的同志举行的座谈会上的讲话（1981 年 5 月 20 日）。

力量做三件事："一、为国民经济服务的数学应用；二、理论研究（这也是应用的基础）；三、把'十年浩劫'期间被'偷''抄''散'的手稿，回忆一些写一些。年复一年更是时不我待矣。"他在信中末尾表示："总之，您的意见是正确的。我为其不能实现而着急。在发展时有过能为人民尽一分力的喜悦，在拂逆时，也有过一筹莫展坐困的苦恼。但愿为实现周总理的遗教遗策而努力，一息尚存，此志不渝。"

华罗庚这封信写出10天，就接到胡耀邦的亲笔复信。胡耀邦用饱蘸浓墨的毛笔写了7页宣纸。他亲切地写道："罗庚同志：你3月22号给我的信，几天前我就看过了，因为忙于应付其他的事情，没有及时回信，非常抱歉。你信上谈到的许多看法是很对的，我已经把你的信转给了方毅、李昌、卢嘉锡同志，请他们重视你的这些见解。至于你谈到你今后工作的各种打算，我倒有点不放心。几十年来，你给予人们认识自然界的东西，毕竟超过了自然界赋予你的东西。如果自然界能宽限你更多日子，我希望你能把你一生为科学而奋斗的动人经历，以回忆的形式写下来，留给年轻人。你那些被劫走失散的手稿中的一些最重要的观点和创见，能不能夹在其中叙述呢。完成了它，我认为就是你在科学上的超额贡献了。科学的门路非常广阔，但科研功夫必须非常坚实。我们这些门外汉并不反对有些同志继续作纯理论性的研究，去探索还没有为人类认识的新领域、新原理。但我们希望更多的同志投身到新技术新工艺攻关的行列中去，从而把我国的四个现代化推向前进。我没有看过《圣经》。前些天偶然看到一本小册子上引用了它上面的一个故事：古代巴比伦人决心建造一座通天塔。这件事触怒了上帝。上帝使这些梦想上天的人内部不和，在如何建造通天塔的问题上争论不休。结果使这件事成了泡影。现在，中国人接过了巴比伦人没有实现的理想。那个愚弄巴比伦人的上帝又不存在了。中国的科学工作者能不能齐心协力、团结一致地为这个工程而英勇献身呢？如果能，我认为，它的成功，是可以计日而就的。写长了，有机会再面谈。祝你近安！胡耀邦 1982 年 4 月 1 日。"[①]

这封信充满了对科学家的深情。希望中国科学家齐心协力、团结一致，共同建造实现四个现代化的"通天塔"。

四、为统战对象落实政策不能含糊

各民主党派和无党派民主人士、工商业界人士、起义和投诚的原国民党军政人士、少数民族和宗教界的上层人物、归国华侨和去台人员的家属等，在我国通称为"统战对象"，他们绝大多数都是知识分子，是宝贵的人才。在 10 年"文革"中有些人被批斗、抄家，许多人失去工作，失去住房，他们的子女、亲属受株连，遭折磨。胡耀邦对此痛心疾首，与叶剑英、邓小平等领导人多次议论，并在各种场合大声疾呼，要求各级党委和有关单位迅速平反他们的冤假错案，落实对他们的各项政策。他认为这是恢复和加强统战工作的基础，也是发挥这些知识分子积极性和创造精神的起码条件，首先要抓紧做好。他注意到全国政协和各级政协是统战对象云集的地方，便推荐抗大的老战友彭友今到全国政协去工作，并在一个文件上批示：政协系统落实政策的任务很重，要派得力干部认真抓紧抓好。后来在他的关心和推动下，

---

① 胡耀邦：《给华罗庚的信》（1982 年 4 月 1 日），《胡耀邦文选》，人民出版社 2015 年版，第 393—394 页。

全国政协专门成立了一个"落实政策办公室"，派出几个小组分赴各地，有力地推动了这项工作。对于落实政策过程中遇到的困难，他总是不遗余力地着手解决。上海几个民主党派负责人的几万平方米的私房，在"文革"中被部队占用了，在落实政策过程中难以解决。胡耀邦得知这一情况后，即让全国政协召开一个全国各省市自治区政协秘书长会议，把各地一些应该解决而无法解决的问题集中起来，写成报告。他将这个报告直接送给中央军委和有关部门的领导研究解决。上海的房子就是在中央军委派出干部去上海，最后部队全部退出，并且加以整修后"完璧归赵"的。1980年11月8日中央办公厅在转发北京市委《关于处理机关、部队挤占私房进一步落实私房政策的通知》中，中央进一步重申："10年动乱中被挤占没收的私房，必须在今后三五年之内，根据不同情况分期分批地予以发还。对民主党派、工商联被挤占的办公用房，必须坚决早日归还，不得再拖。"有力地支持了统战工作的恢复与加强。

胡耀邦多次批示，对起义投诚人员的政策落实工作要认真检查，一个人一个人地落实。他代表中央明确宣布：对三十多年前原国民党的起义、投诚人员，"不论其历史罪恶大小，均不应加以追究，必须严格贯彻党的既往不咎的政策。凡因追究历史问题造成的错判、错处理的，应一律纠正做出结论，不得留尾巴"。对于去台湾人员在祖国大陆的家属，胡耀邦在一个材料上批示：要"一视同仁，不得歧视。凡因在台湾有亲属被错误处理的，都应复查改正"。至于对旅居大陆的台湾同胞，胡耀邦强调："政治上要一视同仁，冤假错案要认真落实，生活上要安排，并在各方面优先照顾。"在胡耀邦和其他中央领导同志的关心和推动下，中央统战部和有关部门积极为 45 万余名国民党起义、投诚人员落实了政策，为 15 万受到错误处理的人在政治上平了反，纠正了冤假错案。

多少年来在"左"倾错误之下，热爱祖国的归侨、侨眷、归国知识分子以及有海外关系的人中，受到歧视、怀疑、审查以至蒙冤受屈的数量相当大。胡耀邦认为拨乱反正，就要落实对他们的各项政策。他说，首先要充分肯定他们的爱国热情。他们同国外的亲属、友人有交往、通信或某些个人接触，是正常的，因此而被戴上"特务""特嫌"帽子的，都应平反。他在一次会议上指出："对因海外关系，在政治上被错误对待的，应立即改正。对他们的冤假错案，全错的全纠，部分错的部分纠正；含冤致死的要昭雪。""被株连子女要予以解脱"，要"通知他们所在的单位，消除影响，全面解脱"。胡耀邦的这些话语，不仅在各地各单位得到贯彻推行，也在海外华人和国际友人中产生了良好的影响，增加了他们对中国共产党的了解和亲近感。

然而，为众多统战对象平反冤假错案、落实各项政策，阻力之大远远超过了其他方面。为了推动有关部门和各地认真做好这件大事，胡耀邦在许多会议上一再强调，并批示了不少文件材料。1979 年 1 月 4 日他在一个材料上语重心长地批示道："平反冤假错案，正是为了稳定和发展形势，不是翻烙饼。把过去做错了的事情坚决改正过来，这是忠于实事求是的原则，具有革命胆识的表现，体现了我们共产党人对革命、对人民高度负责的精神，这是和右倾机会主义毫不相干的。如果在大是大非面前，不尊重事实，不坚持原则，知错不改，将错就错，那才是怯弱的机会主义态度。"这年 12 月 20 日，他在全国人事局长会议上讲话说："现在平反冤假错案的成绩很大，但是有些地方尾巴还相当大。一定要把干部政策、民族政策、知识分子政策、统战政策，各行各业的干部政策都要落实好。"胡耀邦从一些来信来访中发现：有些领导机关在落实政策工作中只是停留在上边发号召、讲空话，而没有切切实实地解决问题，使得许多案件转来转去长时间得不到解决，他要求各地方、各部门认真改正过来。他在 1982 年 1 月全国统战工作会议的讲话中，要求把落实政策的工作最后做好。他说，唐朝文学家韩愈在做潮州刺史的时候，有一篇《祭鳄鱼文》，是因为当时那一带地方鳄鱼为害，韩愈于是通令鳄鱼，限期回到大海里去。他这样说："三日不能，至五日，五日不能，至七日，七日不能，是终不肯徙也"，那就是"冥顽不灵"，就要以抗命论处。现在我们不妨也套用一下韩愈这番话，我们说：一年不落实，三年；三年不落实，五年；五年不落实，七年。同志们，今年再搞一年，是六年，明年再搞一年，就是七年了。七年还不落实，谓之冥顽抗命，这难道不是公公道道的吗？[①] 仅从以上所举数例可以看出，胡耀邦为推动有关部门和各地做好统战人士的政策落实工作，是一直牵挂在心头并竭力促其完成的。

五、"肝胆相照，荣辱与共"

进入历史的新时期，我国阶级状况发生了根本的变化。早在 1979 年 6 月 15 日，邓小平在全国政协五届二次会议上，对我国统一战线的性质、对象、范围、方针和任务以及人民政协的地位、作

[①] 胡耀邦：《在全国统战工作会议上的讲话》（1982 年 1 月 5 日），《胡耀邦文选》，人民出版社 2015 年版，第 349—350 页。

用和任务等重大问题作出了科学论断。他指出："调动一切积极因素，努力化消极因素为积极因素，团结一切可以团结的力量，同心同德，群策群力，维护和发展安定团结的政治局面，为把我国建设成为现代化的社会主义强国而奋斗。"

中国共产党的统战工作应当怎样做好？这是一个新的课题。胡耀邦担任中央领导工作后，与李维汉、乌兰夫等长期从事统战工作的老同志进行了多次探讨，共同认为要认真总结新中国成立以来统战工作的经验教训，拨乱反正，根据新形势下进行四个现代化建设这个大目标，明确统战工作的新任务。1979 年 8 月，全国统战工作会议在北京举行，全国各省市自治区和部分地市党委统战部的负责人以及中央有关部门负责统战工作的干部 271 人出席了会议。胡耀邦与中央统战部长乌兰夫、副部长刘澜涛等商量会议开法，主张引导大家敞开思想，开动机器，畅所欲言，深入探讨，对建国以来统战工作的经验教训认真总结，开展批评和自我批评，同时对新时期统战工作的性质、任务、对象、政策以及工作方法等等进行各抒己见的探讨。中央领导人不必出席会议讲话，最好能集中大家的意见形成一个文件，提交中央讨论审定。

全国统战工作会议于 8 月 15 日开始按照上述意见进行，采取 8 个小组分组讨论和大会发言相结合的形式，历时半月有余，对几个主要问题取得了共识：（一）新时期的统一战线，不宜叫社会主义统一战线，而应称为革命的爱国的统一战线，是一切热爱祖国的劳动者与爱国者的联盟，具有更加广泛的性质。（二）革命的爱国的统一战线除了社会主义的工人、农民、知识分子和其他拥护社会主义的爱国者外，还包括广大的台湾同胞、港澳同胞和国外华侨等一切热爱祖国的人们。只要赞成统一祖国，即使并不赞成社会主义制度的人，也要团结。（三）新时期统一战线具有双重任务：实现四个现代化和统一祖国，应当是：调动一切积极因素，化消极因素为积极因素，团结一切可以团结的力量，为实现祖国统一和四化大业而奋斗。（四）新时期统一战线的基本政策应当是：严格按照社会主义民主和社会主义法制，坚持正面说服教育的方法，按照团结——批评——团结的公式，正确处理统一战线内部的各种矛盾，帮助各界党外人士在四化建设中取得新的进步作出新的贡献。（五）统战部门要管知识分子工作。要高度重视知识分子在四化建设中的重大作用，努力协同有关部门，对知识分子在安排使用、政治待遇、工作条件和工资福利等方面，要了解情况，综合研究，掌握政策，调整关系。（六）认真贯彻党外人士的安排使用政策，搞好党与非党的合作共事关系。对党外人士要量才使用，切实保证他们在主管范围内有职有权有责，充分发挥他们的主人翁责任感和积极性。（七）要加强党对统战工作的领导，依靠全党来做统战工作。这次全国统战工作会议最后形成了一个题为《新的历史时期统一战线的方针任务》的文件。胡耀邦审阅修改后，提交中央政治局通过，于 10 月 14 日批转给全党贯彻执行，使统战工作得到加强和发展。

胡耀邦一直强调：对党外人士要尊重他们，发挥他们的主人翁责任感和爱国主义的积极性，多请他们参政议政。作为执政党的领导干部，一定要身体力行，礼贤下士，主动与他们交朋友，多听取他们的意见。有重大决策，要尽可能事先征询他们的意见，事后及时向他们通报。新中国成立初期他在川北工作时，与担任川北行署副主任的国民党起义将领裴昌会合作共事，十分融洽；此后几十年一直都是推心置腹的好朋友。他到中央工作后，同各民主党派人士也是广交朋友，开诚相见。民盟中央领导人费孝通回忆，1980 年的一天，胡耀邦一行突然来到北京翠花胡同民盟中央机关，同大家一一握手后坐下座谈。他说自己是一时兴起来看望大家的，想顺便谈谈。他在同民盟领导人座谈中说："民盟是个党外知识分子的政党。这些知识分子第一是爱国的，第二是学有专长的，第三是为人正派的。"他还诚挚地说："我们就希望能发挥这些知识分子的作用，同我们合作成为复兴中国的一个力量。"

此后，统战工作的拨乱反正取得很大进展，落实各项统战政策的成效显著，人民政协、各民主党派和人民团体的工作都已恢复和活跃起来，对台和港澳的工作有了开展，革命爱国的统一战线已经逐步形成，并出现了生气勃勃的局面，绝大多数党外朋友的心情舒展了，爱国热情更加高涨了。对于党的统一战线政策和国家安定团结的政治局面，台湾、港澳爱国人士和国外爱国侨胞感到高兴和放心，许多外国朋友也表示称赞。胡耀邦充分估计了当时几年中统战工作的成绩，同时针对有些人说这几年来统战工作做得"过分""搞右了"的观点，认为有必要指出：统战工作不是做得多、而是少，毛病不是右、而是"左"，全党还要继续肃清"左"倾错误的影响，进一步重视和加强党的统战工作，以适应形势发展的需要。他在中央书记处讨论统战工作的会议上谈了这个基本看法，得到许多人的赞成。

根据中央书记处的决定，中央统战部于 1981 年 12 月 21 日起又一次在北京召开全国统战工作会议，讨论当前统战工作面临的新形势和新任务。1982 年 1 月 3 日，胡耀邦主持中央书记处会议，听取了统战工作会议情况的汇报，并进行了讨论。1 月 5 日胡耀邦等人在中南海怀仁堂会见了参加会议的全体人员，并同大家进行了热烈的座谈。胡耀邦在讲话中着重讲了统一战线仍然是我们党的一大法宝这个问题。他说：要做好统战工作，首先必须解决的一个问题，就是要充分地认识统战工作在新的历史时期中的极大的重要性。在新的历史时期，在今后很长的历史时期中，统一战线仍然是必要的、重要的，仍然有很大的生命力，仍然是我们党的一大法宝。如果我们竟然忽视以致抛弃统一战线，我们就会不可避免地遭受很大的困难，甚至遭受严重的挫折和失败。我想再说明得彻底一点：在我们国家，什么时候阶级还没有最后消灭，什么时候还要有无产阶级先锋队——中国共产党，什么时候也就不可避免地还要有我们党所领导的统一战线。现在，究竟怎样正确认识统一战线的内容、意义和作用，对于许多同志来说，还是一个没有解决的问题。所以要从思想上、理论上和政策上，大力提高全党同志，首先是从事统战工作的同志的认识。要把马克思列宁主义、毛泽东思想的理论原则，我党的历史经验，以及今天新的历史条件和党在新时期的方针、任务，这三方面紧密地联系起来，进行统一战线理论和政策的再教育。

在讲话中，胡耀邦对新时期统一战线的统战对象，作出了十分明确的阐述。他说，中国共产党领导的爱国统一战线[①]是十分广泛的，除了广大的工人、农民外，党的统战对象大致可以列举十个方面：一是民主党派人士，二是无党派知名人士，三是非党派的知识分子干部，四是起义和投诚的原国民党军政人员，五是原工商业

---

① 这是对新时期统一战线新的称谓。1979 年 8 月的全国统战工作会议，把"社会主义统一战线"改为"革命的爱国的统一战线"；1981 年 6 月，党的十一届六中全会通过的《关于建国以来党的若干历史问题的决议》，正式将新时期的统一战线称为"爱国统一战线"。

者，六是少数民族上层人物，七是爱国的宗教领袖人物，八是去台湾人员留在大陆的家属和亲友，九是港澳朋友，十是归国侨胞和国外侨胞。这十大方面，恐怕不是几百万、几千万人，而是上亿人口。对于如此广大的上亿人口的统战对象，我们一定要很好地同他们讲团结，并且主动地积极地和细致地向他们做工作。胡耀邦进一步指出：问题还不仅仅在于他们人数众多，问题还在于他们确有许多优点，主要有三条：第一，他们比较有知识；第二，他们有比较广泛的社会联系；第三，他们还有为国家出力的强烈愿望。我们必须充分看到他们的这个主流，充分发挥他们的积极作用。所以，从统战工作的实际情况来说，中央认为，当前和今后应当着重加以强调的，还是继续肃清"左"的影响，防止和克服关门主义的孤家寡人、包打天下的错误倾向，积极同党外人士广交朋友，同一切党外朋友采取平等商量、互相切磋的同志态度。在新的历史时期，我们一定要同党外朋友真正建立起肝胆相照、荣辱与共的关系。①

"肝胆相照，荣辱与共"，这是对中国共产党与党外人士特别是各民主党派亲密关系的生动阐释，也是对历史经验的总结。"长期共存，互相监督，肝胆相照，荣辱与共"，成为新时期中国共产党领导的爱国统一战线的基本方针。

六、期盼国共第三次合作

台湾回归祖国，实现祖国统一，是中华民族的共同愿望，是邓小平提出的八十年代的三大任务之一。新时期的统战工作有一

---

①　胡耀邦：《在全国统战工作会议上的讲话》（1982 年 1 月 5 日），《胡耀邦文选》，人民出版社 2015 年版，第 340—347 页。

个很大的特点，就是加强对台工作，为促进祖国统一大业服务。胡耀邦一再强调要对起义和投诚的原国民党起义人员、去台人员留在大陆的家属和亲友，抓紧落实政策，听取他们的意见和建议，安排好他们的工作和生活，发挥他们的作用；同时还在会见海外华人和港澳人士时，一再重申中国共产党实行第三次国共合作，携手共同完成祖国统一大业的倡言。1981 年 10 月 4 日，他在同各省、区少数民族参观团负责人进行座谈时说，我国当前政治上的任务，一个叫大统一，台湾回归祖国；一个叫大团结，任何时候也不要忘了加强民族团结。① 五天后的 10 月 9 日，他在首都各界纪念辛亥革命 70 周年的万人大会上发表讲话时，以中共中央主席的身份，又一次正式向台湾方面倡言：为建设统一的国家而实行第三次国共合作。

胡耀邦在纪念大会上说：台湾回归祖国，完成统一大业，是人同此心，人同此理。台湾在被割让给日本 50 年以后，才得复归中国；而随后由于国共和谈破裂，国内战争重起，台湾又同祖国大陆分离达 32 年之久。这是我们民族多么深重的不幸啊！他说，台湾问题，纯属我国内政，这个问题自然要由海峡两岸的领导人和人民来解决。在历史上，国共两党已经有过两次合作，这两次合作实现了北伐和抗日的大业，有力地促进了我们民族的进步，现在为什么不可以为建设统一的国家而实行第三次国共合作呢？时至今日，中国和世界的形势已发生了很大变化，快快结束台湾同祖国大陆分离的要求，已成为日益高涨而不可抗拒的历史潮流。胡耀邦重申中国共产党关于台湾回归祖国完成统一大业的基本方针，尽早使大陆和台湾间通邮、通航、通商和经济、科学、文化等方面的交流，强调我们

---

① 《人民日报》1981 年 10 月 5 日。

讲话从来是算数的。并指出：由于长期隔阂而存在着某种不信任感，这是可以理解的。但是不接触，不交谈，怎么能消除隔阂，建立互信呢？如果我们不解决这个问题，还要让彼此的力量在对峙中互相抵消，我们将何以上对中山先生和辛亥革命以来的先烈，下对海峡两岸的各界同胞和子孙后代呢？

胡耀邦还说：共产党决不用国民党曾经用过的方法来回报，同时，"文化大革命"时期的过火行为永远不会再重复。现在不但孙中山先生的陵墓经过一再修葺，而且奉化茔墓修复一新，庐山美庐保养如故，其他国民党高级官员的老家和亲属都得到妥善安置。树高千丈，叶落归根。难道蒋经国先生就没有故乡之情？就不想把蒋介石先生的灵柩迁移到奉化蒋氏墓地来？我今天愿以共产党负责人的身份，邀请蒋经国先生、谢东闵先生、孙运璇先生、蒋彦士先生、高魁元先生、陈立夫先生、黄杰先生、张学良先生，以及其他各位先生，邀请台湾各界人士，亲自来大陆和故乡看一看。愿意谈谈心当然好，暂时不想谈也同样热烈欢迎。这对于蒋经国等先生和台湾各界同胞会有什么损失呢？

胡耀邦还说，外援是重要的，但是最重要最可靠最有力的还是本国十亿人的爱国大团结。唯自助者天助之。自毁长城的人，无论高唱什么不现实的口号，任何人也无法帮助他转危为安，化否为泰。如果我们能够互相谅解，互相尊重，长期合作，风雨同舟，使我数千年文明古国真正昂首阔步于世界，中山先生必当含笑于九泉。中山先生生前号召"和平、奋斗、救中国"，我们今天为什么不大声疾呼"和平、奋斗、兴中国"呢？和平统一，振兴中华，千秋伟业，系乎一转念一反掌之间。让我们学习中山先生的遗训，"适乎世界之潮流，合乎人群之需要"，携起手来，为创造中华民族光辉灿烂

的新历史而共同奋斗！ ①

　　胡耀邦代表中共中央发表的这篇重要讲话，再一次重申了中国
共产党对台湾的方针政策。

---

　　① 胡耀邦：《在首都各界纪念辛亥革命七十周年大会上的讲话》，《胡耀邦文选》，人民出版社 2015 年版，第 318—326 页。

第二十三章　繁荣新时期的文艺创作

一、办好"服务站"

　　胡耀邦 1978 年 12 月三中全会后除担任主管中央日常工作的中共中央秘书长外，还兼任中央宣传部部长，面临着文学艺术界需要拨乱反正的严峻形势。人们知道，我国的文学艺术事业在 10 年的"文化大革命"中，受到了严重的摧残。无论是小说、诗歌等文学创作，还是戏剧、电影、曲艺、音乐、舞蹈、美术……都遭到粗暴的摧残和破坏，许多卓有成就的文学家艺术家都被诬为"黑帮分子""黑线人物"，有些人被迫害致死。粉碎"四人帮"后，由于"两个凡是"一时成了指导全国一切工作包括文学艺术的根本方针，被定为"封""资""修"的各种文艺作品依然不能平反和解禁。

　　此时的文艺界，虽然那些知名人士和代表人物一时仍然还抬不起头来，但是大家在三中全会精神鼓舞下，开始跃跃欲试，多年积蓄的创造力等待表现。广大人民群众也强烈要求有反映他们思想情感的新鲜文艺作品出现，使枯竭干渴的心灵得到浇灌。

　　胡耀邦兼任中央宣传部部长几天后，即会见中央宣传系统所属单位领导干部，要求大家把包括理论战线、新闻战线、文艺战线等宣传战线各方面的工作，按照三中全会的精神努力做好。他说，我们宣传部门的同志要发挥大家的主动性、积极性、创造性，做"百花齐放、百家争鸣"的促进派，要当开明的"婆婆"，不要限制太多。我们要非常警惕，不要让林彪、"四人帮"的文化专制主义、思想专制主义和理论的恶霸作风影响我们。我们文艺界的领导，不要抓着只言片语无限上纲，动不动就把人家的文学艺术作品砍掉、否定，我们要看人家创作总的倾向是好的还是坏的。①

　　几天后的 1979 年 1 月 2 日，他特地出席了全国文联举办的迎新茶话会，和艺术界三百多位著名人士亲切会见，即席发表了一篇讲话。他说：我们伟大的祖国奔向四个现代化的时代列车，现在正式开动了，三中全会公报，就是这列车启动的汽笛声。这列车子上面载的是什么东西呢？我看载的是整个民族、整个国家、全国各族人民的希望，载的是他们的心愿、欢乐和幸福。要是我们大家都想到这一点，当着我们车子前进的时候，我们的歌手，要为八亿人民的子孙后代想想自己肩负着多么重要的担子。我们不能不供给他们最好的精神食粮，鼓舞他们前进，鼓舞他们排除万难，团结一心，向着最伟大的目标前进。林彪、"四人帮"这一伙，把我们党同文艺界的关系彻底破坏了。我们要建立新的，也就是恢复毛主席创立的党和文艺界的关系。这个新的关系是什么呢？就是党的宣传部门应该是文艺界同志们前进过程中的"服务站"②。这个"服务站"如何服务好？这还要你们文艺界的同志们多作建议。我想到的，这个"服务站"大概要有这几个部门：一个是文

---

　　① 胡耀邦在中央宣传系统所属单位领导干部会议上的讲话（1978 年 12 月31 日）。

　　② 《为四个现代化唱出时代的最强音》，《人民日报》1979 年 1 月 3 日。

艺"问讯处"——指出文艺的方针、路线，给文艺创作以指南；一个是"资料室"——为文艺创作提供过去的和现在的资料；一个是休息室——歌手们口渴了，有一口凉白开喝；第四，还要有个"医疗室"。假使我们的文艺发生了感冒，嗓子哑了，总要搞些清凉剂；第五，还得有个"修理室"。歌手们的乐器坏了，总得需要修理修理。这后两个就是同志们讲的文艺评论和批评。这两个我们不懂，请一些专家和人民群众来做，采取群众路线的方法来帮助我们的百花开得更鲜艳。有了这一些，我相信，在我们这列时代列车坚定不移的前进中，我们文艺界的同志是一定可以充分发挥自己的聪明才智的。

著名的相声艺术表演家侯宝林即席赋诗。他说，我一向是说相声的，是搞散文的。今天听了胡耀邦、黄镇同志的讲话，心里非常高兴。四个现代化伟大建设开始了，党的宣传部要做我们的"服务站"了，我诗兴大发，诌了四句五言诗："春天又来到，鲜花需水浇。既要施肥料，也要施农药。"可是，过去"四人帮"是怎么干的呢？是："掘之以锹，沸水大浇，枝叶尽凋，最后全烧！"他的话引起了全场会意的畅笑声。茶话会上始终洋溢着热烈的节日气氛。人民歌唱家张权、马玉涛，著名京剧演员李世济、李和曾等都作了精彩演唱。

后来全国文联党组书记周扬在全国文代会的报告、文化部部长黄镇在文化部的多次讲话、总政治部副主任傅钟在部队文艺工作的指导中，都对这个观点反复阐释，要求所有的宣传、文化领导部门以及文联和各个协会，都应当成为作家、艺术家前进行程中的"服务站"，爱护和保护他们的创造性劳动，保障他们的正当权利，尊重和维护他们从事创作和学术研究的自由，同时注意积极引导他们，坚持文艺为社会主义服务、为人民群众服务的方向。

胡耀邦过去没有在文艺界工作过，如今他就先从广泛接触了解、调查研究入手。

1979 年 1 月中旬，全国诗歌创作座谈会在北京举行，主持座谈会的是著名诗人张光年（光未然）。早在延安时期，创作《黄河大合唱》歌词的张光年就认识胡耀邦了；在 1 月 2 日的新春茶话会上，张对胡耀邦说起要开个诗歌创作座谈会，希望他来讲一次话。胡当即表示，只要安排得过来，当然义不容辞；只不过自己要作点调查研究才能发言啊！诗歌创作座谈会开始后，张光年即将会议简报一期一期地送给了胡耀邦，并把与会人员提出的问题和要求告诉他。胡耀邦细致地看了简报和大家提出的问题，作了一番思考，于 1 月 19 日到会讲话。他一开头就说：你们这一行我不懂。某种历史的偶然原因，把我推上了宣传工作的前台。搞宣传，总得大喊大叫。你们要我到会讲几句话，我有义务来。看了你们的六份简报，看了同志们向我提出的那些问题，想了一想，今天打算就这么几个问题和同志们交换意见，不叫指示。我们党的三中全会上规定，各级领导同志的个人意见不能叫指示，哪来那么多指示？叫个人意见，交换意见，交流思想。讲得对的就采纳，讲得不对的就"靠边站"。他这番简朴的开场白，顿时把他和大家的距离拉近了。

接着，他言简意赅地讲了精神生产、脑力劳动与物质生产、体力劳动的关系，讲了进入新时期搞四个现代化需要把精神生产搞上去、满足人民的要求。他在讲话中对大家关心的诗歌和文艺创作中的几个重大问题作了阐述，强调：一切同人民、同党、同社会主义、同国家的前途、命运紧密联系在一起的作品是不朽的。我们的诗人们，要到沸腾的生活里面去，到生产斗争里面去，到各条战线的宏伟的事业里面去，到人们最高的精神世界中去。谈到诗歌创作的形式，胡耀邦说：哪种形式好？我看还是万紫千红吧。我们的文学，是精神食粮，要允许人家偏爱。偏爱是可以的，偏废是不行的。这是百花齐放的重要问题。胡耀邦还勉励文艺工作者要重视自己的品格、品德，严格要求自己，同行、同志间互相帮助、真诚相待。①他这篇对诗歌创作的讲话，受到文艺界各方面人士的赞誉。

　　在三中全会春风沐浴下，万物复苏，生意盎然，文艺工作的很多门类都开始活跃起来。进入 2 月，全国艺术教育工作会议、省市自治区文联工作座谈会、故事片厂长会议、全国摄影工作座谈会、中长篇小说创作座谈会等先后在北京举行。胡耀邦关注这些会议的进展，听取中宣部、文化部的情况汇报，对与会人员反映的种种情况和提出的问题进行研究和思考，加深自己对文艺界的多方面了解。他对周扬、夏衍等老一辈文艺界人士十分尊重，经常向他们请教，征询意见；他也广泛结识中青年人士，与他们就某些问题商量、讨论。2 月 10 日，这几个会议邀请胡耀邦讲话。他向大家介绍了国际国内最近的形势，如实地讲了目前国内面临的十大问题和困难，使许多与会者感到中央与自己十分贴近，增强了自己的责任感。胡耀邦还在讲话的最后，向全国上百万文艺工作者提出了四点希望：一、善于总结经验。建国已经三十年了，为把我们的文艺搞得更好，要善于总结经验，正反两个方面的经验。我们每一个人都有很好的经验，要善于总结，发扬正确的，纠正错误的。二、经常反映情况。有什么困难，有什么应该解决的问题，有什么弄不清楚的疑问，有些什么想法和建议，都希望你们提出来。上上下下都要互通情报，交流意见。三、切实加强团结。旧社会有一句话"文人相轻"，我们新社会应该是文人相爱、相助。我们相互之间互相捧场是不对的，互相拆台也是不对的。你有好的我就向你学

---

　　① 胡耀邦在诗歌创作座谈会上的讲话（1979 年 1 月 19 日）。

习，你有缺点我就帮助你，你有错误我就向你提意见甚至批评你。加强团结是个大学问，我们愈困难、任务愈重，就愈要亲密团结。四、认真奋发图强。历史上一切对国家、对民族、对人民有贡献的人，都是奋发图强的，严格要求自己的。要彻底批判天才论，恢复马克思的这句话：天才即勤奋。天才是勤奋带来的。勤学苦练，这是最实在的东西。成就是自己创造的，是自己干出来的。人民希望我们大家要奋发图强，贡献我们最大的力量！① 胡耀邦提出的这四点希望，一时成为文艺界竞相传诵的话题，有力地推动了文艺界相互间、上下间的交流、合作和团结。

在这前后，胡耀邦还先后召开了文艺界和文化部门有关负责人的会议、党内外作家艺术家的会议，听取文化部和文联各协会筹备组关于召开第四次文代会和恢复文联和各协会工作的汇报会等等，广泛调查研究，了解各种不同意见和争论，与各方面人士交换看法。他还分批邀请作家到自己家里来座谈。对于文艺界多少年来形成的不同流派，在过去的历次政治运动中互相磕磕碰碰，又积下了很多疙瘩，难以坐在一起团结协作的情况，胡耀邦逐渐有了更多的了解。他十分尊重这些老同志，虚心向他们请教，听取他们的意见；同时也耐心地与他们谈心，启发他们多作自我批评，消除成见和芥蒂。胡耀邦还在钓鱼台专门召集了一次有十多位老同志参加的座谈会。他一再说服大家要化解矛盾，泯除恩仇，团结起来向前看，在新时期建立新功勋。座谈会是和风细雨的，但有的争论仍十分激烈。胡耀邦希望互相多宽容，多谅解，多用历史的观点来看问题。他殷切希望老同志们为中青年人做榜样，顾全大局，互相支持，为文艺界的大团结

---

① 胡耀邦在全国艺术教育工作会议、省市自治区文联工作座谈会、故事片厂长会议、全国摄影工作座谈会、中长篇小说创作座谈会上的讲话（1979 年 2 月 10 日）。

作贡献。

二、总结经验，拨乱反正

经过广泛的调查了解，胡耀邦认为适时举行中国文学艺术工作者第四次代表大会十分必要。他对文化部和文联各协会筹备组的负责人说，尽管文艺界的一些问题还要进一步调查研究，但有一点是肯定的，就是今年一定要召开文代会，参加的人可以多些，约3000人左右。文联和各协会的筹备组要积极做好准备工作。最重要的是要写好一个工作报告，总结30年来的经验，特别是我们党领导文艺工作的经验。除了原有的筹备组成员外，他还提名周扬牵头加紧大会的筹备工作。胡耀邦的这个决策，有力地推动了文联和各协会的活动，文艺界人士获悉后都很兴奋。夏衍说，文代会已经19年未开了，打倒"四人帮"也两年多了。去年文联扩大会就说要在适当时机召开，可为什么老是准备，却始终定不下来。三中全会后胡耀邦同志当了宣传部部长，坚持解放思想、实事求是、拨乱反正的思想路线，第四次文代会召开的愿望才得以实现。

要开好这次大会，真正"开成一个团结的会，开成一个大家心情舒畅、百家争鸣的会，开成一个向21世纪跃进的会"[1]，最重要的准备工作是要拨乱反正，总结文艺战线30年来的经验，特别是党领导文艺工作的经验，在重大问题上取得一致认识。

胡耀邦不仅自己调查研究，总结文艺工作的经验，还发动文艺界上上下下开动脑筋，总结经验教训。他采取实际措施来加以推动。还在他刚到中宣部工作时，就看到了《文艺报》编辑部推荐的周恩

---

[1]　茅盾：1979年3月致全国文联筹备组林默涵的信。

来 1961 年 6 月在文艺工作座谈会上的讲话。周恩来在讲话中批评
文艺工作中"左"的思想，阐明正确的文艺工作方针，倡导"解放
思想，破除迷信，敢想敢说敢做"，"造成一种民主风气"，强调首
先要改变领导干部的作风，允许别人提出不同意见。他在讲话中阐
述了物质生产与精神生产、阶级斗争与统一战线、政治标准与艺术
标准、文艺规律、遗产与创造、领导与深入群众等问题的辩证关系。
胡耀邦在对中央宣传系统所属单位领导干部会议上说，周恩来总理
1961 年在文艺工作座谈会上的讲话很好，可以先在《文艺报》上
发表，发表前后可以在文化、文艺部门组织座谈。这对于我们文艺
界的拨乱反正，发展和繁荣文艺创作都有好处。要以学习周总理的
讲话为契机，发动文艺界总结经验，改进党对文艺工作的领导和促
进文艺战线的拨乱反正。

　　在胡耀邦的组织和推动下，文艺界人士对周恩来这篇讲话纷纷
展开了学习和讨论。《文艺报》和有关刊物举行了多次学习座谈会，
把文艺界的领导和作家、艺术家的重要发言刊登出来，推动全国文
艺界共同探讨新中国成立 30 年来文艺战线的经验教训，探讨如何
按艺术规律办事，如何正确开展文艺批评。

　　在上上下下总结经验的过程中，议论得最多的一个问题是：如
何正确开展文艺批评与评论。

　　1979 年 3 月《文艺报》编辑部举行了文学理论批评工作座谈
会，讨论如何正确开展文艺理论的批评与评论。许多人都说，文
学艺术有其自身特殊的规律，按照文艺规律进行评论、批评，实
事求是，循循善诱，以理服人，就能促进文艺的繁荣和发展。要
突出注意对作品进行艺术形象的分析和科学的、理论的总结，不
要无中生有，随意影射附会，无限上纲。同时批评家要善于当伯
乐，特别注意发现好作品、好人才。批评家要做作家的亲密战友。

如前所述，文艺界在"十年浩劫"以及此前的历次政治运动中，遭受到严重摧残，还有许多冤假错案。尽管1978年有些地方开始了一些复查平反、落实政策的工作，但是由于"文艺黑线不能批"，许许多多文化艺术界人士仍然被诬为"黑线人物""封资修分子""反党反社会主义""右派分子"等等，不是靠边站就是监督劳动，大量冤假错案原封不动。这时，著名作家茅盾的一封信引起了胡耀邦的重视。茅盾在给全国文联筹备组的一封信中说，希望第四次文代会能开成一个团结的大会，把全国知名的老作家、老艺人都请来参加这个会，特别是七十岁到八十岁的，应该一个都不遗漏。他在信中建议中组部过问一下对老作家、老艺术家落实政策的问题，举了浙江的老作家陈学昭至今还没有人管的事例。胡耀邦当即推动中组部、中宣部、文化部、全国文联于3月下旬联合召开文艺界落实知识分子政策的座谈会，把各省市自治区的党委组织部、宣传部、文化厅（局）、文联的干部都请来参加，还邀请国家计委、财政部、民政部、劳动总局等有关部门派来代表，共同商讨如何加快落实文艺界的知识分子政策。在三中全会精神推动下，在胡耀邦的具体指导下，这次座谈会开得相当热烈而顺利，大家都赞同：凡是因所谓"文艺黑线专政""30年代文艺黑线""四条汉子"《海瑞罢官》"三家村""黑戏""黑会""黑画""黑线回潮"等等而被审查、点名批判、错误处理或受株连的，一律平反昭雪，不留尾巴。绝大多数人也赞成：在"文化大革命"前历次政治运动，包括1964年文艺整风中受到批判、处理，被戴上"反党反社会主义""资产阶级右派""右倾机会主义""修正主义"以及各种"集团"等的政治帽子，经过复查确实搞错了的，也应坚决予以平反改正；对批错了被当作"毒草"的文艺作品，也都应该平反。座谈会上许多人提出，落实政策还要对受害者的工作

安排、生活困难等问题给予足够的重视和关心，在顾全大局的前提下根据可能的条件积极地给予解决。尤其是对知名的作家、艺术家，要妥善地安排他们的工作，热情支持他们的创作活动。这些意见也得到国家计委、财政部、民政部、劳动总局等有关部门的理解和支持。座谈会最后形成了一个《联合通知》下发到全国各地各有关部门，要求按照实事求是、有错必纠的原则，切实加快文艺界冤假错案的平反昭雪工作，落实党的政策，妥善解决善后问题。

3月30日，胡耀邦在座谈会上讲话说，平反冤假错案，落实各种人的政策，是我们全党的一件大事，必须坚决把它办好。毛主席说"有反必肃，有错必纠"，"必"者一定之谓也。实事求是嘛！错了不纠正，就叫是非不清、好坏不分、功过不分。把是非分清楚了，功过分清楚了，我们的党、我们的人民就可以团结起来，达到安定团结。他在讲话中还分析批评某些不识大体、不顾大局的人：人家把他搞错了，住了几年牛棚，他那个火大得很；可是他把人家搞错了，他就不承认，不让平反。要打通他们的思想，使他们懂得做好这件大事的重大意义。胡耀邦要各地防止马马虎虎草率了事，把党的政策真正落实到实处，切实解决问题，把工作做扎实。①

在座谈会和《联合通知》的推动下，全国文艺界落实政策、平反冤假错案的工作进度大大加快，尤其是在几个大案中受到迫害的一些知名人士，迅速得到平反昭雪，回到了原来的工作岗位。这就为文代大会的召开，在组织上作了重要准备。

---

① 胡耀邦在全国文艺界落实知识分子政策座谈会上的讲话（1979年3月30日）。

三、繁荣创作要排除"左"的障碍

为了推动文艺工作者迅速行动起来，繁荣文艺创作，胡耀邦安排中宣部会同文化部召开一系列文艺工作座谈会加以推动。他自己虽然不怎么爱看电影，但他深知广大人民群众对电影是喜闻乐见的，所以把电影的繁荣作为研究的重点，同主管电影工作的司徒慧敏和电影艺术家夏衍等作过多次讨论，仔细听取电影工作者的意见和建议。他认为，搞好剧本创作是繁荣电影、戏剧的关键，必须为剧本创作开绿灯。我们希望作家、艺术家多写现代生活的作品，表现社会主义的建设，表现社会主义革命中的新人新事，这是第一主题，但是决不要把它当成唯一的主题。新民主主义的题材可以写，旧民主主义的题材也不要轻视。从 1840 年鸦片战争到 1919 年的五四运动，经历了 79 年；从 1919 年到 1949 年又有 30 年，整个算起来共有 109 年；有多少志士仁人创造了多少可歌可泣的事迹！这是第二主题。还有，我国是世界文明发达最早的国家之一，具有优秀的传统文化，有那么多丰富的文化经典作品。周秦以来两千多年，产生了许多伟大的思想家、科学家、发明家、政治家、军事家、文学家和艺术家，他们在各自的舞台上演出了许多壮烈的历史剧，这是我们的宝贵遗产，为什么不可以在今天的电影、戏剧中表现出来？这是第三主题。因此我们的题材广阔得很，现代写一千部、近代写一千部、古代写一千部都可以嘛！胡耀邦这篇讲话传开后，大大打开了人们的思路，激励了作家的创作热忱和激情。创作题材和形式的多样化，为新时期的文学创作开拓了新的境界。

一些作家在经历长期社会苦难之后，受到思想解放形势的鼓舞，痛定思痛，要把这种苦难表现出来，于是出现了一批"伤痕文学"。这些作品以哀婉的，或怨恨的笔调，刻画了在政治运动中、特别是反"右派"和"文化大革命"中人们所遭受到的残酷折磨和迫害，对那些黑暗岁月进行了血泪的控诉。但是这种"伤痕文学"也引起了一些人的强烈不满。6月间，《河北文艺》6月号上发表了《歌德与"缺德"》一文，就把这类"伤痕文学"说成是"怀着阶级的偏见对社会主义制度恶毒攻击"，而文艺工作者的任务应当是"歌德"——歌颂党、国家和社会主义，"为无产阶级树碑立传，为四化英雄们撰写新篇"。作者在文章中嘲笑文艺界一些人"没有歌德之嫌，却有缺德之行"。这篇文章虽然只是地方刊物上刊出的一篇小文章，但由于它提出的命题重大，它的论点又有"似曾相识燕归来"的感觉，便在敏感的全国文艺界引起了强烈反响，两种不同意见的争论骤然而起。在一些报刊上都有相关文章刊出，许多人说这篇文章是"春天里的一股冷风"；也有人说文艺界的思想解放已经走上了否定"毛主席文艺路线"的邪路。

　　8月下旬，胡耀邦了解到这场争论的大致情况，认为这件事情应该在较大范围里、较高层次上解决一下，一则可以澄清妨碍文学艺术正常发展的错误思想，再则借以倡导一种对待错误思想应有的方法和态度。经他指示，9月上旬，中宣部邀请河北省文艺界一些负责人和这篇文章的青年作者到北京来开座谈会，同时邀请全国文联的负责人和文艺理论评论家参加。大家分析了这篇文章的缺点与错误，讨论了应当如何正确看待文艺界拨乱反正的形势，以及应当怎样开展文艺批评和评论。

　　座谈会后，《歌德与"缺德"》的作者作了诚恳的自我批评，《河北文艺》也发表了文章。一场不同意见的争论，得到平和而圆满的解决，获得文艺界的广泛好评。胡耀邦努力开创文艺界不同意见、不同认识、不同流派之间的相互尊重、热诚帮助、加强团结、正确批评的新风，也为第四次文代会的顺利召开作了一种重要的思想准备。

第四次文代会最重要的准备工作是全国文联的报告，由周扬牵头，日夜奋战，多次易稿。胡耀邦看了后，建议印出来发给大家，组织一二百人参加讨论修改。他还提出，要集思广益，使这个报告成为一篇既有理论探索和研究我国社会主义文艺的发展规律、又实事求是总结我国文艺界30年经验的大文章。周扬等人根据胡耀邦的意见，并集中了大家在讨论中提出的许多意见和建议，又对报告做了补充和修改。

第四次文代会是一次有3200名代表出席的规模盛大的文艺界大聚会。来自全国各地的代表，既有久经风霜、硕果累累的文坛老将，又有初露锋芒、才华横溢的文苑新秀，有众多兄弟民族的作家、艺术家，还有香港、澳门、台湾的爱国的文艺家。他们聚集在金秋阳光沐浴下的北京，兴高采烈，激动万分。许多人劫后重逢，相拥而泣，抚今追昔，唏嘘不已。也有不少人带来了苦恼、疑问和要求，有的对过去的蒙冤受屈耿耿不平，有的还戴着这样那样的帽子尚未得到平反，有的对过去的批判要求讨回个公道。胡耀邦了解到这些情况和问题，特地在大会开幕前夕的10月29日，向与会的共产党员代表发表了一篇讲话。他说，文艺战线上的共产党员，不仅是文艺家，还应当是政治家。我们应当把过去个人的得失、委屈放开，丢到太平洋去，多想想未来，多想想怎样为繁荣我国的社会主义文学艺术而贡献自己的力量。他向党员代表提出了五条要求：（一）充分发扬民主，解放思想，畅所欲言。（二）维护和加强团结，顾大局、识大体，同心同德，和衷共济，把大会开好。（三）集中精力讨论有关当前文艺工作的方针任务问题，对文艺界历史旧账和对当前某些作品有争论的问题，不在大会上纠缠，以免分散注意力。大会也不预备在这些问题上作结论。（四）对地方党政机关、部队领导有意见，可以写出材料，交大会领导小组转交中央有关部门，不在大会上讨论。（五）尚未平反的冤假错案不在大会中申诉，可以向中纪委、中宣部、中组部和有关部门提出，或交大会领导小组转达。最后他要求党员代表发挥模范作用，团结好非党员代表，共同把这次具有历史意义的大会开好。胡耀邦这篇情真意切的讲话，受到党员代表们的拥护。这就为大会的顺利进行提供了思想保证和组织保证。

第四次文代会从 10 月 30 日开幕，到 11 月 16 日闭幕，历时半个多月，其间各协会的代表大会穿插进行。邓小平代表党中央和国务院向大会致祝词。在祝词中，邓小平批驳了林彪、"四人帮"把文化大革命前十七年的文艺战线说成是所谓"黑线专政"的诬蔑，提出了新时期文艺工作的任务、方针和原则。他指出：我们的国家已经进入社会主义现代化建设的新时期。我们要在大幅度提高社会生产力的同时，改革和完善社会主义的经济制度和政治制度，发展高度的社会主义民主和完备的社会主义法制。我们要在建设高度物质文明的同时，提高全民族的科学文化水平，发展高尚的丰富多彩的文化生活，建设高度的社会主义精神文明。同心同德地实现四个现代化，是今后一个相当长的时期内全国人民压倒一切的中心任务，是决定祖国命运的千秋大业。对实现四个现代化是有利还是有害，应当成为衡量一切工作的最根本的是非标准。文艺工作者，要同教育工作者、理论工作者、新闻工作者、政治工作者以及其他有关同志相互合作，在意识形态领域中，同各种妨害四个现代化的思想习惯进行长期的、有效的斗争。我们要继续坚持毛泽东同志提出的文艺为最广大的人民群众、首先为工农兵服务的方向，坚持百花齐放、推陈出新、洋为中用、古为今用的方针，在艺术创作上提倡不同形式和风格的自由发展，在艺术理论上提倡不同观点和学派的自由讨论。对人民负责的文艺工作者，要始终不渝地面向广大群众，在艺术上精益求精，力戒粗制滥造，认真严肃地考虑自己作品的社会效果，力求把最好的精神食粮贡献给人民。邓小平还指出：党对文艺工作的领导，不是发号施令，不是要求文学艺术从属于临时的、具体的、直接的政治任务，而是根据文学艺术的特征和发展规律，帮助文艺工作者获得条件来不断繁荣文学艺术事业，提高文学艺术水平，创作出无愧于我们伟大人民、伟大时代的优秀的文学艺术作品和表演艺术成果。[①] 邓小平的祝词，凝聚了这一段拨乱反正所取得的重大成果，受到代表们的热烈欢迎，并被视为新时期文学艺术的纲领性文献。

会上周扬代表全国文联向大会作了题为《继往开来，繁荣社会主义新时期的文艺》的报告。经过胡耀邦审阅修改定稿的这篇"大文章"，在总结建国 30 年来发展社会主义文艺的经验教训时，归结为主要是正确处理三个关系：文艺和政治的关系，包括党如何领导文艺工作的问题；文艺和人民生活的关系，表现在艺术实践上也就是文艺创作上的现实主义问题；文艺继承传统和革新的关系，也就是如何贯彻推陈出新、古为今用、洋为中用的方针问题。

---

① 《邓小平年谱（1975—1997）》（上），中央文献出版社 2004 年版，第 572—573 页。

第四次文代会期间，胡耀邦与一些文艺工作者广泛接触、交谈，倾听他们的心声和建言，了解文艺界的真情实况。

第四次文代会开得大家心情舒畅，圆满成功。11月16日大会闭幕的当天晚上，中宣部、文化部联合举行了茶话会，始终关注着这次大会的胡耀邦也兴高采烈前来参加。他向文艺界祝贺说：历史将证明，这次文代大会是我们国家文艺战线一个极为重要的里程碑。我们的党从来认为，文艺事业是我们伟大事业的一个重要组成部分，文艺大军是我们整个革命队伍的一支光荣的大军。现在我们的国家进入了一个历史发展的新时期，我们党正率领我国各族人民向一个更伟大的新的目标前进。希望你们能够在这个伟大事业中作出更加光辉的贡献。我们的总目标是建设一个四个现代化的社会主义强国，这样的强国，应该是经济上发达富强、政治上安定团结、文化上繁荣昌盛的。

第四次文代会前后，文艺创作开始呈现出一派欣欣向荣的景象，无论是诗歌、中短篇小说、报告文学、戏剧、电影、音乐、舞蹈、美术、摄影等等，都有许许多多作品涌现出来，同时也有少数作品引起了人们的不同意见。主要是有几部作品以揭露领导干部官僚主义和特殊化问题为主题；还有是以青少年犯罪问题为题材的。对这些作品，有的评论认为具有积极的批判意义；也有人认为这些作品的作者"立场不对"，存在着"信仰危机"，是"迎合了当前的错误思潮"，是"反对老干部"，"不利于四个现代化"。

胡耀邦认为，对一些作品有不同意见、议论纷纷以至争论，这没什么不好，可以促使人们开动脑筋想问题；应当经过自由的充分的讨论，在实践中求得解决，不要匆匆忙忙作结论。

经过一段时间的酝酿和准备，由中国戏剧家协会、作家协会、电影家协会出面联合召开的剧本创作座谈会，于 1980 年 1 月 23 日至 2 月 3 日在北京举行。由于座谈会邀请了持有不同意见的各方评论家和几个剧本的作者来参加讨论，并且明确宣布不抓辫子、不扣帽子、不打棍子，所以会议开得十分热烈，大家畅所欲言，不同的意见之间展开充分讨论，有些人在会外还坦诚谈心交流思想。座谈会上，不仅就几部作品作了具体深入的分析，各抒己见，并且对创作中的一些原则问题，也展开了深入的讨论。

胡耀邦很重视这次座谈会，并密切关注座谈中的各种意见，认为文艺创作中的一些基本观点问题，应当加以明确起来，不然一些人的创作就会走弯路，他们不成熟的作品就会在社会上产生不好的影响。他充分考虑了大家对几部作品的分析和不同认识，并且花了一个星期处理急办事项之余的时间，找了一些文学理论著作来阅读，还重温了马克思主义经典作家有关文艺创作的论述。经过缜密的思考，准备了一个讲话提纲。这篇讲话阐述了以下几个重要问题：应该如何看待自己的党、国家、人民、军队和毛主席、毛泽东思想；如何看待我们社会生活中的阴暗面；我们的言论、作品要经得起历史的检验；关于干预生活和写真实；我们的文学题材无比宽阔；要培养和锤炼一支敢想敢干、百折不挠的文学创作大军。

胡耀邦在讲话中指出，文学工作者要善于用辩证的观点，充分看到主流的本质的一面，对缺点、不足、错误的一面要有分析的态度。文艺创作要表现社会最本质的东西，社会发展内部规律。不仅要反映出新旧事物的矛盾和斗争，而且要反映出它的发展趋势，反映出我们这个社会占主导地位的前进力量。如果单单是、或者总是反映落后面、阴暗面的东西，就不能说是充分地、准确地反映了我们社会的本质，也就不符合社会整体的真实。他引证鲁迅1925年的话"文艺是国民精神所发的火光，同时也是引导国民精神的前进的灯火"后说，我们当代的火光从什么地方去找呢？我看最主要的就是党、社会主义制度、从事体力和脑力劳动的人民、人民解放军、指导我们事业前进的马列主义、毛泽东思想。反映我们的国家、人民的精神火光，同时又作为精神的灯火，引导九亿多人民有更高的精神境界，更高的理想，更高的革命品质、风格，推动我们的历史前进，这就是我们文艺创作要注意的问题。

如何看待我们社会主义生活中的阴暗面？对于这个多少年来许多人总是争论不休的问题，尤其是一段时间出现了以揭露阴暗面为热点的所谓"灰暗文学"，胡耀邦说，我们的共产党员，我们的领导者，要明确地同大家讲：我们现在的社会里，有消极的东西，不合理的东西，不健康的东西，令人不愉快的东西，卑鄙的东西，丑恶的东西。我们只是讲，我们的社会有两面：既有光明面，又有阴暗面；当我们看到阴暗面时，不要忘掉光明面。这是现实主义的态度。接着他从根本上分析阴暗面大体可分为两类不同性质的：反革命分子，破坏分子，杀人、放火、叛国投敌，或者搞其他反革命活动，这是敌我性质或敌对性质的，我们的文艺作品就应当采取揭露、打击、斗争、消灭的方针；情节严重的诈骗犯、盗窃犯、流氓犯等等，也是敌对性质的，同样要经过改造、斗争，通过法律和经济手段来消灭这种现象。另一类是人民内部落后的东西，如无组织纪律，个人主义，自由主义，不学习，讲假话等等。对落后的东西，也要揭露，但要采取批评的方针。

对于大家争论很多的如何看待官僚主义、特殊化问题，胡耀邦发表意见说，官僚主义、特殊化只要还没有发展到严重违法乱纪的程度，还是属于人民内部矛盾。要不要揭露？当然要揭露，当然要批评，也可以来点嘲笑！这是一场艰苦的斗争，要进行长期细致的工作。他还说，不能认为官僚主义、特殊化是社会主义固有的，我们的社会里所以会有官僚主义、特殊化现象，只因为一是旧社会遗留下来的影响，二是有些人追求那些东西，三是我们的制度不完善、不严密。事实上，特权阶级、官僚主义是封建社会也是资本主义社会的固有现象。

胡耀邦在讲话中强调文艺创作要经得起历史的检验。任何文艺作品，都要由广大的人民群众来评论、来检验，而不是少数人一个人说了算；还要经得起长期的检验，不是一时的、暂时的赞誉或否定。看作品有没有生命力，生命力的大小，不决定于主观愿望，也不决定于少数人的推荐。要相信历史的公正，相信人民的公正。他还说，优秀的文艺作品，真正的艺术品，应该是政治和艺术的高度统一，思想性和艺术性浑然一体。好的文艺批评，必须从两者的统一上来对作品进行深入的细致的分析。

文艺创作要"干预生活"，这是五十年代从苏联移植过来的一个口号。如今这个口号还要不要用？文艺创作要不要干预生活、如何干预生活？胡耀邦在讲话中说，对这个口号不是不可以用，问题在于怎么理解和运用。如果说干预生活是要文艺作品更积极地去反映现实生活，是要求作家站在正确的立场上用正确的观点去分析生活，揭露和批判旧事物，促进新事物的发展，以鼓舞、教育和引导广大人民为更美好的生活而奋斗，这就很好。如果是离开马克思主义世界观，离开党的正确路线和方针政策的指导，消极地夸大阴暗面，使人对现实生活失去信心，这样用文艺作品来"干预"生活，就是不正确的了。如果把干预生活看成是用文艺作品同党的正确的路线和方针政策唱对台戏，那就更不对了。他进一步指出，文艺作品必须真实地反映生活。但这种真实必须是艺术的真实，生活本质的真实，作品必须对生活进行典型概括，才有思想价值和艺术价值。实际的生活现象是多种多样、纷繁复杂的。文艺创作应当从一般的日常生活进入更复杂的、更有社会意义的生活境界里面去。这是第一个进入；第二个进入是要进入更深刻的更有重大普遍意义的社会生活里面去，进入到人与人的关系、阶级同阶级的关系中去，进入到社会发展的各种斗争形式和生活形式中去，进入各种人的内心世界里面去，分析它、解剖它，发掘不同人们的灵魂。我们的作家应该把高尚的、美好的东西发掘出来，赞美它，歌颂它，使更多的人在这种榜样面前振奋起来，仿效它、学习它；也要把那些丑恶的、低级的东西发掘出来，剖析它、暴露它、反对它，使人们警惕起来，同这些东西划清界限，以至最终把它消灭。这就是我们经常强调的文艺作品的思想意义和积极的社会效果。

胡耀邦诚恳地向作家指出，我们要注意的基本点是：第一，不能不加选择地把任何偶然性的东西都当做艺术的真实。艺术的真实应该是典型的真实，本质的真实。第二，不能把暂时性的东西写成一成不变的、永恒的东西，而应该反映出历史发展的辩证法。

在讲了上述几个问题后，胡耀邦说，请大家不要误解为这是又划了某些"框框"，更不是什么要"收"，不是没有东西可写。相反，我们可以写的题材无比广阔。他提出应当采取几个措施，帮助作家去熟悉和表现他所愿意写并为社会所需要的题材。

最后，胡耀邦满怀深情地对文艺工作者说：我们党鉴于历史的教训，决不会把忠于党、忠于人民、忠于我们伟大事业的同志赶跑！我们的路途遥远，道路险阻，我们必须紧紧地手拉手——这个也是列宁的话呀。文艺界的同志们，为我国伟大的四个现代化而奋斗的人们，让我们手拉着手，心连着心，前进吧！①

　　胡耀邦这篇讲话，赢得了座谈会参加者的热烈赞同。

---

① 全文见《三中全会以来重要文献选编》（上），人民出版社 1982 年版，第453—479 页。

第二十四章 马克思主义是发展的科学

一、排除"左"的干扰 反对封建残余

意识形态领域的理论、宣传、教育、文化、新闻、出版等方面，在过去，尤其是"文化大革命"期间的"左"倾路线影响下，受到损害和破坏极为严重。党的十一届三中全会充分肯定了真理标准问题讨论，确定了解放思想、实事求是的方针，为意识形态领域的繁荣兴旺带来了雨露和阳光，但是有些人还没有从长期形成的"左"的思想中解放出来，他们对于思想言论的纷纭多样感到惊恐。

这时候，革命元老李维汉针对"兴无灭资"问题向邓小平、胡耀邦谈了自己的看法，他说主要问题不是资本主义而是封建主义，提出要大力反对封建主义残余影响。

李维汉是五四时期与毛泽东、蔡和森等人一道参加革命的老革命家，以后一直在党内担任领导职务，在"文化大革命"中遭到迫害。1979 年，胡耀邦几次去北京医院探望李维汉，谈起"文化大

革命"的经验教训时，李维汉说，"文化大革命"历时 10 年之久，要把它的成因搞清楚。据我看，关键在于封建遗毒在我们党内、在我们国家实在太深了。我们领导民主革命是反对封建的，但只是在政治上彻底粉碎了半殖民地半封建的反动统治，在经济上搞土改废除了封建土地所有制，而在意识形态和传统习惯上对封建主义思想遗毒没有加以有力的清算和批判。结果有几千年影响的封建主义思想遗毒就被带进了社会主义社会，带进了我们党内，等级制度、特殊化、官僚主义以及一言堂、家长制等等，"文化大革命"发展到了登峰造极的地步。如果我们对此认识不足，不加以努力清算和批判，那么在一定气候和土壤下又会重复出现"文化大革命"这样的荒诞怪事。胡耀邦对李维汉的观点深表赞同，说自己也考虑过这个问题，觉得"文化大革命"所以会发生并且延续 10 年之久，是党内生活长期极不正常的一个必然结果，你点出了问题的根子，确实是封建主义思想遗毒在作祟。李维汉说，我看到《关于党内政治生活的若干准则》十二条，这是个好文件，很多规定是总结了经验教训的，写得很高明，能照这样做就好。不过还要在思想上、理论上加以澄清，不然你规定了制度上的东西还可以改变的。所以我们党无论如何要补上清除封建主义影响这一课。三中全会开得好，你们现在正在大刀阔斧搞拨乱反正，我看要趁这股强劲东风，在指导思想上，在意识形态领域里，明确提出反对封建主义思想残余这个问题。同时还要考虑在制度方面作哪些改革和规定。胡耀邦说，您的意见太重要了，现在要在全党全国来补上这一课，也合时宜。胡耀邦建议李维汉向邓小平直接谈谈这个问题。

1980 年 5 月 24 日，李维汉向邓小平详细陈述了上述想法。①

---

① 石光树：《李维汉建议邓小平肃清封建遗毒》，《百年潮》1999 年第 5 期。

　　对封建主义思想遗毒早已有所思考的胡耀邦，认为在现实生活中，思想上的封建主义和理论上的教条主义是融为一体的。封建主义在中国有上千年的历史，"三纲五常"那一套表现为个人迷信崇拜，等级森严，家长制，一言堂，特权思想，官僚主义等等，渗透在人们的思想深处和生活的各个角落，反对"左"倾教条主义，就要反对封建主义残余影响。当他得知邓小平也表示李维汉的意见很重要，赞成补上反对封建主义思想这一课的建议，还听说邓小平要打招呼，告诉《人民日报》《光明日报》不要宣传"兴无灭资"，他更是兴奋。但是也有一些人不以为然，说反封建是民主革命的事，搞社会主义革命的任务就是反对资本主义。此时，胡耀邦又特地去求教叶剑英。叶剑英说："扫清封建思想非常重要。马克思早期著作中有很多就是反对封建农奴制的。"胡耀邦得到叶剑英的支持，更坚定了信心。在6月10日中央政治局常委讨论这个问题时，胡耀邦提出：要从两个根本问题上考虑肃清封建主义影响：一个是制度问题，一个是思想舆论问题。在制度上，权力过分集中，终身制，铁饭碗，能上不能下，这方面我们比资本主义国家还差，尤其是什么事情都要一把手点头，不然就办不了。一把手一辈子总在上头，下面的人提了不同的意见，不晓得哪一天被他抓了小辫子挨整，使人不敢说话。这个问题必须从制度上下决心解决。同这个制度关联的是社会意识形态问题。我们革命胜利后无形中发展了很多封建的东西。胡耀邦还说，搞不正之风的人为什么胆子那么大？他有依托，靠那个封建的东西来当官，在封建保护伞下干坏事。扯坏那把保护伞，半年时间不行，我看得搞3年，甚至更长一点时间。中央政治局常委在讨论中，对于在制度上清除封建残余影响提出许多设想，并认为这个问题涉及面很广，可以在下次全国人大和政协的两会当中提出。

　　思想文化领域中如何防止和反对"左"倾错误回潮，一直是胡耀邦不断思考的一个问题。为此，他在中央书记处提议要开一个全国思想政治工作座谈会。他的建议得到通过，但是有人提出准备工作还做得不够，规模不能太大。10月中旬，一个小型的思想政治工作座谈会在北京举行。胡耀邦请"文革"前主持中宣部领导工作的陆定一、周扬、李卓然以及现任的中宣部部长王任重、文化部长黄镇等人都讲讲话；自己也在10月15日发了言，就"如何看待现在的思想问题特别多""思想工作应该采取什么方针""如何不断解决思想问题""应该继续解放思想、克服思想僵化"以及反对不正之风等问题发表了意见。他明确表示：对于干部群众的思想问题，要立足于相信群众，采取疏和导的方针。思想政治工作者要继续解放思想，防止和打破思想僵化。他强调：深入实际、深入群众，进行调查研究，才能解放思想。没有调查研究，就难免瞎说、瞎吹、瞎刮风，导致主观主义，对新情况一知半解，对老经验一往情深，就会思想僵化。①

二、努力探索新时期思想政治工作的方法

1980年12月16日至25日，中共中央召开中央工作会议，着重讨论经济建设指导方针和经济调整问题。陈云对于报刊上探讨经济改革的某些论点提出批评，在会上"提出了宣传工作的问题"。邓小平在题为《贯彻调整方针，保证安定团结》的讲话中，也着重讲了"宣传工作"——党的整个思想政治工作问题。他说："总的说来，思想战线上各方面的工作，成绩是主要的"，"今后，在一切工作中要真正坚持实事求是，就必须继续解放思想"。

---

① 胡耀邦：《思想政治工作要积极地抓》（1980年10月15日），《胡耀邦文选》，人民出版社2015年版，第218—230页。

"但是也必须指出，我们的宣传工作还存在严重缺点，主要是没有积极主动、理直气壮而又有说服力地宣传四项基本原则，对一些反对四项基本原则的严重错误思想没有进行有力的斗争。"[①] 他在讲话中严厉批评一些人存在着思想混乱，强调："一定要充分肯定三十一年来的巨大成绩"，"毛泽东同志的功劳是第一位的，错误是第二位的"，把毛泽东思想和毛泽东同志晚年的错误区别开来，"不是说毛泽东同志晚年没有发表过正确的意见"；党内确有不正之风，"但是应当注意不要把个别的现象当作普遍的现象，不要把局部的东西夸大为整体"；"要通过思想政治工作加强全党的组织性、纪律性"，"尤其是必须同党中央保持政治上的一致，这一点在现在特别重要。谁要违反这一点，谁就要受到党的纪律的处分"；"精神文明，不但是指教育、科学、文化（这是完全必要的），而且是指共产主义的思想、理想、信念、道德、纪律，革命的立场和原则"，等等。他强调"要批判和反对崇拜资本主义、主张资产阶级自由化的倾向，批判和反对资产阶级损人利己、唯利是图、'一切向钱看'的腐朽思想，批判和反对无政府、极端个人主义"。"必须在思想领域把上述的斗争进行到底。"[②]

1981 年 7 月 17 日，邓小平在同中央宣传部门负责人王任重等的谈话中指出，党对思想战线和文艺战线的领导"存在着涣散软弱的状态，对错误倾向不敢批评"。他说，他最近看到两个材料：有个年轻诗人在北京师范大学讲了一番话，十分放肆，但是学校党委没

①　邓小平：《贯彻调整方针，保证安定团结》（1980 年 12 月 25 日），《邓小平文选》第二卷，人民出版社 1994 年版，第 364 页。

②　邓小平：《贯彻调整方针，保证安定团结》（1980 年 12 月 25 日），《邓小平文选》第二卷，人民出版社 1994 年版，第 365、366、367、368—369 页。

有采取措施；还有个新疆乌鲁木齐文联筹备组的召集人大鸣大放了一通，有许多话大大超过了1957年的一些反社会主义言论的错误程度。"大家都还记得当时有些右派分子那种杀气腾腾的气氛吧，现在有些人就是这样杀气腾腾的。我们今后不搞反右派运动，但是对于各种错误倾向决不能不进行严肃的批评。"①

邓小平这个批评思想政治工作"涣散软弱"的讲话，胡耀邦和中央书记处其他书记十分重视。中央书记处讨论后决定：专门召开一次全国性的思想战线问题座谈会，由中宣部主持，中央和各省市自治区的理论界、文艺界和新闻出版界共三百二十多人参加。

胡耀邦于8月3日第一天会议上讲话，强调指出：小平同志的这个谈话，它的基本点、核心是什么？"我的理解是一句话：我们党对思想战线的领导处于涣散软弱的状态，必须改变这种状态。我们必须把这个主题、主旨抓住；抓住了，问题才能研究得透，解决得好。"这次会议"更重要的，是要研究克服涣散软弱状态、坚强起来振作起来的正确办法、正确途径"。这就是发扬党的优良传统，开展正确的批评和自我批评。他尖锐地指出："这个问题，我们很多同志就没有学会，我们开这次会也就是要解决这个问题。"他强调："不能说因为我们过去软弱了，现在要坚强起来，那么好吧，就大批大斗，大轰大嗡地猛上一阵吧！这个不行。如果找不出克服涣散软弱状态，使我们的领导统一坚强起来的正确途径，我们就要重犯历史性错误，很可能我们这个会议还没有开完，下面就传开了，又要'反右派'了！这是不对的。"他回顾了二十多年来正反两方面的历史经验，指出"无限上纲，乱批乱斗，乱打一通"，这是一

---

① 邓小平：《关于思想战线上的问题的谈话》（1981年7月17日），《邓小平文选》第二卷，人民出版社1994年版，第389—390页。

种错误的历史经验，我们永远不能搞了。但同时，我们还要恢复党的优良传统，"学会运用批评和自我批评这个武器，来增强团结，改进工作"。不赞成批评，反对批评，则不利于增强团结、改进工作、克服缺点、纠正错误。面对大量的人民内部矛盾，"不教育，不批评，撒手不管，要出乱子；批评得不恰当，教育得不恰当，也会出乱子"。面对社会上出现的消极现象、消极因素，面对我们党员思想政治状况上出现的问题，要"抖起精神批评，或者叫理直气壮地批评。理在我们方面，理在人民方面，你怕什么？正义在我们这方面。歪风邪气，错误言论，是没有多少群众基础的，因为它根本不代表人民的利益"。①

思想文化领域一个敏感的问题是：应当如何看待干部和群众的种种思想问题。粉碎"四人帮"后，尤其是十一届三中全会之后，由于提倡解放思想、实事求是，发扬民主、健全法制，使得广大干部群众敢于讲话了，敢于提出问题了，敢于对重大问题发表意见、说出自己的想法了，人们思想活跃，议论纷纷，呈现一派生动活泼的景象。

干部群众议论纷纷好不好？胡耀邦在1980年10月召开的思想政治工作座谈会上，专门讨论了这个问题。他是这样说的："思想问题特别多，加上我们有一个正确的政策，就反映为思想活跃。那么思想活跃是好事还是坏事呢？思想活跃同一切事物一样，都有两重性。"

"思想活跃首先是大好事，它表明广大干部群众敢于讲话了，敢于发表意见了。是一潭死水好还是一潭活水好？有些同志喜欢

---

① 胡耀邦：《关于思想战线上的问题的几点意见》（1981年8月3日），《胡耀邦文选》，人民出版社2015年版，第289—297页。

一潭死水，喜欢纹丝不动，喜欢安安稳稳，其实这是不切实际的。""一潭活水，议论纷纷，肯定会出来大量的好意见，好主张。作为一个领导机关，作为执政党，作为一个领导同志，可以从中听到自己长期想不到的事情，可以发现自己长期不能发现的问题。我们的同志常说，希望把大家的积极性发挥出来。什么是积极性呢？我看思想政治上的积极性是最大的积极性。当然，这里讲的思想政治上的积极性，是拥护党、拥护社会主义的积极性，是拥护坚持四项基本原则的积极性，是健康的积极性。这是最可贵的积极性。什么是我们共产党员、我们革命党的最大本事呢？最大的本事就是团结同志，把广大群众的这样一种积极性充分调动起来，不是盲目的，甚至和历史前进方向相背离的积极性调动起来，不是把那种抬轿子、吹喇叭的积极性调动起来。"

胡耀邦还说："思想活跃会带来大量积极的、正确的、健康的因素，这是主导的方面。当然，它同时也难免带来一些消极的错误的有害的东西，甚至就某个短暂时期和某些局部问题来说，还可能带来一些有破坏性的东西。所以我们要全面地看问题，不要片面地看问题，不要一个矛盾掩盖另一个矛盾。总之，思想活跃是好事，不可怕。但也要注意，也要警惕，以便靠我们的工作来发展和推动积极的正确的健康的东西，防止和杜绝消极的错误的有害的东西。"

针对思想政治工作应该采取什么方针的问题，胡耀邦进一步指出："可以有两种不同的方针。我们党历史上就曾经采取过两种方针，一种是错误的方针，一种是正确的方针"。

"什么是错误的方针呢？就是压制的方针，堵塞的方针，甚至采取高压的方针。'文化大革命'中形成那么一个理论，叫'大批判开路'。我们不是说什么时间、对什么问题都不要批判了，马克思主义对旧世界就是批判的。但是，'文化大革命'中间林彪、'四人帮'歪曲马克思主义这个原理，使它达到了荒谬绝伦的地步。结果我们吃了苦头。"

"什么是正确的方针呢？可不可以说，正确的方针就是疏和导的方针，在疏通中引导，在引导中疏通，又疏又导。疏通就是广开言路，集思广益。我们的言论渠道很多，有党的组织，有人代会，有政协，有职工代表会，有民族自治，还有信访接待工作。这都是广开言路的渠道。"我们要认真搞，不要搞成形式主义，不解决问题，橡皮图章。我们要治理国家，就要广开言路，集思广益，发扬民主，这是基本的政治建设。我们要用多种形式进行引导，把各种各样的非无产阶级思想引导到积极的正确的健康的方向上来。"现在我们的情况是两个都不够，疏得不够，引得也不够，既不敢疏，又不敢积极引导。"胡耀邦指出，这种积极引导，就是组织干部群众进行学习，大家讨论；领导干部则首先是以身作则，同大家交谈、讨论，也可以作辅导报告，上课。

胡耀邦还说，干部群众中的"思想问题永远会有，老问题解决了，新问题又出来，所以说要不断地加以解决。其中大量的问题能够解决，有的问题一下子解决不了，解决不了就挂起来，挂起来也是一种解决的办法"。

胡耀邦认为，做思想工作，解决干部群众的思想问题，应当立足于相信群众。他把当时干部群众中存在的纷繁的思想问题加以整理和分析，认为主要是六个方面：一是对国际和国内形势不了解或者了解得不全面、不准确；二是对党的政策尤其是三中全会以来实行的一系列符合实际的新的政策不理解；三是对历史上的一些问题迷惑不解，包括对"文化大革命"怎么看，对毛泽东怎么看，对毛泽东思想怎么看等等；四是对领导机关、对有些领导干部的作风有意见；五是对国家大事、对各项工作有各种建议；六是对自己的冤屈要申诉。他对这六个方面的思想问题一一加以分析，认为只要我们立足于相信群众，组织群众对这些问题进行讨论和学习，绝大多数是可以解决的。[①]

三、马克思主义是发展的科学

1983 年 3 月 14 日，是马克思逝世一百周年。中央书记处决定开展一系列纪念活动，其中最重要的一项是 3 月 13 日中共中央举行隆重的纪念大会，由胡耀邦代表中共中央讲话。经过重新研读马、恩的经典著作和深刻的思考，胡耀邦在大会上发表了题为《马克思主义伟大真理的光芒照耀我们前进》的长篇讲话[②]。他论述马克思在人类历史上的伟大贡献，是在历史科学、经济科学和哲学领域实现了最伟大的根本变革，建立了真正科学的宇宙观和最彻底的社会革命论。"无论过去、现在和将来，我们都要向马克思请教，认真学习他的著作，从中汲取智慧和力量。让我们在这个纪念大会上，在世界的东方，向长眠在伦敦的马克思，表示最深挚的怀念和感激之情。"胡耀邦指出："马克思、恩格斯相继逝世了，但马克思主义却继续蓬勃发展。一百年来的历史反复说明，一部马克思主义史，就是马克思主义不断战胜各种敌对思潮的攻击和反动势力'围剿'的历史。无论经过多么严重的曲折，多么险恶的风浪，它的革命锋芒始终锐不可当。一百年来的历史也反复说明，一部马克思主

---

① 胡耀邦：《思想政治工作要积极地抓》（1980 年 10 月 15 日），《胡耀邦文选》，人民出版社 2015 年版，第 218—230 页。

② 胡耀邦：《马克思主义伟大真理的光芒照耀我们前进》（1983 年 3 月 13 日），《胡耀邦文选》，人民出版社 2015 年版，第 494—516 页。

义史，又是不断克服马克思主义运动内部的各种错误倾向，因而不断向前发展的历史。修正主义是错误的，因为它丢掉了马克思主义的普遍真理；教条主义也是错误的，因为它把马克思主义看成僵死的教义。无论修正主义还是教条主义，都是主观同客观相分裂，理论同实际相脱离，都同马克思主义背道而驰。马克思主义是发展的科学，是革命的指南，它的生命力就在于不断分析研究实践中出现的新情况、新问题，同各个时代和各个国家的具体革命实践相结合。这是马克思主义能够不断丰富发展的源泉，是使马克思主义永葆革命青春的根本保证。"胡耀邦还说，现在，我们已经进入全面开创社会主义现代化建设新局面的阶段，在经济和社会生活的各个领域，还有不少不适合我国情况的、错误的观念和模式，长期禁锢着人们的头脑，严重束缚着生产力的发展。只有从实际出发，冲破这些东西，全面系统地、坚决而有秩序地、有领导有步骤地实行改革，才能使马克思主义的基本原理同现代化建设的具体实际更好地结合起来，进一步发展科学的社会主义。要实现四个现代化，大大发展社会生产力，就必须有生产关系和上层建筑的改革为之开辟道路。

胡耀邦在这篇重要讲话中，以较大的篇幅论述了正确对待知识和知识分子问题，因为这个关系到现代化建设成败的关键问题，在全党和全国实际上还没有很好解决。他在概述了马克思勤奋而贫困的治学经历和献身精神后说，马克思之所以能够创立科学共产主义学说，一个极其重要的条件，就是他掌握了人类知识的优秀成果，并使它同工人运动牢固地结合起来。推翻旧世界，需要知识和知识分子，建设新世界更加需要知识和知识分子。他强调：全党应该进一步清除长期"左"倾错误的严重影响，确立尊重科学文化知识和知识分子是工人阶级一部分的正确观念，动员全党和全国人民努力掌握现代科学文化知识，加强干部队伍在革命化前提下的知识化、专业化。中国共产党人，各条战线、各行各业的广大干部，一定要在新的伟大斗争中，重新学习。

胡耀邦这篇讲话，不仅内容丰富，论述精湛，而且很有文采，很有感情，体现了他的文风。他的这篇讲话重申了"开创新局面"和"全面改革"的观点，特别是关于"马克思主义是发展的科学"的观点，具有深刻的内涵和指导意义。

胡耀邦

（1915—1989）

第三卷

张黎群　张定　严如平　唐非　李公天◎主编

严如平◎撰

北京联合出版公司
Beijing United Publishing Co.,Ltd.

1986 年 1 月，胡耀邦在中央机关干部大会上，作题为《中央机关要做全国的表率》的讲话，号召中央机关全体党员干部在端正党风方面做全国表率。

胡耀邦全家 1983 年春节合影。

胡耀邦追悼大会现场。

目录

第二十五章　端正党风　加强党纪

一、为健全党的政治生活制定法规

　　具有重大历史意义的党的十一届三中全会和会前的中央工作会议，初步总结中国共产党在新中国成立以来特别是十年"文化大革命"动乱中的经验教训，认为："国要有国法，党要有党规党法。全体党员和党的干部，人人遵守党的纪律，是恢复党和国家正常政治生活的起码要求。党的各级领导干部必须带头严守党纪。"①邓小平在中央工作会议上指出："各级纪律检查委员会和组织部门的任务不只是处理案件，更重要的是维护党规党法，切实把我们的党风搞好。对于违犯党纪的，不管是什么人，都要执行纪律，做到功过分明，赏罚分明，伸张正气，打击邪气。"这次全会还认为，要贯彻执行

──────────

① 《中国共产党第十一届中央委员会第三次全体会议公报》(1978 年 12 月 22 日)，《三中全会以来重要文献选编》(上)，人民出版社 1982 年版，第 13 页。

党的政治路线，需要采取一系列重要措施，首要的是恢复建立中央纪律检查委员会，确定其根本任务是维护党规党纪，切实搞好党风。全会选举产生了中央纪律检查委员会，新当选的中共中央副主席陈云兼第一书记，邓颖超任第二书记，胡耀邦任第三书记，黄克诚为常务书记。

三中全会一结束，陈云即与胡耀邦、邓颖超、黄克诚等研究，原则上确定了如何建立中纪委的组织机构，制定会议制度、工作制度，并着手立即准备召开中央纪律检查委员会第一次全体会议，做好会议文件起草工作：一是总结过去中纪委多年来的基本经验，提出今后工作的基本原则；二是总结党内政治生活的经验教训，提出党内政治生活的基本准则，以规范全党的政治民主生活。

对于第二个文件的内容，是胡耀邦近些年来一直在思索着的。从中央到基层，都缺乏健全的政治生活，虽然表现形态不同，但一个共同的问题是缺乏民主，缺乏真正的批评和自我批评。"文化大革命"更是把党搞得组织涣散，思想混乱。林彪、康生和"四人帮"为什么能够搞封建主义、无政府主义和法西斯主义，肆意践踏党规党法，制造个人迷信，篡夺党和国家的领导权，制造大量冤假错案，为非作歹如此之久？这是同长期以来党的政治生活极不正常分不开的。新中国成立以来，一次又一次的政治运动，受到"左"倾错误的严重影响，使得广大干部和群众首先是党员干部有话不敢说、有意见不敢提，说真话倒霉、说假话沾光，担当领导职务的党员干部搞特殊可以不受党组织和群众的监督，对领导干部提意见遭打击报复，挨了批判、处分提出申诉被斥为"翻案"而罪加一等，如此等等，这些现象十分严重和普遍，总之，党内民主自由很少，党的政治生活极不正常，以致最后酿成"文化大革命"这样的全国浩劫。"文化大革命"就是搞"踢开党委闹革命""砸烂公检法",党纪国法遭到严重破坏。

胡耀邦几次与人谈到,党处于执政地位后,相当一部分干部骄傲自满,封建主义影响和剥削阶级思想作祟,主观主义、官僚主义、特权思想所产生的脱离群众、脱离实际不良倾向有所发展;尤其是"以阶级斗争为纲"的"左"倾路线,在一次又一次政治运动中的过火斗争和扩大化得不到纠正,而党和国家的法规法制又很不健全。这种状况造成党的生活和社会生活极不正常;如不彻底改变,那么还会在一定的气候条件下再出现林彪、康生、"四人帮"这样的人,党和国家还会再遭灾难。胡耀邦在十一届三中全会前的中央工作会议上一次发言中说:"文化大革命"教训深刻,应该很好总结,根本教训是党的生活不正常。所以他明确地认为,要医治党的创伤,健全党的肌体,整顿党的作风,恢复党的优良传统,发挥党组织的战斗堡垒作用和党员的先锋模范作用,在四个现代化建设中加强和改善党的领导,就必须严格党规党法,健全党内政治生活,发扬党内民主,保障党员权利。

胡耀邦在中央组织部工作期间,就与陈野苹、曾志等人酝酿、商议,起草一个《关于党内政治生活的若干准则》。他强调这个《准则》要从实际出发,针对党内政治生活中实际存在的主要弊端,总结党的历史上处理党内矛盾正反两个方面的经验教训,特别是吸取十年"文革"的惨痛教训。他和中组部的有关人员经过反复研讨,提出了一个《准则》的最初稿,拟定十二条,其题目是:

一、一切重大问题须经党委集体讨论决定;

二、如实反映情况;

三、党内不允许搞宗派;

四、有话摆在桌面上,不搞阳奉阴违;

五、坚持言者无罪、闻者足戒的原则;

六、思想上理论上的不同意见，只能民主讨论，不能压服；

七、允许犯错误，允许改正错误；

八、保证党员的申诉权利；

九、党内选举要充分体现选举人的意志；

十、禁止无原则的歌功颂德；

十一、党员之间是同志关系，不能搞特殊；

十二、党员必须接受党组织和群众的监督。

中央组织部在胡耀邦主持和指导下起草的这个十二条，形成了中纪委第一次全体会议的第二个文件，成为这次全体会议的中心议题。

1979 年新年伊始，中央纪律检查委员会第一次全体会议就于 1 月 4 日开始在京西宾馆举行。陈云主持会议并在开幕会上讲话，强调中纪委的基本任务就是维护党规党法，整顿党风。这次会议就是要为实现这个基本任务做必要的准备工作。[①] 陈云的讲话为刚刚起步的中纪委工作廓清了思路，明确了方向。邓颖超在讲话中，着重从党的历史经验教训中阐述维护党规党法、加强党的纪律性的重要性和艰巨性，指出中纪委担负重大任务。她在讲话中称赞胡耀邦主持指导起草的《准则》（草案），"是耀邦和中央组织部的同志为我们全会做了一项很好的准备工作，是我们今后进行工作的有力武器"。胡耀邦在会上讲话，对于如何学习和贯彻十一届三中全会的精神作了阐述。他强调指出"要把民主和法制搞好"。他说，"文化大革命""一个深刻的根源是党内生活不正常。我们一定要把党内生活搞正常"。他指出了民主生活很差和一部分人不会行使民

---

① 陈云：《在中央纪律检查委员会第一次全体会议开幕会上的讲话》（1979 年 1 月 4 日），《三中全会以来重要文献选编》（上），人民出版社 1982 年版，第 42 页。

主权利的两种情况后强调，我们要把党规党法搞好，要把国家法律搞好，在党纪国法的轨道上，使我们的民主得到健康发展，使生产、工作、社会不受损失。

出席中纪委第一次全体会议的人员，对于把制定党的政治生活准则作为这次全会的中心议程，都表示赞成。会议分五个小组对胡耀邦主持指导中央组织部起草的《准则》（草案）进行了认真而细致的讨论，从内容到文字都作了仔细的推敲，提出了许多修改补充意见，最后通过了《准则》（草案）报送中央。

中央纪委报送的《准则》（草案），于1979年2月举行的中央政治局会议上讨论。与会者充分肯定这个文件十分必要，决定予以原则通过。根据陈云的意见，3月19日中央将《准则》（草案）发至县团级征求意见，要求县（团）级以上党委认真讨论，提出意见，于7月1日以前报告中纪委。随后，全国各地的党组织发动广大党员干部进行学习、讨论。大家回顾党的优良传统，揭发批判林彪、"四人帮"践踏党规党法、破坏党风的种种罪行，普遍认为确实要有明明白白的党规党法，来重新建立和健全我们党的政治生活。广大党员干部表现出高昂的政治热情，对《准则》（草案）提出了很多修改补充意见。在不到半年的时间里，中纪委先后收到各地报告一百四十八份，党员个人来信五十件，提出的修改意见达一千八百条。中纪委对这些意见进行汇集、整理，将《准则》（草案）作了修改补充，经过中纪委负责人多次讨论，先后十二次易稿。

《准则》（草案）在反反复复的修改中，虽然仍是十二条，但是无论是条文的题目还是每条的内容，都有很大的修改和发展：一是原稿一些内容相近、相似的条文合并了，另外新增加了四条："坚持党的思想路线和政治路线"（作为第一条），"维护党的统一，巩固党的纪律"（第三条），"同错误倾向和坏人坏事作斗争"（第九条），"努力学习，做到又红又专"（第十二条）；二是对题目和文字一再修改，使它更准确更科学。如"一切问题须经党委集体讨论决定"这个题目，曾改为"党委实行集体领导，反对一言堂"，后又改为"坚持集体领导，反对个人崇拜"，最后改为"坚持集体领导，反对个人专断"。在文中对实行"集体领导"和"个人分工负责"，对"不许搞一言堂、家长制"，都有明确具体的规定，并规定书记是党委会中平等的一员；三是在十二条准则前面，加了一段序言，阐明了制定准则的必要性，强调"在新的历史时期，必须认真维护党规党法，切实搞好党风，加强和改善党的领导"。序言中的"在全党和全国范围内造成一个既有民主又有集中，既有自由又有纪律，既有个人心情舒畅、生动活泼又有统一意志、安定团结的政治局面"，是运用了毛泽东的论述，只是把"民主""自由""个人心情舒畅、生动活泼"放在"集体""纪律""统一意志"前面，为的是针对党内多年来存在的一味强调集中、纪律而对民主、自由有所忽视的倾向，而作出的严肃的科学的表述。此外，《准则》（草案）原来还有"要实行思想批判从严、组织处理从宽的原则"这句话，这是多少年来被一直广泛引用并认为是千真万确的原则；但在讨论中有人提出，从多年来的实际情况看，"思想批判从严"这句话在执行时往往形成无限上纲，而使"左"倾错误得到泛滥；而"组织处理从宽"这个原则在严厉的批判之后很不容易贯彻，结果形成了许多冤假错案。大家认为，无论思想批判也好，组织处理也好，都要实事求是。胡耀邦觉得这个意见非常好，还说自己过去讲话中也常常引用这个"原则"，今后可不能再说了。他同意《准则》（草案）删掉这句话。最后，中纪委采纳了广大党员的意见，经过反复修改后上报中央。

　　经过上上下下反复修改和斟酌的《准则》（修改稿），在中央政治局再次讨论时，华国锋、叶剑英、邓小平等都认为这是一个很好的文件，主张提交将于 1980 年 2 月举行的党的十一届五中全会审议通过，使全党更加重视。1980 年 1 月 7 日至 25 日，中央纪律检查委员会举行第二次全体会议，再一次讨论和修改了《准则》（修改稿），并且一致认为，《准则》提交五中全会通过，将成为庄严的党的法规。我们各级纪律检查委员会协助党委督促、保证《准则》贯彻执行，应当是全党纪律检查工作的重要任务。

　　1980 年 2 月 23 日至 29 日举行的中国共产党十一届五中全会讨论了《准则》，一致认为"这十二条准则总结了我们党几十年来处理党内关系的经验教训，特别是'文化大革命'十年间同林彪、'四人帮'斗争的经验教训，是对党章的必不可少的具体补充，它对发扬党内积极因素，克服消极因素，发挥党员的先锋模范作用，具有重要的意义"。① 全会一致通过了《准则》，并且要求在贯彻执行《准则》的过程中，"在全党进行一次坚持党的政治路线和思想路线、加强党的团结和统一、加强党的民主集中制和组织性纪律性的思想政治教育"。"党的各级组织和每一个党员，都要对照准则的规定，认真检查自己的工作和作风，发扬成绩，克服缺点；凡是违背《准则》规定的，必须及时地、切实地纠正过来，个别党组织和某些党员的无组织无纪律、闹派性和各行其是的现象，必须彻底改变。"②

　　为在全党贯彻执行《准则》，中纪委作了一系列推动、检查、督促的工作。《准则》公布后，许多地方和单位的党委开办轮训班，

---

　　① 《中国共产党第十一届中央委员会第五次全体会议公报》（1980 年 2 月 29 日通过），《三中全会以来重要文献选编》（上），人民出版社 1982 年版，第 407 页。

　　② 《中国共产党第十一届中央委员会第五次全体会议公报》（1980 年 2 月 29 日通过），《三中全会以来重要文献选编》（上），人民出版社 1982 年版，第 407 页。

组织党员认真学习；不少单位和部门制定了贯彻执行《准则》的具体措施，健全党的组织生活，加强对党员的教育和管理。有的地方还对《准则》第十一条"不准搞特权"加以具体化，对干部的生活待遇制定了具体规定。但是，也有一些部门和单位对贯彻执行《准则》认识迟缓，行动不力，组织涣散的现象未能得到有效制止，不正之风又以新的形式在滋生。为排除干扰和阻力，中纪委在一年之内先后召开了三次座谈会，胡耀邦每次都出席并讲话。在这年6月召开的第一次座谈会上，胡耀邦着重说了贯彻《准则》一定要扫除封建意识这个问题。他指出，现在很多不正之风，都同封建意识有关，如干部制度上实际存在的终身制，个人迷信，任人唯亲，一言堂，阿谀奉承，搞特权，等等。这些封建意识不清除，党的优良作风难以恢复发扬，社会风气也难以搞好。他强调：领导干部要以身作则，要敢于同不良倾向进行斗争。他还说，贯彻《准则》，扫除封建意识，要采取得力措施，具体实施。在贯彻中既要抓正面的好的典型，也要抓反面的坏的典型。通过正反面两种典型，教育广大党员干部。在同年9月召开的第二次座谈会上，胡耀邦到会讲话，要求国家机关各部委的领导干部以身作则贯彻《准则》。在11月举行的第三次座谈会上，胡耀邦在题为《搞好党风的几个问题》的讲话中说，党风好不好，是党能不能站得住、发展和存在的问题。每一个热爱党、拥护党的人，特别是各级党委和党的高级干部，都应当关心我们的党风，这是有没有党性或党性强不强的表现。历史的教训告诉我们，只满足于路线、政策的正确，而忽视党的生活的建设，忽视党的作风的建设，是错误的。他进一步阐述说，马克思主义的党，从被压迫、被屠杀、被围剿的地位变到在全国执政的地位，这是个根本的变化。执政以后，会不会变质？这不是一个可能不可能的问题，不是个抽象的理论问题，而是一个实际生活的问题。一些革命意志薄弱的人，被糖衣炮弹击中，腐败下去，他们往往把我们党的领导地位，错误地看成是统治者的地位。领导者和统治者不同，不能把领导者变成统治者，不然就有蜕变、变质的可能。他希望各级纪委的干部要敢字当头，不怕得罪人，敢于坚持正义，有勇气、有胆略同各种不正之风进行斗争。①

二、党纪教育是纪委的职责

在许多人的观念里，纪委的工作就是办案子——查处违犯党纪的案件，维护党的纪律；衡量纪委工作的好坏，也无非是案件搞清楚了没有，材料核实了没有，处分是否恰当，手续是否完备。多少年来，纪委都是这样工作的。中央纪委恢复成立后，在陈云领导下，开始开创党的纪检工作的新局面。不仅如此，中央纪委针对党内存在的不正之风，狠抓党风建设。陈云为此提出了许多富有远见的指导性意见。1980 年 11 月 14 日至 29 日，中央纪委召开第三次贯彻《关于党内政治生活的若干准则》座谈会。针对一些党员干部不正之风相当严重，对搞好党风的重大意义认识不足，对不正之风放任不管乃至纵容包庇的情况，陈云在会议期间严肃地提出三条意见："第一，执政党的党风问题是有关党的生死存亡的问题。因此，党风问题必须抓紧搞，永远搞。第二，纪律检查委员会的工作会有困难，但是经过统一认识，是可以解决的。第三，必须实事求是，查清事实，核实材料，再处理问题，并和

---

① 胡耀邦：《搞好党风的几个问题》（1980 年 11 月 26 日），《胡耀邦文选》，人民出版社 2015 年版，第 245—260 页。

本人见面。"①胡耀邦对陈云的论断非常赞同。他说，陈云同志讲的执政党的党风问题，是全党应该注意的一个根本原则问题。11 月26 日，胡耀邦在座谈会上传达了陈云的这三条意见，会议进行了认真讨论并将陈云这个意见写进座谈会纪要。胡耀邦在会上说，党的纪委承担维护党规党法、切实搞好党风的任务，不仅要严肃查处各种违犯党纪的案件，还要加强对全党的党纪党风的教育。他在回顾中纪委头两年的工作时说：三中全会以来，我们党把纪律检查委员会的工作，提高到了一个新的水平，这就是不只是限于检查党内违反纪律的案件，而且从整个搞好党风、维护党纪上面提出问题，研究问题，解决问题。这种做法，就使我们纪律检查委员会的工作比过去站得更高、想得更深、做得更主动了。

胡耀邦所说的"站得更高、想得更深、做得更主动"的工作，除了前面说的制定《关于党内政治生活的若干准则》等规章制度外，重要的一项就是在全党进行理想信念和党风党纪教育。他特别强调："任何时候都不要忘记思想教育。"②

在长达六十年的革命生涯中，胡耀邦始终恪守自己的理想信念，从来不曾动摇。他忠于共产主义理想，坚守社会主义信念，而又脚踏实地为人民谋利益。他说，理想是我们这个国家和民族的一个非常重要的精神支柱。我们已进入社会主义历史阶段，我们的最高理想是共产主义，一定要讲基本原则、基本精神，不能离开这个最终目标。改革开放之初，针对一些错误思想和模糊认识，他旗帜鲜明地指出："共产主义的思想和共产主义的实践早已存在于我们

①　陈云：《执政党的党内问题是有关党的生死存亡的问题》（1980 年 11 月—1984 年 10 月），《陈云文选》第三卷，人民出版社 1995 年版，第 273 页。

②　胡耀邦：《搞好党风的几个问题》（1980 年 11 月 26 日），《胡耀邦文选》，人民出版社 2015 年版，第 254 页。

的现实生活中，那种认为'共产主义是渺茫的幻想'、'共产主义没有经过实践检验'的观点，是完全错误的。我们每天的生活都包含着共产主义，都离不了共产主义。"他强调："没有马克思的学说，就没有我们的今天。无论过去、现在和将来，我们都要向马克思请教，认真学习他的著作，从中汲取智慧和力量。"

改革开放后，中国共产党已有三千八百万党员，其中近半数是"文化大革命"以后入党的新党员，不大懂得党规、党法和党的好传统、好作风；而"文化大革命"以前入党的党员中，也有不少人放松了对好传统、好作风的坚持和发扬，党的纪律观念淡薄，有的甚至蜕化变质了。尤其是十年"文革"，"踢开党委闹革命""造反有理""有权就有一切"等甚嚣尘上，资产阶级派性、无政府主义思潮泛滥，在广大党员的思想观念中造成了极大的混乱。胡耀邦对大量调查材料和"情况反映"进行分析，并在一系列座谈会上与各地干部进行研讨，深感在全党进行党风党纪教育的必要性和紧迫性。他在 1979 年 7 月中央纪委召开的工作会议上讲话强调说："加强党的政治思想和路线、方针、政策教育，是维护党的纪律第一位的问题，首要的问题。纪律检查委员会的工作要把眼界放得更宽，看得更远。""在进行这个教育中间，要提高党员的组织观念，维护党的路线、方针、政策的严肃性。"[①]

胡耀邦把"继续认真地、扎扎实实地在全党进行党性、党规、党风的教育"，作为我们同不正之风作斗争的第一条，[②]提请中纪委和各级纪委的干部加以重视。他说，要向广大党员尤其是新党员讲

---

① 胡耀邦：《关于搞好党风严肃党纪的几点意见》(1979 年 7 月 22 日)，《党风问题》，中共中央党校出版社 1981 年版，第 27 页。

② 胡耀邦：《搞好党风的几个问题》(1980 年 11 月 26 日)，《胡耀邦文选》，人民出版社 2015 年版，第 253—254 页。

解党的光荣传统，使他们懂得党的优良作风是什么，如何继承和发扬。要继续开展《关于党内政治生活的若干准则》和党章的学习，还要经常宣传党内继承优良作风的典型，使大家学有榜样，要从多方面提高大家抵制不正之风的自觉性。党的各级纪律检查部门应当同党的组织部门、宣传部门、报社、电台广泛配合，共同研究，搞好党风党纪的思想教育。

为使思想教育作为中纪委主要的基本工作之一常抓不懈，胡耀邦在中纪委恢复建立不久即创议要设立专门的工作机构，配备干部专人负责。后来，他请中纪委副书记李昌负责，建立教育研究室，选配优秀精干的干部；并出版内部刊物《党风党纪教育》，作为宣传、舆论和指导工作的阵地。中纪委在全国选了北京东城区、重庆沙坪区、广东海丰县等六个地方作为党风党纪教育的实验基地，派出干部与当地纪委合作，不断创造和总结党风党纪教育的经验，以指导和推动全面，取得了很好的效果。中纪委还开办了实验大学，培训纪检教育干部，提高党风党纪教育的水平。

胡耀邦看到了搞好党风的长期性和艰巨性，明确指出："要准备打一场搞好党风的思想教育的持久战。一年是搞不完的，先搞它五年再说。"他强调："任何时候都不能忘记思想教育。改造中国，那是非常艰巨的。旧中国是个落后的半殖民地、半封建的社会，遗留下来的有封建思想，有资产阶级思想，有小资产阶级思想，有旧的不合乎历史发展要求的习惯势力，这些都不是短时间所能消除的。按照列宁的说法，这是几代人的事情。所以，任何时候都不要放松思想教育，如果放弃思想教育那更是错误的。"[1] 加强全党的思

---

[1]　胡耀邦：《搞好党风的几个问题》（1980 年 11 月 26 日），《胡耀邦文选》，人民出版社 2015 年版，第 254—255 页。

想建设和组织建设，正是胡耀邦强调党风党纪教育的出发点和落脚点。

三、反对干部特殊化

"切实搞好党风"，是十一届三中全会向全党提出的一个重要任务，也是全党和全国人民高度关注的一个热点问题。

中国共产党在长期的革命斗争中形成了艰苦奋斗，勤俭朴素，与人民群众密切联系，保持劳动人民本色的优良传统，新中国建立后，许多干部继承和发扬了优良传统；但是有些干部革命意志薄弱，受剥削阶级思想影响，当官做老爷，追求舒适生活，滋长了特权享乐思想。在干部的生活待遇上，缺乏严格的规章制度，在不少方面日积月累，形成了许多弊端。"文化大革命"中，无政府主义思潮泛滥，不少人把党和人民赋予的权力用来当作牟取个人私利的手段，党风遭到空前破坏。粉碎"四人帮"后，一些特殊化的待遇被继续沿袭；也有些老干部恢复工作后产生了"该补偿补偿"的思想。于是，领导干部的工资不高，但各种优待却很多很宽。有些干部房子越住越宽敞、越漂亮；汽车越坐越豪华；外出休养、出国旅游、文化娱乐还全部免费。尤为严重的是，他们不仅自己享受这些特殊待遇，而且老婆、孩子、七大姑八大姨也都沾光。即使滥用职权破坏规章制度搞特殊化的干部不多，但少数人尤其是领导干部的所作所为，影响很不好，人们容易从他们身上看待整个干部队伍。人民群众对这些干部特殊化的现象十分敏感，早已很不满意，过去是不敢说，如今提倡发扬民主，群众就尖锐地提了出来，一时成为议论纷纭的一个突出问题。

胡耀邦重视体察民情，从人民群众来信来访中，从调查考察中，从各部门各新闻单位的大量"内部情况汇编"中，看到领导干部特殊化这个问题，是人民群众当前最为关切的三大问题——物价上涨、干部特殊化、住房紧张——之一，人民群众的不满以及对个别干部滥用职权牟取私利的愤怒是有道理的，如果不着手解决，搞好党风就会成为一句空话，党的声誉将受到严重影响，要团结全国人民同心同德搞四化建设也缺乏基础。他在中央纪律检查委员会的会议上说："这个特殊化不打掉，我们的党就不是一个健康的党，不是一个高标准的党，不是国际共产主义运动中的一支突击队。"① 他提出：我们要坚决而又有步骤地加强党的建设，当前要切实搞好党风先要从高级干部做起。中纪委的干部赞同他的意见，当即商定从调查研究入手，列入议事日程。

《关于党内政治生活的若干准则》已把领导干部在政治上生活上不准搞特殊化的问题，作为一条准则作出一系列原则规定。为了进一步防止和反对领导干部在生活待遇上搞特殊化，胡耀邦认为"要先立法"，制定一个严格而又切实可行的规定。中纪委随即协同中央办公厅、中直机关事务管理局、国务院机关事务管理局等有关部门，着手拟订《关于高级干部生活待遇的若干规定》。他们参照"文化大革命"前的一些有关规定，对省、部、军级以上的高级干部的住房、房租、生活用具、交通工具、服务人员、外出休养、文化娱乐、食品供应等诸方面，提出了十项规定性意见。这个《规定》直接涉及每一个高级干部及其亲属、子女的衣食住行，胡耀邦在修改过程中推动起草单位征求高级干部的意见，听取他们的合理建议。绝大多数干部都赞成作出这样的规定，表示一定自觉遵守，

---

① 胡耀邦：《关于搞好党风，严肃党纪的几点意见》（1979 年 7 月 22 日），《党风问题》，中共中央党校出版社 1981 年版，第 34 页。

并督促和教育家属子女遵守。有些高级干部还要求规定得再严格一些，与人民群众同甘共苦。

然而对于少数领导干部来说，贯彻执行这个《规定》，将要交出第二、三处房子来，将要对不是办公、会客的住房交纳房租，将要交出多余的汽车，将要交纳因私事乘公车的车费，将要花钱买票看演出和体育比赛……丧失其以往既得的特殊待遇和享受。有些人，尤其是他们的家属、子女很不高兴，牢骚、怪话不少。有的人指桑骂槐或借机发泄不满和怨恨。胡耀邦不怕得罪这些人，他认为执行这个《规定》正是爱护他们及其亲属、子女不致脱离群众犯大错误。

在五届人大二次会议上华国锋作的政府工作报告中，提出了反对特殊化的问题。邓小平于11月2日给中央党政军机关副部长以上干部专门作了关于高级干部要带头发扬党的优良传统的动员报告，讲清反对特殊化和制定《规定》的必要性。为了确保中央和国务院下发的《关于高级干部生活待遇的若干规定》的实施，邓小平指出："这个规定一经中央和国务院下达，就要当作法律一样，坚决执行，通也要执行，不通也要执行。"最后，《规定》修改定稿后经中央政治局通过，于11月13日以中共中央和国务院的名义联合发出，成为全国高级干部共同遵守执行的法律性文件。

高级干部在生活待遇上严格执行《规定》，带动了广大中下层干部以至基层干部克服特殊化现象，不少单位提出了反对特殊化的规定和措施，赢得了人民群众的赞许。

广大干部在生活待遇上克服特殊化，为搞好党风开了一个头。但是搞好党风的任务十分艰巨，而且随着改革开放进一步发展，党风问题面临着更为严峻的形势。

四、打击经济领域的犯罪活动

进入八十年代，经济领域中出现了种种不正之风和犯罪活动，党风问题面临严峻形势。

党的十一届三中全会确定全国转入以经济建设为中心、实行改革开放政策后，经济领域焕发出无限的生机和活力。尤其是1979年7月中央决定在广东和福建的深圳、珠海、汕头、厦门四市划出部分地区试办经济特区后，它们成为我国对外开放的窗口和前哨，对沿海和内地的经济建设产生了很大的影响。由于这几个经济特区地处沿海，毗邻港澳和台湾，很快就成了一些不法分子走私贩私、投机倒把的重要据点和通道；特区在实行特殊政策和灵活性措施中，又都有一些政策界限需要厘定和划清，某些党员干部就乘机钻空子，同社会上不法分子内外勾结，走私贩私、偷税漏税、贪污受贿、投机诈骗，把大量国家财产窃为己有，有些人堕落成为经济犯罪分子。这种经济领域中从不正之风发展成的犯罪活动，迅速蔓延到粤闽两省及临近地区，进而扩散到北京和内地各个经济领域。

党中央觉察到这股不正之风来势凶猛，从1981年起以很大的精力予以关注。1981年12月14日，邓小平针对广东、福建两省一些单位和干部继续从事走私、贩私活动的情况，致函胡耀邦："这类事为什么总处理不下去，值得深思！我建议由中纪委派一专门小组进行彻底追究，越是大人物、大机关，处理越要严、要重。"1982年1月初，中央政治局常委看到中央纪委送来的一份简报，反映广东省的一些干部甚至担负一定领导职务的干部严重走私贩私的犯罪行为，极为重视。1月5日，陈云批示："对严重的经济犯罪分子，我主张要严办几个，判刑几个，以至杀几个罪大恶极的，并且登报，否则党风无法整顿。"邓小平在陈云的批语中加写"雷厉风行，抓住不放"八个字。胡耀邦于1月11日主持召开中央书记处会议讨论了邓小平、陈云等中央政治局常委关于要打击严重走私贩私、贪污受贿等违法犯罪的批示。当天即发出《中共中央紧急通知》，要求中共中央直属机关党委和国家机关党委立即召开各部委党组负责同志的会议，贯彻执行中央政治局常委会的批示，军队系统也要召开相应的会议加以贯彻。中央要求各省市自治区党委和各大军区党委也要予以重视，采取相应措施。对于那些情节严重的犯罪干部，首先是占据重要职位的犯罪干部，必须依法逮捕，加以最严厉的法律制裁。中央书记处、中央纪委还派出若干领导干部立即分赴粤、闽、浙、滇这几个走私贩私最为严重的省，传达中央政治局常委的批示，督促四省采取紧急措施，立即行动。鉴于当前工作很多，许多地方的领导班子还没有调整好，各地按中央指示，没有在所有干部和群众中开展检举、揭发运动，以防止发生诬告或人人自危等混乱现象；对所有需要逮捕和严厉处置的职务较高的负责干部的犯罪事实，则要——核对清楚，以保证材料确实无误，定刑准确恰当。

1982年2月11日至13日，中央书记处在北京召开广东、福建两省座谈会，其中一个重要议题就是加深理解和贯彻执行中央的《紧急通知》。胡耀邦在13日讲话中说，必须充分认识经济领域中违法犯罪活动的严重性和危险性，它不仅将严重损害我们的改革开放，而且还将使一批又一批干部腐化变质，进而使我们党衰败下去，走向和平演变。他要求党的干部特别是中上层干部，在严峻的历史性的考验面前，做一个坚定的、清醒的、有作为的马克思主义者。他说，对于党内特别是某些党员负责干部的腐败现象，必须坚定不移地进行严肃认真、顽强到底的斗争。不许熟视无睹，知情不报，不许优柔寡断、姑息包庇。如果手软搞不下去，结果反倒害了更多的人。他进一步指出，如果不狠狠抓住这一环，我们的党就会先是有某些部分，尔后有更多的部分，腐化起来，和平演变，成为不治之症。①

3月1日，中共中央批转了《广东、福建两省座谈会纪要》和胡耀邦等三人在会上的发言，并在《通知》中指出，全党、全军和全国各族人民对我们正在进行的打击经济领域中违法犯罪活动的斗争，极为关注，期望很大。这场斗争不是一场孤立的斗争，也不是一场短时间的斗争，而是关系到我们党和国家社会主义事业盛衰成败的全局性的长时期的斗争。只有下定决心，加强领导，夺取这一斗争的胜利，才能促进党风、民风和社会治安的根本好转，保证社会主义现代化建设的顺利进行。②接着，全国人大常委会通过了《关于严惩严重破坏经济的罪犯的决定》，对《刑法》的有关条款也作了相应的补充和修改，使得坚决打击严重破坏经济的犯罪活动、严惩那些犯罪分子有了强有力的法律武器。

4月10日，中央政治局会议讨论中共中央、国务院关于打击经济领域中严重犯罪活动的决定。邓小平在讲话中指出：对实行对外开放和对内搞活经济政策以来出现的经济犯罪活动，要有足够的估计。这股风来得很猛。如果我们党不严重注意，不坚决刹住这股风，那末我们的党和国家确实要发生会不会"改变面貌"的问题。这不是危言耸听。4月13日，中共中央、国务院颁布了《关于打击经济领域中严重犯罪活动的决定》。《决定》尖锐地指出，现

---

①　胡耀邦：《做坚定的清醒的有作为的马克思主义者》（1982年2月13日），人民出版社2015年版，第382—392页。

②　《三中全会以来重要文献选编》（下），人民出版社1982年版，第1097页。

在经济领域的各种犯罪活动，远比 1952 年"三反"时严重。这是我国社会主义社会在新的历史条件下阶级斗争在经济领域内的重要表现。当前要集中力量抓紧查办大案要案。《决定》并规定了各项政策，以指导打击经济领域中犯罪活动的开展。此后，中纪委召开中央党政军机关负责干部会议，要求各单位把这场斗争认真开展起来。中纪委派出一百五十四名司局级以上干部分赴各地，加强办案力量，直接参与大案要案的查办工作。

党中央领导全党全国开展的这场打击经济领域中犯罪活动的斗争，揭发和处理了一批走私贩私、贪污受贿等严重犯罪案件，解决了一批久拖不决的案件，犯罪分子得到震慑，歪风邪气有所收敛，遏止了猖獗一时的不正之风和腐败现象的蔓延。据统计，1982 年这一年，全国共立案审查的各类经济犯罪案件超过十六万四千件，依法判刑的近三万人，追缴赃款赃物计三亿两千多万元。这场斗争对广大干部是一次生动的教育，对促进党风、民风和社会风气的好转也起了一定作用。然而这场斗争开展得很不平衡，有些地区和单位甚至认为与己无关。斗争的高潮一过，某些腐败、犯罪活动又死灰复燃。

如前所述，新中国成立以来，尤其是经过十年"文化大革命"的破坏，我们的党风存在很多问题。邓小平 1979 年 3 月就提出："为了促进社会风气的进步，首先必须搞好党风，特别是要求党的各级领导同志以身作则。"陈云于 1980 年 11 月强调："执政党的党风问题是有关党的生死存亡的问题"。[①] 胡耀邦也是反反复复阐述"党风好不好，是党能不能站得住，能不能发展和存在的问题"。[②] 他曾经

---

① 陈云：《执政党的党内问题是有关党的生死存亡的问题》（1980 年 11 月—1984 年 10 月），《陈云文选》第三卷，人民出版社 1995 年版，第 273 页。

② 胡耀邦：《搞好党风的几个问题》（1980 年 11 月 26 日），《胡耀邦文选》，人民出版社 2015 年版，第 247—248 页。

在中纪委召开的第三次贯彻《关于党内政治生活的若干准则》座谈会上，归纳了当前先要解决的六个方面的问题是：第一，对党中央的路线、方针、政策采取阳奉阴违、两面三刀的态度。第二，利用党和人民赋予的职权，牟取私利，拉帮结派，安插私人。第三，丧失原则或者不顾党的原则去搞"关系学""关系户"，请客送礼，索礼受贿，损害党和国家的声誉，挥霍国家和集体的财产。第四，有错误不承认，反而凭借权力、权势，诬陷和打击报复好人。第五，有意弄虚作假，专爱抬轿子吹喇叭，欺上瞒下，骗取荣誉，投机钻营。第六，工作极端不负责任，比如订计划，进行基本建设，或者搞经营管理，都极端不负责任，从而使国家和人民的利益遭受严重损失。[①] 在全党全国以经济建设为中心，对内搞活、对外开放的形势下，金钱诱惑，利益驱动，几乎每时每刻都在考验每一个共产党员，尤其是掌握有一定权力的领导干部，以上六个方面的问题，表现得更加严重，腐败堕落、违法犯罪的事例不断发生。

可是有许多人不是认识不到这个问题的严重性，就是认为要对内搞活、对外开放，党的纪律就不能抓得太紧太严；也有的甚至认为安定团结是大前提，党的纪律抓得太紧太严就会妨碍安定团结。还有些人或碍于情面，或涉及既得利益，对搞不正之风以至违法乱纪的人熟视无睹，甚至纵容、包庇。这就使得搞好党风、严肃党纪遇到了重重阻力。一旦人民群众检举、揭发了，纪检部门查出了，往往就会有各种各样的人来说人情，打招呼，或者送礼行贿，或者设置障碍，甚至打击陷害。人民群众慑于淫威不敢揭发检举的以及纪检部门查办不了的那些违法乱纪的干部，更是有恃无恐，横行无

---

① 胡耀邦：《搞好党风的几个问题》（1980 年 11 月 26 日），《胡耀邦文选》，人民出版社 2015 年版，第 255—256 页。

忌。胡耀邦在许多会议上大声疾呼，并领导中纪委和有关部门采取了一系列强有力的措施，坚决支持纪检部门秉公执法，不怕得罪"大人物"，严厉查办大案要案，包括极少数高干子弟违法乱纪的大案，如浙江二熊案等，受到社会各界的好评。但是各种案件此起彼伏，党风问题依然十分严重。

搞好党风为什么难以取得成效？原因固然十分复杂，但重要的一条，是由于长期以来对干部缺乏严格管理和民主监督的机制，经济建设和财务管理的法律、规章和制度又很不健全，惩治腐败更是缺乏严格的机制和法律。这些问题只靠思想教育、道德自律是软弱无力的。必须随着政治体制改革和经济体制改革的深入发展而逐步解决。胡耀邦看到了端正党风是一件长期而复杂的工作，他说，我们既要防止无所作为的观点，也要防止急躁从事，而要坚决而又稳步地、有计划地一步一步进行。他希望经过三年、三年不行就五年，把党风搞好，把党建设得更好。①

胡耀邦在十二大的政治报告中提出，要在今后五年内，实现党风和社会风气的根本好转。这不仅是建设社会主义物质文明和精神文明的需要，也是关系到中国共产党生死存亡的大问题。但是，党风和社会风气在许多方面的不正，继续以新的表现形式蔓延，某些方面甚至还有发展，愈演愈烈。有些党员干部挖空心思钻经济改革的空子，搞歪门邪道，刮起了新的不正之风。一些党政机关、部门和团体，借口"发展商品经济""改善干群生活"，利用手中的权力和各种关系，经商办企业，拉关系批条子，套购钢材、水泥、冰箱、电视机、汽车、拖拉机等国家紧缺物资和社会紧俏商品，转手倒买

---

① 胡耀邦：《关于搞好党风、严肃党纪的几点意见》（1979 年 7 月 22 日），《党风问题》，中共中央党校出版社 1981 年版，第 23、37 页。

倒卖，牟取暴利。突出的如海南岛发生的倒卖几万辆进口汽车案，严重损害国家利益；一些工矿企业，借口"扩大企业自主权""完善价格体系"，任意提高产品价格，一时刮起了涨价风，一些官倒公司利用价格体系实行双轨制的改革而转手倒卖牟取暴利；不少机关和企业借口"调动群众积极性""关心群众生活"，把生产基金挪为消费基金，巧立名目发放各种各样的奖金和实物，有的单位把干部的级别普遍提高一两级。还有的地方，开会铺张浪费摆排场，除了挥霍国家财政拨款，还要下面"做贡献"，甚至硬性摊派，会上不仅大吃大喝、游乐享受，还要赠送各种礼物。

对于全面经济改革初起即刮起了这些不正之风，党中央锐敏地察觉到了它的严重危害性。1985年9月23日，邓小平在中国共产党全国代表会议上指出："当前的精神文明建设，首先要着眼于党风和社会风气的根本好转。"如何纠正不正之风，一直是胡耀邦萦绕在心头的大事。1984年11月20日，他特地向即将毕业返回各地的中央党校法学师资进修班和八一级研究生班学员发表讲话，强调要警惕经济改革中露出苗头的倒买倒卖风和乱涨价风，请他们回去捎话给各地党委："要警惕少数人钻经济改革的空子，干扰经济改革，损坏经济改革，败坏经济改革的名誉，延缓经济改革的进程。"要坚决制止这两股歪风，"中央已经下了决心，凡是在这两股风上犯严重错误的，要撤职！"他要求各级党委"要利用整党的机会，反复宣传我们党的根本宗旨，就是全心全意为人民服务，也就是为国家的富强，为人民的富裕服务。"1984年12月3日，中共中央、国务院发出《关于严禁党政机关和党政干部经商、办企业的决定》。在1985年2月的全国省长会议上，胡耀邦在讲话中说，有些地方有那么几股子不正之风。对不正之风，如果我们加以重视，加以解决，就可以把我们的整党推进一步，振作全党、全国人民的精神。他希望各地认真予以重视解决，促进经济改革健康地发展。

党的全国代表会议之后，他和中央书记处同志多次进行研究，全面分析不正之风的现状及其复杂的原因，同时广泛听取各方面的意见和建议。在 11 月 28 日的中央书记处第二百四十五次会议上他说，党风、社会风气没有根本好转，或者叫纠正不正之风成效不大，主要原因是什么，大家看法很不一致。在我看来，不是什么理论问题，没有什么有待澄清的理论观点；也不是什么方针问题，不需要另外制定方针。主要毛病是说得多、做得少。万里赞同说：叫唤的猫太多，捉老鼠的猫太少。胡耀邦接着说：中央、省、地、县几级，特别是中央和省市两级，对不正之风都要天天查、天天抓、天天办，坚持办个若干年，才是最有效的办法。不要希望一两年就太平无事，也不要以为有了什么文件就万事大吉。这方面的工作是非常艰巨、非常细致的，必须抓住不放，不讲情面，深入调研，核实材料，光讲大道理是解决不了问题的。他在另一次讲话中更明确地说：一要坚决，二要持久。

为了有力地纠正不正之风，胡耀邦和中央书记处研究确定：一，先从中央机关和北京市抓起，以实际行动带好头，为全国作出表率；二，要严肃查处大案、要案，依法惩处违法犯罪的人，刹住歪风，发扬正气。

进入 12 月，胡耀邦和中央书记处听取了中央直属机关党委、中央国家机关党委以及北京市委的汇报，进行了细致的研究。胡耀邦指出，中央机关端正党风这件事情，光靠两个机关党委去做还不够，要摆上中央书记处的议事日程，中央亲自抓，下大力量抓。为此，中央政治局常委决定成立中央机关端正党风领导小组，除中央书记处乔石、王兆国等人和两个机关党委的书记外，还吸收了公检法各方负责人参加，以加强领导。

1986 年 1 月 6 日和 9 日，中央书记处在北京召开中央机关干部大会。中央直属机关、国家机关、中央军委直属机关和北京市的八千名党政军负责干部，齐集人民大会堂。许多负责干部一改乘坐小轿车的惯例，集体乘坐大轿车到天安门广场，整队步入人民大会堂，人们的精神为之一振。胡耀邦在会上作了题为《中央机关要做全国的表率》的重要讲话，他说：八十年代的前五年，我们是两个"确确实实"：一是确确实实开创了新局面，二是确确实实找到了一条建设有中国特色的社会主义道路。八十年代的后五年，必须在继续抓好经济建设的同时，把经济体制改革和社会主义精神文明建设这两件大事抓好。为了把我们的伟大事业推向前进，中央机关担负着特殊重大的责任。他号召中央党政军机关的全体党员干部，在端正党风中做全国的表率，提高效率，努力学习，严肃纪律，增强党性。他强调要在中央机关的一切部门，加强自上而下的监督和自下而上的监督；同时加强法纪建设，做到有法必依，执法必严，违法必究。

1 月 17 日，中央政治局常委会举行会议，对于中央书记处端正党风工作的部署进行了讨论，认为狠抓两年，必然大见成效。邓小平、陈云等人在发言中都主张要从具体案件抓起，雷厉风行地抓起，严重的经济犯罪、刑事犯罪分子，要依法杀一些。邓小平还说，"抓精神文明建设，抓党风、社会风气会好转，必须狠狠地抓，一天不放松地抓，从具体事件抓起"。"越是高级干部子弟，越是高级干部，越是名人，他们的违法事件越要抓紧查处，因为这些人影响大，犯罪危害大。抓住典型，处理了，效果也大，表明我们下决心克服一切阻力抓法制建设和精神文明建设。""经济建设这一手我们搞得相当有成绩，形势喜人，这是我们国家的成功。但风气如果坏下去，经济搞成功又有什么意义？会在另一方面变质，反过来影响整个经济变质，发展下去会形成贪污、盗窃、贿赂横行的世界。"①

在这前后，中央有关部门在党中央的指导和推动下，针对不正之风的突出问题，作出了一系列规定，要求各级党政机关认真解决存在的问题。中央办公厅、国务院办公厅发出一系列文件，要求各机关坚决刹住争相购买和更换进口小轿车的不正之风，坚决刹住滥派人员出国的不正之风，坚决制止党政干部挥霍公款到处旅游，严禁铺张浪费、请客送礼，严禁党政干部在工资和机关集体福利之外获取不正当的收入，严肃查处党政机关、领导干部及其子女、配偶利用职权和各种方便违反规定经商牟利。中共中央还发出《关于严格按照党的原则选拔任用干部的通知》，要求各级党委坚决纠正和防止在干部选拔和任用工作中违反组织人事纪律、以权谋私的种种问题。

此后，中央纪委协同中直党委、国家机关党委等有关部门迅速行动起来，认真查处一些重大案件，在社会上引起了很大的震动。人们议论纷纷"动了真的，来了硬的，干了实的"，"对端正党风有信心了"。

在中央机关的带动下，各地也都纷纷行动。他们传达贯彻胡耀邦和中央常委的讲话，对照查处本地本部门发生的一些案件。

2月26日，中央政治局常委会又一次讨论了端正党风的工作。常委们估计了这一段工作，认为现在已经开了一个好头，但是人们对端正党风的信心还没有完全建立起来。群众对我们还要看。

---

① 邓小平：《在中央政治局常委会上的讲话》（1986年1月17日），《邓小平文选》第三卷，人民出版社1993年版，第152页。

我们应当用实际行动证明我们不是说空话的。邓小平在会上指出：不管什么人，只要犯了法，都要按法律办事，党员还要按党纪办事。现在我们的缺点是不够严格。对党员要更严格一些，不管多老的党员，都应该严格。因为我们法律还不完善，法律处理要慎重一点。但是党员的标准总是明确的吧！在这项工作中，把一些确实该开除出去的人清除出党很有必要，也是一个好机会，这方面不要软弱。在打击经济犯罪、刑事犯罪中，清除一批人不会犯错误，这样办可以纯洁我们党的队伍。总的来说，我们现在还是处理上比较软。要继续狠抓下去，我们要认真严肃地搞两年，人们对我们的信心，包括国际上的信心，才会建立起来。接着，胡耀邦对中央机关端正党风领导小组的成员说，我们究竟能不能坚持下去，人民还要看。看一个季度，信心增一分，两年八个季度，信心就是八分了，要增加到十分，三年还不够。我们每天有成效不可能了，但要每个月都有所前进，使人民的信心增加到八分，留下那两分，还要再搞两年。

要严肃认真地抓两年，首先要集中主要精力切实抓好对大案、要案的处理。胡耀邦密切注视各地各部门的进展情况，及时指出：我们要抓的大案、要案，是党和国家工作人员中，特别是县级以上干部中重大的经济犯罪、刑事犯罪和严重违法乱纪案件，一是职务重要，二是案情重大。他们的问题不仅不是工作与认识上不同意见或失误的问题，也不是一般性的个人主义严重、个人利益凌驾于党和人民利益之上的错误，而是严重违法乱纪、严重以权谋私，为了个人或本单位、本部门的小集团利益而严重损害党和人民利益的经济犯罪、刑事犯罪问题，他们同党的矛盾是对抗性的矛盾。我们要立场鲜明、理直气壮地下手解决这些已经带有对抗性质甚至已经尖锐对抗的矛盾。各级党委纪委和政府有关部门要掌握政策界限，加强调查核实工作，紧抓大案、要案。要有意放松一下次要案件，避免扩大打击面。不搞人人检举、揭发，人人检查、过关。对检举、揭发和告状的材料，要注重调查核实。对无辜的亲属一点也不可牵连。胡耀邦此前还要求办案要又快又准。鉴于大量的大案、要案都是经济上的，在正常的经济交往中有些礼仪活动，就要明确一点界限，不要使得人们该办的事也不敢办。要加强具体指导，把政策交给群众，防止产生误解和怀疑。可以不断地发表评论员文章，发表谈话，解决在抓经济大案、要案过程中必然要产生的误解。同时，在大案要案中，做一点分化瓦解工作，交代政策，让作案的人自己交待一些问题，从宽处理。

同时，胡耀邦认为，为能把端正党风工作引向深入，扩大成效，还必须有计划有步骤地结合各条战线各个行业的特点，抓好党风的整顿。"我们的着眼点是为了提高广大党员的党性观念，因此自始至终都要贯彻以教育为主的方针，并善于用积极的因素去克服各种消极因素，一定不要把锋芒对着群众。涉及广大群众利益的问题，处理要慎重。"要中央机关带头，认真健全各级党组织的政治生活，健全民主集中制。胡耀邦满怀信心地认为，"只要我们大家都认真做起来，并且坚持不懈地做下去，那么不要很久，中央机关的风气就会发生重大变化，全国两千多万国家工作人员就会跟我们学，就会影响全民族。"①

---

① 胡耀邦：《中央机关要做全国的表率》（1986 年 1 月 9 日），《胡耀邦文选》，人民出版社 2015 年版，第 636 页。

五、率先垂范

胡耀邦要求中央机关的工作人员要为端正党风做出表率。他自己身体力行，严以律己。他一直强调：正人先正己，要干部群众做到的，自己首先要做到。

1952 年胡耀邦从川北调到北京担任团中央书记，就住在团中央机关在东城区大甜水井一个很古旧的大院里，他的卧室是一间耳房，不过十个平方米。好处是书记处的几位书记都住在这个院子里，大家同吃一桌饭，遇到要商量讨论的工作十分方便。但是他的老人和孩子住在另外一个家属宿舍院里。1955 年团中央建起了办公楼，北京市房管部门要收交一些房屋，这个院子就上交，办成职工医院了；胡耀邦和家属搬到灯市西口奶兹府关东店二十号（后改称富强胡同六号）的院子，与团中央另一位书记胡克实分住在前后院为邻，一住就是整整三十年。粉碎"四人帮"后，他担任了中央领导职务，中直机关事务管理局几次安排调整住房，他坚持不搬，说要住到老；有些老朋友也希望他别搬，免得住进中南海就见面难了。有好几年，这个富强胡同成了人们上访求诉的热门地方。直到 1984 年，有关部门提出，这个院子处在闹市中心的居民区，安全保卫部门要添几倍工作量，胡耀邦这才同意搬迁。但是他没有听从劝说和安排，坚决拒绝住进中南海，最后只是答允住会计司胡同一座原是中央警卫局团营职干部的宿舍院子。尽管这个四合院比较陈旧，墙壁剥落，地板起翘，有的房间还漏雨，胡耀邦也不同意大修，只是做了些简单的粉刷维修就搬进去了。美国医生鲍蒂斯塔听说这座房子大门的油漆斑驳陆离，十分感动，来访华时特地提来了一加仑朱红油漆相赠。其实，胡耀邦从担任中央秘书长起，一直住宿在办公室，只是

1986 年 6 月 16 日，胡耀邦和法国总统密特朗在巴黎爱丽舍宫会谈。

周末才回家与亲人团聚。他一心扑在工作上，从不计较住什么房。

胡耀邦在"文化大革命"前，只乘坐苏联团中央书记谢列平送给的灰色"吉姆"汽车，而将美国"别克"专车交给团中央其他书记乘用；六十年代配来了一辆"红旗"轿车，他也仍乘旧车。粉碎"四人帮"后，他一直乘用国产"红旗"车，尽管有段时间领导干部换用"奔驰"等高级进口轿车成风，法国总统密特朗还曾给他送来了两辆高级"雪铁龙"轿车，他都毫不在意。他乘那辆"红旗"轿车一直到他去世。

严格按规定用车，是为胡耀邦开车的所有驾驶员交口称赞的。他不准家人用车，连搭车也不行，即便夫人在东郊国棉二厂上班、儿子去西郊万寿路上学，都是自乘公交车的。

胡耀邦的工资待遇，1956年由六级提为五级，此后一直到担任中央总书记、主席都是五级不变。有关部门按规定要调整他的级别，被拒绝了。

他的工资收入自己不管，都交给秘书处理。由于要赡养老人和不时接济家乡亲戚，又要款待各方来客，所剩无几，只够买些书籍和嗜好的香烟。好在他历来生活简朴，平时一日三餐十分简单，只是离不开辣椒、豆豉，加点腊肉、熏鱼就算改善生活了。他的穿衣更是简朴。夫人长期担任国棉二厂厂长、市纺织局党委书记，可是他常常穿带孔的破汗衫，再破了就塞点旧衣破布当枕芯。他接待外宾几身像样的衣服，都是出国置装时做的，几十年一贯制，从没另外去添置新衣，以致逝世后入殓也找不出一件新衬衫。

胡耀邦公私分明，不收受任何礼品。六十年代初家乡干部给他带来了茶油、芋头、熏鱼等土产，他让秘书列出清单细细计算，折合五十一元九角如数交回，并写信嘱托今后再不许送什么东西来了。去外地出差，当地要送给土特产，他都坚决拒绝收受，万一拒绝不了就要付钱。共青城送给他两个羽绒靠垫，他当即付钱。有些土特产品，他付给钱比市价还高，使得当地干部不能再送。家乡浏阳抽绣厂职工很想为他绣一条被面，闻知后也就只能作罢。他去欧洲访问，驻意大利使馆的工作人员送给他一个威尼斯游船模型做纪念，他问：谁家的礼品？为什么要送礼？不是规定不许送礼收礼吗？给我退回去！每次出国访问收到外国友人的礼品，他都交公，或者转赠给部队、学校、幼儿园。他告诉身边的工作人员，人家送的东西不要往家里拿，那样会贻害子孙的。

胡耀邦对家人一贯严格要求，他说共产党人是给人民办事的，不是给一家一族办事的。在担任中央领导职务后，更是一板一眼，曾经专门开过家庭会议，对子女说谁要是利用他的招牌和地位在外面胡作非为，谁就自己负责，他是不会讲情面的。北京大学历史系毕业的大儿子德平，在"文革"中经历磨难后得以到中国历史博物馆工作。他研究《红楼梦》很下功夫，对曹雪芹的生平和思想有独到的见解。二儿子刘湖毕业于清华大学，在对外经济贸易部工作。三儿子德华在重庆通信学院毕业后，分配在南京通信学院任教十年。女儿李恒在北京医学院毕业后，担任《中华内科杂志》编辑……他不让子女因为自己担任领导职务而牟取好岗位或提职、升级，更不让在"经商热""出国潮"中下海发财、出洋留学。他认为，在现行体制下，党和国家的各级领导，直接掌控着社会财富和社会资源，作为党中央领导人的子女亲属下海经商，对其他人来讲是不公平的，因此，他严令子女在他任职期间，不许下海经商，不许在特区创办自己的企业。直至他辞去总书记职务，甚至去世多年之后，才有子女开始创办科技企业。德平的妻子安黎毕业于清华大学，是原中央组织部部长安子文的女儿。

八十年代初经过考核和选拔，被任命到厦门去当副市长，有个别人借机风言风语。事先对此毫无所知的胡耀邦发觉后，立即让夫人李昭赶去厦门，说服安黎辞职回来。

夫人李昭是抗日战争初期就去延安的革命老干部，五十年代起在北京市工作了二三十年，业绩显著，有口皆碑，北京市委几次提名要她当市委组织部部长，1983 年又提此事，但胡耀邦和李昭考虑，为免引起"沾光"的误会让人说闲话，还是拒绝了。

胡耀邦对家乡的亲属也是铁面无私。哥哥胡耀福，在大革命时期曾任共青团支部书记、区工会执行委员，后来挑起家庭重担，而支持胡耀邦离家参加革命。新中国成立后，他在家乡担任支部书记，在胡耀邦的劝勉下一直务农到老。他曾几次到北京来，要胡耀邦为家乡批点化肥、农药等紧俏物资，都没有得到答应。他的儿子中学毕业后，被当地干部安排到氮肥厂当工人。胡耀邦听说了很是恼火，在一次全国组织部长会议上举了这个事例说：现在招工问题上拉关系、走后门的不正之风，也刮到我家来了。他要求立即办理退回手续。此前，曾有好几拨亲戚来北京想求他帮助找工作，都被他劝阻了，要他们回乡安心务农。1981 年 6 月他当选为中共中央主席后，当天就让秘书打电话给家乡提出三不准：不准家乡和家里人敲锣打鼓放鞭炮；不准家乡搞游行庆祝；不准哥哥外出作报告。党的十二大后又加了两个不准：不准亲友上京找他办什么事；不准亲友打他的招牌出去办什么事。他还给中央办公厅写过一个备忘录：不许家乡的人向政府要物资、资金和特殊政策。他对家乡人说：我是党的总书记，不是家乡的总书记，我不能为家乡谋特殊利益。他指着书架说：如果你们要马列主义，我这里有；要别的什么东西，我一无所有！

胡耀邦艰苦朴素，一心为民。他要求各级干部深入基层，深切了解民间真情，关心人民疾苦，为群众多办实事好事，而不要常年坐在机关里做官当老爷，滋长官僚主义。他一直把到基层开展调查研究，特别是到老少边穷地区去考察，作为做好领导工作的一个重要保证，尽量安排和挤出时间离开机关外出，出去走走，多看多听多问多思考。

胡耀邦在各地调查考察，都是轻车简从。他在出发前，都要秘书告诉所去的地方：一不准站岗放哨；二不准请客送礼；三要住的招待所不管住着什么人都不准清理搬家；四不准到外地去调好车；五不准组织群众列队迎送。他倡导乘坐旅行车，七八个人同乘一车，便于同随行人员、陪同干部交谈询问，讨论研究。

第二十六章　五个"一号文件"

一、"把政策搞对头，农民才有积极性"

中国是一个农业大国，农村经济的发展状况，直接关系到八亿农民的温饱，关系到全国十亿人口吃饭的大事，关系到整个国民经济的发展问题。新中国成立后相当一段时间受到"左"倾错误思想指导和影响，盲目追求"一大二公"的"社会主义集体化"和"公社化"，强迫"扩社并队"，大搞"穷过渡"；而"堵资本主义路"的阶级斗争在广大农村时起时伏，没收自留地，乱砍家庭副业，"割资本主义尾巴"席卷家家户户的猪圈、鸡笼；片面强调"以粮为纲"，林牧副渔各业，经济作物都受到排挤。农民缺吃少穿，相当多的地方基本没有改变贫穷落后状况。

"文化大革命"结束后，邓小平在重新思考什么是社会主义，怎样建设社会主义的问题时，农业、农村和农民问题是他特别关注的问题。早在 1977 年 11 月，他在广州视察时，听说有的地方规定不允许农民多养鸭子，严肃地指出："说什么养几只鸭子就是社会主义，多养几只就是资本主义，这样的规定要批评，要指出这是错误的。"1978 年 2 月，他在听取四川汇报工作时又提出要从政策上解决问题，指出：农民一点回旋余地没有，怎么能行？农村政策、城市政策，中央要清理，各地也要清理一下，零碎地解决不行，要统一考虑。自己范围内能解决的，先解决一些，总要给地方一些机动。这年 9 月，他在东北视察时又强调："不恢复毛主席树立的实事求是的优良传统和作风，四个现代化没有希望。我们要根据现在的国际国内条件，敢于思考问题，提出问题，解决问题。千万不要搞'禁区'。'禁区'的害处是使人们思想僵化，不敢根据自己的条件考虑问题。一个公社有自己的条件，有自己的情况，一个大队有自己的条件，有自己的情况。有一般，也有特殊，大量的是特殊，重要的是要根据自己的特殊情况考虑问题。"他还指出："要教育所有干部开动脑筋，实事求是，提出问题，解决问题。只凭上级指示或中央发的文件，或省里补发的文件，能解决所有具体问题吗？要提倡、要教育所有的干部独立思考，不合理的东西可以大胆改革，也要给他这个权。"[①] 在年底举行的十一届三中全会前的中央工作会议上，邓小平进一步明确提出："如果现在再不实行改革，我们的现代化事业和社会主义事业就会被葬送。"[②] 从而大大解放了人们的思想，为农村改革指明了方向。

熟悉农村情况和农业问题的胡耀邦，对农村问题也深为忧虑。1978 年 11 月的中央工作会议和随后举行的党的十一届三中全会，对恢复和发展农村经济，给予了极大的关注，准备通过两个文件：

---

① 《邓小平年谱（1975—1997）》（上），中央文献出版社 2004 年版，第 381 页。
② 《邓小平年谱（1975—1997）》（上），中央文献出版社 2004 年版，第 451 页。

《关于加快农业发展若干问题的决定》和《农村人民公社工作条例》。胡耀邦看了提交会议审议的这两个文件的草稿，感到没有摆脱"左"倾错误的条条框框，严重脱离我国农村实际。他一针见血地指出了许多人包括一些负责干部不敢正视农村一系列严重问题的症结所在。他在发言中强调要解放思想、突破框框，正视我国农业现在存在的问题，提出解决问题的政策措施来。他认为，如今发展农业，主要还是靠农民和基层干部的积极性。劳动者的积极性永远是第一位的。笼统地说"集体经济就是好"，那是抽象的分析方法；集体经济如果办得不好，就不能充分发挥农民的积极性，那就根本没有什么优越性。此后不久，胡耀邦在一个会议上讲到发展农业生产时说：在我看来，这十几年之所以没有搞好，去年也进步不大，我觉得主要是政策不对头。最大的问题就是"大批资本主义"批坏了，把社会主义农业政策破坏了。什么是资本主义，什么是资本主义尾巴，分不清。……在我看来，今年真正把政策扭转，生产队有了自主权，集体的和个人的积极性就能调动起来。没有积极性搞什么生产？

十一届三中全会之后担任中共中央秘书长的胡耀邦，直接指导和督促把这两个文件修改好，尤其是对《关于加快农业发展若干问题的决定（草案）》进行了重新改写，于1979年1月11日以草案的形式发给全国各地农村社队讨论试行，并要求各地提出修改意见。这两个文件比较实事求是地指出了我国农业生产的落后状况，开始总结多年来农业发展正反两面的经验教训，明确指出要认真纠正农村工作中长期存在的"左"倾错误，纠正生产管理的"大呼隆"和分配上的平均主义，把农业尽快搞上去。文件规定了25条发展农村生产的政策措施，强调要尊重生产队的自主权，按照群众利益办事，因地制宜搞好农、林、牧、副、渔各业生产，贯彻按劳分配原则，缩小工农业产品的差价等等，受到广大农民和基层干部的热烈欢迎，说这是强国富民的好文件。文件规定了三个"可以"："可以按定额记工分；可以按时计工分加评议；也可以在生产队统一核算和分配的前提下，包干到作业组，联系产量计算劳动报酬，实行超产奖励"的分配办法，正面触及了包干到组、联产计酬责任制这个敏感问题。但当时毕竟尚处在拨乱反正初期，对于农村如何坚持社会主义道路仍在探索之中，以致文件中还是有"不许分田单干，不许包产到户"的规定，留下了历史的痕迹。后来在这年9月四中全会通过这一文件前，当时在安徽支持农民包产到户的安徽省委第一书记万里向胡耀邦提出："文件中不要'不许包产到户'了吧！"胡耀邦说："他们起草人都不同意，我再去做做工作。"结果把"两个不许"改成一个"不许"、一个"不要"："不许分田单干""不要包产到户"。[①]

二、安徽、四川两省的生产责任制实践

在邓小平等老一辈革命家积极倡导解放思想、实事求是的推动下，改革从农村悄然兴起。1978年遇到大旱的安徽，在万里的领导下，于这年9月决定采取特殊政策，把集体无法播种的土地借给农民自己种麦种菜。有些地区的干部和农民突破"三级所有、队为基础"的框框，创造了包干到组和包产到户到人等不同形式的生产责任制。与此同时，四川省委制定了《关于目前农村经济政策几个主要问题的规定》，农村实行了包工包产到组和"以产定工、超额奖励"。这种生产责任制克服了生产上的瞎指挥和分配上的平均主

---

① 万里1997年10月10日对中央党史研究室的同志的回忆谈话。

义，农民是十分高兴的，劳动积极性大为高涨，有力地促进了农业生产的发展。

安徽、四川的生产责任制做法引起了人们的重视，在胡耀邦等的支持下，《人民日报》从 1979 年 1 月起，陆续报道了这些地方实行生产责任制的情况和经验。云南、贵州、广东等省纷纷效仿，试行各种不同形式的生产责任制。到春耕时，全国已有 200 万个村的 3 亿农民实行包产到组，把公社化以来属于生产队或大队集体所有的土地变为五六户的小组所有。但是，来自上上下下的阻力还是很大的。长期"左"倾错误形成的一些观念根深蒂固，"社会主义就是集体生产、统一分配""三自一包是修正主义货色"几乎是经典语言；"包产到户""联产计酬"似乎就是分田单干、搞资本主义复辟。有些领导干部公然指责《人民日报》的宣传报道违反三中全会关于农村工作的两个文件，是在破坏人民公社。胡耀邦从同万里、赵紫阳的长途电话中了解到那里的情况，认为他们做得对，告诉《人民日报》完全应该报道。

对万里在安徽领导的农村改革，对农村生产责任制，邓小平、陈云坚决支持。1979 年 6 月，五届人大二次会议期间，万里对陈云说，安徽一些农村已经搞起了包产到户，怎么办？陈云说："我双手赞成。"万里又向邓小平汇报搞包产到户有人反对一事，邓小平说："不要争论，你就这么干下去就完了，就实事求是干下去。"7月，邓小平到黄山视察，肯定了安徽的农村政策。生产责任制如同任何新生事物无不具有强大生命力一样，在神州大地迅速推广开来。据统计，只不过一年多工夫，到 1980 年 3 月，全国各省市自治区农村的生产队，实行包产到组的占 28%，实行不联产的各种包工责任制的占 55.7%，还有一批生产队实行包产到户、包干到户。

1980年2月，党的十一届五中全会决定成立中央书记处，在酝酿书记处人选时，胡耀邦推荐万里说："要吃米，找万里，让他来管农村，是农民推荐的嘛！"他赞赏万里在安徽农村实行生产责任制成效大，对万里表示了极大的信任和支持。他还对万里说，自己虽然对农村问题很注意，但这几年对农村情况了解得不多，对于农村工作如何克服"左"的错误缺乏研究，在责任制这个问题上，你是先知先觉，我是后知后觉。万里深感胡耀邦求真务实，襟怀坦荡，作风民主，很好合作。他对人说："胡耀邦同志对我们一直是积极支持的。1979年他讲'要吃米，找万里'就是个公开表态。1982年他到安徽考察省委领导班子时说：你们安徽在农村改革中是做出了贡献的。"①后来万里在1997年10月对中共中央党史研究室的工作人员回忆说："我1980年2月到书记处分管农业，当时相当作难，可以说动辄得咎。多亏耀邦同志全力支持，主动配合。我们俩很谈得来，观点特别一致。好多事我们一商量，呼噜噜就干起来了，一次又一次冲破难关。如果没有耀邦同志，那就不好办了。"

万里说的"当时相当作难，可以说动辄得咎"，是讲当时中央有些部门和省的领导，基本上还是坚持"农业学大寨"的那一套，而对于实行生产责任制，则以中央文件"两个不许"为依据加以阻挠和反对，认为是搞资本主义，是方向路线错误。有的人甚至说："我要保持革命晚节，坚决反对包产到户，反对单干！"

邓小平对农村的改革继续表示出坚决支持的态度，并提出了具体意见。1980年4月2日，邓小平同胡耀邦、万里等谈话指出："对地广人稀、经济落后、生活穷困的地区，像贵州、云南、西北

---

① 张广友：《改革风云中的万里》，人民出版社1995年版，第251、227页。

的甘肃等省份中的这类地区，我赞成政策要放宽，使它们真正做到因地制宜，发展自己的特点。""政策要放宽，要使每家每户都自己想办法，多找门路，增加生产，增加收入。有的可包给组，有的可包给个人，这个不用怕，这不会影响我们制度的社会主义性质。在这个问题上要解放思想，不要怕。在这些地区要靠政策，整个农业近几年也要靠政策。政策为农民欢迎了，即使没有多少农业投资，只要群众的积极性发挥了，各种形式的经济、副业发展了，农业增产的潜力大得很，发展余地大得很。"[①]5 月 31 日，邓小平又同胡乔木、邓力群谈话，进一步指出："农村政策放宽以后，一些适宜搞包产到户的地方搞了包产到户，效果很好，变化很快。""有的同志担心，这样搞会不会影响集体经济。我看这种担心是不必要的。现在农村工作中的主要问题还是思想不够解放，除表现在集体化的组织形式这个方面外，还有因地制宜发展生产的问题。从当地具体条件和群众意愿出发，这一点很重要。"[②]邓小平关于农村新生的改革办法的看法，具有很强的说服力，成为有关各项工作向前推进的指针。

1980 年 7 月，胡耀邦在全国宣传工作会议上谈到农村政策时进一步明确表态说：中央不反对搞包产到户。我们不要把包产到户同单干混为一谈，即使是单干，也不能把它同资本主义等同起来，不要一提到单干就认为是走资本主义道路。说单干就等于走资本主义道路，这在理论上是错误的。在我国目前条件下，单干户，也就是个体所有制的农民，已不同于旧社会的小农经济，他同社会主义的公有制经济是密切联系着的，他本身没有剥削，在一般情况下，

---

① 《邓小平年谱（1975—1997）》（上），中央文献出版社 2004 年版，第 615—616 页。

② 《邓小平年谱（1975—1997）》（上），中央文献出版社 2004 年版，第 641 页。

不会发展到资本主义。不要自己吓自己。他还指出了对单干的理论误解：在这个问题上还有一种误解，就是把劳动方式（集体劳动或者分散劳动，伙干或单干）同所有制混为一谈，认为搞社会主义什么事情都必须集体劳动，一起伙干。如果分散劳动，一个人单独干，就是单干户，就是走资本主义道路。其实这完全是两码事。他指出：农奴社会多数情况下并不是分散干，而是集体劳动，一块地里有七八个农奴一起干，一个人看着。相反，社会主义生产是社会化大生产，但在某些情况下还只能一个人单干，例如汽车司机就是一个人单干，独立劳动。有些农活也只能一个人单独干，这并不影响到所有制的性质。

胡耀邦还提到以往的教训：我们前些年搞那个大呼隆，二三十人，三四十人，一起下地，名曰集体劳动，实际是集体窝工、磨洋工，上午搞这块地，下午还是搞这块地。这样搞了一二十年，搞得没有饭吃。这种状况再也不能继续下去了啊！

胡耀邦取得其他几位中央政治局常委的同意，于1980年9月五届人大三次会议后，把各省市自治区党委第一书记留下开了八天的会，专门讨论了包产到户问题。胡耀邦、万里原来设想把"不要包产到户"改为"可以"或"支持包产到户"。但是会上仍然争论很大，多数人则以沉默表示了一种观望和保留态度。中央书记处农村政策研究室主任杜润生受中央委托，在会上对起草的文件作了说明，以大量调查材料，作了比较客观的分析。但有些人仍有不同意见。显然，时机尚未成熟。胡耀邦和万里、杜润生等人商量，决定在文件中把"不要包产到户"改为"在那些边远山区和贫困落后的地方，长期吃粮靠返销、生产靠贷款、生活靠救济的生产队，群众对集体丧失信心，因而要求包产到户的，应当支持群众的要求，可以包产到户，也可以包干到户，并在一个较长的时间内保持稳定"。并且说明"实行包产到户是依存于社会主义经济，而不会脱离社会主义轨道的，没有什么复辟资本主义的危险，因而并不可怕"。文件同时也指出了包产到户可能出现的问题，强调要认真防止，及时解决。最后形成的《关于进一步加强和完善农业生产责任制的几个问题》获得通过，以中央1980年第七十五号文件下发。万里感到不满足，胡耀邦劝慰说："有进步就好，一步一步来！"胡耀邦、万里等人分别到西北、东北各省，一个省一个省地了解情况，耐心细致地做说服工作。

尽管持有各种意见的人都可以从第七十五号文件中找到自己需要的东西，但毕竟去掉了"不要包产到户"的紧箍咒，明确规定"贫困落后"的地区可以包产到户了——而当年又有几个地方能够说是富裕先进的呢？文件"允许有多种经营形式、多种劳动组织、多种计酬方法同时存在"，无异于打开了闸门，放手让农民群众按照自己的意愿选择自己喜欢的经营形式、劳动组织和计酬方法。这就鼓舞了亿万农民去冲破"左"倾错误设下的樊篱。

三、总结"学大寨"的经验教训

要实行包产包干到户的联产计酬生产责任制，最大的拦路虎是"学大寨"。

大寨本是山西省昔阳县二十世纪五六十年代搞集体生产的一个先进典型。"文化大革命"以前在毛泽东的赞许和支持下，推广它的艰苦奋斗自力更生的经验，曾经起过积极作用。但是"文化大革命"当中，大寨把自留地、家庭副业、集市贸易都批为资本主义、修正主义，"大批大斗"，大搞阶级斗争，搞形式主义的农田建设和平均主义的经营管理。在毛泽东发出了"农业学大寨"的号召后，全国不分东西南北、不讲自然条件和耕作习惯，全都生搬硬套地推行大寨的一套耕作和管理方法。在 1975 年 9 月和 1976 年 12 月，还举行过两次全国农业学大寨会议，要在全国开展普及学大寨运动。

"文化大革命"结束后，总结经验教训，邓小平 1978 年 9 月在东北视察时明确指出："学大庆、学大寨要实事求是，学它们的基本经验，如大寨的苦干精神、科学态度。大寨有些东西不能学，也不可能学。比如评工记分，它一年搞一次，全国其他人民公社、大队就不可能这样做。取消集贸市场也不能学，自留地完全取消也不能学，小自由完全没有了也不能学。"

党的十一届三中全会指出了阻碍农业生产的主要问题是"左"倾错误，但许多地方仍然困囿于"大寨是毛主席亲自树立的样板""农业学大寨是毛主席的伟大号召"，而无法纠正"左"倾错误，更不敢实行生产责任制。胡耀邦要《人民日报》等报纸在加强纠正"左"倾错误的宣传报道的同时，减少对学大寨的宣传报道。此举立即引起反响。有一名省级领导给中央写信说："这个时期以来，在中央和地方的宣传报道及文件里，对学大寨的问题也不提了，现在农村有不少传说。有的说大寨方向不对，有的说大寨大队干部参加集体劳动是假的，有的说学大寨太艰苦了，生产水平不高，给国家贡献也不大。下边学大寨的劲头也小了。……我建议我们的宣传机关和报纸等，还要把学大寨的宣传报道放在适当地位。"

对于学大寨问题，胡耀邦认为这是长期以来在我国广大农村推行的有严重问题的政策，不能再在"适当地位"宣传报道了；当然全国学大寨的问题要随着三中全会的路线方针政策的逐步贯彻执行、"左"倾错误的逐步纠正、生产责任制的逐步推行而逐步解决，操之过急是不行的。有些地方、有些部门，总是担心搞包产包干到户、搞生产责任制就会变成分田单干、就是对社会主义集体化的否定，就大多数人来说，主要是受"左"倾错误影响太深，是个思想认识问题，需要有一个实践的过程，一个转变认识和提高思想的过程；至于怕这怕那，顽固反对生产责任制，坚持"左"的一套学大寨的人，毕竟是极少数。对这种人，也不能重复批"小脚女人"、搞"拔白旗"的做法，而是要让农民群众的伟大实践促进生产发展的事实来教育改变他们。广大农村纠正"左"倾错误、终止十几年轰轰烈烈学大寨运动的拨乱反正，进行得十分平稳和顺当，没有因此处分过一个干部，没有伤害过什么人，也没有影响和破坏了哪个地方的生产。胡耀邦这种坚持实事求是、实践第一的观点，坚持说服教育、耐心等待的观点，发挥了重要作用。

当然，这不是说"学大寨运动"会自然消失。随着生产责任制在全国越来越多的农村推行，明确总结学大寨的经验教训显得十分必要了。1980年6月，胡耀邦审阅批示了《人民日报》社论稿：《再也不能干西水东调那样的蠢事了》。这是讲农业生产和农田水利建设要从当地的实际出发，坚持因地制宜，不能搞昔阳县西水东调那种劳民伤财的事情。

在1980年9月省市自治区党委第一书记座谈会之后，胡耀邦耐心帮助山西省委认识学大寨运动中的"左"倾错误。他与领导干部个别谈心，主持召开小型座谈会，帮助他们消除抵触情绪，正视错误，总结经验教训。经过胡耀邦耐心反复的说服教育工作，山西省委连续举行会议，总结学大寨的经验教训，批评了省委过去的错误，统一了认识，向中共中央写出了题为《关于全省农业学大寨经验教训的初步总结》的检查报告。

对山西省委的检查报告胡耀邦十分重视。他认为山西省委承担了山西省内推行大寨经验的责任；但就全国范围来说，主要责任在当时的中央。他还指出，大寨这个艰苦创业的先进典型，后来演变成了执行"左"倾错误路线的典型，成了全国农村"大批大斗"的典型，这其中的教训，更值得深刻总结，加以记取。分工主管农村的万里也认为这是一件大事，山西的报告应当转发给全国，以利于进一步肃清农村工作上"左"倾错误的影响，更好地贯彻三中全会的路线方针政策。在胡耀邦和万里的提议和指导下，有关部门代中共中央起草了一个批语。经过胡耀邦等人的反复斟酌和中央书记处的审定通过，于11月23日以中央第八十三号文件下发。

中共中央批语评价了大寨及农业学大寨运动的功过是非，肯定了"大寨和昔阳县的绝大多数干部和群众在农业战线上也做出过贡献"，大寨的经验也曾经起过积极作用；希望大寨和昔阳县的干部和群众，"认真总结经验教训，恢复过去自力更生、艰苦创业的好作风、好传统，结合自己的实际，切实贯彻执行党在三中全会以来制定的各项政策。"批语还总结了对待先进典型的经验教训，强调"必须坚持辩证唯物主义的思想路线，实事求是地把任何先进典型都看作是群众集体智慧和辛勤劳动的产物。人为地树立先进典型，最终没有不失败的。"批语总结了推广先进经验的经验教训，指出："任何先进技术经验或经营管理经验，都必须同当地农民的经济利益联系起来，重视经济效果，在农民自愿接受的基础上，经过试验逐步推广。切不可用一阵风的运动方式一哄而起，更不得乱扣政治帽子，采取行政压制等手段。"批语总结了从先进人物中发现和培养干部的经验教训，指出："一成为劳动模范，就一定要当从上到下的各级党代表、人民代表或其他代表，一定要担任从下到上的几级党政机关或群众团体的领导职务，事实证明，不仅会使一些劳动模范自己骄傲自满、脱离群众，而且会使他们陷入自己的能力和精力无法应付的会议、报告和各种政治活动中去，无法再起劳动模范的作用。""今后我们还应当而且需要从劳动模范中选拔优秀干部，同时也要负责地对他们进行培养和教育。"①

四、给包产到户的农民吃定心丸

随着农村政策的逐步放开，包括中共中央向全国批转《山西省委关于农业学大寨运动中经验教训的初步总结》和《关于进一步加强和完善农业生产责任制的几个问题》（即第七十五号文件）的传达贯彻，广大基层干部和农民群众进一步解除了思想束缚，许多地方把生产责任制推进一大步，由不联产的包工制和包产到组，放手大胆地实行包产到户和包干到户。据统计，到1980年底，全国已有50%的生产队实行了包产、包干到户，其中安徽高达70%。实行包产到户，广大农民的生产积极性得到了极大的发挥。尽管1980年不少地区多种自然灾害相当严重，全国农业还是获得大丰收，粮食达到6411亿斤，是新中国成立以来第二个高产年；林牧副渔的多种经营发展很快，农民纯收入比上年增加了四成多。尤其是那些十分贫困的地区，见效更为明显。过去以逃荒乞讨闻名的安徽凤阳县，粮食超过5亿斤，比1978年增加了2亿斤。贵州粮食总产达129.6亿斤，比上年增产5.7亿斤，生猪饲养量达1350.7千万头，出栏肥猪460多万头，比上年增15.8%，大牲畜463万头（匹），增11.4%。缺粮多年的农民，如今粮食堆满了屋，开始过上了好光景，农村一片新气象。许多地方的统计材料都表明：以生产

---

① 《中共中央转发山西省委关于农业学大寨运动中经验教训的检查报告的批语》（1980年11月23日），《三中全会以来重要文献选编》（上），人民出版社1982年版，第516页。

队为核算单位的，基本上是不增不减，实行包产到组的普遍增产一二成，实行包产到户的则增加三成至五成。"队不如组、组不如户"这句话在全国许多地方得到验证。胡耀邦在《内部参考》上看到新华社记者记述包产到户带来新变化的 5 篇报道后大为振奋，当即批示让其中 3 篇作为新华社通稿发给全国各报刊登，以扩大宣传。他还让中央办公厅同文联、作协联系，请新华社记者去做报告。他说，农村中发生了这么翻天覆地的变化，应当赶快让作家们知道，鼓励作家们去感受，写出反映伟大时代的作品来。

然而，"左"倾错误及其影响毕竟太深重了。联产计酬家庭承包责任制在有些地区仍然不能推行。那里的干部说：我们这里不属于贫困地区，不能搞包产到户。有的说，中央文件讲要因地制宜，包产到户在我们这里不适宜。福建建瓯县委书记因为推行包产到组被调离。有一名省的领导干部甚至在干部会上这样说："谁要继续推行包产到户，是共产党员的就开除党籍，不是共产党员的开除公职。公安局的大门是开着的，我不希望你们进去，但你们一定要往里钻，那也没有办法。"[①]

如前所说，1980 年的中共中央第七十五号文件，为了照顾各个方面的不同意见，并没有明确包产到户可以在全国普遍实行，也没有讲明白包产到户的社会主义性质。这样自然会使得一部分干部误认为这只是贫困地区的权宜之计，批"三自一包"犹在眼前，自己不愿担这个风险。还有的地方基层干部和农民群众自己搞起了包产到户，县社干部则撒手不管，以致出现了抢用集体的耕牛和大农具引起纠纷，把拖拉机卖了，把生产队公房拆掉各家分些砖头的个别现象。这原本是工作中的问题，但有些人却作为反对包产到户的口

---

① 张广友：《改革风云中的万里》，人民出版社 1995 年版，第 289 页。

实。胡耀邦从《内部参考》《情况汇编》等材料中看到这些问题，向万里等人提出：看来今年还得开一次全国性会议，了解新情况，总结新经验，解决新问题。万里十分赞同。

1981年12月，全国农村工作会议由中央书记处书记、国务院副总理万里主持在北京举行。各地的与会者都带来了一个共同要求：要给包产、包干到户定个性。会前，中央书记处农村政策研究室在主任杜润生的主持下，经过大规模调查研究，起草了一个文件，会议中分组对这个文件进行了详细讨论。胡耀邦对这个文件也十分重视，几次召开中央书记处会议进行审议。经过反复修改和审议，文件近万字、共25条，对当前农村完善和稳定农业生产责任制、改善农村商品流通、推进农业科学技术进步、提高经济效益和改善生产条件、加强思想政治工作与基层建设等五个方面作出了明确的规定和具体的部署。中心是对包产到户的定性问题。文件对迅速推开的农村改革进行了总结，明白地说："目前实行的各种责任制，包括小段包工定额计酬，专业承包联产计酬，联产到劳，包产到户、到组，包干到户、到组，等等，都是社会主义集体经济的生产责任制，不管采取什么形式，只要群众不要求改变，就不要变动。"文件突破了传统的"三级所有、队为基础"的体制框框，明确指出："包干到户这种形式，在一些生产队实行以后，经营方式起了变化，基本上变成包户经营、自负盈亏，但是它是建立在土地公有制基础上的，农户和集体保持承包关系，由集体统一管理和使用土地、大型农机具和水利设施，接受国家的计划指导，有一定的公共提留，统一安排烈军属、五保户、困难户的生活，有的还在统一规划下进行农业基本建设。所以它不同于合作化以前的小私有的个体经济，而是社会主义农业经济的组成部分。""前一个时期有人认为责任制只是包产到户一种形式，包干到户就是'土地还家'平分集体财产，分田单干。这完全是一种误解。包干到户不同于合作化以前的小私有的个体经济，而是社会主义农业的组成部分；随着生产力的发展，它将会逐步发展成为完善的集体经济。""一般地讲，联产就需要承包。联产承包制的运用，可以恰当地协调集体利益与个人利益，并使集体统一经营和劳动者自主经营两个积极性同时得到发挥，所以都能普遍应用并受到群众的热烈的欢迎。"胡耀邦对这些阐述颇为赞赏，认为它把包产包干到户的社会主义性质和联产计酬责任制的优越性从理论上总结清楚了，有很大的说服力。

中央书记处最后审定通过这个文件已是 12 月底了，最后于 1982 年 1 月 1 日以中共中央文件发出，定名为《中共中央批转〈全国农村工作会议纪要〉》，编号为中发〔1982〕第一号。文件发布后，受到全国农民和农村基层干部的热烈欢迎，他们从洋洋万言中一下看到了包产、包干到户也是"社会主义集体经济的生产责任制"这句话，说"吃了定心丸"。一时间，实行其他形式的责任制的生产队，也纷纷改为包产包干到组到户。到 1982 年 11 月统计，全国实行"双包"的生产队占到 78.8%。农民群众的生产积极性和创造性在更深的层次上得到了发挥，粮、棉、油、茶、林、牧、副、渔各业都得到发展。

"一号文件"家喻户晓，政策发挥了巨大的影响力。有干部和农民称赞说：党中央把我们农业看得多重啊，是作为开年的第一号文件发的。胡耀邦听到这个反映也很高兴，几次对大家说，最好每年来个"一号文件"。中央书记处的书记们也大多赞成。于是此后在胡耀邦任总书记的 5 年，每年末都要开一个农村工作会议，总结新经验、解决新问题，来年年初发个"一号文件"。

以包产包干到组到户为主要形式的联产承包责任制，从安徽最早试验、三中全会以后在全国推行，采取渐进、说服、典型示范的方法，前后经历三四年的时间。干部和农民群众选择自己喜欢的联产承包责任制形式，逐步发展，不仅粮食增产了，棉花、油料大幅度增产了，畜、渔产品创历史最高水平了，多种经营发展起来了，而且使得农业生产由自给、半自给性生产向着商品化、专业化、社会化生产的方向转变，家庭副业和工、副、商专业户、重点户大批涌现，使得农工商综合经营成为一种发展趋势。这种联产承包责任制在发展农业生产、繁荣农村经济中的显著作用，不仅在落后地区体现出来，而且也在全国其他地区充分显现出来，证明了它适合现在的生产力水平，能最大限度地调动起广大农民的劳动积极性，劳动效率大大提高，是符合客观规律的、能够振兴我国农业的生产方式。包产包干到组到户为主要形式的联产承包责任制，代替了三级所有、队为基础的人民公社体制，有力地纠正了农村经济中长期存在的种种"左"倾错误，推动了农村体制改革，还推动了中国经济体制改革的历史巨轮。

1982 年 5 月，胡耀邦在安徽考察工作时，多次称赞安徽为农业体制改革作出的贡献。他对省委领导说：全国改革是农村立了头功，农村改革是安徽立了头功。包产包干到组到户意义深远，安徽做出了很大贡献。在一次会议上，他见到了安徽省副省长胡开明。胡开明在 60 年代初期任河北省副省长时，曾到张家口地区探索包产到户的办法，边试验边总结，写了个意见书给中共中央。不久便被定为右倾分子，含冤十几年。直到 1978 年胡耀邦主持中组部工作时为他平反，派到安徽来工作。胡耀邦笑着对大家说：他是先知先觉。我对包产到户觉悟迟，是后知后觉。

五、稳定和完善农村经济体制改革

党的十二大召开的 1982 年，全国农村的经济体制改革，在第一个"一号文件"的指引下，已经发展到家庭联产承包责任制——也就是人们通常所说的"包产、包干到户"在全国普及的阶段。由于这年年初"一号文件"为包产包干到户明白定性为"社会主义集体经济的生产责任制"，全国各地的农村基层干部和农民都说"吃了定心丸"而放开了手脚，撤开了其他形式的责任制，坚定地选择实行了包产包干到户，因而获得了生产经营自主权，积极性大为高涨。结果这一年在连续 3 年丰收的基础上又获得大丰收，农林牧副渔各业都得到发展，农业总产值比上年增加 11.2%，这是历史上罕见的。人们最担心的粮食总产量达到 7068.6 亿斤，比上一年增长 8.7%；棉花 6196 万担，比上一年增长 21.3%；油料 236.34 亿斤，比上一年增长 15.8%；猪牛羊肉产量 2716 亿斤，比上一年增长 71%；牛奶产 32.36 亿斤，比上一年增长 25.4%；水产品产量为 10.77 亿斤，比上一年增长 11.9%。这些金灿灿的数字，是亿万农民伟大实践的结晶，也是检验实行农业生产责任制的最好标准。

家庭联产承包责任制显示出：正确的政策具有巨大的威力。继续推进农村经济体制的改革，发挥政策的威力，在胡耀邦看来，是当前发展我国农业生产的法宝，所以予以密切关注。他到各地去调查，都要详细了解农村改革的现状和农业生产的发展，在田间地头、庭院炕头细心倾听基层干部和农民群众的心声。

1982 年秋冬，中央农村政策研究室（原为中央书记处农村政策研究室）在广泛调查研究的基础上，经过综合分析，反复讨论，写出了《当前农村经济政策的若干问题》送给胡耀邦等中央领导人。

这个文件进一步肯定了联产承包责任制，认为这种责任制采取了统一经营与分散经营相结合的原则，使集体优越性和个人积极性同时得到发挥。"这一制度的进一步完善和发展，必将使农业社会主义合作化的具体道路更加符合我国的实际。这是在党的领导下，我国人民的伟大创造，是马克思主义农业合作化理论在我国实践中的新发展。"胡耀邦对这个论断深以为是，表示赞许；对于文件中提出稳定和完善农业生产责任制的各项方针政策，也认为是总结了亿万农民实践的经验，切实可行的。只是他不无担心"伟大创造""新发展"这样的提法在中央书记处会上能否通过，乃请中央农村政策研究室再仔细推敲，在文字上搞得严谨周密一些。

12月下旬，胡耀邦主持召开中央书记处会议，讨论《当前农村经济政策的若干问题》，中央农村政策研究室负责同志结合对这个文件的说明，汇报了今年农村的大好形势与崭新气象。万里等人也讲了农村改革进一步深入发展的意义。有几个曾经不赞成包产到户的人在讨论中说，原来自己担心这担心那，看来还是思想解放不够，不了解农村的新变化。会议开得十分热烈，对文件所表述的农村改革要进一步稳定和完善的各项政策都表示赞成。文件经过进一步修改后，提交于12月31日举行的中央政治局会议讨论通过，决定作为草案下发试行，是为1983年1月2日的"中发〔1983〕1号"《中共中央通知》，人们称之为第二个"一号文件"。

将联产承包责任制肯定为"伟大创造""马克思主义的新发展"，令全国农民和农村基层干部受到鼓舞，对第二个"一号文件"所提出的基本目标和方针、政策深信不疑并坚决贯彻实施。结果，1983年这一年的农业生产，获得了创纪录的丰收，尤其是农副业商品性生产的蓬勃发展，呈现出农村经济发展的新趋势，农村已经开创的新局面获得了令人鼓舞的进展。胡耀邦这一年为推进全面改革有很多烦恼，但是他离开北京到各地去视察，尤其是深入到农村去实地调查，与基层干部和农民做深入交谈，所见所闻的景象，使他得到极大慰藉。后来他在听取了中央农村政策研究室等部门的汇报后，便和万里等人商量确定：召开全国农村工作会议，总结 1983 年的成就和经验，解决实践发展中的新问题，把农村改革继续推向前进。

六、发展商品生产，农民才能富起来

1983 年 12 月，全国农村工作会议在北京举行。万里在会上作了题为《进一步发展已经开创的农村新局面》的重要讲话。他充分肯定了联产承包制的巨大作用和深远意义，同时指出，由于全国普遍实行了联产承包制，劳动效率大为提高，广大农民利用剩余劳力和资金发展各种经营，分工分业发展农副产品的商品性生产。农村商品生产的蓬勃发展，是今后农村经济新局面的一个基本特征。我们要在稳定和完善生产责任制的基础上，提高生产力水平，疏理流通渠道，发展商品生产。与会者赞同万里的讲话，同时对于继续稳定和完善联产承包责任制的政策措施进行了讨论，提出要延长土地承包期，一般不要少于 15 年，这样可以消除农民怕政策多变的顾虑，也有利于鼓励农民投资，培养地力，实行集约经营；要鼓励和支持农民在家庭联产承包的基础上出现的专业户，帮助他们扩大商品生产的规模，改进生产技术，提高经济效益。会议形成了一个"1984 年农村工作要点"，后来修改成《中共中央关于 1984 年农村工作的通知》草稿，提交中共中央审议。

12 月 22 日，胡耀邦主持中央书记处会议，讨论审议《中共中央关于 1984 年农村工作的通知》。他在发言中肯定这是一个好文件，并说万里的讲话也很好，发下去对明年农业又是一个促进。

他说：我国农业生产连年丰收，前景还是方兴未艾，说明我们的政策对头了，路子走对了。只要按照这个路子走下去，农业形势不仅八十年代好，九十年代也会好。农业起色很大，但是对农村面貌的改变不能估计过高。总的来说还是刚刚解决一个温饱问题，农村的落后面貌还没有扭转。就粮食来讲，也没有过关。全党要重视农业，把农业看成是一个很大的课题，不要忘记这个课题，不能有丝毫放松。农业是安定团结的基础，是国民经济发展的基础。在农村工作中，各级政府和干部，要爱惜民力，保护农民的积极性，不要随便加重农民的负担，对不合理的种种摊派、苛捐杂税，要坚决禁止。

对于要使 8 亿农民富起来，胡耀邦在讨论中说：我们要把农民的收入分成两个部分：一个叫自给部分，一个叫商品部分。自给部分又有三个标准，有低标准，中标准，高标准。不管达到哪个标准，都必须解决一个问题，就是我国的自然经济要转到商品经济上来。要大力发展社会主义商品经济，大力帮助农民发展商品经济。如果我们做党的工作、做经济工作、做财经工作的同志，没有帮助、扶持农民大力发展商品经济的观念，农民就富不起来。这就是新问题，这就是新事物。3 年以前，农民的温饱问题还没有解决，我们不可能提出大力发展商品经济这个口号，现在应该响亮地把这个口号提出来。要向我们的同志灌输这个指导思想。

要大力发展商品生产，让农民富起来，胡耀邦说，不能把眼光只放在十八亿亩或者二十亿亩土地上，只放在粮食上。要帮助农民愈益增多地逐渐从耕地的狭小范围内一步一步地、积极地冲出来，离土不离乡。冲出来从事什么业呢？第一是各种各样的养殖业，第二是开发业，第三是山林业，第四是加工业，特别是饲料工业、食品工业，第五是运输业，第六是服务业，第七是建筑业，第八是采矿业。门路不是一项两项，要一步一步地做到本世纪末或者下世纪初从事种植业的人只要 3 亿左右，占 30% 的样子。现在不喊这个口号，但是我们心中要有数，心中无数就没有方针上的指导。他指出：要保护专业户，支持专业户，发展专业户。这是我们根据新形势制定的新政策、新方针，即使在实际工作中出了一些毛病，也不要紧，纠正它就是了。但是这个方向不能动摇，动摇就办不成事。当然，保护和发展农村专业户，不能只满足于停留在现有水平上，要不断地完善我们的政策，依靠政策的威力，使专业户不断发展，不断提高。要认识到，农业的分工愈发展，农民的富裕就愈快，商品经济的发展就愈快。

为了保护和大力发展农村商品经济，胡耀邦认为要有三个环节：第一个环节是保护和发展专业户。第二个环节是大力疏通流通渠道，国家集体个人一起上，天上地上水上一起来。产品是靠流通变成商品的，如果取消了流通环节，或者流通环节不灵，商品流通不了，产品就叫非商品。所以商品和流通是姊妹关系，是一对双胞胎。要发展商品经济，就必须重视疏通流通渠道。第三个环节是帮助农民正确解决生产和消费的关系。储蓄要适当提倡，但是不能提倡得过分，过分了对发展生产不利。马克思主义经济学认为，生产同消费是相互促进的，过分地压缩消费，对发展生产不利。

胡耀邦话锋一转，有针对性地说：今年初，邓小平同志讲，衡量是非最重要的标准是看人民是不是富起来了。管子讲"治国之道，必先富民"，后来司马迁的《史记》把这句话改为"治国之道，富民为始"。这个战略思想是对的。苏联为什么几十年富不起来？就是苏联领导层脑子里没有老百姓，光搞钢铁，扩充军备，争霸世界。党的十一届三中全会为什么大得人心？根本点就在于有中国特色社会主义，引导人民用智慧和劳动的双手富裕起

来，国家就强大了，就能立于不败之地。^①

《中共中央关于 1984 年农村工作的通知》草稿根据中央书记处会议的讨论和胡耀邦的讲话，又作了进一步修改，强调："农业生产责任制的普遍实行，带来了生产力的解放和商品生产的发展。由自给半自给经济向较大规模商品生产发展，是发展我国社会主义农村经济不可逾越的必然过程。只有发展商品生产，才能进一步促进社会分工，把生产力提高到一个新的水平，才能使我们的干部学会利用商品货币关系，利用价值规律，为计划经济服务，才能加速实现我国社会主义农业的现代化。"^② 经胡耀邦最后审定，《通知》于 1984 年 1 月 1 日作为"中发［1984］1 号"文件下发，是为第三个"一号文件"。

七、促进农业结构改革，把农村经济搞活

1984 年，是中国农业高速发展的一年。亿万农民和广大基层干部，在第三个"一号文件"的鼓舞和指引下，革新创业精神大为高涨，广开生产门路，热心发展商品生产。联产承包责任制的进一步发展，推动了许多地方的劳力、资金、技术的流动和合理结合，使得各种专业户如雨后春笋般地产生和成长，商品生产大为发展；城乡之间互相结合、协调发展的局面也开始呈现。这一年，农村经济全面增长，令人惊喜不已的是粮食产量达到 8142 亿斤，人均 790 斤，第一次达到世界人均水平；棉花 1.2142 亿担，人均 11.8 斤，超过世界人均水平；林、牧、渔各业的增长速度更高，各种农产品

---

① 胡耀邦：《保护和大力发展农村商品经济》（1983 年 12 月 22 日），《胡耀邦文选》，人民出版社 2015 年版，第 530—532 页。

② 《十二大以来重要文献选编》（上），人民出版社 1986 年版，第 425 页。

的产量都创造了历史最高纪录，农产品的商品率达到 53%，标志着我国农村经济正在开始从自给半自给的小农经济向商品经济发展，包括乡镇企业经营的工、商、副业在内的农业总产值，比上年增长 19.5%，超过了工业总产值的增长率（14%），中国农业现代化的步伐加快了。

不断完善和发展联产承包责任制，坚持决不放松粮食生产、积极发展多种经营的方针，带来了农村经济的高速发展和连年丰收。胡耀邦对于发展多种经营一直是特别关注并大力倡导的。就在讨论通过第三个"一号文件"的中央书记处会议上，他说要让农民尽快富起来，我们的政策就要积极扶持和支持农民发展多种经营，调整农业产业结构，促进商品生产。他的意见，获得万里等许多人的赞同，在文件中多处得到了体现。会后，他去四川调查，又进一步阐述了这个观点。1983 年 12 月 26 日他在听取四川省委和重庆市委负责人的工作汇报时说：一个时期有一个时期的政策。政策是无止境的，政策的威力是无穷的。农业责任制向前发展，必然要有新的政策，用政策调动人们的积极性，是一个根本问题，是无止境的。当前，发展专业户，发展小城镇，就是个大政策。公安、粮食部门不要把户口卡得那么紧，现在时代变了，有一部分农民逐步转到集镇去，这不亚于农业责任制。这个前途是无量的，是发展社会主义商品生产、促进农民富裕的一大政策。如果说农业责任制 5 年见了效，还要坚持下去的话，发展专业户、发展小城镇是继农业责任制之后的又一个大政策，是农业持续发展的又一个大政策，是生产力的又一个大解放。

发展商品生产，不是一般号召、发个文件就可奏效的，必须深入钻研新情况，解决新问题。1984 年 4 月上旬，胡耀邦到鄂西土家族苗族自治州考察访问时，注意到疏通流通渠道对于发展商品生产、尽快让山区农民富裕起来至关重要。他对当地干部说，马克思讲的商品生产的四个环节中，流通是十分重要的，它可以促进商品生产的发展。疏通流通渠道，在农村就是要加速供销社体制改革的同时，大力发展集市贸易，发展运销、经营专业户。集市贸易是农民自己的商业，也是最受农民欢迎的商业网点，它不仅可以促进商品交流，活跃市场，还可以和农民的文化娱乐、推广普及科学知识、传播信息、宣传党的方针政策、建设精神文明等结合起来，因此一定要放手搞。政府有关部门要给予支持，保护他们的合法利益。人民政府为人民，只有帮农民找生产门路的义务，没有限制人民搞生产的权力。他还援引唐朝陆贽在《陆宣公奏议》中说的"啬少失多，廉贾不处，溺近迷远，中人所非"的话启发大家，要大家看得远些，着眼于整个农村、整个国家都富起来。[①]

然而，胡耀邦等领导人在考察和各地汇报中注意到，在农村生产向商品经济转化中，还存在着种种不协调现象。例如农业生产还不能适应市场消费的需要，农产品数量虽然有所增加，但质量不高、品种不全，如粮食生产区都出现了"卖粮难"的现象，粮食收购部门"收不起、存不下、调不足、销不掉"；而有些紧缺的物资，作为商品的流通渠道，并不通畅，"好的变烂、鲜的变臭、活的变死"；许多地方的生产布局和产业结构还有相当大的盲目性，不能发挥地区优势，不能做到货畅其流，许多贫困地区难以改变落后面貌。

在丰收的好形势下出现这些问题，原因是多方面的，胡耀邦和万里等人反复研究，认为国家对农村经济管理体制的农产品统购统销制度是一个重要原因。

---

① 《湖北日报》1984年4月15日。

统购统销，是新中国成立初期开始实行的一项重要政策，对保障供给和稳定政局曾起过重大作用；但它也是与计划经济体制相匹配的制度，随着生产的逐步发展，它阻碍农村商品生产和经济效益提高的弊端也日益显露出来，成为进一步深化农村经济体制改革、发展整个农村经济的巨大障碍。

胡耀邦在和有关部门负责人研究讨论农村工作时，几次提出要稳妥地有步骤地彻底改革统购统销制度，让农民自由自主地出售自己的产品，包括到外地贩卖多余的粮食。他对于当时人们把从事商业贩运的农民称为"二道贩子"很是反感，在一次小型座谈会上说：什么二道贩子？是二郎神！农民手里有点粮食，不贩卖粮食还有什么好卖！应当允许长途贩运，应当帮助农民出卖余粮。还有一次他说：我们的国营商业粮食部门包不下来，这些农民长途贩运，为疏通流通渠道作出了贡献，他们不是二道贩子，是二郎神！

毕竟统购统销实行三十多年，已经形成了一套相当周全的制度体系，涉及到方方面面，真要改革起来对国计民生关系太大了。商业、财政、工商等部门以及宏观决策机构都议论纷纷，不少人认为统购统销是多年来保证城镇供给、得以稳定全国的大政策，一旦取消，就会引起混乱甚至不可收拾。胡耀邦等中央领导同志听取各方面的意见，几经斟酌，权衡利弊，决定分步骤实行，明年先取消统购（改为合同定购），暂保留统销。这样做先活了农村，也稳了城市（供给）。

1984 年 12 月，一年一度的全国农村工作会议照例举行。两个月前，党的十二届三中全会讨论通过了《中共中央关于经济体制改革的决定》，明确指出"社会主义经济是有计划的商品经济"，为这次农村工作会议作了很好的思想准备。主持会议的万里在题为《把农村改革引向深入》的讲话中指出：过去我们长期物资匮乏，不得不沿用战争年代供给制的办法解决经济问题。人们脑子里留下一个深深的烙印，似乎搞经济工作就是"统"，结果越统东西越少。如果我们能正确利用价值规律，发挥社会需要对社会生产的重大推动作用，市场就会搞活，东西不是越卖越少，而是越卖越多。他进一步指出，过去我们粮食是统得最死的，"一号文件"开了口子，在完成统派购任务的前提下，可以多渠道经营，结果国家收购的粮食不是少了而是多了。他说，应当善于运用价值规律同农民打交道，逐步改革原来的统购统销制度。万里的讲话在会上引起了热烈的反应。有些地方的干部说，中央想到农民心坎里去了。但是许多地方的负责干部担心这样是不是会乱了套？有的担心如果允许粮食自由买卖，农民就会弃农经商，无人安心务农，导致天下大乱。经过热烈的讨论，大家赞成先取消粮食、棉花的统购，改为合同定购；生猪、鱼等水产品和蔬菜也要逐步取消派购；其他统派购产品，也要分品种、分地区逐步放开。与此相适应，就要继续贯彻决不放松粮食生产、积极发展多种经营的方针，大力帮助农民调整产业结构，扶持专业户；要积极扩大城乡经济交往，进一步疏通流通渠道，发展小城镇。总之，要进一步把农村经济搞活，使农业生产适应市场的需求。

这次农村工作会议最后形成了《关于进一步活跃农村经济的十项政策》，经过中央书记处和国务院常务会议审议批准，于1985年1月1日以中共中央、国务院的名义"中发〔1985〕1号"发出，是为第四个"一号文件"。

八、深化农业经济改革

几个"一号文件"日益深入人心，农村的改革在大步发展，农业经济的发展鼓舞人心。然而在有些地方，"一号文件"的贯彻执行仍然遇到层层阻力，他们相应地制定了不少"规定""办法"之类的文件下达，农民群众把这些"规定""办法"称为"二号文件"，无奈地说"一号文件很好，二号文件好狠"。胡耀邦在调查中先后在几个地方发现了这个问题，同万里等人商量，在1985年1月1日下达的《关于进一步活跃农村经济的十项政策》即第四个"一号文件"中特别指明，中央制定的各项"政策的执行，必将进一步解放农村生产力，引来农业生产的新高涨。目前正处在一个有利的时机，必须动员干部与群众，统一思想，统一行动，认真组织落实"；各地各部门"原有的政策、办法，凡与上述规定相抵触的，应即停止执行"。尽管如此，有少数地方仍我行我素，阻力不小。

1985年全国粮食总产量，在连续6年大幅度增产之后，骤然下降了五百多亿斤。其原因是复杂的。但那些原本不赞成和反对包产到户的人，这时纷纷指责农村的改革，他们还担心闹粮荒、"粮价要飞涨"。

这个减产的苗头，胡耀邦是先已觉察到了的。他在各地调查考察中注意到，粮食的连年增产，农业产值的大幅度上升，使得不少人盲目乐观起来，以为我国农业基本上过关了，有些地方出现了忽视粮食生产的现象。许多地方的农民对于合同定购的粮价大大低于市场价格感到种粮吃亏，埋怨定购合同是"不平等条约"；现在不愁粮了，缺的是活钱，于是热衷于搞工副业，而嫌种粮、种棉费力大、成本高、收益小，结果马虎糊弄，大田甚至撂荒了。因此在 1984 年冬，他和有关同志商讨农村工作时提出，在制定第四个"一号文件"时要重申"决不放松粮食生产、积极发展多种经营"的方针，要求各地继续全面贯彻。1985 年年初，他在中南海对来自河北保定的地县委书记们的讲话中说：我国农业的发展，应当向着种植、养殖、加工一条龙的方向发展。开头的是种植业，首先是粮食种植，无论是主粮、杂粮，都不可忽视，都要增产；另外就是经济作物的种植，同样不可忽视。中间是养殖业，把种出来的东西尽可能多地转化为饲料，转化成为猪、牛、羊、禽的饲料。尾巴是加工业，把种植和养殖的产品拿来进行不同深度的加工。他指出，如果我们忽视种植、养殖、加工一条龙，而是一股劲地都去搞工副业，那么不要多少年，我们的农业可能要萎缩下去，这在某些经济发达国家已有教训。他们到一定时候就没有多少人搞种植、养殖。所以要把这个问题预先提出来，以免贻误。但是他的讲话一时难以扭转忽视种粮这一带有普遍性的现象。

粮食减产了，应当怎么办？胡耀邦认为，问题不是出在联产承包责任制有什么毛病，也不是调整农业产业结构、发展多种经营、兴办乡镇企业的方向错了，而恰恰是改革的不够深入和彻底所造成的，是在改革前进过程中出现的问题，只能用深化改革的办法来解决，决不能退回到老路上去。事实上，尽管粮食减产这么多，仍能满足城乡供应的需要，根本没有什么闹粮荒或者粮价飞涨的现象出现。尽管合同收购使农民吃了亏，大多数农民也还是如数完成了。农民在连续增产的几年中，几乎家家户户都储备有相当充足的余粮；而其他作物普遍增产，多种经营得到发展，乡镇企业越办越好，使得农村社会总产值和农民收入仍有较大提高。这个事实有力地说明了这些年农村的改革，使得我国农业经济正在沿着综合经营、协调发展的方向发展，已经打下了稳固的基础。

综合以上基本情况，胡耀邦和有关同志研究后认为，应当让全党和全国人民充分看到：近几年农业增长的罕见速度，主要是经过改革使原有的增产潜力集中迸发的结果。但是现在我国农村的物质技术基础还相当薄弱，禁不起自然灾害；农村经济新旧体制交替过程中尚有不协调现象；城乡改革汇合之后，各方面利益关系有待调节。这些复杂状况汇合在一起，出现了粮食减产等问题。然而，只要把改革坚持下去，把党的各项政策不断完善和认真落实，就能解决前进中的问题，推动农村经济持续稳定协调地向前发展。

为了尽快统一全党和全国人民的认识，及早解决改革中的问题，中央决定提早召开一年一度的全国农村工作会议。1985 年 10 月初，全国农村工作会议在北京举行，由中央书记处书记、国务院副总理田纪云主持。万里出席会议并讲话说：有些地方由于种种原因，部分农民种粮的积极性有所降低，但即使是这样的地方，农民总的生产积极性并不低，要求致富的积极性并不低。这是整个农村经济能够不断向前发展的重要条件。目前农村中出现的问题，大量的和主要的是由于对公有制基础上有计划的商品经济还缺乏经验，从封闭的旧体制过渡到开放型的新体制，新旧体制并行过程中出现了众多矛盾，以及人们的思想、习惯和工作方法不能在短时间内相适应这些情况造成的。这种生产关系和上层建筑中同生产力发展不相适应的问题，只能靠坚持改革、深入改革去解决，而决不能遇到问题就退回到老路上去。万里提出，要进一步改革农产品的派购制度，积极合理地调整农村产业结构，按市场需求安排生产。他说，由于多年来上上下下已经习惯了统购的一套做法，乍一改成合

同定购，不少地方把协商变成了摊派，合同书变成了任务通知单。我们不能退回到统购的老路上去，而要坚持改革，改进和完善合同定购，进一步调动农民的积极性。

出席农村工作会议的人员敞开思想，摆出农村中的各种问题，深入进行分析讨论。与会者特别对当前农村改革的基本形势如何估量进行了热烈的讨论，最后取得了一致的认识，认为：我国农村在实行了联产承包责任制之后，今年又在改革农产品统派购制度、调整产业结构方面迈出了重大的一步，成效十分显著。最主要的标志是农村经济搞活了。广大农民为适应市场需求而生产的积极性日益提高，商品经济的横向联系有所发展，一向比较薄弱的林、牧、副、渔业和加工服务业得到加强，农村正沿着综合经营、协调发展的道路前进。农村经济的持续上升，为整个国民经济的改革和发展创造了良好的条件。实践证明，农村改革的方针政策是正确的，必须继续贯彻执行。

在对农村改革形势的认识统一的基础上，与会者对进一步深化改革提出了许多主张，共同的认识是：只要继续落实政策，深入改革，改善农业生产条件，组织好产前产后服务，就能推动农村经济持续稳定协调发展。当前要特别提出"进一步摆正农业在国民经济中的地位"的问题，引起各级干部的高度重视，千万不能由于农业情况有了好转而放松农业，也不能因为农业基础建设期长、见效慢而忽视对农业的投资，更不能因为农业占国民经济产值的比重逐步下降而否定农业的基础地位。我们在实现四个现代化的过程中，必须力求避免出现农业停滞的现象。

农村工作会议最后形成了一个文件，胡耀邦主持中央书记处会议加以审议，认为这个文件正确分析了农村改革的形势，明确了明年深化改革的任务，提出了解决问题的一系列措施，可以稍加

修改后，作为草稿先发下去，以利于统一各级干部的认识，及早
落实增加投入、加强服务、改善生产条件等各项政策和措施。这
个文件也得到国务院常务会议批准。后来，这个文件《中共中央、
国务院关于一九八六年农村工作的部署》于 1986 年 1 月 1 日以"中
发［1986］1 号"正式发出，是为第五个"一号文件"。

连续五年发了五个"一号文件"，对于中国农村经济体制改革的
指导和推动作用，是巨大的。它不但总结了亿万农民的伟大实践和
创造，而且引导亿万农民沿着中国特色的社会主义道路大步迈
进。实践已经证明，农村改革激起了亿万农民空前的积极性和进
取精神，使我国农业生产和农村经济获得了巨大发展，也使党的
十一届三中全会的改革开放方针首先在广大农村开始突破，有
力地带动了整个国民经济的发展和城市乃至全国全面改革的
进行。

第二十七章　想方设法让农民富起来

一、放开眼界搞农业

我国是一个世界上人口最多的国家，让全国人民吃饱肚子，一直是千百年来治国安邦的头等大事。"粮食足，天下安。""有粮则稳，无粮则乱。""家中有粮，心里不慌。"这些民谚俗语，是多少代平民百姓传诵的治家格言，也是历朝帝王将相的安邦之策。但是两千年的封建专制统治，使我国的生产力水平十分低下，困囿于小农经济的农民终年劳顿，也常常食不果腹；连年频仍的水旱灾害和战争祸乱，更使千百万人民流离失所，饿殍遍野。中国共产党在新中国成立后，首先努力的目标是让全国人民吃饱穿暖，于是在农业生产上提出了"以粮为纲，全面发展"的基本方针。这在 20 世纪 50 年代、60 年代，对于动员广大干部和人民把粮食生产放到第一位，起了很大的作用。但是在贯彻实施中，由于"左"倾错误的影响，流于简单化、片面性，实际上形成了"以粮为纲，其余扫光"

的局面。在长达二十多年的时光里，一个地区粮食产量的多寡，成了检验这个地区农业生产好坏的唯一标志，也成了衡量干部工作业绩的主要标尺。尤其是在"合作化""公社化"和"割资本主义尾巴"的声浪中，搞林、牧、副、渔成了"不务正业"的歪门邪道，种植业的棉、油、茶、麻、烟、糖、菜、瓜，则被视为"脱离计划""挤占粮田"而遭冷遇甚至废弃；至于不顾自然环境的生态平衡和水土保持而开山垦荒，围湖造田，弃牧务农，毁林种粮，更是作为先进经验、成功业绩加以表彰和推广。国家和集体的农业投资，也大多用于为粮食增产的各项设施上。结果，粮食的产量虽然有微弱的增长，但林牧副渔和经济作物均未有发展，油料至 1976 年还比 1965 年减少 20%，棉花减少 25%，整个农业生产受到极大的破坏，长期处于简单再生产的境地，绝大多数农民仍然在贫困线上辛劳度日，入不敷出。据统计，1972 年全国超支农户占 31.5%。

　　如何发展农业，如何增产粮食，如何使亿万农民吃饱穿暖富裕起来？这是胡耀邦一生都为之系念不已的大事情。胡耀邦从小就跟随父兄劳作在阡陌之中，父老乡亲为温饱而辛勤劳动的情景，深深铭刻在心头。然而在人多田少的我国，光靠耕耘几亩地，只能果腹不能企求其他。当年在贫苦的胡耀邦家，他的父亲为了供他上学要交学费，不得不从 30 里外的文家市去一担一担地挑煤到东乡的永和、古港，来挣得一点脚钱。乡亲邻里种麻、种瓜、编篾等等家庭副业，也使胡耀邦从小看到以多种经营换取活钱维持生计的门路。他在新中国成立之初主政川北，以及 20 世纪 60 年代在湘潭、在陕西领导人民发展农业生产时，都十分强调在确保粮食生产的同时，要因地制宜发展多种经营。但是在"左"倾思潮的统治下，"以粮为纲"冲决了农业生产的方方面面，多种经营同资本主义画上了等号，处处受到阻挡和压制，农村经济的路子越走越窄，百业萧条，农民的生产劳动积极性受到极大压抑。胡耀邦虽然竭力想要改变"以粮为纲，其余扫光"的局面，鼓励大家"靠山吃山，靠水吃水"发展多种经营，不要只想着人均只有几分、一亩的耕地。但是无论是在湖南，还是在陕西，尽管基层干部和农民群众由衷喜欢他的主张，却都受到一些干部的批评和抵制。

早在为十一届三中全会作准备的中央工作会议上，邓小平指出："当前最迫切的是扩大厂矿企业和生产队的自主权，使每一个工厂和生产队能够千方百计地发挥主动创造精神。一个生产队有了经营自主权，一小块地没有种上东西，一小片水面没有利用起来搞养殖业，社员和干部就要睡不着觉，就要开动脑筋想办法。"[1] 在农业生产问题的讨论和文件的起草修改过程中，胡耀邦也极力主张要放开眼界搞农业，要充分利用各地的资源，放手发动农民群众，因地制宜搞多种经营。在一次讨论修改《关于加快农业发展若干问题的决定》稿的小会上，他动情地说：我恳求你们在决议上写上两句话："祖国大地处处是生机，国家集体个人一齐上。"我们960万平方公里大地上，阳光、气候、土壤都不差，有平地，有山地，有草原，有水面，处处都是生机啊，可以搞粮食，可以搞经济作物，可以搞油料。听说青海省种油料，一亩地可以产三四百斤。许多地方可以种糖料。还有多少水面啊！我们国家的草原有43亿亩。我们的国家多么可爱，处处有生机。

胡耀邦说，过去是我们的方法不对头，应当提倡国家集体个人一齐上。有些问题要国家来抓，比如中央、省市直接掌握各种

---

[1]　邓小平：《解放思想，实事求是，团结一致向前看》（1978年12月13日），《邓小平文选》第二卷，人民出版社1994年版，第146页。

生产基地，粮食基地、渔业基地、油料基地、棉花基地、花生基地。比如搞粮食基地，搞友谊农场的办法，只需 20 万农业劳动力，一人种 1000 亩地，一亩地收 400 斤，这 2 亿亩地一年就可以搞 800 亿斤粮食。我们有了 800 亿斤粮食，为什么还要每年每家每户去征购，张三家 20 斤，李四家 50 斤。每年呀，12 个月有 8 个月在忙搞粮食，我们二十几年来就干的这个事情。说什么领导农业生产，主要的经验是向农民抓粮食，布置搞粮食。国家不搞那个基地，不搞渔业，不搞畜产品，不养牛、羊、鸡，结果只好向农民派购，你这一家搞 10 个鸡蛋，他那一家搞 10 个鸡蛋，拿了个筐筐去，搞得农民怨声载道。假使我们国家掌握了 800 亿斤粮食，那些个都不要，或者大部分不要，留给农民自己，留给他们养鸡去，养鸭去，喂猪去，熬糖去，行不行？公社、大队、生产队办养猪场、养鸡场，社员房前屋后种树，种苹果，养毛驴，养羊，行不行？我看行。让农民集体和个人搞多种经营，东方不亮西方亮嘛。[①]

二、"田土山水要万紫千红"

党的十一届三中全会后，胡耀邦去各地视察时，在关注农村实行联产承包责任制的同时，十分注意当地发展农业生产的多种经营问题，深入总结群众的生产经验，与基层干部和群众探讨多种经营的路子，鼓励干部群众在不放松粮食生产的同时，因地制宜积极开展多种经营。

---

① 胡耀邦在中央党校三部学员结业会上的讲话（1978 年 11 月 28 日），《中央党校校刊》第 2 期。他在向大家讲到思想方法问题时，阐述了他在正举行的中央工作会议一次小会上的上述发言。

　　1980 年 12 月，胡耀邦到湖南、江西调查中发现：引导各级干部解放思想，从单打一抓粮食的僵化模式中解放出来，钻研多种经营，是放手发动群众开展多种经营的前提。他在同零陵地委的干部座谈讨论时说：发展农村经济不能单打一，农业投资也不能单打一。我们的脑子只钻研粮食生产不行，还要钻研开展多种经营，要做到：田土山水，万紫千红。多种经营搞好了，它能促进粮食生产，单打一反而什么也发展不起来。这里往北可以种棉花，往南可以种甘蔗，你们夹在中间，发展什么最有前途，你们要搞清楚。搞得不好就会落后。你们要经常琢磨多种经营的问题，坐上车子骑上马，山山水水到处考察，并且带上搞畜牧、搞经济作物的同志一起去。领导干部有些感性知识，同光听汇报大不一样。要一个个县一个个公社去，看这里能干什么，那里能干什么，带头形成钻研农业科学技术和钻研多种经营的风气。对社队发展多种经营，要给予指导，加以扶持，在政策、资金、技术等方面都要给予必要的帮助。有些社队干部不重视搞多种经营，或者不知道怎么搞，要做工作，使他们开窍。当然，粮食生产还要进一步抓好，我国如果每年能生产 8 千亿斤粮食，每人平均 800 斤，粮食就算过关了。我们一定要使粮食生产稳步上升。但是，农村要在经济上翻身，要靠多种经营。胡耀邦在座谈中介绍了浏阳搞花炮、常熟搞挑花等多种经营后说，你们这里发展茶树、柑橘、蚕桑、蓖麻就很有前途。在一个地区或者一个县内，要把多种经营搞成不是几种而是几十种、几百种，让田土山水都作出贡献。万紫千红才是春嘛！

　　多种经营只要发动广大群众因地制宜地发展，门路是非常之多的，要善于利用各地的丘陵、山地、水塘、海域。但是许多地方的干部受"左"倾错误影响，思想僵化，又不学习钻研，往往打不开思路。胡耀邦在江西调查时，启发干部开动脑筋，总结各地群众长期积累的生产经验，加以汇集。他在向吉安的干部讲话时，列举了种植业、养殖业、采集业、手工业、服务业五个方面，每业又列了十项：

——种植业：（一）粮食作物，粮食要抓紧，粮食又有许多种，如水稻、小麦、玉米、蚕豌豆、红薯；（二）纤维作物，如棉、麻、桑；（三）油料作物，如油菜、芝麻、花生、蓖麻、油茶；（四）糖料作物，如甘蔗、甜菜；（五）水果作物，如柑橘、金橘、柚子、梨、枇杷；（六）蔬菜作物；（七）饮料作物，如茶叶、玫瑰、金银花、罗汉果；（八）药用作物；（九）花卉和香料作物，如桂花、八角、桂皮、茴香、茉莉花；（十）瓜果作物。

——养殖业：（一）肉食动物；（二）蛋品动物；（三）乳用动物；（四）皮毛动物；（五）运力动物；（六）水产动物；（七）虫草动物，如蚯蚓、蜜蜂；（八）特种动物，如獐；（九）观赏动物，如熊猫、相思鸟、画眉；（十）除害动物，如猫、啄木鸟、青蛙。

——采集业：（一）山产，各种薪炭材料，各种菌类，各种野果；（二）林产，如松脂、木耳、香菇、猴头菇；（三）水产，如蚌壳、螃蟹、泥鳅、鱼虾；（四）野生经济植物，各种香料、花卉、淀粉植物、牧草；（五）野生经济动物，如黄鼠、野兔；（六）野生鸟类，野鸡、野鸭、野雁；（七）经济昆虫，如柞蚕、蝴蝶。台湾每年出口蝴蝶值5000万美元；（八）野生药材，如枸杞、麻黄、黄连、大麻、甘草、芡实；（九）羽毛，如鸭绒、鸡毛；（十）皮骨类，各种动物的皮骨。

——手工业：（一）编织；（二）刺绣；（三）缝纫；（四）酿造；（五）锻造，小五金；（六）陶瓷；（七）家具；（八）文化用品；（九）包装；（十）特种工艺、雕刻、鞭炮。

——服务业：（一）饮食；（二）摄影；（三）清洁卫生；（四）洗

涤；（五）修理；（六）旅游；（七）医疗，医院不大干的事，如镶牙、按摩；（八）托运、寄存、代销；（九）加工；（十）问讯。

胡耀邦说，多种经营项目多得很，中央、省市、地、县，都要组织专门班子研究多种经营问题，然后对农民加以指导；还要加以扶助，财政、商业、工业、科学技术上都要扶助。但是我们自己要钻研清楚。今后我们的干部要多作调查，钻研科学技术。所以提出年轻化、知识化、专业化，不懂不钻不行，我们大家都要来钻研。

从湖南、江西调查归来，胡耀邦向中央政治局常委和书记处汇报了各地情况，着重讲了发展农业要注意多种经营这个问题。他指出：粮食生产要抓紧，同时必须狠抓多种经营。这应当作为一个发展农业生产的基本方针来提出。他说，如果没有多种经营，就会跟着出现八个没有：没有钱，没有肥料，没有良好的生产工具，没有健壮的体力，没有更多的轻工业原料，没有家庭副业，没有更多的商品，没有交通运输业的发展。他的这些意见在 1981 年 3 月 2 日的中央书记处第 88 次会议上提出后，受到许多人的赞同。万里等人在讨论中还说，在实行包产到户的地方，农民一开头关心的是粮食，缺粮挨饿的老光景是谁也忘不掉的；经过两个好年成，几乎家家户户粮满囤，谷满仓，许多农民就想着要挣活钱过好日子了。所以如今提出发展多种经营是非常适时的。

这次中央书记处会议决定：向全国发一个文件，以推动多种经营的发展。在胡耀邦的指导下，国家农委起草了一个《关于积极发展农村多种经营的报告》。《报告》阐述了开展多种经营的客观需要及广阔前景，分析了粮食生产和多种经营的关系。指出我们的方针是：决不放松粮食生产，积极开展多种经营；要发挥集体和个人两个积极性。《报告》还规定可以因地制宜适当扩大自留地、饲料地，两者面积的最高限度可达生产队耕地总面积的15%。除农忙季节外，应允许一些半劳力和辅助劳力不出集体工，专心从事家庭副业；社员家庭副业是社会主义经济的附属和补充，社员自留地是家庭副业的一个重要阵地。《报告》提出：在发展多种经营过程中，需要进一步解决好以下问题：（一）各级党委和政府以及有关部门，要做好该地区资源调查、生产配置的区域规划；（二）政策要相对稳定，及时兑现；（三）发展多种经营同粮食生产一样，需要靠科学技术；（四）要解决好加工、储藏、运输问题。报告要求计划、财政、税务、银行、轻纺、物资、工业、交通、科研、工商行政管理等有关部门，共同努力，加强具体指导和支持，及时研究解决发展中的一些问题，使之有一个较快的发展。胡耀邦对国家农委及时写出这个比较周全的报告甚为满意，在精心修改后，提交书记处会议讨论获得通过，决定以中共中央和国务院的名义，正式发布这个文件。3月30日，转发国家农委报告的《中共中央、国务院关于因地制宜积极发展农村多种经营的通知》正式发出。

中共中央红头文件对各地发展多种经营的号召力和推动力是巨大的，尤其是在实行包产包干到组到户的地区，更是势不可挡。农户普遍有了剩余劳力，他们就在自家门前从事多种经营。妇女较普遍地不再出工下地了，而从事养猪、喂鸡、种菜、刺绣等等家庭副业；多余的男劳力从事种植、采集、手工业等各项经营，发挥自己的特长。有些地方把"包"字扩大到山、水、林，实行包山、包水、包林的承包制，承包的农户积极性空前高涨，自然优势得以充分发挥，各种经济作物和林、牧、副、渔多项经营迅速发展。总之，多种经营的发展，使整个农业生产出现了一片蓬蓬勃勃、万紫千红的兴旺景象。在长期贫瘠以"人无三分银"出名的贵州省，1981年尽管遭受了60年未遇的大旱灾，有317万亩粮田颗粒无收；然而，由于80%以上的生产队实行了包产到户的责任制，家家户户在奋起抗旱的同时，积极开展多种经营，结果这年茶叶、油菜籽、烤烟、牲畜、渔业等各业都大幅度增产、丰收，各族人民的实际收入都有增长。"粮食减产百业补"，虽然全省粮食总产量比丰收的1980年减产12.5%，但农业总产值反而增长5.9%。贵州省领导原来估计这年农业税要比原计划减少1500万元，结果不但没有减少，反而增加了1600万元，创了历史的奇迹。"地无三尺平"的贵州，开始描绘起了山水田土万紫千红的秀美图画。这一年，全国的粮食总产量并未下降，还略高于前一年；而农业总产值比前一年增长5.7%，则主要是发展多种经营而获得的。

三、多种经营促进粮食生产

多种经营在我国广大农村的发展，也并不一帆风顺。许多人总是担心包产包干到户后，农民会只图眼前利益，把粮田改为种菜种瓜，放下农活去搞副业，以致弃农经商；上十亿人天天要吃的粮食从哪里来？1981年因为发展棉花等经济作物而减少了一些粮田面积，一些地区又有程度不同的自然灾害，结果并未使全国粮食总产量有所下降，但是有些人还是忧心忡忡。

不能忽视粮食的极端重要性，当然是千真万确的。胡耀邦在每一次讲到发展多种经营的时候，都把"粮食生产决不能放松"的话说在前头。1981年12月他在向各省市自治区党委第一书记谈全年的经济工作时十分强调：粮食生产的稳步增长，对于我国国民经济的稳定和健康发展，是一个必不可少的极其重要的条件。如果忽视这一点，是完全错误的。他说，从全国来说，我们要力求在正常年景的条件下，粮食生产每年增产 3%，至少 2%，以保证我们每年用于人口增长的需要，以及工业和饲料用粮。

那么怎样才能确保粮食生产每年都有稳定增长呢？胡耀邦说：要改变过去下达多少多少亩粮食种植面积指标的做法，而改为下达确保粮食总产量增长 2% 或 3% 的指标。至于种植面积多少，种植什么，则由社队（即乡、村）作主，因地制宜尽力提高单位面积产量。其次，要打开眼界，把视觉搞得更宽广一点，看到多种经营的发展可以促进粮食生产。胡耀邦这年 5 月在山东调查就了解到，山东去年多种了棉花，结果有 14 亿斤棉籽饼肥了田，使粮食亩产提高了许多。今年麦田减少 2000 万亩，反而增产 60 亿斤以上，就是因为有了饼肥、厩肥。胡耀邦还认为：10 年 20 年，长期进口一点粮食，每年 300 亿斤，用来促进经济作物和多种经营的发展，是很值得的。他说，山东省委的同志就曾提出：如果中央给 20 亿斤粮食，至多 3 年，山东就可以搞到 2000 万担棉花（相当全国棉花总产量的 1/3），那么反过来对于促进粮食生产，增加农民和国家的收入，都将是十分合算的。有人说，进口这些粮食，打起仗来怎么办？胡耀邦引用一个同志的话说：打起仗来，当然就要多种粮食、少种其他，只要半年时间就可以改过来了。

胡耀邦提倡积极发展多种经营，出发点是尽快地全面发展农业生产，让 8 亿农民快一点富裕起来，也使整个国民经济的基础更加稳固。他对各地一把手说：今后若干年内，如果我们的多种经营不是以每年 7% 以上的速度增长，那么农民就很难快一点富裕起来，农业同样也会面临困难的局面。可以这样设想，如果我们哪一年能够达到 2 亿头牛、4 亿头猪、5 亿头羊、1000 万吨糖、2000 万吨鱼、4000 万吨干鲜果，那么即使有一年颗粒不收，也不会饿死人。三年困难时期，有两年饿死人，那是因为不但没有粮食吃，别的也

胡耀邦在河南农村访问农家，与农民朋友在一起。

没得吃。所以我们有一个因地制宜积极支持和精心指导农民发展多种经营的问题。如果我们能够做到粮食在正常年景下，平均每年增长 2% 至 3%，多种经营平均每年增长 7% 以上，那么 20 年才有可能使农业总产值增长约近两倍，这样我们的农业才有希望。不把眼光打到这个算盘上去，农业要翻身不容易，人的优势也发挥不出来。事实证明，多种经营搞上去了，又可以促进粮食，二者是相辅相成的。所以我主张同志们一个一个地方去搞一点较深入的调查和研究，弄通这个道理。中国山多、水多、人力多，这是我们的特点。局限在现有那点耕地上面，局限在粮食上面，是不行的，是没有出路的。

多种经营的发展，必将促进国民经济的全面发展，提高人民的物质、文化和健康水平。胡耀邦反反复复地向大家宣传这个道理。1981 年 8 月他在河南、山西、河北调查时对各地负责人说：我们今年全国棉花可望超过 6000 万担。有了棉花，就可以搞纺织、服装、鞋帽、刺绣、缝纫，有多少女同志可以就业，慢慢地就可以不下地了。女同志和男同志一样干农田重活，就生妇女病。要综合考虑这些问题，认识逐步把经济作物搞上来的意义。经济作物上去了，有农民富起来的意义，有就业的意义，生理卫生的意义，人民健康的意义，等等。

四、让千家万户自己作主

怎样发展多种经营？胡耀邦作过许多调查研究。他说：这是一门科学，是农业上的科学经营和科学技术的运用。他在河南调查中同当地干部座谈时指出：基本的办法还是发动群众因地制宜。一是要发动家家户户搞种植业，房前房后、小沙滩、小河边、小盐碱地、小荒滩等等，不能闲着嘛。黄河两岸的荒地多得很，宽度有五六里、七八里、甚至十多公里。我去过延津，那时看到黄河有纵深十多公里的荒滩，远着哩。内黄也多的是，孟县、济源也很多。我们要划分地段，谁种归谁。选一些县城中学、农科所，搞一千个点、两千个点，培育葡萄等等，每个点投资一千元，花一二百万元，培育出苗子，贱价卖给老百姓。让中学生干，他们有知识。国营农场也要来干多种经营。我常想，应该有厉害的几手，没有几手厉害的东西，上去困难。总之，要很好研究一下怎样多快好省地发展种植业的问题。另一个是养殖业，山东家家户户都养兔，那个长毛兔很好。我看主要也是提倡家家户户干，要总结出一套办法来。搞个三五年，耕作制度就会变过来。种植业、养殖业，至少要提出 30 个项目。要打新主意，搞新的项目，要算活账，不要算死账。按旧主意，十年也算不出来。

胡耀邦 1981 年 8 月间在河南、山西、河北三省作了 14 天的考察回京后，向中央政治局常委和书记处汇报了发展农业生产要积极开展多种经营等意见，得到大家赞同。他提出应当召开一次全国性的会议加以推动。这年 12 月，万里主持召开的全国农村工作会议上，除了主要研究如何健全和发展农业生产的联产计酬责任制，还对于积极开展多种经营，提高经济效益，作了广泛的讨论。与会的许多干部反映：发展多种经营和商品生产，已成为广大群众的迫切要求，我们的工作必须紧紧跟上。有个县委书记说："责任制是启动器，多种经营是突破口，两个环子一齐抓，集体个人一齐上，生产力再次大解放。"经过讨论，大家一致认为：生产队要因地制宜制订全面发展农、林、牧、副、渔、工、商的规划，有计划地做好劳动力的安排，并选择相应的生产责任制。即使在那些目前基本上实行分户经营的生产队，也应逐步量力而行地从事一些多种经营项目，如林场、茶场、果园、养殖场等，逐步发展专业分工和专业承包，逐步改变按人口平均包地、"全部劳力包田"的做法，把剩余劳动力转到多种经营方面来。农村工作会议还讨论了改善农村商品流通、疏通流通渠道，以促进农副产品的购销；恢复和健全各级农业技术推广机构，加强技术力量，因地制宜推广农业科学成果，促进多种经营的发展；建立合理的生产结构，实行合理的社会分工，开拓新的生产领域，促进多种经营的综合发展，尤其是林业和畜牧业的发展，等等。这些讨论的成果，都载入了《全国农村工作会议纪要》。

为迅速发展多种经营，胡耀邦认为，在相当长一个时期内，要发动千家万户自己经营为主，不要固守国营为主、集体为基础、个体为补充的老框框。1982 年 1 月 22 日，他对赣南发展柑橘生产，特地给江西省委书记白栋材写了一封信说：赣南发展柑橘的方针……应该坚定不移地、脚踏实地以大力支持个体种植为主、集体专业承包发展种植为辅的方针。所谓大力支持个体种植，就是要迅速将社员住地附近的小块荒坡、荒原、荒滩和田头、水边等小片空闲地固定给社员去种植，至少一定 30 年不变。在这些土地上种植柑橘的经营、收入、出售等等权利，完全要由社员自己支配，除土地所有权仍属集体所有外，不应当再附加其他限制条件。这就是说，要把社员从事这项种植业作为社员的家庭副业来看待。国家在提供苗种和技术指导等方面，初期还可以考虑无偿地供应一部分，另一部分收点成本费，这样才能扶持得起来，否则也很困难。所谓集体承包，就是把那些较大块的荒山、荒原包给一户单独经营或几户联合，结果后的收益分配和如何经销，一律采取投标和签订合同方式加以确定，并保证严加遵守。在我看来，只有采取这样的做法，才能迅速地把广大群众的积极性调动起来，而采取这个方针，对我们的社会主义制度丝毫不存在什么危险性。[①]赣南地区按照胡耀邦的提示，大力组织群众开发荒山荒原种植柑橘，不过几年，漫山遍野郁郁葱葱，金秋时节硕果累累；而且由于气候和土壤的特殊条件，所结柑橘的口味超过了世界著名的美国"花旗蜜橘"，在国际市场大受青睐。江西也按此方针在全省各地放手发动群众发展多种经营，有力地促进了地方经济的增长。

五、民富国强是最大的政治

发动群众自己干，领导者的责任是什么呢？胡耀邦说：就是指导。一是指方向，二是技术指导，三是在品种、资金上给点扶持，只要拿过去农田基建投资1%的经费支持发展多种经营就够了。像这样搞上三五年，就搞出味道了。他提出，过去农民不知道怎么搞多种经营，除种地以外，只会肩挑小贩；只有富农这个阶级比较熟悉。如今地、县、乡（公社）三级党委要有一个班子来研究，天天钻。胡耀邦说，还要重视加工工业。河北的同志说，蜂蜜、核桃、芝麻、花生过剩，就是因为没有搞起加工工业来。搞农副产品，要有个战略思想：只有靠加工，才不赔本，才能赚钱，才符合农民和城市居民的需要。粮、菜、水果也好，猪、牛、羊也好，增加收入的一个根本出路就是搞粗加工。加工后内销，供应城市居民，也供应农民。过去走的路，是一条"收购——又原封不动地返销"的路，非赔钱不行。今后要走另一条路，"收购——加工——销售"，这样才能发展。搞简单的粗加工，就可以不赔钱，运输也方便了。杏仁

---

① 原件存中共江西赣州地委。

一砸，也是简单加工嘛；把红薯干加工成酒，把高粱变成白酒或变成高粱饴，都能增加收入。总之，把农产品收回来，经过简单加工或者中度加工，再到大城市进行深加工，一部分出口，一部分作为工业原料，这样，才能越来越富，既可以发展生产，增加收入，又可以解决就业问题。

胡耀邦着重指出，我们的经济工作，几十年来形成了许多不科学的老框框、老套套，不破的话经济上不去。这几年主要破了政治思想方面的一些东西，经济工作方面还有许多老框框没有破。他要求大家注重实际，调查研究，解放思想，研究新情况，解决新问题。

领导广大人民努力奋斗，发展生产力，使国家和人民尽快地富裕起来，是当代中国共产党人的根本任务，也是党的干部思想觉悟高低、工作优劣和有没有本事的一个最重要的标准。胡耀邦多次说道："翻两番"和四个现代化是现今最大的政治，有利还是不利于国家和人民的富裕，乃是衡量我们各项工作做得对或不对的最重要的标准。国家富强不起来，人民富裕不起来，一切无从谈起。1984 年 4 月 2 日，胡耀邦到河北去调查，定兴县委书记张昌海向胡耀邦汇报说：今年我们农村人口要达到人均增收 100 元。胡表示不太相信，劝他们把指标搞低一点。但定兴的干部说了几条理由，表示确有把握。胡耀邦说，如果真能实现，年底请你到北京来汇报。

这一年，河北全省一百四十个县普遍开展了"致富大讨论"，各级干部纷纷下到各村各户，同群众一道商量致富办法。大家打开思路，寻找门路，定出切实具体的增收致富计划，一个村一个村地落实，一户一户地落实。有些基层干部、转业军人、能工巧匠、专业户发挥了很好的作用，他们热心帮助困难户的行动，更是促进了干群关系和邻里团结。胡耀邦这年4次到河北农村去调查，也同基层干部和农民反复研究增百致富的可能性，落实具体方案，帮助解决困难。农民说，共产党的干部同我们还是心连着心啊！经过一年的上下努力，全省140个县中有61个县人均增收百元以上，保定地区22个县有20个县达到了人均增收百元的目标。

1985年1月初，保定地区22个县及保定地市委的负责人应邀来到北京，向胡耀邦和中央书记处汇报了增百致富的实际做法和经验。胡耀邦十分高兴，赞扬这样大面积地和大幅度地增长是很有意义的，将会增强扩大再生产和改善人民生活的物质能力，更会增强人们翻番的信心，并将产生巨大的影响。他指出，通过增百致富活动，使得广大农村工作干部的思想觉悟有了很大的提高，越来越多的同志悟到只有有利于国家和人民的富裕，才是衡量自己工作做得对做得好的最主要的标准；同时在工作方法上，也一改过去向上叫困难、向下发号令那一套，到下面去找好经验、好办法，找群众、找能人去商量，把指导方针、奋斗目标同群众的切身利益紧密结合起来。他鼓励保定的同志继续前进，并赞许新的一年再来一个人均增收百元的计划是有雄心壮志的积极计划。他还指出，大家只要尽了心努了力，万一实现不了也不要有压力、背包袱，上面的同志也不要见怪，更不要打棍子，要造成我们党里和衷共济的风气。

增百致富活动，在云南、贵州等地也陆续开展了起来，收到了很好的效果。云南省1984年有23个县人均增收百元以上，其中宾川县人均增收138元。胡耀邦1986年2月在贵州调查考察时说，开展增百致富大讨论，第一个收获是把干部的思想路线端正了，把风气搞好了，这是长期起作用的东西。至于增高了一百还是没增一百，这是第二位的。做好这件事，走群众路线、解放思想、实事求是、因地制宜，就都来了。这比上面下命令、规定指标好得多。赞成你们继续发展增百致富大讨论，这种讨论实际上是群众性的诸葛亮会议。要连续搞几年，把我们基层干部的作风端正到因地制宜、群众路线、实事求是上来。同时他告诫干部：第一不搞强迫命令，第二不搞弄虚作假，第三不搞挖老本来凑数。要说明一条：致富增百不是死目标。如果到年底一查，有几个县虽然也增长了，但没有增百，也不要紧，同样应当肯定人家的成绩嘛！

六、对乡镇企业要"放水养鱼"

连续 6 年的农业大丰收，农村经济大发展、高增长，其中有一位默默无闻而作出了巨大贡献的功臣，它就是乡镇企业。

乡镇企业，原称社队企业。最早是 1958 年人民公社化时代，因为大炼钢铁和大搞农业机械化而在公社、大队办起了农机加工厂，后来便处于半死不活的状态。在 20 世纪六七十年代，浙江、江苏等不少地方，因为人多地少，剩余劳力很多，又不能进城打工，许多社队便悄悄办起了属于集体经济的小工厂、小作坊。尽管在计划经济的严密控制下，原材料供应没有保证，产品销售要"各显神通"，设备差，技术低，但是这些小工厂按市场需要组织生产和自主经营，干部、工人是忙时下田、闲时进厂的农民，因而具有国营企业不具备的某些优越性。它们优胜劣汰，盈利了便迅速扩大规模，亏损了就转产、停产。农民从中得到实惠，农田投资有了资金，手头也有了活钱适当改善生活。进入八十年代，随着家庭联产承包责任制的普遍推行，越来越多的地方出现了大批专业户，其中有些专业户就承包了社队企业，有些专业户则在本村本镇兴办起新的企业。

对于乡镇企业这个新生事物，中央予以了肯定。胡耀邦认为专业户在乡镇办食品工业、饲料工业、各种农产品加工业以及其他工业、服务业，按照市场需要经营，不受计划体制的约束，对于发展商品生产、促进市场经济的发展是一股强大的力量。他的这个观点，得到万里和中央书记处其他同志的赞同。在几个"一号文件"中都有保护、支持发展乡镇（社队）企业的指示和规定。第二个"一号文件"说："现有的社队企业，不但是支持农业生产的经济力量，而且可以为农民的多种经营提供服务，应在体制改革中认真保护，勿使削弱，更不得随意破坏分散。"①第三个"一号文件"进一步指出："随着农村分工分业的发展，将有越来越多的人脱离耕地经营，从事林、牧、渔等生产，并将有较大部分转入小工业和小集镇服务业。这是一个必然的历史性进步，可为农业生产向深度广度进军，为改变人口和工业的布局创造条件。不改变'8亿农民搞饭吃'的局面，农民富裕不起来，国家富强不起来，四个现代化也就无从实现。"文件说："当前农村兴起的饲料工业、食品工业、建筑材料业和小能源工业，是最为社会所急需而又不能较快发展的几个产业部门，应有计划地优先发展，有关部门和地方要给予积极的指导和扶持。""现有社队企业是农村经济的重要支柱，有些是城市大工业不可缺少的助手。"文件还说："农村工业适当集中于集镇，可以节省能源、交通、仓库、给水、排污等方面的投资，并带动文化教育和其他服务事业的发展，使集镇逐步建设成为农村区域性的经济文化中心。"②

---

① 《当前农村经济政策的若干问题》（1982年12月31日中央政治局讨论通过），《十二大以来重要文献选编》（上），人民出版社1986年版，第259页。

② 《中共中央关于1984年农村工作的通知》（1984年1月1日），《十二大以来重要文献选编》（上），人民出版社1986年版，第434—435页。

　　第三个"一号文件"发布后，乡镇（社队）企业受到有关部门和各级党委、政府的重视。1984年2月，农牧渔业部写了一个《关于开创社队企业新局面的报告》的报告，胡耀邦等领导人看了认为很好，中共中央、国务院以"中发［1984］4号"文件批发各地，还特地加了一个批语，指出："发展多种经营，是我国实现农业现代化必须始终坚持的战略方针。只有不断开辟新的生产门路，妥善安排不断出现的多余劳力，充分利用农村的剩余劳动时间，逐步改变8亿人搞饭吃的局面，使农村商品生产得到充分的发展，农村才能富裕起来，也才能逐步积累农业现代化所需要的大量资金。乡镇企业是多种经营的重要组成部分，是农业生产的重要支柱，是广大农民群众走向共同富裕的重要途径，是国家财政收入新的重要来源。乡镇企业发展，有利于'以工补农'，扩大农业基本建设，使农业合作经济组织增强实力，更多更好地向农民提供农业机械和各种服务。乡镇企业发展，还有利于促进专业承包，适当扩大经营规模。""乡镇企业发展，必将促进集镇的发展，加快农村的经济文化中心的建设，有利于实现农民离土不离乡，避免农民涌进城市。"中央要求"各级党委和政府对乡镇企业要在发展方向上给予积极引导，按照国家有关政策进行管理，使其健康发展。对乡镇企业要和国营企业一样，一视同仁，给予必要的扶持。随着乡镇企业的发展，乡镇企业上缴的税金会越来越多，这是国家建设所需要的，但是，我们的着眼点要放在扶持乡镇企业的生存和发展上，这样才能源源不绝地、持久地增加财政收入"。[①]胡耀邦在农业部的一个文件上批道："对乡镇企业，要放水养鱼，不要竭泽而渔。"

---

　　① 《中共中央、国务院转发农牧渔业部和部党组〈关于开创社队企业的新局面的报告〉的通知》（1984年3月1日），《十二大以来重要文献选编》（上），人民出版社1986年版，第439—441页。

也是这样具有远见的主张。

胡耀邦对乡镇企业极为关注。他认为这不仅是农村经济改革在经营方针上发展商品生产的重要一步，是使亿万农民脱贫致富的重要渠道，而且是我们走出中国特色社会主义道路的一大创造。他在一次讲话中曾说，资本主义国家搞现代化，是走城乡、工农截然分开的路子；苏联和东欧许多国家也是把城乡截然分开，城市人口都是百分之六七十。这是一个很大的决策问题。马克思的《资本论》也讲大工业是最节约的，要集中办才好。可是在我们中国的国情下并非如此，在许多情况下办小工业比大工业更合算。所以我们采取综合经营，农村办乡镇企业，农民离土不离乡的办法，不再重复走城乡、工农截然分开的道路。我国几十年内农村人口还会多于城市人口。这样做，中国农业的改造和富裕不是慢了而是快了，现代化也不会脱离社会主义的轨道。

1985 年 1 月，在河北保定地区 22 个县委书记应邀到中南海来汇报工作的座谈会上，胡耀邦听到许多县的农民年收入增长人均超百元，是得益于乡镇企业的收入，其中涿县有个乡镇企业叫东方实业公司，织出的地毯远销国外，创收更是惊人。这个东方公司，原是一个公社的农机修造厂，1980 年转成地毯厂。他们自力更生，精细研究世界闻名的波斯地毯，创造出了独具特色的东方牌地毯。这个社办工厂大量组织和带动本地农户利用农闲在家里编织地毯，工厂提供原料，教技术，发花样，勤帮助，勤检查，严格质量检验。因为质量优良，成本低廉，产品由少到多、由小到大，越来越受到国外欢迎，订单源源不断。胡耀邦听了大为赞扬，说这种利国利民的大好事，各地可以因地制宜大刀阔斧去干。

胡耀邦到各地去调查考察，也都关注乡镇企业发展的新情况，指导解决新问题。1984 年 10 月他深入到山东石岛镇南车大队，谈到队办企业的产品时说，第一是产品质量要好，第二是价格要合理，这才有竞争力。12月他去江西调查考察时，发现有些县委干部想把乡镇企业收上来由政府办。他指出，加快发展乡镇企业，应当把希望寄托在群众自己干起来，主要依靠家庭工业和专业联户，支持专业户、专业大户、专业村的发展。这是一个重大方针的问题。后来他到滇黔桂三省区考察时谈到乡镇企业时说，发展乡镇企业也要注意两条原则：一是要立足本地资源；二是要着眼于群众致富。要从户办、联户办工业开始，"驴打滚""麻雀战"，从简单粗加工开始。……如果这个方向不抓住，还有走弯路的可能。他还说，兴办、发展乡镇企业要注意请一些能工巧匠来传授技术，可以考虑四川、上海、江苏、浙江等省（市），同后进省搞技术支援嘛。搞一些能工巧匠，如江苏省抽2000人，春来冬去，一年一转换。胡耀邦对乡镇企业的精心关注和具体指导，给人印象深刻。

各地的乡镇企业在党中央的高度重视下，随着农村体制改革的深化和商品生产的发展，犹如雨后春笋，从沿海到内地，从江浙到南国、北域，蓬勃兴起。各地的乡镇企业利用自己特有的优势，乡办、村办、农民联户办、专业户办以及其他合作形式办，"五个轮子一起转"，在许多地方发展得很快。尤其是在大中城市周边，许多乡镇企业与城市工业搞横向联系，主动为国营企业加工零部件，或生产国营企业不能安排的产品，拾遗补阙。这些乡镇企业请进技术人员来传授技术和质量把关，大大增强了自身的技术力量，保证了产品的质量，还避免了与大工业争原料、争市场的矛盾，互助互利，也满足了市场的需要，因而得到了稳定和快速的发展。据统计，上海市的乡镇企业，每年税收递增幅度很大。江浙等省有些乡镇企业的技术与管理水平甚至超过了同行业的国有企业，成为具有相当规模、比较规范的现代化企业。

　　与乡镇工业发展的同时，农村专业户等经营建筑业、运输业、商业、服务业等各种产业的乡镇企业也得到较快发展。经过几年的有效经营，到"六五计划"结束的 1985 年，中国农村社会总产值达到 6340 亿元（按当年价格计算），比 1980 年增长了 1.27 倍。乡镇企业当年总收入达到 1827.4 亿元，比 1980 年增长 2.07 倍，平均每年递增 25.1%。农村社会总产值的构成也发生了变化，工业、建筑业、运输业、商业比重逐年蹿升，由 1980 年的 31.1% 上升到 1985 年的 42.9%；而农林牧副渔业总产值所占比重，则由 68.9% 下降到 57.1%。到 1987 年，乡镇企业的产值已超过 4500 亿元，占农村社会总产值的 50.8%，首次超过了传统纯农业的总产值的比重。

第二十八章　开发西部

一、来自实践的战略构想

胡耀邦是一个注重实际的领导人，他坚持马克思主义认识论，从客观实际中获取正确的认识。几年来，他在我国广袤的西北、西南各省区都留下了调研考察的足迹。

怎样看待西部？人们有许多不同的认识。1983 年 5 月，胡耀邦对新疆地区作了调查、考察，7、8 月间又对青海、甘肃进行了比较广泛的考察。他在青海省领导干部大会上说：青海的面积相当于 7 个江苏，比四川（注：当时包括重庆及所属地区）还大 1/4 多。青海虽然干旱，但许多地方有丰富的地面水和地下水，一旦开发就可以变成绿洲。全省处于高寒地带，虽然给生产和生活带来许多困难，但正因为高寒，才有牦牛、藏羊、虫草等特有的动植物资源，而且随着科学技术的进步，可以减轻高寒的消极影响。青海拥有丰富的能源资源，可供开发的水电装机容量达 2000 万千瓦，太阳能

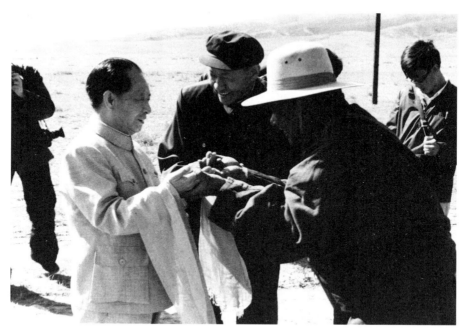

1983 年 7 月，胡耀邦到青海省考察，藏族同胞向他献上洁白的哈达。

1985 年 7 月，胡耀邦在新疆维吾尔自治区喀什地区考察时与维吾尔族儿童在一起。

和风能资源得天独厚，煤、石油和天然气的储量也很大。青海有世界稀有的巨大盐矿藏，达 500 亿吨以上，拥有储量居全国第一位的长纤维石棉矿，有大型的铅锌矿，还有几十种比较丰富的矿藏。青海如此，新疆、甘肃、宁夏、陕西这些省区，也都各具特有的优势，都是未来开发的宝贵财富，必将为国家的四化建设作出巨大贡献。每到一个地方，他都细致观察当地的实情，对其特点作出独到的概括，进而提出改革和发展的方针性建议。

西北资源丰富，西南也有很多有利条件。胡耀邦 1980 年春考察了西藏，此后几年在云、贵、川诸省走得更多。1984 年 1 月他在贵州省干部大会上列举了西南地区蕴藏着的巨大优势：大西南是我们整个国家四化建设的一个重要战略基地。云贵川三个省，面积 113 万平方公里，占全国 1/9；如果加上西藏的 120 万平方公里，那就是 233 万平方公里，占将近 1/4。人口在云贵川三省有 1.62 亿，占全国 1/6。地理位置十分重要，从国情来讲是我们的大后方。特别是资源丰富，是全国少有的能源和重工业基地。水电资源如果连上西藏，占全国 85% 以上，而且有些地方造价特别低。三省煤的储量有六百多亿吨，一年开 2 亿吨，可以开 300 年。还有黑色金属、有色金属，也是蕴藏量比较丰富的地区。60 年代搞三线建设，全国投资一千多个亿，西南占了 1/3，使得这里有比较先进、强大的工业设备。三省的农业条件好，土壤、气候都比较适宜，吃饭问题比较容易解决，林牧业的潜力大，前途更大。从上面的这些条件来看，西南必然成为我们四化建设的重要战略基地。我们应该有这个战略眼光。

西部地区的优势很大，同时也要正视其困难和不利的一面。胡耀邦与当地干部分析，从目前来看，交通闭塞、经济还不发达，人民的家底比较薄，文化技术程度还不高，是三个主要问题。这就要

靠我们团结和带领广大人民艰苦奋斗，在已有的基础上，经过 15
到 20 年的努力，为未来的大开发，作好各方面的准备。他在贵州说：
要从现在起，用 15 到 20 年的时间，把云贵川三省建设成一个可以
独立存在的、又能支援全国建设的现代化基地，即是：拥有三千多
万千瓦的能源基地，强大的重工业基地，能满足本地区人民需要的
轻工业基地，粮食充分自给的强大的农业林业牧业基地。我们要防
止两种可能的偏向。一种是认为根本办不到。这是一种悲观情绪、
悲观思想。这个不对。另一种是认为明年就大上，3 年就完成。这
叫急躁情绪，也不行。我们把思想端正以后，就要大家力争，长期
奋斗。你们西南三省，或者再加广西，大家鼓足干劲，同时深思熟
虑地想一想 5 年怎么走，10 年怎么走，15 年怎么走，20 年怎么走。
要看到远景，下个决心，积极开创新局面。

　　回到北京后，胡耀邦把调查考察的认识向中共中央作了汇报。
他说，从眼前来看，这些地区经济不发达，与沿海和中部地区相比
有较大的差距，但是这些地区地域辽阔，自然资源极其丰富，发展
起来拥有巨大的优势。他从国家长远发展和繁荣富强的战略高度分
析后认为，我国国民经济的战略部署，在本世纪末实现翻两番的基
础上，要进一步实现未来 20 年、50 年的宏伟计划，势必要将我国
经济开拓的重点转移到西部来。西部地区将是 21 世纪把我国建设
成社会主义强国的巨大基地。胡耀邦还提出，在制定"七五计划"
时，对西部地区要适当照顾，稍微优先一下。当然要一下子大上有
困难。

　　为加快西南地区的建设和开发，胡耀邦 1984 年初在贵州还找
了云南、四川和重庆市的领导来座谈商讨，促成了一个"三省四方
经济协调会议"，以加强相互的合作，共同努力；后来广西也表示
要同贵州加强合作。大家商定了这个协调会议的原则是平等互利，

轮流坐庄，大家都有否决权。

二、探求西部贫穷的根由

开发西部必须脚踏实地去做。当务之急是切实帮助贫困地区改变面貌。在西部广大的山区、荒原区和偏远地区，都有一些十分贫困的县、乡，好几千万农民终年处于饥寒境地。胡耀邦这几年着重考察了这些地方，几次在中央汇报了贫困地区的实际情况，提出了"老少边穷"这个概念。他不避讳社会主义制度下必须严肃正视几千万人民尚处贫困境地这个现实，研究制定相应的政策措施，把切实帮助贫困地区逐步改变面貌，作为党和政府的一项重要任务来认真解决好。

胡耀邦在各地调查考察中看到，这些年来，各级党委和政府有关部门，为了缓解贫困地区人民的温饱问题，做了许多济贫解困工作，然而问题远未解决。他认为，这其中有自然条件和社会历史条件的原因，但也有主观上领导上的原因。1983 年他在同中央有关部委的负责人座谈时说：现在，山区大约有两三亿人民富不起来，翻不了身。在这个问题上，一不能怪山区人民，二不能怪下面干部，是我们政策的失误。一定要改变政策，放宽政策。一不能整老百姓，二不能由国家背包袱，而是要给干部和群众以正确的政策，帮助解决问题，诸如山权问题，承包责任制问题，自营林木的继承权问题，农林副产品自由交换问题，山货贩运问题，交通问题，市场问题，等等。对这些问题，请计委、经委、林业部等有关部门共同努力，把情况调查清楚，尽快拿出解决的办法来。

胡耀邦在这次讲话中还提出了两个"时时刻刻"：我们的同志一定要弄清两个问题：一是我们共产党要时时刻刻为人民着想，使人民尽快富裕起来。只要人民富裕起来,我们就有办法了。决不能把人民的利益同国家的利益对立起来,国家的利益离开了人民的利益,就是抽象的,没有意义的。试想,离开了人民,还有什么国家?二是我们考虑问题要时时刻刻记住,政策是第一位的,政策对了头,其他问题都容易解决,研究、解决问题决不应该眉毛胡子一把抓,更不应该本末倒置。

1986 年初,胡耀邦率领中央机关 27 个部委的 34 人组成春节访问组,赴滇黔桂三省区作了为期 17 天的调查考察。在与三省区领导干部座谈中,有一段话概括了他这些年调查考察对这个问题的认识。他说,平常提老少边穷,还只是从现象上看问题;困难比较大的,分布在深山区,高寒山区,一个是森林区,一个是荒原区,甘肃就是荒原。决策上的主要失误,就是不看条件都向他们要粮食,全国以粮为纲,不只是强人之所难,而是强人之不可能。深山区,高寒区,他祖祖辈辈不是靠种粮食解决温饱问题的。那些森林区、深山区,他们的主要劳动对象是什么?你强迫他种粮食,不让他开矿、搞林业,不仅剥夺了人家的经营自主权,还剥夺了他的主要劳动对象。他的主要劳动对象就是伐木头、挖矿。政治经济学告诉我们,生产三要素中,有一个是劳动对象,你把劳动对象都剥夺了,违背了政治经济学起码的常识,他怎么能够温饱?

胡耀邦还分析说:这些地方,因为祖祖辈辈都穷,所以遗留下了许多精神上、思想上的消极因素。这些消极的思想习惯,是他们走向经济翻身的一种沉重的负担。我们是马克思主义者,对于他们的这种负担,要从历史上加以理解,要找到一种生动活泼的方法,帮助他们逐渐消除这种负担,这是很不容易的。不能采取批评的办法,批评没有用,斗争就更不应该了。这是祖祖辈辈遗留下来的,几十年、几百年、几千年从来就没有富过嘛。还有依赖思想、迷信观点等。只有找到生动活泼的办法，才能使他们在改造自然的同时，改变这种精神状态。这单靠思想工作也解决不了问题，要依靠榜样的力量，要依靠活生生的例子、事实。要善于发扬他们的积极因素，克服他们的消极因素。主要是帮助他们在生产和生活中见到效果。

要切实帮助贫困地区改变面貌脱贫致富，胡耀邦认为要扎扎实实地想些办法，采取切实的措施，使农民的日子好过起来。核心的问题是每年每人能增加收入。他设想，要在中央、省、地市三级找一批责任心很强的人，并且找一点科技干部和先进地区的能工巧匠，到这些贫困地区采取一带二帮的办法，春天下去，冬天回来，切实工作，帮助农民尽快脱贫。1984 年初在中央讨论建国 35 周年庆祝活动的会议上他说，我们还能帮助老百姓干一点什么事情？我在贵州提出，贵州有一部分老百姓很苦，没有棉絮，没有帐子。现在我们的化纤和棉布积压 90 亿米，可不可以搞点赊购？搞赊购，分期付款，既解决老百姓的困难，又减少积压，不要国家出钱，你们敢不敢这样干？贵州赞成这个办法。要准备 10% 的钱收不回来。请你们考虑一下，刺激一下消费，使人家欢欢喜喜地过一个国庆节。他的这个主张，获得万里、田纪云等人的赞同，主张抓紧在云南、贵州等地实施。1986 年春节后不久，他到四川凉山地区调查彝族同胞的住房问题，对自治州党委的负责人说：我这次来凉山的目的之一，就是来寻找解决彝族群众住房问题的办法的。解放已经三十多年了，我们国家还有彝族、苗族、布依族、瑶族等几个少数民族同胞的住房条件没有大的改进，现在是到着手解决的时候了，你们要把这件大事放在心上啊！

三、"反弹琵琶"实现生态良性循环

在方针政策上首先要解决的，当然是"以粮为纲"问题。长期以来，不分地区不加区别的"以粮为纲"，使得山区人民也被迫开荒种粮，到处开垦山区造梯田、造望天田，事倍功半且不说，严重的是直接破坏了植被和生态，造成水土流失和泥石流等自然灾害。山区人民不能"靠山吃山"，因地制宜地开展林、牧、副业生产，而是"捧着聚宝盆要饭吃"，依赖国家救济。如前所述，这些年来，中共中央和胡耀邦反反复复地强调要决不放松粮食生产，积极发展多种经营，为此制定了一系列方针政策。许多地方的山区经济有了改观；但是如何从单打一抓粮食的思维中摆脱出来，对于西部地区许多干部来说，还是一个需要解决的问题。

"民以食为天"，这个亘古不变的道理，常常成了"以粮为纲"的天然依据。如何发展粮食生产，如何才能让山区人民吃饱吃好？胡耀邦认为，对山区来说，对粮食生产产量不高的干旱地区来说，要跳出单打一抓粮食的思维，而来个"反弹琵琶"。他在甘肃调查考察后说，你们的《丝路花雨》不是有一个"反弹琵琶"吗？人们弹琵琶，一般放在怀里，《丝路花雨》却拿在背后弹，所以叫"反弹琵琶"。我看，甘肃农业要开花，来它个反弹琵琶。即：把不适宜种粮的山区和干旱的地方，种树种草；进而发展牛、马、驴、骡、羊等；牲畜多了，厩肥等有机肥料就多了；此时就能多打粮食。这也是生态系统良性循环、改造山河的正确途径。这个"反弹琵琶"，尽管胡耀邦在中央和地方的许多会上一再阐述，可惜只在少数地方为干部所接受而试行，直到十几年后才被国人广泛认同。

改变山区贫穷落后面貌，当然还有一系列政策问题需要解决。胡耀邦认为，全国山区情况千差万别，对山区建设的指导思想决不能简单化、绝对化。山区群众要靠山吃山，以山养山，建设山区，搞富山区。要考虑把"封山育林"的口号，改为抚山育林、抚山造林，要营林、治林、养林。要端正政策，制定规划，长短结合，以短养长，要兼顾国家、集体和个人利益。现在我们的政策，实际上是把山区人民的手脚捆得死死的，什么都不让群众去搞。为什么乱砍滥伐林木和盲目毁林、开垦的问题长期没有解决？主要是因为我们政策上的失误。在他的提议下，中央书记处农村政策研究室、林业部等单位研究起草了相关文件，经胡耀邦审改后，由中央书记处会议讨论通过发布。

"反弹琵琶"的第一曲是种树种草。

1983年7月，胡耀邦对甘肃、青海作了为期20天的调查考察。他不顾劳苦和高原反应，在海拔两千多米的黄土高原和三千多米的青藏高原上四处考察，陇东、临夏、定西、平凉、海南、海西、柴达木……深入基层，详细了解农民的生产和生活情况。对于满目是一座座裸露的土塬和大小沟壑，尽管是生机盎然的盛夏时节，也很少能看到绿色的树和草，胡耀邦并不陌生和惊奇：长征到陕北之后，他就在这贫瘠的黄土高原生活和战斗了近十年，老区人民的辛苦至今犹历历在目。如今，他怀着沉重的心情眼看此情此景，决心要为改变这贫穷的面貌贡献力量。他对甘肃、青海的面貌、资源和历史沿革作了研究，同当地的领导和广大干部、群众进行探讨，取得了一个基本共识，这就是：甘肃、青海以至整个西北地区，农业发展迟缓、人民生活贫困的最大问题是干旱。

为什么会造成干旱？胡耀邦有一段精辟的分析：干旱区的形成，大自然中各种的亿万斯年的作用，固然是基本原因；但就许多地区来说，就许多具体情况来说，人为因素的破坏肯定也是重要原因。我们看到地球上有许多地方，都是曾经有草有树，并且经人开发出来，后来又破坏了的。比如我们的华北、西北许多地方，多少年前，草地林地非常之多。前年我到山西，我问他们看过柳宗元的《晋问》那篇文章没有？柳宗元是山西永济人，《晋问》专讲一千多年前山西的风貌，说当时晋北到处都是森林。这次我到甘肃额济纳旗（现归内蒙古阿拉善右旗），这个地方古时叫居延，是汉朝在西北的屯兵重地，当年有大片的草原，放牧牲畜，还种小麦，驻兵上万，而现在周围地方已是一片荒漠了。还有陕、甘的畜牧业，过去也都是有相当规模的。东汉开国皇帝汉光武的一位大将马援，是陕西人，就曾在西北搞起了很大的畜牧业。他对相马法很有研究，写了一本《铜马相法》。再早一些，西汉武帝时的重要人物卜式，也是靠在北方搞畜牧业起家，向朝廷进贡大批马匹，封了大官。还有那个历史上有名的楼兰国，曾经很繁盛，但后来毁掉了，完全沙化了。什么原因？远的原因不清楚，但频繁的战争和滥伐树木，草原森林被破坏，无疑是个重要原因。还有陕北榆林一带，原是个草原地带，自从清朝康熙时期毁林开垦以后，暗沙变明沙，沙丘南移，榆林城自清初到解放前250年间被迫三迁城址。

胡耀邦在广征博引了西北地区的许多历史资料和故事后说：所以，北方干旱地区的形成，原因可能很多，其中一个重要原因是人为的破坏，是一二千年来的连绵不断的战争，是滥伐森林和盲目开垦。马克思讲过：耕作如果自发地进行，而不是有意识地加以控制，接踵而来的就是土地荒芜。[①] 我们讨论干旱地区问题，就要注意抓住这个原因，就要研究有关的历史，研究沙化和干旱究竟是怎么来

[①]　《马克思致恩格斯》（1863 年 3 月 25 日），《马克思恩格斯全集》第 32 卷，人民出版社 1974 年版，第 53 页。

的，或者为什么加剧了，而不要老是一股劲埋怨老天爷。

弄清了原因，怎样治理干旱？胡耀邦认为：种草种树，发展牧业，是改变甘肃、青海等省区面貌、治穷致富的根本大计，是一个重大的战略问题。他以甘肃定西通渭县申家山大队种草4年，畜牧繁盛，粮食产量逐步上升等先进事例，归纳了种草的六大好处：一是以草以林促畜牧业，二可以促粮食，三可以促轻工业，促食品工业、乳品加工、皮革加工、水果加工、木材加工等等，四有助于蓄水保土，改良气候，改变老天爷雨水分配不均，五人民致富，六有利于国防，林木多了，打起仗来可以藏游击队。总之，种草种树，是实现生态系统良性循环的基础一环，是农业发展的一个根本问题，是关系全局的战略问题。

为了使干旱贫困地区尽快脱贫致富，他和当地负责人和广大干部、群众深入探讨了种树种草的方案。他说：甘肃有45.6万平方公里的面积，如果经过30年的努力奋斗，达到用10万平方公里即百分之二十几的土地来种树，那就等于造了相当于整个江苏省那么大的一个林区。10万平方公里是1.5亿亩，如果成林之后每亩每年出材半立方米，就是150亿元，不就等于是翻了一番多吗！至于对畜牧业、农业和轻工业的推动和发展，就更是难以估量了！这当然不轻松，至少要准备干它30年。但是必须是从现在起，就有明确的目标，从明年起就要抓紧动手，种草种树。

既要有明确目标，更要有切实具体的行动措施。胡耀邦提出了十条办法和措施：

——思想大解放。破除单打一抓粮食的老框框，狠抓种草种树，发展畜牧业，由此增加肥料，达到粮食大增产。

——意志大集中。要在北方干旱地区，特别是土地多的地区，把大家的意志集中到种草种树这一点上，把它摆在第一位，围绕这一点来统一思想，集中意志。

——广泛大动员。要党内党外、男女老少都知道，把道理讲得清清楚楚。还要持久，整个 80 年代、90 年代都要讲，21 世纪还要讲，一直讲到完成任务。要讲得通俗易懂，说一些群众能记得住的话，比如："种草种树，治穷致富""十亩草山两亩林，子子孙孙不受穷""家有两头大畜十头羊，光景一年定比一年强"等等。要把种树种草同农民的切身利益结合起来。

——事情靠群众。种草种树这件大事，主要靠发动群众。靠千家万户，千军万马。要以发动群众为主，国家财政支持为辅。发展工业要有国家投资、花很多钱，搞农业则主要是靠用政策来调动广大群众的积极性。

——种子要狠抓。要广泛采集各种适合需要的草种、灌木种、乔木种，实行草、灌、乔混种。请团中央发动全国青少年来一个采集草木种子，支援甘肃改变面貌的活动。这也可以向青少年进行热爱祖国的教育。

——技术要跟上。本县、本地种什么草，种什么树，以及怎样种法，都需要在科学技术的指导之下，过细研究，具体落实，保证质量。有许多地方种树不行，可以先种草，先种灌木，从种草起步，草、灌先行，以草养畜，促林促农。

——检查要认真。每个省、地区、县、公社、大队，一年都要认真检查一次，表扬好的，批评懒洋洋的。

——政策要落实。种草种树，要谁种谁有，长期不变，子女继承。有些地方应当扩大自留地，同时落实责任山。现在各地都还有政策不完全落实的问题，即使工作较好的地方也不例外。牧业政策、林业政策、各种责任制都要坚决落实，大胆地和尽快地落实好。

——干部要带头。说一千道一万，抵不上干部带头干。我在定西说，你们这里这么干旱，别的意见我不提，只提一条：要书记带头，一人一年种两亩草、10 棵树。我看延安也要规定，国家干部一年种多少草、多少树。这一条是最过硬的，不带头干没有说服力。

——决心要持久。要把干旱地区改造过来，有的地方要 30 年，有的要 40 年。要靠愚公移山的意志，我们不是挖山，而是治山，这代人搞不完下一代，一代两代搞不完还有第三代，下决心干到底，一定把这件事情干好。[①]

这年年末，胡耀邦到四川、贵州去调查考察，发现两省的许多地方山陵起伏，但荒山秃野和盲目开垦的现象屡见不鲜。他指出：那么多山，有些应该停耕还林，可以种树种草嘛！他还了解到，像广东这样的地方，也有荒山荒地需要种树种草。例如广东韶关地区，总面积 3.2 万平方公里，80% 是山地，其中有 600 万亩是宜林荒地。所以他在许多地方都讲了种树种草脱贫致富的主张，鼓励各地从实际出发，定出规划，落实政策，采取措施，抓紧行动。

胡耀邦回到北京后，仍然挂念着同干旱作斗争的西北人民。他对身边的工作人员说：我们不能光号召人民群众种树种草，我们自己也应该有实际行动。他同大家研究，侧柏、华山松适于在寒冷干旱的西北地区种植，便倡议采集松柏树种送给西北人民。他每天在中南海散步时，就捡拾一些侧柏种子；还于 9 月 6 日下午和中南海工作人员一道，专程到西山去采集松柏树种，回来后捡净晾干，送给甘肃定西。在他的带动下，在团中央的号召下，一个采集草籽树种的活动在全国青少年中展开，一袋袋、一箱箱的草籽树种，源源不断地送往大西北。甘肃兰州就此建起了徐家山绿化工程示范区，

①　胡耀邦在甘肃天水、庆阳地区调查考察时的讲话（1983 年 7 月中旬），并参见在北方旱地农业工作会议上的讲话（1983 年 8 月 6 日）。

十几二十年后郁郁葱葱的纪念林成了西北干旱地区植树造林的一个榜样。①

胡耀邦认为种草不仅是山区、干旱区要首先抓的重要环节，就是在其他地区，也要有计划有步骤地把一部分山地、滩地甚至耕地拿来种草，变为草地。除了可以保证饲草饲料，使农、林、牧三结合，还可以改善和美化环境。他在 1984 年就指出，张家口再不加快种草种树，影响所及，北京的气候会越变越坏。令人叹服的是，十几年后北京等地沙尘暴频仍，证实了他的预见和提出种草是何等重要。

四、畜牧业要大发展

反弹琵琶的第二曲是发展畜牧业。

如前所述，胡耀邦认为种树种草，有了充足的草饲料，就可以大规模发展畜牧业，牲畜提供大量优质有机肥料，就能促进粮食增产，增加农民收益。他无论是在西北、西南的甘肃、青海、云南、贵州，还是在内地沿海的湖北、河南、江苏、山东，都反反复复强调发展畜牧业的重要性，鼓励各地要积极引导和支持农牧民多多饲养猪、羊、牛、禽，发展畜牧业。他在青海说，你们地面那么大，如果农牧结合，一户养一头奶牛，一年收入 1000 元，仅此一项，收入就可以翻一番！只有农牧结合，才能实现农业生产的良性循环。

"今后 30 年，也就是从现在起，到 21 世纪的 20 年代，我国畜牧业应当坚持并且实现大发展的方针。"胡耀邦 1984 年 11 月提出

---

① 伍精华文，《百年潮》2004 年第 1 期。

了这个主张，是从我国社会主义现代化建设事业的需要出发的，也是从我们中华民族的健康发展和繁荣兴旺来考虑的。他说，我们要通过畜牧业的大发展，根本改变全民族的食物构成，大幅度地增加食物中的肉食和奶制品，使中国人的体质根本好转，跻于全人类体质的优等水平……肉食者健，肉食者优，多吃肉才能体质好。当然，时间短了不行，要同人民的收入相适应，要经过一代人的努力奋斗。但是我们已经具备了这样去做的基本条件。

胡耀邦认为，发展奶业是满足城乡人民需要、增强人民体质的大事。要采取奶牛和奶羊并举的方针。有些地方奶牛一下子搞不起来，而养奶羊的投资比较少，技术比较简单，饲养也比较方便，应当更快发展。繁殖奶牛、奶羊，应是改良本地品种为主，进口为辅。改良品种，比如土牛经过三代，就可以变成良种了。进口，除了引进必要的良种牛羊之外，还可以买胚胎和精液。说进口为辅，但千万不要轻视这个辅。因为只靠自己搞，不够嘛！他指出，这种有益于国计民生的大事，早进一年和晚进一年，结果和意义是很不相同的。

鉴于一说"大发展"就要"国家投资""国营为主"的陈旧观念，胡耀邦认为：应当以专业户、专业大户、专业联户和专业村为主，扶持农民自己干，扶持地方干。这就是说，以个体为主，少量的由集体搞，国家全力以赴地从事技术指导、技术推广、品种改良、疫病防治等方面的服务工作。要发展专业大户和专业村，请你们注意总结这一方面的经验。那种一家一户的零星饲养可以搞，不要反对，但一定要促进专业大户和专业村的发展。不是说越大越好，不要搞形式主义，但是必须看到，如果专业大户发展起来，一户能够养多少头奶牛，或者养几十、几百只羊，几千、上万只鸡，如果整个村子都干这一行，先进技术的传授就快了，加工、收购、运输就方便得多了，畜牧商品化就能够更好实现了，国家的各项服务工作就更加有效了，农民也就富得更快了。

胡耀邦认为，先进技术的开发和推广，对于畜牧业的发展是至关重要的。对中央、省、地、市的各级主管部门来说，这是第一位的大事，如果没有先进技术，还靠那些落后的甚至是相当原始的生产方法，中国畜牧业大发展是不可能的。必须切实地研究和掌握畜牧业生产和加工过程各个环节上的先进技术，包括培养良种、繁殖饲养、疫病防治、饲草饲料和综合加工利用等方面的先进技术，有效地加以推广。

胡耀邦对发展畜牧业的这些见解，对于发展我国的农业经济，对于老少边穷地区因地制宜治贫致富，其指导作用是很大的，在影响深远的几个"一号文件"中都有相应的阐述和规定。

五、"靠山吃山"多种经营

反弹琵琶的第三曲是"靠山吃山"，发展多种经营。

在各地调查考察中，胡耀邦十分注意那些重视发展林牧副业因而比较富裕的山村，加以对比研究。他指出，山区存在着一个共同的尖锐矛盾：一方面地上地下的千百种自然资源长期沉睡，另一方面千百万山区群众继续受穷。如前所述，耕地是平原地区农民的劳动对象，那么山区的林地和矿藏就应当是山区人民的劳动对象。劳动力与劳动对象相脱离，正是山区人民贫穷的根本原因。解开这个结，山区就会全盘活起来。要扫除两个障碍：一个是目光盯在狭小的耕地上，而对地下的黑色宝库（矿藏）和地上的绿色宝库（树、草）视而不见；二是某些不合时宜的政策束缚着山区人民的手脚。他一再告诉山区干部和人民：要重视和发挥山区的优势，搞好林业、牧业、采矿业、副业等等，让人民脱贫致富。1984年10月他在山东与沂蒙山区土地革命和抗日战争时期的老党员座谈时说：老根据地的人民在革命战争年代英勇奋战，打出了一个新中国，为革命做出了重大贡献。新中国成立后，我们搞社会主义建设，走了曲折的路，在政策方面不对头，对老根据地更不对头。现在中央的政策对头了，老根据地的经济建设要赶上去，扬长避短，切实发挥自己的优势。他说，老根据地大多在山区，搞林业、牧业、采矿业等是你们的优势。比如你们沂蒙山区可以搞建材、搞大理石。老党员老干部应该带头勤劳致富。当他听说在座的魏振东是个1939年入党的抗日英雄，当年敌人听到他的名字就害怕，今年他承包75亩鱼塘，预计可产鱼3万斤，收入2万元的事迹后高兴地说：退下来搞专业户我看也是个方向。我送你18个字："推翻三座大山是英雄，实现四化宏图是能手"。会后还挥毫为魏书写了这18个字。

发挥山区的优势，首先是要调整和落实山区、林区政策；其次即是开动脑筋，打开门路。林业、牧业、采矿业、副业等等，细分起来，门路是非常之多的。胡耀邦在各地调查考察中，常常与当地干部、群众分析当地的资源条件，总结推广能工巧手劳动致富的经验，引导大家开动脑筋，寻找出因地制宜的生产项目。

胡耀邦1986年初对云南、贵州、广西3省区的领导人说：为了在经济上打翻身仗，要继续研究如何发挥你们的优势，克服你们的劣势。认识自己的优势和劣势不可能是一次完成的，不要怕反复。接着他分析了3省区的3个优势：（一）有丰富的矿产资源，也有能源资源，而且比较全。（二）流经3省区的赤水河，是亚热带经济作物地带，云南还有5万平方公里的湿热带，一可以搞糖料作物，二可以种植几十种亚热带水果，三可以种植中药材等健身植物，四可以种植香料植物，其他还有纤维植物，木本粮食等等。这四大类加起来有几百种，是别的地方没有的。（三）还有很大一片高寒山区，比北方寒冷地带好，适宜生长树木、牧草、药材，牛、羊、马都可以发展。他对 3 省区领导干部说：要从全局发展的需要来考虑，继续深化，研究发挥你们优势的政策问题和战略措施问题，要往这个方向走，继续往下走，不断深化。1986年 6 月他在云南玉溪对当地干部说：甘肃省种草养猪，"红头草"养猪非常好，群众很欢迎。你们有五百多万亩草山，要研究适合种什么草，逐步发展起来养牛、养猪、养兔，解决肉食问题。500万亩草山，平均两亩载一头牲畜，就是 200 万头。这是一条出路，既节省劳力，保持水土，又能提高食物的质量。甘肃省从这方面得到了好处，劲头起来了。你们的农业投资要拿出一部分来帮助山区发展草业、饲养业。

胡耀邦在调查考察中发现，要开辟生产门路，发展多种经营，还要帮助山区人民学习掌握生产技术。"如人家怕鸡瘟、猪瘟，又没有办法；想种香蕉，又不懂怎么种；种柑橘的技术要求更高了。"他说，"我在四川当了两年半区党委书记，种了十几棵柑橘，每一棵都生虫子，柑橘不是人人都会种的。烧砖也不容易。所以，我主张搞那么一批人去帮助他们。我们把技术看复杂了，把能工巧匠的作用看简单了，有些人的猪、鸡就喂得好，有些人就喂不好。一种、二养、三采、四加工，这种产前产后的技术作用要重视，能工巧匠的作用非常重要。"政府要制定相应的政策措施，鼓励科学技术人员下农村、进山区；还要倡导和组织人才和技术的交流。[①]

千百万群众的实践，是检验真理的唯一标准。这些年来，一片

---

① 胡耀邦在南宁汇报会上的讲话（1986 年 2 月 19 日）。

片森林和果园营造起来了，一个个牧场开办起来了，随之林牧产品源源不断地涌向城市，加工工业等乡镇企业星罗棋布地出现在各地山乡……所有这些，无不有力地说明了胡耀邦对山区经济的调查研究和切实指导，产生了多么大的效应！

西部建设和开发还有一个突出问题是交通。前些年，在西北和西南，国家大笔投资修了一些铁路。但西北、西南地域广阔，加以建设标准偏低，远远不能满足当前和未来的需要。胡耀邦在各地调查考察时同当地干部讨论，认为铁路建设的投资大、周期长、技术要求高，要在今后有计划地修建铁路的同时，还要想一想水路、公路的建设和发展。尤其是西南地区，有长江水系，充分利用起来等于多少条铁路！再就是修公路，尤其是中距离的（三四万公里），大吨位的（一辆载重 15—20 吨），宽路面的（12—16 米，并排走三四辆车），便可以获得很大效益。他同当地干部算了账，这样的公路，一年运量可达二三百万吨（而黔桂铁路一年的运量也只搞到 350 万吨）。一公里公路的造价比铁路要便宜好几倍，可以运用民工干，增加就业人数，而且来得快，又可以带动汽车工业的发展，特别是可以带动周围的老百姓富裕起来。因为老百姓的马车、推车、自行车等各种交通工具都可以利用公路，沿线广大地区的经济便可以活跃起来。

六、实地考察西藏

中国是一个多民族国家，除汉族外，还有 55 个少数民族，许多民族有自己的历史文化和宗教信仰。这是千百年来历史形成的，在今后很长时期也将继续存在。民族和宗教工作，历来是中国共产党统一战线工作的重要组成部分，毛泽东、周恩来等领导人亲自动手，付出了很多心血，开创了很好的局面。进入新时期后，以邓小平同志为核心的党的第二代中央领导集体高度重视民族和宗教问题，主持制定了对西藏地区的大政方针。胡耀邦为西藏的建设发展以及未来的开发，给予了高度的关注。

1980年3月14日—15日，胡耀邦主持了中央书记处在北京召开的西藏工作座谈会。会上，胡耀邦和中央书记处部分成员听取了西藏自治区几位负责人的工作汇报后，对于今后西藏建设的方针、任务和若干政策问题发表了重要意见。他们指出，西藏在当前和今后长时间内，全区的中心任务和奋斗目标应当是：以藏族干部和藏族人民为主，加强各族干部和人民的团结，调动一切积极因素，从西藏实际情况出发，千方百计地医治"文化大革命"造成的创伤，发展国民经济，提高各族人民物质生活和文化科学水平，建设边疆，巩固国防，有计划有步骤地使西藏兴旺发达繁荣富饶起来。

出席座谈会的西藏自治区和中央有关部门的负责人对胡耀邦和中央书记处书记们的讲话进行了座谈讨论，取得了共识，最后形成了《西藏工作座谈会纪要》。

经中央政治局讨论批准，于4月7日向全党发出通知，着重指出："巩固汉族同藏族、维吾尔族、蒙古族和其他边疆以及内地的各少数民族的团结，改善各少数民族的政治经济文化状况，是一个具有伟大历史意义和战略意义的重要任务。由于林彪、'四人帮'搞的十年浩劫，我们党的民族政策（包括宗教政策）受到了很大摧残，汉族和许多少数民族之间又产生了相当的隔阂，必须用极大的努力才能恢复各民族间的相互信任和团结。我们建国已经三十多年了，加以目前的国际形势复杂，我们若再不抓紧时间迅速大力改善民族关系，就将犯极大的错误。全党对于这个问题的严重性必须有统一的充分的认识。"[①]

为了研究和推动中央方针政策的贯彻执行，胡耀邦不顾自己已是 65 岁的高龄，受中共中央的委托，与中央书记处书记、国务院副总理万里前往西藏。同行的有全国人大常委会副委员长、西藏自治区人大常委会主任阿沛·阿旺晋美，全国政协副主席、国家民委主任杨静仁，中央组织部副部长赵振清等人。胡耀邦一行于 5 月 21 日离开北京，5 月 22 日抵达拉萨。

在飞行的途中，胡耀邦对随行的人员和新华社记者谈了此行的目的和任务。他说：我们此次不是去参观，而是去工作，是要实地看一看，同那里的同志研究一下，中央的文件有没有不够完满的地方，有哪些地方需要修改补充，与他们协商发展西藏经济使西藏人民的生活尽快地得到改善的大计。他说，西藏人民是勤劳的、勇敢的、智慧的人民，但是他们现在还很穷，生活还很困难。我们党中央的政策，就是要治一个"穷"字，建设一个富裕的、文明的、团结的新西藏。要治穷，首先是两条：第一要集中力量发展经济，第二就是要团结，加强民族团结。他说，西藏是个什么概念呢？第一，它拥有全国 1/8 的面积，第二，人口不到 200 万，只相当于全国的 1/500，而且现在还很穷。29 年来，中央和全国人民给了西藏很大帮助，总投资达 45 亿元，可是国家从西藏征的税收、公粮加起来，不过 5900 万元。二十多年来，西藏发生了翻天覆地的变化，广大干部工作也是努力的，我们在民族地区的政策，一定要实事求是，因地制宜。

胡耀邦和万里等人 22 日中午到达拉萨后，就紧张地投入了工

---

① 《中共中央转发〈西藏工作座谈会纪要〉的通知》（1980 年 4 月 7 日），《三中全会以来重要文献选编》（上），人民出版社 1982 年版，第 482—483 页。

作。当天中午和晚上，胡耀邦一连参加了好几个会，兴奋地同自治区党委的负责人谈工作，会见了上层爱国民主人士，同正在参加自治区党委扩大会议的地、县党委负责干部和基层干部座谈。但是高山反应并没有对这位第一次踏上西藏高原的 65 岁老人有例外照顾，对他的不知疲惫地工作更是发出了警告。他很快感到头晕，吃不下饭，胸闷气短，两腿发软，离不开氧气袋，第二天还发烧到 38 度多，不得不躺了下来。

5 月 23 日是西藏和平解放十七条协议签订 23 周年纪念日，胡耀邦提议举行一个茶话会，一方面庆祝这个有历史意义的纪念日，同时征询各界爱国人士对西藏工作的意见，动员大家同心同德建设新西藏。这个茶话会如期举行，但是胡耀邦此时已站不起来去参加，只能请万里代表中共中央和他讲话，向藏、汉族干部和人民表示慰问。以后，万里和阿沛·阿旺晋美等人不断来到病床前，向他扼要地汇报与各地干部及各界人士座谈访问的情况，胡耀邦感到他们谈得太简略了，一再要求说得详细些，并嘱咐他们要耐心地听取大家的反映、意见和要求，积极讲解中央的政策，同时看看我们的考虑还有哪些不切实际、不周到的地方。当他用药、打针退了高烧后，就抓紧同自治区党委、军区和有关部门的负责人交谈，还到拉萨的工厂、学校和藏民家中进行实地考察和调查访问，同各方面的人士接触、谈心，详细询问他们的生产、生活情况，听取他们对西藏怎样由穷变富的意见。他埋怨自己的身体"不争气"，不能到拉萨以外的地方去做更多的调查访问。

经过一个星期艰苦的工作，胡耀邦加深了对党的民族政策、经济政策、宗教政策、统战政策、干部政策等方面受到"左"倾错误严重破坏的认识，体察到西藏的最大问题就是一个"穷"字。在与万里、阿沛·阿旺晋美、杨静仁等商讨后，胡耀邦于 5 月 29

日在自治区党政干部大会上作了一个报告，系统阐述了中央关于建设和发展西藏的方针和任务。他说：同心同德地使西藏人民的物质、文化生活水平比较快地提高起来，为建设一个团结、富裕、文明的新西藏而奋斗，乃是当前西藏工作的总目标，应该做好以下六件大事：

（一）在中央的统一领导下，充分行使民族区域自治权利。要根据自己的特点制定法规和条例，保护民族的自治权和民族的特殊利益。

（二）根据当前西藏自治区相当困难的情况，要坚决实行休养生息的政策，大大减轻群众的负担。要确定在几年之内免除西藏人民的征购任务。征，肯定要免去；购，也不分配任务。取消一切形式的摊派任务。对农牧民的产品可以实行议购、换购，互相调剂，等价交换。

（三）要在所有的经济战线上，包括农、牧、林、财政、商业、手工业、交通等所有的经济战线上，实行特殊的、适合西藏的灵活政策，目的是为了较快地促进西藏经济的发展。要搞多种经营，搞农牧结合、林木结合，搞手工业。政策要放宽，不要老想粮食就是冬小麦、青稞。要搞好各种形式的责任制，认真贯彻执行按劳分配的政策，充分调动农牧民的积极性。农民愿意种什么就种什么，不要干涉。搞灵活政策，按实际办事，把干部和群众的手脚放开，屋前屋后种点瓜果、树木等，都是自己所有。自留地、自留山要多一点，一户养几十只羊、几头牛。要发展副业、手工业，有困难的人国家可贷款。不要怕富，农民富了，国家才能富。

（四）要把国家支援的大量经费，用到促进和发展农牧业生产，用到藏族人民日常生活的迫切需要上来。

（五）在坚持社会主义方向的前提下，大力恢复和发展西藏的文化、教育、科学事业。

（六）正确执行党的民族干部政策，要极大地加强藏、汉族干部的亲密团结。

胡耀邦在报告最后说，衷心希望在大有作为的 80 年代里，藏汉人民进一步加强团结，情同骨肉，永不分离。[①]

胡耀邦原来准备 30 日从拉萨驱车经江孜去日喀则的，尽可能多地看望一些藏族人民和上层人士。但是一个大会的长篇讲话，又把他累得气喘吁吁。万里也是劳累过度，难以支撑。医生们更是说不能再长途跋涉了，再病下来连回北京都难了。胡耀邦无可奈何地只能在拉萨休息了一天，同各界上层人士亲切话别，希望他们同心同德，建设新西藏，欢迎他们随时给中央写信反映情况和意见。晚上，他又同自治区党政军负责人研究今后工作，勉励大家说：中央的方针定了，你们就大胆工作。杨静仁同志、赵振清同志都还要留下来同你们工作一段时间。有什么问题随时同他们商量。中央拨给的钱，你们要好好使用，每年都要为西藏人民扎扎实实地办成几件好事。最后他还说：明天我们走，你们开你们的会、办你们的事，不要送我们。实在要送，就在门口告别一下，飞机场大家都不要去。[②]

31 日，胡耀邦、万里一行飞离拉萨回京。他们在途经青海格尔木时，作了短时间的停留。胡耀邦向青海省委负责人详细询问了工农牧业生产、人民群众的生活、牧区的文化教育、医疗卫生、民族关系等各方面的情况，并且对他们说：我们在西藏自治区干部会议上讲的六条，基本上符合你们青海的情况，可以参照研究执行。你们要把政策放宽些，要搞好民族团结，要充分行使民族区域自治

---

① 《西藏日报》1980 年 5 月 31 日第 1 版。

② 陈维仁：《西藏考察侧记》（1980 年 6 月 15 日），中央党校《理论动态》第 127 期。

的自治权利，加快青海的建设步伐。[①]

七、"再认识"西藏

自去西藏实地考察后，胡耀邦一直十分关注西藏落实政策的情况和需要解决的新问题。他很想再去西藏作一番调查考察，但身体状况已不允许；他曾想派一些年轻一点的人去，但中央书记处年轻点的只有两三位，其余的都是60岁以上。为此，他提议让西藏多一些干部到北京来，广泛听取他们的情况汇报和意见，以便中央作出正确的决策。

1984年2月27日—3月6日，中央书记处召开的西藏工作座谈会在中南海举行，胡耀邦每会必到，详细听取了西藏地区各级干部的发言，并和他们进行了讨论。他认为，近4年来，西藏工作有很大成绩，但是农牧业生产徘徊不前，经济文化发展缓慢，人民生活改善不快。有连年干旱等客观原因，但从领导工作看，主要问题是对西藏的特殊性认识得还不够深刻，思想还不够解放，对搞活经济的措施还不够切实有力，"左"的思想还很严重。他说，对西藏，如同对任何事情一样，有一个不断认识的过程。这次会议，就是中央书记处同志和你们一起，把西藏的情况，把西藏各方面的工作，把西藏工作的方针、政策，来一次"再认识"。

对于西藏的经济建设，胡耀邦在同大家讨论中认为，首先要重视把能源建设搞上去。要充分发挥西藏自然资源的优势，开发水电、地热、太阳能、风能。要多搞小水电，请沿海和内地各省

---

① 《青海日报》1980年6月3日第1版。

支援包建。

关于西藏的交通建设，胡耀邦提出，同内地的交通，要靠空运，搞几架大飞机，你们把机场建设好；区内交通，则要多修公路，有计划地多修一点骨干公路。可以发展运输专业户，或者运输合作组，让老百姓自己买汽车用汽车。

西藏将近 200 万人口，有一百六十几万是农牧民。使广大农牧民富起来，是胡耀邦考虑西藏经济建设的着眼点。他强调要按照西藏的特殊情况办事，不要照搬内地经验。要农林牧结合，以牧为主，多种经营，发展商品生产。要让广大农牧民自己放手生产和经营。总之，一切要从西藏的实际出发，克服"左"的倾向，注重把马克思主义和党的方针政策同西藏的实际结合好。

西藏在政治上能不能长期安定，藏汉团结能不能一年比一年更加亲密，这是西藏大局能不能稳定、西藏建设事业能不能发展的最基本的前提条件。胡耀邦提醒在西藏工作的各级干部，要提高自觉性，进一步做好对上层爱国人士的统战工作。

西藏的繁荣和发展，要靠西藏人民自己的努力奋斗。胡耀邦勉励西藏要培养出一批自己的语言学家、历史学家、教育家、法学家、医学家、文学家、艺术家，一大批西藏自己的农业、牧业、电力、交通、航空、地质等等方面的技术人员和经营管理干部。他说，这种人才如果在 80 年代能培养出 2 万人，就占到总人口的 1%，西藏的面貌就会很不相同。这是个带有战略性质的重大问题，应该细致安排，认真抓好。一要努力提高现有 3 万民族干部的思想政治水平和科学文化水平，二要努力办好西藏的小学、中学和大学。把西藏的教育文化事业搞上去。至于学校设多少，学校怎么办，课程怎样设置，藏汉语课程的比例多少，等等，都要因地制宜，适合西藏的实际需要。

大批藏族干部的成长，对于西藏的民族区域自治和西藏人民的经济建设，都是一个极其重要的因素。胡耀邦勉励藏族干部在努力提高科学文化水平的同时，一定要努力学习马克思主义的基础知识，努力学习和继承党的优良传统，提高思想政治水平，增强党性修养。他强调在西藏的藏汉干部之间、进藏的新老干部之间、藏族干部相互之间，都要加强团结，把西藏工作搞好。

中央书记处召开的这次西藏工作座谈会，为西藏未来大开发的准备阶段制定了一系列政策措施。根据座谈会讨论和胡耀邦讲话的精神写成的《西藏工作座谈会纪要》经中央书记处讨论研究后于4月1日印发，有力地推动了西藏工作。

八、倡导深入实际新风

像西藏工作座谈会这样把地方上的干部请到北京开会研究解决一个地方的问题，是个别情况。胡耀邦更多的是亲自到各地，特别是西部老少边穷地区去调查考察，并且深入到基层，直接向基层干部和普通老百姓调查访问，具体指导。他认为，在中央的人难得有比较长的时间到下面去，办法就是一有机会就抓紧到处跑一跑，多下去，多看多听多问，多接触干部群众。他把深入实际、深入群众作为做好领导工作的头等大事。因为历史的经验教训证明，凡是深入实际进行调查研究后制定的政策，总是成功有效的，而过去在决策上有错误，也就是调查研究、实事求是不够。1983年他去青海、甘肃调查考察时曾对随行的人说：西汉长期屯田西北的大将赵充国有一句名言：百闻不如一见。我们正是为要一见青海和大西北而来的，不然你坐在北京制定的政策、作出的指导怎么

能切合实际、正确可行呢？ ①

胡耀邦有心要走遍全国每一个县，去了解每一个地方的实情。在中央工作的几年间，他常常抓住一切机会离开北京到各地去调查考察，曾到过全国大多数的地、市、州、县。他不顾自己年迈体弱，不分严寒酷暑，无论是穷山恶水还是荒漠高原，他都要翻山越岭，跋山涉水，走村串户，访贫问苦，深入调查，细致考察，真情关心人民的饥寒温饱，精心筹划各地的致富之路，为当地发展出主意、想办法，勉励广大干部群众发愤图强，使经济尽快发展起来，人民尽快富裕起来。

胡耀邦到各地去调查考察，总是带着思考已久的问题，深入到实际中去观察，倾听广大干部和人民群众的意见和心愿，亲身感受他们的喜怒哀乐，从大量所见所闻的丰富的感性认识中，形成切合实际的理性认识，进而在中央提出方针政策性的建议，为中央采纳而作出正确的决策。诸如前面所说的"老少边穷"的概念，以及中央应予特别关注的决不放松粮食生产、积极发展多种经营；种树种草改善生态环境；畜牧业要大发展；开发西部的战略部署，等等，无不是他深入到各地去调查考察，从无数的感性认识中提炼出来的。他被广泛地评价为是一位通情达理、胆识超群的领导人，其实他的"情"就是通晓广大干部群众的意见、心愿和实际情况，就是实情，是事物的本来面貌；他的"理"就是源于实际的理性认识，是事物发展的客观规律。因为他的理性认识符合实际、切合民情，就使他能有胆有识地提出一系列创造性的意见和建议，当形成党的方针政策后便能坚定不移地贯彻执行。

---

① 曾建徽：《随胡耀邦同志访问甘、青散记》，《瞭望》杂志 1983 年第 9 期。

古人云："居上处深，在察微萌；虽有谗慝，不能蔽明。"[①]居于中共中央领导岗位、住在中南海的人，怎样才能察微萌而不蔽明呢？胡耀邦认为，经常不断地到实际中去，到群众中去调查研究，才是察微萌、不蔽明的良药妙方。他常常以自己的亲身体会，勉励各级干部把调查研究放在工作的首位：只有搞调查研究，才能实事求是；只有搞调查研究，才能解放思想；只有搞调查研究，才能真正搞唯物主义。按照恩格斯的话来说，唯物主义自然观，不过是对自然界本来面貌的朴素了解，不附加以任何外来的成分。胡耀邦说，附加一分，唯心主义就加一分。只有搞调查研究，才能严格地按照唯物主义办事。他还讲了不搞调查研究有五大害处：第一容易受骗上当，第二容易听信谣言，第三容易犯瞎指挥的错误，第四容易看错人，第五容易思想僵化。这个对调查研究之利与弊的分析，是总结了许多领袖人物的功过是非所得出的宝贵经验教训，也为大量的实践所验证。

在几十年革命岁月中，胡耀邦养成了艰苦朴素的作风，这在各地调查考察中也有生动的体现。他每次都是轻车简从，一般都不坐轿车，而坐旅行车，在车上便于与随行人员、陪同干部交谈询问，探讨问题，深沉思考。针对某些地方接待上级搞排场、讲铺张的不良现象，每次出发前，他都要随行秘书通知所去地方：一不准站岗放哨，二不准请客送礼，三所住招待所不管已住着什么人都不准清理搬家，四当地有什么车就坐什么车，不准到外地去调好车，五只要当地党委几个干部去接一下，不要人多，更不准组织什么欢迎队伍。

正因为他保持了艰苦朴素的本色，所以他能翻山越岭、跋山涉

---

①　［唐］李德裕：《丹扆六箴·辨邪箴》。

水地深入到县、镇和乡村去调查考察，直接走进农家去与群众促膝谈心，甚至打开农民家的饭橱、粮囤、衣柜了解真情。他不愿意听从当地干部的安排去早有准备的群众家访问，是因为他曾有一次去内蒙古调查，提出要去牧民家看看。在当地干部的安排下，他走进一个蒙古包，看到精致的陈设和异常的整洁感到十分惊奇，漂漂亮亮的青年男女主人接待他也是格外热情，可是一问生产、生活情况却支吾不清。他又进了一个蒙古包，也是如此这般。在他仔细盘问之下，才知道这些蒙古包都是精心布置的，青年男女竟是当地歌舞团的演员。他十分恼火，当即向当地领导提出了严厉批评，并不止一次地以此为例告诫大家防止上当受骗。

调查研究有深入一个村庄、一家农户的典型调查，俗称"解剖麻雀"；也有对一个地区的综合考察，有人称之为"面的调查"。胡耀邦多采用点面结合的方法进行调查研究：自己去基层与干部群众座谈，去寻常百姓家串门察访，去几个地方相互比较，同时请随行人员分别深入到一村一户细致地进行专题调查；然后结合当地党委的汇报进行比较分析和综合研究，深入探讨，形成理性认识。他喜欢与干部群众一起座谈讨论，听取各种不同意见，还注意与科技工作者、专家一起研究，并参阅有关著作和地方志等历史资料，以求作出历史的辩证的分析。他认为，只听干部汇报，容易偏听偏信；不进行不同意见的讨论，搞"一言堂"，就容易主观武断，作出错误结论。

实地考察，注重实际，形成了胡耀邦领导方法和工作作风的一大特色。他认为处于执政党地位，要领导幅员辽阔、人口众多的东方大国建设有中国特色的社会主义，避免重犯主观唯心主义、唯意志论的错误，克服各级干部官僚主义、讲空话的顽症，就要经常到实际中去，到群众中去。他语重心长地劝勉各级干部：经常到基层去接触群众搞调查研究，你的心里才会装着人民，才会时刻想着人民；你才会经常听到人民的愿望和要求，了解到最新鲜的情况和问题；你才能源源不断地吸取和集纳群众的智慧，充实和丰富自己的头脑，作出切实而正确的指导；归根到底，真正为人民群众做一些好事。他说，这是一个工作作风问题，也是一种精神境界问题，是一个世界观问题。

第二十九章　全面整党

一、总结历史经验，确定整党方针

党的十一届三中全会后，尽管进行了大量的清查工作和政治思想上的拨乱反正，党的状况有所改善，但是党在"文革"十年中遭到的伤害太深重了，"左"的错误仍有很大影响；而改革开放后各种西方资产阶级思想的影响和腐蚀有所增强，使得党内普遍存在着思想不纯、作风不纯、组织不纯的问题，党风远没有得到根本好转。有相当多的党员，对三中全会以来党的路线方针政策和党的十二大确定的总任务总目标，还缺乏明确的认识，怀疑是否右了、搞修正主义了等等的糊涂思想不少；而在部分党员干部中，有的利用职权，牟取私利，生活特殊化；有的官僚主义严重，工作极不负责；有的"老子天下第一"，继续闹无政府主义；有的仍然搞派性活动，损害党的团结。至于极少数"四人帮"残余分子，则窃据某些单位或部门的领导岗位，伺机兴风作浪。有效地整顿和解决这些思想、作风、组织不纯的问题，是在全面推进社会主义现代化建设事业中提高中国共产党的领导水平和战斗力的迫切需要。党的十二大提出了有计划有步骤地进行整党这个任务。

对于一个已经拥有 4000 万名党员的大党，如何进行全面整顿？首先有个对党的状况的基本分析和估量问题。胡耀邦在文件起草小组和中央书记处的讨论中一再指出，要严肃正视我们党存在的实际问题，但是一定要有一个基本分析。要看到绝大多数党员是由于受"左"倾错误和"文革"遗毒影响而形成许多思想认识问题，甚至包括一时颇为盛行的信仰、信任、信心不足的所谓"三信危机"在部分党员的思想上也有所反映，那是个学习、教育提高的问题；党员干部以权谋私和官僚主义问题，从总体上来说毕竟是少数，应当以批评帮助为主，错误严重、情节恶劣需要绳之以纪律或者清除出党的是很少数；"三种人"甚至被他们篡夺领导权的单位和部门从全国来说更是极少数。如果我们对这个基本状况缺乏基本分析和估量，我们就会重犯"左"倾以致"文化大革命"的错误，把整党搞乱而不可收拾。许多人联想到过去的整党，特别是毛泽东发动"文化大革命"的沉痛教训，都赞成胡耀邦的这个分析和认识。

经过文件起草小组和中央书记处的反复讨论，最后在党的十二大报告的第六部分提出"有计划有步骤地进行整党，使党风根本好转"的任务时强调："中心一环是在党内普遍地深入地进行一次思想教育"，"本着'惩前毖后，治病救人'和'既要弄清思想又要团结同志'的方针，开展认真的批评和自我批评"，"最后，要进行党员登记，严格按照新党章的规定，把那些经过教育仍然不合格的党员开除出党或者劝其退党"。总之，"要通过这次整党，使党内政治生活进一步正常化，切实纠正不正之风，大大加强党和群众的密切联系"①。这些要求和目的，在党的十二大上获得代表们的广泛赞同并予以一致通过。

党的十二大以后，各级党组织开展了以学习十二大文件和新党章为主要内容的教育活动，为全党开展整党作了很好的思想准备。中央书记处决定：先在 580 多个单位约 16 万党员中进行整党的试点工作，以取得在新的历史条件下进行整党的直接经验。

1983 年 10 月，党的十二届二中全会在北京举行。全会的中心议题是讨论如何完成党的十二大提出的对党的思想、作风、组织进行一次全面整顿的任务。在这次全会上，邓小平讲了整党要防止走过场和思想战线不能搞精神污染的问题；陈云着重讲了清理"三种人"和共产党员不能以权谋私的问题。全会热烈讨论了书记处提交的《中共中央关于整党的决定》草稿。与会的中央委员和候补中央委员对这个文件比较满意，在预备会议上提出了一些修改意见后在全会上一致通过，决定从 1983 年冬季开始，用 3 年时间，对党的思想、作风、组织进行一次全面整顿。

全会通过的整党决定，阐明了整党的必要性和紧迫性，明确了这次整党的总目的和要求，确定了整党的基本方针、任务、政策和方法。这次整党的任务是：统一思想，整顿作风，加强纪律，纯洁组织。步骤是：从中央到基层，自上而下，分期分批；每个单位党组织的整顿，也是自上而下，先领导班子、领导干部，再党员群众。基本方法是：在认真学习文件，提高思想认识的基础上，开展批评和自我批评，分清是非，纠正错误，纯洁组织。《决

---

① 胡耀邦：《全面开创社会主义现代化建设的新局面》（1982 年 9 月 1 日），《胡耀邦文选》，人民出版社 2015 年版，第 463 页。

定》强调：这次整党决不能妨碍我们党关于对外开放、对内搞活城乡经济的各项方针政策的继续贯彻执行。任何单位都不能因整党而妨碍生产和工作。在搞好整党的同时，要促进生产发展，推动工作前进。一切能够立即解决的问题，要在整党过程中解决，不要拖延，使党内外群众随时看到整党的实际成效。《决定》还提出必须防止走过场。首先是各级领导干部特别是高级干部必须真正以身作则，积极参加整党，严格剖析自己，勇于自我批评和对其他领导干部进行批评。必须实行上下监督，上级要加强领导，每个党员都要监督本单位的整党。整党结束时要按照标准组织验收。《决定》还指出，同时还必须注意防止过去那种残酷斗争、无情打击的做法，决不允许利用派性整人或诬告陷害、挟嫌报复。

为了加强整党工作的领导，中共中央决定成立中央整党工作指导委员会，主要任务是：了解情况，掌握政策，督促检查，指导宣传。二中全会选举胡耀邦为中央整党工作指导委员会主任，万里、余秋里、薄一波（常务）、胡启立、王鹤寿为副主任，邓力群等16人为委员，王震、杨尚昆、胡乔木、习仲勋、宋任穷为顾问。

二中全会号召全体共产党员要认真学习整党《决定》，积极参加整党。

二、分三期的重点各有不同

党的十二届二中全会后，胡耀邦领导中央书记处和中央整党工作指导委员会积极贯彻整党决定，立即部署全国整党自上而下分三期进行。由于每一期的形势和对象不尽相同，胡耀邦和中央整党工作指导委员会在部署各期整党时，提出要解决问题的侧重面也各不相同。

第一期整党从 1983 年冬至 1985 年春进行，主要整顿中央和国家机关一级、各省市自治区一级、解放军总部和各军兵种、各大军区一级的领导机关的党组织，共 159 个单位，38.8 万多名党员。因为这些领导机关，肩负着贯彻执行党和国家的方针、政策的重任，胡耀邦和中央整党工作指导委员会特别予以重视，共派出了有 850 名联络员参加的 90 个整党工作联络小组，并成立了中央和国家机关 10 个口的整党工作指导小组，以加强领导。胡耀邦一开始就要求有板有眼地稳步前进。中央整党工作指导委员会在这期间先后发出了 11 个通知和其他文件，对整党学习材料、充分听取党外朋友和群众意见、组成整党和业务工作两套领导班子、贯彻执行边整边改方针、对照检查应注意事项、做好组织处理和党员登记、巩固和发展整党成果等一系列问题作出具体明确的指示。胡耀邦多次主持中央书记处和中央整党工作指导委员会的会议，研究讨论整党工作，密切关注整党工作简报反映的情况和问题并作出许多批示；他去各地视察、调查时都把整党工作作为一项重要内容，针对实际问题提出重要意见，直接给予指导，确保整党工作坚持不懈、稳步、健康地进行。

1984 年 11 月 15 日，胡耀邦主持召开中央书记处会议，专题讨论第一期整党工作的情况和第二期整党工作的部署问题。书记处会议肯定了第一期整党的成绩，同时指出要采取措施解决精简机构、调整领导班子、防止和纠正新的不正之风等问题。中央书记处原则同意中央整党工作指导委员会提出的：从 1984 年冬到 1985 年（为第二期），进行和完成地县以及相当于这两级的企业事业、大专院校、科研机构等单位的整党；从 1985 年冬到 1986 年（为第三期），进行和完成县以下单位的整党。中央书记处会议在讨论中强调：目前最为重要的是整党必须紧密地与改革相结合，切实达到整党促进经济、经济检验整党的目的。

1985年2月28日至3月6日，中央整党工作指导委员会在北京召开了第二期整党工作会议。中心议题是加强领导，搞好第二期整党，全面完成各项整党任务，特别是纠正新的不正之风，以促进和保证改革和开放的顺利进行。3月4日，胡耀邦主持中央书记处会议，听取了中央整党工作会议情况的汇报，并对整党工作进行了研究。胡耀邦指出，去年第四季度以来，出现了一股钻改革空子、发改革之财的不正之风，套购国家紧缺物资倒买倒卖，搞邪门歪道乱涨价。面对这个新情况新问题，第二期整党要把纠正新的不正之风，增强党性，加强纪律，作为突出重点抓紧抓好。中央书记处会议同意胡耀邦这一重要意见，并决定：纠正新的不正之风，全党要抓，不管是不是整党单位，都要认真检查纠正。各级党委要层层负起责任。要特别强调执行党的纪律，迅速刹住不正之风的蔓延。中央书记处会议还指出，在把纠正不正之风作为第二期整党重点的同时，还要继续认真做好清除"左"的影响，端正业务指导思想，彻底否定"文革"，核查"三种人"，调整领导班子，选拔第三梯队，落实党的政策等各项工作。4月10日，中央整党工作指导委员会根据胡耀邦和中央书记处的意见和这次整党工作会议的精神，对第二期整党提出了具体要求。

第二期整党在全国地、县两级全面展开，参加的党员约1350万人，占全国党员总数的1/3。胡耀邦要求中央整党工作指导委员会推动各省市自治区党委切实承担起领导、检查、督促的责任，把地、县两级的整党搞好。

第三期整党是在全国农村一百多万个基层党组织中进行，有两千多万党员参加。1985年10月16日，胡耀邦在江苏对省委负责人说：基层的问题不少，整党要下决心搞好。要解决哪几个突出问题，怎样搞法，都要细致研究。要把整党搞好，而不要搞乱了。11月，胡耀邦签发了中央整党工作指导委员会《关于农村整党工作部署的通知》，根据农村广大党员的实际状况，提出农村整党的要求是：（一）努力提高党员对党的根本宗旨的认识；（二）进一步正确认识党在农村的改革和发展经济的各项政策；（三）认真处理极少数犯有严重错误的党员；（四）切实抓好领导班子的建设。《通知》规定农村整党应先乡后村、分期分批、有步骤地进行，从1985年冬季开始，到1987年春季完成。其间，中央整党工作指导委员会在1986年5月中下旬和6月上旬，先后在郑州、南京、长沙、兰州分别召开了北方十一省市、沿海六省市、南方七省市及少数民族和边远地区的整党工作座谈会，分别研究讨论了农村整党的进展情况，交流了经验，督促各地务必不要松懈，防止走过场。在第三期整党中，各省市自治区派出了63万多名宣传员和联络员深入农村，帮助基层党组织进行整党。

三、统一思想着重于解决现在的问题

整党要完成统一思想、整顿作风、加强纪律、纯洁组织四项任务。这四项任务都很重要，而且互相关联，统一思想是首要的。1984年1月9日，胡耀邦在湖南溆浦同湖南省委的负责人研究工作时明确指出，整党四条任务，第一条就是统一思想。就是要把大家的思想，统一到党的十二大的方针路线上来。几天后他在广西又一次强调：这次整党的任务十六个字，不要忘掉"统一思想"四个字。统一思想就是要把大家的思想统一到党的十二大的方针路线上来。回到北京后，他在主持中央整党工作指导委员会第五次会议时讲话说，这次整党先抓学习文件，武装思想，这个抓法是对的，要继续抓下去。在适当的时候，比如过半个月或一个月，要着重抓一下统一思想问题。整党任务四句话，第一条就是统一思想。

统一思想首先要统一到党的十二大的方针路线上来，进一步实现全党思想上政治上的高度一致，纠正一切违反四项基本原则、违反十一届三中全会以来党的路线的"左"的和右的错误倾向。1984年1月胡耀邦在湖南、广西的调查中发现：有些人对过去"两个凡是"问题、真理标准讨论问题、农村生产责任制问题等历史旧账纠缠不清，而对实际存在的问题却重视不够。所以他主张，重点要放在现实的问题上，放在当前思想上、政治上的路线端正不端正的问题上。过去的问题，已经检讨过的，就不必再去搞了。他强调：统一思想，重点要放在现在，是现在思想上是不是同中央保持一致，现在思想上政治上的路线端正不端正。

鉴于以往整党运动的教训，胡耀邦在一开始就强调，统一思想重要的是要把大家建设四化的劲儿鼓起来，树立起对社会主义、对党、对十一届三中全会以来的路线方针政策、对实现翻两番和两个文明建设的信心。他在1983年12月27日听取四川省委和重庆市委的工作汇报时说：整党的结果不能把大家整成谨小慎微了，话不敢说了，意见不敢提了，多一事不如少一事，灰溜溜的，大家都沉默寡言起来。如果这样，就是从消极方面走了过场。特别是省市两级，包括省市一级的经济部门、思想工作部门、人事部门等，都要检查自己的业务方针，是不是适应新形势的要求。

统一思想的主要障碍是什么？胡耀邦在调查研究中发现，主要有两种情况：一种是对中央的方针路线有抵触，实际上不赞成，甚至口是心非，阳奉阴违，并且暗地散布对中央的不信任情绪。这种人是极少数。还有一种是忘记了党的总的路线、任务和目标，忘记了四个现代化、翻两番、建设两个文明的全局，使自己领导的业务工作偏离中央的方针、路线，甚至站在本部门、本地方的局部的和暂时的利益的立场上，同中央的方针路线和奋斗目标相对立。他认为，这两种情况有所不同。对第一种，要坚决批判，而对第二种，则主要是说服教育。

胡耀邦的这个分析，得到中央书记处和中央整党工作指导委员会的赞同，认为对绝大多数党员干部来说，尤其是第一期整党的领导机关党员干部来说，端正业务工作的指导思想，使他们的业务工作同中共中央的方针路线和奋斗目标保持一致，是统一思想的关键问题。随后，中央整党工作指导委员会发布第七号通知，对整党进行对照检查阶段必须注意的若干事项作出原则性规定中，要求"各省自治区直辖市和中央各部委、党组的检查，重点应放在检查本地区、本部门贯彻执行党的路线、方针、政策方面存在的重大问题上。主要是对待四项基本原则，对待十一届三中全会以来的路线方针政策和十二大所确定的总任务、总目标的态度是否端正？业务工作的指导思想是否符合中央的方针路线，是否符合开创新局面的要求，是否符合建设有中国特色的社会主义的要求，是否做到了使自己职责范围内的工作服务于党的总任务、总目标？"第七号通知对党委、党组织成员个人的检查，也要求"检查自己在思想政治路线和业务工作的指导思想方面存在的问题"，"在党性、作风、纪律等方面存在的问题"。①

中央整党工作指导委员会部署各整党单位对照检查基本完成后，必须要有一个整改阶段。为此，专门发出了第九号通知，要求

---

① 《中央整党工作指导委员会关于对照检查阶段必须注意的若干事项的通知》（1984 年 3 月 4 日），《人民日报》1984 年 3 月 5 日。

在整改阶段第一件要抓好的工作是"进一步端正业务工作的指导思想。各整党单位的党委、党组要继续解放思想，发扬勇于进取、勇于创新的革命精神，清除'左'的思想和'左'的做法的影响，克服因循守旧的观念，把本地区、本部门的经济、政治、文化教育、组织等各项业务工作的指导方针搞正确，使之符合改革的要求，符合党的总任务、总目标的要求"。[①]

在中央整党工作指导委员会的部署下，各整党单位都把端正业务工作指导思想作为统一思想的关键来抓，解决党员的实际思想问题。广大党员在对照检查中进一步学习十二大文件，加深理解党的方针路线和总任务、总目标，增强了历史责任感，清除"以阶级斗争为纲"的"左"的影响，提高了使自己职责范围内的工作服务于建设四个现代化、实现翻两番的自觉性。许多党员认识到，只有自觉地消除"左"的影响，我们才能解放思想，才能鼓起改革、创新的精神，真正做到在政治上思想上和党中央保持一致，在自己的岗位上为实现党的十二大确定的总任务、总目标、建设两个文明贡献力量。党的十二届三中全会认为，"中央和省、自治区、直辖市一级全面整党的健康发展，已经和正在端正各条战线现代化建设的业务指导思想，明确改革的方向"，为全面改革经济体制作了重要准备。[②] 中央整党工作指导委员会在总结第一期整党工作的成果时说："在整党中认真端正业务工作指导思想，这一着是看准了，做对了。它使广大干部认识到经济体制改革，对外、对内开放，发展生产力的重要性。它必将对今

---

① 《中指委发出第九号通知要求各整党单位对照检查基本完成后要有一个整改阶段》（1984 年 6 月 30 日），《人民日报》1984 年 7 月 1 日。

② 《中共中央关于经济体制改革的决定》（中共十二届三中全会 1984 年 10 月 20 日通过），《十二大以来重要文献选编》（中），人民出版社 1986 年版，第 560 页。

后的国家建设产生深刻的影响和了不起的作用。"① 在部署第二期整党时，仍把"进一步克服'左'的影响和因循守旧观念，加深对建设具有中国特色的社会主义的认识，切实端正业务工作的指导思想"作为"要特别注意解决好"的第一个问题。

四、向不正之风开火

整顿作风，是整党的四大任务之二。胡耀邦从党的十二大确定有计划有步骤地进行整党之时起，就认为实现党风的根本好转乃是整党的重大目标。在整党的 3 年多中，他自始至终紧紧抓住党风问题不放，因为他知道：群众最痛恨的是不正之风。

1984 年 1 月，胡耀邦从外地调查考察归来后，于 17 日主持召开中央整党工作指导委员会第五次会议，讨论第一期整党工作的前期部署时说，这次整党先抓学习文件武装思想，并抓住以权谋私和官僚主义这两个问题作为突破口，边整边改。对以权谋私和官僚主义，就是要抓住那些群众意见最大、具有普遍教育意义的事件和案件，认真查处，查出结果，并且挑选最有典型意义的在报上公开发表。他指出，不正之风问题直接关系到党的形象和党的威信，直接关系到群众的切身利益和对党的信仰，务必在整党之中紧紧抓好解决。

各整党单位在对照检查阶段，按照中央整党工作指导委员会的部署，都把纠正不正之风作为重点，并且贯彻执行边整边改的方针，立即动手解决一些能够解决的问题。一段时间群众反映强烈的党员干部利用职权多占住房和走后门安排子女工作这两股歪风，首先得到了遏止；同时一大批违反财经纪律、非法截留税收、

①　薄一波：《一年来的整党工作》(1984 年 12 月 21 日)。

利润，挥霍、浪费、侵吞国家和集体财物，走私贩私，贪污受贿，以及袒护、包庇犯罪分子等案件也得到了查处。违法乱纪的党员干部或其子女被立案审查；某些性质和情节严重的案犯，则受到了党纪国法的制裁。

但是，第一期整党尚未结束，有些人钻经济改革的空子，又刮起了新的不正之风。其中尤以两股为盛：一股是某些党的、政府的、人民团体的机关或这些机关的工作人员，套购国家紧缺物资，倒买倒卖；还有一股是一部分企业单位搞歪门邪道乱涨价。1984年9月，胡耀邦在关于物价问题的一段批语中指出：这两股歪风即将"出笼"，提醒大家"警惕"。这个批语随后在10月举行的党的十二届三中全会上印发，提请全党注意。在三中全会期间，他同各界人士座谈时的讲话中，又指出了这个问题。11月20日，他在接见中央党校学员的讲话中，详细阐述了警惕和纠正这股歪风的严重任务，要他们回到各地后向党委汇报，抓紧抓好。

1985年3月4日，在胡耀邦主持召开的中央书记处会议讨论第二期整党部署时，大家认为，第二期的整党任务，还是整党决定提出的四句话，但要根据当前党内实际情况，做到有所侧重。第一期整党，着重抓了清"左"，端正业务指导思想，彻底否定"文革"，以促进改革和经济建设，成效显著；第二期整党重点放在哪里？应加以研究。胡耀邦在讲话中提出，我们大家要下个决心，把刹住新的不正之风，增强党性，加强纪律，促进改革、保证改革，作为第二期整党的重点来抓。书记处经过讨论一致同意胡耀邦这个意见，并由胡启立将这个决定向正在举行的第二期整党工作会议传达，随后又以正式文件下达。①

---

① 参见《纠正新的不正之风是二期整党突出任务》，《人民日报》1985年3月14日。

　　这是根据新的形势下出现新的情况要解决的新问题，把整党工作与改革、开放、经济工作紧密结合起来，保证改革大业顺利进行的重要决策。胡耀邦在此前不久的一次会上指出，纠正新的不正之风，要先从中央各部门抓起。大家不要忘记国民党在抗日战争胜利后几年就垮台的教训。他们从峨眉山下来，到处搞"劫收"（接收），一个个中饱私囊。现在我们有些人想用各种各样的不正当手段搞钱，搞"致富"，经济领域、文化领域都有。可不要我们自己把自己搞垮啊！

　　无论是第一期整党的单位，还是第二期更大数量的单位，按照中共中央的部署，都把纠正各种形式的不正之风作为重点来抓。许多单位从群众最关心、意见最大的事情入手，分别解决了一些破坏性很大的歪风：（一）党政机关和党政干部经商办企业；（二）倒买倒卖进口机电产品和国家紧缺物资；（三）炒买炒卖国家外汇；（四）乱涨价，乱放款，乱发行彩券、有奖销售券、有奖纪念券；（五）巧立名目滥发钱物；（六）挥霍公款公物请客送礼；（七）突击提职提级，干扰工资改革；（八）搞形式主义、刮浮夸风、搞假把式以假谋私。由于这些不正之风来势很猛，蔓延很快，打着"改革""搞活"的旗号，为个人或小单位牟取私利，而以侵占国家和人民的利益为目的，严重干扰了经济建设，妨碍和破坏了改革，搞乱了一些干部和群众的思想，所以在整党中予以坚决刹住，受到了广大群众的好评。

五、坚决而慎重地清除"三种人"

　　纯洁组织是整党的四大任务之一，清理"三种人"是重中之重。所谓"三种人"，一种是"造反起家的人"，是指那些在十年

"文革"内乱期间，紧跟林彪、江青一伙拉帮结派，造反夺权，升了官，干了坏事，情节严重的人；另一种是"帮派活动严重的人"，是指那些在"文革"期间极力宣扬林彪、江青反革命集团的反动思想，拉帮结派干坏事，粉碎"四人帮"后明里暗里继续进行帮派活动的人；还有一种是"打砸抢分子"，是指那些在"文革"期间，诬陷迫害干部、群众，刑讯逼供，摧残人身，情节严重的人，或者是砸机关、抢档案、破坏公私财物的主要分子和幕后策划者，以及策划、组织、指挥武斗造成严重后果的分子。邓小平、陈云、邓颖超等中央领导人，都十分关注对"三种人"的清除，一再指出要坚决清理，不留隐患。

胡耀邦在指导整党工作中，严肃认真地贯彻执行中共中央整党决定规定的"既严肃又慎重"的方针。在各地调查考察时一再强调，清理"三种人"，第一要坚决，第二要慎重，防止扩大化。要注意那些比较年轻，有文化，造反起家，而且隐藏下来的，甚至已经钻进领导班子或者第三梯队，正在受到信任和重用的人，这种人对党的危害很大，要坚决清除出去。他还说，这件事很重要，要抓紧抓好，多做少讲。多做少讲，就是工作要扎扎实实，但公开宣传要适当。报纸上这方面如果宣传太多，对党并不利，对国外影响也不好。

清查"三种人"工作，十分复杂和艰难，胡耀邦强调既要坚决，又要防止扩大化。他说，要注意区分三种情况：三种人，犯严重错误的，说过错话、办过错事的。要查清事实，查这几年的表现，再经过党内的充分讨论，这样"三保险"。他指出，对老干部犯错误要同年轻的造反派区别对待。有些老干部为人民做了三四十年的好事，在"文化大革命"中犯了错误，而这个"文化大革命"又是毛主席发动的。对人的问题取慎重的态度，这是我们党的好传统，把有三四十年党龄的老干部定为"三种人"，要特别慎重，我现在还是坚持这个观点。小平、陈云同志讲"三种人"，主要是要注意那些比较年轻，有文化，造反起家，而且隐藏下来的。这种人比较危险。有几十年党龄的老干部同"文化大革命"前几年才入党、"文化大革命"中就起来造反的有所不同。后一种人有什么功劳、苦劳吗？胡耀邦坚持要全面地历史地考察一个干部的全部实践。

胡耀邦多次指出：这场"文化大革命"是毛主席发动和领导的，那股潮流来了，谁挡得住啊！98%以上的人都不可避免地会犯这样那样的错误，只不过性质、轻重、大小不同就是了。当时处于各级领导岗位的老干部就难以不犯错误，我们要慎重区别这些错误是不是属于"三种人"性质的。对于一般性的错误，在这次整党中不再作为问题提出；凡属已经作了结论和处理，又没有发现新的重大问题的，不再重新处理。他一再说：老干部在"文革"中犯错误，许多同志已经基本承认了，有了检讨，有了认识，就不要没完没了嘛。"文化大革命"已经结束8年了，如果再来加重处理，重新翻腾，重新交代，只会使少数人高兴，而多数人不高兴，甚至害怕。至于有些犯了严重错误而又检讨得不好的同志，采取谈心的办法给予帮助；其中有些人年纪大了，采取退下来的办法。总之要正确对待历史，把力量集中起来抓这样三部分人："三种人"、严重的刑事犯罪分子和严重的经济犯罪分子。

经过各个整党单位大量扎实细致的调查核实工作，除了对罪行昭彰的"三种人"加以一一落实处理外，还查出了一批在"文革"中犯有残酷迫害干部群众和其他罪行的人物，尤其是那些隐藏很深甚至已经混进了领导班子、要害部门和可能混入第三梯队中的"三种人"。一些被"三种人"把持着领导权的领导班子，查明后即予以解散或改组。对一些坚持反动立场继续干坏事的"三种人"，则给予了党纪国法的制裁。总体来说，清查"三种人"的工作是既坚决又慎重的，没有出现扩大化的错误；对其他犯严重错误的党员，也没有出现"残酷斗争""无情打击"的错误，而是坚持严格按照组织手续，并在思想上政治上继续给予关心和鼓励；即使是对开除了党籍的人，凡是还可以当干部的，只是调动岗位，仍予安排适当工作，不能当干部的也在工作和生活上给予出路。总之，没有留下什么后遗症。原来不少在"文化大革命"中犯有一些错误的人，在整党开始时提心吊胆，害怕像以往的政治运动那样"隔离审查""坦白交待"起来没完没了、说不清道不明。后来他们在整党中检讨和认识了自己的错误，得到了批评、帮助，没有受什么处分，心情轻松愉悦；少数错误严重的党员受到了适当的处分，大都也心服口服。

经过整党，总的来说，全党在思想、作风、组织、纪律四个方面，都有了进步，党内存在的思想、作风、组织上的严重不纯状况有了改变，同时也积累了正确处理党内矛盾和问题的重要经验。这为新时期党的建设的加强和发展打下了比较好的基础。据统计，通过党员登记和组织处理，开除党籍的有 33896 人，不予登记的有 90069 人，缓期登记的有 145456 人，受留党察看、撤销党内职务和向党外组织建议撤销党外职务、党内受严重警告、警告等党纪处分的共有 184071 人。但是，整党工作发展不平衡，有一部分单位包括一些高、中级党政领导机关，没有全面完成整党的四项任务，有的甚至走了过场。①

---

① 中共中央党史研究室著，胡绳主编：《中国共产党的七十年》，中共党史出版社 1991 年版，第 447 页。

第三十章　对外关系

一、坚持独立自主的外交方针

党的十一届三中全会后，确立了以经济建设为中心，以邓小平同志为核心的党的第二代中央领导集体根据新形势新要求，实事求是地调整国际战略，坚持独立自主的外交政策，这对于创造一个和平的国际环境，确保我国经济建设的顺利进行至关重要。

胡耀邦在推动中国共产党和中国政府正确判断当代国际形势，调整对外战略，制定完全独立自主的外交方针，广泛开展与世界各国共产党和其他各类政党的交往方面，尽到了一份职责，作出了自己的贡献。

1981 年 2 月，中共中央成立了中央外事工作领导小组，由中央政治局常委李先念（1983 年起任国家主席）任组长，集体讨论重大国际工作和外事问题，重大问题最后由邓小平决定。在当时，中央外事工作领导小组提出了许多事后被证明是正确的重要主张，

1984年4月27日，胡耀邦在人民大会堂会见来访的美国总统罗纳德·里根。

包括要重视第三世界的工作，等等。胡耀邦十分赞同和支持这些重要意见。独立自主的外交方针在实践中日益显示其正确性。1981年3月，胡耀邦在中央书记处一次讨论外交部工作上说：我们奉行独立自主的外交政策，既符合我国人民的根本利益，也符合世界人民的根本利益。他认为，奉行完全独立自主的外交政策是不容易的，需要有坚定的马克思主义的原则立场，无产阶级政党的冷静的政治头脑，需要在不断的实践中坚定我们的立场，丰富我们的经验。

　　1982年9月，邓小平在党的十二大开幕词中提出："独立自主，自力更生，无论过去、现在和将来，都是我们的立足点。中国人民珍惜同其他国家和人民的友谊和合作，更加珍惜自己经过长期奋斗而得来的独立自主权利。任何外国不要指望中国做他们的附庸，不要指望中国会吞下损害我国利益的苦果。"胡耀邦在十二大政治报告第五部分，以《坚持独立自主的外交政策》为题，简明扼要地表述了独立自主的外交方针。敏锐的外国媒体和政要察觉出：中国在党代会的报告中，明白地提出中国不与任何大国结盟，实行独立自主的外交政策。他们认为，这是中国拉开与美国的距离，改变建立反对苏联霸权主义的统一战线。美国国际政策研究专家乔纳森·波拉克认为："党的主席（不久在新的党章中改为党的总书记）胡耀邦在1982年9月1日党的代表大会上声称：'中国决不依附于任何大国或者国家集团，决不屈服于任何大国的压力。'至少，从理论上说，中国完成了向独立自主形象的转变。"①

---

① ［美］R·麦克法夸尔、费正清编：《剑桥中华人民共和国史——中国革命内部的革命》，中国社会科学出版社1992年版，第489页。

二、理性认识美国

中美关系是我国进入新时期以来外交工作的一个重要方面，也是我国坚持独立自主外交方针的一个关键性问题。胡耀邦虽不负责外事，但对中美关系有过一些重要的论述。

中美两国于1979年正式建立外交关系后，使我们的国际格局发生了重大变化。无疑，这是有利于我国经济发展和改革开放的，也有利于整个国际局势的相对稳定。1979年1月1日中美正式建立外交关系后的28天，正是春节初一，邓小平远涉重洋亲赴美国访问。这是中国领导人第一次正式访问这个超级大国。他在美国8天的访问活动，刮起了一股"邓旋风"。当时中外舆论媒体报道，美国总统卡特破例以国家元首的礼仪规格接待只有国务院副总理职务的邓小平。美国三大全国性电视网的"黄金时间"大量报道邓小平的活动，变成了"邓小平时间"。邓小平访美期间，中方还与美方签订了中美科技协定、文化协定和教育、农业、空间等方面的谅解换文。有些美国人产生错觉以为中国有求于美国，甚至认为中国会把台湾问题这颗苦果吞下去。不久，美国政府公然不顾中美建交公报，搞了一个《与台湾关系法》，宣称美国"要保持抵御任何危及台湾人民的安全或社会、经济制度的诉诸武力的行动或其他强制形式的能力"，为此"美国将向台湾提供保持自己能力所需数量的防御武器和防御服务"。美国将这个"国内法"凌驾于中美建交公报等两国协定之上。1981年到1982年，中美之间出现了一场美国向台湾出售先进武器的危机。

以邓小平为代表的中国共产党人对此展开了坚决斗争。邓小平多次强调，台湾问题对中美关系有特殊重要性，指出，由于台湾问题迫使中美关系倒退的话，中国不会吞下去。中国肯定要做出相应的反应。

特别是进入 1982 年，美国与台湾当局频频洽谈出售先进武器事宜，中美关系出现危机。

1982 年 9 月党的十二大上，胡耀邦在政治报告中，批评了美国侵犯中国主权、干涉中国内政的政策，并且指出当今威胁世界各国和平共处的主要力量是帝国主义、霸权主义和殖民主义。

从我国独立自主外交方针出发，对于美国这个超级大国，胡耀邦在会见美国朝野人士时，一再明白无误地说：坚持和平共处的五项原则，按照中美关系三个公报行事，发展正常的经济友好往来关系。

对于美国的对台政策，胡耀邦在会见美国来访各界人士时，一再提出严正的批评，指出这是侵犯中国主权、干涉中国内政的行为，要求美国政府切实按照三个公报的原则行事。他对美国人说："美国政府和贵国人士如果在中国统一问题上有所作为，我看将在中美历史上写下新的一页。"[①]

三、推进中日友好

日本是我国的近邻，两国一衣带水，友好关系源远流长。但是从 19 世纪末起，日本发动并参加了一系列侵华战争，给中国人民带来巨大的灾难和伤害。中国人民经过长达 14 年艰苦卓

---

① 胡耀邦会见美国《华盛顿邮报》公司董事长凯瑟琳·格雷厄姆的谈话（1986年 9 月 23 日),《瞭望》杂志 1986 年第 42 期。

绝的斗争，取得了中国人民抗日战争的完全胜利，彻底打败了日本军国主义侵略者。但是两国邦交正常化，经过漫长的历程，包括民间友好人士的长期努力，直到 1972 年才获解决。在新的历史时期，发展两国和平友好、平等互利、长期稳定的关系，符合两国人民的利益，有利于亚洲和太平洋地区的和平和稳定。这也是我国独立自主外交方针的一个重要组成部分。尤其是我国实行改革开放方针后，经济高度发达的日本，与我国进出口贸易的数量很大，日本的新技术新产品和政府贷款进入我国，对加速我国的经济建设起了有益的推动作用。胡耀邦在会见日本朝野各界人士时一再表示："中日两大民族之间的睦邻友好关系，不仅符合中日两国和两国人民长远的根本利益，而且将对维护亚太地区和全世界的和平和稳定，产生积极的重大影响。"[①]

但是中日关系中有一个十分敏感的问题，这就是日本国内还有一股势力在美化过去侵略中国、朝鲜半岛和东南亚其他国家的历史，并且进行种种活动，妄图复活日本军国主义，引起了我国政府和人民以及朝鲜、韩国和东南亚国家人民的严重警惕和极大愤慨。中国领导人多次向日方表明严正态度。胡耀邦在会见日本朝野人士时，一再提出严重警告。

针对日本文部省修改中小学教科书，妄图篡改历史，否认侵略战争的事件，胡耀邦 1985 年 8 月对日本友好人士严肃指出，作为历史经验，我们不要忘记历史。从"九一八"算起到反法西斯战争胜利 14 年，到现在是 54 年，这一段日本军国主义头子是干了不少

---

① 胡耀邦在日本政府的欢迎宴会上的讲话（1983 年 11 月 24 日），《人民日报》1983 年 11 月 25 日。

胡耀邦为访问中国的日本小朋友题词。

坏事的，欺骗和胁迫日本军队对中国和亚洲许多国家进行了非常残酷的掠夺、屠杀。不但对中国，而且对亚洲其他国家也都造成惨痛的损失。日本军国主义的头子不但在亚洲，还在 1941 年 12 月 7 日对美国作战，袭击美国珍珠港，也造成很大损失，后来美国向你们投原子弹。最后的进程和结果，也给日本人民带来了惨重的损失。所以不应该忘记这段历史。①

继教科书事件后，又出现了日本首相中曾根等人以公职身份参拜靖国神社的事件。靖国神社是日本人供奉死亡将士的宗教场所，神社内列有 246 万个牌位，是历次战乱中的阵亡者，但其中也包括侵华战争的大战犯东条英机等 14 人。过去日本政府的首相只以私人身份前往参拜，但 1985 年 8 月 15 日——日本侵略战争投降 40 周年之际，中曾根等一批内阁成员竟以公职身份前往参拜，激起中国人民和亚洲各国人民的强烈愤慨。邓小平表示："我们注意到日本政界有些人很强调日本人的感情，请他们注意不要忘记还有个中国人民的感情。""这些问题同我们两国之间的贸易不平衡相比，要更本质得多，更实际得多，更重要得多。"② 后来，日本派出自民党最高顾问二阶堂进来华做解释，还表示中曾根首相重视中日关系，尊重中国人民的感情，尽管国内有很大压力，还是决定 1986 年不再去正式参拜了。8 月 5 日，胡耀邦在北戴河会见了来华的二阶堂进，并按照邓小平的谈话精神同他就如何发展中日关系进行了一次深入谈话。

对于中国政府反对日本复活军国主义的严正立场，日本国内曾出现一股"中国干涉日本内政"的舆论，胡耀邦严肃指出：自中日

---

① 胡耀邦会见日本社会党第二次访华代表团时的讲话（1985 年 8 月 28 日）。

② 《邓小平年谱（1975—1997）》（下），中央文献出版社 2004 年版，第 1128、1087 页。

恢复邦交正常化以来，中国政府、中国的广播和报纸严格地尊重日本的内政和外交，采取不干涉、不批评的立场。日本如果做出伤害亚洲人民感情的事情，就等于损害自己在国际上的形象。①

　　事实上，日本政府是在"防卫"的旗帜下，不断增加军事开支，突破了国民生产总值的1%，而且还把大片的公海也划为"防卫"范围。中国领导人对于这些严重情况高度警惕，邓小平曾向日本领导人提出："希望阁下和阁下的政府以及以后的日本政府，还是要注意军国主义倾向。""日本确有这么一些人，他们违背绝大多数人的意愿，想复活军国主义。"② 胡耀邦不止一次地向日方表明：我们"希望不要使自卫问题引起周围邻国的不安，并且严格把自己约束在自卫立场上"③。他在1983年11月访问日本时，与日本首相中曾根会谈中严正表示："适当加强自卫力量我们不反对，但是日本的防卫力量究竟发展到什么程度，亚洲国家是不放心的。""我们坚信日本的绝大多数人都愿意中日两国永久友好，但也确有少数人想复活军国主义，希望不要让这些人得势。"因为中曾根曾经扬言：日本不仅要成为经济大国，还要成为政治大国、军事大国，甚至说要在日本周围一千海里的海域执行防卫任务，要在"自卫"方面作出贡献。胡耀邦面对面地向中曾根作出如上严正表示，针锋相对地表明了中国政府的原则立场。

　　尽管日本国内有股军国主义势力总是蠢蠢欲动，胡耀邦根据

---

① 《胡耀邦邓小平分别会见二阶堂进》，《人民日报》1986年8月6日。

② 《邓小平年谱（1975—1997）》（下），中央文献出版社2004年版，第856页。

③ 《胡耀邦会见日本记者时说中日是世界上两个有一定分量的国家　发展两国友好关系有利世界和平和稳定》（1983年2月20日），《人民日报》1983年2月21日。

自己 1983 年 11 月访日的亲身观察以及广泛接触朝野各界人士后认为，日本广大人民群众还是反对战争热爱和平的。他从各方面分析中日关系的现状，认为 20 世纪的最后一二十年里，两国打不起仗来，和平友好是有希望保证的；展望未来，能不能世世代代友好下去，首先要着眼于 21 世纪。今天的青年，是跨世纪的一代，将是 21 世纪两国政治、经济、文化各个舞台的主角。使两国青年树立起和平友好的信念，增强互相了解和信任，对于 21 世纪两国的和平友好，具有重大意义。因此，胡耀邦在重视两国朝野友好交往的同时，十分关注两国青年之间的友好交流活动。1983 年 8 月，中央书记处在讨论胡耀邦访日方针时，提出了邀请日本青年访华以加深两国青年友谊和了解的建议。11 月，胡耀邦在访日时，宣布 1984 年邀请 3000 名日本青年来华友好联欢，产生了巨大的影响。许多日本政治家说这是"一大创举，为未来打下了良好的基础"（日本社会党访华团团长田边诚），"它留下很大的影响"（日本护宪国民联合友好访华团团长飞鸟田一雄），称赞"这是一件大事，特别是今后要看到 21 世纪就是现在的青年人的世纪"（日中文化交流协会会长井上靖）。后来于 1984 年 9 月由中日友协、全国青联等二十多个单位组织举办的中日青年友好联欢活动，取得了巨大的成功。日本青年纷纷表示："要重新认识中国""要作中日友好的接班人""要为两国世世代代友好奔走效力"。到南京的日本青年更是"没有想到在曾发生过大屠杀的地方受到亲人般的接待"，表示"深感内疚"，主动举行"日中不再战"的宣誓。

四、与各国友好合作

本着独立自主的外交方针，胡耀邦积极推进与各国的和平共处，发展双边的经济技术合作，建立长期稳定的友好合作关系，为我国四个现代化建设创造一个持久的国际和平环境。他除了会见各国来宾时反复阐明我国的独立自主外交方针外，还亲自出访了一些国家，实地开展工作。

1985年4月，胡耀邦一行应邀访问了南太平洋澳大利亚、新西兰等五国。

南太平洋的澳大利亚和新西兰，与我国的经济合作关系比较密切，但是与我们的交往历史不长，对我国的外交方针了解不多，疑虑不少。其他三国西萨摩亚、斐济和巴布亚新几内亚，是发展中的小国，对我国更为生疏。胡耀邦在访问中，广泛会见各国政要，详细阐释我国的和平外交政策和开放政策，强调南太平洋属于南太各国，我们无意在这一地区与任何人争夺。他在几次正式讲话中还重申我们支持南太各国建立南太无核区的主张，赞成南太各国的区域合作，赞扬南太各国自己制定的内外政策和根据自身的需要和利益建立和发展与其他国家的友好关系。这些讲话，有助于消除南太各国对进一步发展同我国关系的疑虑，受到热烈欢迎，为商谈进一步加强双边合作，铺平了道路。胡耀邦在同澳、新两国政、经界人士会谈中还表示，相互要建立长期稳定的经济合作关系，以期贸易有较大的增长。我们欢迎两国来投资或提供技术咨询，在钢铁、羊毛、有色金属、林业开发、农牧业等方面都有巨大潜力。同时也指出了贸易中的逆差问题应当采取相应措施，以保证贸易能够持续增长，创造更好的合作前景。对于西萨摩亚、斐济和巴布亚新几内亚三国，胡耀邦向他们强调了大小国家一律平等，特别是尊重他们的独立主权和内外政策；同时对三国给予了经济援助，在方式上除援建项目外，还可以考虑商品援助、技术援助、劳务出口、合资经营开发资源等，尊重对方的意愿友好商定。这使得三国对我们的外交政策有了了解。

1986 年 6 月，胡耀邦对西欧英、德、法、意四国进行的正式访问，更是一次广泛宣传中国，加深了解对方，促进长期合作，支持欧洲联合和独立自主，推动多极化趋势，为维护世界和平和我国四化建设服务的成功访问。

英、德、法、意四国都是经济高度发达的国家，在先进技术和经贸往来上拥有实力并在国际事务中都有举足轻重的地位，尤其是与欧洲其他国家联合起来，更将成为世界向多极化发展的重要力量。与西欧国家建立长期稳定的友好合作关系，对于贯彻我国的独立自主外交方针，关系重大。胡耀邦在与四国主要领导人——撒切尔夫人、科尔总理、密特朗总统、克拉克西总理和政府官员以及重要政党领袖的广泛接触和深入会谈中，在众多记者招待会及公开演讲中，从理论和实践的高度，有针对性地、全面而透彻地阐释了我国内外政策的出发点、主要内容和长期稳定的前景。他 6 月 11 日在向英国皇家国际事务研究所发表的题为《认识中国未来动向的钥匙》的演讲中说，本世纪以至下个世纪，中国的基本国策可以用两句话来概括：一是，用改革和开放的政策来促进中国经济的持续稳定的发展；二是，用独立自主的外交政策来保证建设能够顺利进行而不致中断。抓住了这条线索，就掌握了认识中国未来动向的钥匙。胡耀邦在这次演讲中还阐述了对内改革和对外开放，是中国长期不变的基本国策，这既不是"离经叛道"，也不是"向西方看齐"；这既区别于资本主义，也区别于"穷社会主义"，是一条建

1986 年 6 月，胡耀邦对英国进行正式访问，与英国首相撒切尔夫人会晤。前排左一为李鹏，前排左四为包玉刚。

设具有中国特色的社会主义的道路。这个基本国策是有深厚根基的，具有强大的生命力，中国将沿着她今天的正确方向顺利地走向 21 世纪。[①] 这些富有说服力的论述，加深了四国朝野各界对中国现有政策和未来发展方向的了解，减少了他们的疑虑，增强了他们同我国发展长期稳定的友好合作关系的信心。

同四国领导人对一些重大国际问题的深入交谈，扩大了相互之间在国际事务中的战略共同点，是这次访问的重大成果。当时苏美关系出现缓和之势，胡耀邦在同四国朝野会谈中发现：西欧各国都反对美苏两大国主宰国际事务，说"世界只由苏美两家说了算的时代已经结束"（德国外长根舍），"我们是美国的盟友和伙伴，但不是仆从"（德国总理科尔）。他们希望世界向多极化发展，尤其是西欧联合自强和推动东欧独立自主，在国际事务中发挥重大作用，"联合的欧洲可以成为世界平衡的重要因素"（法国总统密特朗），并愿意适当帮助第三世界发展。在这一系列重大问题上，都同我们有共同或相近的认识。因此许多会谈都十分融洽。胡耀邦强调欧洲包括西欧和东欧，不仅有光辉的过去，而且在当今维护世界和平的一系列重大国际事务中可以发挥独特的作用；中国同西欧没有根本的利害冲突，相反有相似的处境和利害；中国支持欧洲联合自强，发展"欧洲意识"，愿意同西欧加强合作，为世界和平与稳定共同作出贡献。胡耀邦这些表示，受到四国各派政治力量的赞赏和欢迎。四国都表示愿意同我国加强高级往来，深化政治磋商。

加强经济技术的合作，是胡耀邦这次出访的重要目的之一。6月 13 日，胡耀邦在德国向二百五十多名经济界知名人士和社会名

---

① 胡耀邦：《认识中国未来动向的钥匙》（1986 年 6 月 11 日），《胡耀邦文选》，人民出版社 2015 年版，第 646—651 页。

流发表了题为《中国谋求同欧洲发展长期经济合作》的重要讲话，告诉西欧国家政治、经济界人士：中国真心诚意谋求同西欧国家发展长期稳定的经济合作关系。中国已经打开了大门，永远不会再关上。如果说我们的开放政策还会变，那只会越变越完善，越变失误越少，越变越有利于促进经济合作和交流。让我们为实现互利合作的美好前景而共同积极努力，进入 21 世纪。[①] 由于有政治上不少共同点的坚实基础，双方又都有愿望和诚意，所以在经济技术上加强合作的会商没有太多障碍。胡耀邦就如何保持和发展长期合作提出了比较合乎实际的意见，如扩大正常贸易，西欧以优惠贷款支持其商品出口，西欧企业家来华合资或独资办厂等等，得到了四国经济界的普遍赞赏。他们都表示要把扩大同我国的经济技术合作放在重要位置，推动企业界来华投资；设法从中国增加进口，减少我们的贸易逆差；愿意在技术转让上进一步放宽，德、意表示要在军工技术合作方面采取积极措施；四国均表示要继续向我国提供优惠贷款或增加发展援助金额；德、英愿意帮助我们培训人员，增加留学生、进修生名额；等等。

　　欧洲四国除执政党外，在野党林立，许多政党都同中国共产党保持友好关系，胡耀邦在访问中广泛与他们进行了接触和会谈。四国的共产党，都是公开、合法的政党，在各国政治生活中占有相当地位。胡耀邦分别会见了各国共产党领导人，向他们表明：共产党人在政治上必须同资本主义和帝国主义划清界限；但作为执政党，我们与西欧各国的关系必须遵守和平共处五项原则，保持和发展国家间、人民间的友好关系，不能说一套做一套、阳一套阴一套。胡耀邦 6 月 19 日在法国共产党总部会见了法共总书记乔治·马歇后，

---

　　① 《人民日报》1986 年 6 月 14 日。

胡耀邦在波恩会见联邦德国总统魏茨泽克（1986 年）。

还与机关人员见面，即席讲话说：一个党只有把马克思主义的基本原理同本国的具体实际结合起来，不断进行新的探索，才能使自己保持强大的生命力，并不断发展。相信法国共产党能够克服前进道路上的困难，取得新的成就。①6月21日，胡耀邦还应邀在意大利共产党罗马省委的会议大厅，向意共四百多名干部发表讲话说：现在中意两党之间的平等、真诚、友好的关系，堪称党和党之间关系的一个典范。他论述两党建立这样一种新型的亲密关系的基础有三个：一是两党对马克思主义都采取科学的态度；二是两党在国际事务中都是坚定不移地代表本国人民和世界人民的根本利益；三是两党都坚持奉行处理党与党关系的正确准则。②胡耀邦光明磊落、坦诚公开地与四国许多政党领导人士友好接触，赢得了四国朝野和舆论界的广泛赞赏。

五、为建立新型党际关系而努力

党的十一届三中全会后，邓小平根据国际国内形势的变化，在总结国际共运正反两方面经验教训的基础上，从我国社会主义现代化建设的需要出发，把党际关系放在我国整体对外关系的全局之中，对党与党之间的关系进行了新的理论阐述，推动我们党对外工作实现了历史性开拓。

胡耀邦1980年2月担任中共中央总书记后，以很大的精力为中国共产党恢复和发展同各国共产党和工人党的正常关系，并且同其他政党团体建立友好关系，使党的对外工作成为整个国家总体外

---

① 《人民日报》1986年6月21日。
② 《人民日报》1986年6月23日。

交的一个重要组成部分付出了很大努力。

1980 年 4 月，意大利共产党总书记恩里科·贝林格率领意共中央代表团应邀访华。这是 10 年"文革"后第一个重要的西欧共产党代表团来华，邓小平会见了代表团。胡耀邦亲自率领有国务院副总理兼中共中央对外联络部部长姬鹏飞等人参加的中共代表团，与他们进行了多次长时间的会谈。

意大利共产党是国际共产主义运动中一个著名的大党，同中国共产党一样也是建党于 1921 年，具有悠久的光荣斗争历史和传统，是资本主义国家中力量最强的共产党，很有威望。20 世纪 60 年代初和 10 年"文革"，两党关系长期中断。但是意共对苏共持一定的独立自主立场；70 年代他们曾多次表示愿意与中共建立正常关系。1979 年 3 月，中共中央批准中联部副部长吴学谦去意大利，同意共举行内部会晤。意共总书记贝林格在 50 年代曾任世界民主青年联盟主席，与胡耀邦、吴学谦都有过交往，所以会晤相当顺利。这次意共中央派出贝林格率领代表团来与中国共产党进行会谈，意义是重大的。邓小平在会见中说，过去我们对意共发表过一些不正确的意见。贝林格说，正确的并不都在我们方面。邓小平说，我们两党之间过去的争论一风吹了。胡耀邦和贝林格在会谈中，详细通报了双方的情况和观点，还对国际形势和世界共产主义运动的一系列问题交谈了各自的观点和认识。由于双方对于对苏联的认识和政策、对战争是不是可以避免、对美国的认识和政策，有着不尽相同的认识和观点，胡耀邦和贝林格等人在相互探讨中，均表现出了诚挚的友好的同志式的态度。贝林格赞扬胡耀邦的坦率和现实主义，胡耀邦也称道意共同志严肃认真、平等待人的工作态度和独立思考、勇于探索的科学精神。经过会谈，两党表示在任何时候都不离开共同的伟大理想，都不放弃共同的伟大目的，因此具有长期团结合作的共同基础。双方同意严格恪守完全平等、独立自主、互相尊重等基本准则，恢复和发展两党关系。这就为新时期建立党与党之间的友好合作关系开创了范例。

不久，邓小平提出了处理同外国党关系的重要原则。邓小平 5 月 31 日同中央负责同志谈话时提出："各国的事情，一定要尊重各国的党、各国的人民，由他们自己去寻找道路，去探索，去解决问题，不能由别的党充当老子党，去发号施令。我们反对人家对我们发号施令，我们也决不能对人家发号施令。这应该成为一条重要的原则。"

此后，胡耀邦在与希腊共产党（国内派）代表团（1980 年 12 月）、荷兰共产党主席胡克斯（1981 年 3 月）、西班牙共产党总书记卡里略（1981 年 8 月）的会谈中，不仅恢复了与希共、荷共、西共之间友好关系，并且明确独立自主、完全平等、相互尊重、互不干涉内部事务这四条，是中国共产党同外国党交往的基本准则。这四条原则，在 1982 年 9 月党的十二大的政治报告正式提出，并写入了新党章。此后胡耀邦与比利时共产党中央主席路易·范盖特率领的比共中央代表团（1983 年 5 月）、瑞士劳动党总书记阿尔芒·马尼安率领的瑞士劳动党代表团（1984 年 6 月）、摩洛哥进步与社会主义党代表团（1985 年 8 月）、瓜德罗普共产党代表团（1985 年 10 月）、留尼汪共产党代表团（1985 年 11 月）、英国共产党总书记戈登·麦克伦南（1986 年 5 月）、巴西共产党代表团（1986 年 5 月）等会谈中，这四项原则也都为对方所赞赏，成为恢复和发展党与党之间关系的基本准则。

在积极同各国共产党恢复关系的过程中，胡耀邦耐心地向各国党的代表团讲解我们过去的成绩和失误，并阐述了新时期我们的基本路线、方针、政策，赢得了各国共产党的理解和支持。胡耀邦的坦诚、求实态度，更使许多人感佩。

与此同时，胡耀邦还注意同亚洲、非洲、拉丁美洲的发展中国家的重要政党的交往。胡耀邦认为争取团结广大的亚洲、非洲、拉丁美洲国家是中国对外政策的基础。

同各国社会党能不能来往？在过去很长时期里，社会党（社会民主党、工党）被看作是工人贵族的党、资产阶级改良主义政党。1980 年 7 月，中共中央批准了对社会党开展工作的方案。1981 年 2 月，应胡耀邦的邀请，法国社会党领导人弗朗索瓦·密特朗来中国访问，胡耀邦提出要给他较高规格的接待。在代表团抵京的当晚，他就前往钓鱼台国宾馆拜访，双方进行了亲切的谈话。李先念和邓小平分别和他会谈或会见。密特朗访华后 3 个月，在法国总统竞选中胜出。他当上法国总统后不久，法国社会党领导人见到中共领导人时，不止一次地感谢中共在法国总统竞选前对密特朗的邀请，说那次访华给他带来了获胜的运气。

在外国总统竞选前，邀请在野党总统候选人访华，这是要排除思想上的"禁区"和"框框"的。胡耀邦认为，执政党的总统候选人可以来访问，在野党的总统候选人也可以来访问。

1984 年 5 月，德国社会民主党主席维利·勃兰特率领代表团访华。勃兰特在 1969 年至 1974 年担任联邦德国总理，大力推进"与西方合作，与东方和解"的新东方政策。勃兰特 1976 年起担任社会党国际主席，1977 年起担任南北委员会（或称勃兰特委员会）主席，在各国社会党和发展中国家中有重大影响。这次勃兰特率团来访华，胡耀邦为其一行举行了晚宴和两次会谈。5 月 29 日，他在祝酒时讲话，赞扬勃兰特"多年来为缓和欧洲和世界紧张局势，维护世界和平和推动南北对话，进行不懈的努力"。他还阐述了邓小平提出的一个重大战略判断，即：目前世界上存在着两个最为根本的问题：第一是反对霸权主义、维护世界和平，第二是南北问题。

胡耀邦强调指出：“当今世界上最根本的问题有两个，一个是维护世界和平的问题，一个是第三世界国家发展的问题。”胡耀邦还宣布了中国共产党愿意同一切愿同我们建立联系的社会党、社民党和工党谋求相互了解和合作，而分歧和差异不应当成为谋求合作的障碍。勃兰特此次访华，大大增进了他对中国和中国共产党的了解。自此以后，中共同各国社会党的联系大大扩大了，到1989年，世界上绝大多数社会党都同中共有了联系，其中不少是执政党或主要在野党。

胡耀邦十分重视同各国各类政党的领导人的接触，特别是他强调同外国朋友谈话，不要仅仅是礼节性会面，还应当推心置腹（当然不是没有分寸）诚恳地、有人情味地谈一些问题。他常常告诉外事工作者要向周恩来学习。他赢得了许多外国朋友的尊敬和友谊，许多政党邀请他去回访。

中国共产党迈开步伐与世界各国各种政党团体建立和发展友好合作关系，促进了同各国政党、团体和人民的友好，赢得了越来越多的朋友。

六、倡导新的外交风格

完全独立自主的外交方针是否能够顺利地贯彻实施，要靠在外事岗位上全体工作人员和广大人民的实践。胡耀邦认为，外事工作需要发扬强点，克服弱点，大大提高外事工作人员的思想水平和业务能力。他说：我们的外事工作有自己的强点和优越性，有自己的特色。我们的强点是：（一）指导思想水平高，观察问题深刻，处理问题有我们自己的高水平，高姿态，高风格，赢得了世界的称赞。（二）我们有高度的集中统一，方针政策是比较统一的，工作上又有分工负责，密切合作。（三）我们是比较守纪律的。几十年来，除了"文化大革命"火烧英国代办处外，乱子出得少。这些都要继承。别的国家的外交家有不好的东西，如搞特务活动，强调民族利己主义，搞不友好行为，这些不好，我们不能学。但是，别的国家也有好的东西，而我们在有些方面做得不够。

外事工作有哪些方面需要改进，向国外学习什么呢？胡耀邦认为有五点：

（一）注意调查研究驻在国的政治、历史、文化和风俗习惯，特别是经济，要为四个现代化做贡献，为打开与各国平等互利的来往创造条件。

（二）做好对外宣传工作。还要适当增加学术、科学、艺术、体育交流。

（三）出国访问，要适当减少官方代表团，适当增加专家、学者、党外人士、少数民族、劳模出国访问。出国目的要明确，50年代周总理说过，要寻求和平、寻求友谊、寻求知识。反对游山玩水，严格处分丧失国格的人。

（四）要加强在华外交使团、记者和专家的工作。

（五）要加强旅游工作。这是送上门来的外交对象。①

在大量会见外国来访者的活动中，胡耀邦注意从对方的不同情况和实际需要出发，以诚恳的态度，朴实的语言，有的放矢地介绍我们的和平外交方针、改革开放政策和国内的实际情况，必要时还对过去的失误进行诚恳的自我批评。即使在会见各国记者包括遇到不友好的提问时，无论是多么尖锐的问题，他都有问必答。他的坦率和诚恳，博得世界各国与他会见过的人士的普遍赞誉和国际舆论

---

① 胡耀邦在中央书记处第九十次会议上的讲话（1981年3月9日）。

的广泛好评。

胡耀邦在会见外国来访者时，总是充满热情，以礼相待，有需要时设宴款待，甚至请到家中便宴，有说有笑，增加情谊。有时顾及不了，也礼貌地致以歉意。如1985年5月会见日本佛教界人士末了说："下次日本佛教界朋友再来，我请吃素面。"1984年12月会见包玉刚时说："明年包先生来时如我在家到我家吃顿便饭；如果我到下边去了不在家，则要请包先生原谅。"几句话使来访者倍感亲切。许多时候，他常常陪同来访者一同步出接待厅，在中南海一边欣赏景色一边交谈，甚至陪同参观游览瀛台等古迹，讲点历史故事，一起合影留念，或者送客人到汽车旁握别等等，都给来访者留下了终生难忘的印象。日本前首相福田赳夫感动地说："这次像新婚旅行一样，以后要经常来。"英国女王伊丽莎白二世在胡耀邦陪同下游览中南海，也倍感兴奋和愉快。

在几次出国访问中，胡耀邦更是以他特有的真诚、宽厚、平易近人的气质，在外交艺术上显示出高超的才华。1983年11月他访问日本，一天中午走出神户人工岛饭店的宴会厅，有15个日本男女青年站在门口一遍又一遍地唱着《青年之歌》。他到第28层休息室后，没有午休，而是主动提出要会见这些唱歌的青年们，与他们亲热交谈，回答他们提出的各种各样的问题，末了还同他们合影留念，并再三叮嘱记者：照片洗好后，每位日本青年一定要送一张。转过身来又对日本青年说：如果没有收到照片，可以写信给我要。这些日本青年激动不已，连声说："没有想到！没有想到！我们原来最大的希望是胡总书记能听见我们的歌声。事先没有安排，我们不敢想象总书记接见我们。没想到贵国领导这么好，打破了外交惯例，和我们的谈话，又如此和蔼可亲……"再如他去我驻日使馆会见留学生后，到使馆的大食堂同使馆全体人员和全体随行人员、记者一起吃"团圆饭"，同大家谈笑风生。驻日大使宋之光激动地说："我从事外交工作三十多年，中央领导同志和群众打成一片，主动提出在大使馆的食堂吃饭，我是第一次见到！"

1985年胡耀邦一行访问南太平洋五国时，在悉尼的欢迎宴会上，他让同行的胡启立用英语念了讲话稿，使主人们感到十分亲近而意外。他尊重各国各地的民俗，在新西兰与毛利族人士会见时，用毛利族语向主人问候，并主动与主人行碰鼻礼，使他们感到中国这样大的国家共产党领袖不是可畏可怕而是和蔼可亲。

1986年6月访问西欧四国，胡耀邦特地邀请著名学者、中国民主同盟主席费孝通同行。费孝通从一开始就参加了出访的各项准备工作，包括讨论方针政策，修改各种文件，研改主要讲话稿等等，没有因为是非中共党员而有什么差异。他后来对人说：什么叫民主党派"参与"国家大事？我看这就叫"参与"。这绝不是我个人的事情，也不是去摆样子，而是真正的"参与"，共同商讨这次出访的大政方针。令费孝通意外的是他将《江村五十年》这篇准备在英国演讲的论文交给胡耀邦征求意见时，胡耀邦直摆手说：你是教授，你自己要讲什么就讲什么，我就不看了。在欧洲四国，除了"首脑会谈"外，其他活动费孝通都参加了，连与意大利共产党的会晤，都被邀请列席了；在记者招待会上有时也要请他回答问题；与华人华侨见面，有时还要请他讲话。[1] 这些都使费孝通丝毫没有局外人的感觉，而是自始至终"参与"了，还倍感责任重大。费孝通深深感到、也使西欧四国朝野从中看到了中国共产党与各民主党派的团结和真诚合作。

曾为国外舆论广泛称道的是：胡耀邦在英国首相撒切尔夫人

---

[1] 张智楚：《费孝通访欧归来谈》，《瞭望》杂志1986年第30期。

欢迎宴会的答词中，对于撒切尔夫人在欢迎词中特意说及被马克思认为是经典著作的亚当·斯密《国富论》中"也没有直接提到资本主义"这段话，作了针锋相对而极有分寸的回答。他说："刚才首相阁下提到马克思和亚当·斯密。的确，在英国历史上，曾经产生过有如群星灿烂的杰出思想家、经济学家、科学家、文学家，斯密就是其中的一个。他的《国富论》，是近代中国最早翻译成中文的西方重要著作之一。这部著作高度评价了劳动在价值创造中的重要作用，深刻分析了近代社会的经济生活，因而英国古典政治经济学就同德国古典哲学和法国社会主义学说一起，成为马克思主义的重要思想来源。中国共产党认为，马克思主义要发展，仍然应当不断地吸收和概括当代人类文明发展的最新成果。任何先进的哲学、思想都不应当成教条，而是激励人们不断进行探索和创造的精神动力，应当随着实际的发展而发展。我们中国人现在所要做的，就是把马克思主义基本原理同中国现代化建设的实际结合起来，建设有中国特色的社会主义。基于这样的逻辑，我相信我们两国可以而且应当超越意识形态和社会制度的差异，积极地推进我们之间业已存在的友好合作关系。"[①] 这段对亚当·斯密和马克思两位伟人的精辟论述，不仅很有礼貌地回答了主人和我们的不同看法，宣传了中国共产党人坚持和发展马克思主义的基本立场，也表达了超越意识形态和社会制度差异发展两国友好合作关系的愿望，使在座的人无不叹服，事后也广为传颂。

　　国际外交活动是异常广泛而复杂的，但胡耀邦在外事活动中，所显示的高超才华和坦诚、明快、勇于开拓创新的外交艺术风格，在国际上获得良好的声誉，为我们党和国家的形象增添了光彩。

---

　　① 《人民日报》1986 年 6 月 12 日。

第三十一章 全面改革

一、四化建设与改革问题

党的十二大的胜利召开，为全面开创社会主义现代化建设的新局面，制定了正确的纲领和策略，进一步向全党明确指出："要巩固和完善经济管理体制方面已经实行的初步改革，抓紧制订改革的总体方案和实施步骤。"① 改革开放之初，邓小平一直强调，要搞四个现代化，必须进行一系列的改革，没有改革，就不可能实现四个现代化。改革要贯穿四个现代化的全过程。其他中央领导同志十分赞成邓小平的这个见解，并且认为，这个见解，提纲挈领，应该成为我们党领导四化建设的一个极为重要的指导思想。胡耀邦认真贯彻邓小平全面改革的思想，强调要充分认识改革的艰巨性和复杂性，把改革贯穿现代化建设的整个过程，为推进改革倾注了大量心血。

---

① 《十二大以来重要文献选编》（上），人民出版社 1986 年版，第 17 页。

　　经济建设对于胡耀邦来说，确实是一个比较生疏而重大的课题。尽管他在川北、湘潭和陕西有过一段领导全局、抓经济建设的经历，在团中央工作期间也对经济建设表现出很大的兴趣，作过不少调查研究，然而他毕竟没有在经济部门工作过，缺乏领导经济建设特别是全国性经济建设的实践经验。党的十一届三中全会确定全党工作的重心转移到社会主义经济建设以后，尤其是五中全会后担任了中央政治局常委和中央总书记，他要参与社会主义经济建设重大问题的决策。他以很大的精力重新研读马克思主义关于经济方面的论著，仔细听取各个经济部门的汇报和介绍，虚心向专家学者请教，对新中国成立以来经济建设的经验教训进行思考，并关注当前经济工作的进展。他在一次会议上说，究竟我们的经济能不能搞上去，究竟四个现代化能不能搞得成，人民是很着急的，也是有疑虑的；我们的干部，意见也相当不一致。他主张讨论经济问题要有一个好的方法，这就是：解放思想，实事求是，虚实并举，多谋善断。他认为二十几年来经济工作的基本经验教训，主要是：（一）没有真正集中主要精力搞经济；（二）方针不对头，没有弄清社会主义生产的目的；（三）管理体制高度集中，严重束缚了生产力的发展。他以对马克思主义基本原理的深刻理解和对我国经济建设二十几年实践经验教训的严肃总结，对经济建设与改革中的若干基本方针问题进行了探索，提出了一些富有创造性的见解。

发展速度与计划平衡问题

　　我国社会主义经济发展的速度，如何掌握得既积极又稳妥，做到持续地向前发展，一直是需要党的领导人作出决策的一个重大问题。1958 年的"大跃进"，人们记忆犹新；粉碎"四人帮"之后的头两年，在"新跃进"的口号下，盲目追求高速度，使得国民经济本已失调的比例关系变得更加严重。1979 年 3 月，陈云和李先念联名写信给中央，提出用两三年时间依照按比例发展原则调整国民经济。中央根据这一建议，确定对国民经济实行"调整、改革、整顿、提高"的方针。邓小平、陈云等人力主在那几年国民经济要以调整为中心。他们在许多会议上强调，要有计划按比例地发展，在三五年内必须下大力进行调整，摆脱比例严重失调的局面，走向平衡。

如何调整以求平衡，使国民经济有计划按比例发展？当时，有的同志提出，把比例高的门类拉下来，以求与比例低的门类平衡发展。这当然就要降低速度，下调计划，压缩需求，放慢改革。胡耀邦认为，调整可以有两种不同的方法，我们能不能在发展中调整，更多地加强薄弱门类来求得比例的逐步平衡呢？

在 1979 年 10 月上旬讨论经济工作和 1980 年计划工作盘子的省市自治区党委第一书记座谈会上，胡耀邦发言说，速度问题应该首先研究清楚。我们不要勉强地去做那些实在做不到的事情，同时也不要不去做经过努力本来可以做到的事情，不然，社会主义优越性在哪里呢？与速度直接关联的是平衡问题。因为有些人对过去几次比例失调留下太深的印象，总是害怕财政收支、产销、物资供应的平衡不能保持，进而主张放慢速度。胡耀邦认为，马克思主义的基本原理是："平衡和运动是分不开的。"他引证恩格斯关于运动和平衡的两段话后说，世界上的一切事情，都是在运动和平衡的统一中发展的。我们运用这个规律来处理经济工作和计划工作，就是列宁所说的："经常地自觉地保持平衡，实际上就是计划性。"[1]

---

[1] 《列宁全集》第三卷，人民出版社 1959 年版，第 566 页。

胡耀邦在举了财政收支与货币流通的事例后指出，有两种平衡观：一种是用静止的、凝固的、机械论的观点来看平衡，还有一种是用运动的、变化发展的、辩证的观点来看平衡。只要我们认真改进非常死板的财政信贷管理、物资管理等办法，许多事情大有可为。我们要注意平衡，但不能把平衡绝对化。一切事情都在不停地运动。运动是绝对的、永恒的，平衡是暂时的、相对的。要经常不断地研究产销关系、供产关系、收入同支出的关系，用运动的观点来代替静止的观点。他在发言中，还主张要大胆吸收外资，来增加我们的建设资金，不要因为经验不足吃了一点亏而因噎废食。

1979 年 12 月 6 日，邓小平在会见日本首相大平正芳时，首次提出中国本世纪的目标是实现小康。胡耀邦认为这是一个宏伟的目标，对全国人民有巨大的鼓舞动员作用，也可以使全党全国人民一心一意搞建设。

胡耀邦认为：国际形势有可能保持一个相对稳定的局面，只要我们的对外政策对头，就有可能赢得一个和平建设的国际环境；我国的经济建设已经有一个相当好的基础，也有正反两方面的经验教训；广大干部和群众迫切要求改变贫穷落后面貌，蕴藏着巨大的积极性和创造力。只要我们全党同心同德一心一意搞建设，把计划订好、把问题抓准，认真总结经验，采取正确的政策，放手调动广大干部和群众的积极性，我们就有希望经过 20 年的奋斗，实现这个战略目标。

1980 年底，中央工作会议确定经济上进一步调整，政治上进一步安定的方针。从 1981 年起，在党中央领导下全党认真执行这个方针，使经济形势比较迅速地好转。国民经济内部在积累和消费间、农业工业间、轻重工业间的比例关系逐渐趋于合理，长期存在的积累率过高和农业、轻工业落后的情况有了根本改变。

据国家统计局的统计，1981年全年工农业总产值比上年增长了4.5%。1982年的工农业总产值，比上年增长8.7%（社会总产值增长速度为9%）。1983年达到了"六五计划"规定的1985年的主要指标，社会总产值比上年增长13%；1984年全国工农业总产值又比上年增长14.2%，1985年更增长了16.4%。[①]

这些发展速度，实在是出乎任何人的预料。

消费与生产的辩证关系

我国的经济建设，长期以来受苏联模式的影响很大，积累的比例过高，重工业生产的比例偏大，在计划经济指导下，企业都是为完成计划指标而生产、为生产而生产，还忽视质量而盲目追求超产，忽视社会和人民的需要。这种违反经济规律的做法，不仅形成比例严重失调，而且供求脱节，仓库大量积压，市场供应紧缺，对于全国人民的劳动成果和宝贵的建设时间来说，都是严重的浪费。1980年胡耀邦担任中央总书记以后，把目光转移到经济建设的全局上来。他请国务院各部委一个一个来向中央书记处汇报，让处于第一线、工农商学兵都要管的书记处的人熟悉经济工作情况；进而他运用马克思主义基本原理，阐述我们社会主义生产的目的是为了满足社会和人民的需要，[②]并提出要辩证地看生产和消费的相互关系。他多次强调要重视轻工业生产，多为社会和人民生产需要的消费品；要适当提倡和推动人民提高消费水平，

---

① 以上各年统计数字，均据国家统计局正式公布的资料。

② 1979年9月，胡耀邦指导中央党校理论动态组撰写《要真正弄清社会主义生产目的》，并指导和支持《人民日报》开展生产目的的讨论。详见本章第二节。

以消费促进生产。

1982 年 5 月 19 日，胡耀邦与国家计委、经委、商业部、财政部的负责人宋平、袁宝华、刘毅、李朋和经济理论家薛暮桥、马洪，举行了一次别开生面的座谈会。座谈会由胡耀邦提出问题，咨询、请教大家，同大家议论、探讨，交谈看法。本着解放思想、实事求是的一贯风格，他突破框框，打开思路，同大家一道议论了生产和消费的一系列问题。

胡耀邦了解到当时我国城乡个人储蓄累计有 570 亿元时说，我们国家提倡储蓄，不同于其他国家是为了紧缩通货、防止通货膨胀，而因为一是人民群众要防备天灾人祸，具有社会保险和福利作用；二是建设需要大量资金。他说要请大家研究一个问题：按马克思主义观点来看，劳动者创造的国民收入，分两部分：一部分是积累资金，另一部分是消费资金。积累资金即是用于扩大再生产或用于盖房子（特别是农民），还有一些由个人积存起来，作为储藏手段起着社会保险的作用。我们的储蓄，能否把这些储藏的资金，即利用人民的存款，把它变为可以增值的资金？我们对储蓄处理适当，可以促进生产，否则，也会妨碍生产。要看到储蓄这种两重性。如果群众的收入过多地集中到储蓄方面，那么我们生产出来的消费品，销路就会受到限制，甚至有可能卖不出去。这样就会造成积累与消费的比例关系失调，不利于发展生产。过分地刺激消费或提倡高消费是不对的，我们不提"高消费"的口号；但是要适当地注意刺激人民的消费，引导人民正确地消费，使生产出来的消费品有销路。这不是说要吃光用光，不是说不要艰苦奋斗精神了，但是过分地采取节衣缩食的办法来储蓄，对于促进生产的发展，提高人民的生活水平，是否合适？值得研究。当他了解到现在商业库存有 1100 亿元的商品时，提出：很多东西积压在那里，商业部门有没有惜售的思想？今后我国每年增加 220 亿元的消费品，是完全可能的。我们要多设商业网点，要鼓励商业人员下乡，现在有些商品在城里卖不掉，在乡村还买不到。

如何正确处理生产和消费的关系，推动社会主义生产更好地发展？他在讨论中说，在十二大文件起草小组，我着重宣传马克思关于生产和消费的关系问题。马克思在《政治经济学批判》导言中指出："某一些民族、素质、气候、自然条件如离海远近、土地肥沃程度等等，比另外一些更有利于生产。这又是同义反复，即财富的主客观因素越是在更高的程度上具备，财富就越容易创造。"[①] 我为什么要先引这句话呢？因为我们往往在解释国情方面片面性很大，总是只摆困难方面，人多呀，贫穷呀。按马克思的观点，财富的"主客观因素"，那么主观因素就是中国的种族好，素质好，人民勤劳、勇敢；至于客观因素，资源比日本多，气候比苏联好，美国的地理条件也不见得比中国好。至于人多，还是有两重性，不能只讲一重性。

接着，胡耀邦又引读了马克思这本书中的另一段话："没有生产，消费就没有对象。但是消费也媒介着生产，因为正是消费替生产创造了主体，产品对这个主体才是产品。产品在消费中才得到最后完成。一条铁路，如果没有通车、不被磨损、不被消费，它只是可能性的铁路，不是现实性的铁路。没有生产，就没有消费，但是，没有消费，也没有生产，因为如果这样，生产就没有目的。消费从两个方面生产着生产：

（1）因为只是在消费中产品才成为现实的产品，……消费是在

---

① 马克思：《政治经济学批判》（1859 年）序言、导言，第 9 页。

把产品消灭的时候才使产品最后完成，……

（2）因为消费创造出新的生产的需要，……消费创造出生产的动力；……消费在观念上提出生产的对象，作为内心的意象、作为需要、作为动力和目的。……没有需要，就没有生产。而消费则把需要再生产出来。"

胡耀邦继续读马克思的论述："因此，消费和生产之间的同一性表现在三个方面：

（1）直接的同一性：生产是消费；消费是生产。

（2）每一方表现为对方的手段；以对方为媒介；这表现为它们的相互依存；这是一个运动，它们通过这个运动彼此发生关系，表现为互不可缺，但又各自处于对方之外。

（3）……生产为消费提供外在的对象，消费为生产提供想象的对象。"①

在摘要读完了马克思这些经典论述后胡耀邦说：学习马克思的这些话，我们做经济工作的就要多从发展生产方面来打主意、想办法，而不要只从压缩消费方面打主意，这是一个根本方针。只有这样做，才能真正激发亿万群众建设社会主义的积极性。如果我们对生产和消费的同一性问题不理解，那么我们经济工作的指导思想就不清楚，还要犯错误。

胡耀邦接着说，联系到经济建设的模式问题。当代世界无非是三种：一种是苏联和东欧的高积累，加重群众的负担，或者高借贷，压缩群众的消费，强制发展生产，而不是为了满足人民的需要；第二种是资本主义的模式，高度竞争，追逐高额利润；我们应该搞出

---

① 马克思：《政治经济学批判》（1859 年）序言、导言，第 15—16 页。

中国社会主义的模式来，以人民不断增长的物质文化需要来推动重工业生产的发展，不是先有第一部类后有第二部类，而是第二部类反过来促进第一部类也向前增长。人民的需要和增长总是走在前头的，总的讲消费和生产还是要相互促进。他说，自己对这个问题还没有研究清楚，提请大家用马克思主义的理论分析我们几十年的实践，使我们的经济工作摸出一条新的道路来。

胡耀邦从满足人民的需要出发，运用马克思学说分析中国现代化建设进程中的实际问题，正确认识和处理生产和消费的辩证关系，显示出他的科学态度和求实精神。

自力更生与对外开放的完整理解

党的十一届三中全会以后，全党和全国人民逐渐把精力集中到社会主义经济建设上来了，急切要求改变贫穷落后面貌。中央和各地积极筹划加紧发展经济建设。然而，长时期的比例失调和重复生产太多，造成经济建设的缺口很多，突出的是能源和运输两大行业远远跟不上需要；而重工业和轻工业企业的技术设备落后、老化，更是一个普遍存在的问题；许多地方想要利用本地资源办厂、开矿，则苦无资金。大量资金从哪里来？一时成了社会主义经济建设的"瓶颈"。

胡耀邦对于如何筹措大量资金发展经济建设这个"瓶颈"，作了广泛的调查研究。他首先对二十多年来经济建设和财政金融的正反两个方面经验作了研究，运用马克思主义基本原理，探求筹集资金以求经济建设快速发展的途径。如前所述，他认为应当正确处理生产和消费的关系，适当刺激人们消费以促进生产的发展，加快资金的流转和积累，用于技术设备的更新和新技术设备的开发；同时他认为在资金筹集上坚持自力更生的方针，就要善于运用国家和人民手中的资金。他指出：对储蓄问题处理适当，可以促进生产；否则会妨碍生产。如果片面地追求高储蓄，不去适当地刺激消费，又把这大笔储蓄压死在银行里，就是作茧自缚。胡耀邦主张银行要对经济建设项目放手实行贷款政策，这样也把银行办活了，有利可图了。他在解答各地提出的资金困难问题时，都把向银行贷款作为筹集资金的渠道之一。

胡耀邦在分析了国际经济环境后，还认为从国外引进资金，也是筹集社会主义经济建设资金的一个重要渠道。这个思想在今天看来也是众人共识的事情，当年却是认识很不一致的。

首先是认识问题，即曲解和片面执行自力更生方针的问题。几千年的封建农业大国，形成了闭关自守和自给自足的传统；1949 年新中国成立后，在世界冷战格局下，以美国为首的主要资本主义国家对我国实行了长期封锁；而在 60 年代苏联撕毁经济合同后，我国同苏联和东欧的经济关系也大为缩小。这就使自力更生陷于闭关自守、孤立奋斗的境地。

在理论认识上，对于马克思、恩格斯早在一百多年前就指出的：随着资本主义世界市场的形成，各民族之间经济上的互相往来和互相依赖，逐步取代了原来的闭关自守和自给自足这一分析，也缺乏深刻理解；对于当代世界上的绝大多数国家积极发展对外经济并赖以促进本国经济高速发展的这一基本历史事实和社会发展的必然趋势，又缺乏充分的了解。

在认识上还有一个很大的顾虑，就是怕同外国资本家打交道会吃亏上当。

邓小平在改革开放之初就反反复复强调：利用外资是发展社会生产力的有力手段，"搞社会主义，中心任务是发展社会生产力。

一切有利于发展社会生产力的方法，包括利用外资和引进先进技术，我们都采用"。"（外资）……不管是哪一种，我们都要利用，因为这个机会太难得了，这个条件不用太可惜了"。① "实现四个现代化必须有一个正确的开放的对外政策。我们实现四个现代化主要依靠自己的努力，自己的资源，自己的基础，但是，离开了国际的合作是不可能的。应该充分利用世界的先进的成果，包括利用世界上可能提供的资金，来加速四个现代化的建设。"② 胡耀邦对于自力更生为主和对外开放、充分利用国外资金的问题，也作了深刻的分析和透彻的阐释。他在 1982 年 1 月 14 日主持中央书记处会议讨论进出口委员会代中央起草的对外经济贸易工作的决定草案时发言说："我们一定要在自力更生的基础上，把视野从国家范围扩展到国际范围，不但要放手地调动国内一切可以调动的积极因素，而且要放手地利用国外一切可以为我所用的因素，以天下之长，补一国之短。用《管子》中的话来说，就是要使'天下之宝，一为我用'。只有这样，借助国外资金和先进技术尽快地发展我们的民族工业，才能使我们面临的困难得到更为顺利的解决，使社会主义现代化建设事业得到更加迅速的发展。"

胡耀邦说："马克思在那篇有名的《经济学手稿（1857—1858年）》的导言中，在说明了社会生产的各个环节及其相互关系之后，指出还应当研究'生产的国际关系'，并且认为应当把这作为经济学的专门篇章，包括'国际分工''国际交换''输出和输入''汇

---

① 邓小平：《关于经济工作的几点意见》（1979 年 10 月 4 日），《邓小平文选》第二卷，人民出版社 1994 年版，第 198 页。

② 邓小平：《社会主义也可以搞市场经济》（1979 年 11 月 26 日），《邓小平文选》第二卷，人民出版社 1994 年版，第 233—234 页。

率’等方面的内容。我看这个提示很重要，简单扼要地指明了近代条件下经济的问题绝不是一国的现象，必须联系到国际的关系加以考察，而不能同国际关系割裂开来。讨论今天中国的对外经济关系，我们不应该忽略马克思的这个重要观点。”

那么，在今天我们要发展同外国的经济关系，引进国外的资金，有没有这种可能呢？胡耀邦说：“无论是为了赚钱，或者为了摆脱经济陷于萧条和危机，资本主义国家都愿意发展同我们的经济交往。”不过总要“让他有利可图。你不让他赚钱，就没有吸引力，局面就打不开嘛！有胆有识地放手地干，才能争取时间”。

我们吸引国外资金的方式，胡耀邦归纳说：“大体有三种：第一种，吸引直接投资，包括合资经营、合作经营、合作开发、补偿贸易，以及加工装配等等；第二种，争取外国政府和国际金融组织提供的中长期、中低息贷款，以及各种名目的开发基金、救济基金等等；第三种，一般商业贷款。就近期来说，我认为吸引直接投资，应当成为最重要的一手。它有两大好处：一是同投资者利益直接挂钩，共担风险；二是可以更好地学习人家的先进技术和经营管理经验。许多国家的成功事例证明，这种合资或合作经营的企业，本身就是一个个经济和技术的训练班。”他还举例说：“美国那个大资本家哈默，当年同列宁见过面，现在愿意同我们合作开发山西平朔露天煤矿，可能投资 2.5 亿美元到 3 亿美元。争取到 100 个哈默这样的人，就是一个可观的数字啊！”

胡耀邦指出，“为了有效地吸引直接投资，需要一套开明的方针。第一是大中小项目一起上，当前以中小为主，这样见效快。不是几百个项目，而是小平同志说的要上万个项目！第二是欢迎外国资本家和港澳台湾资本家一起来。第三是适当放宽些管理权，让他有利可图。"

"至于一般商业贷款，我赞成陈云同志的意见，一定要谨慎些。既然是贷款，总要还本付息，还要国内配套，势必有很多限制。当然，对于中长期、中低息的贷款，特别是自由外汇，可以稍微大胆一点，但毕竟有限。资本家总是资本家嘛！"胡耀邦还强调要慎重使用国外贷款和外汇，要用盈余的外汇先还掉那些利率很高的贷款，同时不再分散地盲目地进口消费品，而要把有限的外汇用来进口急需的设备、技术和原材料。

胡耀邦说：要把我们的社会主义现代化建设事业搞上去，在本世纪搞出一个名堂来，就要勇于站在历史潮流的前面，要有眼力、魄力和毅力，并且要有一整套正确的战略和战术。他说："唐朝有位杰出的政治家和理财家叫陆贽的，讲过这样一段话：'吝少失多，廉贾不处；溺近迷远，中人所非。'我看这段话讲得好，对我们做经济工作的同志应当有所启发。那种吝少失多，因小失大的事情，一切高明的、善于薄利多销、把生意真正做活的商人即'廉贾'们，是不会干的。那种溺近迷远，拘泥于眼前利益而迷失远大前景的想法和做法，甚至是具有普通见识的人们也会懂得是错误的。这就是说，一定要善于看大局，看到大量的事物和发展的前景，有战略眼光，而不要目光短浅。"[1]他用这番话勉励全国经济工作者在战略思想上统一起来，在战术行动上协调起来，同心同德，共同开辟我们祖国的社会主义现代化建设的伟大前程。

胡耀邦运用马克思主义经济理论的基本原理，研究分析当代世

---

[1]　胡耀邦：《关于对外经济关系问题》（1982 年 1 月 14 日），《胡耀邦文选》，人民出版社 2015 年版，第 356—374 页。

界经济发展的状况，联系中国社会主义建设实际，总结 30 年来的经验教训，探求我国经济建设的客观规律。他所表述的许多见解，得到邓小平等的赞同，对于我国搞好经济建设作用是很大的。

二、"生产目的"讨论

1978 年十一届三中全会召开前，邓小平就提出并反复强调，搞社会主义，要发展生产力，提高人民生活水平。他指出："干社会主义，要有具体体现，生产要真正发展起来，相应的全国人民的生活水平能够逐步提高，这才能表现社会主义制度的优越性。""社会主义的优越性总要通过生产的发展和人民生活的提高来体现，这是最起码的标准，空头政治不行。"[①] 这极大地启发了大家的思想。

社会主义生产的目的是什么？这是一个看似简单、实际上却是经济建设中长期没有解决好的理论问题和方针问题。理论上的模糊，导致二十几年来的经济建设工作具有相当大的盲目性：为完成计划、任务、指标而生产，是广大经济工作部门和国营厂矿企业建设单位的普遍观念，实质是"为生产而生产"。于是，长期热衷于搞大规模的基本建设，过分偏重重工业，以钢为纲，追求高指标，片面执行生产资料优先增长的方针；而忽视农业和轻工业，忽视人民食品生产、工业消费品和住房建设的需要，忽视提高人民生活水平。结果，基本建设战线越拉越长，钢铁等生产资料库存积压得再多也继续年年增长，而人民生活迫切需要的产品却十分匮乏，要凭

---

① 《邓小平年谱（1975—1997）》（上），中央文献出版社 2004 年版，第 277、330 页。

票证供应。那年月，谁家要买到了手表、自行车、缝纫机这样一些轻工业产品，都是一件大喜事，老老小小会欢喜好几天。这个状况，引起了胡耀邦的深刻思考。

1979年七八月间，为起草叶剑英代表中共中央、全国人大常委会、国务院在新中国成立30周年庆祝大会上的讲话稿，在回顾总结新中国成立30年来基本经验教训的过程中，胡耀邦对我国社会主义经济建设问题作了一系列研究。他在这年10月召开的全国省市区党委第一书记座谈会上的发言，系统地阐述了自己的观点。他指出，多年来，我们的经济建设实行了一条不对头的方针。有的同志讲到产品不对路问题，我看首先是我们的方针不对路。现在有一句口号，讲得很普遍，叫做要按照客观规律办事。什么是客观规律？我们不要轻易说已经完全学会了按照经济规律办事。大家都要认真学习和探索客观经济规律。关于按照经济规律办事，斯大林在《苏联社会主义经济问题》一书中，对社会主义基本经济规律作了科学的论述：用在高度技术基础上使社会主义生产不断增长和不断完善的办法，来保证最大限度地满足整个社会经常增长的物质和文化的需要。斯大林在批评当时苏联一个经济学家的错误时指出："雅罗申柯同志忘记了，人们不是为生产而生产，而是为满足自己的需要而生产。他忘记了，跟满足社会需要脱节的生产是会衰退和灭亡的。"如果说，20年来我们没有很好地按照经济规律办事，首先是没有按照社会主义基本经济规律办事。我们党内有相当多的人，没有弄清楚社会主义生产的目的，或者是把手段当成目的了，在某种程度上是为生产而生产，使得我们现在的经济结构很不合理，是畸形发展的，同社会需要和人民生活的需要长期脱节，缺乏活力。胡耀邦尖锐地提出了经济建设中一个根本性问题，在党的高级干部中引起了震动。许多人说，这是抓住了问题的关键，而且具有很大的普遍性，上上下下都需要解决好这个问题。

在这前后，胡耀邦在人民日报社编印的《情况汇编》第1498期上，看到了一篇《斯大林对雅罗申柯为生产而生产观点的批判》。这篇文章指出：在我国经济调整中，应该重视社会主义基本规律，注重消费品生产，注重改善人民生活的问题。胡耀邦对这篇文章十分重视，于9月10日特地批给中央党校研究，指出此文提出了一个很重要的问题，但可惜没有根据我们经济战线上同志们的思想实际和工作实际进行充分地解剖，因此，文章缺乏针对性和战斗性。请你们根据这篇东西提出的思想，精心讨论几次，写出一篇东西来。希望在四中全会前能完成。这是一篇极其重要的文章。

此时，在中央党校学习的一些中高级干部，在经济学课程的学习中，正巧对这个问题引起争论：我们的经济工作是否存在着"为生产而生产"的问题。一种意见认为："为生产而生产"是资本主义的特征，是以获得最大限度的剩余价值或利润为转移的，社会主义生产不存在这个问题。另一种意见认为，社会主义生产从本质上说是为了人及其需要，即为最大限度地满足人即社会的物质文化需要服务，不同于资本主义追求最大利润；但是实际上这种不顾人及社会需要的"为生产而生产"的现象，依然在我国的经济建设中以某种形式普遍存在着，不能讳言。应该弄清原因，认真纠正。中央党校把讨论中的这两种意见，整理成一个材料报送胡耀邦。胡耀邦批阅了这个材料，支持第二种意见，同意撰写一篇文章加以分析。

中央党校《理论动态》编辑组按照胡耀邦的批示，经过反复研究讨论，以最快的速度写出了题为《要真正弄清社会主义生产的目的》的文章。胡耀邦十分关心这篇文章，同意先刊载在《理论动态》上广泛征求意见。9月30日出版的第160期《理论动态》上，刊出了这篇文章。

这篇文章很快便引起广泛注意，赞成的、反对的都有。人民日报社和中央党校的人听取各种意见后加以精心修改，经过胡耀邦审阅同意，于10月20日在《人民日报》第一版头条地位以"本报特约评论员"名义刊出。文章明确指出："在社会主义制度下，生产的目的是满足社会不断增长的需要。因此，应当在可能的范围内最大限度地满足这种需要。我国有9亿人口，人民生活需要不断得到满足，又反过来刺激生产。这是生产与消费的辩证关系。人民生活安排好了，特别是8亿农民生活安排好了，中国的大局就稳定了。就是说，我们考虑和安排国家当前的和长远的计划，必须充分体现基本经济规律的要求。可是，多年来我们在相当程度上忽视了基本经济规律的需要，为生产而生产。"

两天后，《人民日报》又刊登了《谈谈"社会主义经济目标理论"问题》。文章从马克思主义理论上阐明社会主义生产目的这个问题的重要性，指出："关于社会主义经济目标的问题，涉及到建设社会主义经济的一个重要的指导思想问题。"[①]

两篇文章在《人民日报》发表后，引起了出乎人们意料的强烈反响。全国有20个省市自治区的报纸，先后发表了评论员文章和理论文章。许多读者尤其是经济战线的理论和实际工作者纷纷撰文

---

① 《人民日报》1979年10月22日。

和座谈讨论，认为这是一个切中时弊的大问题。也有一些人不同意，认为《人民日报》"特约评论员"的文章否定了工业学大庆中"先生产后生活"的经验。

有不同意见，这是完全可以理解的。人民日报社向胡耀邦简要汇报了这一情况后，胡耀邦同意在《人民日报》上开展关于生产目的的讨论，认为经过讨论，可以深入认识，对于经济战线的干部牢固树立按客观经济规律办事的观念大有裨益，对改进经济工作具有重要的作用。他还指示《人民日报》继续开展这一讨论时，不要发表新闻来造声势，要把着眼点放在分清理论是非上。可以刊登批评《人民日报》观点的文章。整个讨论都要严格限制在理论观点的探讨上，造成真正平等的学术交流气氛。

在这场讨论中，不仅对于社会主义基本建设规律和"为生产而生产"有各种不同理解，还涉及到生产和生活的关系问题，如何对待客观条件问题等等。讨论在理论和经济工作者中间仍然产生了积极影响，为尊重客观规律、重视满足人和社会的需要，具有理论指导意义。

三、推动经济体制改革

党的十二大以后，农村普遍实行家庭联产承包责任制取得成功，生产力获得解放，多种经济迅速发展，农村经济大步向专业化、商品化、现代化方向发展，迫切要求城乡流通渠道能够畅通，为日益丰富的农产品开拓市场，同时满足农民对工业品不断增长的要求。这种形势，迫使城市必须加快进行全面经济改革。与此同时，城市局部改革如放权、租让、承包等探索，进展顺利，尤其是广大职工强烈要求改变长期以来政企不分、企业缺乏自主权、职工吃大锅饭、劳动生产率低下等积弊。这就使得城市全面改革经济体制，具有不可遏制的内在要求。无论是日益巩固的安定团结的政治局面，还是经济建设的发展和调整所取得的成果，都为城市经济改革的进行提供了良好的客观环境，应当抓住时机，因势利导，有计划有领导地推进以城市为重点的经济体制改革，才能使各项事业开创新局面。从中央到地方的各级领导，对于改革的认识，也日趋成熟。形势同一年前相比，有了令人可喜的发展和变化。邓小平确定党的十二届三中全会的主题为以城市为重点的经济体制改革问题。胡耀邦参与领导了十二届三中全会文件起草工作。

在国务院有关部委对经济体制改革中的计划体制问题、价格改革问题、国家机关职能问题等进行的调查研究的基础上，全会文件起草小组对三十多年来经济建设的历史经验特别是改革开放的实践经验进行了总结，在文件中回答了社会主义建设中提出的一系列重大理论问题和实践问题，规划了经济体制全面改革的蓝图。文件草稿经过反复修改，并征求有关部门和各地干部近三千人的意见，几经修改，最后经过中央书记处和政治局的审议，决定提交三中全会。

党的十二届三中全会于1984年10月20日正式举行。10月14日，三百多位中央委员、候补中央委员和列席全会的中央顾问委员会委员、中央纪律检查委员会委员以及有关部门负责人共六百多人，举行了6天的预备会议，讨论和审议全会的主要文件《中共中央关于经济体制改革的决定》草稿。与会者对当前社会主义经济建设的几个重大问题进行了广泛而深入的讨论。主要是：

（一）社会主义经济的基本特征问题。与会者经过讨论，一致同意文件所表述的：社会主义经济是公有制基础上的有计划的商品经济，商品经济的充分发展是社会主义不可逾越的阶段，是实现我国社会主义经济现代化的必要条件。这一论断突破了长期以来把商品经济与私有制联系在一起或者把计划经济与商品经济对立起来的传统观念，具有重大的理论的和实践的意义，为我国全面改革经济体制奠定了科学的理论基础。今天来看，"有计划的商品经济"当然不如"社会主义市场经济"来得彻底和明确，但在当时，无论是在理论上还是实践上，已经是一个很大的突破了。

（二）经济改革的基本方针问题。许多中央部门和地方的负责人在讨论中都认为，全面开展经济体制改革工作，文件中明确的几点十分重要：一是在坚持社会主义制度前提下的自我完善和发展；二是改革的是生产关系和上层建筑中不适应生产力发展的一系列相互联系的环节和方面；三是改革要在党和政府领导下有计划、有步骤、有秩序地进行。

（三）经济改革的任务问题。与会者对文件提出的六个方面进行了讨论：一要解决好国家和企业、企业和职工的关系，增强企业的活力，这是改革的中心环节；二要自觉运用价值规律的计划体系，发展社会主义商品经济；三要建立合理的价格体系，充分重视经济杠杆的作用，认为这是改革成败的关键；四要实行政企职责分开，正确发挥政府机构管理经济的职能；五要建立多种形式的经济责任制，认真贯彻按劳分配原则；六要积极发展多种经济形式，进一步扩大对外对内的经济技术交流。大家对这六个方面一一详细地进行了研讨，有些人根据各自的实践经验，提出了不少具体修改意见。

在文件起草过程中，物价问题一直是个热烈讨论的话题，不少人主张在这次改革中要"理顺物价"。有人认为"物价（问题）是改革的关键"。胡耀邦则认为物价问题有历史因素，必然会有上有下，不赞成集中搞大调整，也不赞成提所谓"理顺"。几经商量，定稿时改为"物价是改革成败的关键"。

胡耀邦还针对有些人想乘改革之机乱涨价的现象，在10月17日预备会议期间批了一个关于课本提价的材料印发给全会："一、课本可适当提点价，但只能限于保本微利（出版权在省上），决不许在小孩身上赚钱。这一条务必同各省市同志讲清楚，出了乱子要追究责任。二、过去由于我们没有经验，物价由全国统一定，因此，谈不上按价值规律办事。今后物价怎么管，国家管什么，地方能管什么，三中全会决定会有明文规定，大家必须遵守。三、中央已决定要有步骤地调整物价，这是正确的决策。但是到了某些同志面前，就以为什么都要涨，有些部门的同志正在计划涨自己生产的东西，而不下苦功夫改善自己的经营管理，千方百计提高自己的经营效益。在我看来，这是一种极错误的观点，甚至是一股准备出笼的歪风。大家要警惕。"

（四）经济改革的骨干力量问题。大家在讨论、审议文件时，都认为，经济体制的改革，迫切需要大批既有现代化的经济、科技知识，又有革新精神、勇于创造、能够开创新局面的经营人才。我们不能用过时的老观念老框框，搞繁琐哲学，求全责备。要尊重知识，尊重人才，采取有力措施，提高知识分子的社会地位，改善他们的工作条件和生活待遇，造就一支门类齐全、成龙配套的经济管理干部的宏大队伍。后来邓小平说："这个文件一共十条，最重要的是第九条，当然其他各条也都是非常重要的。第九条，概括地说

1984 年 10 月 1 日，天安门广场举行盛大的阅兵仪式和群众游行，庆祝中华人民共和国成立 35
周年。图为邓小平与胡耀邦在天安门城楼上。

就是'尊重知识、尊重人才'八个字，事情成败的关键就是能不能发现人才，能不能用人才。"[1]

（五）经济改革的领导问题。大家认为，这次改革将在相当广阔的领域里展开，关系到国家的前途，也涉及到亿万人民的切身利益，还会引起人们生活方式和精神状态的重大变化。全党同志都要站在改革这个时代潮流的前列。党和政府的各级领导要保持清醒头脑，精心指导。

经过6天预备会议的充分讨论和审议，出席会议的人对《决定》草稿提出了许多重要意见和建议，受到胡耀邦等中央领导人的重视，大多予以采纳，加以修改和补充。这个文件从起草初稿起，直到这次预备会议的最后定稿，前后修改了9次。10月20日的三中全会，一致通过了这个《决定》。邓小平评价说："我的印象是写出了一个政治经济学的初稿，是马克思主义基本原理和中国社会主义实践相结合的政治经济学。""这个文件，我没有写一个字，没有改一个字，但确实很好，实际情况就是这样。"[2] 陈云在全会上发了一篇书面发言，表示："系统地进行经济体制的改革，是当前我国经济工作面临的首要问题。"他指出，"正在进行的体制改革，是要打破'大锅饭'。平均主义'大锅饭'实质上是不干活的人占有干活人的劳动成果。打破这个'大锅饭'，将会大大调动广大工人、农民、知识分子和干部进行四化建设的积极性，使我们的生产力获得一次新的大解放。"同时他告诫说，"这次体制改革涉及范围相当

---

① 邓小平：《在中央顾问委员会第三次全体会议上的讲话》（1984年10月22日），《邓小平文选》第三卷，人民出版社1993年版，第91—92页。

② 邓小平：《在中央顾问委员会第三次全体会议上的讲话》（1984年10月22日），《邓小平文选》第三卷，人民出版社1993年版，第83页。

广，广大干部还不很熟悉，在进行中还会出现一些难以预见的问题。因此，必须边实践，边探索，边总结经验。"①邓小平在接着举行的中共中央顾问委员会第三次全体会议上说："这次经济体制改革的文件好，就是解释了什么是社会主义，有些是我们老祖宗没有说过的话，有些新话。我看讲清楚了。过去我们不可能写出这样的文件，没有前几年的实践不可能写出这样的文件。写出来，也很不容易通过，会被看作'异端'。我们用自己的实践回答了新情况下出现的一些新问题。""这次的好处是，中央委员会、中央顾问委员会、中央纪律检查委员会三个重要委员会的同志都赞成这个文件，看到了现在发布这个纲领性文件的必要性和重要性。这是个好的文件。"②

党的十二届三中全会通过的《中共中央关于经济体制改革的决定》受到了欢迎，普遍认为这是一个推进我国社会主义经济建设的纲领性的好文件，总结了几年来改革的实践经验，突破了原有的框框套套，凝聚了许多人的智慧和经验。国外反映也很强烈，说这是中国共产党最大胆的、最有深远意义的决定。有些知名人士也看出来了，中国是不会离开社会主义的。反映最强烈的是在城市经济战线的广大职工。他们对这个文件表现出很大的关注和兴趣，看了后说：这一下迈改革的步子更坚定了。一些企业负责人更是眉开眼笑，说这是盼了多年的好文件。

党的十二届三中全会闭幕的当天晚上，胡耀邦就离开北京到山东各地去调查考察了。一路上，他向各地干部、群众宣传讲解经济

---

① 《十二大以来重要文献选编》（中），人民出版社 1986 年版，第 588—590 页。

② 邓小平：《在中央顾问委员会第三次全体会议上的讲话》（1984 年 10 月 22 日），《邓小平文选》第三卷，人民出版社 1993 年版，第 91 页。

体制改革的重要性，强调要建立起充满生机和活力的社会主义经济体制，把我们的经济建设搞得更快些更好些。他十分注意省市和地县的有关领导机关和经济部门的领导干部的思想状况，引导他们要自觉地改掉过去那一套老的领导方法、工作方法、工作作风、工作秩序和规章制度，站到改革大潮的前列。后来他在许多场合的讲话中，都要求干部充分认识改革的重要意义，强调指出，如果改革成功，翻两番和四个现代化就有了保证，国家和人民就可以更快富裕起来，一切事情都好办。反之，如果改革不成功，四化和翻两番就难以实现，国家和人民就不可能早日富强，那就一切都会受影响、要推迟。所以，改革是整个国家和民族前途的希望所在。①

在《中共中央关于经济体制改革的决定》指引下，以城市为重点的整个经济体制改革全面展开。企业生产经营自主权有了很大的扩大；由于按照政企分开、所有权和经营权适当分离的原则，改变多少年来统收统支的经营方式，许多企业采取了各种形式的承包经营责任制；还有不少中小型企业和商业企业更进一步实行租赁制，成为独立的商品生产者或经营者。企业内部实行了厂长负责制为主要内容的改革。这就使得企业注重改善经营管理，激发职工的积极性和创造精神，提高劳动生产率，大大提高了经济效益，企业留利的比例有了显著增加，增强了技术改造、扩大经营的能力。

经济体制改革的另一个显著成果是改革计划管理体制，使国家宏观调控的范围和方式得到了调整和改进。由于经济体制改革是要建立适应社会主义有计划商品经济发展所需要的、充满生机和活力的新的经济体制，这就要求在实行政企分开、增强企业活力的同时，相应地改革宏观管理系统。这种改革首先是国家计委管理的指令性

---

① 胡耀邦在讨论工会、妇联两个执委会报告时的讲话（1984 年 12 月 18 日）。

计划大大缩小，指导性计划相应扩大，适当下放计划管理的权限；国家统配物资和计划管理的产（商）品大大减少，用于生产和建设的资金相当大一部分由财政筹集转为银行筹集，经济杠杆在宏观调控中的作用增强，在财政、税收、价格、金融、商业、劳动工资等方面的改革，也随之全面推开。

这其中，价格体系的改革很引人注目。1985 年 1 月，国务院取消了企业在自销和完成国家计划后超产部分可以自定价格不高于 20% 的幅度，而允许这部分工业生产资料可以按稍低于市场价格的定价出售，参与市场调节。此后，"双轨制"的价格体系成为我国物价体系的重要特征，影响深远。这一年在城市放开了主要副食品的价格，农村取消了统购派购制度而改为合同订购。到 1986 年，各类商品实行浮动价和市场价的比重，农副产品占 2/3，工业消费品占一半略多，生产资料也占 1/3 多，而一千多种小商品的价格完全放开。结果，1985、1986 这两年的物价上涨幅度甚大。这次价格体系改革对于按价值规律运作和搞活经济起了相当作用，国家还拿出一笔财政拨款给城市职工增发副食品价格补贴以稳定职工生活水平，但对国民经济、人民生活和经济体制改革也产生了负面影响。

城市经济体制改革的全面开展，使得我国长期以来单一的公有制结构，迅速发展变化成为公有制经济为主体的多种经营成分共同发展的多元结构。胡耀邦对于支持和鼓励集体经济、个体经济等非国有制经济成分表现出了巨大的热忱。他认为，在我们这样一个幅员辽阔、生产力水平不高的商品经济社会里，放手让城镇人民群众兴办各种大大小小的集体经济和个体经济，不仅会给人民生活带来极大的方便，而且大大有利于调动一切积极因素共同搞活经济，较快较好地发展各项建设事业；至于对扩大就业门路、解决城镇就业问题的作用，则更为近几年来的实践所证明。因此，在社会主义公有制经济占优势的前提下，积极发展多种经济成分，应当是一项长期坚持的方针，而不是一项权宜之计。1983 年 8 月，他和万里等人在中南海怀仁堂，亲切会见了出席全国发展个体经济、安置城镇青年就业先进表彰大会的三百多名代表，发表了一篇热情洋溢的讲话，指出从事个体经济，为国家富强和方便人民生活做出贡献，同样是光彩的。[①] 从此，个体经济劳动有了一个"光彩事业"的美名。

这次在十二届三中全会的《决定》中，对于积极发展多种经济成分，尤其是对集体经济和个体经济的地位和作用，有了明确的规定。胡耀邦要求各级干部进一步解放思想，要让农民进城办企业，办旅馆，办旅游业，搞城市建设。让农民进城，不仅是允许郊区农民进城，还要允许本省其他地区和外省的农村一些有专长的人来沿海城市兴办各种各样的企事业。在谈到"放手发展第三产业"时，他也强调要鼓励个体户经营第三产业。

随着经济体制改革的逐步发展，城镇集体经济和个体经济的增长比例很快。据统计，全民所有制企业的产值在工业总产值中的比重，由改革前的 1978 年的 77.6% 下降到 59.7%，而集体经济由 22.4% 上升到 34.6%，过去没有的个体经济、私营经济、"三资企业"以及其他非公有制经济的产值占到 5.6%；至于商业方面，非公有制经济成分占到 25.6%。全国城镇个体工商等各行业的从业人员达 569 万人。这种多种经济成分的发展方兴未艾，对于发展社会经济、方便人民生活和安置就业人员方面所起的积极作用和显示的活力是十分显著的。

---

① 胡耀邦：《光彩与不光彩》（1983 年 8 月 30 日），《胡耀邦文选》，人民出版社 2015 年版，第 527—529 页。

四、各方面的改革逐步展开

城市经济体制改革的逐步展开，推动了其他方面的改革。胡耀邦在 1983 年 1 月的一次讲话中曾指出：改革应当是全面而有系统地改，就是一切战线、一切地区、一切部门、一切单位都有改革的任务，都要破除旧的妨碍我们前进的老框框老作风，都要钻研新情况、解决新问题、总结新经验、创立新章法。科技战线、教育战线及各个方面的改革，都列入了党中央的工作日程，并专门成立了"中央科技、教育改革文件起草工作领导小组"开始着手准备。

我国的科技体制，长期以来在课题、经费、人员上都是国家统得很死，包得过多，科研机构自身缺乏必要的自主权。这个状况，胡耀邦是有亲身感受的。1975 年，他曾经在中国科学院担任过一段领导工作，在大量调查研究中深深感到科研机构死气沉沉，缺少活力。粉碎"四人帮"后的拨乱反正，虽然消除了"文化大革命"对科研工作的冲击和破坏，但并没有改变长期以来固有的运行状态，仍然严重脱离实际。现在要建设社会主义四个现代化，科学技术的现代化必须走在前面，对科技体制的改革已是刻不容缓。

那几年，胡耀邦了解到中国科学院自动化研究所等单位尝试把计算机研究成果同生产单位结合起来，促进了科学技术的开发和运用，也给科研单位带来了很可观的经济收入，大大增强了活力。他认为，科学技术是生产力，把科研与生产结合起来，改变两者相脱节的情况，可以解放和发展生产力，应当是新的历史条件下科技体制改革的方向。中央书记处决定建立科技体制改革文件起草小组，着手调查研究。胡耀邦自己也直接向科学家进行调查研究。1985年 2 月 4 日下午，他邀请 6 位科技专家到中南海勤政殿，用座谈的形式，探讨我国的科技体制改革。在听取了大家的意见后他表示，看来，把科学技术成果迅速推广到经济建设中去，转变为先进的生产力，应当是我们当前科技工作的基本政策。改造世界首先要认识世界，认识世界的唯一目的是改造世界。科技人员搞科研，不能只开花不结果。我国经济的发展，一是靠政策，二是靠科技。现在政策已经发挥了明显的威力，而科技成果的作用还没有完全发挥出来。他希望从事基础理论研究的科学家，要特别注意那些与应用和技术开发有密切联系的课题；希望所有科研工作者特别是中青年科研工作者，带着经济建设中的实际课题，进行科学研究工作，为实现"翻两番"作出自己的努力。座谈会后，他还请科技专家在中南海共进晚餐进一步交谈。

在胡耀邦和中央书记处的指导下，《中共中央关于科学技术体制改革的决定》的起草工作甚为顺利。3月2日至7日，全国科学技术工作会议在北京举行，邀请全国著名科学家和科技单位负责人，专门讨论科技体制改革问题。与会者一致赞同对科学技术体制进行坚决的有步骤的改革，尊重科学技术发展规律，把科学技术与经济建设紧密结合起来。热烈讨论中大家拥护改革科技机构的拨款制度，分别对技术开发型和基础研究型、社会公益服务型等不同研究机构实行不同的拨款方法；要开拓科学技术市场，运用经济杠杆和市场调节增强科技单位的活力；同时要在组织结构上促进研究机构和设计机构、高等学校、生产企业之间的协作和联合，改变互相脱节、分割的状况，使各方面的科技力量形成合理的纵深配置。在人事制度上，与会者同意实施聘任制，要允许科技人员的合理流动，改变积压、浪费人才的状况。大家对《中共中央关于科学技术体制改革的决定》草稿提出了不少修改补充意见。

3月7日，邓小平、胡耀邦等出席了全国科技工作会议闭幕式，会见了与会者和首都科技界代表。邓小平指出，经济体制、科技体制，这两方面的改革都是为了解放生产力。新的经济体制，应该是有利于技术进步的体制。新的科技体制，应该是有利于经济发展的体制。

胡耀邦指出，我们党要更好地为发展科学技术扫清道路，更充分地发挥科技人员的聪明才智。我们党希望科技界的广大同志，树立共产主义的远大理想，在四个现代化建设中走在前面。他还说：如果说过去的 7 年大家是初试锋芒，那么现在可以大显身手了。会后，胡耀邦主持中央书记处会议，最后审定了《中共中央关于科学技术体制改革的决定》修改稿，于 3 月 13 日正式公布，有力地推动了科学技术体制改革的开展。

在研究讨论科技体制改革的同时，党中央也将教育体制改革的问题列入工作日程，并成立领导小组。这个小组的日常工作由中央政治局委员、中央书记处书记、国务院副总理万里领导，胡启立具体负责。1985 年初，胡耀邦和万里等人进行研究，认为教育体制上改革，要全面地有计划有步骤地进行：在管理体制上，教育行政部门在加强宏观管理的同时，要坚决简政放权，扩大学校的办学自主权；在教育结构上，要有步骤地实行 9 年制义务教育，大力发展中等职业技术教育，充分发挥高等学校的潜力和活力；在教学思想、教学内容、教学方法、教学制度上，要打破旧框框旧套套，同社会主义现代化建设和当前新技术革命的形势相适应。胡耀邦认为发展教育事业，必须逐年增加国家和地方政府的财政拨款，现在虽然受到经济发展水平的制约，但是一定要使教育拨款的增长高于财政经常性收入的增长，使在校学生人数平均教育费用逐步增长。同时要打破国家全包的陈规，鼓励和调动社会各方面的积极性，采取多种形式和方法发展教育事业。胡耀邦还提出要在全社会造成尊重教育、尊重知识、尊重教师的浓厚空气，以后每年的新年、春节，中央和各级领导干部都要看望和慰问教师。这年 1 月 21 日，全国人大常委会会议决定每年 9 月 10 日为教师节。

在万里和胡启立主持下，组织了一批人员对教育体制方面存在的问题及解决办法进行了大量调查研究，着手起草了《中共中央关于教育体制改革的决定》初稿。在起草和修改过程中，胡耀邦也参加座谈会，听取各方人士对改革教育方面的意见，丰富自己的认识。在征求了各有关方面的意见并经过几次修改后，5 月中旬，胡耀邦主持中央书记处会议讨论了这个《决定》草案，一致认为可以以此文件为基础，召开全国性会议讨论我国教育体制改革问题。胡耀邦在发言中说：全党都要十分重视教育事业的问题，全社会要形成尊重教育、尊重教师的良好社会风气。他还讲到，中央办公厅和国务院办公厅要带头以实际行动支援河北省老区的教育事业。他考虑到许多地方的中小学师资力量薄弱，提出中央机关每年可以抽调部分人员组成讲师团分赴各地去培训中小学教师或代班上课。他的这个意见得到大家赞同，并从这年新学年开始实施；不少省市也组成了省市级机关培训中小学教师讲师团下去，对促进基层教育事业的发展起了一定作用。

1985 年 5 月 15 日至 20 日，全国教育工作会议由中共中央和国务院主持召开。与会人员认真讨论了《中共中央关于教育体制改革的决定》草案。万里在会议上讲话，着重讲了教育体制改革的必要性、紧迫性和改革的方针、步骤等问题，对《决定》草案的主要内容作了阐述。邓小平作了题为《把教育工作认真抓起来》的讲话，指出："忽视教育的领导者，是缺乏远见的、不成熟的领导者，就领导不了现代化建设。各级领导要像抓好经济工作那样抓好教育工作。""要抓紧、抓好，严格要求，少讲空话，多干实事。"他在讲话末尾还说："我很高兴，从去年十月以来，中央相继作出了三项改革决定。……在七个月的时间里，办了过去多年想办而未办成的事。这一事实，表明我们党的认识能力有了新的提高，表明我们党已经能够创造性地运用马克思主义的基本原理，来解决当代中国社会主义建设中的许多新问题。"①

5月21日，胡耀邦召集各地教育部门的负责干部举行座谈会，进一步听取了各地负责人的意见。5月27日，《中共中央关于教育体制改革的决定》正式公布，推动我国的教育事业在许多方面开始了改革。

在这前后，外事部门、政法单位、军队系统、文艺单位等各个方面，也纷纷行动起来，积极进行自身的改革。胡耀邦在1985年4月同出席全国人大和政协会议的文艺界领导干部进行座谈时强调，文艺单位目前这种难以到群众中去演出、吃大锅饭、待遇偏低等状况，再也不能继续下去。他认为，怎么改革，需要文艺界的同志们坐下来提方案，但有几条可以大致确定：第一条，有些文艺团体中，不适宜做文艺工作的人相当多，冗员太多，把他们调到其他岗位去才能更好地发挥作用。第二条，必须坚定地实行按劳分配、多劳多得的原则，高质量高报酬，奖勤罚懒，奖优罚劣。第三条，建立一种奖金制度，搞奖励基金。哪个文艺团体演了新戏好戏，国家发给一定的奖金，以资鼓励，这样就可以不至于完全看票房价值行事。在胡耀邦的推动下，许多文艺单位着手进行了体制、人员、奖酬等方面改革的试验。

体育方面的改革，1986年10月2日胡耀邦在听取国家体委负责

---

① 邓小平：《把教育工作认真抓起来》（1985年5月19日），《邓小平文选》第三卷，人民出版社1993年版，第120—122页。

人汇报参加第十届亚运会情况时也有论及。他指出：现在各行各业都在改，理论工作、政治工作、教育工作都在改，体育工作不改行吗？他强调，发展体育事业，不仅关系到提高我们民族的身体素质，还关系到国家形象，说明一个国家一个民族是否奋发图强、团结上进，也能促进和鼓励人们争先恐后，去竞赛竞争。他要求领导体制和教练负责、运动员的新老交替、引进先进训练技术、加大奖励、严格训练、科学训练等几个方面，都要进行改革，要学习女排严格管理、严格要求、科学训练的成功经验，把足球等项目尽快搞上去。

改革在各行各业的全面展开，广大干部和群众是欢迎的。当然也有一些人犹豫观望，带来思想认识上不一致，带来扯皮，带来实际工作中这样那样的矛盾和困难。对此，胡耀邦认为，这些情况也难以完全避免。在改革过程中，出现许多扯皮的事情，这不奇怪，一般地不要轻易采取批评的方法、批判的方法。不要说你为什么对改革不理解呀，你是保守派呀。从我们党几十年的经验来看，思想问题不通，政策问题不通，采取简单化的批评、斗争方法，采取简单化的处理，对党的团结不利，对党的事业不利。正确的方法，就是靠对改革认识比较清楚的同志，坚持不懈地把工作做好，用事实来教育他们；同时要采取说理的方法，逐步求得思想上的一致。

改革的浪潮在神州大地各系统各部门各单位的方方面面涌动着，一场有领导有步骤有秩序的全面改革的局面开始出现，胡耀邦怀着愉悦的心情关注着这一切。

五、改革要从一件件实事做起

改革是一场深刻的社会革命。改革不仅在生产关系和上层建筑的各个领域发生一系列变革，而且在人们的思想观念和生活习俗上也引起了许多变革。人们竞争、进取的意识与日俱增，吃大锅饭的平均主义思想受到冲击，学习文化知识、掌握科学技术的积极性高涨，追求发展、开拓经营、脱贫致富、享受幸福成了越来越多的人的追求；在生活习俗上，冲破繁文缛节和单一模式，向往现代时尚和多样化、个性化，在中青年中也日益增多。这些符合社会进步要求、适应时代发展潮流的思想观念，使得干部群众更加自觉而积极地投身各项改革。

改革要有领导有计划有步骤地开展，中共中央制定了一系列方针、政策，但是必须落实到实际行动中付诸实践。胡耀邦强调：搞改革不能只是在政治上讲那些空空洞洞的道理，一定要求实，一定要从一件件的具体事情做起。那些不着边际的空话套话，只能束缚人们的思想，助长保守，阻碍改革。要想得宽广一点，从思想路线、典章制度、组织机构至生活方式、习惯都要进行改革。他强调：不要轻视生活方式的改革，许多改革往往是从生活方式的改革开始的。生活方式的改革对每个人都会产生直接的影响，它可以促使人们想到思想上、经济上，乃至整个社会的改革。例如穿不穿西服，我也曾考虑过得失问题。据说大家还都赞成，当然也有个别人提出过不同看法。这年的 10 月他在山东石岛镇南车大队调查时，与基层干部和群众座谈中也说：在吃饭这个问题上，还要废除几个不好的习惯。第一要改变暴饮暴食的习惯。平时舍不得吃，过年过节时十几个菜大吃大喝，结果反而把自己的身体搞坏了。第二要废除不卫生的吃饭方法。提倡分食，放点刀子、叉子、筷子，多买点盘子，同桌分食，中餐西吃，这样可以避免传染病。第三要改变烹调方法中那些落后的东西，保持先进的东西，讲营养、讲卫生。第四要改变食品的结构，向卫生营养的方面发展。胡耀邦还说：我们工作中一些助长封建宗法观念的东西也要坚决废除或改变。像我们领导干部包括中央领导干部到下边去，不要搞那些前呼后拥、戒备森严的做法，也不要组织什么群众迎送。要纠正我们宣传工作中一些陈旧的"左"的东西。这些论述，体现了胡耀邦全面推进改革、不忽视任何一项具体改革的基本态度。

改革要革除旧的框框、套套和僵化模式、观念，探索、创立新的规章、制度、方法、作风，在实践中难免会有缺点或不足之处。胡耀邦告诉领导干部：要热情鼓励和大胆支持那些提倡改革的人和有助于改革的作风，即使有的改革过了一点头，也要保护、补救。这样，经过一二十年的努力就改过来了，改革就一定会收到巨大的实效和成果。对改革都应支持，不要害怕，我到处都支持改革。

实践表明，党中央在十二大以后的几年，坚定而适时地把改革放在重要地位，全力推动经济等各项体制的改革，革除旧有体制中束缚生产力和人民积极性的种种积弊，开始建立起了充满活力和生机的管理体制和新的规章制度，全国人民精神振奋，意气风发，建设社会主义的积极性大为高涨。连年农业的发展促进了轻工业的发展，进而促进了重工业的发展，进而人民收入增加、消费需求扩大，又有力地刺激了生产的发展。能源、交通、通信、原材料等基础工业和基础设施的建设，由于集中了必要的财力物力，均得到了优先发展，国民经济在发展中得到了调整，日趋合理和完善。我国的经济建设出现了高速度发展的趋势。据统计，1983 年我国社会总产值达到 11052 亿元，比上年增长 10%，国民收入为 4673 亿元，比上年增长 9%，工农业总产值为 9209 亿元，比上年增长 10.2%，提前两年达到第六个五年计划规定的指标。1984 年，我国社会总产值达到 12835 亿元，比上年增长 13%，国民收入为 5485 亿元，比上年增长 12%，工农业总产值为 10627 亿元，比上年增长 14.2%。1985 年，全国社会总产值达到 15000 亿元，比上年增长 16.2%，工农业总产值 11780 亿元，比上年增长 16.4%。1986 年，全国社会总产值 18774 亿元，比上年增长 9.1%，工农业总产值为 15104 亿元，比上年增长 9.3%。这也有力地证明了：党的十二大所制定的开创新局面、实现翻两番的纲领和全面改革的方针、政策，极大地调动了全国人民建设社会主义的积极性。

对于"翻两番"，邓小平在 1984 年 10 月中央顾问委员会第三次全体会议上说："翻两番的意义很大。这意味着到本世纪末，年国民生产总值达到一万亿美元。那时不按人口平均而按国民生产总值来说，就居于世界前列了。这一万亿美元反映到国民生活上，我们就叫小康水平；反映到国力上，就是较强的国家。因为到那时，如果我们拿国民生产总值的百分之一搞国防，就是一百亿美元，要改善一点装备容易得很。据说苏联是百分之二十的国民生产总值用于国防，为什么他翻不起身来，就是负担太沉重。一百亿能够办很多事情，如果用于科学教育，就可以开办好多大学，普及教育也就可以用更多的力量来办了。……如果实现了翻两番，那时会是什么样的政治局面？我看真正的安定团结是肯定的。国家的力量真正是强大起来了。中国在国际上的影响也会大大不同了。"

邓小平还说："翻两番还有个重要意义，就是这是一个新的起点。再花三十年到五十年时间，就可以接近经济发达国家的水平。不是说制度，是说生产、生活水平。这是可能的，是可以看得见、摸得着的东西。"①

---

① 邓小平：《在中央顾问委员会第三次全体会议上的讲话》（1984 年 10 月 22 日），《邓小平文选》第三卷，人民出版社 1993 年版，第 89 页。

在重视翻两番的同时，中央也注意到速度的问题。邓小平强调要重视提高经济效益，不要过分追求产值、产量的增长。胡耀邦也在许多场合一再强调，要控制发展的速度，不要过于强调速度，而要首先强调效益。"十二大"关于翻两番的指标，就有不断提高经济效益的前提。所以我们的"七五"计划还是把速度定在 7% 左右，就是考虑到这一点。他还指出：要求产值增长过快，就必然会造成供求失调影响整个物价和金融。 1985 年 2 月 9 日他在接见全国省长会议全体与会者时讲话说，在经济形势和改革形势很好的情况下，要重视研究新情况，解决新问题，注意几股不正之风。但是各地的劲头很大，一下子控制不下来，结果还是出现了经济过热发展，财政、信贷上宏观失控，通货膨胀物价上涨的局面。

第三十二章　精神文明建设

一、抓文明礼貌

加强社会主义精神文明建设，组织和引导广大人民群众学习科学文化知识和开展文化体育活动，并把政治思想教育渗透到人民群众的日常生活中去，自觉树立高尚道德，从而提高中华民族的道德素质和文化素质，这是建设有中国特色的社会主义的巨大工程。

1979 年 9 月 29 日，叶剑英代表中共中央、全国人大常委会和国务院在庆祝中华人民共和国成立 30 周年大会上讲话："我们要在建设高度物质文明的同时，提高全民族的教育科学文化水平和健康水平，树立崇高的革命理想和革命道德风尚，发展高尚的丰富多彩的文化生活，建设高度的社会主义精神文明。这些都是我们社会主义现代化的重要目标，也是实现四个现代化的必要条件。"[1]

---

[1] 《三中全会以来重要文献选编》（上），人民出版社 1982 年版，第 218 页。

同年 10 月，邓小平在代表中共中央、国务院发表的《在中国文学艺术工作者第四次代表大会上的祝词》中指出：“我们要在建设高度物质文明的同时，提高全民族的科学文化水平，发展高尚的丰富多彩的文化生活，建设高度的社会主义精神文明。”他还从物质文明和精神文明建设的相互关系，从精神文明建设为物质文明服务的角度，阐述了建设精神文明的重要性。[①] 此后，建设社会主义精神文明便成为党和国家的路线、方针、政策的重要组成部分，成为社会主义现代化建设的一个重要方面。

胡耀邦对精神文明建设十分关注。对于其重要意义，他先在 1980 年 2 月全国剧本创作座谈会的讲话中作了阐述；接着 3 月 3 日在全国科协代表大会的讲话中也予以强调。[②] 他认为这是一项伟大的工程，需要组织亿万人民群众一步一步来做。重要的是要抓住突破口，把精神文明建设变为人民群众的实践行动。其时，民航向乘务员提出了讲文明礼貌、讲秩序纪律和语言美、行为美等要求，胡耀邦认为这些要求对全国人民特别是青少年来说也是应当具有的。他指导中宣部和共青团中央等有关单位加以研究，如何在全国开展一个群众性的文明礼貌活动，作为精神文明建设的突破口。1981年 2 月全国总工会、共青团中央、全国妇联、全国文联等 9 个人民团体和单位联合发出《关于开展文明礼貌活动的倡议》。《倡议》说：中共中央号召我们在进行四化建设的同时，大力加强社会主义精神文明建设。这是我们建设社会主义现代化强国的重要目标，也是在新的历史条件下发扬革命传统和中华民族优良传统，促进经济调整

---

① 邓小平：《在中国文学艺术工作者第四次代表大会上的祝词》（1979 年 10 月 30 日），《邓小平文选》第二卷，人民出版社 1994 年版，第 208 页。

② 《三中全会以来重要文献选编》（上），人民出版社 1982 年版，第 319、431 页。

和社会安定的重要保证。为了响应中共中央的号召，推动社会主义精神文明建设，我们向全国人民特别是青少年倡议，开展以讲文明、讲礼貌、讲卫生、讲秩序、讲道德和心灵美、语言美、行为美、环境美为内容的"五讲四美"文明礼貌活动，使我国城乡的社会风气和道德面貌有一个根本改观，让伟大祖国以社会主义精神文明的新风貌出现在世界的前列。[①] 接着中宣部等五部联合发出通知，要求宣传、教育、文化、卫生、公安等部门予以积极支持。[②]

"五讲四美"具体、实在，工会、共青团、妇联等各级组织开展了多种形式的活动，因而很快在全国展开。对于"文化大革命"所造成的"横扫四旧""造反有理"等无政府主义遗毒来说，这不啻是一剂消毒良药，社会风气和社会秩序有了一些好转。有些基层组织还分别开展了"学雷锋，树新风""绿化祖国，美化家乡""遵纪守法，文明生产""文明经商，礼貌待客"等活动，效果显著。

"五讲四美"活动的开展，取得了初步成效。胡耀邦和中央书记处加以总结后，决定在这个基础上开展一个"全国文明礼貌月"活动，把全国人民建设社会主义精神文明的积极性组织起来，移风易俗，改造社会。1982 年 3 月，在中共中央和国务院的号召下，这个活动在全国大中城市和一些县城、乡镇广泛开展起来。各地各单位提出了切合实际需要的活动重点和具体要求，开展了多种多样的文明礼貌活动。许多地方以植树造林、栽花种草、搞好卫生、整治环境为重点，广大群众热情参与，动手改变脏乱差的现象。有些地方在商业、服务业中开展文明用语、礼貌待客的提高服务质量活

---

① 《人民日报》1982 年 2 月 25 日。

② 《三中全会以来重要文献选编》（下），人民出版社 1982 年版，第 679 页。

动。有些地方以整顿社会治安、交通秩序为重点。胡耀邦和中央书记处书记亲自带头参加清洁卫生活动，在全国产生了很好的影响。许多地方的党政机关干部也都走上街头和广大群众一起参加社会公益活动。驻地的人民解放军响应号召，开展了多种多样的爱民送温暖活动；有些地方学习保定的经验，开展了军民共建文明单位的活动。还有一些城市制定文明公约，农村制定乡规民约，开展评比五好家庭等等，从而把文明礼貌活动经常化、制度化。此后每年3月开展的"全民文明礼貌月"活动连续举行了3年，所取得的初步成果令人鼓舞，增强了人们治理脏乱差、搞好社会风气的信心。当然，这些只是偏重于思想道德建设的活动，也还是浅层次的，有待深化和提高。

1983年2月4日，中央宣传部等24个单位又发出《1983年继续开展"五讲四美三热爱"活动的意见》。"三热爱"即热爱祖国、热爱社会主义、热爱中国共产党。这样，"五讲四美"活动有了灵魂和目标。《意见》要求1983年的"五讲四美三热爱"活动要比1982年搞得更广泛、更深入、更扎实、更有成效；要求各级党委、政府和人民团体按照已经作出的部署，抓紧落实，认真执行。为了对这项活动进行严格而有效的管理，2月26日，中共中央和国务院决定，在中央和各省、自治区、直辖市成立"五讲四美三热爱"活动委员会。3月30日，成立中央"五讲四美三热爱"活动委员会，指导、监督、协调全国"五讲四美三热爱"活动的开展。

二、亿万群众的大事

胡耀邦把开展健康的文化活动作为精神文明建设的重要一环来抓，督促中宣部、文化部和各地宣传文化部门，要关心群众文化生活，重视群众文化工作。在 1979 年 12 月一次会议上他说：人民群众生产发展了，物质生活改善了，精神生活、文化生活也就要求有所改善。我们应该有步骤地、积极地满足人民群众的精神生活要求，或者叫文化娱乐生活的要求。他还说：农村生产、生活逐步提高，因此我们要把活跃农村文化生活提到议事日程上来。如果我们不去满足他们，他们就要闹封建迷信，就要闹赌博，闹大吃大喝。我们满足人民的文化生活需要，也是防止人民中间不健康的、有害的、封建的、资本主义的文化的侵袭腐蚀。在这之前他在一次会上说，我们的各级党组织，首先是群众团体，要很好地开展各项活动，面向群众，满足群众的政治、技术、文化生活等各种各样的要求，占领精神生活阵地。他还要求中央宣传部起草一个要求各级党委重视群众文化工作的文件。1981 年，在胡耀邦的指导下，并经中央审定，由中央宣传部等起草的《中共中央关于关心人民群众文化生活的指示》下发全党，有力地推动了全国群众文化工作的开展。

活跃基层的文化生活，满足群众的要求，胡耀邦强调要从实际出发，根据人民的需要来办，而不是自己想象出来的，或者是奉上级命令硬要"开展"的。

基层文化活动采取什么方式？胡耀邦强调，我们应该采用多种多样为人民群众喜闻乐见的形式。不要搞一刀切，不要简单、粗暴地把群众文化活动只分为两种：一种是好的，一种是坏的。他认为，我们尽量提倡那些新的、上进的、富有教育意义的好东西；也应该允许那些没有什么害处的、教育意义比较小一些的东西存在；我们只是劝阻、禁止那些腐蚀人民思想的错误的东西。这种从实际出发，进行实事求是分析的态度，对于克服人们非好即坏的简单化思想方法，促进群众文化活动百花齐放，大有裨益。

在推动我国新时期文学艺术事业繁荣发展的实践中，胡耀邦十分强调文艺工作者要从广大人民群众的实际需要和多种爱好出发，坚持百花齐放。他一再对从事文艺领导工作的人说，我们不要从个人的喜好出发，偏废这个、偏爱那个，而要从广大群众的多种爱好出发，促进文学艺术事业的全面繁荣。一次他在谈到西洋音乐和民族音乐、西洋舞蹈和民族舞蹈的关系时说：西洋的音乐、交响乐，表现力比较丰富，我是赞赏的；但我们民族音乐，为广大人民所喜爱。做领导工作的同志，对西洋音乐和民族音乐就不能偏爱，要对半开，不能轻视这个偏爱那个。舞蹈也是这样。我们的民族舞蹈多姿多彩，特别是少数民族舞蹈，我们要在推陈出新上狠下功夫，使少数民族舞蹈之花开得更鲜艳。

歌曲是在人民群众中最为常见、参与性最广的一种文艺形式。粉碎"四人帮"后，群众不仅可以重新听唱被禁锢的革命歌曲、美声唱法的中外歌曲和民歌，而且音乐工作者还创作了不少新歌，包括一些抒情歌曲；同时随着改革开放打开国门，外国的和港澳台的流行歌曲也进入大陆。面对这斑斓纷呈的景象，有些人高兴，有些人不习惯，有些人反感。

面对社会上对一些歌曲的激烈争论，胡耀邦在1981年5月17日对文艺界领导人说：音乐方面究竟有些什么问题？我听有的同志反映说，是不是人家一攻，说有些音乐不那么健康，就反过来索性搞那些群众不欢迎的、艺术价值不高的口号式的革命歌曲，索性把群众的情绪压得低低的，把胃口搞得一点也没有。有没有这个事实？我们几十年来的革命歌曲有很好的，有一部分中等的，也有一部分艺术价值不高的。选好一点的嘛！包括电视上配的歌曲，有些好，有些并不见得好。他说，抒情歌曲不要反对，抒情歌曲也有好的。标准也是内容和艺术，不要只选一个标准。

他还指出，火车上播出的音乐，要多听听群众的呼声，不要单听小青年的呼声（当然也要听小青年的），特别是不要被一部分青年的不健康的情趣所左右。粉碎"四人帮"以来，总有些好的抒情歌曲嘛，比如《我们的生活充满阳光》那首歌，我觉得从内容到技巧都不错。有没有这个情况，随着年龄不同，对音乐的爱好也不同，年轻人喜欢节奏明快的、活泼的、欢乐的，老年人喜欢慢的，还有人喜欢低沉的。经过"文化大革命"，有人受了创伤，抒情变成感伤，要防止这一点。有点悲伤也可以，但感伤到没有出路就不好了，可不要忘记悲歌散楚。为什么唐太宗李世民搞个《秦王破阵曲》？就是为了鼓舞士气。

胡耀邦在这次讲话中，谈到文学艺术要重视民族形式。他说，毛主席在《新民主主义论》中说民族的、科学的、大众的文化，这是文学艺术的一条重要原则。我们不搞民族主义，我们是社会主义内容，民族的形式。文艺的一条很重要的原则是切不要轻视民族形式。世界是多民族组成的，排斥外来的东西是错误的，但要注意发扬本民族的东西。我们并不排斥钢琴，但不能只要钢琴，其他的不要。排外是不对的，但轻视自己民族的东西也是不对的。

他归结说，一个民族形式问题，一个音乐情调问题，至少要加以适当注意。我反复说，不要又一阵风。我不愿意把自己的耳朵强加于人。但欢畅、欢快，在作曲的内容和风格上可不能忽视。人为什么唱歌？古代人为什么开始有音乐？就是他疲劳了以后欢快一下。当然也有特别疲劳了以后叹息一番的。但在我们搞四个现代化的时代，可不要忽略这种欢快的东西。延安时代的生活是很艰苦的，当时作家们的表现手法没有什么低沉的东西。例如《翻身道情》，一点也不低沉。过多的悲伤、低沉，同时代的要求不合。歌词一是要注意内容、注意文采；二是爱情也可以有一些，但不能每首歌都是。音乐的感染力很强，问题是往哪一方面引导。他强调：我们的电影、戏剧、广播、音乐，要听广大工人、农民和干部的声音。学生的声音也要听，小青年、老知识分子的声音也要听。

随着电视在中国的开始普及，越来越显示它的巨大功能。胡耀邦卓有远见地提请大家注意重视电视广播。他对中宣部、文化部、广播局和文艺界的领导人说，我们的电视广播同资本主义社会的电视广播要有根本的区别。在我们国家来说，这是个新发展起来的事业，前途最大，所以要更加注意。我们的电视广播要严格掌握好，要为社会主义服务，为建设社会主义精神文明服务，为四化服务。我们的电视广播，我们的艺术，要提高人民的精神境界，塑造新人，鼓舞大家同心同德搞四化。这是我们的政治目标，不能动摇。

胡耀邦指出，电视广播是个新兴的事业，要爱护好。金山、赵寻同志写了一个关于发展电视剧的建议，提出组织一个电视艺术委员会，这件事今天就可以定下来。电视剧是个新兴事业，符合人民日益增长的物质文化需要，只许搞好，不许搞坏。

据当年在中宣部文艺局工作的李英敏回忆：胡耀邦对新起的电视十分关心，多次听到他对电视剧的观感。他多次找搞电视剧的人座谈，当他得知拍摄电视剧的经费十分困难时，就向有关部门提出，一次拨给电视剧拍摄经费四百万元，事后他说，这是他第一次动用国家的钱。

胡耀邦针对电视广播节目的单调、呆板状况，还向广播局负责人建议，电视的节目要搞得丰富多彩，满足广大人民群众的多种兴趣爱好。他主张要办好多种新闻节目，还建议多搞体育节目，搞书法、绘画等节目。

三、十二大的阐述

1982 年 9 月举行的中国共产党第十二次全国代表大会，是我国建设社会主义精神文明建设的一个新起点。邓小平在大会开幕词中提出，今后一个长时期，至少是到二十世纪末的近二十年内，要抓紧四件工作：进行机构改革和经济体制改革，实现干部队伍的革命化、年轻化、知识化、专业化；建设社会主义精神文明；打击经济领域和其他领域内破坏社会主义的犯罪活动；在认真学习新党章的基础上，整顿党的作风和组织。这是我们坚持社会主义道路，集中力量进行现代化建设的最重要的保证。①

胡耀邦向大会作的政治报告的第三部分，把"努力建设高度的社会主义精神文明"作为"建设社会主义一个战略方针问题"加以详细阐述，指出："社会主义的历史经验和我国当前的现实情况都告诉我们，是否坚持这样的方针，将关系到社会主义的兴衰和成败。"他论述了精神文明和物质文明在社会主义建设中十分密切的关系，说"我国的社会主义社会现在还处在初级发展阶段"，我们要在建设物质文明的同时，建立起高度的社会主义精神文明。这不但将对物质文明起到巨大的推动作用，而且保证它的正确的发展方向。两种文明的建设，互为条件，又互为目的。

鉴于前一段精神文明建设活动偏重于思想道德建设方面，胡耀邦在政治报告中加以全面地阐述说："社会主义精神文明的建设大体分为文化建设和思想建设两个方面。这两方面又是互相渗透和互

① 邓小平：《中国共产党第十二次全国代表大会开幕词》（1982 年 9 月 1 日），《邓小平文选》第三卷，人民出版社 1993 年版，第 3 页。

相促进的。"他说："文化建设指的是教育、科学、文化、艺术、新闻出版、广播电视、卫生体育、图书馆、博物馆等各项文化事业的发展和人民群众知识水平的提高，它既是建设物质文明的重要条件，也是提高人民群众思想觉悟和道德水平的重要条件。文化建设也应当包括健康、愉快、生动活泼、丰富多彩的群众性娱乐活动，使人民在紧张劳动后的休息中，得到有高尚趣味的精神上的享受。"他指出："过去由于'左'倾思想和小生产观念的束缚，在我们党内相当普遍、相当长期地存在着轻视教育科学文化和歧视知识分子的错误观念，它严重地妨碍我国物质文明和精神文明的建设。近几年来，我们努力消除这种错误观念，决心逐步加强文化建设，逐步改变文化同经济发展不相适应的状况。"他在报告中要求各项教育文化事业的建设，要作出五年到十年的发展规划，明确奋斗目标，努力付诸实现。[①]

　　党的十二大开过后，胡耀邦和中央书记处在许多环节上积极推进精神文明建设的工作。11 月下旬，中央书记处委托中央宣传部和中央农村政策研究室召开全国农村思想政治工作会议，研究农村如何在社会主义精神文明建设中加强对农村干部和广大农民的思想政治工作问题。会议形成了一个文件，胡耀邦和中央书记处经过反复讨论和修改，于 1983 年 1 月 20 日以《中共中央关于加强农村思想政治工作的通知》发出。《通知》强调："对农民进行教育，必须遵循理论和实际密切结合的原则，针对农民的思想和生活情况，从就事论事到就事论理，把解决思想问题和关心群众生活结合起来。必须遵循自愿的原则，以自我教育为主，通

　　[①]　胡耀邦：《全面开创社会主义现代化建设的新局面》（1982 年 9 月 1 日），《胡耀邦文选》，人民出版社 2015 年版，第 434—441 页。

过农民自己的观察、思考、比较、验证，提高觉悟，思想上得到解放。必须遵循疏导的原则，以正面教育为主，耐心说服，循循善诱，既不能堵，也不能压，更不能采取简单粗暴的办法。"《通知》还指出："必须把提高农村的文化水平当作一个重要任务，系统地抓下去"。文化教育、科学、卫生、体育事业的建设，都应当是农村发展的重要组成部分。要重视文化知识教育，实行多种办学形式，提高农民的文化知识水平。"农村集镇不但是经济中心，也应当成为政治文化中心和科技推广中心。20 世纪 50 年代行之有效的报告员、宣传员以及广播站、文化站、电影放映队、俱乐部、展览室、夜校、科技站等形式，要逐步恢复起来并加以发展。"①

精神文明建设要发动和组织广大人民群众来进行，这是胡耀邦和中央书记处十分强调的方针。1983 年春，全国总工会总结了近几年来在职工中开展读书活动的情况，认为组织广大职工群众尤其是青年职工开展读书活动，自己学习文化科学技术知识和政治理论，是群众自我教育，建设精神文明的一种好形式。后来中共中央批转了全国总工会党组《关于在职工中开展读书活动的报告》，指出职工读书活动是广大职工群众和青年积极向上的表现，反映"祖国要富强，中华要振兴"的历史需要和我们国家在前进、时代在前进的不可抗拒的历史潮流。各级党组织要加强领导，不断总结经验，使这一活动健康发展。

这年 9 月，党中央还发出了《关于加强城市、厂矿群众文化工作的几点意见》。这是在胡耀邦直接领导和推动下，建设城市、厂矿的精神文明的一个重要文件。还在 1980 年初胡耀邦在审定中宣

---

① 《十二大以来重要文献选编》（上），人民出版社 1986 年版，第 270—280 页。

部《关于活跃农村文化生活的几点意见》下发试行时，就向中宣部
等部门提出：城市居民的文化生活，虽然比农村好一点，但发展不
平衡。青少年的课余文化生活无人管，老年居民和退休职工的文化
活动尚处于自流状态。职工、厂矿的文化活动场所，如何充分利
用？街道的文化活动与厂矿如何分工协作、相互配合？他希望中宣
部等有关部门的同志深入下去，认真摸一些情况，总结群众自己解
决这些问题的经验，写出一个开展城市群众文化活动的方针性意见
来。中宣部等有关部门组成的调查组深入几个大中城市，分别调查
不同行业、不同年龄、不同兴趣的群众开展多样文化活动的特点和
办法、经验。中宣部在调查组历时一年多调查研究的基础上，写出
了上述这个文件。当时有人认为这个文件不必再用中共中央名义发
了，胡耀邦看了修改稿后，认为群众文化是关系广大群众的切身利
益问题，不可小看，仍然主张用中共中央文件下达。1983 年 9 月
10 日以中发〔1983〕第 34 号下发的这个文件，有力地推动了城市、
厂矿精神文明建设工作的开展，文化馆、图书馆、体育场馆和科技
馆、博物馆等工作受到重视和加强，多样化、多形式、多渠道、多
层次的群众文化活动广泛开展了起来。

　　这期间，胡耀邦还指导《人民日报》《工人日报》《中国青年报》
等报刊加强对于精神文明建设的宣传报道，热情讴歌先进人物蒋筑
英、罗健夫、朱伯儒等和第四军医大学学生等先进集体的优秀事迹，
产生了很好的影响。许多报刊还开办了文化知识副刊，广播电视也
增加了读书、体育等栏目，出版单位出版了大量知识性、科学性、
文艺性的图书。文艺创作也出现了百花齐放的繁荣景象。胡耀邦
在 1984 年 12 月 2 日对全国宣传部长会议的讲话中，还阐述了理
论和实际、破和立、思想斗争和教育疏导等关系，强调不要把政
治思想工作完全等同于思想斗争，要把最根本的革命道理教给群

众，要深入群众，关心群众的疾苦和困难，为群众服务。各地传达了胡耀邦的讲话，对于遏制"左"倾错误的消极影响和简单粗暴的习惯做法，起到了很好的作用。

四、主持起草有关精神文明建设的决议

1985 年 9 月，在中国共产党全国代表会议上，邓小平提出加强社会主义精神文明建设，认为："不加强精神文明建设，物质文明的建设也要受到破坏，走弯路。"为了进一步推动全党加强精神文明建设，这次会议结束后，9 月 25 日，胡耀邦主持中央书记处会议，讨论明年举行十二届六中全会的议程，确定：（一）讨论通过精神文明建设决定；（二）通过召开十三大的决定。中央政治局常委同意这两项议程，并确定由胡耀邦主持起草这个精神文明建设文件。

胡耀邦在文件起草小组组成之初提出：小平同志说经济体制改革决定是马克思主义基本原理和中国社会主义实践相结合的政治经济学，现在我们还要搞一本社会主义伦理学。他说，社会主义社会是个新社会，物质不极大丰富，是不成熟、不稳固的，这就必须有高度的精神文明。什么叫精神文明？就是人的素质，人与人的关系——领导与被领导之间，各种不同职业的人们之间，体力劳动者与脑力劳动者之间，各民族之间，从社会到家庭，都要形成空前的互助、和睦、和谐的新型关系。他提出了文件的初步设想。

两个月后，起草小组写出了草稿。胡耀邦看后感到这个文件难度很大，还需要下大功夫。他希望搞成一个比较完整的纲领，有科学的概念，使全国人民都知道该怎样做。他组织起草小组和

有关部门对当前精神文明建设的现状、经验和问题进行实地调查和访谈，强调文件一定要从实际出发，而不要从概念出发。要脚踏实地地认识我们的国情，准确把握最大多数人民的觉悟水平和要求、爱好。要把对少数先进分子的要求同对大多数人民群众的号召加以区别，鼓励先进、照顾多数，引导不同觉悟程度和文化水平的人们共同前进。他提出，群众自己的事情要让群众自己去做，包括改革陋风旧俗、破除封建迷信、克服愚昧落后，我们可以倡导，但一定要由群众在自觉的基础上自己来进行，一步一步地前进；如果群众还没有觉悟到、还不愿意改时，就要善于等待，积极引导。

3月底，起草小组写出第二稿。胡耀邦三次主持座谈会，听取意见，他认为文件对精神文明建设的要求和目标可以明确为五项：（一）坚持社会主义道路，发扬爱国主义精神；（二）加强民主法制建设，尊重人的权利、义务、创造精神，正确约束少数人，保障多数人的民主；（三）科学与教育；（四）人和人之间的团结、友爱、平等、互助关系；（五）生活丰富多彩、健康活泼。文件还要有方法，讲清楚马克思主义的指导作用。

起草小组按照胡耀邦设计的框架，又改了两稿，并于7月25日分送中央政治局常委、政治局委员、书记处书记及中顾委、中纪委负责人征求意见。邓小平阅后认为近2万字太长，说5000字就可以了；并说要把法制问题好好说一下。胡耀邦召集书记处部分书记与起草小组成员的会议研究修改，后改出约9000字的稿子送给邓小平。邓小平看后说：文件不错了，可以印发给大家讨论了。

8月8日，胡耀邦主持中央书记处会议进行讨论，几位中央书记处书记都肯定了这个文稿基本内容，并提出了一些修改意见，认为可以修改后提请中央政治局审议。

　　经过修改的送审稿，送中央政治局审议。邓小平看了后批示："同意。没有意见。"8月16日中央政治局会议原则通过，并决定作为征求意见稿印发各省市自治区党委和中央各部委征求意见。估计有两千多人参加了讨论，其中有不少很好的意见被胡耀邦和起草小组认可采纳。

　　9月20日，胡耀邦主持召开中央政治局扩大会议进行讨论。发言者一致认为现在这一稿把精神文明建设同改革密切联系起来了，把理论和实际结合起来了。

　　9月24日，党的十二届六中全会预备会议在北京举行，审议《关于社会主义精神文明建设指导方针的决议（草稿）》。绝大多数人认为，根据这几年全面改革发展的要求，适应新的形势需要，进一步明确精神文明建设的指导方针，加强这方面的工作，具有现实意义和长远意义。《决议（草案）》集中了大家的智慧，形成了具有中国特色的精神文明建设的理论体系，其中凝聚了我们党坚持马克思主义基本原则又在实践中发展马克思主义的许多思想成果。大家还认为，《决议（草案）》总结了几年来精神文明建设的经验教训和面临的问题，贯穿了改革开放的方针，论述了党在社会主义初级阶段建设精神文明的马克思主义基本观点和明确而又切实的指导方针，是一个马克思主义的好文件。

　　经过全体中央委员和候补中央委员的详细审议，并听取列席全会的中顾委和中纪委的全体委员的讨论修改意见，起草小组又对《决议》稿进行了一次修改，并经中央政治局和书记处审定，决定提交六中全会审议通过。

　　9月28日，党的十二届六中全会正式会议举行。全会一致通过了《关于建设社会主义精神文明指导方针的决议》，标志着中国共产党在社会主义初级阶段建设精神文明方面，取得了理论上的突破性的进展。

《决议》全面阐明了社会主义精神文明在我国社会主义现代化总体布局中的战略地位，指明它和以经济建设为中心，进行经济体制改革和政治体制改革的关系。指出，以马克思主义为指导的社会主义精神文明是社会主义社会的重要特征，是关系社会主义兴衰成败的大事。

《决议》明确指出社会主义精神文明的根本任务是适应社会主义现代化建设的需要，培育有理想、有道德、有文化、有纪律的社会主义公民，提高整个中华民族的思想道德素质和教育科学文化素质。

《决议》提出了精神文明建设的一系列方针措施。指出，一是要用共同理想动员和团结全国各族人民；二是要树立和发扬社会主义的道德风尚。要从实际出发，鼓励先进，照顾多数，把先进性的要求同广泛性的要求结合起来；三是要加强社会主义民主、法制、纪律的教育。其根本问题是教育人；四是要普及和提高教育科学文化，更加自觉地依靠科学，发扬尊重科学、追求知识的精神，扎扎实实地组织教育科学文化的普及和提高。

《决议》强调了马克思主义在精神文明建设中的指导地位。指出，坚持以马列主义、毛泽东思想为指导，是我国社会主义现代化事业的根本，也是建设社会主义精神文明的根本。马克思主义是社会主义事业和党的领导的理论基础，是社会主义意识形态的最重要的组成部分，对整个精神文明建设起着重大的指导作用。

《决议》明确了党组织和党员在精神文明建设中的责任。建设好的党风，思想教育很重要，制度建设也很重要。必须努力改革和完善党的组织制度和工作制度，严格执行党的纪律，建立和健全党内监督制度和人民监督制度，使各级领导干部得到有效的监督。《决议》还指出，在新形势下坚持两个文明一起抓，是全党面临的新课题。

《决议》对十一届三中全会以来精神文明建设实践的概括和对新形势下精神文明建设的一系列重大问题的科学阐述，把我们党对精神文明建设的认识大大向前推进了。

全会闭幕后，胡耀邦要求全党首先认真抓好学习这一环节。要结合本单位的实际，讨论那些同《决议》相抵触的思想和行为，力求在思想认识水平上提高一步。精神文明建设要认真抓起来，在实际工作中做到每年有所前进，每年收到更多一点实际效果。从中央书记处到各省区市党委，要一个问题一个问题研究得深透一点，扎扎实实，一步一个脚印。此后，胡耀邦到江苏、上海等地考察工作时，对精神文明建设又提出了贯彻落实的具体意见。他主张要把职业道德和反对行业不正之风突出抓一下；要针对不同的人群、不同的职业、不同的场所，提出一些简单明了的具体目标，认真地抓，争取逐年有所进步；要有目标地抓好一批城市的精神文明建设，在服务态度、环境卫生、公共秩序、社会风气方面提出几条明确的具体要求；要多创造一些形式，但要避免繁琐的要求和形式主义；要结合改革、开放，积极地有节奏地进行。这些意见对贯彻执行《决议》都有实际的指导意义。

第三十三章　政治体制改革

一、"让人民享有民主权利"

在具有历史转折意义的党的十一届三中全会上，政治体制改革实际上是一个重大议题。三中全会提出："必须有充分的民主，才能做到正确的集中。由于在过去一个时期内，民主集中制没有真正实行，离开民主讲集中，民主太少，当前这个时期特别需要强调民主，强调民主和集中的辩证统一关系，使党的统一领导和各个生产组织的有效指挥建立在群众路线的基础上。""在人民内部的思想政治生活中，只能实行民主方法，不能采取压制、打击手段。要重申不抓辫子、不扣帽子、不打棍子的'三不主义'。各级领导要善于集中人民群众的正确意见，对不正确的意见进行适当的解释说明。宪法规定的公民权利，必须坚决保障，任何人不得侵犯。"在为三中全会作准备的中央工作会议上，邓小平提出了我国现行政治体制中的弊端问题。他强调："为了保障人民民主，必须加强法制。民主制度化、法律化，使这种制度和法律不因领导人的改变而改变，不因领导人的看法和注意力的改变而改变。""做到有法可依，有法必依，执法必严，违法必究。"三中全会为政治体制改革指出了目标和重要的内容。

三中全会前后，在组织和领导大规模平反冤假错案、落实干部政策中，胡耀邦注意革除过去党委和组织部门少数人专权独断的错误做法，尊重党员和群众的申诉权利，实事求是地评断申诉人的言行和实践，以期还给党员、干部和人民群众应有的人格尊严和民主权利；在组织和指导开展真理标准大讨论中，他弘扬实践是检验真理的唯一标准的是非观，从理论上破除了个人崇拜的思想基础，反对天才论、奴才论，以期还给人民群众独立思考、探求真理的自由；在制定和贯彻实施《关于党内政治生活的若干准则》中，他为健全党内民主生活，严格执行民主集中制，革除领导干部政治上和生活上的特殊化，使领导干部与人民群众同甘共苦方面作了努力；他积极推动党和国家建立和健全民主和法制建设，使"文革"中被完全破坏的党的纪检监察和政府公、检、法机构逐步恢复起来，以保护人民的民主权利；他积极支持和鼓励人民群众"议论纷纷"，说心里话，发扬人民民主，倡导"四不主义"——不戴帽子、不抓辫子、不打棍子、不装（档案）袋子，革除过去那种以言定罪、把人民当敌人来专政的错误。

胡耀邦在全党进行这些政治生活方面的初步改革实践中，显示出他尊重宪法，尊重人民应当享有的民主权利和各种自由，每一项改革实践无不以人民是国家的主人翁、党和国家权力机构都是为人民服务的这个宗旨为根本出发点和落脚点，因而受到广大党员干部和人民群众的欢迎和赞赏。这一时期，在党中央领导集体的共同努力下，越来越多的干部和人民群众思想解放，精神焕发，出现了几十年来没有过的心情舒畅、意气风发的景象。受到"左"倾错误影响尤其是 10 年"文革"影响的中国共产党的形象逐步得到恢复，人民群众逐渐增强了对党的信任和对国家未来的信心，同心同德建设四个现代化的局面随之形成。

二、改革党和国家领导制度的第一步

政治体制的改革，是大势所趋。尤其是现代化建设事业蓬勃开展，经济体制的改革由农村到城市逐渐展开以后，改变权力过分集中的政治体制，建设社会主义民主政治，是广大干部和人民群众的强烈要求，也是推进经济体制改革、加速现代化建设事业发展的需要。

新形势下，邓小平、胡耀邦等中央领导同志都认为要改革党和国家的领导制度。此后，中央政治局常委对改变权力过分集中的党政不分以党代政、兼职副职过多、能上不能下等问题，围绕国务院领导成员的变动，进行了反复的商议。

1980 年 8 月 18 日至 23 日，中央政治局举行扩大会议，专题讨论党和国家领导制度的改革问题。18 日，邓小平代表中央政治局常委作了题为《党和国家领导制度的改革》的讲话。这一讲话指出："党和国家现行的一些具体制度中，还存在不少的弊端，妨碍甚至严重妨碍社会主义优越性的发挥。如不认真改革，就很难适应现代化建设的迫切需要，我们就要严重地脱离广大群众。"讲话明确地指出了"主要的弊端就是官僚主义现象"。而这些弊端的形成，一个总病根就是权力过分集中。是在加强党的一元化领导的口号下，不适当地、不加分析地把一切权力都集中于党委，集中于几个书记，以至第一书记。而个人高度集权，就必然出现家长制现象，一方面是缺乏完备的规定和制度，往往无章可循；另一方面是封建主义残余影响尚未肃清。讲话强调："如果不坚决改革现行制度中的弊端，过去出现过的一些严重问题今后就有可能重新出现。只有对这些弊端进行有计划、有步骤而又坚决彻底的改革，人民才会信任我们的领导，才会信任党和社会主义，我们的事业才有无限的希望。"①

邓小平在讲话中向全党提出了肃清封建主义和资产阶级思想影响的任务，并提出了中央正在考虑逐步进行的六项重大改革措施：（一）建议修改宪法，切实保证人民享有的各种权利，不允许权力过分集中；（二）建议设立中央顾问委员会和国务院的相应机构；（三）建立起国务院和各级政府强有力的工作系统；（四）有准备有步骤地改变党委领导下的厂长负责制、经理负责制，分别实行工厂管理委员会、公司董事会、经济联合体的联合委员会领导和监督下的厂长负责制、经理负责制；（五）企事业普遍成立职工代表会，决定本单位的重大问题；（六）党委实行集体领导和分工负责相结合的制度。

邓小平讲话后，政治局扩大会议的参加者对党和国家领导制度改革问题进行了充分的讨论。大家对改革党和国家的领导制度，认为是必要的、适时的；从制度上提出官僚主义等等弊端并加以解决，是根本途径，也是建设有中国特色的社会主义民主政治的关键所在。会上还对于封建主义残余的影响进行了讨论，多数人认为这是改革与完善党和国家领导制度的主要障碍，必须提高认识、破除阻力；也有人提出同时要批判资产阶级思想影响。与会者同意中共中

---

① 邓小平：《党和国家领导制度的改革》，《邓小平文选》第二卷，人民出版社1994年版，第327—333页。

央正在考虑逐步进行的 6 项改革措施，认为当前改革党和国家领导制度的第一步，是要从中央起解决权力过分集中、以党代政、党政不分的问题。

8 月 31 日，中央政治局通过邓小平的这篇讲话，并向全党全国公布，受到广泛的重视和好评。这篇讲话为新时期党和国家领导制度的改革指明了方向，实际成为我国政治体制改革的纲领性文件。此后，政治体制改革开始迈出实质性的步伐。

8 月 30 日至 9 月 10 日，五届人大三次会议根据中共中央的建议，决定华国锋不再兼任国务院总理职务，由赵紫阳接任；同意邓小平、李先念、陈云、徐向前、王震、王任重不再兼任国务院副总理；接受聂荣臻、刘伯承、张鼎丞、蔡畅、周建人辞去人大常委会副委员长职务的请求，另由适当人选担任。这是从改革党和国家领导制度，废除干部领导制度终身制着手，进行政治体制改革所迈出的重要一步。

三、从执政党自身做起

在筹备党的十二大对党章进行修改时，胡耀邦对党章修改起草小组的成员一再强调，新的党章要对改进党的领导，健全民主集中制，加强党内民主等问题作出明确的规定。党的十二大讨论通过的新党章中如下一系列条文，是有重要意义的：

——"党的领导主要是政治、思想和组织领导。""党必须在宪法和法律的范围内活动。""党必须保证国家的立法、司法、行政机关，经济、文化组织和人民团体积极主动地、独立负责地、协调一致地工作"（党章总纲）。企业事业单位"基层党组织应对重大原则问题进行讨论和作出决定，同时保证行政负责人充分行使自己的职权，不要包办代替他们的工作"（第三十三条）。这些条文，对改变以往那种党领导一切、包办一切、党政不分、以党代政的弊端，是有力的制约。

——"党的各级委员会实行集体领导和个人分工负责相结合的制度。凡属重大问题都要由党的委员会民主讨论作出决定。""党禁止任何形式的个人崇拜。要保证党的领导人的活动处于党和人民的监督之下"（第十条）。这就便于克服权力过分集中于个人、个人专断、个人凌驾于党之上、滥用权力的弊端。对个人崇拜以"禁止"两字加以严格规定，更是吸取了国际共运和我们党多少年来的惨痛教训。

——"党的各级代表大会的代表和委员会的产生，要体现选举人的意志。""任何组织和个人不得以任何方式强迫选举或不选举某个人"（第十一条）。这一条对党内选举提出了明确要求。

——"向党的组织直至中央提出请求、申诉和控告，并要求有关组织给以负责的答复。""党的任何一级组织直至中央都无权剥夺党员的上述权利"（第四条）。对党员的权利规定了八项，大大增加了党员的民主权利，扩大了党内民主，这是以往党章从来没有过的。第八项规定，更是避免了以往把申诉作为"翻案"而罪加一等的弊端。

——"党的各级领导干部，无论是由民主选举产生的，或者是由领导机关任命的，他们的职务都不是终身的，都可以变动或解除。""年龄和健康状况不适宜继续担任工作的干部，应当按照国家的规定，或者离职休养，或者退休"（第三十七条）。这是我们党改变终身制，从制度上清除封建主义残余影响的第一个明文规定。

——"中国共产党党员永远是劳动人民的普通一员。除了制度和政策规定范围内的个人利益和工作职权以外，所有共产党员都不得谋求任何私利和特权。"新党章还专门增写了《党的干部》一章，指出党的干部是人民的公仆，对党员干部提出了比一般党员更高的要求。党的十二大通过的新党章，对全体党员、党的干部和基层组织分别提出了比过去历次党章更严格的要求，对党的组织制度、党的民主集中制和党的纪律作了新的更加全面严格的规定，显示出中共中央对于改革党的领导体制，扩大党内民主所作出的努力。

为保障党员和人民的民主权利，胡耀邦和中央书记处在推动政法机关的改革方面做了很多努力。

健全法制，对政法部门进行改革，严格依法行事，排除人为干扰，是政治体制改革的重要部分。胡耀邦主张：公安机关的干部要学会做思想教育工作。公安部门的工作不是少数人的工作，要联合妇联、工会、共青团、街道、乡，真正搞群众治安工作。把工作做到前头，防患于未然，完全可以把工作做好。

第三十四章　最后岁月

一、辞去总书记职务

1986 年底，发生了波及不少城市的学潮。直接引发这一学潮的原因，各地各校有所不同，其中包括由中央、地方以及学校某些工作中的失误所造成的对党的领导的不信任情绪。但总的说来，是几 年来反对资产阶级自由化旗帜不鲜明、态度不坚决的结果。1987 年 1 月 16 日，中共中央政治局举行扩大会议。参加这次会议的有：中央政治局委员 18 人，中央政治局候补委员 2 人；中央书记处书记 4 人；中央顾问委员会负责人 17 人；中央纪律检查委员会负责人 2 人；以及其他有关同志。胡耀邦在会议上检讨了他担任党中央总书记期间，违反党的集体领导原则、在重大的政治原则问题上的失误，并请求中央批准他辞去党中央总书记职务。

会议对胡耀邦进行了严肃的同志式的批评，同时也如实地肯定了他工作中的成绩。会议一致同意接受胡耀邦辞去党中央总书记职务的请求，继续保留胡耀邦中央政治局委员、中央政治局常委的职务。这次政治局扩大会议的决定，后经同年 10 月召开的十二届七中全会确认。

中央政治局扩大会议指出，全党要继续执行十一届三中全会以来党中央的路线、方针和各项内外政策，继续坚持四项基本原则，反对资产阶级自由化，继续坚持以经济建设为中心，集中力量发展社会生产力，继续实行全面改革，实行对外开放、对内搞活经济的政策，继续发展社会主义民主、完善社会主义法制、巩固和扩大爱国统一战线，动员、组织全党同志和全国各族人民，团结一致，艰苦奋斗，努力完满实现第七个五年计划的任务。

二、读书

1987 年 1 月以后，胡耀邦开始深入思考从粉碎"四人帮"之后复出到这次辞去总书记职务，整整 10 年间自己的工作究竟应当怎样估量？自己有哪些缺点和错误给党和人民带来了损害？他决定静下心来细细检查一遍。他请秘书张耀光把这 10 年间自己的全部讲话、文章、报告、发言记录稿都集中清理出来，自己从头来看一遍，细细检查。好几百万字的文稿，他专心致志地逐字逐句细细阅看。整整 3 个月，他都静心地坐在案前，手拿一枝粗红铅笔，一篇一篇地阅读。

胡耀邦决定好好地读些书。有人劝他读读《资治通鉴》，有人给他送来这样那样的书。他则决定重新研读《马克思恩格斯全集》。

这 10 年来，他常常感到马克思恩格斯的著述太精辟了，是人类宝贵思想财富的结晶，尤其是他们创立的一些基本原理，是指导革命实践、认识客观世界的法宝，当然也要区别哪些是不适合时代发展已经出现了新情况、新问题的个别结论，哪些基本理论要随着时代的发展而发展。20 世纪 50 年代以来，他曾经断断续续地出版一卷便读一卷，后来也读过四卷本《选集》，这次他决心从头读起，一卷一卷一篇一篇地系统地阅读，来加深理解这两位马克思主义光辉理论的创始人在历史科学、经济科学和哲学领域，是怎样建立起科学的宇宙观和最彻底的社会革命理论的；并且要以他们创立的科学理论为指南，来分析研究我国社会主义建设实践中出现的新情况、新问题。他每天上午都端坐在自己的书房里静心阅读，对一些重要论断更是反复诵读，有些史实还要查世界史和大百科全书，以求甚解。他在研读中，作广泛的思考，有时还写下笔记。

毕竟是年逾古稀了，他坐久了就觉得腰酸背痛，看书多了就眼睛发涩。他就站起来活动活动胳臂，或者在院子里走几圈。他腰间挂个计步器，坚持每天走 1 万步，后来身体更弱，每天走不到 1 万步了，但仍然散步、锻炼，晚饭后就走出侧门在中南海林荫道上步行。

10 月 20 日，党的十二届七中全会在北京举行。胡耀邦与其他四个常委共同主持了这次会议。这次全会主题是讨论通过党的十三大报告稿，为此开了五天预备会议。这次全会另一项议程就是确认 1 月 16 日中央政治局扩大会议关于胡耀邦辞去中央总书记职务和推选赵紫阳代理中央总书记的决定，以便完成最后的组织手续。

10 月 25 日至 11 月 1 日，党的十三大在北京举行。十三大的政治报告，充分肯定了十二大以来五年以及十一届三中全会以来九年的巨大成绩，以加快和深化改革为今后五年的基本任务。大会确定了中国共产党在社会主义初级阶段的基本路线，明确提出了生产力标准，制定了经济发展战略和深化经济体制改革政治体制改革的纲领。

11 月 1 日，党的十三大举行全体大会，以无记名方式选出了中央委员 175 人、中央候补委员 110 人，中央顾问委员会委员 200 人，中央纪律检查委员会委员 69 人。

随后于 11 月 2 日举行的党的十三届一中全会，选举决定了新的领导成员。中央政治局委员是万里、田纪云、乔石、江泽民、李鹏、李铁映、李瑞环、李锡铭、杨汝岱、杨尚昆、吴学谦、宋平、赵紫阳、胡启立、胡耀邦、姚依林、秦基伟，丁关根为中央政治局候补委员；中央政治局常务委员会委员是赵紫阳、李鹏、乔石、胡启立、姚依林；赵紫阳为中央委员会总书记，胡启立、乔石、芮杏文、阎明复为中央书记处书记，温家宝为中央书记处候补书记。中央军事委员会主席是邓小平，赵紫阳为第一副主席、杨尚昆为常务副主席。随后又批准陈云为中央顾问委员会主任，薄一波、宋任穷为副主任。胡耀邦在党的十三大当选为中央政治局委员。

入冬以后，胡耀邦健康状况不佳，体重一直下降，越来越消瘦苍老。这 10 年，他忘我地工作，完全不顾及自己的身体。例如去西藏，高原反应使他喘不过气来，他躺在病床上还听汇报、研究西藏的振兴大计。1981 年 4 月他颈椎病疼得手脚抬不起来，医生要他卧床、中央要他休养一个月，结果稍有缓解就去浙江、山东进行调查研究。三次去贵州三次患感冒，发着高烧仍然赶路、开会、访贫问苦。他日以继夜、废寝忘食地工作，忍着病痛，能拖就拖，能抗就抗，结果胃病、腰痛、颈椎病日益加重。如今这些病痛就难以忍受了。他先到怀柔一个休养所去住了一段时间，过了春节后又进了解放军三〇五医院治疗。他带去了很多书，大量时间还是用来读书思考。

1988 年 3 月间，胡耀邦接待了五十多年前在苏区情同手足的老战友谭启龙偕夫人严永洁和儿子、孙女的来访。谭启龙此时是中顾委委员，他是从山东来北京出席党的十三届二中全会的。这一对早在 1931 年苏区湘赣省委时结识的老战友，新中国成立以后胡耀邦在中央工作，谭启龙在地方工作，相见很少。这次相见，两人都无比高兴，又回忆起在中央苏区的那些往事。因胡耀邦将去烟台修养，他们相约在山东再聚，因为谭启龙要在他曾经工作过的山东济南定居度晚年。不料这年 9 月胡耀邦从烟台休养回京途经济南时，谭启龙在上海住进了医院，未能重聚。胡耀邦乃提笔写了一首诗，这首诗在本书第一卷中曾经提及：

> 年逾古稀能几逢？逆交难忘六十春。
> 冤蒙 AB 双脱险，战处南北俱幸存。
> 牛棚寒暑相忆苦，开拓岁月倍感亲。
> 遥祝康复更添寿，寿到雏声胜老声。

这首诗当时未寄出，胡耀邦逝世后，长子胡德平整理遗物时发现后才寄给谭启龙的。谭启龙接读后百感交集，近 60 年的战斗经历和战友之情跃然纸上，倍觉胡耀邦情谊之诚挚真切。

4月于光远的来访，也给胡耀邦留下了愉快的印象。两人早在延安时期就相识。1975年为起草和修改《科学院汇报提纲》有了交往。此后在"反击右倾翻案风"中两人都靠边站了，但经常就一些马恩著作中关于经济理论方面的问题相互探讨，十分契合。此后在中央工作10年中，胡耀邦在许多理论问题上，尤其是重要文件的起草修改时，十分重视于光远的意见，两人"观点相近，性格相近，彼此关心"。两人交谈了这些年来的往事，还探讨了一些理论问题。

三、心系民富国强

胡耀邦曾对友人说过："目前，（自己）政治局委员的责任在肩。中央领导可以说：你不必管具体工作。但我能戴着头衔不做事吗？白拿工钱不出力，这叫做'官老爷'，不失眠才怪。拿开会来说，接到通知，请一次假，似乎还可以；请两次假，便要脸红了；请三次假便说不通了。屁股坐上会议桌就要发言，一次不发过得去，二次不发就坐不住了，三次不发么，岂不成了'实在无用'①吗？要发言，说什么，怎么说，我给自己定一套规矩：不能空对空，不能无的放矢，因此必须到实际中去调查研究。"

4月末，当胡耀邦离开三〇五医院回家后，便想着到外地去做些调查研究。他向中央提出了这个要求，中央同意，还派了4名中央办公厅干部随行。

5月14日，胡耀邦一行乘了一辆中型旅行车来到河北易县。

---

① 胡耀邦所说的"实在无用"，语出二十世纪四十年代毛泽东在延安的一次报告中给官僚主义者画像的"十字歌"：一声不吭，二目无光，三餐不食，四肢无力，五谷不分，六亲不认，七窍生烟，八面玲珑，久（九）坐不动，实（十）在无用。

易县对胡耀邦来说并不陌生，20 世纪 40 年代任三纵政委时曾在这个地区打过仗；就是近些年也来过两次。这次是要进一步了解当前在政策上、改革上、党的建设上存在着什么实际问题，研究解决的措施和办法。河北省委、保定地委和易县的领导都表示了热忱的欢迎。病后体衰，当地安排他半天工作、半天休息。

5 月 15 日、17 日、19 日三天的上午，胡耀邦一行听取了全县近几年建设和改革情况的汇报。他不仅边听边记，还同大家边座谈边研究，并结合 16 日、18 日的实地考察，对一些问题进行探讨。他发现：易县这几年工农业产值已经翻了一番，成绩很大；再要向前发展，需要研究解决些什么问题。群众创造的林牧结合，采取联产承包、能人牵头、群众入股的做法，值得重视。他还提出划分牧场，调整羊的品种结构，适当处理林牧矛盾，使畜牧业得到发展，这是用价值规律办事。要探索发展林业的路子，飞播造林要乔、灌、草相结合，有条件的地方可以多播一些优质草。要努力使人民群众的生活水平和实际收入年年有提高。国家要富强，要建立在人民富裕的基础上。农民负担的各项费用必须适当，要在生产增长的基础上征收。要处理好国家、集体、个人三者的利益关系。这些年来，改革很得人心。今后怎样深化，要认真探索研究。改革不能损害群众的利益，物价改革不能让群众害怕。他的这些意见，受到省、地、县负责人的重视。

16 日、18 日以及 20 日，胡耀邦一行在易县实地走访考察了八个地方。他先到紫荆关古长城，察看了古长城的维护和附近植树造林的情况。当地乡长谈到前些年因造林而限制养羊，近两年开始解决林羊矛盾，羊群有所发展。胡耀邦说，造林和畜牧业的矛盾要解决好。要想办法在山坡上多种一些草和灌木等适合羊吃的东西，解决好羊的温饱。如果每年绿化有所发展，羊又能增长百分之

博览群书。

孜孜不倦。

二三十，就了不起了。他风趣地说：现在羊的价值很高啊，我穿的这件毛衣，毛线就要二十多元一斤。我们千万不能养林宰羊、保林宰羊。前些年出现造林宰羊的问题，责任不在乡，也不在区、县。我们要善于及时发现问题，汲取群众的智慧，总结群众创造的好经验，把林业和牧业结合好。这天他还察看紫荆关电站和安各庄水库，说要把小水电站建设好。

5月18日，胡耀邦在西陵区马兰台村察看了这里造林绿化的成果，向村干部详细询问了农民生产和生活的情况以及意见和要求。村支部书记崔永泉说了农民对农用生产资料和水电费涨价以及化肥、柴油供不应求的意见，胡耀邦说："你说的不错，讲的是实话。你要带领群众努力发展生产，使财源像你的名字（永泉）一样长流不断。"他还去了龙泉庄村、太平峪村，详细了解农业生产的现状，和大家探讨农业怎样再上一个新台阶的途径。

胡耀邦还记得前几年亲自采集树籽送给易县植树的事，20日在林业局局长陪同下，到后部林场观看了这些树籽培育成苗的情况。当他听说这些树苗将要栽植到狼牙山、荆轲山和西陵等几个旅游景点时很是高兴，勉励他们把植树造林这件大事长期不懈地坚持下去，造福后代。回到县城，他又来到县图书馆，了解这里的藏书、管理和读者来馆借书、阅览情况，他对馆长说："我们民族的科学文化水平还不高，办好文化事业很重要。群众阅览图书，可以象征性地收点费，这样读者看书就认真了。也可以让读者为图书馆搞义务活动，服务是相互的嘛！"

5月20日、21日，胡耀邦听取了中央办公厅四人在两个村的调查汇报和河北省顾问委员会主任杨泽江的汇报。

5月22日，胡耀邦一行又从易县来到涿州。几年前他在一次听取保定地区22个县委书记汇报工作时，听说涿州有一个乡镇企业搞股份制，织出的地毯远销欧美、创汇很多，这次就来实地看看。他们一到涿州，就被安排住在东方宾馆。原来这个东方宾馆就是这乡镇企业——东方实业公司下属的一个企业，站在门口欢迎他的就有东方实业公司总经理霍宗义。

迈进宾馆，霍宗义就激动地拉住胡耀邦的手不放："我是您的老部下啊！"看到胡耀邦的惊异，霍自我介绍说他曾经是乡团委书记。他汇报说 1970 年他任西河公社工业办公室副主任，筹集 6000 元办起了个砖瓦厂，后来发展为修造厂，1980 年转为地毯厂，地毯厂请了几位技术人员，精心研究了世界著名的波斯地毯，细致解剖，从我国传统艺术中汲取精华，设计出具有东方色彩的艺术图案，反复试织，精益求精，终于创造出独特的东方牌地毯。由少到多，由小到大，拿到各地展销会去展出，吸引国外客户。开头几年外国客商不承认我们这个东方牌，我们听取他们的挑剔意见不断改进，织出精品，终于有外商看到价廉又物美，一下定了 10 万尺，美元滚滚进来了。我们用进口的新西兰、澳大利亚羊毛做原料，但是我们的成本低，因为我们采用的办法是组织各家各户的妇女编织，教技术，供原料，发花样，勤检查，严格验收。厂里只搞收购、销售、技术设计、质量检验，做几个样板产品。这样，就不用建大厂房，不用招聘成百上千的工人。

霍宗义还讲了发展过程中的一段曲折："一开始，县里有人对我们这种做法扣帽子，说是将地毯包给各家各户去做，这是以个人搞两挤，一挤集体，二挤全民，发展资本主义。我想这事不能干了，歇了吧！幸好县委书记有胆有识，支持我继续干。后来，中央的一号文件肯定乡镇企业，我激动得哇哇地哭。而后企业越办越红火，四面开花，连四川、云南也有加工厂，全国共有 20 个，织毯工人达 5 万。原来涿州是我们的基地，近几年富起来了，妇女拣活轻钱多的事做，不愿织地毯了，如今只有 2000 人左右还在织。”

霍宗义向胡耀邦汇报说："现在东方实业公司有下属单位 62 个，包括设立在国外的。这个东方宾馆是我们的销售基地，全国地毯展览会就在这里举行过。毛纺厂、毛织厂是原料基地，拥有资金 1200 万元。我们公司用人方面是'唯才是用'，工作人员有农民、工人，也有大学毕业生和国家干部，不论资排辈，不光看学历，凭实际本事升迁，所以有农民当经理、国家干部当副手的。"

胡耀邦听了霍宗义的汇报，高兴极了。他在霍宗义的陪同下，参观了东方实业公司的几个下属单位，到处是一片繁荣兴旺的景象，显示出改革开放政策的巨大成效。

第二天，胡耀邦一行在霍宗义等人的陪同下，参观了邻近的包子铺村。看了小学、图书馆和幼儿园，感觉到是一个崭新的社会主义新农村的雏形。他还走进了一户农家，主妇崔桂芝向客人回答了家庭成员、收入支出等提问后说，这几年生活好多了，置办了彩电、冰箱、家具、沙发，一开头就是靠织地毯攒的钱。她接着就领胡耀邦看了正织着的地毯。胡耀邦问："这村里有比你家更好的吗？"答："有。"又问："有不富裕的户？"答："有十多户，不会过日子。"接着胡耀邦一行又进了郭玉芳家，比崔桂芝家还阔气，胡耀邦问："你们怎样安排生活？"答："农闲织毯，搞副业，农忙就种田。"又问："一年能收入多少？"答："1 万元左右。"胡耀邦笑着对同行人说："农民怕露富，总有两万元吧，比我强嘛！"

5 月 24 日早晨，胡耀邦一行离开涿州，有三千七百多人送他。临行前，他应霍宗义之请，写了"强国富民"四个字留作纪念，还倒过来念给霍听："民富国强。"他还答应东方宾馆工作人员、服务人员的要求，一一跟他们合影。

　　胡耀邦离开涿州后驱车前往天津，去看望在天津任市委书记、党的十三届一中全会也当选为中央政治局委员的李瑞环。李瑞环早在 50 年代是北京建筑工地一名青年突击队队长，全国青年学习毛主席著作积极分子，思想活跃，对共青团、对胡耀邦有着深厚的感情。在两人的亲切交谈中，胡耀邦向他谈起易县、涿州之行的感受和收获。

　　回到北京后，胡耀邦决定不再搞调查研究了，自己的任务就是休养，就是安度晚年。有多少好书要读啊！此后，他除了继续研读《马克思恩格斯全集》外，还选读一些平时顾不上读的书。包括一些老同志写的回忆录和解放军的战史稿。他为记述原属十八兵团的主力师之一的第一八四师的战斗历程《从汾河到凉山》题词："铁马金戈史　翻天覆地人"。读了十八兵团的老战友、海军后勤部副政委吴西的回忆录后，他题字："正气留心史　清风乐晚年"。

　　胡耀邦素来很爱吟诵诗词，尤爱杜甫的诗和辛弃疾的词，敬重他们的爱国情怀和豪壮气概。他也爱写毛笔字，觉得每天写几十个字是一种很好的修身养性的气功。"文革"后期他坚持了一段，粉碎"四人帮"后这十年顾不上了，如今又得以继续，并且把写字与读诗结合起来，抄写了很多诗词。有些诗篇是他少年时代就背诵的，如今重新读来有"温故而知新"之获啊！

　　这期间，来访的亲朋故旧络绎不绝。7 月 27 日，年迈的陆定一来访，胡耀邦到大门口迎接。陆定一是胡耀邦很敬重的老一辈革命家，早在中央苏区相识，陆定一当年是共青团苏区中央局宣传部长，1945 年起任中央宣传部部长达 20 年之久，1956 年八大后当选为中央政治局候补委员，担任国务院副总理和中央书记处书记，在政治思想战线具有丰富的领导经验。"文革"首当其冲受到残酷迫害，平反后任中宣部顾问和中央顾问委员会常委，胡耀邦常常向他请教。陆定一对胡耀邦也非常赞佩，曾评价说：胡耀邦读的书真不少，很有见解。诗词歌赋也能来几首。字也写得不错。他从红小鬼成了个大知识分子。

临别时，胡耀邦录杜甫咏怀诗四句题赠：

> 夜看鄜城气，回首蛟龙池。
> 齿鬓已自料，意深苦陈词。

四、诗词吐心声

7月的北京进入三伏，暑气逼人。中央的领导干部通常是到北戴河去避暑和开会、工作，中央办公厅也安排胡耀邦去北戴河。胡耀邦想清静些，又受山东方面的邀请，去了山东烟台。他还是老习惯，带去了很多书籍，此次还带去了不少古诗词集，包括十几本讲诗词格律方面的书。

烟台的东山宾馆，依山傍海，十分幽静。黄海的习习海风吹来，全没有北京的燥热，甚是惬意；早晚时分甚至使他衰弱之躯感到有丝丝凉意。他想好好调养一段，把胃病、坐骨神经痛、脊髓炎等病症能够治个八九分好。他除了用药和理疗外，仍然咬着牙坚持每天散步不辍。再要每天走一万步是难了，但是他分几次走，走走停停，加起来总要达到六千步的目标才肯歇止。

围棋名将聂卫平，是胡耀邦桥牌席上的好搭档，忘年交中一个亲密的年轻朋友。这次胡耀邦到烟台休假，聂卫平闻讯后，在赛事的间隙，两次赶到烟台，陪同住了两个多星期，聊天，打牌，下棋，给胡耀邦增添了不少乐趣。

更多的时间还是静心读书。他虽然很爱好吟诵古典诗词，偶尔也写一二首。但因为过去没有受过严格的训练，对诗词的格律、音韵都不娴熟。这次他读了不少名家诗词，还结合看了一些诗词格律方面的书，加深了对古人赋诗填词讲究格律又不拘泥的理解。他感到诗词能用凝练的语言表达出真切的情感和深奥的哲理来，赋诗填词也是一种极好的思维活动。遥望窗外海天一色，潮汐涨落，涛声阵阵，他脑海中的思绪也起伏不止，乃把蓄积在心底久久的情结化成诗篇一一写出。去年得到文怀沙书赠的"民望甚饥渴，公行胡滞留"，一直悬念在心，这次他写出了一首二十句的古风《致文怀沙先生》，抒发了寄希望于未来的豪情，亦如前述。

他读了红军老将军萧克的史著《浴血罗霄》，作七绝一首相赠：

> 寂寞沙场百战身，青史盛传李广名。
> 将军夜度罗霄曲，清香伴我到天明。

他读了魏巍的《地球上的红飘带》后，作五言诗一首：

> 禹域乾坤变，人间爪鸿新。
> 梁音千百啭，此曲最牵情。

他看书总是很认真，有时还要查找其他的书互证。他在给魏巍的信中说，当时红四方面军究竟有多少人？书中有多处不同表述，几十个老同志的回忆也不尽相同。应当实事求是订正，不再以讹传讹，建议在再版时加以订正或说明。

这期间，胡耀邦感到赋诗填词能够很好地抒发胸怀情结，因此接连写出了不少诗篇。

他给老红军贺晋年夫妇赋七绝一首：

> 伏枥年华黯却缨，拼将铁骨付丹青。
> 丹青洒处生梅竹，赚得清香满玉庭。

他还给团山东省委原书记、时任山东省人大常委会副主任林萍，团吉林省委原书记、时任吉林省人大常委会副主任崔林以及其他一些友人分别写了七律、五言相赠，对来访的原中央党校副校长陈维仁亦以七绝相赠：

> 碧海秋昊又相逢，忽闻退作长寿翁。
> 十载辛耘莫嗟少，栽得桃李到瀛蓬。

过了"白露"时节，黄海之滨秋意渐浓。胡耀邦考虑到9月下旬要举行党的十三届三中全会，3月的二中全会已因病请假了，此次不能不出席，乃有返京之意。烟台方面安排胡耀邦到山东半岛附近几个地方去走走、看看。9月8日去了养马岛，听介绍这里是秦始皇东巡时养马之处，现在是人民日报社休养所。

胡耀邦一行还到了栖霞和蓬莱。在栖霞，他参观了"牟二黑子庄院"等一些景点。牟二黑子庄院是一座地主大院，全部砖木结构，陈设按原貌布置，还有不少文物古玩和名人字画。据县负责人介绍，这个牟二黑子，出身平凡，可后来成了集地主、资本家、官僚于一身的在地方上颇有影响的人物。修复这座宅院，是为开发旅游景点，也可以对后人进行阶级教育。展馆负责人要求胡耀邦留下墨迹，胡慨然应允，在休息室里略加思索，拟出一首五律，写成条幅。他再三嘱咐展馆负责人只可收藏，千万不要装裱了挂出去。在蓬莱，他参观了戚继光帅府遗址和功德牌坊，还登上蓬莱阁观光，饱览碧海扬波的壮丽景色。

结束了烟台的休假治疗，胡耀邦在返京途中，又到济南作了停留。他1981年5月曾登泰山，留下深刻的印象，这次他再登泰山，赋诗七律一首述怀：

> 车如流水马如龙，仰止重来竟不同。
> 曾见蹭梯扪玉阙，又添乘索捉飘风。
> 倒提湍泉迎上客，裁剪翠色送归鸿。
> 闻说天涯比邻友，明晨赛聚日观峰。

回到北京，已是秋高气爽的金秋时节。秘书送来了很多信函，胡耀邦一一展阅，不无感慨。

老红军将领、延安时期的炮兵学校校长、著名的军事理论家、军事科学院副院长郭化若来信请胡耀邦给他题字。胡乃"录杜甫诗中两句贺郭化若老兄八十四大寿：'济时敢爱死　寂寞壮心惊'"。

9月25日，胡耀邦写了三首七律《答女作家姜安》。姜安，兰州军区的一位女作家。她结识了陕西延安的老劳模刘世昌，偶然得知刘老曾收养过胡耀邦的次子刘湖这个充满人间真情的美丽故事（见本书第一卷第五章第一节）。姜安被这个故事打动了，在癌症动了大手术之后即满怀激情写出了报告文学《两位父亲》。1988年春，姜安将这篇报告文学寄给胡耀邦征求意见。胡耀邦和夫人李昭阅后都很感动，李昭曾几次给姜安写信，但是第一封信寄到兰州军区，由于姜安未写清地址，被退了回来，李昭又在北京向《报告文学》编辑部打听，仍无着落，最后找《人民日报》社社长帮忙，才查到详细地址。

胡耀邦得悉姜安有了确切地址，也很高兴。乃于中秋之夜，挥毫赋诗三首《答女作家姜安》：

（一）

霜月皎皎到中庭，弱女浓妆理素琴。

窗前嘎然一声响，料是孤鸿落寒汀。

（二）

世事匆匆各浮沉，风云叱咤多女英。

死神面前犹奋笔，君是巾帼罕见人。

（三）

沧桑变化寻常事，人间悲欢最牵魂。

谁能偷得蟠桃果，怜取卿卿锦绣文。

诗写成后，李昭又写了一封信给姜安，除寄去这篇诗笺外，还附赠一册《让癌自行消退》的书，姜安收到后深为感动。①

胡耀邦这一时期创作的诗词，是他一生中最多的。可是他自喻还是个"小学生"，只是把自己所感，写了出来就是了。难以推却的友人之请，也多以题字回赠。例如年逾八旬的老将军万毅曾来信求字。万毅是西安事变时立了功的原东北军将领，党的七大时就被选为候补中央委员。但在1959年庐山会议上因为不同意批斗彭德怀，也被打成"彭黄（克诚）反党军事集团"重要成

---

① 姜安：《人间悲欢最牵魂》，《人民日报·海外版》1989年5月17日。

员，"文革"中则被"监护"了6年。1975年万毅到北京来治病，胡耀邦在街上遇见他，热情招呼，并邀他次日去家做客，鼓励他不要丧失信心，使当时还在蒙冤的万毅感动万分。平反后万毅复出，任总后勤部顾问。他说，耀邦同志担任中央领导工作主持公道，在政治上光明磊落。虽然辞去了总书记，在我的心目中仍然是我们党的优秀领导人。因此要求给他写几个字留作纪念。胡耀邦接到信后表示："我与万毅同志不很熟，题字要符合他的实际，我要想想。"直到11月临去湖南前，胡耀邦说，我还欠了万毅同志的账啊！他这个人骨头很硬啊！他比我大8岁，今年80多了，我祝他活100岁。于是题赠：

> 赤胆忠心，无私无畏。
> 钢筋铁骨，长命百岁。

五、"党群应是鱼水"

1988年9月下旬，胡耀邦出席了党的十三届三中全会。这次全会集中讨论了当时的经济形势，尤其是价格改革"闯关"造成的混乱局面如何治理整顿的问题。

胡耀邦对于近年来经济秩序的混乱和整个形势的严峻，特别是与国计民生休戚相关的物价指数居高不下，是忧心忡忡的。他曾先后与三位政治局委员谈到过，要关心老百姓的日子啊！

中国二十四个节气在北京是应验得很准的。寒露、霜降接踵而至，气温逐日降低；进入立冬，对于身体衰弱的胡耀邦来说，更觉得不好受。在家人、友人和医生的劝说下，他决定到故乡湖南去休养一段时间。

11 月 10 日，胡耀邦辞别了亲人，登上了南行的列车，11 日上午即抵长沙。当他出现在车厢门口时，湖南省委书记熊清泉等人立即迎上前来说："我们全省干部和人民热烈欢迎您来湖南检查指导工作。"胡耀邦笑呵呵地说："我这次来湖南只是休息啊，一不听汇报，二不谈工作。你们都忙，不要耽误你们的工作。"

胡耀邦多次来过长沙和一些县市，20 世纪 60 年代初还曾在湘潭蹲点两年，但都是紧张地调查研究和参加会议，对湖南秀美的山山水水有很多地方从未涉足过。这次在主人的盛情安排下，第二天就由省顾委主任万达等人陪同去了湘西张家界。胡耀邦一行在森林局宾馆住下后，当即被住在同一宾馆的人们发现了。大家聚集在宾馆前大草坪等候胡耀邦散步回来，便一下子拥了上来。胡耀邦同大家热烈握手，问了几个人才知道他们是从各地来此参加森林工作会议的。在大家的要求下，他走进队列同大家一起照了相。

翌日晨起，胡耀邦一行沿金鞭溪往索溪峪方向走去。一路树木葱茏，景色夺目，胡耀邦与万达等谈笑风生，不时赞叹山景的美丽。秋高气爽的张家界游人如织，来自全国各地的游客们几乎一眼就都认出了这位前总书记。有一对带着孩子的年轻夫妇迎面走来，孩子连蹦带跳地来到胡耀邦面前拉着他的手叫："胡爷爷您好！胡爷爷您好！"胡耀邦低下头问："你姓什么呀？几岁了？""我姓刘，5 岁了！"胡耀邦叫道："摄影师同志，请给我俩拍一张！"接着又和他们全家合影。一群来自上海的青年人也团团围了上来："耀邦同志您好！同我们也合个影吧！"他也高兴地满足了他们的要求。一路上，胡耀邦同游人合影几十张。

游览归来，胡耀邦与陪同的湖南省顾委主任万达交谈说：湘西山好水好人更好，可是湘西现在还很贫困，一些群众还没有解决温饱问题，我们有愧于他们，要加快开发的步伐啊！

回到长沙，下榻省委招待所——九所，胡耀邦想静静地休息几天，读些书。

11月20日晚霞刚落，招待所院子里苍劲的古樟、青青的翠竹都渐渐地消融在苍茫的暮色之中。晚间，胡耀邦吃了一碗素面条，度过了他七十三岁的生日。

虽然到了长沙，离家乡浏阳只一个多小时的车程，胡耀邦也很想念家乡的亲戚朋友，但是顾虑回老家一趟会惊扰太多，决定安排他哥哥耀福来长沙一下，叙叙手足之情，连嫂子和侄儿也未让来，以免增添接待部门的麻烦。一直在乡务农的哥哥已76岁，给弟弟带来了红南瓜、茄子干、苦瓜条、豆角片。古稀之年的兄弟聚首百感交集，胡耀邦问了嫂子、侄儿及许多亲戚朋友的近况，重提了自己对老家照顾太少、还不让侄儿离乡当干部的事，哥哥说：早已想通了，你这样做得对。令哥哥不安的是：只几年不见，你又瘦弱、又憔悴，还不如我硬朗啊。临别时兄弟互道珍重，胡耀邦塞给他200元钱。后来护士听说了，怪"首长太小气了"。可是她未曾想到这是胡耀邦唯一收入——月工资的半数啊！

胡耀邦竭力放松自己的身心，排遣种种烦恼。他除了散步健身外，还打打桥牌。他把打桥牌称作"智力体操"，一天读书下来，就约集几个人打几局桥牌，作为休闲放松和健脑运动的好形式。一些牌友都能感受到他独具的机智和幽默。他说："桥牌是一项很好的开发智力的活动，希望把桥牌活动普及到群众中去，不断提高桥牌水平。"一位牌友表示要提高水平，打到北京去。他连连摆手说："打到北京去不算，要有信心打到桥牌王国意大利去。"

12月7日，胡耀邦由省领导陪同去岳阳参观。他们当天先游览了岳阳楼。在范仲淹的《岳阳楼记》碑前，他伫立良久，诵读"先天下之忧而忧，后天下之乐而乐"的名句，看得出他想得很多。他登上楼顶，眺望碧波万顷的洞庭湖，更是感慨万千。第二天参观了麻纺厂。

9日上午，胡耀邦在省市同志陪同下游览了君山。君山是洞庭湖中的一个小岛，岛上有很多湘妃竹。热情的群众围着他不断地问好，握手，留影。

出人意料的是这次岳阳之行，使胡耀邦染了一场病。7日下午，胡耀邦正在岳阳楼上兴致勃勃地遥看波光潋滟的洞庭湖时，突然北风呼啸，云雾蔽日，寒气袭人。这是北方来的强寒流。胡耀邦一行匆匆而归。第二天寒风不止，改变了原拟去君山的打算，安排去麻纺厂参观。车间温度很高，胡耀邦身穿厚厚的冬装，不一会儿就沁出了汗珠。随行的保健医生关切地说："脱下大衣吧！"但他忙于与工人交谈，没有顾及医生的建议。出了车间冷风一吹，不禁打了个寒战。9日气温仍低，北风不小，胡耀邦还是来到君山参观。回到长沙后，就感到身体不适了，但他怕惊动别人。直到11日晚饭后他实在支持不住了，才说："我的头有点不舒服，有点咳嗽。"保健医生赶来检查，体温是38℃，咽部轻度充血，两肺有少量哮鸣音，肺底部有少许湿罗音，给他用了药。两个小时后再测体温，已达39℃。保健医生立即向省委报告。10时许一些专家赶来诊断，发现血压只有80/50毫米汞柱，心律快，节律不齐，有频繁的期前收缩，经心电图检查为"心房纤颤"。省委书记熊清泉等人很焦急，请他住院治疗。胡耀邦怎么也不肯，说："不要紧的，我的病不重，过两天会好的，不要麻烦太多人了。"结果就地成立了一个医疗抢救组，给他输液，装上心电检测仪，进行特护。两三个小时后，凶险的"心房纤颤"消失了，体温下降，血压开始回升。经一周治疗，终于完全康复。12 日从北京赶来的夫人李昭见他病情日趋缓和，也放了心。胡耀邦对此次的病不以为意，他对医护人员说："我每年都要闹一两次感冒。每次发烧都要两三天消退。这次发烧一天就退了，是你们精心治疗和护理得好啊！湖南的医疗水平很高，感谢各位。"他对于前来探望的人更是连连道谢，直说："托诸位的福，好了啊，好了啊！"他对于这次"心房纤颤"完全没有引起重视。

12 月 20 日，中央办公厅几个干部来长沙看望胡耀邦。当他听说中央准备发一个关于加强和改善群众工作的文件时，连声说好、好！中央下发这文件好。他说："群众是我们的衣食父母，毛主席把党和军队同群众的关系比做鱼水关系，这个比喻很贴切，鱼离开了水就不能活，一个党离开了群众就不能生存。"他叮嘱中央办公厅的人多征求意见，反复修改，把文件写好。他还说："端正党风，关键是各级领导要带头，为政清廉，艰苦奋斗，为党员和群众做表率。"

1989 年 1 月初，长沙下了一场大雪，气温骤降。天寒地冻，胡耀邦不能外出散步活动了，只能在屋里舒展一下身体。这时广西方面邀请他到南宁去休养，那里还是温暖如春的。湖南的同志挽留不住，只是安排他行前再去参观一下岳麓书院。6 日那天阳光普照，胡耀邦来到岳麓书院，受到湖南大学师生的热烈欢迎。他也热情地向大家挥手致意，青年学生围了上来，挽住他的胳膊，纷纷与他合影留念。他在湖南大学和岳麓书院文化研究所负责人的陪同下，跨进宽敞的大门，迈步踏上台阶，站到当年朱熹主持修建的赫曦台上，赞叹这位南宋大学问家的教育业绩。他抬头凝视"岳麓书院"四个苍劲雄浑的大字，想起来这是宋真宗的手笔。他对陪同的人说，这位帝王治理朝政并不杰出，然而对办学非常重视，亲笔写的那篇

《劝学诗》也很不错啊！中国的教育思想值得好好研究一下，这是很有特色的。

　　走进宏伟的讲学堂，左右墙壁上镌刻着朱熹手书的"忠孝廉洁"四个遒劲的大字。他在廉洁两字面前停留良久，神情严肃。他夸古人修身律己很严格，说这种传统美德还是应当发扬光大的。接着参观御书楼，他询问了藏书的情况，情不自禁地说："我要把这事放在心上，以后为这里的藏书尽些力。"只可惜不到 4 个月，这颗火热的心就停止了跳动，来不及履行他的诺言。但是他还是给书院留下了弥足珍贵的墨迹："尊重知识"。这是他一生的宝贵经验，也是他对千千万万中国人的殷切希望。

　　1 月 8 日，胡耀邦来到南宁。这里的确温暖如春，广西的负责人告诉他：这儿一月份的平均气温是 12.9℃，比起长沙（4.6℃）和北京（－4.7℃）来，要暖和多了；而且阳光明媚的晴天也多，希望他多住些日子，至少度过这个冬天。胡耀邦很感谢广西同志的盛情，他重申这次是来休养、治疗的，一不听汇报，二不谈工作，你们忙自己的，别多来照顾。他还鉴于在张家界受到游人的围观和连续不断的照相，惊动太大，决定在广西一不外出参观，二不参加活动，只在住下的西园饭店散散步、活动活动腿脚。

　　胡耀邦在南宁住了 2 个月零 5 天。他的基本活动除了治病外，还是读书、看报、写字、打桥牌。不过他并不寂寞，常常有方方面面的人来访问他，表达对他的敬仰之意，也想聆听他亲切感人而见地深邃的话语。来得最多的要数早年任自治区团委书记的孙鸿泉。据孙回忆两个多月中先后探访过 13 次，谈天说地，十分亲热。胡耀邦也喜欢与各方面的干部、群众接触交谈，了解真实情况。谈起世界大事，谈起历史或过去的事，他同大家有问有答，无话不说。

春节临近，胡耀邦想起5年前的除夕夜曾经到邕宁县去看望过杨振怀、王正萱两家农户，不知道他们现在怎样了？广西的同志让邕宁县委书记陪同杨、王两位老农来到南宁。胡耀邦非常高兴，请两位农民坐在自己的身边，亲切地拉起了家常："你们村里的饮水问题解决了没有？"当听说"县里拿了一点钱，我们农民自己拿了一点钱，现在水井已经打好了，人畜饮水基本够用"。胡耀邦对县委书记说："县里多办点实事，为群众解决实际问题，群众就会拥护我们。"接着还问起了村里今年的收成和植树造林等情况。会见结束时要照相，县委书记说："耀邦同志身体不好，大家就照一张集体相算了。"胡耀邦说：民主一些嘛，征求大家意见，看怎么照好。杨振怀说除了合影外还想和总书记单独留影，胡耀邦很愉快地答应了，便和来的每个人都单独留影。

胡耀邦还想到了聂卫平这个年轻朋友，邀他来南宁一道过春节。聂卫平因为要在中央电视台的春节晚会上出演节目，年初三才赶到了南宁，一同出席了广西军区为胡耀邦举办的酒会。

离开南宁前，胡耀邦郑重其事地同聂卫平谈了一次话，对他说：我们两个是忘年之交，关系很不错，你现在是越来越忙了，我呢，今后可能会不做什么工作，越来越闲了。今后你不要再花很多时间来陪我了。说得聂卫平眼泪都快出来了。

北京通知，3月20日举行第七届全国人民代表大会第二次全体会议。3月13日，胡耀邦收拾行装，从南宁回到北京。

20日下午，胡耀邦驱车到人民大会堂，离开会还有半个小时，他先到了休息室。在座的人见到他，都伸出手去与他握手。

会议期间，各地许多友人纷纷来到会计司胡同寓所探访他，一批刚坐下一批又来了，忙得他不亦乐乎。26日上午，张黎群偕同四川来的几位老团干部去访时，上海市委副书记陈沂等人已经在座。大家一起谈到了青少年教育问题，胡耀邦说：我正在读《周恩来传》。总理讲，谁掌握青年，谁就掌握未来。我们必须对青年采取正确的态度。青少年处于成长的过程中，他们在动态中成长，血气方刚，天性好动，要善于引导和教育。

第三十五章　与世长辞

一、政治局会议上突发心梗

1989 年 4 月 15 日 7 时 53 分，胡耀邦的心脏停止了跳动，六十年的革命生涯至此终止。

胡耀邦是一周前在中央政治局会议上发病的。

中央办公厅通知：1989 年 4 月 8 日 9 时，在怀仁堂举行中央政治局第十七次会议，讨论关于教育问题的文件。

教育问题一直是胡耀邦十分关注的大事。他一贯倡导尊重知识，尊师重教。1985 年 5 月，他主持制定《中共中央关于教育体制改革的决定》，全党对滞后的教育工作进行了一系列改革。他为改变落后地区的教育面貌，亲自组织中央机关的青年知识分子成立讲师团去这些地区支教，带动了全国许多地区仿效。但是这几年来教育工作的状况，尤其是基础教育的薄弱和滞后，令国人担忧。胡耀邦耳闻目睹，忧心忡忡。就在几天前，他在和来访的友人交谈中还谈道：现在两亿两千万文盲中，青少年多得是。小孩子不读书识字，弃学摆摊做生意。学生厌学，非年轻人之过，责任在长辈啊！

事实确实如此。据国家有关部门调查，1988 年我国六至十四岁的学龄儿童在校率为 76.7%，有 23.3% 即超过四千万的学龄儿童没有入学或中途辍学。新的文盲半文盲在迅速增加。

他正是怀着这样一种忧虑的心情去参加这次政治局会议的。

8 日早晨他起床后，不知是连日思虑过度，睡眠不好，还是别的什么原因，他感到肩部、胸部有些闷痛。家里人劝他在家休息，请个假吧。但他说不要紧的，坚持要去。

胡耀邦进入怀仁堂会议厅，已有许多人入座了。会议开始后，先是介绍起草加强教育工作的文件，接着宣读这个文件草案。胡耀邦专心地听着，不停地思考着。可是渐渐觉得头晕目眩，双肩和胸口痛得难受。他支持不住了，9 点 48 分，他站起身来说："我胸闷，难受。"说想请假。只见他面色苍白，额头沁出汗珠。坐在胡耀邦身边的秦基伟和胡启立扶他在原来座位上坐下。有人说："快叫医生！"这时胡耀邦双眼紧闭，不能说话，半躺在座位上。有人将两片硝酸甘油送进了胡耀邦的嘴里。过了一阵，胡耀邦慢慢地苏醒过来，但他很难受，要呕吐。

不过十分钟，中南海保健处的医护人员赶到了怀仁堂；又过了五分钟，北京医院的急救车开进了中南海，他们带来了全套急救设备，还带来了一张床，就地进行紧急抢救。医生量了胡耀邦的血压，极其危险，不能移动，只能把怀仁堂作为抢救室。不久，北京医院内科主任钱贻简、中央保健局局长王敏清和阜外医院、协和医院的专家等都赶来会诊，确认是大面积急性心肌梗塞，并发心源性休克及心律失常、阵发性心房扑动、房室传导障碍。大家把他放在担架上，移往怀仁堂后厅，输液，作心电图检测。直到下午 4 时 20 分，病情趋于稳定，救护车才将他送进了北京医院，住在四楼的一间病房。北京医院抽调优秀的大夫和护士，成立特医特护小组。经过细致检查后，各方面专家又进行了一次会诊，结论为：心脏下壁、后壁及右心室有大面积梗塞，肌酸激酶（CK）显著升高。医生说：现在虽然抢救过来，但要完全脱离危险期，得有一个星期。这段时间除了用药，特护，要绝对平静卧床。

第二天，胡耀邦听说自己是心脏病，十分自信地说：我不会得心脏病的，我只是肩痛。医生说，肩痛也是心脏病的一种症状，是疼痛反射到肩部去的。胡耀邦将信将疑。

要他睁着眼睛静卧在床上，他觉得很累，生性好动的他总想下床走动走动，至少是要起来坐坐。可是医生一再叮嘱，必须静静地卧床一周再说。责任心特强的护士轮流守护，一刻也不离开病房。

病情虽然有波动，然而大体说来还是一天比一天趋于稳定。许多领导人都来探望，但医生不准他们进入病房。邓小平派秘书来问候，陈云、李先念两次来电话，徐向前、聂荣臻等也打来电话，邓颖超口授了一封信来问候，胡耀邦听说了很是感动。李鹏、乔石、胡启立、姚依林及政治局、书记处、中顾委、中纪委、全国人大、政协、国务院、中央军委等领导人先后来医院探望和电话问候。

胡耀邦静躺在床上，思维却从来没有安静过。他一再要求看书看报。但医生绝对不准，还叮嘱护士和陪护的家属不要同他谈时事政治，以免他激动。这对胡耀邦来说是最难受的了。几十年来，他何尝有过这样的日子？

4月15日凌晨六时刚过，胡耀邦醒了过来。他高兴地说："哈，七天了。七天没有事，看来危险期已过啦！"可是医生告诉他：这七天可不是没事。早几天靠升压药维持血压，反复发生心房扑动，有时心律很慢。这两天刚停用升压药，病情略有稳定，但仍要卧床静养。

在护士的帮助下，他在床上洗脸、漱口，清理卫生。他还说要刮刮胡子。是啊，已经七天了，一直没有刮过胡子呢！

接着他说觉得饿，要家里给他送饭来。这七天都是点滴输葡萄糖液、营养液，没有进食过，胃里空空的。一种饥饿的感觉突然不可遏制地袭来，未等家属送来早饭，他便说："我实在饿，给我吃片西瓜吧！"

胡耀邦心里始终牵挂着国家大事。这时他问守护在身边的三儿子胡德华和警卫秘书李汉平："外面有些什么消息啊？""怎么不告诉我呀？"他们一再劝解说：危险期还没过，任何加重心脏负担的体力和脑力活动及情绪的激动都会引发危险。他这才安静下来。过了几分钟，一直盯着监护仪器的胡德华发现胡耀邦的脉搏在不断加快，从70、80、90、100，胡德华马上告诉值班医生，问是否有问题，医生说：没关系，这是常有的事。随后脉搏从最高的110次又缓慢地降了下来，就在大家稍微松了口气的时候，只听胡耀邦痛苦地"啊"了一声，他的手突然剧烈一抖。这时胡德华在注视着的心电图荧屏上看见波动的绿线一下就变成一道笔直的横线了。他喊叫了起来，医生快步进屋，用一切办法进行抢救。但大面积的心肌梗塞，使得医生的一切抢救均告无效，7时53分，一颗还在想着党和国家大事、想着人民群众的炽热的心脏永远停止了跳动。

二、举国同悲

胡耀邦逝世的消息，没有几个钟头就传遍了北京城。几乎人人都感到突然："他真的去世了吗？""不是前些天还出席人代大会了吗？只不过消瘦了些，何至于这么快就去世？"

上午就有人赶到胡家去吊唁和探询。中南海的，中共中央直属机关的，军队的，老干部以及老知识分子，都纷纷赶来。胡家把那间四十多平方米的会客厅设置成一个灵堂，将他的遗照披上了黑纱。刘少奇的夫人王光美是从哥哥王光英香港打来的电话中获悉的。她赶紧去花店选购花篮，花店的人听说这是祭奠胡耀邦的，执意不肯收钱，说这花篮也代表我们的心意。她的花篮很早就摆在胡耀邦灵前。随即，来吊唁的人敬献的鲜花摆满了灵堂，以后又摆满了院子里的一些地方。

此后连续几天，北长街会计司胡同，成了北京肃穆人群聚集最多的一个胡同。亲朋好友，中央领导人，著名学者专家，中央和北京各机关、团体的代表，大专院校的师生，各阶层的群众以及街坊邻居，络绎不绝地前来吊唁，表达他们最沉痛的哀伤，挥洒他们心头涌出的泪水。

九十高龄的聂荣臻元帅，给李昭写了一封慰问信，让自己的夫人张瑞华和女儿聂力到胡家吊唁、慰问。聂帅的慰问信说："耀邦同志先我而去，令我非常痛心！我已年迈老残，常寄希望于年轻或较年轻的一代，今耀邦同志逝世，确使我痛惜。"聂帅还特别提到胡耀邦在解放战争时期"为华北人民的解放立了大功"。

中央苏区的老战友张爱萍写了一首《诉衷情·痛悼耀邦同志》："突闻噩耗哽咽喉，往事涌心头。少年战场携手，长征喜同俦。肩重任，为国谋，谱春秋。感君勋业，造福人民，光耀神州。"楚辞专家文怀沙在胡耀邦遗像前激动地对胡耀邦的家属说："耀邦同志应该留在人间，我已经七十八岁了，我多么愿意替他去死啊！"

八十岁的诗人艾青拄着拐杖来到灵前，深深地三鞠躬。他说："耀邦同志当总书记的时候，有人从广州给他送来鲜荔枝，他自己不吃，却派人将这些鲜荔枝送给我、丁玲、马海德、艾黎。如今送荔枝和吃荔枝的人都走了，只剩下我。"悲痛的热泪难以抑止。

孙敬修老人在孙女的搀扶下来到灵堂。他泣不成声，半晌才说出一句话来："您是一个大好人啊！"

从山西赶来的植棉能手吴吉昌，已经年逾八十了，他一进灵堂就跪下磕了三个头，唏嘘地对人说：他给农民想得很多很多啊！

更多的人在留言簿上表达了他们对胡耀邦的热爱和敬意："说实话，人民知音；办实事，一代伟人"；"永远活在我们心中"……

苍松、翠柏、君子兰……放满了胡耀邦的遗像前，还有十几条洁白的哈达。这是中国藏族语系高级佛学院的学生敬献的，他们说，耀邦同志给我们西藏人民带来的幸福，是藏族人民忘不了的。

来到会计司胡同吊唁的人，在悲痛中无不赞叹胡耀邦的俭朴。来祭奠的人看到，他的会客室只有四十平方米，现在变成了灵堂，人们只能三三两两地你进我出。他的卧室只有十四平方米。东侧是两个书橱，里面陈放着工具书及日常在阅读的各类书籍。有一只绘有周恩来肖像的瓷盘很引人注意，那是他十分敬仰的伟人。西北角的木板床上，铺着打了补丁的褥子，枕头是用一件破旧的针织背心缝成的，里面填装了一些旧衣服。床头柜上放着一个青瓷座台灯，灯口裹着厚厚的胶布，把已经破了的裂口粘在一起。在北侧窗下，放了一张理疗用的按摩床，这是因为他这些年来颈椎病和腰痛需要定时按摩。南侧临窗，书桌上放着三台电话机，一个普通的铁皮架台历，十几支铅笔和毛笔插在笔筒里，茶杯是一只装咖啡的玻璃瓶。书桌上左边放着前些日子正在读的书籍报刊，一本厚厚的《周恩来传》中划有许多记号。他的起居室东侧还是书橱，西侧那台电视机只是二十一英寸的，他把外国友人送给他的大电视等等礼品，都转送给中国少年活动中心、幼儿园、警卫队战士了。人们被他的俭朴和廉洁的高尚品德深深地感动了，"比我们老百姓过得还清苦啊！""真是我们的平民领袖啊！"

在北京的许多机关、学校、团体、企业单位，自发设置了灵堂祭奠胡耀邦。许多单位的干部沉痛地哀悼他的突然逝去，结合自己的亲身经历和感受，追念他的光辉业绩和高尚品格。团中央一些在胡耀邦直接领导下工作过的干部，无不深情地怀念他那充满革命朝气的工作精神。"他总是鼓励我们要深入实际，与青年人交朋友，了解他们的心声，调查他们的实际需要和困难，总结他们的经验。"他特别强调青年干部要注意学习，认真读书，在团中央倡导和组织大家学习文化科学知识，向科学进军，影响深远。中央党校的教职员工回忆说，耀邦同志在党校实际工作只有九个月，可是他大智大勇，创造了好几个"全国第一"：第一个提出要用实践来检验"文化大革命"，给了我们否定"文化大革命"的锐利武器；第一个着手平反"文化大革命"及历次运动在党校的冤假错案，并向全国提出要把颠倒了的干部路线纠正过来，为全国落实干部政策，平反冤假错案拉开了序幕；第一个提出要正本清源，创办《理论动态》，组织我们按照马克思主义基本原理来澄清理论思想上的是非，从个人迷信和教条主义中解放出来；⋯⋯他在理论上和政治上的无私无畏和彻底唯物主义精神，是我们的光辉榜样。中央组织部的干部最难忘的是，胡耀邦在落实干部政策、平反冤假错案中提出的"两个不管"，说"这是耀邦同志坚持实事求是的光辉范例，也是我们终身受益的精神财富"。对于他倡导把组织部门办成"党员之家""干部之家"，并且身先垂范，亲自接待来访、处理来信，满腔热情地对待每一个党员干部的品格，大家更是感到历历在目，应当好好学习和发扬。

科学家钱三强连叹"可惜！可惜！""胡耀邦同志尊重科学，为发展中国的科学事业倾注了大量心血。"全国人大常委会副委员长荣毅仁说："胡耀邦同志为人正直，富于正义感，勇于承担责任。中信公司在筹建和发展中都曾得到过他的关心和支持。"正在出席北京市政协七届二次会议的委员们高度赞颂了胡耀邦的业绩、为人和作风，说他严以律己、以身作则的高尚品格永远值得我们学习。一些年迈的老共产党员都为胡耀邦的突然逝世感到惊愕，说他以惊人的胆略和智慧，大刀阔斧，拨乱反正，平反冤假错案，使许多老干部得到平反昭雪，这个功绩是永垂青史的。许多市民说：他心中装着老百姓，老百姓永远怀念他。

在全国各地，尤其是胡耀邦走过的千山万水、广袤大地，他的音容笑貌唤起了亿万人民的思念。各阶层群众无不怀着沉痛的心情缅怀他为民造福的伟大功绩，难抑自己的哀思。西安的许多干部缅怀他六十年代来陕西当省委第一书记，敢于顶住"左"倾风潮，解放大批干部，大力领导生产的事迹。他那种坚持真理，无私无畏，深入实际，热爱人民，敢于实事求是，敢于坚持真理的高尚品格，是各级干部学习的楷模。正在呼和浩特出席内蒙古自治区六届二次政协会议的各族委员悲痛万分，他们深情地说：耀邦同志来过我们草原，与我们牧民促膝谈心，问寒问暖。这些年许多边远落后的地方他都去过，对我们少数民族非常关心，为我们脱贫致富想了很多办法，提出了很多优惠的政策，他是一位受到各民族人民尊敬和热爱的领导人啊！在乌鲁木齐，许多民族干部和群众走进自治区大会堂，在胡耀邦的灵堂前向他的遗像深深地三鞠躬。他们为这位几次来过新疆深入民间的领导人的早逝而悲痛。在广西边防法卡山，守备部队的指战员冒着春雨采回山花，送到胡耀邦 1984 年视察时与指战员合影留念的阵地坑道口，献给这位永远离去的故人。指战员们回忆说当年边防哨区还有硝烟，胡耀邦却不顾危险来到阵地看望最前线的指战员，给我们带来了党的温暖和人民的厚望，永远激励我们为祖国守好边防。壮族老农王正萱捧着几个月前在南宁与胡耀邦的合影激动地说："好人啊！"各地的大专院校，普遍在校内设立灵堂进行悼念，悲痛的气氛笼罩在每一个校园。尤其是胡耀邦曾经到过的学校，师生们更是追念他的音容笑貌和光辉业绩，赞颂他热爱青年、尊重教师的高尚品德。

胡耀邦的家乡在湖南浏阳。他十四岁背井离乡参加革命，半个多世纪的革命生涯中只有 1962 年到湘潭兼任地委第一书记时到浏阳蹲点才回过一次家。现在家乡人民深深怀念胡耀邦。胡耀邦的哥哥耀福特别悲痛，没有想到半年前还在长沙一起住了几天，就此再也见不到了。他的侄子、侄孙们纷纷来到故居他的灵堂前痛哭。过去也有些人怪他不给家乡"批条子""做贡献"，后来都明白他的清正廉洁、为国为民就是对家乡的最大贡献！家乡人民为有这样的浏阳人而自豪。

胡耀邦逝世的电讯传向世界各地，举世震惊。

许多国家和政府领导人发来了沉痛悼念的唁电、唁函（以下以函电发出时间为序）：

朝鲜人民民主主义共和国主席、劳动党中央总书记金日成的唁电说："胡耀邦同志早年参加中国人民革命，为中国党和人民建树了巨大的业绩，他是一位忠诚的共产主义战士。"

民主柬埔寨主席诺罗敦·西哈努克的唁电称胡耀邦是"伟大的爱国者和革命家，为自己光荣的祖国的兴旺发达，为中国人民的幸福和昌盛做出了历史性贡献"。

德意志民主共和国国务委员会主席、德国统一社会党中央总书记埃里希·昂纳克，

马尔代夫共和国总统加尧姆，

巴勒斯坦总统阿拉法特，

尼日尔国家元首阿里·赛义布，

阿尔及利亚总统沙德利，

贝宁总统克雷库，

民主柬埔寨政府总理宋双，

缅甸联邦国家恢复法律和秩序委员会主席苏貌，

意大利众议院议长尼·约蒂，

赞比亚总统卡翁达，

圭亚那总统霍伊特，

澳大利亚总理霍克，

西班牙首相冈萨雷斯，

巴基斯坦总理贝·布托，

突尼斯总理巴库什，

日本国会参议院议长土屋义彦，

日本国会众议院议长原健三郎，

土耳其总统凯南·埃夫伦，

尼日利亚总统易卜拉欣·巴班吉达，

尼加拉瓜总统奥尔特加，

墨西哥总统萨利纳斯，

德意志联邦共和国总理赫尔穆特·科尔，

新西兰总理朗伊，

斯里兰卡总统 D·B·维杰通加，

英国首相玛格丽特·撒切尔，

孟加拉总统侯赛因·穆罕穆德·艾尔沙德等人的唁电、唁函，都表达了沉痛哀悼之情。

一些外国政党和党的领导人也先后来电、来函悼念胡耀邦的逝世，意大利共产党总书记阿·奥凯托的唁电说：“胡耀邦同志的逝世使我们充满深切悲痛。尤其是在他英明和生气勃勃的领导时期，我们两党恢复了关系，并共同努力为开辟国际关系和世界工人运动及进步运动的新阶段作出了贡献。”

西班牙共产党中央政治委员会委员梅洛·马林，

西班牙劳动者党主席卡里略，

秘鲁共产党（红色祖国）总书记莫雷诺，

秘鲁革命左派联盟主席布雷尼亚，

法国共产党中央及总书记乔治·马歇，

意大利共产党中央主席纳塔，

德国社会民主党主席福格尔，

捷克斯洛伐克共产党中央总书记米·雅克什，

德国的共产党主席米斯，

南斯拉夫共产主义者联盟中央主席团主席舒瓦尔，

越南老一辈革命家黄文欢，

埃塞俄比亚工人党中央，

坦桑尼亚革命党总书记拉·卡瓦瓦，

南非洲人民组织总书记托伊沃代表努乔马主席，

澳大利亚共产党（马列）主席康韦尔，

葡萄牙共产党中央书记处，

保加利亚共产党中央委员会，

苏联共产党中央委员会，

波兰统一工人党中央第一书记雅鲁泽尔斯基，

匈牙利社会主义工人党中央，

巴基斯坦穆斯林联盟主席居内久和总书记阿赫迈德，

瑞士社会党领导和中央书记处，

意共领导成员佩基奥利、乔·贝林格、《团结报》副社长福阿、意共已故总书记贝林格遗孀莱蒂齐亚，

意大利社会党领导人福尔来卡，

意共中央对外政策负责人纳波利塔诺，

加纳保卫革命委员会（CDR），

巴基斯坦人民党总书记拉菲克，

日本社会党委员长土井多贺子，

日本公明党委员长矢野绚也和最高顾问竹入义胜，

日本公明党外交委员会委员长渡部一郎，

日本社会党书记长山口鹤男，

日本自民党总务会长伊东正义，

泰国社会行动党主席西提，

（法国）争取共产主义替代党负责人博比，

瑞士社会党国际书记让－皮埃尔·梅特拉尔，

荷兰共产党中央委员会主席伊瑟鲍德等人的唁电、唁函，都为这位中国共产党前领导人的逝世而哀痛。

还有一些国家的官员和民间组织、知名人士也发来唁电、唁函，对胡耀邦的逝世表示哀悼。他们是：

日本前首相中曾根康弘，

苏丹外交部长侯赛因，

老挝外交部一司司长苏塔文，

英国艺术大臣卢斯，

泰国外交部长西提·沙卫西拉，

南斯拉夫共产主义者联盟前中央主席团主席米迪亚·里比契奇，

日本创价学会名誉会长池田大作和会长秋谷荣之助，

日本（株）大荣公司董事长会长兼社长中内功，

松下电器产业株式会社董事长松下正治、总经理谷井昭雄和总顾问松下幸之助，

日本众议院议员、社会党日中特委会委员长河上民雄，

日本众议院议员稻叶修，

日本社会党众议院议员石桥正嗣，

日本社会党前书记长、日本社会党议员田边诚，

日本前首相铃木善幸，

日本前首相福田赳夫，

日本追悼南京大屠杀受害者植树委员会菊池喜隆，

日本长崎市本岛等，

日本青年团协议会顾问、日中友好协会副会长柳本嘉昭，

日本青年团协议会会长星野雅春，

全日本农民组合京都府总联合会会长山中高吉，

日本—中国友好协会全国本部会长宇都宫德马、理事长清水正夫，

日本奈良市键田中三郎，

日本长崎市市长本岛，

著名作家山崎丰子，

日本野村证券株式会社北京事务所所长相原英树，

坐落在湖南省浏阳县中和乡苍坊村的胡耀邦故居。

日中经济贸易协会会长河合良一，常任顾问冈崎嘉平太，

美国著名记者兼作家哈里森·索尔兹伯里，

法国驻中国大使夏尔·马乐，

几内亚驻华大使阿卜杜拉赫曼·索乌，

中非共和国外交部，

意大利—中国文化、经济交流协会会长维科隆博，

意大利—中国友好协会，

墨西哥—中国友好协会主席米尔纳·皮查多，

法国共产党中央委员普罗旺斯·阿尔卑斯、蓝色海岸大区区委书记罗贝尔·阿利奥纳，

澳大利亚—中国友好协会访华代表团团长、澳中友协全国副主席杰夫·卡纳恩，

联邦德国德中友好协会主席托马斯·海勃勒尔博，

坦桑尼亚驻中国大使馆，

圭亚那驻中国大使馆，

澳大利亚前驻华大使阿尔高，

韩素音女士，

巴黎法兰西—自由基金会主席达尼埃尔·米特朗夫人。

留学海外的莘莘学子对于胡耀邦的逝世，非常震惊和悲痛。一些留学生组织发来了唁电，他们是：

留美学者学生联谊会联合会，

澳大利亚昆士兰州中国学生学者联谊会，

美国宾夕法尼亚州立大学中国人联谊会，

美国马里兰大学中国留学生学者联谊会，

牛津大学中国留学生联谊会全体成员，

日本京都地区中国留学生联谊会。

4月22日10时，胡耀邦追悼大会隆重举行。天安门广场、新华门前、外交部门前国旗低垂，沉痛哀悼。尽管李昭说追悼会不要开那么大，"耀邦年轻呀，许多老同志还要来，不好"。她头一天还给邓小平写了一封信，说"请你保重身体。身体不好，请不要来参加追悼会"。但邓小平还是来了，许多老同志也都来了。九十高龄、体弱多病的聂荣臻元帅坐着轮椅出席了追悼会。九十五岁的包尔汉老人也是坐着轮椅来的。他们同四千多名来自各条战线的代表，向胡耀邦致哀，沉痛地向他的遗体告别。

中共中央《悼词》对胡耀邦一生作了高度评价。《悼词》说：

今天，我们怀着极其沉痛的心情，悼念久经考验的忠诚的共产主义战士，伟大的无产阶级革命家、政治家，我军杰出的政治工作者，长期担任党的重要领导职务的卓越领导人胡耀邦同志。

胡耀邦同志作为马克思主义者，他的一生是光辉的。在长达60年的革命生涯中，他始终如一地对党和人民的事业忠心耿耿，呕心沥血，艰苦奋斗，立下了不朽的功勋。胡耀邦同志的逝世，对于我们的党和人民，对于我国的社会主义现代化建设事业，都是巨大的损失。

胡耀邦同志从青少年起就投身新民主主义革命。他是湖南省浏阳县人，1915年11月20日出生在贫苦的农民家庭，1929年冬加入中国共产主义青年团，1933年转为中国共产党党员。当时他在江西、湖南和福建革命根据地从事青少年工作，宣传党的主张，积极同封建势力和国民党反动派开展斗争。1934年他参加了举世闻名的二万五千里长征，在攻打娄山关战斗中负伤，他的身上至今还留有敌人的弹片。到达陕北后，他先后担任少共中央局秘书长、宣传部长和组织部长。抗日战争时期，他曾担任中央军委总政治部组织部部长。解放战争时期，他历任冀热辽军区代理政治部主任、中国人民解放军晋察冀军区第四纵队和第三纵队政治委员、第十八兵团政治部主任，先后参加了保卫张家口、解放石家庄、太原和宝鸡等战役。他为抗日战争和人民解放战争的胜利作出了重要贡献。

新中国诞生后，胡耀邦同志担任川北区党委书记、川北行政公署主任和军区政委，领导川北人民进行土改，剿匪反霸，迅速恢复和发展了工农业生产。从 1952 年起，他长期主持团中央工作，先后担任中国新民主主义青年团中央委员会书记和中国共产主义青年团中央第一书记。在此期间，他创造性地执行中央指示，开辟了建国以来党的青年工作最为活跃并且积累了重要经验的时期。特别是他十分注重在实践中用共产主义思想教育青年，按照青年特点开展丰富多彩的活动，提倡"朝气蓬勃，实事求是"的作风，使团组织具有很强的吸引力，从而带领广大青年很好地完成了党赋予的光荣任务。1964 年底后他在兼任中共中央西北局第二书记和陕西省委第一书记期间，深入群众，调查研究，努力工作，推进了所在地区的各项建设。

"文化大革命"期间，胡耀邦同志遭到严重迫害。但他不顾个人的荣辱安危，同林彪、江青反革命集团进行了不懈的斗争。1975 年他担负中国科学院党组织的领导工作，针对江青反革命集团对科学工作的破坏坚决进行整顿。

粉碎江青反革命集团后，胡耀邦同志先后担任中央党校副校长、中央组织部部长、中央纪律检查委员会第三书记、中央秘书长兼宣传部长。胡耀邦同志是中国共产党第八、十一、十二、十三届中央委员会委员。在党的十一届三中全会上被增选为中央政治局委员，在党的十一届五中全会上被选为中央政治局常委、中央委员会总书记，在党的十一届六中全会上被选为中央委员会主席。他是十二届中央政治局委员、常委，十三届中央政治局委员。十二届二中全会后兼任中央整党工作指导委员会主任。1982年9月至1987年1月担任中央委员会总书记。

十一届三中全会以来，我们国家处在拨乱反正和全面改革的重要历史发展时期。胡耀邦同志在党的第十二次全国代表大会上代表中央所作的题为《全面开创社会主义现代化建设的新局面》的报告，进一步明确了党在新时期的指导思想。十一年来，他作为党的主要领导人之一，致力于马克思主义基本原理同我国现代化建设实际的结合。他为坚持党的十一届三中全会以来的路线，坚持四项基本原则，坚持改革开放，建设具有中国特色的社会主义，作出了多方面的重大贡献。

——他按照实事求是、解放思想的精神，组织和推动了关于真理标准的讨论，为冲破"两个凡是"的严重束缚，重新确立党的马克思主义思想路线，作了理论准备。

——他以非凡的胆略和勇气，组织和领导了平反冤假错案、落实干部政策的大量工作，使大批受到迫害的老干部重新走上领导岗位，使其他大批蒙受冤屈和迫害的干部、知识分子和人民群众得到平反昭雪、恢复名誉。

——他重视调动八亿农民的积极性，主持制定和执行了农村改革的一系列方针政策，推动了我国农村经济的迅速发展。

——他重视调动我国工人阶级的积极性，参与主持制定了《中共中央关于经济体制改革的决定》，推动以城市为重点的整个经济体制改革。他为扩大沿海地区的对外开放和发展社会主义商品经济，倾注了大量的心血。

——他尊重知识、尊重人才，重视党的科学工作、教育工作、文艺工作和新闻工作。他在关于当代中国年轻知识分子成长道路的讲话中，满腔热情地鼓励他们到基层去，到群众中去，到四化建设实践中去，经受磨练，健康成长。他先后主持制定了《中共中央关于教育体制改革的决定》和《中共中央关于社会主义精神文明建设指导方针的决议》。

　　——他为完善共产党领导的多党合作制和政治协商制，促进民族团结、繁荣民族经济文化，进行了大量富有成效的工作。

　　——他在中共中央召开的纪念马克思逝世一百周年的大会上，发表了《马克思主义伟大真理的光芒照耀我们前进》的长篇讲话，充分表达了我们党在新的历史条件下坚持和发展马克思主义的坚定信念。为了加强党的思想、作风、纪律和组织建设，推进各级领导班子的年轻化和干部制度的改革，他作了坚持不懈的努力。

　　——他为恢复和发展中国共产党同其他一些国家共产党、工人党的关系，为发展我党同外国社会党、民族主义政党及其他政党的关系，为增进中国人民同世界各国政府和人民的相互了解和友谊，为我国对外政策在新时期的重大调整，作出了努力。

　　胡耀邦同志把毕生精力献给了我们的伟大事业。他深深地热爱党和人民，党和人民也深深地热爱他。全党全国人民深切悼念胡耀邦同志，就是要学习他伟大的革命精神和高尚的思想品德。

　　我们要学习胡耀邦同志忠诚党的事业，鞠躬尽瘁，为共产主义奋斗的献身精神。他具有强烈的革命事业心和政治责任感，不知疲倦地为人民群众谋利益。近两年来，他仍以很高的热情关注我国改革开放和现代化建设的进展，不辞劳苦，到基层调查研究，鼓励干部、群众正确认识形势和光明前途，紧密团结在党中央的周围，振奋精神，继续前进。

我们要学习胡耀邦同志密切联系群众，关心群众疾苦，全心全意为人民服务的优良作风。他始终注意广泛结交朋友，通过同人民群众包括知识界和党外朋友的直接联系和坦率交谈，了解他们的愿望和要求，从中汲取政治智慧和营养。他曾多次长途跋涉，深入老革命根据地、少数民族聚居地区、边远地区和穷困山区调查访问，同当地干部、群众促膝谈心，共商脱贫致富大计，促进这些地区的开发和对外开放。他还多次深入祖国边陲和海防前哨，亲切慰问人民子弟兵。他在处理党和国家重要事务的同时，亲自阅处了大量人民群众的来信，为人民群众排忧解难。

我们要学习胡耀邦同志顾全大局，光明磊落，谦虚好学，廉洁奉公的高尚品德。他以党和人民的利益为重，胸怀坦荡，不隐瞒自己的政治观点，正确的东西，敢于坚持；自己错了，勇于自我批评。他以身作则，待人宽厚，作风民主，手不释卷，追求新知，保持共产党人不断进取的活力。

胡耀邦同志与我们永别了。我们要化悲痛为力量，完成他未竟的事业。我们要同心同德，更加紧密地团结在党中央的周围，为完成治理整顿和深化改革的艰巨任务，实现我国社会主义现代化建设的宏伟目标，坚忍不拔，努力奋斗！

胡耀邦同志永垂不朽！

三、十里长街送亲人

追悼会结束后，胡耀邦的遗体由乔石、胡启立、宋平、温家宝和他的亲属护送乘上灵车，从人民大会堂西侧缓缓驶向长安街。从天安门到八宝山，十五公里长的街道两旁，聚集了前来为胡耀邦送行的人。当灵车缓缓地驶向新华门、复兴门……守候在两旁的成千上万的人抑制不住内心的巨大悲痛，拥向灵车，阵阵呼喊，声声哽咽。

"让我们再看耀邦一眼！"

"让我们再送耀邦一程！"

"我们不会忘记您！"

"您永远活在我们心中！"

灵车在涌动的人流中时开时停，人们都希望灵车开得慢些再慢些。

护送胡耀邦灵车的乔石等人和胡耀邦亲属，举着一朵朵白花，与车外的群众相互招手，泪眼相望。他们向深情为胡耀邦送行的人们表示深深的谢意。

北京大学、清华大学、中国人民大学、北京医科大学等十多所大学的学生，臂戴黑纱，胸佩白花，同首都人民和解放军官兵默默地护灵前进。护灵的人流越来越长。正在承建中国工艺美术馆的建筑工人们，不约而同地放下了手中的工具，在脚手架上，在升降机上，默默地肃立，脱帽致哀。

灵车驶进八宝山。

八名身着黑色服装的青年抬着胡耀邦灵柩，缓缓走向告别室。

碧绿的麦冬，洁白的马蹄莲，衬映着胡耀邦安详清癯的面容。

覆盖在他身上的中国共产党党旗，光彩夺目。

李昭在子女搀扶下来到告别室。在追悼会前，她强忍悲痛，叮嘱子女不要哭。此刻，向耀邦诀别，她再也忍不住了，泣不成声地说："耀邦，你走完了人生最后一个里程。现在我们为你送行。你走过多少大好河山，为了你所忠诚的事业，为了你为之奋斗的决心。你与祖国同在，你与青山共存……"

根据李昭的愿望，胡耀邦的骨灰将深葬在他生前亲手创建的江西共青城的青山绿林之中。在安葬之前，他的骨灰存放在家中的灵堂内。

下午，当宋平、温家宝陪同胡耀邦的子孙，将胡耀邦的骨灰捧回家中时，李昭在大门口连声说："耀邦，你又回家来了。"

还是他乘坐的那辆国产红旗车将他接了回来，迎入昔日他的会客室。周围摆满了翠柏、鲜花，四壁挂满了诗词、挽联。骨灰安放在鲜红的党旗下，静静地、静静地……

李昭率子孙举行了一次家祭。在默哀后李昭说：

耀邦：你和我们永别了，尽管我觉得你还和往日一样，同我在一起一个东边一个西边地看书，你却走完了自己革命的历程，到了你应该去的地方。前几天，孩子们在我面前不敢哭，我对他们说，你们找个地方放声哭吧，哭了，可以抒发胸中的郁闷，哭了，心里就可以平静些了。

耀邦，你光明磊落，无私无愧，你是一个无愧的共产党员。你活着想着人民，你死了人民想念你，人民同你一起喜怒哀乐。人民这几天都在悼念你，送你的灵车你看见了吧，人流似水三十里，天涯何处不招魂！人民同你的心是相通的。我看到了人民对你的怀念，我很受感动，我感到安慰。假如你有灵的话，我想你也会含笑九泉……

你得到了多少人民的眼泪呀。灵车到处肝肠断，无限哀思悼忠魂，人民事业人民爱，革命自有后来人（失声痛哭）。你死了不能复生，这是自然规律，但是，人民会永远怀念你的……

有人说，你是火炬，有人说，你是红烛。我说，红烛伴随红泪尽，留得余辉照人间，你人死了，精神不死，你的理想一定能为人民群众接受。人生自古谁无死，忠魂丹心慰后人，你的忠魂丹心路人皆知，你的余辉和宏伟遗愿同照人间。人民对你的无限悲痛，人民对你的真诚哀思，将化为巨大的力量。他们会记着你的音容笑貌，记着你的忠实理想和你从事的宏伟事业，努力学习，努力工作，好好劳动，为我们的国家、民族振兴出力！

耀邦，你是农民的儿子，还应该回到祖国母亲大地的怀抱。党中央已经同意我给你的安排了，你会高兴的。我们将把你送到江西共青城垦殖场。那里木已成林，人已成才，荒滩已逐渐成为现代化的小城镇。古代将领出征时常说，青山处处埋忠骨，何必马革裹尸还。我们也说，青山处处埋忠骨，何必都进八宝山呢？让你同那里的青山、红梅和坚强的共青人一起存在。

你的理想同你种的树和草一样，都在茁壮成长，都会结出丰满的人民需要的果实，你会在青山绿树丛中长存，我们一家感到安慰，你也会含笑九泉……你的灵魂会保佑我们的事业兴旺发达的。

耀邦，我对孩子们说，党的事业，你爸爸的榜样，让你妈妈懂得了自立、自重、自爱、自强。你常说，革命伴侣岂需朝朝暮暮，年轻夫妻为理想比赛、共勉；对家庭的感情淡淡的——来日方长，对党的感情浓浓的——人生有限。你的少年壮志，终生力行，对我教育至深。我没有辜负你，我是你无愧的妻子。我教育我们的孩子，你们要无愧地工作，勤奋地学习，健康地前进，不准走歪一步，要无愧于这个家庭，无愧于做耀邦的子孙。

悲痛四月送君去，家庭五月新长征。新长征是你在科学院提出的。5月1日以后就得工作了，我们的孩子都要记住，努力工作就是对你最好的悼念。

耀邦：

独秀红梅随冬去，

落絮细雨泣无声，

人生自古谁无死，

忠魂丹心慰后人。

耀邦：人民理解你，你安息吧！

胡耀邦的子孙和亲属个个泣不成声……

四、青山绿水伴忠魂

胡耀邦逝世后，夫人李昭就考虑将他安葬在哪里为好。经过与子女商量，她决定选择江西共青城作为胡耀邦的安葬地。这是出于三点考虑：（一）胡耀邦的祖先是明朝万历年间从江西高安乐浯溪（今龚坊乡浯溏村）迁到湖南浏阳的，追源寻根，江西是胡耀邦的祖籍；（二）胡耀邦是从家乡奔赴江西的苏维埃革命根据地开始投身革命的，江西是他六十年革命生涯的起点。以后他又是从江西出发长征的，新中国成立以后又多次去江西，最后让他回到江西去，是会符合他的心意的；（三）胡耀邦在担任团中央书记时，对共青城的建设满怀深情，那里有他最喜欢的富于创业精神的青年人。他生前喜爱绿色，喜爱大自然。那里安静，那里没有尘世的喧嚣，让他在那里安息吧。

党中央同意李昭的考虑和要求。

安葬江西的消息传出后，胡耀邦的故乡湖南和曾经工作过多年的延安、川北、陕西等地的干部和群众似乎有些失落感。他们要求分一些骨灰安葬到他的家乡和多年辛勤工作过的这些地方。李昭领会这种深情，她耐心地解释，请大家理解。

胡耀邦要到江西永远安息的消息，使共青城的人民感奋不已。他们连夜向中央发电："耀邦永远和共青人在一起，我们将挑选共青城最美的青山绿林让耀邦安息。"他们向李昭建议，将胡耀邦的骨灰深葬在共青城中央的七墩林。他们说：这里满山杉林，郁郁葱葱，美丽的珍珠湖环绕山脚，登上山顶可以俯瞰整个共青城。第二天，共青人就带着共青城的地形模型来到北京。江西省委书记毛致用、省长吴官正等亲自来到共青城，预选了几个墓址。

4月28日，胡耀邦的长子胡德平和幼女李恒带着母亲的嘱托，在中央办公厅和江西省委负责人的陪同下，首先来到了共青城的七墩林。这里的确是绿树森森，芳草菲菲，风光秀丽，是个景色宜人的好地方，是共青人首选之地。然而德平、李恒不加考虑便否定了："爸爸生前最怕侵害群众利益，死后也不能与民争地。不要因为爸爸墓地改变共青城原来的规划，否则爸爸会感到不安的。这里还是留给人们做公园最合适。"

一行人冒着春雨离开城中心，来到周围几座山岗，只见处处都是墨绿的杉木挺拔耸立，共青人一再说这里好、这里好。但几个地

1989 年 4 月 22 日，胡耀邦追悼大会上，邓小平向胡耀邦夫人李昭表示深切慰问。

党和国家领导人邓小平等在胡耀邦追悼大会上默哀。

1990 年 12 月 5 日，温家宝、杨德中等领导护送胡耀邦骨灰抵达九江机场。毛致用、吴官正等到机场迎接。

温家宝、杨德中护送胡耀邦骨灰抵达江西九江。

方都被德平和李恒拒绝了，他们说："在绿化过的山上修墓，免不了要砍掉一部分树木。爸爸虽然钟爱大自然，喜欢树木，但为了安葬他要砍掉已成长起来的树木，他心里会不安的。"

他们打着雨伞，踏着泥泞的红土地，继续选址，走到城东南郊两里的地方，山坳中有一座四十多米高的荒芜山丘呈现在人们眼前，石头裸露，红土斑驳。据德安县县志记载，它叫敷阳山。登上山顶，烟波浩渺的鄱阳湖一望无际。德平与李恒环顾左右，几乎异口同声地说："这里很好，就选这里吧！"同行的人觉得这里太荒凉了，但德平说，不要紧，墓地选在这里不至于毁树，还会有助于这一带的绿化。

德平和李恒还对墓地的建设提出了希望和要求：现在国家经济困难，正在压缩基本建设规模，墓地也不要大兴土木；也不要建灵堂、纪念馆等建筑物压在他身上了；他生前是个解放了的人，死后也不要被大理石或钢筋混凝土的墓穴缚住，只须将骨灰深葬地下，让他与养育过自己的土地融合在一起；地面不必树立高大墓碑，塑个半身像，基座也不一定要碑文，镌刻上少先队、共青团和共产党的徽志，象征他从参加儿童团、共青团到共产党的革命一生；如果考虑到有人要来凭吊，可以修一个遮阳避雨的亭子。这些要求和建议，深深地感动了中央办公厅和江西省委的负责人。

随后，中央办公厅委托江西建设厅设计院设计、承建。第一期墓地主体建筑墓碑和墓基经过一年多的施工，于 1990 年 11 月基本就绪。墓碑是三角形芝麻白的花岗岩，犹如一面红旗在迎风招展。青年工艺师郭东清冒着烈日酷暑，在墓碑上面依次镌刻了中国共产党党徽、共青团团徽、少先队队徽；他怀着深情镌刻的胡耀邦侧面雕像栩栩如生。黑晶玉花岗石的碑座上，金色的字体写着署名中共中央的胡耀邦生平简介。

　　1990 年 12 月 5 日，胡耀邦的骨灰从北京运往共青城。中央政治局常委、中央纪律检查委员会书记乔石来到首都机场为当年的总书记送行。江西省委书记毛致用等人在九江机场迎接。中央书记处候补书记温家宝陪同胡耀邦家属一起送胡耀邦骨灰到共青城参加了安葬仪式。

　　胡耀邦永远长眠在共青城的青山绿水之中。

　　胡耀邦永远活在中国人民的心中。

附一：胡耀邦生平大事纪年

一、按年月日顺序记事，记述胡耀邦生平大事。

二、年月日以公历为准，年岁以周岁计。若干活动具体日期考订不清者，记于该旬、月、年之末。

三、所记人名，以本名为准，所记地名，以当时通用名为准，有变更者注今名于括号内。

四、对文中涉及的人物和事件，必要时作简要注释，以括号记于文内。

1915年　出生

11月20日（十月十四日午时）生于湖南省浏阳县文家市区中和乡苍坊村。父亲胡祖伦，以耕作为业。母亲刘明伦。共有兄弟姐妹十二人，排行第九。

1920年　5岁

入本村胡氏私塾"种桃书屋"读书；稍后，并去长寿村"琢玉私塾"课读。

1922 年　7 岁

进入本村胡氏族学兴文小学读书。

1926 年　11 岁

春　　　　考入浏阳文家市立人小学高小部（即里仁学校）就
　　　　　读。同学有杨世俊（杨勇）等。

1929 年　14 岁

夏　　　　在文家市立人小学毕业。

秋　　　　以优异成绩考入新办的浏阳县立中学就读，同学有
　　　　　杨勇等。寒假时由杨贵英等介绍，秘密加入中国共
　　　　　产主义青年团。

1930 年　15 岁

7 月　　　彭德怀指挥红三军团攻占长沙城，10 天后转向平
　　　　　江——浏阳苏区。浏阳县立中学停课。回乡担任乡少
　　　　　先队队长兼儿童团团长。参与创办少共列宁学校，担
　　　　　任政治和文化教员。后又任团支部书记、团区委委员。

10 月　　　调至十八区委担任宣传工作。

11 月　　　调往湘东行动委员会（在江西莲花县花塘村），担任
　　　　　湘东儿童总局局长。

1931 年　16 岁

2 月　　　湘东行动委员会撤销，少共湘东南特委成立，改任

少共湘东南特委常委，驻莲花县花塘村。

8 月 　　　湘东南特委并入湘赣临时省委，少共湘赣临时省委
成立，改任湘赣省儿童局书记，驻永新县城。

1932 年　17 岁

5 月 　　　调至湘赣省委做儿童工作。

夏 　　　　到湘东做扩红工作。

1933 年　18 岁

1 月 　　　至瑞金中央根据地工作。被湘赣省委怀疑为"AB 团"
受审查。

5 月 　　　在中央苏区儿童局工作，主编《时刻准备着》。

8 月 　　　任中央苏区反帝拥苏总同盟总部宣传部长兼青年
部长。

9 月 　　　转为中国共产党党员。后调任少共中央局儿童局秘
书长。

1934 年　19 岁

1 月—9 月 　继续担任少共中央局秘书长，到农村去开展"扩红"、
征粮和支前工作。

10 月 　　　随中央红军从瑞金出发西进开始长征。被派在中央
第二纵队的中央工作团，任党总支书记，同时负责
中央工作团的青年政治思想工作。

1935 年　20 岁

1 月—10 月 　随中央红军长征。在遵义城外被敌机炸伤。翻雪山，

过草地，历尽艰险困苦，10 月抵达陕西吴起镇。

2 月   在红三军团政治部做民运和青年工作。继任红三军团第十三团（红五师缩编，团长彭雪枫）党总支书记。

10 月   到陕北后任少共中央局秘书长。

1936 年　21 岁

2 月—5 月   参加红军东征战役。东渡黄河，进入山西，任中共地方工作团石楼县地方工作队长，负责政治宣传、征兵、筹款、后勤给养及群众工作。

5 月 5 日   东征回师河西。总结会上受到毛泽东、地方工作团政委李富春等领导人称赞。

6 月   任少共中央局组织部副部长，继任组织部长、宣传部长。

11 月   列席中央政治局会议。会议决定改造共青团工作。会后共青团中央局正式取消。

1937 年　22 岁

3 月 3 日   西北青年救国联合会驻延安办事处筹备会成立，与冯文彬等任执行委员。

4 月 12—17 日 出席西北青年第一次救国代表大会，当选为西北青年救国会候补执行委员。

5 月   到中国人民抗日军政大学第二期学习，任第一队支部书记。继入高级研究班学习，仍任支部书记。

8 月   在抗大第二期毕业后留校工作，在第三期任抗大政治部副主任，兼一大队党总支书记。根据毛泽东的指示创办抗大校刊《思想战线》。

1938 年　23 岁

4 月 12 日　　出席西北青年救国会第二次代表大会，当选西北青年救国会常委委员。

5 月　　　　　抗大第四期开学，兼任第一大队政委（驻瓦窑堡。大队长苏振华）。

1939 年　24 岁

5 月　　　　　任中央军委总政治部组织部副部长（部长方强）。

1940 年　25 岁

是年　　　　　任中央军委总政治部组织部部长，并兼后勤政治部主任；嗣后又改兼中央军委直属（机关）政治部主任。
　　　　　　　参加中共华北华中委员会工作，任委员。

1941 年　26 岁

11 月　　　　　同延安中国女子大学毕业的李昭结婚。

12 月　　　　　任中央党校管理委员会委员。

1942 年　27 岁

6 月　　　　　担任中央军委直属系统整风领导小组成员，参加军委总部系统整风运动的领导工作。

1943 年　28 岁

下半年　　　领导军委一局的审干、反奸工作，抵制"抢救失足者运动"。

1945 年　30 岁

4 月 23 日—6 月 11 日　出席中国共产党第七次全国代表大会，为547 名正式代表之一。任代表资格审查委员会委员，参加代表资格审查工作。

10 月　　　请求赴前方工作获中共中央批准，率领东北先遣干部支队离延安东进。抵热河平泉八沟被阻。

12 月　　　参加程子华、萧克等组成的热河前线指挥部，指挥热河独立旅、冀东纵队等部反击国民党军队的进攻。

1946 年　31 岁

1 月　　　抵承德，任冀热辽军区代理政治部主任（军区司令萧克，第一政委程子华，第二政委罗瑞卿，副司令员李运昌）。

2 月　　　因患阿米巴肝炎至北平治疗，兼参加军事调处执行部整军处工作。

4 月　　　至张家口白求恩医科大学附属医院继续治疗。

6 月 1 日　任晋察冀野战军第四纵队政治委员、纵队军政委员会主任（纵队司令员陈正湘，政治部主任李昌）。

9 月　　　与陈正湘共同指挥集宁、大同战役。

11 月—翌年 1 月　参加指挥易（县）涞、满城、保（定）南战役。

1947 年　32 岁

4 月	参加指挥正（定）太（原）战役。
5 月下旬	调任晋察冀野战军第三纵队政治委员、纵队党委书记（纵队司令员郑维三，副司令兼参谋长文年生，政治部主任陆平）。
9 月	参加指挥大清河北战役。
10 月	参加指挥保（定）北阻击战和清风店战役。
11 月	参加指挥石家庄战役。

1948 年　33 岁

1 月	参加指挥涞水、庄疃战役。
5 月—6 月	参加指挥察南、绥东战役。
7 月 29 日	调任第一兵团政治部主任（司令员兼政委徐向前，副司令员兼副政委周士第。统辖第八、第十三、第十四、第十五纵队）。
9 月 8—13 日	列席中央政治局扩大会议（"九月会议"）。会后向兵团领导人传达，并部署召开参谋、政工、后勤会议。
10 月 5 日—12 月 4 日	参加指挥太原外围战。
10 月 18 日	第一兵团前委常委成立，由徐向前、周士第、陈漫远、胡耀邦组成。
11 月 2 日	策动国民党太原部队第三十军军长黄樵松起义。

1949 年　34 岁

1 月 15 日	第一兵团改称第十八兵团，仍任政治部主任。
3 月 17 日	统一领导太原战役的太原司令部成立，任太原前线

党的总前委委员。

4 月初	陪同彭德怀视察太原前线，协同彭德怀指挥太原战役。
4 月 11—18 日	中国新民主主义青年团第一次全国代表大会在北平举行。当选为团中央委员。
4 月 24 日	太原解放，任太原市军事管制委员会副主任。
4 月 25 日	第十八兵团由人民解放军总部拨归第一野战军，准备进军西北。
6 月 12—16 日	与周士第等指挥第十八兵团一部在咸阳地区击退敌军二十万人的进犯，歼敌一万三千余。
7 月 11—14 日	参加指挥扶眉、宝鸡战役。
7 月 29 日	离宝鸡赴北平，以新民主主义青年团代表的身份出席 9 月 21—30 日举行的中国人民政治协商会议。
10 月 1 日	出席中华人民共和国开国大典。
10 月	出席毛泽东主持的革命军事委员会第一次会议。会后与贺龙等一同离北京至临汾，与晋绥分局领导会商大批干部南下四川事宜。
11 月 11 日	返抵宝鸡。16 日向第十八兵团团以上干部传达全国政协会议精神，并动员入川。
12 月 4 日	按兵团领导分工和统一部署，率领第六十一军为兵团左路，翻越秦岭南下入川。
12 月 8 日	西南局决定成立川北党的临时工委（省级行政区），以胡耀邦为书记，赵林为副书记。
12 月 15—18 日	率第六十一军自汉中出发，翻越大巴山直指川北，沿途大小战斗十余次。
12 月 19 日	指挥第六十一军先头部队奔袭南江；次第解放南江县城、仪陇县城（23 日）、巴中县城（25 日）、南部

县城（26 日）、盐亭县城（27 日）、三占、阆中（29
日）。至此，率左路军南进入川作战任务胜利结束。

12 月 30 日　　　与贺龙、周士第、李井泉、陈漫远等进入成都市。

12 月底　　　　　在德阳会见国民党起义部队第七兵团司令员裴昌会。

1950 年　35 岁

2 月 18 日　　　率十八兵团少数干部由成都出发赴南充。

2 月 21—24 日　主持川北地县以上主要领导干部工作会议，宣布川
北区党、行政公署、军区成立，胡耀邦任区党委书
记兼行署主任、军区政委，赵林任区党委副书记，
秦仲方（后又补刘聚奎、裴昌会）任行署副主任，
韦杰任军区司令员。28 日出席区党委、行政公署、
军区成立大会。

2 月 25 日　　　在南充市第一届人民代表会议上讲话，强调要建立、
发展和加强各阶层人民统一战线。

4 月 1 日　　　　主持川北区党委扩大会议，决定成立川北区剿匪委
员会，进一步加强对剿匪工作的领导，胡耀邦任主
任委员，韦杰任副主任委员。部署各地、县加强对
剿匪工作的领导。

4 月 3—7 日　　兼任川北区财经委员会主任，主持召开川北财经
会议。

6 月 23 日　　　主持召开川北区首届人民代表会议，作《关于川北区
当前施改方针》的报告。当选为川北区协商委员会
主席。

7 月 19 日　　　主持召开中共川北区首届代表大会，作《提高自己，
依靠人民，稳步前进》的报告。

11 月 6 日　　　出席川北区第一次工商界代表会议闭幕会，作题为
　　　　　　　　《消除顾虑，加强信心，为恢复和发展川北工商业而
　　　　　　　　奋斗》的重要讲话。

1951 年　　36 岁

1 月 6—10 日　主持川北区党委召开的土地改革工作会议。川北土
　　　　　　　　改工作总团成立，胡耀邦任总团长。

2 月 10—13 日 主持川北行署委员会和协商委员会首次联席扩大会
　　　　　　　　议，代表行署作《关于我区今年工作任务》的报告。

2 月 24 日　　　发布川北行署《认真贯彻〈惩治反革命条例〉的布
　　　　　　　　告》，镇反运动全面展开。

5 月 19 日　　　检查总结镇反工作。在讲话中强调谨慎地区别反革
　　　　　　　　命的界限，分别其罪恶之大小，治以应得之罪，严
　　　　　　　　格手续和纪律。

6 月 1 日　　　与民盟代表座谈，说民盟可在民主人士、中学以上
　　　　　　　　教员、大学生中发展盟员。

7 月 7 日　　　主持川北行署紧急行政会议，部署抗御旱灾。

12 月 19 日　　川北区爱国增产节约委员会成立，兼任主任委员，
　　　　　　　　统一领导全区的"三反""五反"运动。

1952 年　　37 岁

1 月 8 日　　　到南充的政府办公楼和工人俱乐部建筑工地，了解
　　　　　　　　工程建筑情况。强调要勤俭节约，批评修建华丽的
　　　　　　　　围墙，指出不能再继续拆除工地附近民房。

1 月 10 日　　　致信南充市长，请向各界人民代表会议宣布：自即
　　　　　　　　日起，一切机关、部队、团体不得购买一间民房，

　　并要腾出 150 间左右的公房，租给无房市民。

2 月 6—9 日　　审定、签发川北区党委关于"三反"运动中要严格执行政策的指示。

6 月 7 日　　接到中央组织部来电："调胡耀邦来中央工作，务须于 7 月底抵京。"

6 月 11—23 日　主持川北区党委第二次扩大会议，总结"三反""五反"及两年多来的工作，研究讨论下半年工作。

7 月 31 日清晨　离南充赴北京。

8 月 10 日　　开始到青年团中央工作，筹备召开团的一届三中全会。

8 月 23 日、30 日　出席毛泽东主持的中共中央讨论青年团工作的会议。

8 月 25 日—9 月 4 日　主持召开青年团一届三中全会，作《在毛主席的亲切教导下把青年工作更加推向前进》的报告。全会选举胡耀邦、廖承志等 9 人为书记，区棠亮等 5 人为候补书记。

1953 年　38 岁

1 月 5 日　　主持青年团一届四中全会，讨论青年团第二次全国代表大会的各项准备事项。

1 月 6—10 日　主持各大区团委负责干部会，着重讨论青年团应如何工作的问题。2 月，中共中央批转团中央书记处关于这次会议的报告，要求各级党委每年至少讨论两次青年团的工作。

3 月 11—21 日　出席青年团第三次学校工作会议，讲话强调团委要协助党和学校行政搞好政治思想教育工作。

5 月 8 日　　在中国工会第七次全国代表大会上作题为《在工业

战线上前进中的中国青年》的讲话。

6月10日　　　在中华全国第二次青年代表大会上致祝词。

6月23日—7月2日　主持青年团第二次全国代表大会，作题为《团结全国青年在建设祖国伟大行列中奋勇前进》的工作报告。

7月4—6日　　主持青年团二届一中全会，当选为团中央常委、书记。

7月14日　　　率中国青年代表团前往罗马尼亚布加勒斯特，参加25—30日举行的第三届世界青年代表大会和8月2—16日举行的第四届世界青年与学生和平友谊联欢节。在第三届世界青年代表大会上讲话时宣布朝鲜停战协定签字，全场代表热烈欢庆。30日被选为世界民主青年联盟理事会副主席。

11月2—10日　主持第二届全国少年儿童工作会议，作题为《热爱新的一代是共产主义美德》的总结讲话。

1954年　39岁

2月6—9日　　列席党的七届四中全会。全会通过《关于增强党的团结的决议》。

4月13—24日　出席团中央组织工作会议。总结讲话说要把"面向党委，背向青年"改变为"背靠党委，面向青年"，团组织要正确掌握"巩固地向前发展"的方针。

5月3日　　　在五四运动35周年纪念大会上，作题为《立志做社会主义的积极建设者和保卫者》的讲话。

5月30日　　　在全国各大区团委宣传部长座谈会上讲《把团的宣传教育工作做得更实际更生动》。

8月9—15日　率中国青年代表团出席世界民主青年联盟理事会北京会议。9日致欢迎词《中国青年和各国青年永远和平友好》。中国青年代表团向世界青联提交《对于世界青联在亚洲殖民地、半殖民地国家工作中的一些问题的建议和意见》。

9月15—27日　出席第一届全国人民代表大会第一次会议。17日作题为《为祖国的伟大事业贡献更大的力量》的发言。27日当选为第一届全国人大常委。

1955年　40岁

2月16—26日　主持青年团二届二中全会。向全会做工作报告，强调加强对青年的共产主义教育，培养共产主义道德品质要结合各种实际斗争进行。

3月3—12日　主持召开第三次全国少年儿童工作会议，作题为《把少年儿童带领得更加勇敢活泼些》的讲话。

3月21—31日　出席中国共产党全国代表会议。会议通过了《关于高岗、饶漱石反党联盟的决议》和《第一个五年计划草案的决议》。

7月5—30日　出席第一届全国人民代表大会第二次会议。29日作题为《跟祖国一起前进就是幸福》的发言。

7月31日　列席中共中央召开的省市区党委书记会议，听取毛泽东《关于农业合作化问题》的报告。

8月6日　在中华全国学生第十六次代表大会上讲话，强调要进一步提高学生的政治思想觉悟。

8月12日　会见北京市青年志愿垦荒队代表。30日在欢送大会上作题为《向困难进军》的讲话。

9月16—18日 主持召开青年团二届三中全会，讨论并通过了《关于召开青年团第三次全国代表大会和建议更改新民主主义青年团名称为中国共产主义青年团的决议》。

9月20—28日 主持召开全国青年社会主义建设积极分子大会，作题为《中国青年为实现第一个五年计划而斗争的任务》的报告。

10月4—11日 列席党的七届六中全会。全会通过《关于农业合作化问题的决议》。

10月4—15日 主持青年团二届四中全会。讨论并通过了《关于动员和组织广大农村青年迎接农业合作化高潮的决议》。向全会作关于组织青年参加农业合作化运动扫除文盲的讲话。

11月30日 在苏、沪、浙、赣、皖考察青年团工作的途中，到江西德安县看望上海青年志愿垦荒队员，勉励青年战胜困难，创造美好的未来。并题写了"共青社"。

1956年　41岁

1月24—31日 主持各省市区团委负责干部会议，讨论制定《中国青年为实现1956年到1967年全国农业发展纲要的奋斗纲领（草案）》。

2月22日 在全国工商界青年积极分子大会上讲话，勉励工商界青年跟祖国一道前进，为社会主义立功。

3月1—11日 主持在延安召开的陕、甘、晋、蒙、豫五省（自治区）青年造林大会。2日作题为《青年们，把绿化祖国的任务担当起来》的报告。

3月15日 任全国扫除文盲协会副会长。会长为国务院副总理陈毅。

5月7—16日　主持召开共青团的省市区委书记会议，根据中共中央提出的"把一切积极因素调动起来"的精神研究部署检查团的工作。

5月28日—6月6日　考察共青团吉林省团的工作。

6月7—10日　到黑龙江省萝北青年垦区调查访问。

6月15—30日　出席第一届全国人民代表大会第三次会议。周恩来提出"和平解放台湾"。

9月15—27日　出席中国共产党第八次全国代表大会，当选为中央委员。在24日的大会上作题为《引导我国青年向最伟大的目标前进》的发言。

9月28日　出席党的八届一中全会。

11月10—15日　出席党的八届二中全会。

1957年　42岁

2月8—21日　主持青年团各省市区委书记会议，讨论思想工作。

2月27日　列席最高国务会议，听取毛泽东"关于正确处理人民内部矛盾的问题"的讲话。

5月15—25日　主持青年团第三次全国代表大会。作题为《团结全国青年建设社会主义的新中国》的报告。25日毛泽东在接见全体代表时说："一切离开社会主义的言论行动是完全错误的。"

5月26日　主持共青团三届一中全会，当选为常务委员和团中央书记处第一书记。

7月16日　率中国青年代表团前往莫斯科，参加28日至8月11日举行的第六届世界青年与学生和平友谊联欢节和

8月16日至22日在基辅举行的第四届世界民主青年联盟代表大会。8月19日作题为《为发展各国青年的友好合作而奋斗》的发言，主张求同存异、平等相处、耐心协商。

9月6—18日　在新疆考察共青团的工作。

9月20日—10月9日　出席党的八届三中全会。向全会提交书面发言，着重反映青年的状况、共青团的干部问题和团的工作的缺点、错误。

1958年　43岁

1月7—21日　主持共青团三届二中全会，作题为《共青团1958年的任务》的报告。

2月2—11日　出席第一届全国人民代表大会第五次会议。会后随周恩来等查勘三峡大坝坝址。

3月15—23日　在江西瑞金主持四省百县共青团的工作观摩学习会议。20日作题为《思想解放，勇敢前进》的讲话。

5月5—23日　出席中共八大二次会议。

6月2日—8月13日　主持共青团三届三中全会。会议前期讨论少年儿童工作，后期检查和讨论保证党的领导问题。

7月2日　出席北京高校、中专师生红专跃进广播大会，发表《贯彻党的教育方针和学习方针》的讲话。

9月5—8日　参加最高国务会议第十五次会议。会议主要讨论分析了炮击金门以来的国际形势。

11月21日—12月2日　主持第二次全国青年社会主义建设积极分子大会。25日作题为《发扬共产主义精神，努力建设社会主义》的报告。

11 月 28 日—12 月 10 日　出席党的八届六中全会。

1959 年　44 岁

1 月 7 日　　　在广西考察共青团工作。

2 月 23 日—3 月 7 日　主持共青团三届四中全会。3 月 6 日做总结
　　　　　　　讲话。

3 月 22 日　　　向北京市大中学校共青团积极分子发表题为《力争
　　　　　　　读书、劳动、思想三丰收》的讲话。

4 月 2—5 日　　出席党的八届七中全会。

4 月 18—29 日　出席二届全国人大一次会议。当选为全国人大常委
　　　　　　　会委员，并作题为《中国青年坚决反击印度扩张主
　　　　　　　义分子》的发言。

5 月 3 日　　　在首都各界纪念五四运动 40 周年大会上，作《高举
　　　　　　　爱国主义和社会主义的旗帜前进》的讲话。

7 月 13—18 日　主持共青团三届五中全会，通过《关于加强农村团
　　　　　　　的基层组织在青年中的核心作用的决议》。

8 月 2—16 日　出席党的八届八中全会。

10 月 1 日　　　在《人民日报》上发表庆祝新中国成立 10 周年的文
　　　　　　　章《中国青年的共产主义教育》。

10 月 18 日　　出席首都少先队员庆祝建队 10 周年大会，发表题为
　　　　　　　《预备队的光荣任务》的讲话。

1960 年　45 岁

2 月　　　　　出席团中央召开的学习毛泽东著作座谈会。

2 月 27 日—3 月 4 日　主持共青团三届六中全会。作总结报告《用
　　　　　　　毛泽东思想促进工作的全面跃进》。

3月31日—4月10日　出席全国人民代表大会二届二次会议。4月
　　　　　　9日作题为《为祖国持续跃进英勇奋斗是青年共产
　　　　　　主义觉悟的最高表现》的发言。

5月　　　　　到山西调查共青团的工作。

10月4日　　给北京青年垦荒队员写信，勉励他们要有远大眼光
　　　　　　继续前进。

12月1日　　在《人民日报》上发表《在农业战线的伟大斗争中
　　　　　　造就一代新人》。

12月24日—1961年1月13日　出席中共中央工作会议。

1961年　46岁

1月14—18日　出席党的八届九中全会。

1月21日　　主持14省市区团委书记座谈会，讨论加强农村青年
　　　　　　工作问题。

3月　　　　　去湖南农村调查。4月初至武汉向毛泽东汇报。毛
　　　　　　泽东要胡耀邦告诉邓小平组织10个调查组，胡耀邦
　　　　　　也算一个。

4月5日—5月　　去辽宁海城调查农业生产和农村工作以及商业
　　　　　　问题。

5月21日—6月12日　参加中央工作会议。

10月4—26日　主持共青团中央工作会议。

12月13—20日　主持在南昌举行的12省市团委书记座谈会。作总结
　　　　　　强调要密切联系群众。

1962年　47岁

1月11日—2月7日　出席中央扩大工作会议（又称"七千人大会"）。

3月27日—4月16日　出席全国人大二届三次会议。

4月28日　　在九省市区团委书记座谈会上讲话，要求重视反映
　　　　　　情况。

6月19日—7月9日　主持共青团三届七中全会。

9月24日—27日　出席党的八届十中全会。

9月27日—10月18日　率领中国阿尔巴尼亚友好协会代表团，访
　　　　　　问阿尔巴尼亚。

11月10日　带职下放湖南湘潭，任中共湖南省委书记处书记兼
　　　　　　湘潭地委第一书记。抵湘潭后不久即赴所属10县调
　　　　　　查了解基本情况。

1963年　48岁

1月—4月　　在浏阳县调查研究，指导工作。

2月下旬　　至岳阳总结毛四区区委荒山造林、抗旱夺丰收的事
　　　　　　迹，撰《可贵的革命干劲》的调查报告。（这篇调查
　　　　　　报告在《红旗》杂志和《湖南日报》发表。）

5月2—12日　出席毛泽东在杭州召开的有政治局委员和中央局书
　　　　　　记参加的杭州会议，讨论农村社会主义教育问题。
　　　　　　会后出席中南局会议和湖南三级干部会议。

6月—7月　　指导浏阳、醴陵等地开展"四清"运动。

7月25日　　写成《湘潭地区四查四帮初步总结》，报送省委和中
　　　　　　共中央。

8月—9月　　深入抗旱第一线，领导全区抗旱工作。

12月起　　主持起草共青团第九次全国代表大会文件。

1964 年　49 岁

1 月起　　　领导湘潭地区开展农村社会主义教育运动。同时指导各地搞好生产。

5 月　　　　回京筹备共青团第九次全国代表大会。

6 月 5—8 日　主持召开共青团三届九中全会。

6 月 11—29 日　主持共青团第九次全国代表大会，作题为《为我国青年革命化而斗争》的报告。

7 月 2—3 日　主持共青团九届一中全会，继续当选为团中央书记处第一书记。

11 月　　　　就任中共西北局第三书记、代理陕西省委第一书记。30 日乘车抵达西安。

12 月上旬　　听取陕西省委各部、办、厅、局的工作汇报。

12 月15—28 日　出席中央工作会议。讨论农村社会主义教育运动问题。

12 月 21 日—1965 年 1 月 4 日　出席第三届全国人民代表大会第一次会议。当选为第三届全国人大常委。

12 月 24 日　撰写《走马到职报陕情》报西北局和党中央、国务院。

1965 年　50 岁

1 月 3—14 日　出席毛泽东主持的中央工作会议，重新讨论农村社会主义教育运动。会议制定《二十三条》。

1 月 17 日　　回西安。

1 月 18—28 日　连续向各单位传达中央工作会议精神，宣讲《二十三条》。主持陕西省委工作会议。按照中央工作会议精

神和《二十三条》，总结前一段陕西省社教运动的经
验教训。

2月5日　　　主持省委书记处会议，部署近期工作。

2月6—14日　在安康地区各县调查研究，指导社教运动和当前
生产。

2月14日　　将调研所发现的问题和处理意见发出《电话通讯》，
提出对干部四条政策。

2月15—24日　到汉中、宝鸡、咸阳等地调研。

2月28日　　主持陕西省委书记处会议，决定发出通知要求各地
正确处理干部问题。

3月11日　　出席西北局书记处扩大会议，汇报陕西工作。

3月18日—5月19日　突发大脑蜘蛛网膜炎，住院治疗。在病中
写《关于陕西工作的自我检讨》。

5月　　　　任中共西北局第二书记、陕西省委第一书记。

5月30日—6月18日　主持陕西省委工作会议，总结、检查一月
工作会议以来的工作。6月11日晚，在省委常委第
116次会议上发言，对于工作会议上的某些批评意
见作了八点说明。

6月20日　　向西北局请假回京治病，搭乘叶剑英专机回京。

10月6日　　去中南海参加西北问题的会议。结果会议未开。邓
小平说不要回陕西了，休息一下另行分配工作。

12月　　　　出席首都青年纪念一二·九运动30周年大会。

1966年　51岁

4月　　　　出席共青团九届三中全会并发表讲话。

6月3日　　主持团中央书记处会议，听取胡克实汇报中央政治

局扩大会议关于团中央负责向北京市中学派出"文化大革命"工作组的决定。经讨论决定：立即成立领导小组和工作团，抽调干部组成 16 个工作组，进驻 16 所中学。继后，又从北京和全国各地抽调 1800 名干部，组成三百多个工作组，向北京市 8 个区的中学派出。

8 月 1—12 日　出席党的八届十一中全会。全会通过《关于无产阶级文化大革命的决定》，改组中央领导机构。

8 月 1 日　中央文革小组陈伯达、江青等指责胡耀邦、胡克实等团中央领导是"青年官"，"推行资产阶级反动路线镇压学生"。

8 月 13 日　团中央书记处被宣布改组。此后，胡耀邦等由团中央机关"文革筹委会"监管，被红卫兵和造反派揪斗不止。

1967 年　52 岁

在团中央继续接受审查。

1968 年　53 岁

3 月 8 日　军代表进驻团中央，此后被关进"牛棚"，由军代表组织批斗和专案审查。

10 月 13—31 日　被临时"解放"，出席党的八届十二中全会。全会通过关于刘少奇的"罪行审查报告"和处理决定。

1969 年　54 岁

4 月　出席中国共产党第九次全国代表大会。拒绝康生等人"检查认错"的要求，未被选为中央委员。

5月　　　下放河南潢川团中央"五七"干校，被编在第一连"监督劳动"，并去各连队"接受群众审查批判"。

1970年　55岁

继续在"五七"干校劳动，接受审查。劳动之余苦读马列原著。

1971年　56岁

继续在"五七"干校劳动，接受审查。年末，回北京治病、学习。

1972年　57岁

在家读书学习。

4月　　　反驳驻团中央军代表将自己定性为"反党、反社会主义、反毛泽东思想分子"。

10月　　拒绝在军代表的审查报告上签字，并撰《对审查报告的几点意见》报中共中央。

1973年　58岁

在家读书学习。

1974年　59岁

在家读书学习。

1975 年　60 岁

春　　　　　参加中央党校高级读书班。

7 月 17 日　任中国科学院党的核心领导小组第一副组长、副院长，主持中国科学院领导工作。

8 月　　　　主持起草《关于科技工作的几个问题》（亦称《汇报提纲》），以后相继改出五稿。

9 月 26 日　向国务院汇报中国科学院工作。

10 月 24 日　在中国科学院青年纪念长征四十周年大会上讲话。

11 月 15 日　列席中央政治局会议，接受批判"帮助"。

11 月　　　《汇报提纲》被"批邓、反击右倾翻案风"运动批为"三株大毒草"之一。随即停止在中国科学院的领导工作。

12 月　　　因病入住协和医院。

1976 年　61 岁

7 月　　　　被中国科学院的造反派揪去大连全国科技会议上批斗。因误食造反派给的腐烂饭菜而食物中毒。回程途中在滦河东岸遇唐山大地震。

10 月 6 日　中央政治局执行党和人民的意志，采取断然措施，一举粉碎"四人帮"。12 日，请叶选宁转告叶剑英、华国锋：中兴伟业，人心为上；停止批邓，人心大顺；冤案一理，人心大喜；生产狠狠抓，人心乐开花。

1977 年　62 岁

3 月 3 日　任中央党校副校长。9 日至中央党校工作。

3月起	领导中央党校全体员工开展揭批"四人帮"和落实干部政策、平反冤假错案的工作。
7月15日	主持创办的《理论动态》创刊。
8月12—18日	出席中国共产党第十一次全国代表大会，当选为中央委员。
10月5日	受中央委托主持起草的《中共中央关于办好各级党校的决定》正式发布。
10月7日	主持撰写的《把"四人帮"颠倒了的干部路线是非纠正过来》在《人民日报》刊出。
10月9日	主持中央党校开学典礼并讲话。
12月2、10日	主持中央党校党委会议讨论党史教学方案。强调要以完整的准确的马列主义、毛泽东思想和实践标准检验"文革"。
12月10日	任中央组织部部长兼中央党校副校长。
12月19日	在中央组织部全体工作人员大会上讲话，要求大家面临"积案如山，步履维艰"的局面，把组织部办成"党员之家"和"干部之家"，做好来访接待工作，坚决平反冤假错案。

1978年　63岁

1月起	领导落实干部政策工作。分别召开中央各部委和省市区座谈会，强调要尽快实事求是对待干部的历史和"文革"中的问题，抓紧做好待分配干部的政策落实工作。
2月26日—3月5日	出席五届全国人大一次会议，当选为全国人大常委会委员。

2月—4月	出席中央组织部分 6 批召开的疑难案例座谈会。
4月	组织中央党校 800 多名高中级干部讨论"文化大革命"以来的党史。
5月6日起	受中共中央委托，主持共青团十大的筹备工作。
5月10日	审改定稿的《实践是检验真理的唯一标准》在《理论动态》第 60 期刊出。次日《光明日报》署名特约评论员刊载。新华社全文播发。全国范围的真理标准大讨论由此兴起。
6月1日	审定《抓紧落实党的干部政策》在中组部《组工通讯》第一期刊出。
6月中旬	委派杨士杰等去烟台参加五部门联合召开的会议，研究"右派"善后处理事宜。嘱咐杨士杰要坚持实事求是、有错必纠的原则，错多少改多少。
6月	同意改正温济泽的"右派"错案。
7月10日	部署中央组织部进行"六十一人案"的复查工作。
8月16日—9月21日	在三次部分省市选拔优秀中青年干部汇报会上讲话。
8月	审定中央组织部关于实事求是地改正错划右派问题给中共中央的报告。
9月上旬	委派杨士杰参加中央五部门研究错划"右派"改正问题的座谈会。17 日，中共中央批转会议文件。
9月20日	在全国信访工作会议上讲话，提出"两个不管"的方针，强调凡是不实之词，凡是不正确的结论和处理，不管是什么时候、什么情况下搞的，不管是哪一级组织、什么人定的、批的，都要实事求是地改正过来。

10月10日—11月4日　主持中央组织部分批召开的落实知识分子
政策座谈会并讲话。

11月20日　　　决定向中央正式报送中央组织部《关于"六十一人
案件"的调查报告》。

11月10日—12月15日　出席中央工作会议。任西北组召集人。

12月上旬　　　参加起草邓小平《解放思想，实事求是，团结一致
向前看》讲话稿。

12月18—22日　出席党的十一届三中全会。被选举为中央政治局委
员、中央纪律检查委员会第三书记。

12月25日　　　出席中央政治局会议，会议确定胡耀邦任中央秘书长
兼中央宣传部部长，分管中央日常工作和宣传工作。

1979年　64岁

1月9日　　　　在中央纪律检查委员会第一次全体会议上讲话。

1月7—11日　　主持各省市区党委宣传部长会议。

1月18日起　　主持中央宣传部和中国社会科学院召开的理论工作
务虚会，并作题为《引言》的讲话。

2月10日　　　向全国艺术教育工作会议等五个会议的参加者讲话。

3月18日　　　在全国新闻工作者座谈会上讲话。

3月28日—4月3日　主持中共中央召开的理论工作务虚会。3月
30日，邓小平讲《坚持四项基本原则》。

4月5—28日　　出席中央工作会议。会议决定集中三年时间对整个
国民经济实行"调整、改革、整顿、提高"方针。

7月　　　　　任中央"两案"（林彪、江青反革命集团案）审理领
导小组组长。

7月9—25日　　主持全国纪律检查工作会议。22日发表题为《关于

搞好党风严肃党纪的几点意见》的讲话。

7月17日　　在第五次驻外使节会议上讲话。

8月15日　　主持第一次"两案"工作座谈会。

9月25—28日　出席党的十一届四中全会。

10月4—10日　出席各省市区党委第一书记座谈会，9日发言讲经济
　　　　　　建设若干问题。

10月—11月　　出席中国文学艺术工作者第四次代表大会并在闭幕
　　　　　　会上致辞。

12月13—14日　出席地、县宣传工作座谈会并讲话。

1980年　65岁

1月7—25日　主持中央纪律检查委员会第二次全体会议并
　　　　　　讲话。

1月29日　　中共中央决定由华国锋、叶剑英、邓小平、李先念、
　　　　　　陈云、聂荣臻、邓颖超、胡耀邦组成中共党史委
　　　　　　员会，由胡耀邦、彭真等十二人组成党史编审委
　　　　　　员会。

2月12、13日　在剧本创作座谈会上讲话。

2月23—29日　出席党的十一届五中全会，当选为中央政治局常委、
　　　　　　中央委员会总书记。会议通过由其制定的《关于党
　　　　　　内政治生活的若干准则》，通过为刘少奇平反的
　　　　　　决议。

3月8日　　主持中央书记处第一次会议。

3月14—15日　主持召开中央书记处第一次西藏工作座谈会。

3月　　　　主持"两案"审理领导小组会议。

3月　　　　中央政治局常委会会议决定起草《关于建国以来党

的若干历史问题的决议》，由邓小平主持，胡耀邦等组织实施。

4月15日　同意大利共产党中央代表团会谈，决定恢复两党关系。

5月17日　出席刘少奇同志追悼大会。

5月22—31日　与万里等去西藏进行考察。29日在西藏自治区干部大会上讲话。31日回北京途经青海格尔木。

6月10日　出席庆祝我国向太平洋发射运载火箭成功大会并发表讲话。

7月17—21日　去汉口，向邓小平汇报"六五"计划的制定原则。

8月18—23日　出席中央政治局扩大会议，讨论党和国家领导制订的改革问题。

9月14—22日　主持各省市区党委第一书记座谈会，讨论完善农业生产责任制问题。21日讲话。

10月11日　组织全党四千多名高级干部讨论《关于建国以来党的若干历史问题的决议》（第二稿），并决定中央党校学员讨论一周。

10月21日—11月3日　在云南、贵州、广西考察工作。

11月11日　同西班牙共产党代表团会谈。两党决定实现关系正常化。

11月23日　在各省市区思想政治工作座谈会上做题为《做一个彻底的唯物主义者》的讲话。

11月26日　在中央纪委召开的会议上做题为《搞好党风的几个问题》的讲话。

12月4—10日　在湖南、江西考察工作。

12月16—25日　主持中共中央工作会议。

12 月 24 日   主持广东、福建实行特殊政策、灵活措施座谈会。

1981 年　66 岁

1 月 1 日   在新年茶话会上致词，代表中共中央向各界人士和
全国人民祝贺新年。

1 月 29 日   出席全军政治工作会议并发表讲话。

3 月   主持中央书记处会议，在讲话中强调发展农业要注
意多种经营问题。

4 月 1 日   因颈椎病发及疲劳过度，中央限令休养一个月。12
日从北京去杭州，23 日到宁波舟山视察，26 日至山
东临沂，29 日攀登泰山。

5 月 15 日   主持中央政治局会议，讨论决定接收宋庆龄为中国
共产党正式党员，并提议授予国家名誉主席称号。5
月 25 日宋庆龄病逝，6 月 3 日主持国葬仪式。

5 月 17 日   和中宣部等单位负责人谈批评《苦恋》和文艺创作
等问题。

6 月 27—29 日 同叶剑英、邓小平等主持党的十一届六中全会。当
选为中央委员会主席。全会还通过了《关于建国以
来党的若干历史问题的决议》。29 日在闭幕会上讲
"两个没有变"。

7 月 1 日   出席庆祝中国共产党成立六十周年大会并发表讲话。

7 月 2—4 日   主持省市区党委书记座谈会。

8 月 3 日   出席思想战线问题座谈会并发表讲话。

8 月 8—21 日   在河南、山西、河北三省考察工作，调查研究有关
经济和文化建设等问题。

9 月 19 日   同邓小平等观看人民解放军在华北地区举行的军事

演习。

10 月 9 日　　　在辛亥革命七十周年纪念大会上发表讲话。

10 月 22 日　　到辽宁视察工作。

12 月 15 日　　主持各省市区党委第一书记座谈会。

12 月 27 日　　在电影故事片创作会议上发表题为《坚持两分法，
　　　　　　　　更上一层楼》讲话。

1982 年　67 岁

1 月 21 日　　　在中央直属各部委局以上干部会上讲根本改革干部
　　　　　　　　制度，废除终身制。

2 月 11—13 日　主持中央书记处召开的广东、福建两省座谈会。13
　　　　　　　　日作题为《特区问题》的讲话。

4 月 26—30 日　同邓小平一起访问朝鲜，与金日成会谈。

5 月 19 日　　　与经济部门负责人和学者研讨经济问题。

6 月 16—22 日　在四川、湖北考察工作。

8 月 6 日　　　同叶剑英、邓小平等主持党的十一届七中全会并讲
　　　　　　　　话。

9 月 1—11 日　出席中国共产党第十二次全国代表大会，做题为《全
　　　　　　　　面开创社会主义现代化建设的新局面》的政治报告。

9 月 12—13 日　主持党的十二届一中全会。当选为中央政治局委员、
　　　　　　　　中央政治局常委、中央委员会总书记。

9 月 15—22 日　在四川考察工作。

10 月 22 日起　到山东、安徽、江西、福建、江苏考察工作。

11 月—12 月　　出席五届全国人大五次会议。

12 月　　　　　出席中国共产主义青年团第十一次全国代表大会。

1983 年　68 岁

1月20日　　出席全国职工思想政治工作会议，发表题为《四化建设和改革问题》的讲话。

1月31日—2月　在广西、广东、湖北、湖南考察工作。

3月13日　　出席纪念马克思逝世一百周年大会，发表题为《马克思主义伟大真理的光芒照耀我们前进》的讲话。

3月17日　　主持中共中央常委会和书记处联席会议，听取国家计委和经委工作汇报。

5月5—15日　出访罗马尼亚和南斯拉夫。

5月16—20日　在新疆考察工作。提出开发大西北的战略设想。

5月31日—6月1日　主持中共中央举行的民主协商会，讲话"毋忘团结奋斗，致力振兴中华"。

7月16日—8月6日　在河南、陕西、甘肃、青海调查考察，8月6日，在延安发表题为《关于北方干旱地区农业改革的一些看法》的讲话。

8月30日　　会见全国发展集体经济和个体经济安置城镇青年就业先进表彰大会代表，发表题为《怎样划分光彩和不光彩》的讲话。

10月11—12日　同叶剑英、邓小平等主持党的十二届二中全会，全会通过《中共中央关于整党的决定》，并决定成立中央整党工作指导委员会，任主任。

11月23—30日　访问日本。

12月26日　　在《人民日报》发表《最好的纪念》，纪念毛泽东诞辰九十周年。

12月26日—1984年1月9日　在四川、贵州、湖南考察工作。

1984 年　69 岁

1 月 31 日—2 月 13 日　在广西、广东、江苏、上海、山东等地考察工作。

2 月 27 日—3 月 6 日　主持召开中央书记处第二次西藏工作座谈会并讲话。

3 月 26 日—4 月 2 日　主持沿海部分城市座谈会。

5 月 4—11 日　出访朝鲜，与金日成等会谈。

5 月 12 日　在吉林、辽宁考察工作。

5 月 22—27 日　在广州、深圳、珠海等地考察工作。

8 月 10—17 日　在黑龙江省视察工作。发表题为《谈我们边界工作的总方针》的讲话。

8 月 23—25 日　在冀东考察。

9 月 12—15 日　在内蒙古、河北考察。

9 月 30 日　在中日青年友好大联欢与欢迎日本青年大会上讲话，翌日在中南海会见日本青年代表。

10 月 1 日　出席庆祝中华人民共和国成立 35 周年阅兵式和群众游行活动。

10 月 14—20 日　同邓小平等主持党的十二届三中全会，通过《中共中央关于经济体制改革的决定》。

10 月 21 日—11 月 4 日　在山东、江苏、安徽考察工作。

11 月　主持中央书记处会议，讨论第一期整党工作情况和第二期整党工作部署问题。

12 月 2 日　在全国宣传部长会议上发表题为《如何把部门工作做得更好些》的讲话。

1985 年　70 岁

2 月 4 日　　　邀请 6 位有突出贡献的科技人员到中南海座谈中国科技政策和发展问题。

4 月 12—24 日　出访澳大利亚、新西兰、西萨摩亚、斐济和巴布亚新几内亚五国。

5 月 4—6 日　　出访朝鲜。

6 月 14—19 日　在山西、内蒙古、陕西偏远山区考察工作。

7 月 19 日—8 月 21 日　在新疆、甘肃考察工作。

8 月 11 日　　　在欢送中央机关讲师团的大会上，发表题为《当代年轻知识分子的成长道路》的讲话。

9 月 16 日　　　同邓小平等主持党的十二届四中全会。

9 月 18—23 日　同邓小平等主持中国共产党全国代表会议，致题为《团结奋斗再展宏图》的开幕词。

9 月 24 日　　　同邓小平等主持党的十二届五中全会。

9 月 26 日—10 月 9 日　沿长征之路在贵州、四川、甘肃等地视察工作。

10 月 21—27 日　在河南、陕西考察工作。

12 月 28—30 日　在浙江考察工作。

12 月 31 日　　　赴海南岛考察工作。

1986 年　71 岁

1 月 9 日　　　在中央机关干部大会上，做题为《中央机关要做全国的表率》的讲话。

1 月 17 日　　　主持中央政治局常委会会议，讨论党风问题。

2 月 5—20 日　在云南、贵州、广西考察工作。

4月9日　　　主持端正党风工作座谈会，做《党风和党内矛盾问题》讲话。

4月17—22日　考察河北太行山区。

5月17—22日　在甘肃定西和四川考察。

6月9—23日　出访英、法、德、意四国。

8月15日　　　在中央机关讲师团大会上发表《再同年轻知识分子谈成长道路问题》的讲话。

8月19—30日　在青海省考察工作。

9月23—27日　同邓小平等主持党的十二届六中全会。全会通过《关于社会主义精神文明建设指导方针的决议》。

9月28日　　　在各省市区党委书记座谈会上讲话。

10月22日　　主持纪念长征胜利五十周年大会。

11月14—16日　在江苏、上海考察。

12月1日　　　出席纪念朱德同志诞辰100周年大会并讲话。

1987年　72岁

1月16日　　　中央政治局扩大会议同意胡耀邦辞去中共中央总书记职务的请求，继续保留他的中央政治局委员、中央政治局常委的职务。这次中央政治局扩大会议的决定后经同年10月召开的党的十二届七中全会确认。

10月20日　　出席党的十二届七中全会。

10月25日—11月1日　出席中国共产党第十三次全国代表大会，当选为中央委员。

11月2日　　　出席党的十三届一中全会，当选为中央政治局委员。

1988 年　73 岁

1 月起　　　　入住三〇五医院。

3 月—4 月　　出席七届全国人大一次会议。

5 月 14—24 日　在河北易县、涿州考察。

7 月—9 月18 日　在烟台休养。

9 月 26—30 日　出席党的十三届三中全会。

11 月 10 日—1989 年 1 月 8 日　　在湖南长沙休养。

1989 年　74 岁

1 月 8 日—3 月 12 日　　在广西南宁休养。

3 月 20 日—4 月 4 日　　出席七届全国人大二次会议。

4 月 8 日　　　出席中央政治局会议，讨论教育工作。突发心脏病。
　　　　　　　下午转入北京医院。

4 月 15 日　　晨 7 时 53 分逝世。

4 月 22 日　　胡耀邦追悼大会在人民大会堂隆重举行。

附二：本书征引和主要参考书目

《胡耀邦文选》人民出版社，2015 年，北京。

《胡耀邦》（画册）中共中央党史研究室编，中共党史出版社，2015 年，北京。

《胡耀邦与家乡浏阳》 浏阳市委党史办公室编，1999 年，湖南浏阳。

《胡耀邦与军队》 乔希章等编，1989 年，北京。

《胡耀邦在川北》 四川江油市党史研究会编印，1989 年，四川江油。

《我所亲历的那次历史转折》 于光远著，中央编译出版社，1998 年，北京。

《真理标准问题讨论始末》 沈宝祥著，中国青年出版社，1997 年，北京。

《冤假错案是这样平反的》 何载著，中共中央党校出版社，1999 年，北京。

《1976—1981 年的中国》 程中原等著，中央文献出版社，1998 年，北京。

《大转折的日日夜夜》（上中下册） 张湛斌著，中国经济出版社，1998 年，北京。

《马克思恩格斯选集》（四卷） 人民出版社，1972、1977 年，北京。

《列宁选集》（四卷） 人民出版社，1960 年，北京。

《毛泽东选集》（四卷） 人民出版社，1991 年，北京。

《毛泽东文集》（八卷） 人民出版社，1996 年，北京。

《建国以来毛泽东文稿》 中央文献出版社，1985 年起，北京。

《毛泽东书信选集》 人民出版社，1983 年，北京。

《周恩来选集》（上下卷） 人民出版社，1980、1984 年，北京。

《邓小平文选》（三卷） 人民出版社 1993、1994 年，北京。

《陈云文选》（二卷） 人民出版社，1984、1986 年，北京。

《习仲勋文选》 中央文献出版社，1995 年，北京。

《中共中央文件选集》（14 册） 中央档案馆著，中共中央党校出版社，1982 年起，北京。

《六大以前——党的历史材料》 中共中央书记处编，人民出版社，1981 年，北京。

《六大以来——党内秘密文件》（上下册） 中共中央书记处编，人民出版社，1981 年，北京。

《中国共产党第八次全国代表大会文献》 中共中央办公厅编，人民出版社，1957 年，北京。

《三中全会以来重要文献选编》（上下册） 中央文献研究室编，人民出版社，1982 年，北京。

《十二大以来重要文献选编》（上中下册） 中央文献研究室编，人民出版社，1986、1988 年，北京。

《十一届三中全会以来党的组织工作文献选编》 中共中央组织部编，中共中央党校出版社，1986 年，北京。

《宣传动态选编》 中共中央宣传部编，中共中央党校出版社，1982 年，北京。

《新时期统一战线文献选编》 中共中央统战部编，中共中央党校出版社，1985 年，北京。

《知识分子问题文献选编》 中共中央组织部、中央文献研究室编，人民出版社，1983 年，北京。

《党风问题》 中共中央党校党建教研室、中共中央党校出版社编，中共中央党校出版社，1981 年，北京。

《毛泽东年谱》 中共中央文献研究室编，中央文献出版社，2013 年，北京。

《周恩来年谱》 中共中央文献研究室编，中央文献出版社，1997 年，北京。

《刘少奇年谱》 中共中央文献研究室编，中央文献出版社，1996 年，北京。

《朱德年谱》 中共中央文献研究室编，中央文献出版社，1998 年，北京。

《邓小平年谱（1975—1997）》中共中央文献研究室编，中央文献出版社，2004 年，北京。

《陈云年谱》 中共中央文献研究室编，中央文献出版社，1998 年，北京。

《陈毅年谱》 刘树发等编，人民出版社，1991 年，北京。

《中国共产党历史》第一卷（1921—1949） 中共中央党史研究室著，中共党史出版社，2011年，北京。

《中国共产党历史》第二卷（1949—1978） 中共中央党史研究室著，中共党史出版社，2011年，北京。

《中国共产党简史》 中共中央党史研究室著，中共党史出版社，2001年，北京。

《中国共产党的七十年》 中共中央党史研究室著，中共党史出版社，1991年，北京。

《中华人民共和国史稿》（1976—1984）当代中国研究所著，人民出版社、当代中国出版社，2012年，北京。

《剑桥中华人民共和国史——革命的中国的兴起》［美］R·麦克法奈尔、费正清编，中国社会科学出版社，1990年，北京。

《剑桥中华人民共和国史——中国革命内部的革命》［美］R·麦克法奈尔、费正清编，中国社会科学出版社，1992年，北京。

《星火燎原》（选编） 战士出版社，1982年，北京。

《长征——前所未闻的故事》［美］哈里森·索尔兹伯里著，解放军出版社，1986年，北京。

《西行漫记》［美］埃德加·斯诺著，三联书店，1979年，北京。

《伟大的道路》［美］艾格妮丝·史沫特莱著，三联书店，1979年，北京。

《"文化大革命"史稿》 金春明著，四川人民出版社，1995年，成都。

《改革开放的历程》 王洪模等著，河南人民出版社，1989年，郑州。

《中国青年运动史》 团中央青运史研究室著，中国青年出版社，1984 年，北京。

《当代中国的青年和共青团》 共青团中央编，当代中国出版社，1998 年，北京。

《毛泽东传（1949—1976）》 逄先知、金冲及主编，中央文献出版社，2003 年，北京。

《彭德怀自述》 人民出版社，1981 年，北京。

《若干重大决策与事件的回顾》（上下卷） 薄一波著，中共中央党校出版社，1991、1993 年，北京。

《历史的回顾》 徐向前著，解放军出版社，1987 年，北京。

《聂荣臻回忆录》 解放军出版社，1984 年，北京。

《回忆与研究》 李维汉著，中共党史出版社，1986 年，北京。

《回忆与怀念》 伍修权著，中共中央党校出版社，1991 年，北京。

《长征回忆录》 成仿吾著，人民出版社，1977 年，北京。

《宋任穷回忆录》 解放军出版社，1994 年，北京。

《杨尚昆日记》 中央文献出版社，2001 年，北京。

《杨尚昆回忆录》 中央文献出版社，2001 年，北京。

《刘伯承军事生涯》 杨国宇编著，中国青年出版社，1982 年，北京。

《改革风云中的万里》 张广友著，人民出版社，1995 年，北京。

《文坛回春纪事》（上下册） 张光年著，海天出版社，1998 年，深圳。

《傅崇碧回忆录》 傅崇碧著，中共党史出版社，1999 年，北京。

《胡乔木回忆毛泽东》 人民出版社，1994 年，北京。

《在徐帅指挥下》《在徐帅指挥下》编辑组编，解放军出版社，

1984 年，北京。

《张爱萍传》 人民文学出版社，1998 年，北京。

《从华北到西北》 郑维山著，解放军出版社，1985 年，北京。

《横戈马上》 杨得志著，解放军文艺出版社，1984 年，北京。

《我的父亲邓小平》 毛毛著，中央文献出版社，1993 年，北京。

《谭震林传》《谭震林传》编辑委员会著，浙江人民出版社，1992 年，杭州。

《开国将军轶事》 吴东峰著，解放军文艺出版社，2000 年，北京。

《人民日报》

《中国青年报》

《光明日报》

《解放军报》

《瞭望》（周刊）

《红旗》《求是》（半月刊）

《百年潮》（月刊）

《中华儿女》（月刊）

图书在版编目（CIP）数据

胡耀邦：1915～1989 / 张黎群等主编；唐非，严
如平撰. -- 北京：北京联合出版公司, 2015.12
　　ISBN 978-7-5502-5768-9

　　Ⅰ. ①胡… Ⅱ. ①张… ②唐… ③严… Ⅲ. ①胡耀邦
（1915～1989）- 传记 Ⅳ. ①K827=7

中国版本图书馆CIP数据核字 (2015) 第301349号

胡耀邦（1915—1989）

主　　编：张黎群　张定　严如平　唐非　李公天
撰　　者：唐非　严如平
责任编辑：刘凯
封面设计：后声

北京联合出版公司出版
（北京市西城区德外大街83号楼9层　　100088）
北京中科印刷有限公司　　新华书店经销
字数832千字　　690毫米×980毫米　1/16　　69印张
2015年12月第1版　　2015年12月第1次印刷
ISBN：978-7-5502-5768-9
定价：198.00元
